中央高校基本科研业务费专项资金资助
南京大学文科双一流专项资金资助

黄老道的形成与发展

[日]浅野裕一 著

韩文 译

论究学术
阐求真理
昌明国粹
融化新知

心史文丛

孙江 主编

凤凰出版社

图书在版编目（CIP）数据

黄老道的形成与发展 /（日）浅野裕一著 ；韩文译
. -- 南京 : 凤凰出版社, 2021.5
（学衡心史文丛 / 孙江主编）
ISBN 978-7-5506-3426-8

Ⅰ. ①黄… Ⅱ. ①浅… ②韩… Ⅲ. ①黄老学派－研究 Ⅳ. ①B223.05

中国版本图书馆CIP数据核字(2021)第074913号

书　　名	黄老道的形成与发展
著　　者	(日)浅野裕一 著　韩　文 译
责任编辑	张永堃
装帧设计	徐　慧
出版发行	凤凰出版社(原江苏古籍出版社) 发行部电话025-83223462
出版社地址	江苏省南京市中央路165号,邮编:210009
出版社网址	http://www.fhcbs.com
照　　排	南京凯建文化发展有限公司
印　　刷	徐州绪权印刷有限公司 江苏省徐州市高新技术产业开发区第三工业园经纬路16号
开　　本	880毫米×1230毫米　1/32
印　　张	20.75
字　　数	462千字
版　　次	2021年5月第1版
印　　次	2021年5月第1次印刷
标准书号	ISBN 978-7-5506-3426-8
定　　价	98.00元

(本书凡印装错误可向承印厂调换,电话:0516-83897699)

序　言

道家思想，就像也被称作老庄思想那样，几乎都是以老子和庄子为中心来探讨其性质的。从老庄二者思想性水平的高度，以及给后世带来的广泛影响上来看，也可以说那是当然的现象。不过，对于产生这种情况的背景，我们必须还要另外考虑其他的因素。那就是《汉书・艺文志》中记录的，说是有三十七家九百三十篇道家的著作，其大部分都散佚了。在此状况之下，只有《老子》和《庄子》以较为完整的形式保留下了有关的著作内容。这个文献上的制约是我们必须要考虑的。这样，自然地，道家思想的研究就只能以资料最为安定的老子和庄子为轴心来进行了。

结果，道家思想是以什么为起源产生、又是怎样发展下去的？这样，在从思想史的观点上重新回顾以往至今的道家思想研究时，就只有老子和庄子唐突地耸立在那里。看来看去，其前后的情况依然茫然不清。这种印象难以拭去。

根据《庄子・天下篇》《汉书・艺文志》的记述，我们已经知道，在老子和庄子以外，还有田骈、彭蒙、慎到、环渊、杨朱、宋钘、尹文、列御寇等很多的思想家构成了道家的思想性系谱。另外，通过《史记》《汉书》的记载，我们还知道，黄老道在汉初风靡一时，及至占据汉帝国中心思想的位置。如此看来，没有对于上述诸思想的阐明，就不能够在整体上探索到道家思想的发展情况。尽管如此，因为必须依据的基本资料失佚，这个问题使得那些思想在道家思想的形成和发展中所起到的作用没有被充分定位，只能处于被极其简略化处理的地位，毫无办法。

基于这种状况，本研究选取道家思想中有力的一派——黄老道——作为对象，考察其思想性特色及其形成和发展的轨迹。所谓黄老道，在人物上就是指黄帝和老子，在书籍上就是黄帝书和《老子》合并在一起的一个称呼。不过，至今为止，支撑了其一半内容的黄帝书完全失佚，这个缺憾使得实际的思想阐明工作陷入极大的困难当中。

在这种状况下推进的研究，作为一个代表性的例子，我们就来看一看津田左右吉氏在《道家の思想と其の展開》第四篇第七章展示出的对于黄老的理解吧。依据津田的见解，所谓黄老，就是在儒家势力兴盛的文帝、景帝时期，或者还有武帝的时代，道家欲与儒家的尧、舜对抗，就让黄帝居于道家之祖的地位。而且，他还说，《汉书·艺文志》当中著录的"黄帝君臣"，那是汉代以后，把老子的所言加工润色，然后称之为出自黄帝的东西，不是纯粹的道家思想。如果依随这个见解的话，那么就是说，尽管称之为黄老，黄的这一方面也只是硬加上去的、出于对抗其他学派的一些内容。在实质上，可以说黄老就是《老子》，意思几乎是完全一样的。

另外，在第五章"漢代の思想界に及ぼせる道家の影響"当中，在处理黄老的时候，他只是指出，道家之学在与儒家、墨家、法家等对抗时，相当广泛地推行了黄老。有关其与现实政治的关系，也只说"也可以想到道家是接近了宫廷的"，极为简略地提及了一下。如果只停留在如此简略的说明上的话，黄老道与政治的具体瓜葛，一样都浮现不出来。

对此，金谷治氏在《秦汉思想史研究》第二章第三节当中，就有关黄老道做了更为详细的考察。其中，金谷氏指出，黄老是道家的一派，是以道家思想为基础倡说政治技术的。并指摘了其学派特色和作为政术的具体内容，黄老推举出无为清静的政治。金谷氏为我们提供的见解，可说是击中了正鹄。不过，黄帝书的内容仍旧不明。所以，有关黄老道的思想内容与无为清静之政治的关系，还是不得明了。

及至近年，从以往的棘手状态中脱离、打开黄老道研究新局面的可能性产生了。那就是帛书的出现。1973 年 12 月，在湖南省长沙的马王堆三号汉墓中发掘出了帛书。从同时出土的木牍上的记载纪年上来看，推定这个三号汉墓是在公元前 168 年、汉文帝的前元十二年营造的。在这个汉墓当中，发现了总计达十万余字的大量帛书，其中包括两种《老子》写本。在中国，这两个写本，其中以近似小篆字体书写的、看来是较早时期的那一个称为甲本；以近似隶书字体书写的、看来时期较新的称为乙本。并且，在甲本《老子》之后，还附有四种古佚书，由中国学者分别取名为“五行”“（伊尹）九主”“明君”“德圣”。这些一起统称为“老子甲本卷后古佚书”。另外，乙本《老子》的前面有名称为“经法”“十六经”“称”“道原”的四种古佚书。这些统称为“老子乙本卷前古佚书”①。

① 这些帛书的全貌，是 1974 年文物出版社发行的《马王堆汉墓帛书（壹）》线装本初次公开的。其中收录有帛书的影印图像和马王堆汉墓帛书整理小组所作的释文及校注。据此，帛书的内容向学者广泛地公开了。不过，其中的释文有很多的错误，还是一个不能够直接相信和依赖读解的状态。之后，到了 1976 年 5 月，同一家文物出版社刊行了《马王堆汉墓帛书·经法》，单独发行了四种卷前古佚书。整理小组在校订修改的释文之外又加载了注、相关论文、古佚书与其他古籍引文的对照表等，（注转下页）

在这些总共八种古佚书当中，从与黄老研究的关系上来看，特别引人注目的是“老子乙本卷前古佚书”。为什么这么说呢？因为那四种卷前古佚书，内容上全都能找到与道教思想相通的要素。而且，在“十六经”中，还频频出现黄帝及其臣下的名字[①]。因此，从这些特色上来看，就有了这四种卷前古佚书或许就是黄帝书的一部分的这种看法。到如今，这种看法几乎成为学界的大势主流。

如果那四种古佚书实际上就是黄帝书的一部分的话，那么，徒具盛名而实际状态并不明确的黄老道基本资料，在时隔两千多年之后，就此可以复苏了。我们也可以因此得到贵重的线索，以使至今为止的道家思想研究的空白部分，在相当程度上得以阐明。本研究也是将古佚书看作黄帝书的一部分，从这个立场上，尝试就有关黄老道的实际形态做出更进一步的阐明。

本研究由以下三部构成。第一部，基于古佚书和《老子》的内容，探明黄老道的思想性特色。同时，追究和探寻作为思想和学派的黄老道的形成过程和轨迹。第二部，从秦的法术思想至汉初的黄老道，探寻思想潮流大转变的原由。一边着眼于秦帝国与汉帝国的性质差异，一边考察黄老道与法术思想的关系。第三部，以汉武帝时期为界，探

（续上页注）为后来的古佚书研究提供了很大的方便。再有，到了 1980 年 3 月，又出版了国家文物局古文献研究室编的《马王堆汉墓帛书（壹）》。书名与 1974 年版完全一样，但是是精装本，当中依然也收录有帛书的图像和释文、校注。自 1974 年版刊行之后，帛面收缩了的地方平展了、破落了的地方的原本位置得到了推定还原等等，有了这些变化。与最初相比，可读解的地方增多了。因此，这次同 1974 年版的释文之间，存在有相当的不同之处。当然，释文因解读人的判断而被左右，有这个因素存在，难以一概定优劣。不过，从文献的状态上来讲，可以说 1980 年版的比 1974 年版的要好。因此，本研究中的古佚书引用，全都使用 1980 年版的经过著者校订过的那一部。

① 《十六经》当初发表为《十大经》，1980 年版纠正为《十六经》。

寻黄老道被儒学夺去汉代中心思想地位以及最后走向凋落的原因。着眼于儒学吸收天人相关思想的情况和儒学变相为儒教的经纬，考察黄老道与儒家思想的关系。

就如上述构成中已经明确了的那样，本研究不具备选择某个特定的时代并对其间的整个思想史做断代史性通观的形式，只将焦点集中在黄老道的盛衰消长上。在这个意义上来讲，只是一部视野极为狭窄的研究。像这样，将题目限定在狭小的范围之内，尽管标题称作《黄老道的形成与发展》，但在内容上，有关法家思想、儒家思想的记述却占据了近三分之二之多。这说不定会受到诸如挂羊头卖狗肉之类的批判。在认识到可能会受到这个批判的前提下，本研究在整体上依然采取上述的构成。这样做，全都是出于笔者平生的个人嗜好，即在研究特定的思想的性质时，如果仅仅只是将那个思想作为研究对象的话，那么，就不可能令其充分地浮出水面。只有与其他的处于类缘性相互影响关系或是相反的通过竞争和敌对来保持相互影响关系的诸思想相比较，换句话说，就是只有将其置于活生生的思想史的流程当中，才能够使之得以鲜明显现。

目　录

第二部 黄老道的兴盛

第三部　黄老道的衰退

第一部　黄老道的形成

第一章　卷前古佚书与黄帝书

“老子乙本卷前古佚书”，具体地来讲，就是《经法》《十六经》《称》《道原》等四种古佚书。这些是否可以看作黄帝书的一部分？另外，如果是黄帝书的一部分的话，又是在何时形成的呢？本章就这些问题进行考察。

自1973年发现帛书以来，针对四种卷前古佚书，大多数的意见还是推定其为黄帝书的一部分，虽然因论者的不同而有些细微的差异①。作为其中一个典型的意见，我想在此介绍一下唐兰的《黄帝四经初探》

① 本文没有提及的还有如下：康立、卫今《法家路线和黄老思想——读帛书〈经法〉》(《红旗》一九七五年 第七期，《文物》一九七五年 第七期，后来收在上记《经法》中)；程武《汉初黄老思想和法家路线——读长沙马王堆三号汉墓出土帛书札记》(《文物》一九七四年 第十期，收录在《经法》中)；汤新《法家对黄老之学的吸收和改造——读马王堆帛书〈经法〉等篇》(《文物》一九七五年 第八期，后收录在《经法》中)；唐兰《马王堆出土〈老子〉乙本卷前古佚书的研究——兼论其与汉初儒法斗争的关系》(《考古学报》一九七五年 第一期，后收录在《经法》中)；康立《〈十大经〉的思想时代》(《历史研究》一九七五年 第三期，后收录在《经法》中)；龙晦《马王堆出土〈老子〉乙本前古佚书探原》(《考古学报》一九七五年 第二期)；田昌五《再谈黄老思想和法家路线——读长沙马王堆三号汉墓出土帛书札记之二》(《文物》一九七六年 第四期)；钟肇鹏《黄老帛书的哲学思想》(《文物》一九七八年 第二期)；裘锡圭《马王堆〈老子〉甲乙本卷前后佚书与道法家——兼论〈心术上〉〈白心〉为慎到田骈学派作品》(《中国哲学》第二辑)；吴光《黄老之学通论》第五章；内山俊彦《马王堆帛书〈经法〉〈十大经〉〈称〉〈道原〉小考》(《東方学》第五十六辑)；岛森哲男《黄老思想の構造と位置——〈经法〉等四篇を読んで考える—》(《集刊东洋学》第四十五号)；西川靖二《漢初における黄老思想の一側面》(《東方学》第六十二辑)。

(《文物》1974年第10期)、将卷前古佚书与《汉书・艺文志》所记的《黄帝四经》联系在一起的说法。

唐氏断定古佚书毫无疑问就是《黄帝四经》,其论据有以下四点:

(一)从四种古佚书中可以看到显著的思想性共通处,其具备完整的思想性体系。因此,这些古佚书不是从不同的书籍中抄录来、杂然地拼凑在一起的东西,而是本来就具有整合性的一本书。而且,在《十六经》中,有黄帝及其臣下出现,可以认为是与黄帝书有关的文献。

(二)古佚书的书写时期正是文帝初年、黄老道流行的时期,帛书的黄老合卷形式与时代背景吻合。

(三)在《汉书・艺文志・道家》这一部分里著录的黄帝书中,只有《黄帝四经》四篇与古佚书的篇数一致。另外,《隋书・经籍志・道经》中记述有"其黄帝四篇老子二篇,最得深旨"。从这句话来看,可以判明,汉代的黄老之学具体就是指《黄帝》四篇和《老子》两篇。这样的话,只要帛书采用的是黄老合卷的形式,就只能认为在乙本《老子》前面的古佚书就应该是《黄帝四经》。

(四)古佚书的内容简要概括,具备"经"所要求的必要条件。而且,《经法》《十六经》两篇书名就含有"经"。另外,针对《老子》单独讨论名、德,古佚书将刑与名、刑与德并称;与《老子》不同,古佚书论说理等。其显示出与《老子》不同的独自性,足以与《老子》并称为黄老,具备黄的实质。

唐氏通过以上论点,断定古佚书为《黄帝四经》。当然,对此,有像高亨、董治安的《〈十大经〉初论》(《历史研究》1975年第1期)那样的、只将《十六经》与《艺文志》所记述的《黄帝君臣》十篇扯上关系的说法;还有像罗福颐的《座谈长沙马王堆汉墓帛书》(《文物》1974年第9期)

那样的、将《十六经》与《艺文志》兵阴阳家类的《力牧》十五篇扯上关系的说法等等。不同意见也有很多。

不过，古佚书从汉初书写开始，直至《艺文志》所依据的前汉末刘向《七略》、刘歆《别录》为止，其间大约二百年。可以推测，文献的传承发生了很大的变动。这样的话，就像金谷治在《古佚书“経法”など四篇について》(《加賀博士退官記念・中国文史哲学論集》)中所指摘的那样，将古佚书与《艺文志》记述的黄帝书中的某一个联系在一起的做法，本来就有一些牵强吧。

如此这般，对于明确断定古佚书为《黄帝四经》，仍然有证据不足之感。但是，诸家提出的论据都类似于唐氏列举的论据(一)(二)。从此看来，将古佚书看作是黄帝书的一部分这一点，诸家的意见几乎都是一致的。笔者也认为，就算不认为四种古佚书就是《黄帝四经》，但那也是黄帝书的一部分。这本身已经没有怀疑的必要了。

下面就有关古佚书的形成时期作大致的研讨。唐兰在《马王堆出土〈老子〉乙本卷前古佚书的研究》(《考古学报》1975年第1期)当中，以以下的论据，推定古佚书的形成时期为公元前400年的时候：

(一) 从“申子之学本于黄老而主刑名”(《史记・老庄申韩列传》)这句记述来看，黄老道的形成是在申不害以前、公元前400年的时候。

(二) 黄老道是在春秋末的老子与活动于战国中期的其弟子杨朱之间的时期形成的。就是说，形成于战国初。

(三) 古佚书的文章被引用在《管子》《鹖冠子》《国语・越语》等当中。将古佚书看成是公元前四世纪初著作的话，就好解释了。

(四) 以一世三十年来计算《史记・乐毅列传》末尾处附载的黄老道系谱的话，被视为黄老道始祖的河上丈人的时代就是在公元前四世纪的前半期。

对此，康立在《〈十大经〉的思想和时代》(《历史研究》1975 年第 3 期)中，通过以下论点推定《十六经》的形成时期是在汉初：

(一)《十六经》中有"黔首"这个词语。这是从战国末期开始到秦代普遍化了的一个词语。

(二)《十六经》中有类似蹴鞠之类的描写。这是兴于战国时期的一个运动。

(三)《十六经》当中描述了"兼有天下"的黄帝的形象。这是在先秦诸子当中看不到的特色，著于汉初的可能性很高。

(四)《十六经》中的"唯余一人，兼有天下"这句表达，与高祖诏令中的"吾立为天子，帝有天下"这一句很相似。

(五) 在《十六经》中出现的黄帝，作为帝立王。这反映了高祖作为帝分封了诸侯王的这个汉初历史事实。

就像这样，就有关同一个古佚书的形成时期，唐氏的推论与康氏的推论就相差了大约二百年。前面提到的金谷的论文，对这两个学说加以研讨，认为唐氏的推论无条件地相信《史记》中的记载，缺乏确凿的证据；将师承关系以一世三十年来计算，和亲子关系一样，用这样的方法逆算到不知是否真实存在过的河上丈人身上，这大概只是一个很随便的论证。金谷的论文不接受唐氏将古佚书的形成时期提前到公元前 400 年的说法。

对于唐氏提出的说法当中的(一)(四)论点，金谷氏认为也可以有其他的看法，表示出慎重的保留态度。但是，金谷氏特别关注论点(三)，在大体上对唐氏的见解表示了赞同。并且还提出了这样的看法：即使难以认可在结论上将《十六经》的形成时期推至汉初，但战国的最后时期至秦汉时期应该是容许的范围。

金谷氏对于唐兰论说的批评确实很准确。将古佚书的形成时期提前至公元前400年，这不能不说是一个稍显粗暴的推论。那么，另一方的康立的说法又如何呢？虽说程度不如对唐兰那样，金谷氏对于康立提出的说法，也留下了若干的怀疑。首先，关于论点(一)，“黔首”这个词语在《战国策·魏策》惠施的发言中已经能够看到了。以这个词语的存在不能够推定《十六经》的形成时期在汉初。论点(二)也一样，康氏所说的“蹋球”单单只是说兴于战国时期，以此不能当作将《十六经》的形成时期推至汉初的证据。

下面的论点(三)也特别地引起了金谷氏的注意，但作为论据这一点也是很薄弱的。因为，强调黄帝是一个绝对的统治者的形象，这正是黄老道的特色。其他学派的文献缺乏这一点，可以说是当然的现象。另外，论点(四)，只要不能够证明《十六经》模仿了高祖诏令，只是说二者相似的话，是不能够成为证据的。最后的论点(五)也一样，《十六经·立命篇》中的“乃立王、三公，立国置君、三卿”，这里所说的王，明显与天子同义。这与高祖封建的王，性质完全不同。拿《立命篇》的序列来讲，高祖封建的诸侯王相当于君。就像《立命篇》中描写黄帝“方四面传一心”那样，显然是将黄帝视为一个具有四面八眼的、半超人的神秘性的存在来处理的，是不能与高祖同列的①。

---

①　另外，作为君临诸王的帝的概念，也不是什么汉成立之后才开始有的概念。“三十六年，王为东帝，秦昭王为西帝”(《史记·田敬仲完世家》)；“十九年，王为西帝，齐为东帝”(《史记·秦本纪》)。就像这样，实际上在公元前288年，齐湣王与秦昭王分别称东帝与西帝。因此，应该认为，作为率领王的帝的概念，在战国中期至后期已经形成了。

除了以上的诸问题之外，康立氏提出的说法还有其他的疑点。乙本《老子》及卷前古佚书避高祖刘邦的讳、将所有的邦字改为国字，却完全没有更改惠帝刘盈的讳盈字、文帝刘恒的讳恒字。从这个情况上来看，卷前古佚书的书写时期可以推定为高祖殁年（公元前 195 年）以后、惠帝殁年（公元前 188 年）以前的时期。因为没有特别指定，所以不清楚康立所说的汉初是指到什么时候为止。从论据（四）强调与高祖十二年的诏令相类似这一点来看，他还是主要将其假设在公元前 195 年以后的吧。这样的话，康氏推定的《十六经》著作时期，与古佚书书写的时期应该完全重叠。那就是说，帛书《十六经》不是写本，而是作者的原著被原封不动地陪葬在三号汉墓当中了。

退一步来讲，将康氏所说的汉初视为汉成立之后不久的公元前 200 年，即使将古佚书的书写时期假定为公元前 190 年，中间仅仅只有十年时间。详细解说留在后面的部分，黄老道学团的根据地被推定在齐，如果考虑到齐与长沙之间遥远的距离，以及当时通过转写来传播文献的情况等，就会知道上述的假设是多么的仓促和不自然。就像前面所指摘的那样，结合考虑康氏所举出的（一）至（五）论据全都离确证很远这一情况来看，可以说，将《十六经》的形成时期推至汉初的可能性，几乎全无。

有关古佚书的形成时期，必须在详细研讨了黄老道的思想内容之后再做判断。很难将其形成的时期提前至战国的初期，但也不能将其推后至汉初。本章仅想就此来整理确认一下。

第二章 《国语·越语下》的思想

在文物出版社发行的《经法》末尾处，附载有唐兰的《〈老子〉乙本卷前古佚书与其他古籍引文对照表》。通览一遍就会知道，与四种古佚书相类似的文章，在《国语·越语下》《慎子》《管子》《鹖冠子》《文子》《淮南子》等很多文献当中都存在。

当中笔者尤为关注的是古佚书与《国语·越语下》强烈的类似性。理由之一就是，在古佚书思想特色最为表现显著的部分里，能够集中地看到二者相类似的地方。另外，在被指出的具有类似性的诸多文献当中，《国语·越语下》形成时期最为古老，为此颇受瞩目。还有，以笔者所见，在《越语下》当中，还含有与《老子》相通的很多要素。这样的话，《越语下》就兼具与黄帝书和《老子》两篇都相通的特色。因此，笔者推测，《越语下》是黄帝书的思想性母胎。而且，也许还是构成《老子》的一个元型。

本章在以上视点上分析《国语·越语下》的内容，考察其中的思想性特色①。

为了方便议论，在进入思想内容的研讨之前，先将《越语下》的整

---

① 以下《国语》的引用，原则上依据宋公序本，但在文字上，依据天圣明道本，有一些改动的地方。

体构成做一些提示。

公元前496年，吴对越发起进攻，但在槜李大败。吴王阖庐战场负伤，嘱托太子夫差报仇，之后就战死了。公元前494年，越王勾践计划乘胜攻击吴。《越语下》就起笔于这一时刻。针对越王的进攻计划，范蠡首先提出三个阶段，“持盈者与天，定倾者与人，节事者与地”。在此之上，范蠡还进谏道，现在国家正值维持隆盛的“持盈”阶段，应该遵从天道“盈而不溢，盛而不骄，劳而不矜其功”的要求，要越王重新考虑对吴先发制人的进攻。但是，勾践听不进去，范蠡就进一步诉说道：“勇者逆德也。兵者凶器也。争者事之末也。阴谋逆德，好用凶器。始于人者，人之所卒也。淫佚之事，上帝之禁也。先行此者不利。”再次要求中止进攻。然而，勾践说“无是贰言，吾已断之矣”，拒绝了范蠡的进谏，最终兴兵。

公元前494年，越军入侵吴，在夫椒遭到吴的迎击。越军败北，溃遁至会稽山，最终被包围。勾践悔过，向范蠡寻求拯救国家危机存亡的“定倾”策略。范蠡劝他“卑辞遵礼”，乞求和睦。在扣留勾践于吴的屈辱性条件之下讲和。勾践想要将国家在这期间委托给范蠡，但范蠡主张应该分担。自己掌管军事和外交，大夫种掌管内政，并亲自随越王奔赴吴。

公元前491年，勾践被允许回国，就向范蠡询问准备复仇战、整合内政、充实国力的“节事”策。范蠡指教说，应该以万物的生成者大地为规范。勾践再次请求范蠡掌管内政，范蠡还是辞退了。只继续投身外交和军事，由大夫种接手复兴国力的任务。之后，勾践曾四度提议施行报复战，但范蠡全都拒绝了。范蠡认为，从天道与人道的对应关系上来看，时期尚早。

公元前 482 年,勾践第五次咨询范蠡,终于得到了许可,大举入侵吴。吴军整兵待发,越王不耐吴军的挑战,欲一举会战以决胜败。但是,范蠡以阴阳及宾主理论为中心,解释天道与用兵的对应关系,要求越王自重。这样,越军就花了三年的时间包围着吴军。持久战的结果,吴军自灭。夫差以王孙雄为使者,屡屡求和。勾践想要回应,但范蠡说"得时不成,天有还形",让勾践拒绝了,并独自决定动兵,在公元前 472 年灭吴。之后,范蠡回绝勾践"与子分国"的建议,离开了越。勾践祭祀范蠡之像,《越语》下篇以此终结。

下面继续讨论《越语下》的思想特色。首先应该视为问题的是,篇中所设定的世界的基本框架。就像《墨子》尚同篇、天志篇那样,其实其中也没有特别明示出什么井然的阶层秩序[①],有的只是散见于各个篇幅当中而已。不过,把那些断断续续的记述集中起来,大概就能整理出这样的一个秩序:天—圣人—君主—民—万物。位于最高位置的天,其他还有天道、天地、上天、上帝等各种各样的表述。暂且先拿天当作代表。天之下的圣人和君主的角色,在《越语下》当中,由范蠡和越王分别承担。有一点应该注意,那就是,这样的框架内部,就如以下范蠡的发言里所表现出来的那样,在整体上构成着一个以天的预兆和灾殃为媒介的天人相关的体系:

> 四封之外,敌国之制,立断之事,因阴阳之恒,顺天地之常。柔而不屈,强而不刚,德虐之行,因以为常。死生因天地之刑。天

---

① 例如,在《尚同上》中,明确表达出了以下的阶层序列:天—天子—三公—诸侯/国君—乡长—里长—民。在《天志上》中,列有以下的阶层序列:天—天子—三公/诸侯—将军/大夫—士—庶人。

因人,圣人因天。人自生之,天地形之,圣人因而成之。是故战胜而不报,取地而不反,兵胜于外,福生于内,用力甚少而名声章明。……强索者不祥,得时不成,反受其殃。

根据上述言论的意思,“天因人,圣人因天。人自生之,天地形之,圣人因而成之”,设定出的是这样的关系:天对应人世间的动静而发出预兆,圣人从预兆中读取天的意向,然后让君主实践天的意向。若君主听从圣人之言、沿着天的意志行动的话,就会获得“兵胜于外,福生于内”的天赏。如果君主听不进圣人的预言、背驰天的意向的话,天就会降灾,“强索者不祥,得时不成,反受其殃”,就会受到天的惩罚。像这样,预兆与惩罚相伴,范蠡式思想的第一特色就存在于这以强烈的天人相关思想为基底的框架中。在更进一步详细研讨这种天人相关思想的内容时,还会浮现出更多的思想特色。

在刚才的说明中,姑且先以天来代表处于世界的最高地位者。范蠡式思想中的天,实际上还具有以下的双面性:

一、作为宇宙主宰者的天。也表述为上天或上帝,是向地上降天命、天灾的绝对的人格神。“淫佚之事,上帝之禁也”“上天降祸于越”“吾王敢无听天之命”等等,当中出现的就是这样的例子。这是与《诗经》《书经》《墨子》等当中看到的天帝观念相关联的概念,属于周初以来的中原文化系统的思考。

二、作为周期运动体的天。将重点置于日月、四时、阴阳等盈缩转化所显示出的恒常性的理法上,这个理法称为天道。“天道盈而不溢”“因阴阳之恒,顺天地之常”“天道皇皇,日月以为常”“天有还形,天节不远,五年复反”等,当中的例子就是适于这个意思的。这里的天道,就如所说的“天应至矣，人事未尽也，王姑待之”，是作为在自己的周期运动之下制约人为可能性的自然法性的秩序而起作用的①。这样的天道思想，也是渊源于古代的中原文化，只不过其中添加了一些独自的、出自越的地域性背景的东西。

那么，上述二者的内在关联又该如何理解呢？上天、上帝，当然是作为天界的人格神君临人间世界，“有夺、有予”地行使下降祸福的生杀予夺之权力，从而统制人为。但是，另一方面，就像所谓的“上帝不考，时反是守，强索者不祥，得时不成，反受其殃”，其中还能够看到将上帝的意志与天时的推移相结合的思考。上帝被解说得像是天的周期运动的主宰。开头列举出的范蠡所言，当中在强调因循于“阴阳之恒”“天地之常”等天的理法之后，又将论点从天的预兆推移到应该察知天意上，大概也是这种思考的一个反映吧。

所以，可以认为二者是以这样的形态结合的：作为宇宙的主宰者、有意志的人格神上帝，依据自己管理之下的天道推移，指教人们采取应该采取的行动；对于违背天道理法的行为，以亲自下降灾殃来进行规制。换言之，主宰者上天、上帝不是在没有明示因果关系的情况下就进行恣意性的支配的，中间还挟着作为自然法秩序的天道，是将天道当作应该顺守的人为规范的。上天、上帝通过应该顺守的天道对人

---

① 就如内山俊彦氏对于金谷治著《管子の研究》一书的书评(《集刊东洋学》第五十九号)，沿袭西欧思想史的发展，也有这样的立场和主张，认为“自然法”的概念应该与人的本性论结合并专门地使用。不过，本研究以古代中国思想为研究对象，不存在任何的拘泥于西欧思想史固有形态的必要。因此，在本研究中，在使用“自然法”的概念的时候，是视其为一个广泛的、与实定法处于相对位置的概念来使用的。

间加以规制①。

有关这个问题，除了前述的上帝、天道之外，还有地。地作为第三存在介于其中。这一点也必须加上去。地的作用，就像范蠡解说的那样，“唯地能包万物以为一，其事不失。生万物，容畜禽兽，然后受其名而兼其利”，是被定位为万物的生成者的。当然，范蠡在叙述了生成万物的地的作用之后，紧接着说“时不至，不可强生”，又将天时介入其中。或者又说“天地之恒制”“天地之常”等，还有很多天地并称的例子。所以，可以认为，在万物生成之际也认可了一定程度上的天的参与。不过，就如上述的表达，特别强调地的作用。很清楚明白，万物生成者的作用主要是由地专门承担的。

这样的话，二者之间的关系多少有一些相互交织的地方，但也还有整合性上的欠缺。在范蠡式的思想中，作为主宰者的上帝和作为周期运动体的天，以及其所显示出的作为理法的天道，还有作为生成者的地，这四者在大致上保持着内在性的关联。同时，也是人应该遵从的上位存在。基于以上的考察来看，如果再将范蠡式思想所设定的思想基本构架图示化的话，就可以总结为如下的样子：

上帝（宇宙的主宰者）—天（周期运动体）/地（万物生成者）—天道（天地之恒常理法）—圣人—君主—民/万物

① 《诗经》中的上天、上帝，就如“旱既大甚，蕴隆虫虫。不殄禋祀，自郊徂宫。上下奠瘗，靡神不宗。后稷不克，上帝不临。耗斁下土，宁丁我躬”（《大雅·云汉》）中表述的那样，是一种与人为的善恶切断了关系的形式，是以这样的形式突然降灾害于人间的。时而带有“荒神”的性质出现。在《诗经》中几乎看不到天道思想。这些现象与此密切相关。

设定这样的一个世界的基本构架，将上帝、天、地、天道等四者规定为人应该遵从的上位存在。这是范蠡式思想的第二个特色。

作为第二个思想性特色，还可以列举出天的周期运动、也就是天道的特异性。公元前494年，越王勾践欲想趁着两年前的槜李战的胜利讨伐吴，对此，范蠡进谏如下：

> 夫国家之事，有持盈，有定倾有节事。王曰：为三者奈何。范蠡对曰：持盈者与天，定倾者与人，节事者与地。王不问，蠡不敢言。天道盈而不溢，盛而不骄，劳而不矜其功。夫圣人随时以行，是谓守时。天时不作，弗为人客。人事不起，弗为之始。今君王未盈而溢，未盛而骄，不劳而矜其功，天时不作而先为人客，人事不起而创为之始。此逆于天而不和于人。王若行之，将妨于国家，靡王躬身。

首先，范蠡就有关国家运营，提出了三个阶段：令国势持续隆盛的"持盈"；令国家脱离存亡危机的"定倾"；整顿内政、充实国力的"节事"。主张应当将这些分别当作天、人、地存在方式的指针。其后，范蠡主要叙述一边遵从天道，一边"持盈"的方法。这是继槜李大捷之后，越对吴保有优势的情况时说的话，是基于那个情况的阐述。

在遵从天道时，应该持有的姿态可举出三点："盈而不溢""盛而不骄""劳而不矜其功"。第一个，要说"盈而不溢"的具体内容，就像后面所述"阳至而阴，阴至而阳，日困而还，月盈而匡"，可以认为具体就是指阴阳、日月重复消长和盈亏，绝不超越限度，绝不直线性地横溢和增长。第二个，"盛而不骄"。当然，同前面的阴阳、日月大概也有重复的地方，但说起来还是偏向于后面所说的“盈缩以为常，四时以为纪。无过天极，究数而止”，是更为意识到四时的推移以及随之而来的万物的生成死灭的一个表达。第三个，“劳而不矜其功”。从后面的“时不至不可强生”“不逆天时，五谷稑孰”等表述来推测，大概是指天的姿态。天参与地的工作，帮助万物生成化育，却绝不夸耀功绩。

在这三点当中，对于讨论天人相关内容特别重要的是第一和第二思维。就像后面所说的“必顺天道，周旋无究”这句话，在这两个思维当中，自始至终贯彻着的是这样的一种思考：找出阴阳、四时、日月在盈缩推移中的运动周期性，视其为“天地之恒制”“天地之常”的一个法则。后文有表述说，“天有还形。天节不远，五年复反。小凶则近，大凶则远”，在这里还明确地写下了周期五年。

另外，人为的可能性被认为是伴随着阴阳、四时、日月等周期运动而有所增减的。就如所述的“因阴阳之恒，顺天地之常，柔而不屈，强而不刚，德虐之行，因以为常”“时将有反，事将有间。必有以知天地之恒制，乃可以有天下之成利”“夫人事必将与天地相参，然后乃可以成功”等。也就是说，有的时候，天道的周期是在抑制人为的方向里发生作用的，如“夫圣人随时以行，是谓守时。天时不作，弗为人客”“逆节萌生，天地未形，而先为之征，其事是以不成，杂受其刑”“天应未也。王姑待之”等；又有的时候，天道的周期是在催促人为的方向上起作用的，如“得时无怠，时不再来。天予不取，反为之灾。盈缩转化，后将悔之。天节固然”“得时不成，天有还形”等。

因此，为了能够时时刻刻地采取正确合适的行动，就要时常观察天道的周期。“无过天极，究数而止”，必须具备瞬时察知天道容许人为之限度的能力。这个是不可欠缺的。“天地形之，圣人因而成之”，这个察知天道的责任是由圣人来承担的。就像这样，规定天道的内容为阴阳、四时、日月的周期运动；与其周期运动对应，对于人为的容许限度也重复着增减。这个主张是范蠡式思想的第三个、也是最大的特色。

范蠡式的思想，在整体上覆盖着这么一种浓厚的天人相关的思想。其中抽象性的表达也很多，天道的运动周期与人为之间具体对应关系的必然性也不是很明了。其中较为具体性的表述是以下的阴阳与客主之间的对应关系：

> 范蠡曰：臣闻古之善用兵者，盈缩以为常，四时以为纪，无过天极，究数而止。天道皇皇，日月以为常，明者以为法，微者则是行。阳至而阴，阴至而阳，日困而还，月盈而匡。古之善用兵者，因天地之常，与之具行。后则用阴，先则用阳，近则用柔，远则用刚。后无阴蔽，先无阳察，用人无艺，往从其所。刚强以御，阳节不尽，不死其野。彼来从我，固守勿与。若将与之，必因天地之灾，又观其民之饥饱劳逸，以参之。尽其阳节、盈吾阴节而夺之，宜为人客，刚强而力疾；阳节不尽，轻而不可取。宜为人主，安徐而重固；阴节不尽，柔而不可迫。凡陈之道，设右以为牝，益左以为牡，蚤晏无失，必顺天道，周旋无究。今其来也，刚强而力疾，王姑待之。

根据上述内容的说法，先制攻击、深入敌国进攻的时候，必须选择阳节（春、夏、秋）；反之，在国内以守势防御的时候，必须选择阴节（冬）①。在

---

① 原文没有具体地表述出阴节、阳节的内涵，但从“时节三乐”上来推测，就分配如上述。

这个攻守和阴阳之间的对应关系中，有着什么样的必然性呢？

进攻的军队，“刚强而力疾”，通过会战努力捕捉和歼灭敌兵，需要迅速进击。可以说，这通常也是远征军普遍而妥当的原则。像这样，在难以确保坚固阵地的情况下，在敌国内无间断地行军作战，会在移动中遇到狙击的危险。范蠡认为“阳节不尽，不死其野”“阳节不尽，轻而不可取”，只要是在阳节，就能够避免上述的危险。这大概是因为阳节的气候条件容易行军和调配军粮，可以减轻进攻军的兵力消耗。

相反，防御的这一方要“彼来从我，固守勿与”，不理会敌人的挑战，避开会战、固守阵地。“尽其阳节，盈吾阴节而夺之”，需要采取持久战，直到利于进攻军侵袭的阳节终结为止。避开会战，乍看上去显得很弱，不过，“阴节不尽，柔而不可迫”，只要利用阴节，守备的阵地就不会被攻破。因为，进入阴节之后，行军、粮秣的确保都会变得很困难，侵袭进攻的军队会陷于饥饿和疲惫。就像文中主张的“若将与之，必因天地之灾，又观其民之饥饱劳逸，以参之”那样，那是想让侵袭的进攻军消耗战力而做的选择。

以上以阴阳和宾主为例，解说了一下天道与人为的对应关系。在这样的场合和情况下，从兵学的观点上来看也是能够令人首肯的，想来不是单纯的观念性思考的产物。另外，文中还说“时节三乐，不乱民功，不逆天时，五谷稑孰，民乃蕃滋”，为了让四时的推移与为政相对应，从这个角度上来讲也不能以军事、土木事业妨碍农业。应该认为，这种主张也有其必然的现实性的理由。当然，难以认同范蠡所主张的天道的周期与人为的增减、其对应关系全都是基于实质性论据的主张。例如，“得时不成，反受其殃”“彼其上将薄其德，民将尽其力。……乃可以致天地之殛”等，与天道无关，这是显示在人类社会内部的、从经验上来讲属于高度盖然性的现象。将这个现象比作天道的推移然后概念性地预言它,带有浓厚的图谋说服方便的色彩。也有很多事例是像这样的。但尽管如此,分别使用德(内治)与虐(外征),在选择开战的时期时与天道的推移相对应,指出“今其稻蟹不遗种”这种灾害,可以说,从整体上来讲,较之观念性的倾向,范蠡的主张是立足于现实的思考之上的。这一倾向占了主流①。这一点是范蠡式思想的第四个特色。

最后来讨论一下第五个特色。那就是范蠡式的思想所显示出的积极性和实践性的姿态。从前面介绍的《越语下》的整体构成上也能够清楚地看到,范蠡式的思想不是在完整地表述一个思想,而是以密切对应吴越战局的推移的形式来阐述的。作为史书,从性质上来讲这是当然的现象。因为文章以有关的特定历史状况为背景,较之国内统治,其思考内容的重点是在外交和军事上,在整体上带有显著的兵学色彩。

也就是说,范蠡式的思想,是作为参谋而辅佐越王,说到底是要打倒眼前的敌国吴。其中贯串着一种积极性的、实践性的姿态。因此,范蠡式思想排除直线型的刚强,要求抑制在天道周期之下的人的恣意性的行动。这一点看起来是一种极为屈曲的姿态,但在其根底上,蕴藏着一种“因天地之常,与之俱行”的强烈的积极性。必须留意这一点。这是范蠡式的思想的第五个特色。

本章考察了《国语·越语下》中所表现出来的范蠡式思想的特色。

① 到了后面的《称》,就有“凡论必以阴阳明大义,天阳地阴,春阳秋阴。……大国阳小国阴,重国阳轻国阴,有事阳而无事阴”(第51章)等论述,类型化进一步推进,观念性色彩变得浓厚起来。

再做一次总结的话，那就是，以预兆、灾殃为媒介的天人相关思想；将上帝、天、地、天道当作人为规范的世界架构；立足于现实的思考态度，与天道周期相联动从而增减人为；以打倒敌国为目标的积极性和实践性性格等。在下一个章节中，我想以上述结果为基础，比较和研讨范蠡式思想与《老子》思想的异同。

第三章　范蠡式的思想与《老子》

本章就范蠡式的思想与《老子》中的思想内容作比较[①]。首先从两者中间试抽取一些共同的要素来看看。

首先的一个类似点，可举出二者所设定的世界基本架构。范蠡式思想采取的是上帝—天/地—天道—圣人—君主—民/万物的形态，就如前述的那样。而《老子》又是怎样的呢？与《越语下》相同，在《老子》当中也没有明确表示出世界基本构架的一个井然的阶层序列，只是片断性地散见于文章中，而且在表达上相互矛盾的地方也不少。将这些整理起来，最为典型的就是这样的一个序列形态：道—天地—天道—圣人—侯王—民/万物。最高位置几乎都是由道占据，这一点与范蠡式的思想有很大的不同。在自然法的道的存在之下规制人为的恣意性，为此让道的修得者即圣人登场，使圣人中介于道与人类社会之间。在这一条基本线上，二者所设定的世界架构几乎是一致的。

再一个类似点就是，在范蠡式的思想中，被当作天道的性质的东

---

① 以下《老子》的引用根据 1980 年版《马王堆汉墓帛书（壹）》所收图录及释文。并且，以手写时期较为古老的甲本为底本，甲本中缺落的部分用乙本，甲乙都缺落的地方使用傅奕本补充。另外，以后世的基准来看，帛书《老子》使用了许多异体字、假借字等。本文只将"亓"改写为"其"，其他均采用帛书原本的字体。还有，在帛书《老子》当中，《道经》与《德经》的顺序与现行本相反，而且各章的顺序也同现行本有着相当的差异。为了避免繁杂，各章的编号承袭河上公本、王弼本等现行本的式样。

西，在《老子》当中也是被当作道的性质中的一部分来讲的，而且几乎是用相同的表达解说的。范蠡说“天道盈而不溢”；在《老子》当中，也说“道冲而用之，有弗盈也”（第四章）、“大盈若盅，其用不窜”（第四十五章），可以看到将“道”和“盈”关联在一起的思考。当然，在二者之间，范蠡式的思想是在肯定“盈”本身的价值之上以“盈无永续”为前提主张“持盈”的。对此，《老子》说“葆此道，不欲盈。夫唯不欲盈。是以能襞而不成”（第十五章），已经在否定“盈”本身了。并且还说，到了“盈”的状态就要“揗而盈之，不若其已”（第九章），另外还否定为持续保持“盈”而做出的努力。范蠡式的思想与《老子》有着这样的不同。不过，在《老子》中，也有肯定“盈”的例子：“洼则盈”（第二十二章）。所以，说是否定“盈”，其实是通过否定表面性的“盈”，而要得到真的“大盈”（第四十五章），只是一种逆向思维罢了。所以，虽然二者含有上述的差异。但必须认为，二者在基本的姿态上，还是有着一种思维上的类似性的。那就是，予“盈”以一定的限度，通过自戒无限制的横溢，谋求得到长期性的利益。

范蠡思想将“盛而不骄”作为天道的第二性格。而在《老子》当中，与之对应的是“金玉盈室，莫之守也。富贵而骄，自遗咎也。功述身芮，天道也”（第九章）、“飘风不冬朝，暴雨不冬日。孰为此。天地。而弗能久”（第二十三章）等。虽说文字表达本身缺乏类似性，但都以天道为例，指出荣盛难保永续，要戒骄戒躁。在这样的一个思考态度上还是能够窥探出二者之间的共通性的。

范蠡式的思想中天道的第三个性格“劳而不矜其功”，有关这一点，《老子》中频频出现几乎是同样的思考内容表达：“不自伐，故有功。不自矜，故能长”（第二十二章）、“自伐者无功，自矜者不长”（第二十四章)、"万物昔而弗始,为而弗志,成功而弗居"(第二章)、"生而弗有,长而弗宰"(第十章)、"生而弗有,为而弗寺,长而弗宰"(第五十一章)、"为而弗又,成功而弗居"(第七十七章)、"道泛呵,其可左右也。成功遂事而弗名有也。万物归焉而弗为主"(第三十四章)等等。

通过以上的比较就很清楚地可以看出,老子的道与范蠡式的思想的天道在以下两点上具有显著的类似性,那就是,自戒放纵盈满的低曲的姿态,以及以广施恩惠而又不夸其功的态度为是的谦让姿态。

另外,从二者有关兵学的思维中也能够找出共通性来。对于图谋侵袭吴国的越王勾践,范蠡说"夫勇者,逆德也。兵者,凶器也。争者,事之末也。阴谋逆德,好用凶器。始于人者,人之所卒也。淫佚之事,上帝之禁也。先行此者不利",否定"勇""兵""争",戒滥用军事力量,谏言越王,说若对吴发起先制袭击的话会招来天罚。

另一方面,《老子》中也有"勇于敢者则杀,勇于不敢则栝。……天之道不单而善朕"(第七十三章)、"兵者,不祥之器也,不得已而用之。铦袭为上,勿美也。……夫乐杀人者,则不可得志于天下矣"(第三十一章)、"夫唯不争,故莫能与之争"(第二十二章)、"善战者不怒,善胜敌者不与。……是胃肥天,古之极也"(第六十八章)等等,也是否定"勇""兵""争"这三者的。《老子》还说,"用兵有言曰:吾不敢为主而为客[①],吾不进寸而芮尺。是胃行无行"(第六十九章)、"我恒有三葆。市而琛之。一曰兹,二曰检,三曰不敢为天下先。……兹以单则胜,以守

① 通常兵学上说"凡为客之道,深入则专,不克主人"(《孙子·九地篇》),将侵略他国的军队称为客,把在本国防御的军队称为主人。在范蠡式的思想、黄帝书中也是同样的用法。不过,在《老子》当中,将把握主导权、做主体性行动的军队称为主,被动地沦为客体的军队称为客,做的是这种特异的区分。

则固。天将建之，以兹垣之”（第六十七章）等等，指出先制性地侵袭他国是为天所弃的行为。

在这种否定“勇”“兵”“争”等先制攻击的根本上，不用说，是存有对于战争的慎重态度的。但是，要求审慎，并不就直接意味着从根本上否定双方行使军事力量。这一点，在范蠡氏的思想中不用说，就是在《老子》当中，也说“称兵相若，则哀者胜矣”（第六十九章），表示胜利仍然是应该追求的最终目标。只不过是，在到达胜利的过程当中，仅仅依靠军事的强大和好战的态度，是违背天道的不吉行为。另外还认为，一味地以刚强示威的僵直战法，结果是会招来败北的，是从这个思维上强调低曲的姿态的。

例如，范蠡式的思想说，“今君王未盈而溢，未盛而骄，不劳而矜其功，天时不作而先为人客”，从违背天道这个理由上请求越王中止对于吴的侵攻。在《老子》当中也同样，“以道佐人主者，不以兵强天下。……善者果而已，毋以强取焉”（第三十章），主张戒滥用背道的军事力量，说这是君主参谋者的职责所在。另外，范蠡式的思想要求在用兵上具有柔韧性，说要“因阴阳之恒，顺天地之常，柔而不屈，强而不刚”；在《老子》当中，阐述这一点时采取的说法更为彻底，“坚强者，死之徒也。柔弱微细，生之徒也。兵强则不胜”（第七十六章）、“水之朕刚也。弱胜强，天下莫不知”（第七十八章）、“强良者不得死”（第四十二章）、“天下之至柔，驰甹天下之至坚”（第四十三章）、“守柔曰强”（第五十二章）等等，甚至主张柔弱才是取得胜利的策略。

否定“勇”“兵”“争”及先制攻击；从天道的性格上引发戒滥用军事力量的思考；肯定柔、否定刚的态度，等等。以上从这些视点上就范蠡式的思想与《老子》作了一些比较，其结果显示，二者兵学上的立场在多方面都具有共通性。

综合一下以上所有的论述，就会得到这样的结论：范蠡式的思想与《老子》，在对于世界的基本构架问题上、天道与道的性质问题上以及兵学思维等重要问题上，都是具有显著的类似性的。并且，我们还很容易地就能推测，之所以有这个现象，就是因为二者是立于一个共通的思想性的基础之上的。在这个认识之上，下面再来探讨一下存在于范蠡式的思想当中而在《老子》中却看不到的一些要素。

在范蠡式的思想中，有这样的表达，“天应至”“天地未形，而先为之征，其事是以不成，杂受其刑”。天的预兆和灾殃是被当作构成天人相关的主要因素的。对此，在《老子》中，不仅完全没有有关预兆的阐述，也不大直接强调灾殃。其中好像是在说天通过降灾而介入人间的表述，也仅能够举出以下这几条：“天之所亚，孰知其故”（第七十三章）、“天网柽柽，疏而不失”（同上）、“恒有司杀者”（第七十四章），仅此而已。

当然，其中的“侯王若能守之，万物将自宾，天地相合，以俞甘洛”（第三十二章）、“天将建之，以兹垣之”（第六十七章）、“天道无亲，恒与善人”（第七十九章）等表达，是通过阐述天的加护来主张天人相关的。的确，《老子》也认可天介入人事。但即便如此，若与范蠡式的思想相比较的话，就不得不说，其在整体上占有的比重明显小得多。

所持有的倾向不同，其中的一个原由就是二者所设定的最高位者的性质差异。范蠡式的思想，其中的上天、上帝，作为一个有意志的人格神，是以鲜明的人格神的性格出现的。与此相比，在《老子》这一方面，包括阐述天人相关的上述诸多例子在内，没有一个是以上天、上帝这样的表达出现的，天的人格神性格大为后退。

另外，范蠡式的思想，其中所说的天道，是被当作天的周期运动所显示的恒常性的理法来阐述的，规定人为的可能性是随着天道的推移而增减的。所以，在范蠡式的思想当中，强调人为努力的必要性的同时，也强调这种人为努力在对应方式上要适合天道推移的必要性。与此相比，《老子》中的道乃至天道，其作为运动周期体的性格大幅度地后退不显，仅仅言及道的运动，“大曰筮，筮曰远，远曰反”（第二十五章）、“反者，道之动也”（第四十章），其中几乎看不到范蠡式的思想中的那些阴阳、四时、日月之盈缩、转化、盈亏、顺逆等多彩的变化理法。这样，必然地，在《老子》当中，也就看不到随着天道的推移而增减的人为可能性那样明确的理论。

产生上述差异的原因到底何在呢？这个差异是源于二者所设定的最高位置者的性质差异上的，其性质上的差异起着决定性作用。如前所述，在范蠡式的思想中，宇宙主宰者上天、上帝的下面，存在有作为运动周期体的天和万物生成者的地，另外还有作为天地之恒常理法、表示上天上帝之意志的天道。这三者位置处于宇宙主宰者上天、上帝的下面，采取的是这样的一个构成。

与之相反，《老子》中的道，仍旧还是宇宙的主宰者，但与以往的上天、上帝的概念不同，其性格被转变为非人格神。另外，《老子》中的这个道还具有理法的性质，但那个理法，已经不如范蠡式的思想那样含有多样的周期运动。并且，《老子》中的道，就如其中所述的“道生之，德畜之。……是以万物莫不尊道而贵德”（第五十一章）那样，还兼备万物生成者的功能。这样的话，这样的道就不能够以以往的上帝概念来说明其存在形态。另外，即便是用阴阳、四时、日月之推移，也不能够说明其生存形态。所以，《老子》中说，“道可道，非恒道”（第一章）、

"湛呵,佁或存。吾不知其谁之子也。象帝之先"(第四章)、"是胃无状之状,无物之象。是胃沕望。隋而不见其后,迎而不见其首"(第十四章)、"有物昆成。先天地生。绣呵,缪呵。独立而不玹,可以为天地母"(第二十五章)等等,强调自己的道不适于以往任何的概念,并执拗地欲描述宇宙之本体即道的存在形态。

《老子》要求道居于世界的最高位置,这个结果就产生了以下的诸多现象:首先,只要道不包含有人格神的要素,必然地,就不会有主张道要强行自己的意志、以祸福为手段介入人事的思维。所以,最高位置者几乎都是统一用道来规定的《老子》,其以祸福为媒介的天人相关思想的比重,就远比范蠡式的思想轻微。同时,此时作为主体的天、天地、天道等,全都使用的是道以外的概念。

另外,《老子》中的道,那种因周期运动而显示出的变化理法色彩稀薄,道具有了新的作为宇宙之根源、宇宙之本体的性质。所以,万物与道的关系不是要顺应变化,而是说要"复归于无物"(第十四章)、"万物旁作,吾以观复。天物云云,各复归其根。归根曰静"(第十六章)、"复归于无极"(第二十八章)等,主张复归本体、复归根源,变为只在这个方向上阐述了。的确,万物生于道,尽管有时也会脱离,但最终还是会复归于道的。这个经过也是一种周期运动。《老子》说"将欲夺之,必古予之"(第三十六章)、"其未兆易谋"(第六十四章),多少也言及选择时机的要素。不过,《老子》说,"道生一,一生二,二生三,三生万物"(第四十二章),从作为本体和根源的一,生出万物。然后说"道,万物之注也"(第六十二章),继续在根本上依据道的作用,又说"万物归焉"(第三十四章),最终还是规定应该复归本体、复归根源。如果是这样的话,可以说事实上万物是不被容许有复归之外的选择的。

所以，在《老子》这一方面，人为的可能性也是不随天道的推移而增减的，“抱一能毋离乎”（第十章），要时刻复归于道的状态上，带有这样的一个固定的制约。也就是说，无为、自然、虚静、无欲、无名、柔弱等等，人为的消极性被更加强化了。而且，还不是一时性的选择，“是胃常袭”（第五十二章），是作为超越了时间的普遍性的价值，要求恒常性的保守。若是这样的话，在变转流动不止的天道的推移当中预知未来，在彼时彼刻做最为适合的判断的这种必要性就消失了。这就是《老子》不主张预兆的原因。反过来说，这也是唱说“因天地之常，与之俱行”的范蠡式的思想完全不主张复归的理由。

另外，范蠡式的思想，其中的上天、上帝以及天道，是将生成万物的工作委任给地的。上天、上帝及天道本身不是生成者。所以，“上帝之禁”“天地之殛”，其对于人，也只是作为外在的一个强制力而作用的，并不具备使人必须随顺于天的内在根据。与此相比，《老子》中的道，因为还兼备万物生成者的角色，道的状态就与其所生成的万物完全贯通。所以，“道，万物之注也。善人之宝也。不善人之所保也”（第六十二章）。无论对象的善恶，“万物之宗”（第四章）的道，从外部包括一切对象，最终使其复归于道本身。同时，还说“天下有始，以为天下之母。既得其母，以知其子。既知其子，复守其母，没身不殆”（第五十二章），万物在根本上对其所依据的道的存在还是有自觉的。因此，道还是能够时刻使万物复归的内在依据。如此一来，在道与万物之间，只要两者保有可成为一体的内在必然性，即使是针对违背道的各个事物行为，也会较重视督促其自觉，说“不道蚤已（第三十·第五十五章）”，降低了特别强调道将降灾和直接介入的这种恐吓的必要性。可以认为，这一点，与道具有非人格神之特性同样，是《老子》中的道与灾殃不直接挂钩的原因。

以上考察了有关在范蠡式的思想中存在而在《老子》当中看不到的诸问题点。以这些问题点同《老子》中的道的特异性质之关系为中心。下面，我接着再列举一下范蠡式的思想中没有而只在《老子》当中出现的一些要素。

《老子》与范蠡式的思想的最大的不同，就在于《老子》将道置于宇宙的本体。因此，就像前面已经提及的那样，道本身所持有的各种性质，很多都显示出了范蠡式的思想所没有的特色。下面，我想抽出一些没有直接关系的要素。

首先可以举出的一点是，在宇宙生成论中含有认识论思维的这一要素。下面我引用著名的《老子》第一章：

> 道可道也，非恒道也。名可名也，非恒名也。无名万物之始也，有名万物之母也。故恒无欲也，以观其眇，恒有欲也，以观其噭。两者同出，异名同胃。玄之有玄，众眇之门。

这里的特点是，万物的始源是无名，在经过命名行为之后，万物才产生。万物的生成与名称的有无密切关联①。“恒无欲也，以观其眇，

---

① 在以往的书本当中，这部分是“无名天地之始，有名万物之母”。若依据这个叙述的话，无名之道→有名之天下→万物，认为主张的是这种存在论的宇宙生成论，就是可以成立的了。不过，因为帛书《老子》的出现，这个解释变为不可。而且，帛书《老子》的出现，还判明其原来是在各个事物的命名上求万物发生的境界的，是一个认识论色彩极为浓厚的宇宙生成论。

恒有欲也，以观其噭。两者同出，异名同胃”①，针对无欲和有欲两个异质的精神状态，道的隐和显两面，就分别被觉知。就如这里所表达的，很明显，区分无名与有名之境界的，当然是人的认知行为，此外别无其他。也就是说，人的面向外界、想要成就欲望的意志，就开始要求识别原本无名的万物。因这个命名行为，万物就开始各自捧奉名称，相竞而立的状态也就被引发出来了。在此，道不仅仅停留在万物生成者的这种单纯的存在论式的宇宙生成论上，还必须看到，认识论式的视点也在其中②。

从这个立场上来看的话，当然，就像以下的引文中表达出来的那样，依据人的方便而附加上的名称，最终只不过是以人的主观认识而做出的一个相对判断而已。这就导出不可保持绝对性和永久性的主张：

> 天下皆知美为美，恶已。皆知善，讫不善矣。有无之相生也，难易之相成也，长短之相刑也，高下之相盈也，音声之相和也，先后之相隋，恒也。是以声人居无为之事，行不言之教。（第二章）

在此，《老子》将有无、难易、长短、高下等相对判断全都断定为“恒也”③。因而，“道恒无名。……始制有名。名亦既有，夫亦将知止”（第

---

① “或不盈”（现行本第四章）的“或”，至今为止多被解释为恒常的意思。一般认为或与恒在过去是通用的。这里相反，恒解释为或的意思，日文训读为“あるいは”。

② 这里说的存在论，不是狭义的普遍性存在论的意思，是被作为与认识论对立的一个概念使用的。当然，《老子》中的这个地方，根据其所涉及的领域，有时与宇宙生成论的形而上学相当。在《老子》中，对于存在者一般本质的探寻和思索，经常是被置于与宇宙论密切不可分的关系当中的。在这个意义上，带有超领域的普遍形而上学的性质。

③ 如前注所述，这里的恒作或的解释。

三十二章），名称原本不能保持永续性，而且，最终还是要回归于无名的道，是背负着这样的命运的。在这种情况下，不是简单的道将有名的万物回收到无名的自己当中，就如所说“道恒无名。侯王若守之，万物将自忞。忞而欲作，吾将阗之，以无名之楃”（第三十七章）那样，还需要经过基于由欲望而来的人的命名行为的这种认识论阶段。

将上述的思想与以下所揭示的范蠡式的思想当中的生成论相比较的话，就可发现二者之间历然的差异：

唯地能包万物以为一，其事不失。生万物，容畜禽兽，然后受其名，而兼其利。美恶皆成，以养生。

的确，在范蠡式的思想当中，也是说地生万物之后，才有美恶的产生。表述的也是这样的时间顺序。不过，那其中没有明示产生美恶之区分的主体。所谓的区分美恶，只是人的一个相对的价值判断，但范蠡式的思想当中没有夹带任何这种认识论上的反省。因此，尽管同样都是万物生成这个概念，但是，可以判明，相比于《老子》来讲，范蠡式的思想是停留在一个朴素理论水平上的思想。

第二个不同点，可以列举出有无对于仁义礼智等既成价值观的批判。在《老子》当中，有关的内容可以举出以下：

大道废案有仁义，知快出案有大伪，六亲不和案有畜兹，邦家闷乱案有贞臣。（第十八章）

绝声弃知，民利百负。绝仁弃义，民复畜兹。绝巧弃利，盗贼无有。（第十九章）

绝学无忧。唯与诃其相去几何。美与恶其相去何若。（第二十章）

失道矣而后德，失德而后仁，失仁而后义，是义而句礼。夫礼者忠信之泊也而乱之首。前识者道之华也而愚之首也。（第三十八章）

这里所攻击的仁、义、礼，都是儒家信奉的主要的价值观。同时，仁、义也是墨家所倡导的部分。不过，将这些与“绝学”“弃知”“知快出案有大伪”等主张放在一处来强调，其他还散见有“不上贤，使民不争”（第三章）、“学不学”（第六十四章）等表达，从这些情况来看，可以认为，那不仅仅是停留在对特定学派的批判上的，而是针对当时普遍蔓延的贤智主义风潮的一个全面性的否定。贤智主义的广泛渗透，是春秋末期儒墨两个学团开始活动之后的一个显著现象。不过，在范蠡式的思想当中，完全没有在《老子》中能够看到的那种对于贤智主义的批判。在此也可以看出二者之间的时代差。

第三个不同是在《老子》中反复批判法治主义：

大上下知有之，其次亲誉之，其次畏之，其下母之。（第十七章）

天下多忌讳而民弥贫，民多利器，而邦家兹昏，人多知而何物兹起，法物兹章而盗贼多有。（第五十七章）

其正闵闵，其民屯屯。其正察察，其邦央央。（第五十八章）

若民恒且不畏死，奈何以杀惧之也。若民恒畏死则而为畸者，吾将得而杀之。夫孰敢矣。若民恒且必畏死，则恒有司杀者。夫

伐司杀者杀，是伐大匠斫也。夫伐大匠斫者，则希不伤其手矣。(第七十四章)

文章在此责难从严从重的法令刑罚，责难以强权支配维持国内治安的姿态。那样的统治，就像《庄子·在宥篇》中描述的那样，会招致杀戮的日常化。《老子》这样警告，说如果这种严酷支配导致已经“不畏死”的不逞之民量产的话，那么，当权者无论以何种威吓都不可能达到国家的安定统治。

春秋末期的刑鼎铸造象征法治主义的出现[①]，与君主权力的强化以及兼并带来的国家规模扩大动向等相作用，到了战国时期，强大的中央集权体制逐渐整备。“治大国，若烹小鲜”(第六十章)、“人之饥，以取其食说之多也，是以饥。百姓不治，以其上有以也”(第七十五章)。《老子》的这种批判，不以那样的时代进展状况为背景的话是难以理解的。另一方面，在范蠡式的思想当中，与此相类似的对于法治主义的批判全然不见。在勾践统治下的越，还是一个位于南方的蛮夷，形成了一个与中原诸国相隔绝的世界。在中原，法治体制也是刚刚才抬头，越本来就没有什么法治体制，范蠡式的思想没有对于法治主义的批判也是当然的现象。有关这一点，也如实地道出了二者的时代差。

最后，探讨一下有关思考领域上的差异：

---

① 有关春秋时代法治主义的产生，久富木成大《春秋時代における法及び法思想の展開》(《日本中国学会報》第二十四集)、籾山明《法家以前——春秋期における刑と秩序》(《東洋史研究》第三十九卷第二号)等，当中都有出色的考察论述。

贵为身于为天下，若可以迈天下矣。爱以身为天下，女何以寄天下。（第十三章）

知常容，容乃公，公乃王，王乃天，天乃道，道乃久。沕身不怠。（第十六章）

道大，天大，地大，王亦大。国中有四大，而王居一焉。（第二十五章）

若何万乘之王，而以身巠于天下。巠则失本，趮则失君。（第二十六章）

将欲取天下而为之，吾见其弗得已。夫天下神器也，非可为者也。为者败之，执者失之。（第二十九章）

耶人之在天下，翕翕焉为天下浑心。百姓皆属耳目焉，圣人皆咳之。（第四十九章）

以正之邦，以畸用兵，以无事取天下。（第五十七章）

大邦者下流也。天下之牝，天下之郊也。……大邦以下小邦，则取小邦。小邦以下大邦，则取于大邦。故或下以取，或下而取。故大邦者不过欲兼畜人，小邦者不过欲入事人。（第六十一章）

故立天子置三卿，虽有共之璧以先四马，不善坐而进此。……故为天下贵。（第六十二章）

天下之难作于易，天下之大作于细。是以圣人冬不为大，故能成其大。（第六十三章）

江海之所以能为百浴王者，以其善下之。是以能为百浴王。是以圣人之欲上民也，必以其言下之。其欲先民也，必以其身后之。故居前而民弗害也，居上而民弗重也。天下乐隼而弗猒也，非以其无诤与。故天下莫能与诤。（第六十六章）

受邦之询，是胃社稷之主，受邦不祥，是胃天下之王。（第七十八章）

以上这些主张，全都是强调无为、谦下，但在根本上，蕴藏着一种“以道立天下”（第六十章）的强烈的意欲。在解说以大国小国外交关系为轴心的国际政治状态的时候，这种俯瞰式的视点，结果也是为了表现一个“以为天下正”（第四十五章）的立场。很明显地，在《老子》当中，是将整个天下都纳入自己的思考范围之内的。必须认为，其中存在着试图构想整个天下应有秩序的态度。

与此相反，范蠡式的思想，就像前面讲述过的那样，它以吴越抗争这个特殊的个别事件为背景，而且，范蠡更将自己的作用限定在打倒吴国上，所以，其中完全没有对于整个天下秩序的构想叙述。在范蠡式的思想当中，“天下”这个词语只在两处出现：

事不究，不可强生。自若以处，以度天下，待其来者而正之。

必有以知天地之恒制，乃可以有天下之成利。

上述的这两句，都是以自己国家为中心观望天下形势，还都没有从这种视点中迈出一步。也就是说，范蠡式的思想的思考范围，就像其中所说的“与我争三江五湖之利者，非吴耶？夫十年谋之，一朝而弃之，其可乎”那样，在这个表达上也展示出了一端，说到底还都是将思考范围限定在吴越两国之间的。所以，可以说将视野扩大至整个天下的政治秩序上的，只是《老子》单独存在的特色。

以上比较了范蠡式的思想和《老子》中的内容，探讨了二者之间的异同。在此重新整理一下的话,可以总结如下:首先,作为二者的共通性,可举出世界的基本架构、范蠡式的思想的天道与《老子》的道性质相类似、否定直线性的刚强和尖锐等。其次,在范蠡式的思想中存在而在《老子》中看不到的,可举出以预兆、灾殃为媒介的天人相关思想,天道周期运行所展示的多彩的变化理法,积极对应天道推移的姿态等三点。产生这些差异的原因,就在于去除了人格神性格的、作为宇宙本体和根源的道的出现。其结果就是,上述三点以对于道的内在性的自觉、复归的方向性、彻底强化消极姿态等,各个都被置换了。最后,只存在于《老子》之中而在范蠡式的思想中没有的,可举出对于宇宙生成的认识论性质的视点、对于贤智主义的批判、对于法治主义的批判以及在政治秩序问题上的天下视野等四点。

综合以上几点,可以得出如下的结论:第一,从二者所保有的种种共通性上来看,可以判明,范蠡式的思想与《老子》是立于共通的思想性基础上的。而且,还应该注意的是,与范蠡式的思想的类似性,特别集中存在于以下几点上:天人相关思想、最高位置者不一定都是以道来统一、天道与天地依然并立等。而这几点在《老子》中已经不占据中心位置,是残存在《老子》中的古旧的思想形态部分①。

《老子》在整体上淡化变化这一侧面,"功述身芮,天之道也"(第九

---

①　在第四章中有"象帝之先"的句子。可以看出,《老子》似乎也是将上帝的存在设定于道的下位。如果是这样的话,那么"天将建之,以兹垣之"(第六十七章)、"天之所亚,孰知其故"(第七十三章)中的天,也可以解释为上天、上帝的意思。这样,《老子》所设定的世界基本架构的上部就是这样的一个图式:道—上天、上帝—天地—天道。不过,这种情况是把其中片断性的记述拼凑连接在一起并视其为有体系的具备整合性的时候才能够得到的一个解释。将道作为最高位置的新思考,与上天、上帝—天地—天道的这种古旧的思考,其相互关系暧昧并存的可能性也是很大的。

章)、“天之道,其犹张弓欤。高者印之,下者举之。有余者贬之。不足者补之。故天之道,贬有余而补不足”(第七十七章)就是例子。这里的在以天道为主体的部分里,使人能够感受到范蠡式思想“阳至而阴,阴至而阳,日困而还,日盈而匡”中的天道所持有的周期运动的余韵。这种现象令人这样推测,本来,《老子》思想的形成,就是以范蠡式的思想为一个祖型的。

第二,《老子》中出现的作为宇宙本体和根源的道,在范蠡式的思想当中,分别起着主宰者、周期运动体、理法、生成者的作用,带有统合上帝、天、天道、地等四者的性质。《老子》与范蠡式的思想,二者之间的状态是既连续又断绝的。本来,既是主宰者,却又被除去了人格神的要素;既是理法,却让周期性变化的这一面后退等等,《老子》中加入了许多的修改,但基本上其中的道可以说就是范蠡式的思想中的上帝、天、天道、地等四者机能的一个合成体。当然,虽然程度有所不同,概念上包含了“天”的诸多机能的思维本身,还广泛地存在于《诗经》《尚书》《论语》等之中。所以,不用说,那并不是范蠡式思想中独具的。但是,就如“盈而不溢,盛而不骄,劳而不矜其功”等例子所代表的那样,《老子》中解说道的内容和表达酷似于范蠡式思想的表达。所以,可以窥探出二者之间的特别的思想连续性。

不过,虽然是那样,也难以否认范蠡式的思想中的上帝、天、天道、地,与《老子》中的道之间,还是存在着相当的隔阂的。即使认为二者之间有着特别紧密的影响关系,但如果说《老子》中的道是从范蠡式的思想内容中引发出的一个自然的思想发展形态的话,那又显得太过特异了。因此,在《老子》的道的形成过程中,可以想象还有一些范蠡式的思想以外的思想要素介入。不过,到现在为止,从《老子》以前的资料当中，找不出什么思考形态可看作是《老子》中的道的直接原型。

基于以上这些情况，被重新注目的是《老子》中有关道的描写。《老子》中的道是以什么样的形态而存在的呢？大家都想尽办法来解释。而《老子》中描绘的却是这样的："视之不见，名曰聾。听之不闻，名曰希。揞之不得，名曰夷。三者不可至计。故園而为一。一者其上不攸，其下不物。寻寻呵不可名。复归无物。是胃无状之状，无物之象。是胃沕望。隋而不见其后，迎而不见其首。"（第十四章）"道之物，唯望、唯忽。沕呵，望呵。中有象。塱呵，物呵。中有物。灒呵，鸣呵。中有请。"（第二十一章）完全不现其貌。这说明，《老子》所唱说的，是同从前的任何概念都不相当的一个概念，其存在形态是有必要重新描写的。假如这种道的概念在《老子》之前就存在并已经形成了一定的理解的话，那么，就没有理由做出那样执拗的描述了吧。从这一点来看，即使存在有一些先行的思想性的契机，主要部分还是由《老子》创作的。这种认识应该较为妥当。"道可道，非恒道"（第一章），完全不否定既成的道的概念，这个主张即是著者自身的独创性的宣言，更是上述推测的一个印证。所以，《老子》同范蠡式的思想之间保持着相当的连续性，同时，又创出了宇宙之本体和根源的道这一概念。在这一点上，可以说《老子》完成了一个飞跃性的发展。

第三，其中存在认识论的视点，还有批判贤智主义、法治主义等，通过这些可以判定《老子》的形成确实晚于范蠡式的思想。范蠡式的思想中完全不存在天下的视野。其只是史书《国语》中的一篇，仅仅作为与春秋末期吴越抗争紧密相关的一个记录出现。这些情况也印证了《老子》与范蠡式的思想的时期顺序。

本章论述了《老子》以范蠡式的思想为祖型，吸收并反映了其后的思想界的进展状况，并且，还更进一步地创出了宇宙之本体和根源的道，完成了一个极特异的思想。接下来的篇章我将在本章的基础上讨论黄帝书。

第四章 《经法》的思想性特色

在马王堆汉墓出土的四种卷前古佚书当中，本章首先以《经法》的内容作为考察的对象。在《经法》中，篇末以道法、国次、君正、六分、四度、论、亡论、论约、名理等九篇构成。整体末尾处有“经法凡五千”的书名和数字记录。

《经法》与《十六经》《称》《道原》，被唐兰推定为《汉书·艺文志》中记录的“黄帝四经”的文献。如前所述，不用限定在“黄帝四经”上，四种古佚书确实是广泛地属于黄帝书系统的文献。以下分析《经法》的思想内容，探究其与范蠡式的思想及《老子》有着怎样的关系①。

占据《经法》基盘的是范蠡式的思想，其中很多的表达都与《国语·越语下》相类似，从这一点来看是很清楚的。那么，前面列举的范蠡式思想的首要特色——天人相关思想，是怎样在《经法》中得以继承

---

① 四种卷前古佚书并不是如《老子》般普遍皆知的文献，所以，为了方便理解内容，以下古佚书的引用在原则上采取“書き下し”（日文的一种翻译解读方法——译者注）的形式。其间，1980年版《马王堆汉墓帛书（壹）》中的例如胃（谓）这样的，直接使用（）内所显示的通用字体。另外，在因帛书的破损而缺漏的地方，1980年版中填在[]内所推定的文字，本书当作原文引用。除此之外，还有以□的形式留下的缺漏处，在以前后文字的意思能够大致推定的地方，笔者以一己之见补充上了文字，用〔〕显示。当然，这些都只是为了便于理解，与原文的复原工作性质不同。除以上之外，还有一些以1980年版的注以及个人私见而加上的校订，为避免繁杂，省略逐一注记。

的呢？举例来看：

> 天地无私，四时不息。天地位，圣人故载。过极失当，天将降殃。（《国次》篇）
>
> 土敝者，天加之以兵。（同上）
>
> 主暴臣乱，命曰大荒。外戎内戎，天将降殃。（《六分》篇）
>
> 兴兵失理，所伐不当，天降二殃。逆节不成，是谓得天。逆节果成，天将不盈其命而重其刑。（《亡论》篇）
>
> 凡犯禁绝理，天诛必至。（同上）
>
> 养死伐生，命曰逆成。不有人戮，必有天刑。（《论约》篇）

上述语句显示，《经法》的基本思想也同范蠡式的思想一样，是强调灾殃的天人相关的思想。只不过，《经法》没有在表面上言及预兆，但说“因天之生以养生，谓之文。因天之杀以伐死，谓之武”（《君正》篇）、“唯圣人能尽天极，能用天当”（《国次》篇）。这个主张是在说圣人事先察知天意的动向。这样一来，就必须认为这个主张的前提是预兆。它不像范蠡式的思想那样直接表达。不直接表达的原因和背景，就是因为范蠡式的思想是与时刻变化的吴越抗争相结合的，预兆作为一个预测将来的依据线索，起着重大的作用。而《经法》中天意与人为的对应关系是作为一个一般的原则已经被固定化了的，所以，将特殊个别的异变现象当作预兆来特别描述的必要性减少了。这大概是原因之一。

还有，范蠡式的思想中的第二个特色——上帝、天、天道、地，分别作为主宰者、周期运动体、理法、生成者等，构成人应该遵从的上位者。

有关这一点，在《经法》中是怎样的呢？

首先，最高位者上帝，《经法》与范蠡式的思想不同。《经法》中没有出现上帝、上天等表达。不过，这并不意味着《经法》没有认同天的人格神性性格。前面引述的降天殃、天刑、天诛的天，依然是有意志的人格神。应该这么解释，《经法》只是偶然性地没有使用上天、上帝等表达而已。

那么，形成范蠡式思想的最大特色，即作为运动周期体的天、作为理法的天道，又是如何呢？首先引述一下相关资料：

天地之恒常，四时、晦明、生杀、柔刚。（《道法》篇）

过急失当，天将降殃。人强胜天，慎避勿当。天反胜人，因与俱行。先曲后伸。必尽天极，而毋擅天功。（《国次》篇）

阳窃者，天夺其光。阴窃者，土地荒。（同上）

周迁动作，天为之稽。天道不远，入与处，出与反。（《四度》篇）

极阳以杀，极阴以生，是谓逆阴阳之命。极阳杀于外，极阴生于内，已逆阴阳，又逆其位。大则亡国，小则身受其殃。（同上）

日月星辰之期，四时之度，动静之位，外内之处，天之稽也。（同上）

极而反，盛而衰，天地之道，人之理也。（同上）

日信出信入，南北有极，度之稽也。月信生信死，进退有常，数之稽也。列星有数，而不失其行，信之稽也。……明以正者，天之道也。适者，天之度也。信者，天之期也。极而反者，天之性也。必者，天之命也。（《论》篇）

赢极必静，动举必正。赢极而不静，是谓失天。动举而不正，是谓后命。（《亡论》篇）

始于文而卒于武，天地之道也。四时有度，天地之理也。日月星辰之有数，天地之纪也。三时成功，一时行杀，天地之道也。四时有时而定，不爽不忒，常有法式。……一立一废，一生一杀。四时代正，终而复始。（《论约》篇）。

逆节始生，慎毋先征。彼且自抵其刑。（同上）

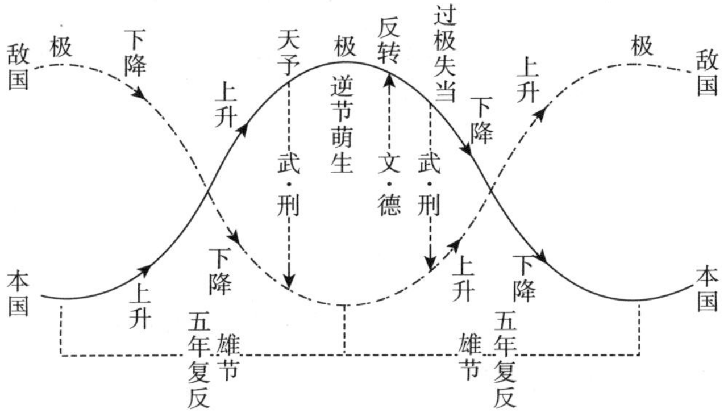

黄帝书天道环周图

以上列举了一些相关的部分。从“周迁动作，天为之稽”（《四度》篇）、“极而反者，天之性也”（《论》篇）等记述来看，《经法》也是将天作为周期运动体来把握的。另外，还将四时、日月、阴阳、列星等当作天所明示出的用于规范周期运行的理法。“动静参与天地，谓之文”（《四度》篇）、“倍天之道，国乃无主”（《论约》篇）。可以判明，在让人为适应天体运动周期的这一基本线上，《经法》几乎是直接沿袭了范蠡式思想中的天、天道。《经法》还是认为人为的可能性是伴随着天道的推移而重复增减的。《经法》严厉警告违背和罔顾周期性运行提示的行为（逆节、失当），警告超越了此时彼时天的容许范围的事物（过极）等，认为会招来天殃。这同范蠡式思想相同。因此，《经法》要求常常观察天的周期运动，从其变化理法天道中读取上天的意向。“唯圣人能尽天极，能用天当”（《国次》篇），强调适当对应天道的变化。强调天道与人为的均衡，“称以权衡，参以天当”（《道法》篇）、“化应之道，平衡而止。轻重不称，是谓失道”（同前）。

与此相关联，还必须注意的是，“功溢于天，故有死刑。功不及天，退而无名。功合于天，名乃大成”（《论约》篇）。《经法》不只是否定“过极适当”（《国次》篇），还否定达不到天的容许程度的这种消极性，有这种态度。这与唱说“得时不成，天有还形”“天予不取，反之为灾”的范蠡式的思想之间，存在着强烈的共通性。《经法》还唱说“一曰好凶器，二曰行逆德，三曰纵心欲。此谓三凶”（《亡论》篇），否定滥用军力，完全继承了范蠡式的思想。在《经法》的根底部，也蕴藏着与范蠡式的思想一样强烈的实践性性格和积极性态度。

最后，在范蠡式思想当中承担生成者的机能、占据上位一角的地，在《经法》中又是如何被认知的呢？

> 人之本在地，地之本在宜，宜之生在时，时之用在民，民之用在力，力之用在节。知地之宜，须时而树，节民力以使，则生财。（《君正》篇）
>
> 高下不蔽其形，美恶不匿其情，地之稽也。（《四度》篇）

就如这里列举出的内容，《经法》中地的作用，也是与财物的生成、美恶的产生结合在一起的,主张“美恶皆成以养生”“因时之所宜而定之,同男女之功,除民之害,以避天殃。田野开辟,府仓实,民众殷”,显示与范蠡式思想的共通性。

本来,在范蠡式的思想当中,虽然表面上也说“持盈者与天,定倾者与人,节事者与地”,但与上帝、天、天道等相比,地受到的待遇还是比较轻微的。其原因在于,地不可能单独地发挥万物生成者的作用和机能,需要代表四时推移的天的参与。所以,就像多用天地连称那样,其性质被天吸收,相对而言,地的独立性就变低了。这个倾向在《经法》中也一样,“王天下者之道,有天焉、有人焉、有地焉。三者参用之。故〔王而〕有天下矣”(《六分》篇),原则上地也是被重视的,但在实际上,就如前所列举出的那样,只是停留在简略性的记述上。从这些现象上也能看出范蠡式的思想与《经法》的类似性。

以上就天人相关思想的体系以及上位者的性质等,论述了《经法》是以范蠡式思想作为基盘的这个事实。那么,《经法》是与范蠡式思想完全相同的思想吗?当然不是。下面继续讨论二者之间的不同点。

在范蠡式思想中看不到而《经法》中具备的特色,第一可以举出从《老子》中导入了道:

道生法。法者,引得失以绳,而明曲直者也。故执道者,生法而弗敢犯也,法立而弗敢废也。〔先〕能自引以绳,然后见知天下而不惑矣。虚无形,其裻冥冥,万物之所从生。(《道法》篇)

故同出冥冥,或以死,或以生,或以败,或以成。祸福同道,莫知其所从生。(同上)

道者，神明之原也。神明者，处于度之内而见于度之外者也。（《名理》篇）

物有始〔生〕。建于地而溢于天。莫见其形。大盈终天地之间而莫知其名。莫能见知。故有逆成。物乃下生。故逆有形，祸及其身。（同上）

在最上面引述的《道法》篇开头的文章中，规定道是产生法的根源。这个道，就是由《老子》创造出的作为宇宙本体、根源的道。这一点，从“虚而无形，其裻冥冥”的这种存在形态的描写当中，应该也能够清楚地了解。如前所述，《经法》从范蠡式思想中继承的天道，就是四时、日月、阴阳等极具规律性的周期运动所展示出的理法。所谓的“常有法式”（《论约》篇），那也是在自然法的意义上使用的。对此，《道法》篇中所说的法，是政治权力制定的实定法。

实定法在以君主权力为唯一依据的时候，一旦制定和确立之后，也会因为制定者君主自身的恣意而被侵犯、被废弃，是难以避免这种不安定的状况的。就像这样，即使是主张依法进行客观的支配，重要的是，只要法的绝对权威、法的普遍的妥当性不能够予以客观性的说明的话，就存在着这种无条件地肯定君主权力绝对性的法术思想所带有的最大的理论性弱点。“道生法”，《道法》篇的这种主张正是将作为宇宙本体和根源的道，置于实定法的终极性的根据之上，以此试图消解上述的这个弱点，没有其他的意思。如前所述，以春秋末期吴越抗争为背景的范蠡式思想，完全没有言及法思想的内容。《道法》篇中的内容，反映了其后的法治主义的进展和普及，到了《经法》著作的时期，显示出那已经是一个令人关注的重大事项了。

就像这样,《经法》通过导入《老子》中的道,试图解决上述的问题。结果,作为人格神的天,就具有了最终的根据。以圣人为媒介的自然法性的秩序,以及宇宙本体—道也具有了最终的根据。由君主制定施行的实定法性的秩序,等等。这些都在《经法》中并存。本来,《经法》是以自然法秩序为主体的范蠡式思想为基盘的,在吸收了法思想之后,就容易在《老子》的道中寻求实定法的根据了。不过,即便如此,《经法》说到底是以范蠡式的思想为基盘,是在此基础上将《老子》中独创出的道的概念混入在其中的。所以,不得不说,因为原本性质就不同的天道与道的关系,就产生了在理论上未经整理的部分。

在上述的第二条中引述的《道法》篇中的文章,以及在最后引述的《名理》篇中的文章,都是以万物生祸福而道生万物的道的作用为主题的。其中特别要注意的是《名理》篇中对道的概括方法。有关存在形态,被描写为"莫见其形""莫知其名"等。此处与《老子》相同。但说"故有逆成,物乃下生。故有逆形,祸及其身",说道的存在是难以把握的,且这一点就是脱离道的各个事物发生的原因。在此可以看到思想性的进展。

大凡思想,一般都采取在宇宙形成之初就已经有了善恶并存的这种完全的二元论。除非在一开始时就不设定任何价值。本来,如果不规定世界在根本上是善的,就不能为人们提供应该向善的指针和根据。另一方面,又苦于既然世界在根本上是善的,又为何有恶的发生。思想都是带有这样的矛盾的。《老子》说,"天下皆知美之为美,斯恶已。皆知善,访不善已"(第二章)、"美与恶,其相去何若"(第二十章)、"善人者,善人之师。不善人者,善人之赍"(第二十七章)、"善者善之,不善者亦善之"(第四十九章)等等,对于由人的社会基准所规定的善恶，采取否定严格区分的态度。其理由就像所述“道者，万物之注。善人之琛也。不善人之所琛也”(第六十二章)那样，这样的善恶只不过是人为的区分而已，不是依据在道本身上的。

然而，《老子》是否就是无论在何种形式上都不承认恶的存在呢？只要定立应服从于道的存在的这种价值观，就必须要留下作为否定对象的、以“不道”(第三十章)的模样出现的恶。并且，在说明为什么由道产生“不道”的事物和行为的时候，就说“粽食赘行”(第二十四章)，间接地表示那就是从道脱逸出来的东西，除此之外找不到特别的记述。也就是说，《老子》也缺乏对于产生恶的理由的明确说明。

对此，《经法·名理》篇这样指出理由：在万物中，有个别事物是没有认识到道的存在就产生了的，结果就发生背道的佻、长、非恒三种恶①。这种将计就计，利用道的不可知论的形式上的逻辑来解释，最终也脱离不了暂求方便的境界，不可能在本质上解决问题。不过，在试图以自己的方式考察恶的产生理由方面，可以认为它是将《老子》的思想往前迈进了一步。同时，这也是与一句“善恶皆成”就了结了一切的范蠡式思想的最大不同。

显示《老子》中的道的第三个导入形态的，是前面列出的《名理》篇的开头部分。在那里，道作为“神明之原”，被应用于说明形名思想的根据。将相当的重心置于形名思想上，是《经法》的重要特色。“申子之学，本于黄老而主刑名”(《史记·老庄申韩列传》)、“喜刑名法术之学，而其归本于黄老”(同上)等等，这些将形名思想与黄老道相关联的

---

① “凡万物群材，佻长非恒者，其死必应之。三者皆动于度之外而欲成功者也，功必不成，祸必反〔自及也〕。”(《名理》篇)。

记述若合符节。下面，就举一些有关形名的部分：

见知之道，唯虚无有。虚无有，秋毫成之，必有形名。形名立，则黑白之分已。故执道者之观于天下也，无执也，无处也，无为也，无私也。是故天下有事，无不自为形声号矣。形名已立，声号已建，则无所逃迹匿正矣。（《道法》篇）

凡事无大小，物自为舍。逆顺死生，物自为名。名形已定，物自为正。（同上）

三名。一曰正名位而偃，二曰倚名法而乱，三曰强主灭而无名。三名察则事有应矣。……名实相应则定，名实丕相应则争。物自正，名自命，事自定。三名察则尽知情伪而不惑。有国将昌，当罪先亡。（《论》篇）

故执道者之观于天下也，必审观事之所始起，审其形名。形名已立，逆顺有位，死生有分，存亡兴坏有处。然后参之于天地之恒道，乃定祸福死生存亡兴坏之所在。是故万举不失理，论天下而无遗策。（《论约》篇）

道者，神明之原也。神明者，处于度之内而见于度之外者也。处于度之内者，不言而信。见于度之外者，言而不可易也。处于度之内者，静而不可移也。见于度之外者，动而不可化也。静而不移，动而不化，故曰神。神明者，见知之稽也。（《名理》篇）

诺者，言之符也。已者，言之绝也。已诺不信，则智大惑矣。已诺必信，则处于度之内也。天下有事，必审其名。名〔审则〕循名究理之所之，是必为福，非必为灾。是非有分，以法断之。虚静谨听，以法为符。审察名理终始，是谓究理。唯公无私。见知不惑，乃智奋起。故执道者之观于天下也，〔能〕见正道循理，能举曲直，能举终始。故能循名究理。形名出声，声实调合，祸福废立，如影之随形，如响之随声，如衡之不藏重与轻。故唯执道者能虚静公正，乃〔见正道〕，乃得名理之诚。（同上）

《经法》的形名思想，与法家的形名参同术不同，认知的第一阶段——对于万物的事实判断——当然不用说，此外，是非善恶的价值判断、依法对臣下督责、对照君主之实力与名声、依据审合天道推移及其指示而策定国家战略等等，包含领域十分广泛。范蠡式的思想中的天道也在其中。不过，那只是作为一个主要的认识对象而出现的，在形名思想的出发点上，被当作一切认知活动的根据的，是《老子》的道。

那么，为什么道就是可以将一切认知变为可能的依据呢？这就像“见知之道，唯虚而无有。虚而无有，秋毫成之，必有形名”（《道法》篇）这句话清楚表达的那样，那是因为道没有作为存在物的实体。道是虚无的，就是因为如此，别无其他。因为道不是作为物而存在的，所以，道渗透于一切、渗透于一切万物及其间隙。不留余地地，道可以识别一切，即使是极其微小的差异。说的是这个意思。与此相类似的想法和思维，在《老子》中已经有了。如“无有入无间”（第四十三章）。可以认为，《经法》更进一步发展了这个思维，并应用在自己的形名思想的根据上了。

在此，遵从这样的一种道，要实现形名审合的君主，当然就必须排除一切先入观、保持内心虚静并在此基础上认知外界的事象。这样的一种心术就是有必要的了。这也是之所以在面对形名时强调一种心性的原因。“无执，无处，无为，无私”(《道法》篇)、“静而不移，动而不化”(《名理》篇)、“唯公而无私”(同上)、“能虚静公正”(同上)等等。只要能够确保这种心术，就会“物自正，名自命，事自定”(《论》篇)，不需要另外的工夫，形名审合自会达成。在此，也能够看到《老子》的那种“圣人不行而知，不见而名，不为而成”(第四十七章)的强烈影响。在前面的部分里，我指出在范蠡式的思想中完全没有认识论的视点。在《经法》中，能够看到以《老子》中的道为理论根据的形名思想的展开。这一点也是二者一个很显著的不同点。

以上主要就有关在导入《老子》的道的时候的一些不同点做了论述，下面我想讨论一下《经法》中其他的特色。

首先，引人注目的是，在《经法》论说的政治思想之中，国内统治方策占了大半。例如，在《国次》篇中说“国失其次，则社稷大匡”，主题讲君主在国家运营的时候对于天所应该遵守的次序。其中列举的国家灭亡的原因——阳窃、阴窃、土敝、人执、党别，这五逆是指怠慢了在阳节、阴节时应该从事的农事，使得地方疲敝、出使使役的民众滞留，结成私党争夺势力等行为，全都是说国内政治上的失败。

另外，在《君正》篇中，说“一年从其俗，二年用其德，三年而民有得，四年而发号令，五年而以刑正，六年而民畏敬，七年而可以征”，提示出将新的占领地作为郡县编入自己国家领属时，当地的行政官员在七年时间里所要进行的步骤和阶段。在《六分》篇中，这种倾向最为显著，说“凡观国有六逆”“凡观国有六顺”等等，将国家的统治状况分为十二种基本类型，在这个基础之上，述说“在强国削，在中国破，在小国亡”等，依照国力的强弱记述其最终的状况，反复详细地叙述国内统治的方策。另外，在《论》篇、《亡论》篇、《名理》篇的末尾，分别以这样的表述结尾:“有国将昌,当罪先亡”;“有国将亡,当〔罪先〕昌”;“两逆相攻,交相为殃,国皆危亡”。就像这些结语所象征的那样,《经法》在政治思想上主要关心的是国内的安定统治和支配。

范蠡式的思想主要关心的是通过外交和军事打倒敌国。就像前面叙述的那样,不用说法治思想了,就连国内统治,也都只是附带性的。在这一点上,二者正好相反,呈现相互对照的样态。当然,国家的保全,是有待于内外两方面的施策才可能实现的事情。在《经法》中,外交和军事也是十分重要的考察对象。不过,在二者之间进行比较的时候,就不得不说其中很明显地存在着重点的不同。其原因就是,范蠡式的思想以春秋末期吴越抗争的这个特殊事件为背景,而且,当时的越国还没有那么复杂的国家机构,国家统治的理论性深入还没有成为十分重要的思想性课题。另一方面,一进入战国时期,随着攻伐、兼并的激化,国家机构的改编和整备就成为当务之急。战国初期之后的法术思想的发展,进一步地促进了其理论化,以范蠡式的思想作为基盘的《经法》,就汲取了法治思想,作为政治思想,其理论性的强化也可以说是时代趋势的反映。

与此相关联,我们还有必要注意《经法》中存在独自的有关占领行政的主张:

> 兼人之国,修其国郭,处其廊庙,听其钟鼓,利其资材,妻其子女,是谓〔天〕逆以荒,国危破亡。故唯圣人能尽天极,能用天当。天地之道,不过三功。功成而不止,身危有殃。故圣人之伐也,兼人之国,堕其郭城,焚其钟鼓,布其资材,散其子女,裂其地土,以封贤者。是谓天功,功成不废,后不逢殃。(《国次》篇)

这里否定的是君主将占领地直接置于直辖支配之下，从而独占其福的方式。而将占领地郡县化并合并于本国领属的政策，作为强化中央集权制的最为有效的手段，是春秋以来各国竞相实施的一个政策。六国合并之后，“分天下以为三十六郡”（《史记·秦始皇本纪》）的秦的占领行政就是最为彻底的一个事例。《国次》篇与此唱反调，要求“裂其地土，以封贤者”。由此看来，不由分说，那是一个维护封建制的主张①。秦帝国成立之后，推进郡县制的丞相李斯、仆射周青臣等，同建议恢复封建制的丞相绾、博士淳于越等曾经两次激烈论争②。结合这些情况来看，可以说《经法》的立场在这一点上还是很保守的。

《经法》一方面吸收法治思想，一方面支持封建制，乍一看好像很矛盾。有关这一点，墨家思想的事例可以作为参考。《墨子》的尚同论中说，“选天下之贤可者，立以为天子”（《尚同上》篇）、“画分万国，立诸侯国君。诸侯国君既已立，以其力为未足，又选择其国之贤可者，置立之以为正长”（同上）等等，设定“天子、三公—诸侯、国君—乡长—里长—民”的各个阶层的封建体制，主张任命贤者为各阶层的统治者③。

尚贤论也一样，“凡所使治国家官府邑里，此皆国之贤者也”（《尚

① 与此相同的思维在《六分》篇中也能够看到：“王天下者，轻县国而重士，故国重而身安。贱财而贵有智，故功得而财生。贱身而贵有道，故身贵而令行。……诛禁当罪而不私其利。”

② 有关此争论的特性，请参照拙稿《墨家思想の体系的理解（二）——非攻論について》（《集刊東洋学》第三十三号）。

③ 有关尚同论的特性，请参照拙稿《〈墨子〉尚同論の構造——天子専制論との対比》（《文化》第四十卷第一・二号）。

贤中》篇),以排除私门的形式,要求擅长实务、有能力的贤者参与国家组织的运营。而且,就如所说“贤者之治国也,蚤朝晏退,听狱治政。是以国家治而刑法正”(同上),墨家的尚贤论是以法治为前提来维持国家秩序,并以此为最终目的①。

同《商君书·农战》篇“民见上利之从壹空出也,则作壹”的这种思维相近似,在这个想法的前提下,说“逮至远鄙郊外之臣、门庭庶子、国中之众、四鄙之萌人闻之,皆竞为义。是其故何也?曰:上之所以使下者,一物也。下之所以事上者,一术也”(《尚贤上》篇),提出将国内统制在一义之下的政策。并且还说,“贤者举而上之,富而贵之,以为官长。不肖者抑而废之,贫而贱之,以为徒役。是以民皆劝其赏,畏其罚,相率而为贤”(《尚贤中》篇),作为手段,甚至提倡导入赏罚,推行强制政策。也就是说,墨家的尚贤思想,与儒家那以全部人格性的德行为贤者的资质、认为只要委任于少数的贤者就会自然地达到治的状态的尚贤思想,有着明显的区别。性质上与吴起、商鞅等“塞私门之请,一楚国之俗”(《战国策·楚策》)的法术思想更为接近。像这样,在墨家思想中,法治、尚贤和拥护封建制的主张并存。

本来,《经法》中的“若号令发,必厩而上九,一道同心,上下不斥,民无它志”(《君正》篇)、“故能立天子,置三公,而天下化之”(《论约》篇)、“文武并立,命之曰上同”(《四度》篇),表达上令人联想推测到与墨家尚同论的关联,当中也散见“兼爱无私”(《君正》篇)这样的、像是从兼爱思想变容过来的表达。另外,“贤不肖不相妨”(《道法》篇)、“贤

---

① 有关尚贤论的特性,请参照拙稿《〈墨子〉尚賢論の特性について》(《国学院雑誌》第七十七卷第六号)。

不肖有差”“选练贤不肖有别”(《君正》篇)、“贤不肖并立谓之乱”“以贤下不肖”(《四度》篇)、“妄杀贤”(《亡论》篇)等等,这些专门从维持国内秩序的角度而论说的《经法》尚贤思想,与墨家的立场也极为接近。《经法》一方面带有法治思想,另一方面主张尚贤、拥护封建制,这个立场也和墨家一样。这也没有什么奇怪,可以理解为是多样性思想类型的一种吧。

不过,有关《国次》篇中占领行政的主张,若单单只是指出同墨家思想的类似性,恐怕还留有难以说明的地方。兼并他国一直是墨家所排击的,即使说“天地之道,不过三功。功成不止,身危有殃”(《国次》篇)留有一定的限度,但只要在根本上没有否定“兼人之国”的这种行为,就不得不说它们是有着决定性的差异的。另外,即便是为了去除煽动君主独占欲的东西,要求“堕其郭城,焚其钟鼓”,换一个角度来讲,这样的言辞和态度也可以说是极其过激的。在《墨子·非攻下》中,描写侵攻军队占领时的情况,说“入其国家边境,芟刈其禾稼,斩其树木,堕其城郭以湮其沟池,攘杀其牲牷,燔溃其祖庙,劲杀其万民,覆其老弱,迁其重器”,以为最大的不义,加以强烈的谴责。照此来讲,《国次》篇采取的正是与墨家正相反的立场。

就像这样,在有关攻伐、兼并这种行为本身的问题上,像魔术师一样,《经法》一面加以肯定,一面在有关其后的处置问题上提倡贤者的分封,向墨家靠近;更进一步地,将其用“天地之道”“天功”(《国次》篇)等道家式的观念加以统括。这中间可窥探到《经法》折中诸家的性格。这一点同时也是与范蠡式的思想的最为重要的一个不同点——范蠡式的思想几乎没有受到战国诸子的影响。

《经法》的特色,可举出的一点还有频繁使用“理”这一术语。下面列举的就是《论》篇中的“理”的用例：

> 天执一，明三，定二，建八正，行七法。……明以正者，天之道也。适者，天度也。信者，天之期也。极而反者，天之性也。必者，天之命也。□□□□□□□□□者，天之所以为物命也。此谓之七法。七法各当其名，谓之物也。物各〔合于道者〕，谓之理。理之所在，谓之〔顺〕。物有不合于道者，谓之失理。失理之所在，谓之逆。逆顺各自命也，则存亡兴坏可知。

在这里，先列举了天道的周期活动所显示出的各种规则性，然后定义说存在状态适合于天道的事物就是理、就是顺；存在状态背反于天道的就是失理、就是逆。在此之上，展开这样的逻辑：理、顺走向存、兴；失理、逆走向亡、坏。这个对应关系因为已经是在同天的关系中决定了的，所以，其结果是很容易就能够预知的。这是给天和万物之间介入理，试图通过这个理在天的客观性上求得策定国家战略的根据。这种思考，在以下举出的例子之中也是一样的：

> 执道循理，必从本始，顺为经纪，禁伐当罪，必中天理。（《四度》篇）
>
> 兴兵失理，所伐不当，天降二殃。（《亡论》篇）
>
> 夏起大土功，命曰绝理，犯禁绝理，天诛必至。（同上）
>
> 人事之理，逆顺是守。功溢于天，故有死刑。功不及天，退而无名。功合于天，名乃大成。人事之理也。顺则生，理则成，逆则死。（《论约》篇）

名〔不审则〕循名究理之所之，是必为福，非必为灾。（《名理》篇）

审察名理终始，是谓究理。唯公无私，见知不惑。乃智奋起。故执道者之观于天下也，〔能〕见正道循理，能举曲直，能举终始。故能循名究理。（同上）

就如上述所显示的那样，《经法》中的理，全都是同天道的推移以及存在于其背后的人格神即天的意志紧密结合的概念。万物的存在方式及人的行为是否与天意、天道的规则性（道）相符（是顺、理还是逆、失理），并以此为基准来审察变转流动的事物，来预测祸福、成败、兴废等。《经法》中的理不过是这样一种思维的产物。在上天、上帝及天道之下来规制人为，在这个基本点上，《经法》中的理承袭了范蠡式思想中的天人相关思想，导入新的理的概念是《经法》的特色所在。

不过，要注意的是，将符合天道的物的状态称为理，将具备理的状态称为顺，这个定义就像说“兴兵失理”“犯禁绝理”“中天理”等表达，十分明了，不视理为万物内在的东西，而是视其为与天的关系中的一个物的状态，是外在性地来把握理的。这一点需要注意。所以，在《名理》篇中，在主张“见正道循理，能举曲直，能举终始”的时候，也是以对于应该遵从的天的存在方式（正道）的各个事物的正常、合适的状态（理）为基准，来判断对象的是非、曲直，依据其结果来预测对象最终会走向的将来。它是这样的一个逻辑展开。另外，“能循名究理”的思维，也是对照其对象本应顺守的名分，来究明其对象彼时彼刻的状态是否适合天的指示，即是否为理，是这样的意思。决不是以物的实质为理,并在此基础上来探究对象的内在理的这种思维[①]。像这样,只是将理作为外在性的状态来把握,在这一点上,与视性为各个事物的内在的《中庸》《孟子》的性说,以及与《庄子·外篇》的性命思想有着很大的不同[②]。可以看出,《经法》在导入了新的理的概念的同时,依然还继承了以灾殃作为媒介的、主要是作为外在性的强制力而作用的范蠡式思想的上帝及天道的特色。

《经法》中的其他特色还有,一边着眼于一国的国内统治,同时也说“可以为天下之正”(《道法》篇)、“王天下者,有玄德”“唯王者能兼覆载天下,物曲成焉”(《六分》篇)、“然后帝王之道成”(《论》篇)、“能立天子,置三公,而天下化之”(《论约》篇)等,同《老子》一样,也言及天下统治。相较于范蠡式的思想,思考范围扩大。这些现象显示,不同于范蠡式的思想仅以吴越抗争为题材,《经法》已经变为具有普遍性的政治思想。

以上从各个视点分析了《经法》的思想内容,考察了其与范蠡式的思想及《老子》的关系。结果判明,《经法》以范蠡式的思想为基盘,同时汲取《老子》、法家思想、形名思想、墨家思想、理的概念等等周围的各个思想,形成虽显杂驳但也不失独特的一种政治思想。

---

① 在金谷治的《古佚书〈經法〉等四篇について》(《加賀博士退官記念·中国文史哲学論集》)当中,将有关《经法》中的对于理的思考,看作是视物之实态为理,是如此来把握的。并且,还表示出这样的理与《韩非子·解老》篇中有关理的思考同轨。不过,就如上述所示,《经法》中的理对于各个事物来讲是外在的,而《韩非子·解老》篇中的理对于各个事物来讲是内在的。两者之间有着质的差异。

② 例如,“昔尧之治天下也,使天下欣欣焉人乐其性”“无为也而后安其性命之情”等《庄子·在宥》中的思考。有关《中庸》《孟子》中的性说待后叙述。

第五章 《十六经》的思想性特色

本章考察《十六经》的思想性特色。《十六经》在整体上有十四篇篇名为立命、观、五正、果童、正乱、姓争、雌雄节、兵容、成法、三禁、本伐、前道、行守、顺道的篇章,外加没有记载篇名的一篇,共由十五篇构成[①]。末尾处记有书名及字数,“十六经凡四千六□□六”。

不过,前面的部分,篇名为“立□”,缺少一字。中国学者从内容上推定,补了一个“命”字,叫作“立命”。另外,第十二篇的篇名因帛书的损伤而缺落,还是由中国学者从内容上推定,命名为“前道”了。

《十六经》的基本性质可以看作与《经法》相同。也就是说,《十六经》的思想基础依然是范蠡式思想。就如以下所示:以预兆、灾殃为媒介的天人相关思想;作为上位存在的上帝、天、天道、地的存在;伴随天道周期变化的人为增灭;随天道的推移而做出的实践性的积极姿态等等。范蠡式思想的所有特征都能从中看到。

天地形之,圣人因而成之。圣人之功,时为之庸。……圣人

---

① 如果说《十六经》这个书名表述了篇数的话,那么帛书就应该是少了一篇的。另外,那一篇末尾没有篇名的,如果是因为没有后半部分而欠缺篇名的话,出土的资料就应该共有十四篇半。这个缺损是因为帛书的破损而造成的呢,还是在笔记的时候所用的资料就已经欠缺不完整了呢?现在难以明确。

不达刑，不襦传。因天时，与之皆断。当断不断，反受其乱。天固有夺有予，有祥〔有不祥。天予而〕不受，反随以殃。（《兵容》篇）

此《兵容》篇的主张，其中的表达与范蠡式思想几乎一致。它唱说天人相关的思想，说圣人若从天的预兆中读取天意，随天道的推移而调整步调、动用兵力的话，就能够回避天带来的灾殃。

观天于上，视地于下。而稽之男女。夫天有恒干，地有恒常。合□□常，是以有晦有明，有阴有阳。夫地有山有泽，有黑有白，有美有恶。地育德以静，而天正名以作。（《果童》篇）

黄帝曰：夫民仰天而生，待地而食。以天为父，以地为母。（同上）

上帝以禁。帝曰：毋犯吾禁。毋流吾醢。毋乱吾民。毋绝吾道。……其上帝未先而擅兴兵，视蚩尤共工。（《正乱》篇）

昔皇天使凤下，道一而言止。（《成法》篇）

夫天行正信，日月不处，启然不怠，以临天下。（《正乱》篇）

天稽环周，人反为之客。静作得时，天地与之。（《姓争》篇）

天道已既，地物乃备，散流相成，圣人之事。圣人不巧，时反是守。（《观》篇）

天道寿寿，播于下土，施于九州。（《三禁》篇）

在这些资料中，《果童》篇中的地与天一起，占据上位存在的一部分。与此相类似的思考在《三禁》篇中也能看到："行非恒者，天禁之。爽事，地禁之。"与地相关联，依然还是主张"有美有恶"，这一点，使人感受到其与范蠡式思想的亲近性。另外，在将地的特性与农业生产相结合这一点上也是一样的。作为万物生成者，在其所应起到的作用上，取地与天折半的形式，与本来就带有这一倾向的范蠡式思想相比，地的独立性更显低下。

有上帝、皇天登场的《正乱》篇、《成法》篇，我们可以看到其中还有具有意志的人格神——上天、上帝，其依然还是作为主宰者君临的。另外，从论说天的周期性运行的《正乱》篇、《姓争》篇的内容上来看，《十六经》也是将天视为一个周期运动体来把握的。这一点很清楚。还有，最后的《观》篇、《三禁》篇，其中的记述更明示说，天道的推移常常就是起到规制人为作用的。以上几点很明了清楚，虽然同范蠡式思想之间有一些比重上的差异，但在《十六经》中，上帝、天、天道、地四者也是分别作为主宰者、周期运动体、理法、生成者而相互分担作用的，形成了一个所谓人应该遵从的上位者群。

如前所述，范蠡式思想的最大特色就是主张阴阳、四时、日月等为天的构成要素，而伴随着天的周期运动，人为的可能性也是重复着增减的。以下所举的，就是与此相关的资料：

> 天地已成而民生，逆顺无纪，德虐无型，静作无时，先后无名。今吾欲得逆顺之纪，以为天下正静作之时。因而勒之，为之若何。黄帝曰：群群□□□□□□，为一囷。无晦无明。未有阴阳。阴阳未定，吾未有以名。今始判为两，分为阴阳，离为四时。□□□□□□□□□□□□□，因以为常，其明者以为法，而微道是行。（《观》篇）
>
> 夫并时以养民功，先德后刑，顺于天。其时赢而事绌，阴节复

次，地尤复收。正名修刑，蛰虫不出。雪霜复清，孟谷乃肃，此灾□生。如此者举事将不成。其时绌而事赢，阳节复次，地尤不收。正名弛刑，蛰虫发声，草苴复荣。已阳而又阳，重时而无光。如此者举事将不行。（同上）

顺天者昌，逆天者亡。毋逆天道，则不失所守。……刑德之皇皇，日月相望，以明其当。望失其当，环视其殃。……其明者以为法，而微道是行。明明至微，时反以为机。天道环周，人反为之客。静作得时，天地与之。争不衰，时静不静，国家不定。可作不作，天稽环周，人反为之客。静作得时，天地与之。静作失时，天地夺之。（《姓争》篇）

将晦明、阴阳、四时的推运规范化，从而选择和决定逆顺、德虐、静作、先后等人为。如果没有对于阴节、阳节之循环的适当对应的话，天地就会乱阴阳之周期而降灾殃。这是《观》篇中的主张。另外，《姓争》篇主张顺从天道周期，不失时机地处置敌国。在这些当中掺杂和重复有范蠡式思想的表达，主张在天道之下，要抑制“过极失当”（《姓争》篇）的行为。

另外，将恣意性的统治密封于天道的容许范围之内，主张“先者恒凶，后者恒吉”（《雌雄节》篇）、“君子卑身以从道……柔身以待时”（《前道》篇）等等，一边要求屈曲的姿态，一边主张“作争者凶，不争亦毋以成功”（《姓争》篇）、“当断不断，反受其乱”（《观》篇）、“兵有成功，不飨其功，环受其殃”（《兵容》篇）等等，说到底都是在强调实践性地达成军事性成功的积极态度。这一点，也与范蠡型思想完全一致。

综合以上论述，已经可以明确了解，《十六经》也与先前讲到的《经法》一样，是以范蠡式思想为基础的。下面，以《十六经》与《经法》相比较，继续讨论诸思想混同在范蠡式思想中的样态。有关这一点，《经法》最为引人注目的现象是确立了法的终极根据，提出了形名审合的可能性及根据。另外，为了说明恶的产生理由，还导入和应用了《老子》的道。那么，在《十六经》中，也能看到同样的倾向吗？

首先，纵览有关道作为法源导入时的情况来看，在《十六经》中，除了《成法》篇中的“猾民将生，佞辩用智，不可法沮”以外，没有一处是记述作为其前提的法本身的。本来，在《经法》之中，法思想也没有在整体中占据中心位置，基本上还只是继承了范蠡式思想的一个自然法的秩序。不过，即便如此，也说“是非有分，以法断之。虚静谨听，以法为符”（《名理》篇），主张在裁决中，君主应以法的客观性为基准；说“道生法”（《道法》篇），主张在道上寻求法的客观性及持续性的根据。这样我们就知道《经法》的作者对于实定法是有着一定的兴趣和理解的。尽管有关的记述内容分量不多，但可以说其对于《道法》篇思维内容的发展带来了重大的意义。与此相比，《十六经》几乎没有言及实定法。所以，在法源设定的问题上，《十六经》也就没有尝试导入《老子》的道。不过，在前述的《成法》篇中，《十六经》为了杜绝连法都无法阻止的刁民作恶，主张确立以老子的道为其实的“成法”。认为自然法优于实定法，这个构造本身是与《经法》相通的。

再来了解一下作为形名审合的根据而导入道的有关记述。这方面，《十六经》中有关形名思想的记述也较《经法》显著减少，只是附在末尾处，极少地言及了一下，而且连篇名都没有。下面就是有关的全文：

欲知得失情，必审名察形。形恒自定，是我愈静。事恒自施，是我无为。静翳不动，来自至，去自往。能一乎。能止乎。能毋有己。能自择而尊理乎。纾也。毛也[①]。其如莫存。万物群至，我无不能应。我不藏故。不挟陈。向者已去，至者乃新。新故不摎，我有所周。

如前所述，这就是《十六经》中唯一的从正面提到的形名思想的部分。"静""无为""毋有己"等表达虽能看出是从《老子》而来的影响，但将《老子》中的道作为根据的思维，至少从表面上来看是没有的。也就是说，只要自己虚静、无为，形名就会自定，一切万物包揽无余，都可以认知。在这个逻辑的发展上，与《经法》完全相同，但《经法》却说"道者，神明之原也"(《经法·名理》)，而《十六经》没有将认识主体的根据明确设置于道，没有这样的阶段。

那么，有关恶的产生理由又是怎样说明的呢？比起《经法》来，关于恶是如何产生的，这个考察本身在《十六经》中频繁出现。从中可窥探出作者对此兴趣之深。

夫天之行正信，日月不处，启然不怠，以临天下。民生有极，以欲淫溢，淫溢□失，丰而为□，□而为既，予之为害，致而为废，缓而为□。忧恫而窘之，收而为之咎。累而高之，踣而弗救也。将令之死而不得悔。子毋患也。(《正乱》篇)

---

① 1980年版的《马王堆汉墓帛书(壹)》的注，是将纾解释为里，毛解释为表，"纾也毛也"取内外之意；另外，将纾解释为孳、毛解释为耗，"纾也毛也"取生死及增减之意。有这两种说法。后面是"新故不摎"一句。从前后文的关系来看，后一个解说，也就是生死及增减的解释较为妥当。

勿惊勿戒，其逆事乃始。吾将遂寖逆而戮其身，更置六相而合以信。事成勿发，胥备自生。我将观其往事之卒而朵焉，待其来事之遂形而和焉。壹朵壹和，此天地之奇也。以其民作而自戏也，吾又使之自靡也。（同上）

高阳问力黑曰：天地已成，黔首乃生。莫循天德，谋相覆倾。吾甚患之。为之若何。力黑对曰：勿忧勿患，天制固然。天地已定，蚑蛲必争。（《姓争》篇）

黄帝问力黑，唯余一人兼有天下，猾民将生，佞辩用智，不可法沮。（《成法》篇）

以上就是《十六经》之中有关恶是怎样产生的议论。综合起来看，《十六经》将恶的产生视为天所预定的行动，先一旦放任并助长其恶业，再一下子镇压。值得注意的是，在《经法》中，认为道在实体把握上的困难，致使不得感知到道的存在，说这是恶的产生原因。与此不同，《十六经》完全不沿用《老子》的道，说"天行""天地之奇""天制"等，全都是放在范蠡式思想的框架内处理的。因此，在这一点上，也同前面讲到的法思想、形名思想呈现完全相同的倾向。这些现象必须看作是极重要的与《经法》不同的地方。

要说《十六经》中完全没有《老子》的道，那也不是。它是以以下的形态出现的：

黄帝曰：一者，一而已乎。其亦有长乎。力黑曰：一者，道其本也。胡为无长。〔道之〕所失，莫能守一。一之解，察于天地。一之理，施于四海。何以知紃（圆）之至，知远近之稽。夫唯一不失。一以驺化，少以知多。夫达望四海，困极上下，四向相抱，各以其道。夫百言有本，千言有要，万言有总。万物之多，皆阅一空。(《成法》篇)

《成法》篇一再地强调一，说“一者，道其本也”。这个记述让我们知道这里的一指的就是道的存在形式。而且，其本身是一，同时还生成万物并使其变化。从前后的广泛遍及天地四方的那些解说来看，这里的道，就像“抱一而能无离乎”(第十章)、“天得一以清，地得一以宁”(第三十九章)所描述的那样，很容易令人想到是意识到了《老子》的道的一个概念。在《成法》篇当中，是将这个宇宙的本体和根源的道的存在，用“一”“一之解”“一之理”“一空”等来表现的。另外，别处还称说“成法可以正民者”“一言”，并说“不可法沮”，将其作为统治人民的唯一成法。所以，这里所谓的成法，就是将《老子》的道的形态在内容上具体化了的自然法。此外别无其他意思。

篇末还有这样的内容：“握一以知多，除民之所害，持民之所宜。总凡守一，与天地同极，乃可以知天地之祸福。”从这个内容上来看，作者的意图好像在于，将各种以范蠡式思想为基础的理法更进一步统括为一个究极的理法，并为此将老子的道作为基底。也就是说，《成法》篇根据自然法的同质性，试图将范蠡式思想的天道与《老子》的道相续。但是，接合得并不规整有序。特别是《十六经》整体上的基调大多都是范蠡式思想的色彩，只是加上上述的内容，难免给人唐突的印象。与此类似的现象在以下列举的《行守》篇中的内容也能看出：

是故言者心之符也，色者心之华也，气者心之浮也。有一言，无一行，谓之诬。故言持首，行志卒。直木伐，直人杀。无形无名，先天地生，至今未成。

最后的三句，是基于《老子》中的表达："寻寻呵不可名也。复归无物。是谓无状之状，无物之象"（第十四章）、"有物昆成，先天地生"（第二十五章）、"夫唯不欲盈，是以能敝而不成"（第十五章）。很明显，指的就是《老子》的道。其中的意图就是以屈曲的道的存在作为根据，主张避开浮华、傲慢，要求谨守言行一致。表达的是这一主旨。其接合点依然显得唐突，文章结构也不够严密。

在说明法思想、形名思想、恶的产生理由等等方面，我在前面指出，在《十六经》中没有导入《老子》的道。就是在《成法》篇、《行守》篇等好像还有些吸收了《老子》的道的部分里，同《经法》相比，其吸收、应用的成熟度也只能说是非常低的。而像《前道》篇、《顺道》篇，尽管篇名都有道字①，实际内容解说的道，就如所谓"治国固有前道，上知天时，下知地利，中知人事"（《前道》篇）、"守弱节而坚之，胥雄节之穷而因之"（《顺道》篇）等，类似范蠡型思想中的天道所象征的那个意思。可以说《十六经》中的一部分虽受了一些《老子》的影响，但其大部分依然还是被范蠡式思想所占据。

下面就来考证一下《老子》以外的诸思想的混入问题。以前在解说《经法》的时候曾经指出，其中有墨家思想的影响。同样的倾向在《十六经》中也存在。"能亲亲而兴贤"（《立命》篇）、"谗民皆退，贤人咸起"（《成法》篇）、"起贤废不肖"（《本伐》篇）、"古之贤者，道是之行"

---

① 《前道》这个篇名，如前所述，是中国学者的命名。另外，《顺道》篇尽管取了有道字的名称，但文中没有出现一次道这个词语。这样的话，其中所主张的自然法秩序，整个就应该是作者所设定的道的内涵了吧。

(《前道》篇)等等，尚贤思想散见其中。这同在《经法》的解说中所提示的理由一样，《十六经》也受到了墨家尚贤思想的影响。

另外，在《前道》篇中，还有“圣人举事也，合于天地，顺于民，祥于鬼神，使民同利，万夫赖之，所谓义也”“知此道，地且天，鬼且人”等，主张以鬼神作为统一民众意志的手段。这些其实是《墨子》强烈主张的意见：“子墨子曰：当若鬼神之能赏贤如罚暴也，盖本施之国家，施之万民，实所以治国家、利万民之道也”(《明鬼下》)、“上利天，中利鬼，下利人”(《天志上》)等。本来，尊尚鬼神本身也不是只限于墨家，但积极地将鬼神放进政治思想中，把对于鬼神的敬畏当作手段，从而将民众的价值观统一起来，是墨家明鬼论的特色。《前道》篇中对于鬼神的处理与此非常相近。所以，虽然很难断定，但《十六经》中的鬼神也很可能同尚贤思想一样，是墨家思想带来的影响。

那么，在范蠡式思想之中并不存在而到了《经法》中又被十分多用的理，又是怎样的情况呢？《十六经》中出现的理，是《成法》篇中的“一之理施四海”，以及最后欠缺篇名的那一篇中的“能自择而尊理乎”，只有这两处而已。也就是说，虽然也含有有关理的思考，但同《经法》相比，不仅出现的次数极少，叙述也极为简略①。

以上讨论了在《十六经》的基础思想即范蠡式思想中，其他诸思想的流入情况。结果表明，从整体上来讲，《十六经》中的法思想、形名思想所占比例比《经法》少了很多。有关《老子》的道的导入，无论从质上来讲还是从量上来讲，都相当的低。另外，言及理的地方也只有两处

---

①　当然，这是只将论点限于理这个术语的使用上的现象。《十六经》继承了范蠡式思想，将天道的推移视为理法，这种思维本身是极为丰富的，能够在全篇找到很多。

而已。因此，从整体上来说，《十六经》比《经法》较少受到其他诸思想的影响，仅此就可以说，其更为忠实于范蠡式思想的原型[①]。就像这样，《经法》与《十六经》之间存在着各种各样的差异，但尽管如此，二者依然还是以范蠡式思想为基础的。其中也还混入了一些周围的诸思想。在此之上形成各自的政治思想。在这个基本线上，二者之间大同小异，这也是必须了解的。

不过，与这些思想构成要素无关，二者之间还存在有十分重要的差异。那就是，《十六经》全篇假托黄帝。从黄老道的形成这一视点来看，应该认为这一点才是它的最大特色。下面就来探讨一下《十六经》中的黄帝形象。

首先，在《十六经》开篇的《立命》篇中，记有黄帝即位的情况，下面先介绍有关的全文：

> 昔者黄宗，质始好信，作自为象，方四面，傅一心。四达自中，前参后参，左参右参，践位履参，是以能为天下宗。吾受命于天，定位于地，成名于人。唯余一人〔德〕乃配天。乃立王、三公，立国，置君、三卿。数日，历月，计岁，以当日月之行。吾允地广裕，吾类天大明。吾畏天、爱地、亲民，〔质〕无命，执虚信。吾爱民而民不亡，吾爱地而地不旷。吾受民□□□□□□□□死，吾位不〔废〕。吾苟能亲亲而兴贤，吾不遗亦至。

① 这样的现象主要是《十六经》将重点放在假托黄帝这个方法上而产生的结果吧。思想并不一定是按照形成的顺序越来越精密的，所以，没必要仅以此就认为《十六经》比《经法》形成时期早。

首先这里令人注目的一点是，黄帝的出现采取了一个极为异常的形态。有关“作自为象”这一句，在高亨、董治安的《十大经初论》[①]中，解释说黄帝自己制作了自己的木像甚至是陶俑。不过，在《立命》篇中，始终都只是黄帝自身的描写，从前后文的意思上来看，也应该看成是黄帝自身的事情。

这样的话，黄帝当初就应该是无形的，到了某个时期，自己做了一个可视的形象出现在了世上。而且，那个形象呈四面挟辅一心的奇怪样态。其后，黄帝因为这个形象的缘故，不需要移动就可参观四方，还参天履地，所谓集约六合于一身，成为“天下之宗”。就这样，从形而上的存在变化为一个有形象的存在而出现。这种样式，从其他任何一个古代帝王传承中都难以找出类似的，是极为特异的一个例子。另外，即位之后的黄帝，任命了王和三公，设立诸国，并配置了三卿。这个记述表示，黄帝才是人类社会的创始者。黄帝还计算天体的运行，创造出太阳与月亮运动周期相合的历法，给无规范可依据的“无命”状态树立了“有命”。据此，人类社会才第一次获得了律己的准则。

与此同样的叙述在《观》篇中也能看到：

> 黄帝令力黑浸行伏匿，周流四国，以观无恒善之法。则力黑示象，见黑则黑，见白则白。地□□□□□□□□□□则恶，人则示镜，人静则静，人作则作。力黑已布制建极，□□，〔问黄帝〕曰，天地已成，而民生、逆顺无纪，德虐无型，静作无时，先后无名。今吾欲得逆顺之纪、〔德虐之型、先后之名〕，以为天下正静作之时。因而勒之，为之若何。黄帝曰：群群□□□□□□□，为一囷。无晦无明，未

① 《历史研究》1975年第1期，之后收录在前面所说的《经法》中。

有阴阳。阴阳未定，吾未有以名。今始判为两，分为阴阳，离为四时。□□□□□□□□□□□□，因以为常，其明者以为法，而微道是行。行法〔循名〕而〔生〕牝牡。牝牡相求，会刚与柔。柔刚相成，牝牡若形。下会于地，上会于天。

根据这个说法，黄帝即位当初，世界是一个连晦明、阴阳、四时都还没分的状态，也没有可以寻求规范的“恒善之法”。黄帝悄悄地派遣力黑，令他观察状况，在这混沌的世界里初次确立了自然法秩序。可以说，黄帝才是文明社会的创始者。

上述的资料强调了一个绝对唯一的君临天下的支配者黄帝的形象。不过，在《十六经》中，从整体上来讲，并没有一直贯彻这个路线。《五正》篇、《果童》篇、《成法》篇、《顺道》篇等内容，是分别向阉冉、果童、力黑等黄帝近侧寻求统治策略的。向辅佐的人询问也是正常的事情，不过，“黄帝曰：吾既正既静，吾国家愈不定。若何”（《吾正》篇），多少显得黄帝有些不自信的样子。同《立命》篇、《观》篇相比，风格大为相异。黄帝自身具有四面八眼，只一个人在那里就可以参观并疏通全世界。这个古老传承在之后被推测为，黄帝是承蒙四位臣下的辅佐而统治四方的，变为这样的新形式①。这两个系统的传承混合在一起是一个原因，造成了如前所述的，黄帝的形象有一些变动和不同的描述。

---

① 将四面换成四臣，显示这个变化的资料可举出以下资料：

子贡问孔子曰：古者黄帝四面，信乎。孔子曰：黄帝取合己者四人，四方不计而耦，不约而成。此之谓四面也。（《尸子》卷下）

士有孤而自恃，人主有奋而好独者，则名号必废熄，社稷必危殆。故黄帝立四面。（《吕氏春秋·本味篇》）

黄帝使人四面出求贤人，得之以立为佐。故曰立四面也。（对于“故黄帝立四面”的高诱注。）

在这两者当中，前者以一个绝对君临的支配者的形象出现，这个黄帝形象与其神秘出现的方法相互作用，比较容易化为宗教信仰的对象。“黄帝既仙去。其臣有左彻者，削木为黄帝之像。帅诸侯朝奉之”（《太平御览》卷七十九引《抱朴子》[①]）、“黄帝仙去，其臣思恋罔极。或刻木立像而朝之，或取其衣冠而葬之，或立庙而四时祠之”（同上）等等。直到后世，黄帝之像依然被当成祭祀的对象，其原因之一就在于此[②]。

另外一个，由四臣辅佐而支配天下的那个黄帝形象，虽然十分简略，但还是采取了一个集团化、组织化的形态，令人想起“自称大贤良师，奉事黄老道，蓄养弟子”的张角，“遣弟子八人，使于四方，以善道教

① 现在的《抱朴子·极言》篇里有类似的文字，但并没有立像的记述。

② “昔者，黄帝合鬼神于泰山之上。驾象车而六蛟龙，毕方并辖，蚩尤居前，风伯进扫，雨师洒道，虎狼在前，鬼神在后，腾蛇伏地，凤皇覆上。大合鬼神，作为清角”（《韩非子·十过》）；“黄帝采首山铜，铸鼎于荆山下。鼎既成，有龙垂胡须，下迎黄帝。黄帝上骑，群臣后宫从上龙七十余人。龙乃上去”（《史记·孝武本纪》）。从这些记述中可以看到，在与神仙思想结合之后，黄帝的神格化更加强烈了。

这个结果就造成了黄帝同老子、佛陀一样，变为宗教性祭祀的对象。“宫中立黄老浮屠之祠”（《后汉书·襄楷列传》）；“晚节更喜黄老学，为浮屠斋戒祭祀。……楚王诵黄老之微言，尚浮屠之仁祠，絜斋三月，与神为誓”（《后汉书·楚王英列传》）等，说的就是。

另外，“登台观云，临雍拜老”（《后汉书·明帝纪》），“桓帝即位十八年，好神仙事。延熹八年，初使中常侍之陈国苦县祠老子。九年，亲祠老子于濯龙，文罽为坛，饰淳金扣器，设华盖之坐，用郊天乐也”（《后汉书·祭祀志》）等等，有关老子的神格化，除了《史记》中的老子自传本身所带有的神秘性要素以及像“或曰，老子入夷狄为浮屠”（《后汉书·襄楷列传》）这样的、将佛陀视为出关的老子的化身之外，黄帝书对于道的唯一性的彰显，以及作为帝王的黄帝形象和作为神仙的黄帝形象的结合等都被逐渐吸收进黄帝形象当中，这些因素都为其神格化带来很大的影响。所以，在老子变为宗教性祭祀对象的时候，黄帝与老子、黄帝书与《老子》被一同概括的所谓的黄老道的内部结构所起到的作用，也是应该得到重视的。

化天下"(《后汉书·皇甫嵩列传》)的事情。不管怎样，可以说《十六经》中的黄帝形象都与后来道教的形成有着紧密的关系。《十六经》中的黄帝形象的第二个特色，就是将黄帝与心术教养结合在一起。下面举的这个例子，就是《五正》篇中将这个特点以故事性的叙说来描绘的内容，很有意思：

> 黄帝问阉冉曰：吾欲布施五正，焉止焉始。对曰：始在于身，中有正度，后及外人。外内交接，乃正于事之所成。黄帝曰：吾既正既静，吾国家愈不定，若何。对曰：后中实而外正，何患不定。左执规，右执矩，何患天下。男女毕迵，何患于国。五正既布，以司五明。左右执规，以待逆兵。黄帝曰：吾身未自知，若何。对曰：后身未自知，乃深伏于渊，以求内型。内型已得，后〔身〕自知屈后身。黄帝曰：吾欲屈吾身，屈吾身，若何。对曰：道同者其事同，道异者其事异。今天下大争，时至矣。后能慎勿争乎。黄帝曰：勿争，若何。对曰：怒者气血也。争者外脂肤也。怒若不发，浸廪是为痈疽。后能去四者，枯骨何能争矣。黄帝于是辞其国大夫，上于博望之山，恬卧三年以自求。

阉冉多次劝说黄帝"中有正度""求内型""身自知，屈后身"等，这个意思是要在心中确立恒稳不动的基准这种心术修养。在《立命》篇中，黄帝领先站在统一天下的地位，被说成"质始好信""执虚信"，也是一样的意思。为了向外界发起行动，是一定需要完善自己的内在素质的，这个思想在《经法·名理》篇的形名思想中也是存在的。黄帝三年时间起卧于博望山中，这个实践方法所显示的正是《五正》篇的特色，从之后的黄老道与神仙术及道教的关系上来看，也是值得注目的一点。

《十六经》所描绘的黄帝形象的第三个特色，就是军事性色彩极为强烈。这其中有黄帝与蚩尤战于涿鹿之野并以胜利收场的这个传承所起到的巨大作用。在《五正》篇中，是这样记述那个情况的：

> 黄帝于是出其锵钺，奋其戎兵，身提鼓鞄，以遇蚩尤，因而擒之。帝箸之盟，盟曰：反义逆时，其刑视之蚩尤。反义倍宗，其法死亡以穷。

与此相同的记述在《正乱》篇中也能够看到，说黄帝俘虏了蚩尤之后，“剥其〔皮〕革以为干侯”“翦其发而建之天，名曰蚩尤之旌”“充其胃以为鞠”“腐其骨肉，投之苦醢，使天下噍之”。加上了给反叛者以警示的意思。

就像已经指出的那样，《十六经》对于恶的产生很有兴趣。《十六经》外在性地处理和把握理，这一点也为其兴趣思维起到了作用。对于恶，“不戡不定”（《姓争》篇），主张武力镇压的必要性。在这个立场上描绘了一个镇压恶的黄帝形象。在《正乱》篇中，有“力黑曰：战数盈六十，而高阳未夫”，记述说黄帝的子孙高阳（颛顼）几度转战但依然不能成功镇定恶的艰苦处境。

本来，《十六经》所依据的思想性基础即范蠡式思想本身，就是以吴越抗争为背景的军事性色彩很浓的思想。再加上前述的那样的黄帝形象，其结果就是将《十六经》的军事性性格进一步地推到前面来了。虽说将道家思想当作老庄思想来把握和处理的时候，一般来讲，它与军事思想的关系较薄。但是,这里面还是存在的。而且,《十六经》强调以武力平定天下,与道家的先驱教团太平道同时还是军事组织的这一特点相关联来考虑的话,这是应该予以留意的一个方面。

184年,太平道首领张角兴起号称“奉事黄老道”“苍天已死,黄天当立”的黄巾之乱。张角“遂置三十六方。方犹若将军之号也。大方万余人,小方六七千,各立渠师”,组织了三十六部队,“角称天公将军,角弟宝称地公将军,宝弟梁称人公将军”(《后汉书·皇甫嵩列传》)。从这里也能看到“持盈者与天,定倾者与人,节事者与地”(《国语·越语下》)的范蠡式思想,以及“兵不刑天,兵不可动。不法地,兵不可措。刑法不人,兵不可成”(《十六经·兵容》)的黄帝书的影子。可窥出其紧密的关联。

以上考察了《十六经》中的黄帝形象。《十六经》有十五篇,直接有黄帝及其臣下登场的,只在其中的九篇里出现。而且,还有像《雌雄节》篇那样的,只在开头以一句“皇后屯历”来显示与黄帝有关,前后还有一些相互思路结构不清楚的篇章。在《五正》篇中还有黄帝辞去国大夫把自已藏在山里的记述等等。可以说,《十六经》对于黄帝的假托,在整体结构上,依然还留有一些不稳定因素。

本章从各种角度就《十六经》的思想性特色做了论述。根据考察,可以得到这样的结论:《十六经》基本上还是同《经法》一样,属于范蠡式思想体系;对于《老子》的道等诸思想的吸收程度比《经法》低;在混沌、未分化状态的世界里,首次确立了自然法性的秩序;出现了文明创始者、天下宗主黄帝的形象;通过所假托的黄帝这一形象,可推测出《十六经》与道教形成的关联等。

第六章　《称》的思想性特色

本章考察《称》的思想性特色。《称》全篇由五十余篇短文构成，各个章节之间以圈点区分。所以，笔者为了引用方便，顺着圈点的顺序，给各个章节附上了号码。不过，第五十章中间发现有相当多的残缺部分，其中应当曾存在有 2～3 章。跳过这些，下一个圈点的段落姑且当作第五十一章。这样算下来，以圈点可以明确区分确认的，总共有五十一章。在整个末尾处，记载有“称千六百”的字样，记载着书名和字数。

与《经法》《十六经》相同，《称》也是以范蠡式思想为基盘的。以下就列举一些有关的资料：

宫室过度，上帝所恶。为者弗居，虽居必路。（第二十七章）

失其天者死，欺其主者死，翟其上者危。（第七章）

知天之所始，察地之理，圣人弥纶天地之纪，广乎独见。（第十四章）

天制寒暑，地制高下，人制取予。取予当，立为□王，取予不当，流之死亡。天有环形，反受其殃。（第十七章）

天地之道，有左有右，有牝有牡。诰诰作事，毋从我终始。雷〔以〕为车轮，龙以为马。行而行，处而处。因地以为资，因民以为师。（第二十六章）

诸阳者法天。天贵正，过正曰诡□□□□祭乃反。诸阴者法地。地之德安徐正静，柔节先定，善予不争。此地之度而雌之节也。（第五十一章）

圣人不为始，不专己，不予谋，不为得，不辞福，因天之则。（第六章）

毋先天成，毋非时而荣。先天成则毁，非时而荣则不果。（第二十九章）

日为明，月为晦。昏而休，明而起。毋失天极，究数而止。（第三十章）

毋籍贼兵，毋裹盗粮。籍贼兵，裹盗粮，短者长，弱者强，赢绌变化，后将反也施。（第三十七章）

寒时而独暑，暑时而独寒，其生危。以其逆也。（第四十九章）

从开头的第二十七章的内容来看，在《称》之中，有意志的人格神即上帝是作为主宰者而君临的。

另外，第七章、第十四章、第十七章、第二十六章、第五十一章的各个章节，天和地被设定为人所应该遵循的规范。地为万物生成者的性质稍稍减退，把“制高下”（第十七章）的“地之理”这一性质推到了前面。从“地之德安徐正静，柔节先定”（第五十一章）的这个表达上来看，依然可以判明其继承了范蠡式思想。还有，从“天有环形，反受其殃”（第十七章）以及“天地之道，有左有右，有牝有牡”（第二十六章）的记述中可以了解，在《称》之中，天也和范蠡型思想中的一样，是周期运动体的概念。

接下来的第六章、第二十九章、第三十章、第三十七章、第四十九等各个章节，表现了范蠡式思想的最大特色。将天的运行周期视为理法，认为人为可能性是随着天道的推移而增减的。理所当然的，其中就出现了与范蠡式思想几乎一致的表达，如“圣人不为始。……因天之则”（第六章）、“毋成天先”（第二十四章）、“毋失天极，究数而止”（第三十章）、“赢绌变化，后将反也施”（第三十七章）等等。

就像这样，只要将人为规制在天道的指示之下、主张以灾殃为媒介的天人相关思想，那么，不等天时就率先起事的行为，在《称》中也就会被严厉禁戒：

凡变之道，非益而损，非进而退。首变者凶。（第四章）

不仕于盛盈之国。不嫁子于盛盈之家。（第十二章）

实谷不华，至言不饰，至乐不笑。华之属必有核，核中必有意。（第二十五章）

卑而正者增，高而倚者崩。（第三十四章）

天下有三死。忿不量力死，嗜欲无穷死，寡不避众死。（第三十六章）

这里强调的是避开盛盈、浮华之灾，坚持屈曲姿态的思想。从某种意义上来讲，这也可以说是针对人为的一个消极态度，但也不是像《老子》那样彻底无为。《称》在另一方面还主张要不失天道所指示的好时机，积极果断地行动：

时若可行，亟应勿言。时若未可，涂其门，毋见其端。（第十六章）

时极未至，而隐于德。既得其极，远其德，浅〔默〕以力。既成其功，还复其从，人莫能代。（第二十章）

〔圣人〕不执偃兵，不执用兵。兵者不得已而行。（第十三章）

利不兼，赏不倍。戴角者无上齿。提正名以伐，得所欲而止。（第二十四章）

在这些记述当中，第十六章和第二十章的主张是，在天道许可的时节到来之前，要谨慎雌伏，一旦时机到来，不要踌躇，要果断行动。第十三章、第二十四章的内容说，“不得已而行”（第十三章）、“得所欲而止”（第二十四章），虽说带有在一定的容许限度内自制的这种附加条件，已经承认了时而行使军事力量的必要。就像这样，忠实地跟从天道的指示，巧妙而适当地分别采取消极性的姿态和积极性的姿态，在这一点上，《称》的立场也可以说是直接继承了范蠡式思想的性质特色。

下面来考察一下，在《称》的基盘范蠡式思想之中流入的其他诸思想的情况。首先，有关《老子》的道的情况是怎样的呢？在《称》中，还找不到什么内容可以断定它接受了《老子》的影响。不过，带有可能性的地方是有几处的，以下就是例子：

道无始而有应。其未来也无之，其已来如之。有物将来，其形先之。建以其形，名以其名。其言谓何。（第一章）

只在开头出现了这一次的道，到底指的是《老子》的道，还是范蠡型思想的天道？不好判断。如果注意“无始”这个表达，就可以解释为“先天地而生”（《老子》第二十五章）的作为宇宙本体和根源的《老子》

的道吧。特别是“始于文而卒于武，天地之道也”“四时代正，终而复始”(《经法·论约》)等，认为天道是有始终的。这样看来，比起天道来，所指的是《老子》的道的可能性更大。

这样的话，那就同前面解说过的《经法》的形名思想一样，可以看作是在道上寻求形名审合可能性根据的这样一种思维。其与“虚而无有，秋毫成之，必有形名”“莫自为形名声号”(《经法·道法》)等，在表达上相类似，这一点也是一个补证。

要说表达上的类似性，前面提到的第一章与《十六经》末尾篇的“形恒自定”“来自至，去自往”“万物群至，我无不能应”“向者已去，至者乃新”等记述酷似。再加上，考虑到《老子》对这个部分影响很大，就会不由地想到在作者的意识里还是有《老子》的道的存在的。

但是，因为其中缺乏清楚明了的有关形名审合与道相结合的逻辑，所以，即使我们就当第一章里吸取了《老子》的道，那也只能认为是接受成熟度相当低的。其他的，在《称》中也散见有与《老子》极相似的表达。不过，那些都是属于范蠡式思想与《老子》共通的思考，没有什么根据可以判定那些只是从《老子》来的影响。因此，从整体上来讲，可以说《老子》对《称》的影响极为稀薄。

下面考察法思想的流入情况。在《称》中直接言及法的，有以下所示的三章：

> 环〔私〕伤威，弛欲伤法，无随伤道。数举三者，有身弗能保。何国能守。(第二章)
>
> 有仪而仪则不过，恃表而望则不惑，案法而治则不乱。(第五章)
>
> 世恒不可释法而用我。用我不可，是以生祸。(第十八章)

第二章中说“弛欲”统治也就是君主的恣意性的运用，会破坏法的客观性。在这一点上，批判“释法而用我”的第十八章的内容也是同样的。另外，在第五章的内容中，等同看待法与观测高低方位的基准、仪表标示等，进一步强调了法的客观性。

就像《经法·道法》篇一样，《称》中也找不到将《老子》的道置于法的客观性根据上的理论和逻辑，但《称》也是将上帝、天、天道、地等设定为人所应遵循的客观性规范的自然法的，并认为实定法也是应当维持同样的客观性的。就像这样，《称》不把法当作是为了实现君主的恣意行为的术，在排除君主的私欲和恣意、视法为客观基准这一方面，是与《经法》相通的，这也是黄帝书法思想的最大特色。

下面来看一看有关理的思考。在《称》之中，直接使用理这一术语的，只有以下所举的这一例：

诸侯有乱，正乱者失其理，乱国反行焉。其时未能也，至其子孙必行焉。故曰，制人而失其理，反制焉。（第四十二章）

这里所说的理，从前后文来判断的话，应该是规则、秩序的意思，而不是将天的运行规则作为理法的这种意义上的理。所以，虽然使用了理这个术语，但仅仅只在第四十二章出现了一次，可以说在《称》中理所占的比重绝对不大。同《老子》的道的情况一样，这一点也显示《称》更靠近《十六经》而不是《经法》的这一倾向。

下面再思考一下有关尚贤思想的问题。

帝者臣，名臣，其实师也。王者臣，名臣，其实友也。霸者臣，

名臣，其实宾也。危者臣，名臣，其实庸也。亡者臣，名臣，其实虏也。（第九章）

隐忌妒昧贼佞如此者，下其等而远其身。不下其等，不远其身，祸乃将起。（第二十二章）

不用辅佐之助，不听圣慧之虑，而恃其城郭之固，怙其勇力之御。是谓身薄。身薄则殆。以守不固，以战不克。（第四十六章）

开头第九章的内容，以师、友、宾客、佣人、虏囚等待遇秩序来对应帝、王、霸、危、亡等君主序列，主张君主应该最大限度地优待和尊重有能力的臣下。第二十二章的内容，主张降等邪恶无能的臣下并将其从近侧排除出去，与第九章为表里。第四十六章警告说，不重用有能力的辅佐、不听圣贤者的谋略，只想依靠强大的军事力量的君主，最终会使国家濒于危殆。

就这样，《称》也像《经法》《十六经》一样，重视臣下的个人智慧，表明尚贤主义的立场。当然，《经法》《十六经》的尚贤，显示出同墨家的尚贤论较近的性格，墨家在区别贤和不肖的手段方法上，将民众的价值基准统为一义。对此，《称》将重点置于厚待少数卓越的贤者。在这一点上是有一些区别的。不过，《经法》《十六经》的尚贤思想，其中也有与《称》同质的尚贤概念。而且，墨家的尚贤论本身，也是由统合了民众一般价值标准的“众贤”和录用特定的贤者于要职的“能使”这两重结构构成①。也就是说，《经法》《十六经》更侧重于“众贤”，而《称》是

① 有关墨家尚贤思想的具体内容，请参照拙稿《〈墨子〉尚賢論の特性について》（《国学院雑誌》第七十七卷第六号）。

将重点置于“使能”上的。在大的方面来看，都属于贤智主义的范畴。

这样看来，黄帝书的尚贤思想，与宣扬“不上贤，使民不争”（第三章）、“绝声（圣）弃智，民利百负”（第十九章）的一贯坚持反贤智主义的《老子》，有着很大的不同。

最后，讨论一下有关流入到《称》之中的慎到的思想。

> 不受禄者，天子弗臣也。禄薄者，弗与犯难。故以人之自为，〔不以人之我为也〕。（第十一章）
>
> 天子之地方千里，诸侯百里，所以缝合之也。故立天子者，不使诸侯拟焉。立正嫡者，不使庶孽拟焉。立正妻者，不使嬖妾拟焉。拟则相伤，杂则相方。（第十五章）
>
> 天有明而不忧民之晦也，百姓辟其户牖而各取昭焉。天无事焉。地有财而不忧民之贫也，百姓斩木刈薪各取富焉。地亦无事焉。（第四十一章）
>
> 臣有两位者，其国必危。国若不危，君臾存也。失君必危。失君不危者，臣故佐也。（第四十五章）

前面的第十一章，与守山阁本《慎子·因循》篇中的文章几乎一样。主要是说，君主与其期待臣下个人的忠诚心，倒不如让他们为了守住俸禄而自主性地行动，利用这一点比较好。第十五章的内容也是同《慎子·德立》篇的文章几乎相同，说君主权力的源泉不是在于个人的贤智，而是因为君主居于那个势位上，就决不会容忍对抗势力抬头从而威胁自己的独占地位。

另外，第四十一章与《慎子·威德》篇的文章几乎一样，说君主与其发挥自己个人的贤智、有所作为地统治民众，倒不如依靠人民各自的生存能力和自助努力、彻底施行无为无事的统治。最后的第四十五章与《慎子·德立》篇的文章几乎一样，主旨与前面的第十五章相同，主张独占势位的重要性，进一步指出以君臣关系为基轴的国家机构，是具有一定的机能的，是能够使国家自动地持续生存的。

就如以上论述的，慎到思想的出发点在于排除缺乏可信性的依赖个人贤智的统治、依靠君主势位与国家机构本身所具备的统治能力以及依靠民众的自我生存能力等[①]。所以，《称》一方面主张重视个人贤智的贤智主义和尚贤思想，另一方面也接受了慎到的思想。这个态度不能不说是带有矛盾的。

不过，二者之间也存在强烈的共通性。慎到主张放弃发挥难免陷于主观的个人贤智，要求因循各种客观性的装置和环境，如自然法秩序和作为客观判定基准的实定法、君主势位、国家机构、人民的自我生存能力等。慎到的这个立场，即排除君主的恣意性统治、以遵从自然法和作为客观基准的实定法的形式来统治的主张，与《称》的目标——实现毫无勉强的统治的立场，在根本上是有很多重合面的。这样的话，就能理解《称》在自己的思想基盘——范蠡式思想当中，又摄取了一些慎到的思想。在思想的建构上，这个现象是有可能发生的。

本章考察了《称》的思想性特色[②]。结果表明，《称》以范蠡式思想为基盘，还摄取和流入了一些其他的思想。《称》的立场和主张，在重点的搁置上有一些矛盾的地方，但在根本上，和前面讨论的《经法》《十六经》大同小异，显示出了其为黄帝书的一部分的强烈的共通性。

---

① 有关慎到的思想，在第二部分还将有所详述。

② 有关《称》的专论，还可参考汤浅邦弘《〈称〉の思想——馬王堆帛書〈称〉に於ける天道と統治原理》（《島根大学教育学部紀要》第二十三卷第二号）

第七章 《道原》的思想性特色

卷前古佚书的末尾处，记有书名和字数“道原四百六十四”的字样。本章考察《道原》的思想性特色。

《道原》整体上由连续的文章组成，不存在章节段落的区分。从内容上来看，大致可分为前半部和后半部两部分。先看前半部：

> 恒无之初，迵同大虚。虚同为一，恒一而止。湿湿梦梦，未有明晦。神微周盈，精静不熙。故未有以，万物莫以。故无有形，大迵无名。天弗能覆，地弗能载。小以成小，大以成大。盈四海之内，又包其外。在阴不腐，在阳不焦。一度不变，能适蚑蛲。鸟得而飞，鱼得而游，兽得而走。万物得之以生，百事得之以成。人皆以之，莫知其名。人皆用之，莫见其形。一者其号也。虚其舍也，无为其素也，和其用也。是故上道高而不可察也，深而不可测也。显明弗能为名，广大弗能为形。独立不偶，万物莫之能令。天地阴阳，四时日月，星辰云气，蚑行蛲动，戴根之徒，皆取生，道弗为益少。皆反焉，道弗为益多。坚强而不撌，柔弱而不可化。精微之所不能至，稽极之所不能过。

前半部从各个角度描写了宇宙本体及根源的《老子》的道的超越性性格。根据这个描写的内容，道是这样形成的：从茫然地包括着大虚的恒无状态中，扩散出来虚，然后合成凝结为一，形成道。本来，《老子》的宇宙生成论是这样说的："天下之物生于有，有生于无。"（第四十章）从无到有，不仅明示了时间顺序，而且还说"有物昆成，先天地生"（第二十五章），明确指出道是多个物的合成体。《道原》沿袭了这个框架，还重新说明了道的形成过程：虚的变化状态是从扩散至凝聚。以这个变化为媒介，从虚的散在（无）至虚的凝聚，再至一即道（有）。道是以这样的形式形成的。框架本身是沿袭了《老子》的，但将物的实体当作为虚，以虚的状态变化为媒介，尝试统一性地说明道的形成这一点，是能够看出其思想性进展的。

接下来，《道原》认为，道所内含的神和精，因为分别是微和静，所以，万物不能够认识和体会到道的存在。结果，道就成了无形、无名的了。强调超越了高下、小大、内外、阴阳等差异的道的无限定的特点。

"一度不变，能适蚑蛲"以下的内容说，万物、百事全都是因道的作用而生成的。论点移至这里。针对前面说的"万物莫以"，这部分说"人皆以之"。注意看一下这个对照，就知道在作者的脑海里，可能有过这之间形成了万物的思考。不过，作者就此并没有明确说明，所以也不得而知。总之，无论怎样，一切万物、百事都是因无为中的道的作用而生成的，道的存在依旧是不可能认识的，依然是无形、无名的，坚持"独立不偶"的超越性。

另外，在"天地阴阳，四时日月，星辰云气"的范蠡式思想以及《经法》《十六经》《称》中，周期运动体即天的主要构成要素[①]，是从道中“皆取生”的，是从属于道的，位于道的下位。这一点值得注意。如果说天地、阴阳、四时、日月、星辰、云气等都从属于道之下的话，那么，这些物质的周期运行所显示的天的理法即天道，也必须从属于道的下位了。

在范蠡式思想以及《经法》《十六经》《称》之中，有这样一些表达：“盈缩以为常，四时以为纪。无过天极，究数而止”（《国语·越语下》）、“必尽天极，而毋擅天功”（《经法·国次》）、“周迁动作，天为之稽”“日月星辰之期，四时之度，动静之位，外内之处，天之稽也”（《经法·四度》）、“逆天之极，又重有功，其国家以危”（《十六经·兵容》）、“天稽环周，人反为之客”（《十六经·姓争》）、“毋失天极，究数而止”（《称》第三十章）等等。主张天道是应该遵循的理法（稽），是天所显示的所容许的人为限度（极）。对此，《道原》主张“稽极之所不能过”，可以说明显是有将天道置于道之下位的意图的。

《老子》的道对范蠡式思想带来的最大冲击，就像“抱一能毋离乎”（《老子》第十章）、“天得一以清，地得一以宁。神得一以灵，浴得一以盈。侯王得一以为天下正”（《老子》第三十九章）等所表达的那样，道被定为一，即本体和根源。在这一点上冲击最大。这个冲击恰好就像在多神教的世界里突然带入了一神教一样。以范蠡式思想为基盘的黄帝书，对这样的道的唯一绝对性表现出了极大的兴趣。同时，还被迫必须调整自己以天地、阴阳、四时、日月、星辰等要素构成的天道与《老子》的道之间的关系。《经法·道法》篇和《名理》篇将道视为可明

---

① 《国语·越语下》所能够看到的，只是天地、阴阳、四时、日月，完全没有言及星辰、云气。星辰是到了《经法》时出现的。另外，在《道原》中，除了星辰之外，还出现了云气。这些问题到后面再作考察。

察和认识天道指示的根据。《十六经·成法》篇强调道的唯一性:"一者道之本也""一之解,察于天地,一之理,施于四海""夫唯一不失。一以驺化,少以知多""万物之多,皆阅一空"等。这些都是我们所说的那个现象的一环。

另外还有"虚同为一,恒一而止""一度不变""一者,其号也""独立不偶""夫为一而不化"等。一方面将注意力集中于道的唯一绝对性上,另一方面以道来统括范蠡式思想的天道。《道原》的内容可以说是一个显著的尝试。

下面再来看后半部分。后半部的内容如下:

> 故唯圣人能察无形,能听无声。知虚之实,后能大虚。乃通天地之精,通同而无间,周袭而不盈。服此道者,是谓能精。明者固能察极,知人之所不能知,服人之所不能得。是谓察稽知极。圣王用此,天下服。无好无恶。上用□□,民不迷惑。上虚下静,而道得其正。信能无欲,可为民命。上信无事,则万物周遍。分之以其分,而万民不争。授之以其名,而万物自定。不为治劝,不为乱懈。广大弗务及也。深微弗索得也。夫,为一而不化。得道之本,握少以知多。得事之要,操正以正奇。前知太古,后□精明。抱道执度,天下可一也。观之大古,周其所以。索之未无,得之所以。

此后半部分,很明确地将论点从解说道转移到体会并修得道的圣人的统治上来。体会并修得道的圣人,"能察无形,能听无声""知虚之实",将自己保持在大虚的状态。这样,只要圣人实践"虚""信""无欲"

“无事”的统治，对万物、万民的形名审合也就会自然达成，会带来“下静”而“万民不争”“万物自定”的巨大成果。《道原》认为，“不为治劝”“弗务及也”“弗索得也”“得道之本，握少以知多。得事之要，操正以正奇”，极力称赞遵循道而施行的无为统治的效率和好处。

需要留意的是，后半部分虽然从头至尾以遵循道的圣人统治为主题，其间也说“明者固能察极”“是谓察稽知极”等，夹杂有这样的论调：要从天道的推运上察知天的容许限度。就像在解说前半部分时已经提到的那样，“察稽知极”的这种思考，是范蠡式思想的最大特征。因此，这个后半部分也和前半部分一样，也有以唯一绝对的《老子》的道来统括范蠡式思想的天道的这一意图。

《道原》通过上述的操作，将《老子》的道和范蠡式思想的天道接合。其结果，那以天地、阴阳、四时、日月、星辰、云气等诸要素的推运而成的天道，就完全从属于《老子》的道的统制下了。《老子》的道作为宇宙本体和根源的绝对性被进一步加大了。而且，《道原》还断言“圣王用此天下服”“抱道执度，天下可一也”，在确立这种道的绝对性权威的背后，还有对于道的体验修得者统一天下的期待。

以上考察了《道原》的思想内容。《道原》的主张和《经法》《十六经》的主张有着明显的性质上的不同。之所以这么说，是因为《经法》《十六经》《称》这三者都是以范蠡式思想为基盘，并在此之上导入和吸收了《老子》等诸思想。与此相比，《道原》调换主客，是以《老子》为基盘，吸收范蠡式思想，是这样的一个形态。

这种思想形态在《韩非子·解老》和《淮南子》中也很显著。不过，从“天下可一也”这个表达上来看，《道原》的成书时期被推定为分裂状态持续的战国时期。所以,《道原》可看作是营造这个思想性的先驱[①]。《道原》在思想史上所占据的最大意义也在于这一点吧。

如果说,在四种卷前古佚书中,《经法》《十六经》《称》这三部显示出了范蠡式思想的继承者的特点的话,那么,《道原》就是把范蠡式思想和《老子》思想换了位置,是让《老子》思想处于优位的过渡桥梁。在帛书中,《道原》处于《经法》《十六经》《称》这三者和乙本《老子》中间的位置,即使这完全是偶然的,似乎也正好象征出《道原》的思想性立场。

---

① 卷前古佚书被推定为是在汉高祖殁年之后、惠帝殁年之前的这段时间里书写出来的。从这一点上来看,《道原》也是先于《淮南子》而成书的。这很明白。《道原》中有类似于《淮南子》的表述,当然,这是因为《淮南子》受到了《道原》的影响的结果。

《韩非子·解老》与《道原》的前后关系不明。《解老》篇以理为媒介,使万物、万理从属于道的统制之下。对此,《道原》中完全没有以理介入其中的思考。很难断定二者先后。不过,如果重视这二者的思想水平差异的话,《道原》先于《解老》篇的可能性较高。有关《解老》篇的思想,在第二部中将有详细叙述。

第八章 《管子·势》的性质特点

在此之前，分别考察了《经法》《十六经》《称》和《道原》的思想性内容。这四种卷前古佚书和既存的诸多文献之间，存在相当数目的重复和类似的表达。其中特别是《管子》中的《势》篇，无论是从分量上来讲，还是从内容上来讲，都与古佚书有着很强的类似性。《经法》《十六经》《称》基本上是以范蠡式思想为祖型的。从这个考察结果上来讲，在考虑《势》篇的特性时，不仅要同古佚书相比，还有必要与范蠡式思想作一比较。本章从这个视点上来探讨《管子·势》的特性。

《势》篇整体上可分为前、中、后三部分。前面部分，从整体上来讲是贯穿着兵学思想的内容，但仔细看还可以分为三个部分。第一就是“战而惧水，此谓澹灭”，讲用兵术，可以说内容完全是地道的兵家之言，与范蠡式思想的直接关系稀薄。第二是“夫静与作，时以为主人，时以为客，贵得度”，是主张主客作静之分的部分，内容上与范蠡式思想的特色一致。第三是“故曰，无为者帝”这句道家式的言辞总结。

第一和第二还算是以静作连结着的。以具体战术为主的第一与向天时寻求侵攻或防御的判断的第二，感觉这二者之间有不少的断绝。第二与第三，静和无为看似保持着关联，但第二的着眼点在于静与作的适当区别使用。将二者只以无为来总括的话，难免给人不自然的印象。也就是说，这前面的部分里，集中了兵家言、范蠡式思想、《老子》风格的道家言等三个系统的思想。一连串的文章是这样组织成的。

接下来中间的部分，说“逆节萌生，天地未形，先为之征，其事乃不成。戮受其刑”[①]，主要是说人为应该对应天道周期，内容与范蠡式思想完全一致。而且，“天因人，圣人因天。天时不作勿为客，人事不起勿为始”“人先生之，天地形之。圣人成之，则与天同极”“成功之道，嬴[②]缩为宝。毋亡天极，究数而止”“修阴阳之从，道天地之常。嬴嬴缩缩，因而为当，死死生生，因天地之形。天地之形，圣人成之”“不犯天时，不乱民之功”等等，在表达方法上，很多都和《越语下》篇的范蠡式思想的部分重复。

与此相类似的倾向在《经法》《十六经》《称》中也存在。这三者是以范蠡式思想为基盘并做了大幅度的铺陈和扩充的。另外还有一些别的思想的混入。所以，在文章表达上直接与《越语下》篇重复的，只在整体中零散存在。相比起来，《势》篇的中间部分，好像就是从《越语下》篇中抄写来的一样。

不过，有一些地方还是显出了与《越语下》篇不同的要素。第一就是“小取者小利，大取者大利。尽行之者有天下”“行德而不争，以待天下之渍作”等。以一国为基础，视野扩大至天下。这一点可以说是与《老子》及古佚书的主张一致。

第二就是如下所示，文章有与《十六经·顺道》篇重复的部分：

---

① 原文中，“征”为“政”，“戮”为“缪”。依照《国语·越语下》做了修改。

② 原文为“赢”，觉得不对，依照《越语下》篇改为“嬴”。后面文章中的“赢”也一样。

故贤者诚信以仁之，慈惠以爱之。端政象，不敢以先人。中静不留，裕德无求，形于女色[1]。其所处者，柔安静乐，行德而不争，以待天下之濆作也。故贤者安徐正静，柔节先定，行于不敢，而立于不能，守弱节而坚处之。(《势》)

正信以仁，慈惠以爱人。端正勇，弗敢以先人。中请不剌，执一毋求，刑于女节。所生乃柔，□□□正德，好德不争，立于不敢，行于不能，战示不敢，明执不能。守弱节而坚之，胥雄节之穷而因之。(《顺道》)

上面的两段文章，表达上多少有一些不同，但基本上给人异曲同工的感觉。从内容上来讲，依然可以含在范蠡式思想的范畴之内，但还含有一些《越语下》篇不存在的用语，如“仁”“慈惠”“静”等。

另外，在《势》篇中，说“形于女色（节）”“柔节先定，行于不敢”“守弱节而坚处之”等，使用了女节、柔节、弱节等术语。在《十六经·顺道》篇中，说“刑于女节”“守弱节而坚之，胥雄节之穷而因之”，将女节、弱节与雄节相对比，更在引用部分的前面，让柔节登场：“安徐正静，柔节先定。”本来，这类思考都是源于范蠡式思想的：“宜为人客，刚强而力疾。阳节不尽，轻而不可取。宜为人主，安徐而重固。阳节不尽，柔而不可迫。”(《国语·越语下》)。但是，尽管如此，《势》篇、《顺道》篇将范蠡式思想的阴节、阳节等术语换成女节、弱节、柔节、雄节，这一点也

---

① 这个“女色”，从与《顺道》篇的对应来看，应该是“女节”。女节与《十六篇·雌雄节》篇中的雌节意思相同。

使我们必须承认，其相互之间还是有差异的①。

另外，在《势》篇中，有贤者出现。这也是与《经法》《十六经》《称》共通的倾向，是范蠡式思想中没有的要素。

综合以上要点，可以认为，《势》篇的中间部分基本上是以《越语下》篇的范蠡式思想为底色，其中还编织进了一些近似《经法》《十六经》《称》的思想，是这样缀辑出来的。

《管子・势》的最后部分，主要论述取得天下的要点，整体上的连续性是有的，但也可以再细分为三个部分。第一部分，就是以下举出的内容，论说君主必须独具看穿对手的明察力以及遮掩自己、不为对方识破的周密性这二者：

> 善周者，明不能见也。善明者，周不能蔽也。大明胜大周，则民无大周也。大周胜大明，则民无大明也。大周之先，可以奋信。大明之祖，可以代天下。

这里的对象是民，但从内容上来看，与对于臣下的督责术有共通的地方，属于广义上的形名思想。第二部分，“索而不得，求之招摇之下。兽厌走，而有伏网罟。一偃一侧，不然不得”，说在欲得天下的时候，需要软硬、和战两种态度。这部分承接了第一部分的“可以代天下”，还连接了第二部分的内容。

第三部分，“大文三会，而贵义与德。大武三会②，而偃武与力”，论

---

① 在《称》中，有“地之德，安徐正静，柔节先定，善予不争，此地之度而雌之节也”(第五十一章)，能够看到柔节和雌节的说法。

② 原文的两处都是“曾”，依照《管子集校》郭沫若的说法，改为“会”。

述分别使用文武，总括内容。将文武相对照的内容，有“用二文一武者王”（《四度》篇）、“文武并行，则天下从”（《君正》篇）等，是《经法》所显示的特征，这一点与《经法》一致。不过，中间部分的末尾处，有“先德后刑”这句话，这个主张和《十六经》一致：“先德后刑以养生”“先德后刑顺于天”（《观》篇）等。

本来，区分使用对于国内的恩德与刑罚、对于外国的攻伐与和平，这些思维来源可在范蠡式思想中找到：“四封之内，百姓之事，时节三乐，不乱民功”“四封之外，敌国之制，立断之事，因阴阳之恒，顺天地之常。柔而不屈，强而不刚，德虐之行，因以为常”（《国语·越语下》）等。所以，原本在范蠡型思想中称为德虐，之后在《经法》中叫文武，在《十六经》中又变为刑德，是变换了说法。

这三种形式的对应关系，虽然表达上有所不同，但意思内容可以说几乎是一样的。在《经法·君正》篇中，说“二年用其德”“五年以刑正”“德者爱勉之也”“以刑正者，罪杀不赦也”等等。虽说只是一部分，刑与德是对应表述的；在《十六经》中，说“德虐无型，静作无时”（《观》篇）、“静作相养，德虐相成”（《果童》篇），刑德和德虐并存[①]。在大致上，如上所述的用词的统一性的确是存在的。从这一点上来讲，《管子·势》中刑德与文武混在，这个现象足以令人窥探到其中杂糅的痕迹。

以上将《管子·势》从整体上分为前中后三个部分并加以讨论。其结果可总结出以下几点：第一，《势》篇的内容基本上属于范蠡型思

① 在《称》中，说“时极未至，而隐于德。既得其极，远其德”（第二十章），只有“德”这一方面。

想。第二，整体上是由各个资料缀合在一起做成的，尽管作者下了功夫，一片苦心，但其中的连接部分却相当粗糙龃龉。第三，内容分量最多的中间部分，很明显是以《国语・越语下》为参照写的。第四，含有一些与《经法》《十六经》相近似的思考和表达。

综合以上几点可以推定，《管子・势》最终以现今的这个形式形成的时期，应与《经法》《十六经》的形成时期几乎相同或稍迟一些。另外，其中的思想内容也没有添加什么格外崭新的要素，只能说给范蠡式思想的文献又多添加了一篇，如此而已。

不过，《管子・势》的中间部分，几乎是忠实地沿袭了《越语下》篇。比起《经法》《十六经》《称》等，这个现象更加确实地证明，这个系统的思想性原型是《越语下》篇的范蠡式思想。《管子・势》这样的思想内容，以往因为本应作为判定基准的黄帝书的失佚，其所属思想系统没有得到清楚判定，也就没有清楚认识到其是属于具有固有特性的独自的思想系统的文献。然而，这次因为发现了卷前古佚书，才知道其实际上就是黄帝书系统的相关文献。

就像这样，以前不能明确文献的思想系统，经过重新发现其特性，然后明白其实是与黄帝书同系统的思想内容，这个现象在《鹖冠子》《六韬》以及《淮南子》中的一部分也存在。范蠡式思想的影响超越了特定的学派和书籍框架，影响范围相当广泛，这一点也逐渐明了清楚。本章所考察的《管子・势》，是其中代表性的一个例子。就此也就可以确认《势》篇所具备的思想史上的意义了。

第九章　《国语》的资料性性质特点

到目前的章节为止，为了阐明黄老道的思想性系谱，作为基础作业，以《国语·越语下》《老子》《经法》《十六经》《称》《道原》等基本文献为中心，分析了这些文献相互间的共通点和不同点。

结果表明，四种古佚书即黄帝书，与《国语·越语下》之间，存在特异的显著的共通特性，二者属于同一系统的思想。另外，古佚书受到以《老子》为首的战国时期的诸思想的影响。相比之下，《越语下》篇中完全看不到同样的现象。所以，《越语下》篇的范蠡式思想应该就是黄帝书思想的原型，而且也可以导出其与《老子》共有部分思想性基盘的这一推论。

承接以上的结果，本章就《国语》的资料性特点作若干的讨论。

自古以来，有关《国语》的形成情况有很多的议论。在作者是谁的问题上，有司马迁的所谓发愤著书说："左丘失明，厥有国语。"（《史记·太史公自序》）这是最早的记录了。另外，司马迁在著述《史记》时说，"于是谱十二诸侯。自共和讫孔子，表见《春秋》《国语》，学者所讥盛衰大指著于篇"（《史记·十二诸侯年表》），《国语》被当作主要的资料之一来使用。据此可以知道，当时《国语》已经是被当作左丘明的著作来传承的了。

另一方面，也有传承认为《春秋左氏传》的作者也是左丘明（《史记·十二诸侯年表》)。所以,在这之后,一般认为《左传》与《国语》都出自左丘明之手。这其中的情况,班固的解说是"孔子因鲁史记而作《春秋》,而左丘明论辑其本事以为之传,又撰异同为《国语》"(《汉书·司马迁传》);韦昭说"昔孔子发愤于旧史,垂法于素王。左丘明因圣言以摅意,托王义以流藻。其渊源深大,沈懿雅丽。可谓命世之才,博物善作者也。其明识高远,雅思未尽。故复采录前世穆王以来,下讫鲁悼、智伯之诛,邦国成败,嘉言善语,阴阳律吕,天时人事,逆顺之数,以为《国语》。其文不主于经。故号曰外传"(《国语解·叙》)。可以说这些都是这个主张的代表性的说法。

对于上述的意见,一直以来都有各种各样的反驳意见。这里介绍主要的几个。首先,唐代柳宗元的《非国语》(《唐柳先生集·别集》),说"左氏《国语》,其文深闳杰异,固世之所耽嗜而不已也。而其说多诬淫,不概于圣",强烈批判《国语》中所含的很多诬淫怪异的记述。对于《越语下》篇,还特别下判断说,"越之下篇尤奇峻,而其事多杂。盖非出于左氏"。到了清末,更是乘着当时的公羊学派复兴的气运,对于汉代的今古论争剩饭重煮、旧事重提,提出《左传》刘歆伪作说的主张,与此相随,产生了许多的对于《国语》可信性的种种质疑①。

---

① 举一个例子,在康有为的《伪经考》卷三当中,叙述了这样的见解:《汉书·艺文志》使用了记为《刘向分国语》的《新国语》五十四篇,刘歆伪作《左传》,其残余中再混入杂多的资料,做出了现行版本的《国语》二十一篇。另外,董增龄的《国语正义》序中说,怀疑现在的《越语下》篇是《汉书·艺文志》兵权谋所记的《范蠡》二篇的混入。不过,《汉书》卷七十的注列举"范蠡兵法",说"飞石重十二斤,为机发,行二百步",这完全是解说用兵技巧的兵家之言,《文选》卷十六的李善注、《左传·桓公五年》孔疏的引用也是这个有关投石机的事情。因此,被分类为兵权谋的《范蠡》二篇与《越语下》篇性质完全不同,不得不说,前面所述的那个疑虑是难以成立的。

不过，不得不说柳宗元的《国语》批判在根本上离了题。柳宗元依照传承的说法，视《国语》出自左丘明一人之手，认为如左丘明这样的给《春秋经》附上了传的人物，当然应该从经学的立场上著作《国语》。柳宗元基于这样的一个前提。在此之上，他还给古代儒家思想重新作合理性的解释，随意创建儒学理念，以是否合乎自己所创理念为基准，来为《国语》判定是和非。如果采取这样的立场来看的话，原本就与经学无缘的《国语》，当然就充满了不合柳宗元之意的记述内容。以此来批判《国语》的不当、攻击《越语下》篇的内容，只是颠倒了本末而已。

另外，以康有为为领袖的清末公羊学派也发出了质疑。其背后有否定古文、在今文《公羊传》中探寻孔子改制的圣法，从而得到戊戌变法的思想性支柱这样的动机存在。所以，有关的讨论也不免给人政治意图先行和牵强附会的印象。

下面就来讨论一下疑古派的学说主张吧。在张心澂的《伪书通考》史部、杂史中，引用了卫聚贤的《国语之研究》的要点，其中有卫氏对于《国语》形成时期的推定，现介绍如下：

卫氏在推定《国语》的形成时期时树立了这样的一个原则，他认为《国语》与《左传》并行记录了同一事件的话，文章表达更为明了的那一个，就是从另一个当中拿来的。他以这个原则，将《国语》与《左传》的前后关系作为基准，把《国语》的内容分类为三组：《周语》《齐语》《楚语》《吴语》为《左传》以前之作；《鲁语》《晋语》为《左传》以后之作；《郑语》《越语》不明，无可判别。

然后，他推定《左传》是子夏在魏的西河著述的，还说公元前 384 年子夏的门人吴起携带《左传》亡命于楚，然后《左传》就流传开来了。因此，他判定《周语》《齐语》《楚语》《吴语》是公元前 384 年之前的作品,《鲁语》《晋语》是公元前384年之后的作品。

那么,按照前述的那个原则,那个被认为是无可判别的《越语》,又是如何呢?首先,关于《越语上》,他这样认为:《左传》中将越消灭吴的年份记为鲁哀公二十二年,而《吴语》和《越语上》的记述是哀公十三年,这一定是《越语上》认为《左传》的记载有误,然后参照了《吴语》的记述的一个结果。这样的话,《越语上》参看了《左传》,所以,其形成时期就应该是在公元前384年之后。

还有一个无可判别的《郑语》,他说"曹姓邹莒皆在采卫",《郑语》中有楚消灭了邹和莒的记述,所以,推定《郑语》为公元前314年楚灭邹之后的作品。另外,他认为,《越语下》是《国语》中最后形成的一篇,所以推定其形成时期在郑语形成之后,也就是在公元前314年以后的时期。

卫氏的说法有多大程度的可信性呢?首先,说一说《国语》与《左传》并行记录同一事件时,文章表达明了的一方是从另一方中拿来的这个原则吧。什么才是明了的文章表达?这个判断只能是一个主观的判断。以这个原则分类的组别,也就很难称作是一个基于客观基准的分类了。

另外,将《左传》看成是子夏在魏的西河的著作,有关这一点,因为《左传》的形成状况至今不明点依旧很多,所以还没有可以断定是非的确证,更不用说吴起出奔至楚之后《左传》开始流传的这个说法了,完全是臆测而已。不得不说,将吴起出奔至楚的公元前384年当作形成时期的判定基准,这本身是没有任何根据的。

有关越灭吴的年份的问题,《越语上》与《吴语》的记载是一致的,而《左传》不同。这个现象可当作《国语》与《左传》的不同点来处理,没有什么必然性。非要特意考虑是因为《越语上》看过了《左传》,认为其记述有误,然后再依据《吴语》——不存在任何这样做的必要。因此,说《越语上》看过《左传》,所以其形成时期在公元前384年之后的说法,实际上没有任何根据。

《郑语》被推定为公元前314年之后,说这是因为《郑语》中有楚消灭了郑的记述。有关这一点,本来《郑语》记述的时代是西周末,春秋末的莒的灭亡、战国时期邹的灭亡等就不可能记述在其中。卫氏将"采卫"取意为采邑,"邹莒皆在采卫"就解释为记录了有关邹、莒的灭亡,这是不对的。"采卫"指的是宾服五圻中的采服和卫服,所以他的推论只能说是对于资料的误读和误解。因为误读和误解,将《郑语》的形成时期定为公元前314年之后,然后在此之上又说,《越语下》的形成应该比《郑语》晚,所以也是在公元前314年之后,这绝对是谬论,难以成立。

可以看出,卫氏的推论是建立在臆测和误解上的。不得不说,在整体上完全是一个虚妄的说法。

另外,在《伪书通考》中,接着卫氏的论说,还记有张心澂自己的考证。其中,张氏认为,《越语下》中的越王勾践,铸造了范蠡这一偶像,这个记述是受了秦始皇铸造金人的影响。这个记述内容的文章,在《越语下》和《史记·越世家》中几乎以同文的形式存在,而《越语下》的文章表达更为明了,所以,《越语下》是《史记》盛行之后的作品。有关范蠡的偶像式的记述,是后汉官僚对于自己的待遇不满,就要求效仿,要求像越王对待范蠡那样对待他们自己,是为自己要求厚待而著作的等等。他举着这样的论据,将《越语下》的形成时期推到后汉班固的时代,这完全是想当然的臆测,不用多说了。

对于这些立于主观臆测的批判，瑞典语言学家高本汉（Bernhard Karlgren，1889—1978）在分析助辞的基础上，推断《左传》与《国语》都是形成于先秦的著作。而且，两部著作显示出极为特异的类似性，可以看作是同一个系统的著述。他提出了这样的见解①。高本汉的研究成果至今都得到了很多的支持，《左传》与《国语》这两部著述，即使在形式上有了变化，同是左丘明所著的这一传统性的主张，又一次得到了有力的佐证。

至今为止，《国语·越语下》被当作是比卷前古佚书更为先行的资料，这其中也有高本汉的学说作依据。有关这个问题，还可以加上别的有利的理由。那就是，就像在前面的章节里通过比较和讨论已经清楚了的，《老子》《经法》《十六经》《称》《道原》《管子·势》等，虽然程度上有所差别，但其中全都能够清楚地读取到来自儒、墨、名、法等诸思想的影响。与此相反，《越语下》篇中完全看不到那些思想影响的痕迹②。这种明显不同的鲜明对照，就是《越语下》形成于上述诸思想的形成或传播之前的一个证据。其形成时期晚也不会晚到战国初期以后吧。也就是说，从思想史的观点上来看，《越语下》可以位于与黄老

---

① Bernhard Karlgren："ON THE AUTHENTICITY AND NATURE OF THE TSO CHUAN"，p. 58—61，p. 64—65.

② 有关这一点，被认为是"初本黄老，而末流迪于刑名"（陆佃序）的《鹖冠子》也是同样。《鹖冠子》的内容，"天文也、地理也、月刑也、日德也、四时检也、度数节也"（《夜行》篇），基本上是属于范蠡式思想的。不过，就像还有"阴阳气也、五行业也"（同上）这样的记述，可以看到阴阳五行思想的流入。另外还有"此皆有验，有所以然者，随而不见其后，迎而不见其首"（同上）这样的记述，明显地是来自《老子》的影响。特别是，"日月不足以言明，四时不足以言功，一为之法，以成其业，故莫不道，一之法立而万物皆来属"（《环流》篇），这种思考就是依据老子的道来统括范蠡式思想的天道，这一点表现出与《道原》共通的特性，可以认为其形成于黄老道的形成之后。

道有关的所有文献的前面的位置上，而相反是绝对不成立的。

柳宗元认为《国语》中的天人相关思想是诬淫奇怪之语并予以排斥，特别批判《越语下》的内容，认为其最为奇峻。反过来看，这本身就说明了《越语下》篇中很好地保存了后世儒学价值观控管不到的古代文化面貌，正好像是为这一事实作的雄辩。根据前面提到的高本汉的说法，如果还考虑增强了其信实性的司马迁以来的传承的话，《越语下》篇中的公元前510年至公元前472年吴越抗争时的记录，是在春秋末期至战国初期的时候，由那些参与《左传》编撰的人及其周围的史官们编撰而成的。这样考虑应该是妥当的。因此，《越语下》是依据这些史官们的价值观而编集成的，是吴越抗争的同时期资料，这样看大概是没有问题的。

第十章　范蠡式思想的渊源(一)

——与《尚书》的关系

到此为止,论述了《越语下》篇中的范蠡式思想就是黄帝书的思想性原型。范蠡式思想是在什么样的状况下形成的？本章讨论这个问题,考察其渊源。

为了阐明这个问题,只要是与范蠡式思想相类似的思考,哪怕只是部分性的,都需要在吴越抗争之前的时代中探究其存在。符合这个条件的资料,范围极为有限。首先,可以在中国最早的文献《尚书》中找出有关事例的记载。不过,现在传承的《尚书》是“伪古文尚书”,所以,本章在论述中,以现行本《尚书》的“今文尚书”部分为中心,来抽出其中与范蠡式思想类似的内容,采取这样的方法。

为了论述上的方便,这里先重复一下范蠡式思想的概要:为政者应该遵循的规范,大的有天、人、地三者。天的内涵有作为人格神的上天、上帝,以及由四时、阴阳、日月等要素构成的作为周期运动体的天,还有天的运行所显示的作为理法的天道。人为应该对应于天道的指示,人为的类型以德虐、柔刚、客主人、牝牡等术语规定。上天、上帝以天道与人为的对应是否适当(顺、逆)为依据降下祸福和赏罚。这就是范蠡式思想的思想性结构。

那么,在《尚书》中,与范蠡式思想类似的内容是怎样的形态呢？

天叙有典，敕我五典五惇哉。天秩有礼，自我五礼有庸哉。同寅协恭和衷哉。天命有德，五服五章哉。天讨有罪，五刑五用哉。政事懋哉懋哉。天聪明，自我民聪明。天明畏，自我民明威。达于上下，敬哉有土。(《皋陶谟》)

王曰：格尔众庶，悉听朕言。非台小子，敢行称乱。有夏多罪，天命殛之。……夏氏有罪。予畏上帝，不敢不正。(《汤誓》)

惟天监下民，典厥义。降年有永有不永。非天夭民，民中绝命。民有不若德不听罪。天既孚命，正厥德。乃曰，其如台。呜呼，王司敬民。罔非天胤。(《高宗肜日》)

西伯既戡黎。祖伊恐，奔告于王曰：天子，天既讫我殷命。格人元龟，罔敢知吉。非先王不相我后人。惟王淫戏用自绝。故天弃我。不有康食，不虞天性，不迪率典。今我民罔弗欲丧，曰：天曷不降威。大命不挚，今王其如台。王曰：呜呼，我生不有命在天。祖伊反曰：呜呼，乃罪多参在上。乃能责命于天。殷之即丧。指乃功，不无戮于尔邦。(《西伯戡黎》)

已，予惟小子。不敢替上帝命。天休于宁王，兴我小邦周。宁王惟卜用，克绥受兹命。今天其相民，矧亦惟卜用。呜呼，天明畏，弼我丕丕基。(《大诰》)

呜呼，皇天上帝，改厥元子，兹大国殷之命。惟王受命。……王来绍上帝，自服于土中。且曰：其作大邑，其自时配皇天，毖祀于上下。……天其命哲，命吉凶，命历年。知今我初服，宅新邑，肆惟王其疾敬德。王其德之用，祈天永命。(《召诰》)

我亦不敢宁于上帝命，弗永远念天威，越我民罔尤违。惟人在我后嗣子孙，大弗克恭上下。遏佚前人光，在家知。天命不易。

天难谌。乃其坠命，弗克经历，嗣前人恭明德。……又曰：天不可信。我道惟宁王德延，天不庸释于文王受命。（君奭）

上述列举的都是和人格神上天、上帝有关的资料。在《尚书》中频频出现的上天、上帝，总是不断地监视地上的一切，降天命，司掌人间的祸福、凶吉、存亡和兴衰，是这样的一个绝对的支配者。范蠡式思想中的上天、上帝，原本就是这种思考的一个继承。

那么，在范蠡式思想当中，规定人、地与天相并列，都是应该遵循的规范。在《尚书》中，有关这一点并没有明确的显示。不过，《尚书》中有这样的表达："天聪明，自我民聪明。天明畏，自我民明威"（《皋陶谟》）、"王司敬民。罔非天胤"（《高宗肜日》）、"今我民罔弗欲丧，曰：天曷不降威"（《西伯戡黎》）、"古人有言曰：人无于水监，当于民监"（《酒诰》）。这些表达表示，民意的动向是天意的反映，是为政者应该遵从的一个规范。

另外，有关地，虽然没有直接列举说明，但也有一些间接的表达："毖祀于上下"（《召诰》）、"大弗克恭上下"（《君奭》）等。这些间接表达很清楚地说明了地同天一样，受到尊崇，是重要的祭祀对象。因此，很容易想象，如果说要发展《尚书》中的这些要素，就会有范蠡式思想的那样的形态。

这样一来，下面的问题就是有关天道的思考是否存在了。就这个问题试举出下面的资料：

乃命羲和，钦若昊天，历象日月星辰，敬授人时。分命羲仲，宅嵎夷，曰旸谷。寅宾出日，平秩东作。日中，星鸟。以殷仲春。

厥民析,鸟兽孳尾。……帝曰:咨汝羲暨和,期三百有六旬有六日,以闰月定四时成岁。允厘百工,庶绩咸熙。(《尧典》)

帝曰:格汝舜。询事考言,乃言底可绩三载。汝陟帝位。舜让于德,弗嗣。正月上日,受终于文祖。在璿玑玉衡,以齐七政。肆类于上帝,禋于六宗,望于山川,遍于群神。(《尧典》)

王乃言曰:呜呼箕子,惟天阴骘下民,相协厥居。我不知其彝伦攸叙。箕子乃言曰:我闻在昔,鲧陻洪水,汩陈其五行。帝乃震怒,不畀洪范九畴,彝伦攸斁。鲧则殛死,禹乃嗣兴。天乃锡禹洪范九畴。彝伦攸叙。(《洪范》)

四五纪。一曰岁。二曰月。三曰日。四曰星辰。五曰历数。(同上)

曰王省惟岁。卿士惟月。师尹惟日。岁月日时无易,百谷用成。乂用明,俊民用章,家用平康。日月岁时既易,百谷用不成,乂用昏不明,俊民用微,家用不宁。庶民惟星。星有好风,星有好雨。日月之行,则有冬有夏。月之从星,则以风雨。(同上)

曰:敢敬告天子。皇天改大邦殷之命。惟周文武,诞受羑若,克恤西土。……用端命于上帝。皇天用训厥道,付畀四方。(《康王之诰》)

在《尧典》中,有尧命令羲、和,让他们制定天文历法的记述。确定日月星辰运行的事业,就是人类社会运行的基础。这样,天体的运行就被当作人类社会应该遵循的规范了。这种思考在《洪范》中也从各个角度得以进一步展开。另外,关于天体的运行与上帝之间的关系,也有这样的表明:舜得到尧的禅让,用天文仪观测到日月五星会集一处的现象，就认为这是上帝承诺了即位的意志表示。这是《舜典》中的记述。《洪范》还有记述说，上帝从鲧手中收去天的运行法则，再将它授予禹。上帝通过天体的运行来向人间世界表明自己的意志。以上所述的思考，基本上与范蠡式思想的天道有着相类似的性质。可以说，在这一点上二者显示出相当大的共通性。

不过，在另一方面，二者之间也存在若干重大的不同点。第一，这些“今文尚书”的部分，与有关上帝的记述相比，有关天体运行的记述更偏于在某些特定的篇章中。而且，应该是作为规范的天体运行，并没有明确地以“天道”这样的用语来规定。这是一点。当然，《汤诰》中有“天道福善祸淫”，虽说汤诰本身是伪古文，但对于这一句有推断认为作者是挪用了《尚书》佚文“先王之令有之曰：天道福善而祸淫”（《国语・周语中》）这句话，所以，很难断定先秦时传承的《尚书》中就完全不存在天道概念。不过，如“呜呼，明王奉若天道，建邦设都”（《说命中》）、“天有显道，厥类惟彰”（《泰誓下》）、“实悖天道”（《毕命》）等等，天道在伪古部分里更为显著出现，“今文尚书”的部分，最多也是像“皇天用训厥道”（《康王之诰》）这样的，停留于暧昧的表达①。有这种倾向上的不同，与常用天道概念的范蠡式思想之间，还是有着相当大的悬隔的。

第二，在范蠡式思想中，阴阳与四时、日月相并列，是天道的主要构成要素。与此相对照，在前面所述的《尚书》中，完全没有提及阴阳。

① 针对此处，伪孔传注释为“大天用顺其道，付与四方之国王天下”。依据这个注释，道是从属于天的，或者也可以解读为近似天道的这种性质。不过，如果解释为诸如蔡沈的《书集传》“上天用顺文武之道，而付之以天下之大也”的话，那个意思的可能性就完全不存在了。

相反,范蠡式思想中的天道完全没有星辰,而在《尚书》中星辰的运行却是主体[①]。

第三个不同点是,在范蠡式思想中,对应天道推运的人的行动模式以德虐、柔刚、客主人、牝牡等术语表示。与此相对照,《尚书》中这样的概念十分稀少。的确,在《洪范》中有"龟筮共违于人。用静吉,用作凶"这样的表达,有静作与吉凶的对应关系;另外,在《吕刑》中有记述说"惟敬五刑,以成三德",还有刑德对置的思考,可以看作是通向后来的范蠡式思想的要素。不过,前者还是主要以卜筮为媒介来叙说的,后者的刑德也一样,仍然没有达到与天道直接结合的程度。

伪古文《胤征》中有"政典曰:先时者杀无赦,不及时者杀无赦",表达十分接近范蠡式思想。《荀子·君道》以"书曰"来引用同文,这也是一个例证,说明《尚书》多少是带有着一些底色的,为发展到后来的范蠡式思想奠立了基础。不过,尽管如此,像"羲和湎淫,废时乱日。胤往征之。……惟时羲和,颠覆厥德,沉乱于酒,畔官离次,俶扰天纪,遐弃厥司。乃季秋月朔,辰弗集于房。瞽奏鼓,啬夫驰,庶人走。羲和尸厥官罔闻之,昏迷于天象,以干先王之诛"这样的表达,将前面两句与天体运行紧密结合的这种整体上的构成。如果这是伪古文作者的所为的可能性较大的话[②],那么可以说,与范蠡式思想的间隔实际上还是很大的。

以上,本章对范蠡式思想与《尚书》的类似性进行了讨论。当然,

---

① 这是将范蠡式思想的范围限定于《国语·越语下》时的现象。如果将其范围扩大至卷前古佚书的话,星辰也包含在天道中的这种思考极为丰富,随处可见。

② 与此相似的文章,在《左传·昭公十七年》中可以看到:"故夏书曰:辰不集于房,瞽奏鼓,啬夫驰,庶人走。"

就连“今文尚书”中的相关部分，其内容都是从西周初期至战国末期形成的，是由形成时期十分不同的诸篇章组成的。在不论新旧之别的情况下，就以这种方式来与范蠡式思想相比较还是会留下问题的。不过，若是再深入到《尚书》各篇的形成问题，就会脱离当下的目的。而且，就算深入到形成时期的问题上，最终也脱不出推论二字，所以，本章姑且就采取一次性概括各个篇章并概观《尚书》的方法。根据至此为止的讨论结果，可以了解到，《尚书》中含有很多可构成范蠡式思想的重要素材，但是，因为《尚书》的着眼对象集中在人格神上天、上帝一方，天道方面的理论稀薄，所以，范蠡式思想中那种天道周期规定人为形式的体系性的天道观，并不存在于《尚书》当中。这个情况可以了解了①。

---

① 《诗经》也显示出与《尚书》同样的倾向，“皇矣上帝，临下有赫”(《大雅·文王·皇矣》)、“昊天有成命，二后受之”(《周颂·清庙·昊天有成命》)等等，上帝、上天频繁出现，天道的观念却完全呈稀薄的状态。

第十一章　范蠡式思想的渊源(二)

——与《国语》的比较

为了探索范蠡式思想的渊源,在前面的章节里考察了其与《尚书》的关系。本章出于同样的目的,比较和探讨范蠡式思想与收集了自西周至春秋时代的古代记录《国语》(《周语》和《晋语》)。

为了论述上的方便,首先列举出有关的资料。因为从同一篇中的引用很多,为了便于区分,附上号码。

(1) 单子归告王曰:陈侯不有大咎,国必亡。王曰:何故。对曰:夫辰角见而雨毕,天根见而水涸,本见而草木节解,驷见而陨霜,火见而清风戒寒。……不夺民时,不蔑民功。(《周语中》)

(2) 先王之令有之曰:天道赏善而罚淫。故凡我造国,无从非彝,无即慆淫,各守尔典,以承天休。(同上)

(3) 本有保则必固,时动而济则无败功,教施而宣则遍,惠以和民则阜。若本固而功成,施遍而民阜,乃可以长保民矣。(同上)

(4) 晋之克也,天有恶于楚也。故儆之以晋。而郤至佻天之功,以为己力,不亦难乎。佻天不祥,乘人不义。不详则天弃之,不义则民叛之。(同上)

(5) 其行也文,能文则得天地。天地所胙,小而后国。……天

六地五，数之常也。经之以天，纬之以地，经纬不爽，文之象也。(《周语下》)

(6) 昔共工弃此道也，虞于湛乐，淫失其身，欲壅防百川，堕高堙庳，以害天下。皇天弗福，庶民弗助，祸乱并兴，共工用灭。其在有虞，有崇伯鲧，播其淫心，称遂共工之过。尧用殛之于羽山。其后伯禹念前之非度，厘改制量，象物天地，比类百则，仪之于民，而度之于群生。……故天无伏阴，地无散阳，水无沈气，火无灾燀，神无间行，民无淫心，时无逆数，物无害生。帅象禹之功，度之于轨仪，莫非嘉绩。克厌帝心，皇天嘉之，祚以天下。……夫亡者岂繄无宠，皆黄炎之后也。唯不帅天地之度，不顺四时之序，不度民神之义，不仪生物之则，以殄灭无胤，至于今不祀。……度之天神，则非祥也。比之地物，则非义也。类之民则，则非仁也。方之时动，则非顺也。咨之前训，则非正也。观之诗书与民之宪言，则皆亡王之为也。上下议之，无所比度。王其图之。夫事大不从象，小不从文，上非天刑，下非地德，中非民则，方非时动而作之者，必不节矣。作又不节，害之道也。(同上)

(7) 夫政象乐，乐从和，和从平。声以和乐，律以平声。……于是乎气无滞阴，亦无散阳，阴阳序次，风雨时至。(同上)

(8) 王曰：七律者何。对曰：昔武王伐殷，岁在鹑火，月在天驷，日在析木之津，辰在斗柄，星在天鼋，星与日辰之位，皆在北维。颛顼之所建也，帝喾受之。我姬氏出自天鼋。及析木者，有建星及牵牛焉。……岁之所在，则我有周之分野也。月之所在，辰马农祥也。我太祖后稷之所经纬也。王欲合是五位三所而用之，自鹑及驷七列也。南北之揆七同也。凡人神以数合之，以声

昭之。数合声和,然后可同也。故以七同其数,而以律和其声。于是乎有七律。(同上)

(9) 单子曰:其咎孰多。曰:苌叔必速及。将天以道补者也。夫天道导可而省否。苌叔反是,以诳刘子。必有三殃。违天,一也。反道,二也。诳人,三也。(同上)

(10) 晋饥,乞籴于秦。丕豹曰:晋君无礼于君,众莫不知。往年有难,今有饥荐。已失人,又失天。其有殃也多矣。君其伐之,勿予籴。公曰:寡人其君是恶,其民何罪。天殃流行,国家代有。……谓公孙枝曰:予之乎。公孙枝曰:君有施于晋君,晋君无施于其众。今旱而听于君,其天道也。君若弗予,而天予之。(《晋语三》)

(11) 天事必象。十有二年,必获此土。二三子志之。岁在寿星,及鹑尾,其有此土乎。天以命矣。复于寿星,必获诸侯,天之道也。(《晋语四》)

首先,有关上天、上帝的存在,在上述资料中有"晋之克也,天有恶于楚也"(4)、"克厌帝心,皇天嘉之"(6),另外还有"上帝之粢盛于是乎出"(《周语上》)、"又崇立上帝"(同上)、"以供上帝、山川、百神之祀"(《周语中》)、"今天降祸灾于周室"(同上)、"上帝临子,贰必有咎"(《晋语四》)等记述散见其中。与《尚书》一样,人格神上天、上帝支配地上的思想十分明确。

另外,有关地的问题,从上述的资料"能文则得天地""天六地五,数之常也。经之以天,纬之以地"(5)、"象物天地""天地之度"(6),以及"天地之气,不失其序"(《周语上》)、"上不象天,而下不仪地"(《周语下》)、“必尽知天地之为也”(同上)等,已经能够确认,同天一样,地也是被看作一个重要的规范。

还有,“皇天弗福,庶民弗助”“类之民则,则非仁也”“观之诗书与民之宪言”(6)的记述,表现出民之意向应该作为为政者遵循的规范、应当得到重视的这种思想。同样的思想,在《周语》《晋语》中也随处可见:“离民怒神而求利焉,不亦难乎”(《周语上》)、“在《太誓》曰:民之所欲,天必从之”(《周语中》)、“神是以宁,民是以听”(《周语下》)、“夫众口祸福之门,是以君子省众而动”(《晋语三》)等等。

当然,将这些要素综合起来的话,也可以构筑成像“持盈者与天,定倾者与人,节事者与地”(《国语·越语下》)那样的范蠡式思想的基本架构。诸如“上非天刑,下非地德,中非民则”(6)、“是反天地而逆民则也,天必诛焉”(《晋语五》)这样的记述,比《尚书》更加接近范蠡式思想,出现了这样的表达。

正如上述所言,将天、地、人当作应该遵循的规范,在这个基本的形态上,《周语》《晋语》与范蠡式思想的关系极近。那么,有关范蠡式思想的最大特色——天道,这一方面又有怎样的类似性呢?

与《尚书》的情况不同,在《周语》和《晋语》当中,直接就出现很多的天道的用语:“天道赏善而罚淫”(2)、“夫天道导可而省否”(9)、“其天道也”(10)、“天之道也”(11)、“敢问天道”(《周语下》)、“纪之以三,平之以六,成于十二,天之道也”(同上)、“然而又生男,其天道也”(《晋语一》)、“天道无亲,唯德是授”(《晋语六》)等等。

最为具体地提供这个天道的构成要素的,是上述资料(11)的记载。在此,岁星(木星)从寿星移行到鹑尾的星次时,从晋国逃亡出来、正在流浪中的公子重耳,将要领有卫国的五鹿之地。而岁星再次回复到寿星的时候，重耳要做诸侯的盟主了。这些都由义父子犯预言。子犯将这样的岁星的运行与人事的对应关系，规定为“天之道”，另一方面，也说“天事必象”“天以命”。在此可以知道，其中有这样的思考：上天、上帝将自己的意志，以天体运行的理法即天道，作为预兆展示给人间世界。这样的占星术式的思考，有的像前述的资料(1)那样，与时令、农耕相结合；有的像(7)、(8)那样，与音律关联；还有如“献公问于卜偃曰：攻虢何月也。对曰：童谣有之曰：丙之晨，龙尾伏辰。均服振振，取虢之旗。鹑之贲贲，天策焞焞。火中成军，虢公其奔。火中而旦，其九月十月之交乎”(《晋语二》)这样的，涉及战争胜败的预测；此外还有“吾闻晋之始封也，岁在大火，阏伯之星也，实纪商人。商之飨国三十一王。瞽史之纪曰：唐叔之世，将如商数。今未半也”(《晋语四》)这样的历运预测。虽然涵括的方面很多，但全都表明的是星的运行是可以作为天道的中心要素的。《周语》《晋语》中有很多诸如此类的记载，《周语上》中的“天事恒象”，还有上述(6)中的“不帅天地之度”“象物天地”“大不从象”等表达，其主体不是别的，全都是星的运行。

为我们提示出星以外的天道构成要素的是上述的资料(5)，其中单单说“天六地五，数之常也”。不过，《左传·昭公元年》中有记述说“天有六气。……六气曰阴、阳、风、雨、晦、明也。分为四时，序为五节”，具体列举出了其中的内涵。因此，除了星之外，阴阳、风雨、晦明的推移，也是被当作表达上帝意志的天的运行法则的。“夫辰角见而雨毕”“火见而清风戒寒”(1)、“天无伏阴，地无散阳”(6)、“阴阳序次，风雨时至”(7)等记述，就是这一点的证明。

另外，述说从六气中产生四时的《左传》，以及“时无逆数”“不顺四时之序”(6)、“月在天驷，日在析木之津，辰在斗柄”“又崇立于上帝神明而敬事之，于是乎有朝日夕月”“日月底于天庙”(《周语上》)等，从中可以知道，四时日月也是构成天道的要素。

就这样，占星术为主体，四时、日月、阴阳、风雨、晦明等诸要素也附属于其中。这样构成的天道，从构成要素方面以及从前面所举的资料(2)、(6)、(9)、(10)等内容所显示的依据天道的运行与人为的对应降临祸福凶吉这一点上来讲，可以说都显示出与范蠡式思想的天道有着极强的类似性。

可以认为，《周语》《晋语》同范蠡式思想之间有着如上所述的极为强烈的类似性。不过，二者之间也还存在着几个重大的不同点。第一就是在与《尚书》作比较时提到过的天道的构成要素方面的差异。《周语》《晋语》中的天道主体，是以二十八宿、十二星次与岁星的关系为中心的列星的运行。与此相比，在范蠡式思想中，占星术完全消失不见，只有作为天体的日月。“天道皇皇，日月以为常。……日困而还，月盈而匡”(《国语・越语下》)，日月甚至占据着枢要的地位。

有关阴阳方面，天道中含有阴阳，在这个认识上，双方是共通的。不过，其中的内涵还是有着很大的不同。“阳瘅愤盈，土气震发”(《周语上》)、“天地之气，不失其序”(同上)、“阴阳分布，震雷出滞”(同上)、“阳伏而不能出，阴迫而不能烝。于是有地震。今三川实震，是阳失其所而镇阴也”(同上)、“天无伏阴，地无散阳”(6)、“气无滞阴，亦无散阳”(7)，从这些资料中可以清楚看到，《周语》中的阴阳是指在天地之间升降的二气，重点放在空间性的把握上。范蠡式思想的阴阳与此大为不同，“阳至而阴，阴至而阳”“尽其阳节，盈吾阴节”(《国语・越语下》)，完全不结合气，转换为阴节、阳节循环，是从时间性上来把握的概念。

第二个不同点是天道的周期。“天事必象。十有二年，必获此土”(11)，在《晋语》中，天道的周期为十二年。与此相比，在范蠡式思想中，说“天节不远，五年复反”(《国语・越语下》)，天道的周期被规定为五年。同样称为天道，二者的循环周期是不同的。

第三个不同点，在于有无相当于上帝或天道的作为规范的神的存在。“十五年，有神降于莘。……是以或见神以兴，亦或以亡”(《周语上》)、“以供上帝、山川、百神之祀”(《周语中》)、“神无间行”“度之天神，则非祥”(6)、“德音不愆，以合神人。神是以宁，民是以听”(《周语下》)、“虢公梦在庙。有神人面、白毛、虎爪，执钺，立于西阿。公惧而走。神曰：无走。帝命曰：使晋袭于尔门。……天之刑神也。天事官成”(《晋语二》)、“亿宁百神，而柔和万民”(《晋语四》)、“上下神祇无不遍谕”(《晋语八》)等等，在《周语》《晋语》中，作为将上帝的意志传达给地上人间的一个使者，神常常被当作应当尊崇的对象来看待。但是，在范蠡式思想中，完全没有出现过神。

第四个不同点，要看在所应遵循的规范当中是否含有《诗》《书》。“观之《诗》《书》与民之宪言”(6)、“《书》曰：民可近也，而不可上也。《诗》曰：恺悌君子，求福不回”(《周语中》)、“其诗曰：昊天有成命，二后受之”(《周语下》)、“《夏书》有之曰……《诗》亦有之曰”(同上)、“在《周颂》曰：天作高山，大王荒之”(《晋语四》)、“《诗》云：刑于寡妻，至于兄弟，以御于家邦”(同上)、“《夏书》有之曰：一人三失，怨岂在明，不见是图。《周书》有之曰：怨不在大，亦不在小”(《晋语九》)等等，《周语》《晋语》频繁引用《诗》《书》，将其规范化，与神等同。与此相反，范蠡式思想绝无言及《诗》《书》。

另外，在《周语》《晋语》中，多有有关卜筮、占梦的内容："成公之归也，吾闻晋之筮之也"（《周语下》）、"献公卜伐骊戎，史苏占之曰：胜而不吉"（《晋语一》）、"筮史占之皆曰：不吉。闭而不通，爻无为也"（《晋语四》）等等。另外，如(5)、(7)、(8)说五行、音律就是天地的纲纪，更进一步，还拿黄帝、炎帝、尧、禹等古代圣王的传承来作例子支持自己的言论。像上面这样的内容，在范蠡式的思想中都是完全没有的，这也可以算在二者之间的不同点之中。

在二者之间存在的各种不同中，从与黄老道的关系上来讲，特别应该引起注意的是有无表达天道与人为之间关系的术语群。在范蠡式思想中，说"赢缩以为常，四时以为纪。无过天极，究数而止"（《国语·越语下》），设定对应于天道的人为容许限度，主张应该满足和对应彼时彼刻的限度，"上帝不考，时反是守，强索者不祥。得时不成，反受其殃""夫人事必将与天地相参，然后乃可以成功""夫圣人随时以行，是谓守时。天时不作，弗为人客""因阴阳之恒，顺天地之常""得时无怠，时不再来。天予不取，反为之灾。赢缩转化，后将悔之。天节固然"（同上）等等。

与此相近似的思考是"时动而济则无败功"(3)、"方之时动，则非顺也""方非时动而作之者，必不节矣""天地之度""四时之序"(6)，在前面所讲的《周语》《晋语》的天道观中也存在，与范蠡式思想一样，散见有主张随顺天时的记述。只不过，在《周语》《晋语》中，像(11)那样，只是停留在间接性地讲述要随着天道的推移而增减人为可能性，并不像"无过天极，究数而止"那样以明确的形式表述依据天道设定容许限度。也就是说，在《周语》《晋语》方面，虽然很明确地表示出了人为要追随天道推运的这种连续的方向性，但与范蠡式思想相比较，剖面性地显示在某个时点上的天道容许度与人为之间落差的这种思考,可以说还是比较稀薄的。

结果就是,规定某一时点的天道与人为之关系的术语群,与范蠡式思想相比较,自然就显得不足。范蠡式思想驱使德虐、柔刚、客主人、牝牡等等概念,具体地规定了在某个时点上所应该选择的人为样式。与此相比,《周语》《晋语》方面,的确也是有一些刑德、文武相对照的表达,如"上非天刑,下非地德"(6)、"武不可觌,文不可匿"(《周语中》)、"车有震,武也。众而顺,文也。文武具,厚之至也"(《晋语四》)、"以德御宄,以刑御奸。今治政而内乱,不可谓德。除鲠而避强,不可谓刑。德刑不立,奸宄并至"(《晋语六》)等,但这些都不是像范蠡式思想那样的形态,并没有将其与天道相结合。区分柔刚、客主人、牝牡,这种思考本身还没有形成。

"逆节萌,不生""顺天地之常""弗逆天时"等等,范蠡式思想在整体上以顺、逆来规定和把握天道与人为对应关系的可否。在此之上,更将无固定可否的德虐、客主人、柔刚、牝牡等行动样式,作为彼时彼刻应该选择的手段而具体提示。与此相比较,《周语》《晋语》方面说"不帅天地之度,不顺四时之序"(6)、"违天"(9)、"反天地"(《晋语五》)等,只存在前半部分的内容,有关后半部分的还没有充分理论化。

本章探索范蠡式思想的渊源,比较讨论了范蠡式思想与《国语》中《周语》《晋语》的内容。其结果表明,二者之间显示出了比《尚书》更浓厚的类似性。在另一方面,二者之间也存在着很重大的差异。

第十二章　瞽史官与古代天道思想

到此为止，在《尚书》以及《国语》的《周语》《晋语》中探索了范蠡式思想的渊源。结果，从这些文献中发现了与范蠡式思想紧密相关的思考。那么，与范蠡式思想相比较，那些在形态上即具有类似性又有差异的思考，应该怎样理解其性质呢？本章以这个问题为中心来作考察。

“古之王者，世有史官。君举必书。所以慎言行、昭法式也。左史记言，右史记事。事为春秋，言为尚书”（《汉书・艺文志》），正如所述，《尚书》由直属于天子的史官记载，是史官所做的王者记录。另一方面，《国语》也是由左丘明所代表的史官们记录的周王室以及其他诸国的记录。可以想象，这些资料中所展示出的天道思想，是周初以来所属于王室的史官集团内部传承的极为特异的思考。为了明确这一点，试列举以下资料，并在各个资料上附上记号。

(A) 天子听政，使公卿至于列士献诗，瞽献曲，史献书。……瞽史教诲。（《国语・周语上》）

(韦昭注)瞽，乐太师。史，太史也。掌阴阳天时礼法之书，以相教诲者。

(B) 大师，抱天时，与大师同车。（《周礼・春官・大史》）

(郑众注)大出师，则大史主抱式，以知天时处吉凶。史官主知天道。……大史主天道。元谓瞽即大师。大师瞽官之长。

(C) 冯相氏,掌十有二岁,十有二月,十有二辰,十日,二十有八星之位,辨其序事,以会天位。(《周礼·春官·冯相氏》)

(D) 保章氏掌天星,以志星辰日月之变动,以观天下之迁,辨其吉凶。以星土辨九州之地,所封封域,皆有分星,以观妖祥。以十有二岁之相,观天下之妖祥。以五云之物,辨吉凶,水旱降丰荒之祲象。以十有二风,察天地之和,命乖别之妖祥。凡此五物者,以诏救政,访序事。(《周礼·春官·保章氏》)

(E) 古之神瞽考中声而量之以制,度律均钟,百官轨仪。纪之以三,平之以六,成于十二,天之道也。(《国语·周语下》)

(F) 以六律六同五声八音六舞,大合乐以致鬼神示,以和邦国。……乃奏黄钟,歌大吕,舞云门,以祀天神。(《周礼·春官·大司乐》)

(G) 大师,执同律以听军声,而诏吉凶。(《周礼·春官·大师》)

(H) 吾闻,晋之始封也,岁在大火。阏伯之星也。实纪商人。商之飨国三十一王。《瞽史之纪》曰:唐叔之世,将如商数。今未半也。(《国语·晋语四》)

(I) 岁在大梁,将集天行。元年始受。实沈之星也。实沈之墟,晋人是居,所以兴也。今君当之,无不济矣。君之行也,岁在大火。大火阏伯之星也。是谓大辰,辰以成善。

后稷是相，唐叔以封。《瞽史记》曰：嗣续其祖，如谷之滋，必有晋国。臣筮之，得泰之八。曰：是谓天地配亨，小往大来，今及之矣。何不济之有。且以辰出而以参入，皆晋祥也，而天之大纪也。（同上）

(J) 单子曰：君何患焉，晋将有乱。其君与三郤其当之乎。鲁侯曰：寡人惧不免于晋。今君曰将有乱。敢问天道乎，抑人故也。对曰：吾非瞽史，焉知天道。（《国语·周语下》）

首先，在资料(A)当中，规定史与盲目乐师瞽，都是掌握阴阳、天时、礼法等书籍并教诲天子为政的职分，与前面的《艺文志》中的记述符节相合。另外，从资料(B)中可以得知，天子发令起兵的时候，大史就与瞽官之长一起，加入军中，依据天道的推移占卜胜败的归趋，是尽这个职责的。接下来在资料(C)(D)中出现的冯相氏、保章氏等，也是属于史官家族体系的，他们的职分也是从天体的运行中预测妖祥、吉凶。

下面来讨论一下作为司掌天道的官职、常常与史并称的瞽。资料(E)中的内容说，瞽配合天体的运行，制定了音律。有关天道与音律的具体关联，《周语下》中的记述七律由来的地方有详述。音节所带有的规则性，与天体运行的规则性一起，应该就是宇宙对于人类社会的指针，是被当作恒常性理法存在的确凿证据来看待的。所以，音律也被称为“天之道”①。瞽作为将天道的意向转达给地上的人的预言家，与

① 庄周说：“昭文之鼓琴也，师旷之枝策也，惠子之据梧也，三子之知几乎，皆其盛者也。”(《庄子·齐物论》)将乐师、瞽官的音律与惠施的逻辑学相提并论，说是人智的极致。这也是因为庄周的知是将世界看作浑沌，而音律可依据理法使世界秩序化，带有这样的机能，与庄周的知处于两极的位置上。

掌管天文历法的史并称的原因也在于此。资料（F）和资料（G），记述了瞽官通过奏乐祭祀天神、地祇、鬼神，以及瞽官之长在战时通过吹律、听声预测胜败的情况。

就像这样，瞽与史的专业领域虽然有所不同，但同样都是奉天道、教戒天子的官职，在这一点上，二者有着很强的亲近关系。就像《瞽史之纪》（H）、《瞽史记》（I）这样的书名所显示的那样，他们代代传承因为职分而形成的天道观的有关记录，维持其特异的思想性集团。“吾非瞽史，焉知天道”（J），这句话也如实地反映出了这个情况。那种天道掌管者的自我意识，在史官心中是怎样的强烈并绵延不断地维持着，司马谈临死前是这样回顾自己的家系的：“予先周室之太史也。自上世尝显功名于虞夏，典天官之事。后世中衰，绝于予乎。”“司马氏世主天官。”（《汉书·司马迁传》）。继承了父亲遗志的司马迁，所著《史记》名声高迈，这部天官书的著成本身，也是一个证明吧①。

在前面的部分里，我指出了《尚书》《国语》（《周语》《晋语》）中的天道观的一些特色。其性质同上述对于瞽史之职分的解说，特别是其中的史的领域部分，正是一致的。观测日月星辰的运行、制定历法，“古者太史顺时覛土，阳瘅愤盈，土气震发，农祥晨正，日月底于天庙，土乃脉发”“史帅阳官，以命我司事曰：距今九日，土其俱动”（《周语上》），史官的职责就是监督时令，引用史书给天子以训戒，从天道的推运中读取上帝的意志、从而全面预测内政外交军事的祸福凶吉。在这种职业活动中所产生的思想，正是出现在《尚书》《国语》（《周语》《晋语》）中的

① 就像这样，司马迁出身于司掌天道、视天道为绝对价值标准的史官。有了这个了解，再看他对于“天道无亲，常与善人”这句格言怀抱怀疑、不得不发出“天道是邪非邪”（《史记·伯夷叔齐列传》）的感叹，他的悲剧性就更加鲜明了吧。

天道观。

本来，除了《郑语》一例[①]，《周语》是在以整个春秋时期为收录范围的《国语》当中的。《周语》收录了西周穆王(公元前1002年—公元前947年在位)以来的记录，与《诗经》《尚书》相并列，是保留了许多古代观念的一个稀有记录。所以，可以认为，特别集中于《周语》中的那些天道观，也是早在西周初期就已经起源，是在司管天道的史官集团内部形成并继承下来的一种特异的思想[②]。

不过，在《周语》之中，依据天道教诫天子的人物中，还有很多诸如向幽王预言西周灭亡的士大夫伯阳、谏止东周灵王的太子晋这样的史官以外的王族、卿和大夫。据此可以窥知，本来由史官所独占的古代天道观，逐渐普及和渗透至周的朝廷内。本来，接受这些天道观的人，就像前面已经提到的那样，都是限定于身份相当高的人之间的，他们形成了当时的最高的知识阶层[③]。这个古代的天道观，后来就逐渐从中央国流入到晋、郑、鲁、齐等中原诸国，构成了广泛的思想文化圈。后来，随着楚国入中原，这个天道观在南方蛮夷的楚国也开始传播了。除了已经讨论过的《晋语》，类似的天道观还出现在《郑语》《鲁语》《齐语》《楚语》等之中，反映了这其中的情况。

---

① 《郑语》整体上都是以西周灭亡的时期为记录对象的。

② 同样都是出于史官之手，《尚书》言及天道的部分就很少，而《国语》中言及天道的内容频出，有这样的一个差异。其原因大概是因为《尚书》基本上是王者的发言记录，史官只是一个记录者而已，将自己的思想介入其中的余地较少，而《国语》是在史官集团内部著述的记录，史官的天道观可以比较直接地表露出来。

③ 《墨子》的《明鬼下》篇中有："著在周之《春秋》。为君者以教其臣，为父者以警其子。""著在燕之《春秋》。诸侯传而与之曰……"君主父兄用"周之《春秋》""燕之《春秋》"等作为教材，教诫臣下和子弟。这也显示通过史书，史官的知识已经在贵族阶层中普及了。

从西周到春秋的前半时期,古代天道观在中原一直都居于中心思想的主座。到了春秋的后半时期,其权威逐渐动摇。这个现象在《左传》中多有记载,以下引用一些相关的内容来看:

及惠公在秦曰:先君若从史苏之占,吾不及此夫。韩简侍曰:龟,象也。筮,数也。物生而后有象,象而后有滋,滋而后有数。先君之败德,及可数乎。史苏是占,勿从何益。(《僖公十五年》)

周内室叔兴聘于宋,宋襄公问焉曰:是何祥也,吉凶焉在。对曰:今兹鲁多大丧,明年齐有乱,君将得诸侯而不终。退而告人曰:君失问。是阴阳之事也。非吉凶所生也。吉凶由人。(《僖公十六年》)

晋侯问于士弱曰:吾闻之,宋灾,于是乎知有天道,何故。……是以日知其有天道也。公曰:可必乎。对曰:在道。国乱无象,不可知也。(《襄公九年》)

晋人闻有楚师。师旷曰:不害。吾骤歌北风,又歌南风,南风不竞,多死声。楚必无功。董叔曰:天道多在西北,南师不时。必无功。叔向曰:在其君之德也。(《襄公十八年》)

山川之神,则水旱疠疫之灾。于是乎禜之。日月星辰之神,则云霜风雨之不时。于是乎禜之。(《昭公元年》)

夏五月,火始昏见,丙子,风。梓慎曰:是谓融风,火之始也。七日其火作乎。……子产曰:天道远,人道迩。非所及也。何以知之。灶焉知天道。(《昭公十八年》)

齐有彗星。齐侯使禳之。晏子曰:无益也。祗取诬焉,天道不謟,不贰其命,若之何禳之。且天之有彗也,以除秽也。君无秽

德，又何禳焉。若德之秽，禳之何损。……祝史之为，无能补也。公说乃止。(《昭公二十六年》)

郓人将战。子家子曰：天命不慆久矣。使君亡者，必此众也。天既祸之，而自福也。不亦难乎。犹有鬼神，此必败也。(《昭公二十七年》)

夏，吴伐越，始用师于越也。史墨曰：不及四十年，越其有吴乎。越得岁而吴伐之，必受其凶。(《昭公三十二年》)

在《左传》中，就像昭公元年、二十七年、三十二年中记载的那样，依然能够找到基于古代天道观的这些思考。不过，在僖公十五年的记述中，"史苏之占"就被放在了"先君之败德"这种人事的后面了。同样的，僖公十六年的记述中，将陨石、六鹢退飞这些异变现象只当作"阴阳之事"来处理了，"非吉凶所生也"，在此之上还断定"吉凶由人"。而且，这些言辞不是出于别人之口，正是出于周的内史叔兴之口，在同《国语》的对比上，这些都是值得关注的地方。

另外，襄公九年的记述，虽然还承认天道的存在，但开始展开要优先基于人道统治的主张。接着，在襄公十八年里，瞽官师旷依据吹律听声，史官董叔依据天道的推移，分别预言楚军战败。对此，大夫叔向批判了他们，认为胜败由双方君主的德行如何来决定。昭公十八年的记述，说梓慎依据星的运行告诫七日之后将会发生火灾，在要稗灶祓除的时候，子产说："天道远，人道迩。非所及也，何以知之。"使用这种委婉的表达方式排斥依据天道预言。最后的昭公二十六年的记述，齐侯害怕彗星出现，要祝史祓禜。晏婴批判说，君主的德行才是应该重视的，只要确立了人事，就没有必要因天道的推移而一喜一忧。

以上介绍的事例，并不是全面性地否定天道的权威，但尽管如此，跟前面讨论过的《国语》(《周语》《晋语》)相比较，就可以看出，很明显的，重点从天道转移到人事上来了。这一点不得不承认①。在《国语·周语》中，单子说"吾非瞽史，焉知天道"，已经显示出了对于古代天道观的蔑视。到了《左传》中，这个倾向更加明显。再到了春秋后半时期，在中原的知识阶层当中，对于古代天道观的批判精神就广泛地抬头了。"敬鬼神而远之"(《论语·雍也》)、"不语怪力乱神"(《论语·述而》)、"夫子之言性与天道，不可得而闻也"(《论语·公冶长》)等等，这里记述的孔子的态度，不管其真意如何，从表面上来看，也是与以占星术为主体的古代天道观保持着一定的距离的，是新思潮中的一环。

就这样，在中原，带有浓厚古代面貌的瞽史的天道观，虽然其中的一部分持续发展成为了阴阳、五行、天文、历运、时令等诸思想，但从整体上来讲，在以人事为优先的新兴势力面前，其思想地位无可避免地变得相对低下了。

---

① 如果将这样的对于天道的态度的差异作为基准的话，收录时代上限古老，也能够说明，比起《左传》来讲，《国语》更加良好地保存了古代的天道观。在研究讨论这两部书的关系时，这一点是一个应该注目的要素。

第十三章　古代天道思想与范蠡式思想

至此为止，探究了范蠡式思想的渊源。其结果得到了这样的推论：范蠡式思想的祖型大概就是瞽史的天道思想。本章考察古代天道思想与范蠡式思想的关系，考察二者之间是怎样接续的。

范蠡原本出身于楚的宛（河南省南阳），后来到了越国，辅佐勾践。可以说，他是一个活在远离中原文化圈的人物。因此，要说范蠡式思想与起源并发展于中原的瞽史的天道思想有着强烈的类似性，看起来好像是一件很奇妙的事情。

不过，在此需要注意的是《史记・货殖列传》《范子计然》等记载的范蠡师事于计然的传承[①]。根据裴骃《史记集解》所引用的《范子计然》的内容，“计然者，葵丘濮上人，姓辛氏，字文子，其先晋国亡公子也。尝南游于越，范蠡师事之”，说计然是从晋国流亡的公子的末裔。如果这个记载属实，那么就是范蠡通过计然接触了中原的文化。本来，晋国在地理上处于周王室蕃屏的位置，就像前面已经讨论过的《国语・晋语》中的内容所显示的那样，晋国是最早接受古代天道思想洗礼的中原大国。而且，处于公子这样的位置的人，是属于少有的可以从瞽

① “范蠡既雪会稽之耻，乃喟然而叹曰：计然之策七，越用其五而得意，既已施于国，吾欲用之家……”

史那里吸收古代天道思想的阶层，后来还变成主要的传承人，就像前面已经讲过的那样。因此，范蠡式思想与古代天道思想之间所显示出的类似性，或是因为范蠡从晋国流亡公子的后裔计然那里，承袭了在中原逐渐从主流思想界退出的古代天道思想，这样考虑就不难理解其中的原由了吧。

在根本上，计然传授思想给范蠡的这种传承故事到底有多少是属实可信的？这个问题还有一些令人不安的地方。不过，“月行疾，二十九日三十日间，一与日合。取日之度，以为月节”（《太平御览》卷四）、“风为天气，雨为地气。风顺时而行，雨应风而下。命曰：天气下，地气上，阴阳交通，万物成矣”（《太平御览》卷十）、“德取象于春夏，刑取象于秋冬”（《太平御览》卷二十二）等等，这些《范子计然》中的佚文，即使有一些润色的成分，但全都是显著地表达了古代天道思想乃至范蠡式思想中的特色的内容。这个现象证明，《范子计然》是出于熟悉并精通范蠡和计然学说的人而成的，前面的那些记述，应该也是以当时就存在的资料作为依据而记载的。

另外，范蠡式思想的内容，作为天人相关思想，即使带有一些神秘主义的色彩，但其认识到宇宙中存在天道周期这样的恒常性理法。从这一点上来讲，可以认为还是达到了相当高的思想水平。这样的话，长江下流的蛮夷、当时的勾践越国还没有足够的文化底蕴可以构筑有体系的思想，像这样的范蠡式思想，如果说是突然产生的话，还是感觉很不自然的。“大夫计研曰：候天察地，纪历阴阳，观变参灾，分别妖祥，日月含色，五精错行，福见知吉，妖出知凶，臣之事也”（《吴越春秋》卷七）、“计研对曰……天下六岁一穰，六岁一康，凡十二岁一饥也。是以民相离也。故圣人早知天地之反，为之预备”（《越绝书》卷四）、“物有妖祥乎。计倪对曰：有。阴阳万物，各有纪纲。日月星辰，刑德变为吉凶。金木水火土更胜，月朔更建，莫主其常，顺之有德，逆之有殃”（同上）等等，这些资料，即便多少有一些增益①，但都将计然描绘为一个持有古代天道思想的人。参考这一点，就可以想象，范蠡式思想是通过计然、是在中原文化的深刻影响之下形成的。上述那些传承，还是有一定的真实性的。

古代天道思想与范蠡式思想之间，就像前面已经指出的那样，存在着种种的差异。如果这些差异是古代天道思想从中原传播到越国，在被吸纳和接受的过程中产生的话，这也算是自然的现象，完全可以理解。

首先，中原的天道思想，虽然其中有阴阳、四时等诸要素附属在其中，其主体内容还是占星术，详述预兆即星的运行与未来的祸福、吉凶的关系。与此相反，范蠡式思想以日月为主，完全没有有关星的叙述。我们先就这一点来考虑。中原的占星术，岁星（木星）居枢要地位。“十二年矣，是谓一终，一星终也”（《左传·襄公九年》）、“太阴在四仲，则岁星行三宿。太阴在四钩，则岁星行二宿。二八十六，三四十二。故十二岁而行二十八宿。日行十二分度之一，岁行三十度十六分度之七，十二岁而周”（《淮南子·天文训》），说岁星十二年转天界一周，所以通常就采取以天道周期为十二年的岁星纪年法。在《国语·晋语》

① 根据前述《越绝书》的记述，在春秋末期的计然的思想中，已经有五行相胜说了。所以，这个部分怀疑是后世增益的。不过，五行相胜说的形成时期本身不明，也不能断定春秋末期时就不存在。1986年甘肃省天水市放马滩出土的《日书》中，有记述说“土生木，木生火，火生土，土生金”，是一个有一些变调的五行相生说。埋藏这个竹简的墓，被推定为战国时期的秦墓（《文物》1989年第二期）。据此，五行相生说的形成时期就从原来认为的秦汉时期以后，往前推到了战国时期。

中，子犯说“十有二年，必获此土”，这里举出的年数，也是出于上述的理由。晋的史官蔡墨在占卜吴越争战结果的时候，说“不及四十年，越其有吴乎”（《左传·昭公三十二年》），这里所举的年数，就如杜注所解说的那样[①]，基于分野说之上，另外就是说从吴最初攻击越的时候算起，岁星绕天界三周之内，岁星之灾将会降到吴，是基于这样的逻辑的。

吴越争霸当事者之一的范蠡方面，说“天节不远，五年复反。小凶则近，大凶则远”（《国语·越语下》），规定天道周期为五年。这样的话，这个五年周期到底是依据什么算出来的呢？只要是天道的周期，那一定都是跟天体运行有关的数字，可能性最高的，就是“余分之月，五岁再闰”（《说文》）、“月有闰余何。周天三百六十五日度四分度之一也。岁十二月，日过十二度也。故三年一闰，五岁再闰”（《白虎通·日月》）等等当中说的“五岁”吧。以太阳的运行周期规定一年，然后以月的盈亏为基准设定十二月，这时，一年就会余出十二日，为了调整这个差，就每三年和五年设置闰月。总之，很重视第五年的再闰。这是因为，三年一闰的话，针对三十六个余出的日子，还会余下近七个日子，而五年再闰，这个差就会减少到一日的程度。大概是这个原因[②]。

---

① “存亡之数，不过三纪。岁星三周三十六岁。故曰不及四十年。哀二十二年，越灭吴。至此三十八岁。”

② 在当时的越国，实际上到底是使用什么样的历算法？这本来就不清楚。四分历当时还不存在，这是确实的。现在假如第五年的差作为最小、一个月的长短以大小月平均为 29.5 日、一年的日子如《尚书·尧典》所述的 366 天的话，五年就会余下六十日。插入再闰之后就余一日。这种情况，如果给一闰、再闰都设大月的话，余日就可以消解掉，在历法上，日月的运行每五年就会完全一致。

《十六经·立命》中，黄帝称赞了“数日，历月，计岁，以当日月之行”的功绩，也就是称赞通过插入闰月、使历法合乎日月之行的这个发明。同样，在《姓争》篇、《正乱》篇之中，也说“刑德皇皇，日月相望，以明其当。望失其当，环视其殃”(《姓争》)、“夫天行正信，日月不处。启然不怠，以临天下”(《正乱》)，特别强调日月的运行周期就是规定人为的规范。考虑到范蠡式思想就是黄帝书的思想性祖型这一点的话，天道每五年循环一次的这种思考，就是基于上述理由产生的吧。这个应该没有什么问题。

中原的古代天道思想，是以岁星为首的星的运行为主的。与此相比，范蠡式思想将星完全排除在外，是以日月的运行为中心的。这是为什么呢？本来，占星术体系复杂，为了使其能够发展，除了需要干燥的地理条件之外，还需要精密的天文观测技术以及高度发展的数学等文化基础。这些都是必要的条件。这些原本都是由直属于周王室，掌管音律、天文历法的瞽史管理的事项，原因也是如此。不得不说，位于长江流域的蛮夷越国，缺乏所有的必要条件。司马迁说，“昔之传天数者，高辛之前重黎，于唐虞羲和，有夏昆吾，殷商巫咸，周室史佚苌弘，于宋子韦，郑则裨灶，在齐甘公，楚唐眛，赵尹皋，魏石申”(《史记·天官书》)，叙述从太古至战国时期的天文学的流传情况，其中完全没有提到吴越，天文学还没有在当地生根的情况可见一斑。所以，范蠡式思想在汲取中原的天道思想的时候，就变成只有较容易观测的日月了。这个变化可看作是越的地域性特征造成的必然归结，也是二者之间天道周期大为不同的原因。

中原的古代天道思想，囊括了阴阳、五行、卜筮、占梦以及尊崇天神等要素。与此相对照，这些在范蠡式思想之中完全没有出现。现在来讨论一下这一点。在前述的差异中，阴阳被当作在天地之间升降的二气，或者是作为万物生长的基本要素来设定五行的，类似这样的思考，原本都是在中原发展起来的。有关的记载可以在《尚书·洪范》《国语》(《周语》《鲁语》)以及《左传》等文献中找出①。其后，阴阳五行思想是以中原文化圈为舞台而发展的这个事实也证明了这一点。另外，对于卜筮、占梦的信赖，对于天神的敬畏等等②，同样也是以中原文化传统为背景的现象。《国语》《左传》中有很多相关的记述，《周礼·春官》中记有掌管占梦、卜筮、神仕等工作的官职，就是这一点的证明。所以，只要越国没有可以接受这些的文化基盘，范蠡式思想从中原的天道思想中完全剔除这些要素也是当然的事情，可以理解。

另外，中原的天道思想与《诗》《书》的权威以及古代圣王传承紧密结合。对此，范蠡式思想完全没有言及这些。这又是为什么呢?《国语·周语》以及《左传》，都满篇引用了《诗》《书》和圣王传承的资料。为了自圆其说，引用《诗》《书》和圣王传承，是认可那些资料具有权威的中原知识分子的惯习。在越国，不用说，这些权威不会发挥任何的有效性。所以，从中原的天道思想中剔除这些要素的现象，也是越国的地域性的反映。

以上所举的事例，都是说范蠡式思想从中原天道思想中没有摄取的一些方面。相反，到了范蠡式思想中，还有一些新出现的要素存在。其代表就是以赢缩、天极、阴节、阳节、德虐、柔刚、客主人、牝牡等特别

① 有关五行，《国语·鲁语上》有“及地之五行，所以生殖也”。

② 《国语·周语上》中有记述说“夫神壹，不远徙迁”，说死者的神灵即天神，一定会降临在生前故地的近边。这样的话，将中原流传的诸神的种种传承移入越国就是毫无意义的事情了，因为越国完全就没有天神降临的可能性。

的术语群来主张的极其屈曲的姿态。这个特色是因为什么而产生的呢?

在此令人想到的是《中庸》中说的南北对比:“宽柔以教,不报无道,南方之强也,君子居之。衽金革,死而不厌,北方之强也,而强者居之。”这里的南方地域,大概就是指《史记·货殖列传》所说的广义上的楚,是包括春秋时期的陈、宋、吴、越在内的一个广泛的称呼①。中庸说的“宽柔以教,不报无道”的这种“南方之强”的特色,正与“柔而不屈,强而不刚”“勇者逆德也,兵者凶器也,争者事之末也”的范蠡式思想一致。而且,这还与唱说“强良者不得死”(第四十二章)、“牝恒以靓胜牡”(第六十一章)、“报怨以德”(第六十三章)、“用兵有言曰:吾不敢为主而为客”(第六十九章)、“水之朕刚,弱之胜强”(第七十八章)的《老子》的内容一致。范蠡式思想与《老子》相比,范蠡式思想比较积极,更具有战斗性,是有一些不同的。但是,在排除直线性的刚强和尖锐、主张以一种屈曲的姿态取胜的这个基本纲领上,可以说很明显地与“北方之强”思想基盘相异。当然,《中庸》的记述也不是说南方的人全都是那样的风格气质。即使在南方,那样的人也许也不多,但在大致区分南北风格的时候,那是南方的一个特征。应该这样理解。

一般来讲,越人的习俗是以彪悍勇猛闻名的,但范蠡本身是楚人,可以想象他身上带有与土著的越人不同的“南方之强”。所以,他用前面所述的那些术语群,区分应该发起人为的时期和抑制人为的时期等种种情况,还要时常观测天道的容许限度,迂回曲折地行事。这种范蠡式思想的特色,本来其中也包含着主张随顺天时的中原古代天道思

① 参照武内义雄的《南北学術の異同に就きて》(《武内義雄全集》第九卷所收)。

想，再加上与上述“南方之强”风格的融合，可以认为范蠡式思想就是这样形成的[①]。范蠡式思想中的天道，变为以日月、阴阳二节为主要构成要素，上升和没落、盛盈和退缩的时期性交替的特点也显著起来。这也是从侧面助长那种屈曲姿态的一个因素。

以上叙说了范蠡式思想的形成经纬，考察了其形成的过程。结果表明，《尚书》、《国语》(《周语》《晋语》)、《左传》、《周礼》等中原的记录中留下的、以占星术为主体的瞽史的天道思想，通过计然传给了范蠡，被带到了与中原文化隔绝的越地，越的地域性以及同以楚为中心的“南方之强”风格的融合，就是范蠡式思想的形成背景。只有这样考虑，才能理解瞽史的古代天道思想与范蠡式思想所显示出的那种呈复杂样态的类似性和差异吧。

就像已经指出的那样，在春秋后期的中原诸国，天道的推移作为预兆来推测上帝的意志、占卜未来祸福吉凶的思想，其中天道的比重开始变得低下，并逐渐被要以人类社会内部伦理和政治制度为优先的思想风潮夺去主导地位。换言之，由天道转为人事，从预测祸福凶吉转为超越了时间的是非善恶判断。思想界的中心课题转移了。

相对于这样的中原的状况，促使形成了范蠡式思想的越地的情况又是怎样的呢？在《吕氏春秋·异宝》篇里有这样的记述：“荆人畏鬼，而越人信禨。”这个说起来也是程度之差而已，并不是只有楚人才畏惧鬼神，只有越人才盲信禨祥。不过，这至少说明了在越人之间，根深蒂固地特别重视禨祥，是有这个习俗的。在这种风土上，以预测祸福凶吉

---

① 《国语》《左传》中记录的古代天道思想，在经由计然传到范蠡的过程中，已经有了一些术语的增加。这个可能性当然也是要考虑的。

为主体的天道思想来教戒和威吓，这样的手段能发挥最大的有效性。如果是用那种追求确立内在的伦理、以《诗》《书》礼法来为自家主张增添威信的方法，那就犯了给纹身断发的越人卖章甫之冠一样的错误了。

吴国的王孙雄说："先人有言曰：无助天为虐，助天为虐者不详。"（《国语·越语下》）恳求终止对于吴国的总攻击。对此，范蠡说："昔吾先君，固周室之不成子也。故滨于东海之陂，鼋鼍鱼鳖之与处，而蛙黾之与同渚。余虽腼然而入面哉，吾犹禽兽也，又安知是諓諓者乎。"（同上）拒绝了他。他们二者之间的交涉，虽说多少有些外交上的进退试探，不一定说的就是内心真实的想法，但即便如此，范蠡的口气还是流露出很浓厚的对于中原的反抗和对于越国独自性的自负。

原本由瞽史而形成的古代天道思想，同周王室"大宗伯之职，掌建邦之天神、人鬼、地示之礼，以佐王建保邦国。以吉礼事邦国之鬼神示，以禋祀祀昊天上帝，以实柴祀日月星辰"（《周礼·春官·大宗伯》）这样的祭祀礼仪所象征的文化传统，结成一体。勾践统治下的越国，需要完成国家的构建，就导入了一些周朝的文化和制度。可以想象，其水平多停留在表皮上。在这种状况之下，范蠡式思想既是古代天道思想的继承者，又是一个改变者。它的出现，一方面为蛮夷之地带来了先进思想，使当地敬畏；另一方面又僭称王号与中原诸国对抗，可以说也起到了支持越国独自性的作用。

也就是说，与所记述的"周礼尽在鲁"（《左传·昭公二年》）的北方途径不同，范蠡式思想是作为"天子失官，学在四夷"（《左传·昭公十七年》）的一个极为特异的形态，还存在周文化经由南方而东进的情况。在中原无可奈何地落入低潮的古代天道思想，就这样被移入边境的越地，并完成了适应其地风貌的变化，至此，就又获得了新的思想性生命。

第十四章 《老子》的形成状况

到此为止，论述了黄帝书之祖型的范蠡式思想的形成过程。下面就来考虑一下构成黄老道的另一个方面《老子》的形成状况。在讨论这个问题的时候，应该采取的手段是分析有关老子的各个人物传记，以及分析《老子》一书的思想内容。可以从这两个方面着手。首先，通过分析人物传记来考察。关于老子的事迹，因为几乎没有足以信赖的可称为一手资料的东西，所以我们只能通过汉代人对于老子的解释，探索汉代人之所以那样解释的原因，依靠这种间接性的推理方法。以下所做的考证，都是带有这种局限的，预先予以说明。

有关老子的各个传承，全都记述得暧昧模糊。大体分类的话，有出身为南方的宋、楚以及出身为西方的周这两个系统。首先看一下出身为南方的这一系统的资料：

> 老子者，楚苦县厉乡曲仁里人也。姓李氏，名耳，字伯阳，谥曰聃。周守藏室之史也。(《史记·老庄申韩列传》)
>
> 或曰，老莱子亦楚人也。著书十五篇。言道家之用，与孔子同时云。(同上)
>
> 阳子居南之沛，老聃西游于秦，邀于郊，至于梁而遇老子。(《庄子·寓言》)

杨朱南之沛，老聃西游于秦，邀于郊，至梁而遇老子。（《列子·黄帝》）

昔者南荣畴，耻圣道之独亡于己。……南见老聃，受教一言。（《淮南子·修务训》）

（高诱注）老聃，老子。字伯阳。楚苦县赖乡曲仁里人。今陈国东赖乡有祠存。据在鲁南，故曰南见老子聃。

老子，姓李，名耳，字伯阳，陈人也。生于殷时，为周柱下史。好养精气，贵接而不施。转为守藏史。（《列仙传》）

在开头列出的《史记》中，说老子出身于楚的苦县。《淮南子》高诱注也继承了这个说法。不过，这个地方本属于陈国，春秋时期被合并到楚国。其中有过这样的经纬[①]。《列仙传》把老子视为陈人，后汉桓帝在陈国的苦县祭祀老子（《后汉书·祭祀志》），这些应该都是由于上述的情况而出现的。总之，根据这些传承来看，老子的出身在战国时期的楚国版图之内。司马迁也谈及同是楚人的老莱子，不过，《汉书·艺文志》中著录了《老莱子》十六篇的书名，从这一点来看，老莱子是与老子完全不同的另外一个人。

在《庄子·寓言》《列子·黄帝》中，记录有郑国的杨朱南下往沛、在赴秦途中的梁邂逅老聃的故事。如果属实，那么，老子曾经在宋国的沛居住过。

到底老子的出身是陈还是宋？要回答这个问题，到如今已经没有穿凿之术了。不过，在这些资料当中，还存在着某种共通性，这个共通

① 楚国的大夫公孙朝攻克消灭陈，是在公元前 478 年的时候。

性超越了细处的差异。那就是，从郑国、鲁国等中原诸国来看，无论是宋国还是陈国，全都是被分类在位于南方的地理位置上的。而且，陈国和宋国都位于南方诸国的北部，刚好是中原与南方交界的地带。所以，若除掉穿凿不可能的要素，只看大致的共通性的话，这些传承都是将老子的出身设定在南方临近中原的地域。可以得出这样的结论。

有关前面列举的资料，还有应该留意的事项。那就是，它们一方面一致把老子视为南方的人，另一方面又将老子与位于西方的秦国乃至周王室牵扯在一起。也就是说，将老子当作南方人的那些传承，很多都说老子居于南方，后来移居到了西方。采取这种两段结构的形式。这个现象反映，老子是南方人的传承很有说服力，同时，将老子与秦、周连接在一起的传承也是不容忽视的存在。

下面就看一看将老子与西方结合在一起的资料：

鲁南宫敬叔言鲁君曰：请与孔子适周。鲁君与之一乘车两马一竖子，俱适周。问礼，盖见老子云，辞去。而老子送之曰：吾闻，富贵者送人以财，仁人者送人以言。吾不能富贵，窃仁人之号，送子以言，曰：聪明深察而近于死者，好议人者也。博辩广大危其身者，发人之恶者也。为人子者，毋以有己，为人臣者，毋以有己。（《史记·孔子世家》）

孔子适周，将问礼于老子。老子曰：子所言者，其人与骨皆已朽矣，独其言在耳。且君子得其时则驾，不得其时，则蓬累而行。吾闻之，良贾深藏若虚，君子盛德，容貌若愚。去子之骄气与多欲，态色与淫志。是皆无益于子之身。吾所以告子，若是而已。

孔子去，谓弟子曰：鸟吾知其能飞，鱼吾知其能游，兽吾知其能走。走者可以为罔，游者可以为纶，飞者可以为矰。至于龙吾不能知，其乘风云而上天。吾今日见老子，其犹龙邪。(《史记·老庄申韩列传》)

老子修道德，其学以自隐无名为务。居周久之，见周之衰，乃遂去，至关。关令尹喜曰：子将隐矣，强为我著书。于是老子乃著书上下篇，言道德之意，五千余言而去，莫知其所终。(同上)

自孔子死之后百二十九年，而史记周太史儋见秦献公曰：始秦与周合，合五百岁而离，离七十岁而霸王者出焉。或曰儋即老子，或曰非也。世莫知其然否。(同上)

孔子西藏书于周室。子路谋曰：由闻周之征藏史有老聃者，免而归居。夫子欲藏书，则试往因焉。(《庄子·天道》)

老，老聃，周之太史。(《礼记·曾子问》疏引《论语·述而》郑玄注)

老子，姓李，字伯阳，楚相县人也。春秋之后，周分为二，称东西君，晋六卿专征，与齐楚并僭号为王，以大并小。相县虚荒，今属苦，故城犹在，在赖乡之东。濄水处其阳，其土地郁塕高敞，宜生有德君子焉。老子为周守藏室史。当幽王时，三川实震，以夏殷之季阴阳之事，鉴喻时王。孔子以周灵王二十年生，到景王十年，年十有七，学礼于老聃。计其年纪，聃时已二百余岁，聃然老旄之貌也。孔子卒后百廿九年，或谓周太史儋为老子，莫知其所终。(《隶释》卷三收边韶《老子铭》)

伯阳，盖老子也，舜时师之者也。(《吕氏春秋·当染》高诱注)

老耽学于无为而贵道德，周史伯阳也。三川竭，知周将亡。孔子师之也。(《吕氏春秋·重言》高诱注)

在以上列举的资料中，《史记》世家及列传中记述有孔子问礼的故事。这是追随说老子是“周守藏室史”的《史记》列传中的见解。边韶《老子铭》及《吕氏春秋·重言》高诱注也言及这一点。另外，在前面举出的《列仙传》中，老子最初是“周柱下史”，后来又转成“守藏史”。《史记》列传、《庄子·天运》、《论语》郑玄注等，分别记述老子是“周太史儋”“周征藏史”“周太史”。《老子铭》中说“老子为周守藏室史”“或谓周太史儋为老子”，也是差不多相同的倾向。显示不同类的是《国语·周语上》中出现的视伯阳父与老子为同一人这一点，《吕氏春秋》高诱注也同样采取这个立场①。

这些传承，其中的构成要素相互交织，十分复杂。除去官职名称、人物名称和时代设定这些涉及细部的差异来考虑的话，在将老子视为周室的史这一基本线上，可以说是具有很大的共通性的。

就如以上所讨论的那样，各种各样的老子传承，在依照其最基本的形态分类的时候，大致可以分为两种基本类型：说老子是南方人的这一系统以及说老子是西方周室的史的这一系统。针对老子这一个人物，为什么会有这两个截然相反的见解呢？这当然就成为一个重要的问题。不过，在此暂时保留对于这个问题的讨论，先将论点移到其他系统的老子传承上。

---

① 高诱将伯阳看作周史，但伯阳其实是周的大夫。这也许是把老子和伯阳视为同一个人的过程中所产生的混同。

在前面列举的诸传承中，都是有关老子存在于何处，也就是说，都是着眼于空间位置上的内容。以下列举的，是有关老子的师承关系乃至转生的这种以时间性的变迁为主体的传承：

文子九篇，老子弟子。（《汉书·艺文志·道家类》）

平王问文子曰：吾闻，子得道于老聃。（《文子·道德》）

计然者，葵丘濮上人。姓辛氏，字文子。其先晋国亡公子也。尝南游于越，范蠡师事之。（《史记》集解引《范子计然》）

范蠡既雪会稽之耻，乃喟然而叹曰：计然之策七，越用其五而得意。既已施于国，吾欲用之家。乃乘扁舟浮于江湖。变名易姓，适齐为鸱夷子皮，之陶为朱公。（《史记·货殖列传》）

俗言，东方朔太白星精。黄帝时为风后，尧时为务成子，周时为老聃，在越为范蠡，在齐为鸱夷子皮。（《通俗通义》卷二《东方朔》）

老子者，名重耳，字伯阳，楚国苦县曲仁里人也。其母感大流星而有娠。虽受气天然，见于李家，犹以李为姓。……或云，上三皇时为元中法师，下三皇时为金阙帝君，伏羲时为郁华子，神农时为九灵老子，祝融时为广寿子，黄帝时为广成子，颛顼时为赤精子，帝喾时为禄图子，尧时为务成子，舜时为尹寿子，夏禹时为真行子，殷汤时为锡则子，文王时为文邑先生。一云守藏史。或云，在越为范蠡，在齐为鸱夷子，在吴为陶朱公。（《神仙传》卷一）

在这些资料中，开头的《艺文志》中记述了文子（也就是计然）有著作九篇。然后还附有自注，说计然是老子的弟子。与此符节一致，《文子·道德》也采取老聃为计然之师的说法。在《范子计然》中，就像在前面的章节里已经讲过的那样，说范蠡是师从于计然的。他们二者的师徒关系在《史记·货殖列传》中也能看到。另外，《风俗通义》记录了东方朔依序转生为风后、务成子、老聃、范蠡、鸱夷子皮的俗说。根据这个说法，以东方朔为媒介，老聃和范蠡（鸱夷子皮）结果就是同一个人物了。进一步发展这个思路的是最后的《神仙传》的记载，在此，直接就变成了老子转生为范蠡（鸱夷子皮·陶朱公）。

就像以上所说的，在汉代有三个系统的传承并立：老聃与计然结合在一起的传承，计然与范蠡结合在一起的传承，以及老聃与范蠡结合在一起的传承。将这三个系统以性质上的差异加以区分的话，《艺文志》《文子》《史记》《范子计然》等是师承关系的传承；与此相对，《风俗通义》主要说转生，而《神仙传》可以说是历代帝师的系谱和转生的一个混合体。这些当中，师承关系具有现实性，而转生这种虚构的产物本来就完全是不同次元的东西。所以，有必要将《风俗通义》《神仙传》这一系统和主张师承关系的系统分开考虑。

那么，《风俗通义》《神仙传》这样的转生说是怎样产生的呢？本来，在古代的人物中，第一个被这样记录的，不是别人，正是范蠡。有关吴越争霸终结之后的范蠡，《国语下》篇中还只是说“遂乘轻舟，以浮于五湖，莫知其所终极”；到了《史记》，就说“乃乘扁舟，浮于江湖，变名易姓，适齐为鸱夷子皮，之陶为朱公”（《货殖列传》）、“范蠡三徙，成名于天下。非苟去而已，所止必成名”“范蠡三迁，皆有荣名，名垂后世”（《越王勾践世家》）等等，记录了范蠡之后的转生。当然，所述的情况，还只是范蠡这个人物更名改姓换居所，还是转生说的前一阶段，应该称作转型变身才对。可以推测，这种变身就是原型，之后发展成为各种各样的转生传承了。

另外，要说《神仙传》中与转生说结合了的历代帝师说的原型，可以列举《吕氏春秋・尊师》篇中的记载：

> 神农师悉诸，黄帝师大挠，帝颛顼师伯夷父，帝喾师伯招，帝尧师子州支父，帝舜师许由，禹师大成贽，汤师小臣，文王武王师吕望周公旦，齐桓公师管夷吾，晋文公师咎犯随会，秦穆公师百里奚公孙枝，楚庄王师孙叔敖沈尹巫，吴王阖闾师伍子胥文之仪，越王勾践师范蠡大夫种。此十圣人六贤者，未有不尊师者也。

这样的历代帝师说与转生说混淆一起的记述，就变成了后来的《神仙传》那样的形态。值得注意的是，范蠡在这里也出现了。他是与转生说的原型和历代帝师说的原型双方都相关的唯一的人物。所以，这两个系统，虽然在后来的道教中都由老子占据了①，但范蠡才是先驱性的存在。

在其他的老子传承之中，也能看到许多与范蠡的事迹的共通性。如前所述，有叙述说灭亡了吴国之后的范蠡"莫知其所终极"(《国语・越语下》)，这同描写老子出关"莫知其所终"的《史记》、边韶《老子铭》的关系，是很容易就能推测得到的②。

另外，还说"昔，范蠡其始居楚，曰范伯"(《越绝书》卷七)、"范蠡，楚三户人也"(《吕氏春秋・当染》高诱注)、"范蠡，字小伯，楚人也"

① 有关这一点，参照楠山春树的《老子伝説の研究》后篇第二章《歴代化現説考》。

② 更有"或言，老子入夷狄为浮屠"(《后汉书・襄楷列传》)这样的老子化胡说。这也显示出与范蠡转型变身相类似的特点。

(《吕氏春秋·尊师》高诱注)等等,说他本来出身于楚[①],后来经过越国向北方的齐国迁移了。关于这一点,老子也是出身于楚,后来从楚国迁移到了西方的周。尽管移动的方向不同,但在根本上还是能看到共通性的。

还有,“王命工,以良金写范蠡之状而朝礼之,浃日而令大夫朝之”(《国语·越语下》),传说越王勾践祭祀范蠡偶像。这一点也是在与老子的关系上值得注意的要素。本来,在古代中国,普通人物变为偶像崇拜的对象,同时期没有见过其他的例子。从这一点上来讲,对于范蠡像的祭祀可以说是极为异常的现象。到了后汉时代,就有“宫中立黄老浮屠之祠”(《后汉书·襄楷列传》)、“亲祠老子于濯龙”(《后汉书·祭祀志中》)的记述。原本只是一介思想家的老子,竟然由皇帝来祭祀了。这可能是在祭祀黄帝与佛陀的时候,老子也跟着以某种形式被偶像化了吧。这种可能性比较高,以至于在后世的道教中,老子被以更加明确的形式偶像化。所以,从这个意义上来讲,范蠡也具备老子先驱的性质。

从以上的结果来考虑的话,就能发现,汉代在形成多样的老子传承的时候,范蠡的事迹就提供了许多的素材和启示,扮演了重要的角色。这一点是确实的。这里的问题是,为什么老子的传承是以范蠡为主要范本做出的呢?其中的缘由是个问题。如果他们二者之间最初

---

① 在《越绝书》卷六中有“范蠡其始居楚也,生于宛橐,或伍户之虚”。另外,《吕氏春秋·当染》高诱注中有“范蠡,楚三户人也,字少伯”。“伍户”或是“三户”的误传。如果把范蠡的出身认作是前者的宛,那是属于春秋时代的申国,后来被楚国合并,叫宛邑,是后来的河南省南阳县。如果认为是后者的三户,那就是楚国的三户城,是后来的河南省内乡县。二者之间东西距离大约80公里。

就毫无关系的话，也就没有必要以范蠡的事迹为蓝本来创作老子的传承。应该想到，在汉代人的眼里，他们二者的关系是非常近的。范蠡式思想与《老子》之间有很多的思想上的共通性，这在第三章中已经讨论过了。那样显著的共通性，当然就成了将老子与范蠡牵连在一起的重要契机。还有，尽管范蠡在灭吴上立了大功，却拒绝了越王勾践“与子分国”（《国语・越语下》）的提议，隐身消失在湖上。范蠡的这种进退，正是“功述身芮，天之道也”（《老子》第九章）这个教戒的实践，这大概给汉代人带来了强烈的印象。被视为天师道教团教典[①]的敦煌出土《老子想尔注》，说“范蠡乘舟去。道意谦信。不隐身形剥，是其效也”（斯坦因文书六八二五），在注解第九章的时候，将范蠡的处世态度引为例证。《列仙传》把范蠡和老子都列为仙人，呈上“越乡龙见，功遂身返”的赞辞。这些都如实地说明了汉代人的印象和反应。

就像这样，因为认为范蠡与老子在思想上本来就处在极为接近的关系中，所以，范蠡的事迹就被移到老子的传承当中了吧。这同时也是给从计然到范蠡的师承关系中加入老子的原因。综合前面列举的资料来看，虽然是形成了一个从老子到计然再到范蠡的思想性的传承系统，但其顺序还是不能就这样认可的。

在前面的章节里已经提到过，《吴越春秋》《越绝书》中记载的计然的发言，大概都是加了一些润色的。不过，其中以岁星为中心的占星术、十二年的天道周期、阴阳五行说等，基本上显示的都是沿袭中原的古代天道思想的内容。另外，在《越绝书》中，说“计倪对曰：太阴三岁处金则穰，三岁处水则毁，三岁处木则康，三岁处火则旱。故散时有

① 饶宗颐《老子想尔注校笺》中的说法。

积，籴时有领”（卷四），将经济思想关联在天道思想上，这同记述范蠡使用计然的策略、使得投机性的商业活动得以成功的《史记·货殖列传》的调子一致。将天道的推运与饥穰相关联的这种思考本身，在《左传》中就已经出现：“梓慎曰：今兹宋郑其饥乎。岁在星纪，而淫于玄枵。以有时灾。阴不堪阳。蛇乘龙。龙，宋郑之星也。宋郑必饥。玄枵，虚中也。枵，秏名也。土虚而民秏。不饥何为。”（《左传·襄公二十八年》）可以认为，这也是附在中原天道思想中的要素的一个发展形态。所以，范蠡是通过计然接受了天道思想的这一假定和推测，从思想的发展上来看也是可能成立的。中原的天道思想和范蠡式思想的差异是因越国的地域性而产生的，这是在前一个章节里讨论过的结果。将这一点一同考虑的话，从计然到范蠡的师承关系的存在，是足以令人首肯的。

与此相反，《艺文志》的班固自注、《文子》的内容所显示的，说从老子到计然的师承顺序，却是有很多疑点的。现行本的《文子》，尽管用了这样的书名，但没有讲述任何有关文子本人的思想，几乎全都是以老子的言论贯彻始终。而且，其内容也是把范蠡式思想、阴阳五行说等以中原的古代天道思想为祖型的诸思想，通过《老子》加以润饰的，形迹沥然显见。不能将其当作老子的言论而置于计然、范蠡之上。本来，《老子》本身还包含有战国时期思想的影响，绝不会比范蠡式思想在先。从这一点上来讲也不得不说，老子是计然的老师的说法，到底是不可接受和相信的。

给这个问题带来解决线索的，是 1973 年河北省定县汉墓出土的竹简本《文子》。竹简本中的文章全都是文子发表言论、回答楚平王的问题，而在现行本中，内容原封不动，形式却变换为老子发表言论回答文子的问题了。也就是说，现行本中的老子的言论，本来全都是文子的发言，而原作《文子》中完全没有老子的言论存在①。这个情况证实，在《老子》的地位上升之后，从计然到范蠡再到老子的这个原本的思想性系谱，被大大地进行了篡改，老子做了计然的老师，被放在先头的位置上了。因此，现行本《文子》中所显示的、从老子到计然的师承关系，其实是后人篡改的结果，现在已经被完全否定了。

不过，这些通过篡改来作伪托本身，至少揭示出了范蠡与老子在思想上的密切关系。就像在第三章中指出的那样，《老子》中包含有许多与范蠡式思想共通的要素。而且，那些共通性都是集中在以天道为中心的《老子》中的较为古老的思考之中的。其他的，如东方朔转生为老子、范蠡的传承，还有老子直接转生为范蠡的传承等等，许多老子传承都是以范蠡的事迹为样本而创作的。斟酌一下这些现象就能知道，从计然到范蠡再到老子的这个连续的思想性系谱，应该是确实存在过的。

到此为止，讨论了各种老子的传承，结果表明有三种老子的传承呈鼎立之势：老子为南方出身的系统，西方周室之史的系统，与计然、范蠡属于同一思想性系谱的系统。这三个系统的传承，乍看很杂乱，各指不同方向，好像是要阻止统一老子形象的工作似的。以下的考察进一步结合思考《老子》的思想内容，从而探寻整合性地理解上述三种传承的方法。

首先看老子的出身。说老子是周室之史的那些传承，也很少明确

---

① 有关新出的《文子》竹简，参照《定县 40 号汉墓出土竹简简介》(《文物》1981 年第 8 期)。

说老子本来就是出身于周的，几乎都是说老子原本在南方，后来迁移到西方的周。所以，出身的话，以陈、楚为中心的南方说，应该是比较古老的形态。这一点不容置疑。从《老子》的思想内容中也能够得到验证。在前面的章节中，在说到范蠡式思想的形成要因的时候，列举过“南方之强”，这放在《老子》的内容上也合适，而且更为显著。《论语·微子》中记述了接舆、长沮、桀溺等隐者在楚揶揄孔子的故事，也传递出这个区域里存在的“南方之强”的风气。《老子》的思想内容强调柔弱谦下，很难想象其形成与这样的南方特色无关。

基于上述的理由，如果承认老子的出身是战国时期的楚国的话，那么，下面的问题就是，将老子划入与计然、范蠡同样的思想性系谱的那些传承，和这个出身是怎样的关系呢？如前所述，《老子》与范蠡式思想之间存在着很多的共通性。因此，在有关《老子》的形成问题上，就必须考虑范蠡式思想对其影响的可能性。如果老子是楚国出身的话，其中的情况就能够推测出来。吴越争霸终结之后，说范蠡去了齐。“环会稽三百里者以为范蠡之地，曰：后世子孙，有敢侵蠡之地者，使无终没于越国”（《国语·越语下》）。吴国是以刚强为傲的中原之霸，却急速灭亡了。越国以屈曲的战略消灭了吴，获得了胜利。从这两国之争而得来的反省和教训，同范蠡的名声一起，永远流传在了吴越两地。越国合并吴之后，一时强盛，其后逐渐遭受楚国的侵略。到了公元前334年，越就完全属于楚国的领地了。能够想象，在这样的历史变迁之下，范蠡式思想从吴越传播到了楚。

说老子的出身为陈的传承特别多，这样的话，上述推测的可能性就更大了。陈处于吴楚两大势力之间，苦于去就。开始时与楚结盟同吴斗，后来又帮助吴国与楚敌对。公元前487年，陈国被楚国消灭。

仅仅四年之后,合并了吴国的越的势力又开始在此地进出。也就是说,在地理和历史上,陈国与吴、楚、越有着极深的关系。考虑到这些情况的话,范蠡式思想与《老子》之间的思想性的共通性也就好理解了。范蠡式思想流传在陈的故地,这是《老子》在楚国形成的有力契机。二者之间的思想性的共通性正是此种情况的表现。并且,也只有这样考虑,才能够理清那些说老子出身于南方的传承和将其列入与计然、范蠡相同的思想性系谱的传承的问题。

接下来考察与老子是周室之史的传承之间的关系。如果承认老子出身于战国时期的楚,而且与范蠡式思想有着思想性的继承关系的话,那么,又该怎样看待将老子与西方的周结合在一起的问题呢?怎样才可能呢?

有关这一点,首先应该想到的是前面的章节中提到的范蠡式思想的形成过程。范蠡通过计然继承了中原古代天道思想。那么,在范蠡式思想影响之下的《老子》,也间接地接受和吸收了古代天道思想。出自周室史官之手的古代天道思想,其基本态度就是奉天道而规谏天子的恣意性统治。范蠡式思想也继承了这一点,主张在天道之下抑制君主的恣意,"王其且驰骋弋猎,无至禽荒。宫中之乐,无至酒荒。肆与大夫觞饮,无忘国常"(《国语·越语下》),一贯坚持教戒奢侈和骄慢。相比之下,《老子》以非人格神的道作为宇宙的本体和根源,结果,天人相关的色彩就比前二者大幅减少了。不过,在道的存在之下抑制恣意性的人为,说"驰骋田蜡使人心发狂"(第十二章),主张戒放纵盛盈。这样,可以说《老子》依然也是存在于古代天道思想的延长线上的。也就是说,在与相信人事的可能性、依靠人为努力来拓展未来的主张相比,《老子》主张要倒退到自然法秩序上,在这个点上警告过信人为的危险以及由人为而生的文明的不可控制。从这个方面来看，也可以将《老子》置于古代天道思想的继承者当中。

上述的这种状况，也就是产生将老子与周室相结合的这种想法的一个原因。有关这个问题，还需要考虑其他的要素。那就是，与间接经由计然和范蠡、接受他们的影响无关，在《老子》中，有从中原直接带来的古代天道思想的影响。这一点是需要考虑的因素。

首先就是《老子》中说的“道生一，一生二，二生三，三生万物。万物负阴而褒阳，中气以为和”（第四十二章），其中的有关气的思考。这里只以“万物负阴而褒阳”来表达，是否如《国语》《左传》一样，说“气无滞阴，亦无散阳”（《周语下》）、“六气曰阴阳、风雨、晦明”（《昭公元年》），将阴阳视为二气？这一点还不能明确。不过，从“中气以为和”及其后文来看，应该是说阴阳二气以中气为媒介相混合，然后产生万物。这个意思的可能性比较大。范蠡型思想中的阴阳，常指阴阳二节，其中完全没有将阴阳与气相关联的思考，这在前面的章节里已经讲述过了。《老子》中论说气，“槫气至柔，能婴儿乎”（第十章），这一点是与范蠡式思想异质的地方。《老子》中出现的气，与《国语》《左传》不同，其升降于天地之间的特性不明了，有在其间变容的痕迹。但是，在将阴阳与气相结合的这一基本线上，可以说其与中原天道思想的连续性更加强一些。

第二点，《老子》言及神、鬼神，“浴神不死”（第六章）、“神得一以灵”（第三十九章）、“以道立（位）天下，其鬼不神。非其鬼不神。其神不伤人。非其申（神）不伤人。圣人亦不伤”（第六十章）等等。这些表达，基本上显示出肯定神以及鬼神的神秘性的立场，包括第六十章的主张“以道立天下”，说圣人不与鬼神相互伤害、从而可以避开鬼神的威力。与此相比，范蠡式思想完全不提及神和鬼神，显示出与《老子》的差异。当然，在《国语》《左传》中，有神与民连称的例子："弃神人矣。神怒民叛。……神怒，不歆其祀。民叛，不即其事。"（《左传・昭公元年》）从这个意思上来看，《老子》的内容是有一些变化的。不过，保持对于神、鬼神的敬畏，这个现象本身就佐证了《老子》从范蠡式思想以外的途径中接受了中原的天道思想的影响。

前面推定老子的出身位于楚的北边。这个区域是南方与中原的接境，具备较容易移入中原文化的条件。而且，楚是长江流域蛮夷中最早完成挺进中原的邦国，中原文化的流入情况本来就远比越国浓厚。这一点，从以下举出的《国语・楚语》的记载中也能够得到确认：

> 且夫诵诗以辅相之，威仪以先后之，体貌以左右之，明行以宣翼之，制节义以动行之，恭敬以临监之。（《楚语上》）
>
> 昭王问于观射父曰：《周书》所谓重黎实使天地不通者，何也。若无然，民将能登天乎。对曰：非此之谓也。古者民神不杂。……民神异业，敬而不渎。故神降之嘉生。……及少皞之衰也，九黎乱德，民神杂糅。……颛顼受之，乃命南正重司天以属神，命火正黎司地以属民。（《楚语下》）
>
> 天子遍祀群神品物，诸侯祀天地三辰及其土之山川。……土气含收，天明昌作，百嘉备舍，群神频行。（同上）

从这些记述的内容中可以看出《诗》《书》的权威、周的古代传承、王朝诸侯的祭祀仪礼等各种中原文化大量流入楚国的情况。因此，在阴阳与气的关系、神和鬼神的问题上，《老子》比范蠡式思想更能显出从中原天道思想而来的强烈影响。这个现象也可以说是上述的楚乃至陈所处的地理历史环境的反映。而且,这一点也是促成老子与周相关联的一个有力的因素。

其他方面,《老子》在整体上倾向向天下主张王—政术、尚古思想、复归根源。这个倾向大概也给汉代人植下了老子是周室之史的观念,成为其中的材料。“声人执一,以为天下牧”(第二十二章)、“请靓可以为天下正”(第四十五章)、“为天下贵”(第五十六章)等等,《老子》频频言及天下统治,这个现象给汉代人带来极其强烈的、认为《老子》就是周王室内部的人所著的印象。另外,“执今之道,以御今之有,以知古始,是胃道纪”(第十四章)、“是胃肥天,古之极也”(第六十八章),老子主张尚古,与强调复归相辅相成,以至于最终形成逐渐衰微了的古代思想的传承者这一老子形象。而且,《老子》中还有如下的独白散见其中:“众人皆有余,我独遗。我禺人之心也。惷惷呵。鬻人昭昭。我独若閒。鬻人蔡蔡。我独闵呵。惚呵,其若海。朢呵,其若无止。……吾欲独异于人,而贵食母”(第二十章)、“吾言甚易知,甚易行,人莫能知之,莫能行之。……知者稀,则我贵矣。是以圣人被褐褱玉”(第七十章)等等。这些都很容易造成印象,推测老子是独立于时代趋势之外的、一位孤高的漂泊中的隐君子。

融合以上所举的诸要素来看,说老子是周室的史、一直独自保持着古代思想,形成这样的老子形象可以说是必然的结果了。将老子的身份设定为“周之太史”“周守藏室史”“周征藏史”等,让孔子向这样的老子讨教逐渐灭绝了的周礼,或者让老子收藏周室书库的典籍,最终再让老子看到周的衰退、让他到西方去的诸传承的结构性寓意,正是存在于这一点之上的。另外,还有说老子是周的太史儋、预言了秦的霸业的这种异说。另外，从“西周之三川皆震”（《国语·周语上》）的预兆上、对幽王警告说“周将亡”（同上）的伯阳父，说他就是老子。这些看法也都是基于同样的理由。

到此为止，探索了统合老子传承的三个系统的方策。结果表明，《老子》继承了两重古代天道思想，一个是通过范蠡式思想的间接性的途径，一个是通过中原诸国的比较直接性的途径。当然，《老子》中残存着有关天道的思考，却排除了一切占星术方面的内容，还重新创出了作为宇宙本体和根源的道等等，同中原的古代天道思想之间也存在着很大的差异。不过，无论有怎样的差异，《老子》依然还是占据着古代天道思想之末裔的位置的，就像前面已经讲述过的那样。另外，如果承认老子出身于中原与南方接境的楚国北边的话，那么，《老子》中的“南方之强”、中原文化、范蠡式思想之影响等等融合在一起的经纬，无论从地理上还是历史上就都可以说明白了。

以上考察了《老子》的形成情况。综合考虑一下这个过程中得来的各点就会发现，《老子》的形成基础是对于吴越兴亡的反省以及范蠡式思想的影响。其带有崇尚柔弱的“南方之强”风格以及春秋以来流入的中原文化。以这些要素为基础，除此之外还有战国时期的诸思想的影响，再加上道的创出等新因素。从这些可以推断，《老子》是形成于战国中期的楚国的北边的。另外，考虑这些情况的时候还应该想到，范蠡式思想与《老子》同样都保有古代天道思想的思想性渊源，它们都兴于南方；再加上范蠡式思想在《老子》的形成上所给予的影响，二者之间真可说是有着二重、三重的密切关系。这一点已经能够了解了。

第十五章　范蠡式思想与稷下之学

就如前面所讲过的那样，范蠡式思想是《经法》《十六经》《称》《道原》等黄帝书的思想性祖型。这些黄帝书与《老子》一起形成黄老道。所以，为了把握黄老道的形成情况，就有必要追寻范蠡式思想与《老子》之后是经由怎样的途径最后结合在一起的，有必要了解这个过程。本章探寻形成于楚越之地的二者——范蠡式思想和《老子》——在之后的发展过程。

《史记·货殖列传》中说“乃乘扁舟，浮于江湖。变名异姓，适齐为鸱夷子皮”，传述了范蠡的后来。另外，根据《越王勾践世家》中的记述，“齐人闻其贤，以为相。范蠡喟然叹曰：居家则致千金，居官则至卿相”，说他在齐做了相。这样的传承，显示了公元前 478 年越王勾践迁都琅琊[①]、越国的势力及至山东一带的历史事实，以及范蠡式思想与齐的密切关系。

《管子·势》旁证了范蠡式思想流入到了齐国。《势》篇的内容属于范蠡式思想，这在前面第八章中已经做了讨论。另外，《管子》是假托仕宦于齐桓公的国相管仲的著作，其形成与齐有着深刻的关联，这

① “二十五年……越王既已诛忠臣，霸于关东，从琊邪起观台，周七里，以望东海。”（《吴越春秋》卷十）

是不用多说的。所以,《势》篇的存在本身就是范蠡式思想被齐地接受的一个佐证。特别需要留意的是篇的名称,虽然叫作《势》篇,但其中全然看不到"势"这个词语。这一点看起来很奇怪。那为什么叫作《势》篇呢？这自然就是一个问题了。"势"这个词语含有时势、状势、兵势、权势、势力等多种意思。那么,与《势》篇的内容最符合的,又是在哪个意思上的用法呢？

在《老子》第五十一章中有记述说:"道生之,德畜之,物刑之,势成之。"[①]对此,河上公注是这样解释的:"一为万物,作寒暑之势,以成之。"这个注解引人注目。在此,势被当作推运寒暑时节的力量。作为《势》篇之基盘的范蠡式思想,其主体是阴阳、四时、日月等要素构成的天道的运动周期。可以认为,《势》篇作者的构想也像是河上公注说的那样,其内容是依据势的概念概括的。正如有记述说"齐人有言曰:虽有智慧,不如乘势。虽有镃基,不如待时"(《孟子·公孙丑上》),本来齐国就有重视乘时势的风潮。所以,如果《管子·势》是形成于齐国的,那么,《势》篇的作者以范蠡式思想中全然不见的势的概念表达全篇的主旨,也是很自然的现象。在《管子》中,除了《势》篇之外,也有像"阴阳者天地之大理也。四时者阴阳之大经也。刑德者四时之合也。刑德合于时则生福,诡则生祸"(《四时》)这样的记述,包含有很明显受到范蠡式思想影响的篇章,这也是上述推测的佐证。

详细论述放在后面。《史记·孟子荀卿列传》中说,黄老道形成于齐国的稷下;《史记·乐毅列传》中说,黄老学派的根据地在齐;《史记·曹相国世家》中说,曹参在齐国学习了黄老道,以黄老道统治了齐

---

① 在帛书《老子》中,甲本乙本这个地方都是"器成之"。

国，等等。有关黄老道的各个资料，一致述说齐国是其形成的地方，这一点也说明齐国确实吸收了范蠡式思想。

依据到此为止的论述，如果可以认为范蠡式思想北上移入到了齐国，那么，下一个要讨论的问题就是，范蠡式思想在继续吸收了以《老子》为首的战国时期的诸思想之后、发展为《经法》《十六经》《称》《道原》那样的形态的过程。下面以《史记·孟子荀卿列传》中的记载为线索来探讨。

司马迁是这样描述齐威王和齐宣王时的稷下的：

> 慎到赵人，田骈接子齐人，环渊楚人，皆学黄老道德之术，因发明，序其指意。故慎到著十二论，环渊著上下篇，而田骈接子皆有所论焉。

如果完全依照上述内容来看的话，那么可以认为，在威王、宣王的时候，在齐国的临淄，黄老道已经形成了。不过，这还有疑问。司马迁所列举的稷下的学士，其著书全都散佚了。所以，要正确把握他们每个人的思想内容，目前还是非常困难的。不过，将一些断片性的资料合起来看的话，还是可以推定出他们中一些人的大致倾向。其结果拿来参照一下就知道，很难讲这些思想家们是“皆学黄老道德之术”的[①]。

首先来看慎到。他的思想可依据守山阁本的《慎子》得知概略。慎到以其势说被吸收进韩非子的法思想中而知名，联想到《管子》中的《势》篇，就觉得慎到好像也与黄老道有着很深的关系。不过，慎到所

① 有关这一点，金谷治在《秦汉思想史研究》第二章中已经有所指出。

说的势，是“贤不足以服不肖，而势位足以屈贤”(《慎子·威德》)等，主要是指君主的权势和势位，和前面所说的《管子·势》的用法和意思在性质上有很大的不同。

另外，《庄子·天下》中说，“慎到弃知去己而缘不得已”“与物宛转，舍是与非”，以弃知和因循为中心把握慎到的思想性立场。《荀子·非十二子》中也说“上则取听于上，下则取从于俗”“倜然无所归宿”，差不多也是一样的评语。从这些来看，慎到好像就是道家一样。

不过，“君之智，未必最贤于众也。以未最贤而欲以善尽被下，则不赡矣”(《慎子·民难》)，慎到否定以贤智统治国家，其意图是为了保全君主的权威，与道家的否定贤智在根本上出发点不同。同样的，“因也者，因人之情也。人莫不自为也”(《慎子·因循》)、“民杂处而各有所能，所能者不同，此民之情也。……是以大君因民之能为资”(《慎子·民杂》)等等，其因循的主张也是说要任由民众的自我存活能力，以求统治的效率化，是政治理论上的主张。所以，由于有弃知和因循的存在，就把慎到分类到道家，这是不可取的——即便考虑到黄老道是道家中政治思想性最为强烈的。因为慎到重视人的自主性努力，主张天人分离，“天虽不忧人之暗，辟户牖必取己明焉，则天无事也。地虽不忧人之贫，伐木刈草必取己富焉，则地无事也”(《慎子·威德》)。从这一点上来讲，是不能将其与强烈主张天人相关的范蠡式思想置于同列的。

下面再来看田骈、接子。有关这二者，几乎没有可以依据的资料，其思想内容不明。不过，田骈方面，在《吕氏春秋·不二》中有“陈骈贵齐”的记述。高诱也注说：“齐之陈骈，齐人也。作道书二十五篇。贵齐，齐死生，等古今也。”从这些情况上来看，其思想的中心在于齐同论，与范蠡式思想的关联也是很稀薄的。

最后再看环渊。《庄子·天下》中说,“关尹老聃闻其风而悦之,建之以常无有,主之以太一。以濡弱谦下为表,以空虚不毁万物为实”,将其同老子相并列①。《汉书·艺文志》班固自注也说:“名渊,楚人。老子弟子。”从这些情况来看,可以说环渊至少和黄老道中的老子一方有着紧密的联系。不过,从上述《天下》篇中的记述来看,同黄帝一方,也就是范蠡式思想,很难说有整体上的重合。

总结以上的概观,司马迁说黄老道在这些稷下学士之前就已经形成、这些稷下学士全都学了黄老道的那些记述,缺乏可信性。可以说,在司马迁眼里,他们的思想性立场与黄老道是同一个系统的。这样讲才是事实的真相。

不过,为什么在司马迁的眼里,他们都是黄老学派的人物呢?这个问题值得探讨。在他们的思想中,一定含有一些同黄老道相通的要素,所以司马迁才下了前述那样的判断。那么,他们的思想分别都是在什么地方同黄老道相通呢?

慎到的政治思想,在其原有的形式上,同范蠡式思想是不相通的。这在前面已经做过论述了。范蠡式思想的基轴在于,以灾殃为媒介,主张天道的周期与人为对应的天人相关。仅仅这一点,就可以说其与慎到之间有着决定性的差异。如果仅仅依据现行本的《慎子》的话,是看不出慎到的思想中有范蠡式思想的影响的。如果二者之间存在什么关系的话,那应该是慎到对于范蠡式思想有所影响,是这一方向上的。

慎到给予的影响,其中的一个要素可以说就是慎到极力主张的法

---

①　武内义雄的《中国思想史》第五章,视《庄子·天下》中记载的关尹与稷下学士环渊为同一人物,本章也沿袭这一观点。

思想,“法虽不善,犹愈于无法,所以一人心也”(《慎子·威德》)、“舍君法,而以心裁轻重,则同功殊赏,同罪殊罚矣”(《慎子·君人》)等等。慎到强调排除君主的恣意和个人贤智所带来的主观性,只依据客观基准的法,强调法治的必要性。与此相比,范蠡式思想中本来就没有实定法方面的任何记述,给统治赋予客观性的最终基准只是天道周期所显示的理法。然而,到了《经法》,法的客观性就作为统治的一个手段,以这种形态出现:“法者,引得失以绳,而明曲直者也”(《道法》篇)、“法度者,正之至也”(《君正》篇)、“是非有分,以法断之。虚静谨听,以法为符”(《名理》篇)。《经法》中对于法的这种看法,与商鞅、韩非等人的法术思想在性质上有很大的差异,有关的详细论述留待后面的篇章。相反,其与慎到的法思想性质一致。所以,给予《经法》法思想最大影响的,可能是慎到。在四种古佚书中,《称》中有像是从《慎子》的《因循》《德立》《威德》各篇引来的文章;《十六经·本伐》中有与《慎子》佚文相重复的表达。这些都是上述推测的旁证。

下面来看田骈和接子。就像前面所说过的,因为资料的缺乏,分析和推断他们与范蠡式思想的关系,相比慎到,会更加难一些。另外,从“贵齐”的田骈的思想内容上来看,其与范蠡式思想的共通性更显稀薄。硬要说的话,“今余欲畜而正之,均而平之”(《果童》篇),也许与《十六经》中主张均平相关联。不过,在现在这个阶段,还是保留意见较为妥当。

那么,环渊的情况又是怎样的呢?依据前面所举的资料来看,环渊确实是属于老子学派的人物。所以,如果说范蠡式思想与环渊相连,那么,其关系是通过老子的可能性很大。就如第四章至第七章论述的那样,四种古佚书在各个角度上都受了《老子》的影响。所以,在齐国的稷下,范蠡式思想与《老子》有过接触是很显然的。而且,司马迁所说的，在威王和宣王的时候，楚人环渊曾在稷下学习黄老道；《汉书·艺文志》记录了《蜎子》十三篇的书名，还附有“楚人，老子弟子”的自注。结合这些记述来看，环渊或许就是战国初期从楚国将《老子》传入齐、为早先一步传入临淄的范蠡式思想中导入《老子》带来契机的人。这个途径是能够想象的。范蠡式思想在接受《老子》的影响的时候，就像倾向于解说最为关心的道的性质的《道原》所显示出来的那样，范蠡式思想将重点放在作为宇宙本体和根源的道的导入上。《老子》中是这样讲述道的：一切森罗万象都由背后世界的唯一绝对者统括，而且，这个绝对者是去除了人格神色彩的，是赋予了自然法性的客观性的。这在思想史上拥有划时代的意义。范蠡式思想将重点放在这个道的导入上也是当然的结果。《庄子·天下》说，“建之以常无有，主之以太一”，说确立了宇宙的本体和主宰者的道，这是关尹、老聃学派的首要特色。这也佐证了环渊在齐国稷下传播的老子思想，重点就是道。

环渊对范蠡式思想带来的影响，还有其他要素。《庄子·天下》是这样叙说环渊的思想概要的：

> 关尹曰：在己无居，形物自著。其动若水，其静若镜，其应若响，芴乎若亡，寂乎若清。同焉者和，得焉者失。未尝先人，而常随人。

这里强调的是彻底的被动姿态，整体上带有浓厚的道家色彩。值得注目的是，其中含有“在己无居，形物自著。其动若水，其静若镜，其应若响”的思考。也就是说，环渊主张，只要放空自己、虚无一物，除去主观，一切万物就会自动暴露出实际姿态，因此就可以客观地认识任何事物对象，可以适应任何事情和现象。

与此比较《经法》的形名论就会发现，二者的思维几乎一致。如“见知之道，唯虚无有。虚无有，秋毫成之，必有形名”（《道法》篇）、“执道者之观于天下，无执，无处，无为，无私也。是故天下有事，无不自为形名声号矣”（同上）、“凡事无小大，物自为舍。逆顺死生，物自为名”（同上）、“静而不移，动而不化。故曰神。神明者见知之稽也”（《名理》篇）等等。类似的思考在《老子》中已经存在了，如“无有入无间”（第四十三章）、“圣人不行而知，不见而名，不为而成”（第四十七章）等等。不过，还没有达到明确地将“无有”和形名结合在一起的程度。所以，要说从《老子》的阶段一下子飞跃到《经法》形名思想，还是有些不大可能的，但若考虑到中间还有前述环渊的思想介入，就能较为连续性地探索到其发展的历程。

虽然环渊将虚无这种心术和形名结合，在这一点上将《老子》向前推进了一步，不过，依据《庄子·天下》的记述来看，其中没有以对臣下督责为目的的法家式的形名参同的色彩。这样的话，因为《经法》中的形名论，其中法家式的形名参同占据了相当的比例，所以如果仅仅认为是从《老子》到环渊再到《经法》这样的传承途径的话，致使它成立的要素还不够。

其实，与环渊的“其静若镜”相似的思考，是《初学记》卷二十五所引的《申子》。《申子》中有这样的表达：“申子曰：岂不知镜设精。无为而美恶自备矣。”其他散见于诸书中的《申子》佚文，也有类似的表述：“申子曰：上明见，人备之，其不明见，人惑之。……故曰：吾无从知之，惟无为可以规之”（《韩非子·外储说右上》）、“无言无思，静以待时，时至而应，心暇者胜”（《吕氏春秋·任数》）、“申子云：天道无私，是以恒正。天道常正，是以清明”(《北堂书钞》卷一百四十九)、“申子云：地道不作，是以常静。常静，是以正方。举事为之，乃有恒常之道。静者符信，受令必行也”(《北堂书钞》卷一百五十七)等等，主张保持心的虚静，这样就可以对他者秘匿自己的意图，同时还可以认识万物，从而对应一切事象。还有，论述将天道、地道的存在作为心术规范的形名论。也就是说，申不害一方面以法家式的形名论为基调，另一方面又吸收了残存于中原的古代天道思想，将其导入形名论的根据，是这样一种形式，可以说其中有一些与道家相通的部分。这样的话，以此为连接点，范蠡式思想中导入了法家式的形名论，然后其发展为环渊的道家式的形名论，进一步与认识的主体是以《老子》的道为根据的思考连续，在这个过程中糅合交错，最终形成了像《经法》那样的道法折中的形名论。司马迁说“申子之学，本于黄老而主刑名”(《史记·老庄申韩列传》)，依然是将申不害定为黄老学派。从这一点来看，也应该认为在《经法》的形名思想的成立过程中，还有申不害的思想参与其中。

以上就司马迁的黄老道在威王、宣王时的稷下已经形成了的记述，做了是与非的讨论。根据考察发现，司马迁的评论是有些难以接受的。不过，在另一方面，被司马迁列入黄老学派的许多思想家，的确都与范蠡式思想乃至黄帝书有相通的一面，这一点也是清楚的。

那么，这些事态应该如何解释呢？《经法》《十六经》等黄帝书的思想，是以范蠡式思想为基盘，混入了战国时期的诸思想而形成的。这是依据到第八章为止的考察已经明确了的事项。这些诸思想的导入和混合，正是在威王、宣王时的稷下。可以说上述所列出的思想家以各自的思想性特色，为黄老道的形成提供了素材。不过，这样摄取来的各种构成要素，在黄老道一旦形成和占据思想界的主流之后，反而被视为黄老道原本的思想特色了。那些提供要素的思想家们，因为有与黄老道思想重复的部分而被定位为黄老学派，以至于认为，他们与黄老道的特性差异是他们以黄老道为基础，然后发展出了独自的思想，是由此产生的差异。“学黄老道德之术，因发明序其指意”，司马迁的这种理解，可能也就是从黄老道全盛时期的汉代逆算到战国时期的时候所发生的倒置现象的产物吧。

本章考察了范蠡式思想从越国传入齐国、在临淄吸收以《老子》为首的战国时期的诸思想后，发展为《经法》《十六经》等黄帝书的状况。因为本章是以《史记·孟子荀卿列传》的记载为线索的，所以，讨论也只停留在与老子、环渊、慎到、申不害等思想家之间的关系上。就像在第四章、第五章中已经讨论过的那样，黄帝书受到的影响，除此之外还有墨家思想、有关理的思考等等。另外还有像《管子》的《心术》《白心》《内业》各篇那样的重视心术的思想的影响[①]。在威王、宣王时期的齐

① 在《管子》的《心术》上下、《白心》、《内业》诸篇中，散见与四种古佚书近似的表达。这个现象乍一看给人的印象是《管子》四篇似乎也是属于黄老道的文献，但二者本来是不同系统的思想。之所以这样讲是因为，《管子》四篇虽然相互间有着种种差异，但在将心术置于一切的中心这一基本线上，显示极为强烈的共通性；其与以道为主体的《老子》以及以天道为主体的黄帝书，在思想基础上都有着很大的不同。所以，与黄老学派无关，需要考虑有一个信奉心术的学派存在于齐国的稷下。另外，就像《心术上》篇由经的部分以及对此的解说部分构成这一点所显示出的，那四篇之间在形成时期上有着相当大的间隔。而且，就连形成时期最早的《心术上》篇经的部分，也已经含有《老子》的道、理等概念，含有形名、法术等思想。在《白心》篇当中，还有这样的记述：“日极则仄，月满则亏。极之徒仄，满之徒亏，巨之徒灭。孰能己无已乎。效夫天地之纪”“天不始不随”，范蠡式思想的影响也混在其中。根据以上几点，可以窥探到这样的思想发展状况：重视心术的学派持续活动了相当长的一段时期，持续保持以心术为基本的特色，也从周围导入和摄取了诸思想。也就是说，范蠡式思想吸收诸思想，从而发展为黄帝书的这种情况，在心术学派方面也同样发生了。并且，这两者的思想性发展在某个时期于齐国并辔而行，其间，范蠡式思想汲取了心术理论，另一方面，虽然所占的分量不大，心术学派也摄取了天道思想。可以认为有这种相互之间的交流和影响。

国，采取从诸国优待招聘各路学者的政策，稷下呈现思想的一大汇集地的景观。可以说范蠡式思想对于上述诸思想的吸收，只有在这种地方才有可能。

第十六章　假托黄帝

前面的章节考察了从越传播到齐的范蠡式思想，在稷下吸收周围的诸思想，然后逐渐完备作为政治思想所需的形式的情况。这样形成的思想，就像《十六经》中能够看到的那样，是假托于黄帝的，形成了一个所谓的黄帝书。下面的问题就是黄帝书的形成经纬。本章探讨假托黄帝的时期以及黄帝被选为假托对象的原因。

在论述假托黄帝的时候，需要先把握古代的黄帝传承其本身的性质。在春秋时期至汉代的诸文献中，有各种的黄帝传承。现列举其中形成时期最早的《国语》《左传》中的记载：

> 夫亡者岂繄无宠，皆黄炎之后也。（《国语·周语下》）
>
> 黄帝能成命百物，以明民共财。颛顼能修之，帝喾能序三辰以固民。……故有虞氏禘黄帝而祖颛顼，郊尧而宗舜。夏后氏禘黄帝而祖颛顼，郊鲧而宗禹。（《国语·鲁语上》）
>
> 黄帝之子二十五人，其同姓者二人而已。……凡黄帝之子二十五宗，其得姓者十四人，为十二姓。……昔少典娶于有蟜氏，生黄帝炎帝。黄帝以姬水成，炎帝以姜水成，成而异德。故黄帝为姬，炎帝为姜。二帝用师以相济也，异德之故也。（《国语·晋语四》）

使卜偃卜之，曰：吉，遇黄帝战于阪泉之兆。(《左传·僖公廿五年》)

昔者，黄帝氏以云纪，故为云师而云名。炎帝氏以火纪，故为火师而火名。共工氏以水纪，故为水师而水名。大皞氏以龙纪，故为龙师而龙名。(《左传·昭公十七年》)

这些资料中的黄帝形象，是首次给万物命名、为民众社会生活带来指针的文明创始者(《鲁语上》)；或者也是在后来建立了周王朝的姬姓的始祖(《晋语四》)；还在阪泉之野战胜了炎帝，是一个军事胜利者(《晋语四》《僖公廿五年》)。另外，黄帝还被置于许许多多的古代帝王的首位来描写(《周语下》《鲁语上》《昭公十七年》)。上述的黄帝传承，是由周的太子晋、鲁以及晋的史官、郑的卜偃等传述的，全都是继承了古代天道思想的人物。从这些资料中可以得到确认，人类社会始祖的黄帝的形象，并不是在战国时期突然出现的，而是自古就存在于中原的有力的传承。

那么，这样的黄帝传承，是什么时候在齐国的临淄与范蠡式思想相结合的呢？想要对此作出推定，需要探究在众多的古代帝王中特别尊崇黄帝的风潮，还要探究将黄帝作为假托对象的现象在整个思想界盛行的时期。以下就此问题进行讨论。首先列举《尉缭子·天官》的记载：

梁惠王问尉缭子曰：黄帝刑德，可以百胜，有之乎。尉缭子对曰：刑以伐之，德以守之，非所谓天官时日阴阳向背也。黄帝者，人事而已矣。

这里讨论兵法"黄帝刑德"。从其批判的内容上来看,"黄帝刑德"就是依照天官、时日、阴阳、向背等预知胜败的阴阳流兵学。阴阳流兵学的渊源,最古老的可以追溯到殷代的龟卜,不过,直接的祖型可从周室瞽史依据天文的推移来预知胜败的天道思想中寻找。其后,这种思考渐渐脱离瞽史的独占,在中原作为兵学发展并被理论化。结果,在战国时期,卜筮、天官、时日、阴阳、五行、向背、望气、吹律、听声等诸要素包含在其中,构成了一个庞大的体系①。"黄帝刑德"也属于这一系统。不过,问题是它的名称。"黄帝刑德"的这个名称,显示此兵法就是假托于黄帝的。所以,必须认为,在这样的假托之前,尊崇黄帝的倾向已经广泛普及了。

下面的问题就是《尉缭子》的形成时期了。以往,有关《尉缭子》,多人认为是汉代之后的伪作。不过,1973 年山东省临沂县银雀山汉墓出土了大量的竹简兵书,其中有竹简含有与现行本《尉缭子》相重复的内容。以往的看法因而被否定掉了②。银雀山汉墓的营造时期被推定为武帝的初年。所以,《尉缭子》的形成时期绝不会是汉初以后。而且,在《制谈》篇中有这样的记述:"今天下诸国士所率,无不及二十万众。"以这个兵力数作为基准的话,其形成时期可以追溯到动员兵力达四五十万的战国末期之前③。

《尉缭子》中批判了"黄帝刑德"。那么,"黄帝刑德"的形成当然是

---

① 长沙马王堆汉墓出土的《五星占》及《天文气象杂占》,是探索当时阴阳流兵学情况的珍贵资料。

② 所发现的竹简大约相当于六篇的分量,其释文以《尉缭子注释》(上海古籍出版社,1978 年)出版发行。

③ 有关战国时期各国动员的兵力数目的问题,参照拙稿《十三篇〈孫子〉の成立事情》(《島根大学教育学部紀要》第 13 卷)。

在《尉缭子》成书之前。而且，在“黄帝刑德”形成之前，一定已经存在尊崇黄帝的风潮了。这个时间的顺序是可以确定下来的。将刚才推定的《尉缭子》形成时期的下限与这个顺序对照，就可以得出结论：在战国中期——最迟到战国的后期，重视黄帝的风气就已经普及了。

《尉缭子》所提示出的情况如上所述。那么，从别的资料来看，上述结论能够得到验证吗？在这个问题上，令人深感有趣的是活动于战国末期、主张五德终始说和大地理说的齐国邹衍的情况。在《史记·孟子卿列传》中，司马迁是这样概述邹衍的思想的：

> 深观阴阳消息而作怪迂之变，终始大圣之篇十余万言。……先序今以上至黄帝，学者所共术，大并世盛衰。因载其机祥度制，推而远之，至天地未生，窈冥不可考而原也。

根据这里所表达的邹衍的历史观来看，“今以上至黄帝”，他是把人类社会的开始置于黄帝的。这一点，还有马国翰在《玉函山房辑佚书》中推定的邹衍著作佚文——《吕氏春秋·应同》中的文字——可以佐证：

> 凡帝王者之将兴也，天必先见祥乎下民。黄帝之时，天先见大螾大蝼。黄帝曰：土气胜。土气胜，故其色尚黄，其事则土。

邹衍所主张的五德终始说的特色，就在于他说天界上五德的转移与地上的王朝交替相关联。在这里，王朝也是从黄帝开始说起的。就像这样，邹衍将黄帝视为人类社会的创始者，其背景就如《国语·鲁语上》《十六经》那样，在天地开辟后的混沌状态中，黄帝出现，并首次给予人类社会生活的指针。可以设想，这种思考在战国末期的齐国已经很得势力了。这样说是因为，“先序今以上至黄帝，学者所共术”的表达已经表明，那样的看法，不只是邹衍一个人的，而是稷下思想界的大势。

相传邹衍在赵国的平原君面前与公孙龙对决过，其活动时期大约是在公元前三世纪前半时期。依此也可以确认，崇尚黄帝的风潮在当时已经稳固存在了。

邹衍之后，接下来想讨论一下山东省临沂县银雀山汉墓出土的《孙子兵法》[①]。在《孙子兵法·黄帝伐赤帝》中，有这样的记述：“孙子曰：黄帝南伐赤帝。……已胜四帝，大有天下”，说黄帝远征四方，讨伐了赤帝、青帝、黑帝、白帝，“天下四面归之”。有关黄帝征战的传承多种多样，其中，于阪泉之野在苦战之后击败炎帝，然后在涿鹿之野讨伐了蚩尤，成为天下的支配者。这些说法占据主流[②]。与四帝的争斗方面的传承，在《太平御览》卷七十九所引用的《蒋子万机论》中能够看到[③]。其数量少，而且还是与前者不同系统的传承。《黄帝伐赤帝》篇采取的正是这一立场。这是因为其本来是承袭“凡此四军之利，黄帝之所以胜四帝”的《孙子·行军》的文章。只不过，在《行军》篇中，有关

① 引用部分的竹简上有残缺处。根据《银雀山汉墓竹简[壹]》（文物出版社，1985年）的释文填补了字句。

② “轩辕乃修德振兵……以与炎帝战于阪泉之野，三战然后得其志。蚩尤作乱，不用帝命。于是黄帝乃征师诸侯，与蚩尤战于涿鹿之野，遂禽杀蚩尤。”（《史记·五帝本纪》）“黄帝伐涿鹿而禽蚩尤。”（《战国策·秦策一》）

③ “黄帝之初养性爱民，不好战伐。而四帝各以方色称号，交共谋之，边城日惊，介胄不释。……于是遂即营垒，以灭四帝。”

行军的具体战术才是主题，黄帝战胜了四帝的传承，只不过是被引用来帮助表达其主题的，并没有其他特别的意义。而在《黄帝伐赤帝》篇中，只特别地举出这一段文字，说“一帝二王皆得天之道”，不仅把黄帝视为唯一的帝王，而且还用全篇解说。这样的现象，依然是重视黄帝的时代风潮的一个反映吧。

《黄帝伐赤帝》篇中有记述说：“明之吴越，言之于齐。曰智孙氏之道者，必合于天下。”(《孙膑兵法·陈忌问垒》)从内容上推测，想来是成于继承了孙武和孙膑两方兵学的后学之手。这两位孙子都是齐人，特别是孙膑还从仕过齐威王和将军田忌，有过功绩。从这一点上来看，孙氏学派的根据地曾经在齐国，这一篇也在稷下著述的可能性很高。另外，有关其时期的问题，《孙膑兵法·威王问》中说“齐三世其忧”，从作为齐侯自立了的田和算起第三代，取与威王似乎同时期的形式。所以，最早的话应该是孙膑仕宦于威王的公元前350年前后，最晚的话应该是齐国被秦国消灭之前的战国末期。因此，《黄帝伐赤帝》篇的存在也显示，从战国中期至战国末期，崇尚黄帝的风潮已经在齐国的稷下普及推广，是这个事实的一个例证。

另外，在《公孙龙子·迹府》中，记述有要招募勇士的齐王与主张非斗的尹文之间的对答辩论。尹文在他的发言最后说：“赏罚是非，相与四谬，虽十黄帝，不能理也。”《说苑·君道》中有尹文与宣王的问答。《汉书·艺文志》对《尹文子》一篇的自注说：“说齐宣王，先公孙龙。”《吕氏春秋·正名》将问答的一方说成是湣王。所以，这个齐王不是宣王就是湣王。问题在于这里不是说十尧舜，而是说十黄帝。这一点如实地说明了在宣王或湣王的时候，在齐国，黄帝占据了古代帝王的首位。

尹文的思想，连同宋钘一起，其概略在《庄子·天下》中有所记述。据此，可以知道他主张“以禁攻寝兵为外，以情欲寡浅为内”“见侮不辱”，持重视心术的道家立场，是一个提倡反战非攻的思想家。不过，《天下》篇也有评论说“接万物以别宥为始”，可以窥探到尹文还以概念规定为手段来识别对象世界，有名家的倾向。《迹府》篇记述了尹文用严密规定士概念的论法作为武器，对于一边自称好士一边又赞赏私斗的齐王进行批判，这与将非斗和正名并列记述的《庄子·天下》的评论正相一致，也成为明示二者之间内在关联的一个珍贵资料。所以，其记述内容被看作是准确传达了尹文事迹的资料，其中包含前述的那个表达，也是重视黄帝的风潮在战国中期的齐国已经存在的旁证①。

有关在齐国尊崇黄帝的时期，最早的要看齐威王（陈侯因脊）使人铸造的祭器陈侯因脊敦上刻的铭文了。这个铭文中有这样的表述：“其唯因脊，扬皇考昭统，高祖黄帝，迩嗣桓文，朝问诸侯，合扬厥德，诸侯贡献吉金，用作孝武桓公祭器敦。”②明确记载在威王（公元前358—前320年在位）的时候，在齐国，黄帝就已经是古代帝王中的至高存在，也被王室尊崇。在《管子·法法》中，有记述说“黄帝、唐、虞，帝之隆也”，将黄帝放在尧舜的前面，这也是与此同轨的现象。

以上从周边资料考察了盛行和重视黄帝的时期。当然，这些资料所显示出的各个时期，多少有一些差异，但也可以充分了解到，在战国中期的齐威王、宣王的时代，尊崇黄帝的风潮就已经稳固渗透了。而

① 《韩非子·五蠹》中有几乎同文的“虽有十黄帝，不能治也”，差不多是一个惯用性的表达。

② 《周代金文图录及释文》及《浑源彝器图　山东金文集存》所收。引用的释文依据郭沫若《十批判书·稷下黄老学派的批判》。

且，从开始盛行重视黄帝到假托的这段时期，大概推算一下其中的间隔时间就能推定，范蠡式思想假托于黄帝并形成黄帝书，大概是在公元前三世纪的前半叶，即湣王（公元前300—前284年在位）至襄王（公元前283—前265年在位）统治下的时代。这样的推定应该较为妥当①。

那么，在齐国的稷下，吸收了诸思想的范蠡式思想，为什么要以黄帝为假托对象呢？本来，就像上面已经列举的《国语》《左传》等已经显示出的那样，有关黄帝的诸传承，是在中原之地传承下来的，并一致与

① 在《六韬》中有这样的记述："盈则藏，藏则复起，莫知所终，莫知所始。圣人配之，以为天地经纪"（《文韬·守国》）、"天道无殃，不可先倡。人道无灾，不可先谋"（《武韬·发启》）、"圣人征于天地之动，孰知其纪。循阴阳之道，而从其候，当天地盈缩，因以为常。物有死生，因天地之形。……善战者，见利不失，遇时不疑。失利后时，反受其殃"（《龙韬·军势》）、"安徐而静，柔节先定。善与而不争，虚心平志，待物以正"（《文韬·大礼》）、"太公曰：凡兵之道，莫过乎一。一者能独往独来。黄帝曰：一者阶于道。……故圣王号兵为凶器，不得已而用之"（《文韬·兵道》）等等，很明显是受黄老道的影响。在银雀山汉墓出土的竹简兵书当中，有《六韬》残简五十四枚，据此证实《六韬》在汉代之前就已经存在了。所以，这一点也证明，黄老道以及四种古佚书的形成时期，可以从战国最末期推前很多。另外，金谷治的《秦汉思想史研究》第二章，说根据《庄子·在宥》的记述，黄帝从广成子那里得授无为之治；在《徐无鬼》篇中，说黄帝从牧马的小童那里学到了无为之治。所以，以这两点论据，认为外、杂篇中的黄帝还没有达到完好的道家式理想人物的境地。所以，黄老派中的黄帝观的确立，是在《庄子》外、杂篇的形成之后，他导出不能推到战国最末期以前的推论。不过，黄帝在《庄子》外、杂篇中频频出现，或者将黄帝当作至高的理想人物（《天运》篇、《山木》篇），或者相反把黄帝描写成还没有达到最高境界的人（《在宥》篇、《知北游》篇、《徐无鬼》篇），这些现象，是同《庄子》处理尧、舜及孔子的方法一样，是在将黄帝作为唯一一个统治天下的黄老式的黄帝形象，是在确立这样的一个形象的前提之下，从上述的两个角度上利用其既成的权威来主张庄周学派优越的一个结果。在内篇中还把世界当作混沌来看待，到了外篇，就拿天地、天道、四时、阴阳、日月等概念极速地将世界秩序化了。这个现象，以及外篇中大量摄取的《老子》思想，显示庄周后学深受黄老道的影响。这反而证明，在外、杂篇形成之前，黄帝书就已经流传和盛行了。应该这样认为。

瞽史的天道思想保持着紧密的关系。而范蠡式思想是在与中原文化疏远的越地形成的，在范蠡式思想中，不存在任何包括黄帝在内的有关古代帝王的传承。这一点在第十三章中已经指出。因此，可以认为，范蠡式思想假托黄帝的现象，是范蠡式思想传入齐国的稷下并在那里与中原文化接触之后的结果。

这里应该再次提到的是，前面说到的阴阳流兵学以及阴阳家邹衍与黄帝的关系。在《汉书·艺文志·兵书略》中，有这样的定义："阴阳者，顺时而发，推刑德，随斗击，因五胜，假鬼神而为助者也。"《六韬·龙韬·王翼》中，这样解说阴阳流兵学："天文三人，主司星历、候风气、推时日、考符验、校灾异、知天心去就之机。"阴阳流兵学就是中原古代天道思想的兵学发展形态。因为在瞽史的天道思想中，本来就包含有用吹律听声以及占星术等来预测战争胜败。二者共同以古代天道思想为母体，有着思想上的亲近性，从这一点上来看，在《黄帝刑德》、《汉书·艺文志》兵阴阳家之类的《风后》《力牧》等中，出现假托黄帝的现象可以说是理所当然的。特别是，黄帝传承本身，描写的就是作为军事胜利者的黄帝的形象，这一点也进一步促进了二者的结合。

另一方面的邹衍，也几乎具备了所有的瞽史的天道思想的主要特色，五行说与气相结合（《吕氏春秋·应同》）、利用龟卜预测胜败（《韩非子·饰邪》）、通过吹律调节天气（《论衡·定贤》）、招降灾异（《论衡·感虚》）、利用历运及阴阳的消息来预言（《史记·孟子荀卿列传》）等等。所以，可以说他的思想也是中原古代天道思想的一个发展形态。

以下的事情也可以说明上述这一点。《史记·历书》中叙述"黄帝考定星历，建立五行，起消息，正闰余"，说黄帝创造了天文、五行、阴阳及历法，在记述了其后的迂余曲折之后，说“战国并争，在于强国禽敌，救急解纷而已。岂遑念斯哉。是时独有邹衍，明于五德之传，而散消息之分，以显诸侯”，特别提到邹衍是唯一一个继承了在战国争乱中日渐衰退的黄帝之术的人。也就是说，黄帝“建立五行，起消息”（《历书》），而邹衍也“明于五德之传，而散消息之分”（《历书》）、“深观阴阳之消息”（《孟子荀卿列传》），司马迁把黄帝和邹衍置于同一系谱上了。这样的话，作为这个思想性系谱的功业，邹衍将黄帝置于人类社会文明的始祖，其中的缘由也能理解了吧。

就像这样，阴阳流兵学、邹衍等，这些泛属阴阳家的思想系统，与天文历法家一起，遗留在中原，是发展了的古代天道思想的主要继承人。最先尊奉黄帝的就是这些人的可能性很大。而范蠡式思想也是渊源于瞽史的古代天道思想的，与天文历法家、阴阳家在思想性上来讲，属于兄弟关系。考虑到这一点，如果说范蠡式思想也是从他们那里接受了黄帝传承，然后形成了《十六经》这样的黄帝书，那是很自然的。《十六经》中的黄帝形象，例如其中所描述的“数日，历月，计岁，以当日月之行”（《立命》篇）、“晦无明无，未有阴阳。阴阳未定，吾未有以名。今始判为两，分为阴阳，离为四时”（《观》篇）等等，有着浓厚的天文历法家、阴阳家的面貌，这个现象也证明了二者的紧密关系。

另外，在《经法》中，有叙述说“日月星辰之期”（《四度》篇）、“列星有数”（《论》篇）、“日月星辰之有数，天地之纪也”（《论约》篇）等等，将“星”新添在天道的构成要素中。在《道原》中，更是说“天地阴阳，四时日月，星辰云气”，连“气”都登场了。本来，在范蠡式思想中，完全没有关于星、气的思考，这些原本是中原的天道思想所具备的特色。这一点已经在第十三章中指出了。这样的现象，是将范蠡式思想中的“德虐”换为《经法》中的“文武”和《十六经》中的“刑德”这些中原天道思想所使用的术语(《尚书·吕刑》、《国语》〔《周语》《晋语》〕)。还有,“天地之常恒,四时、晦明”(《经法·道法》)、“未有明晦”(《道原》),其中说到的“晦明”,这在范蠡式思想中不存在,是附属于中原天道思想的(《左传·昭公元年》)。这两点显示,范蠡式思想在与中原天道思想接触之后,补充并增加了术语。在此,假托黄帝,也可以认为是这种工作中的一环①。

① 只不过,这样的影响受词汇用语的接受程度限制,像占星术、云气观望术、五行说等,实质性的内容还没有被摄取和接受。所以,可以说在与中原天道思想接触之后,黄帝书依然还是维持了范蠡式思想的基本特性。

第十七章　黄老道学派的形成

本章直接从与黄老道学派有关的资料中，考察《老子》与黄帝书相结合并最终形成黄老道的情况。在《史记・乐毅列传》的末尾，是这样记述黄老道系谱的：

> 乐氏之族，有乐瑕公乐臣公。赵且为秦所灭，亡之齐高密。乐臣公善修黄帝老子之言，显闻于齐，称贤师。……乐臣公学黄帝老子。其本师号曰河上丈人。不知其所出。河上丈人教安期生，安期生教毛翕公，毛翕公教乐瑕公，乐瑕公教乐臣公，乐臣公教盖公，盖公教于齐高密胶西，为曹相国师。

针对上述的师承关系，唐兰《黄帝四经初探》认为，从一世三十年的计算来看，推定开祖河上丈人为公元前400年左右的人物，黄老道的形成时期也可以认为是在这个时期。不过，从前面讲过的《经法》《十六经》中的诸思想混合的状况上来考虑，很难认定在公元前400年左右的时候，黄老道就已经以一个很明确的形态形成了。因为从根本上来讲，本师河上丈人就被认为是“不知其所出”的，所以，完全相信这个系谱是危险的[①]。

---

① 这个传承系谱不能全盘相信，在第一章提到的金谷论文中已经有详细的指摘了。

不过,位于系谱中间位置的乐瑕公与乐臣公①,是著名的乐毅一族的成员,出自和故国都有明确说明,甚至还有从赵国亡命的时期以及在齐国落脚的地点等记载。这个记述是可以相信的吧。这两位之后的盖公,也有高密、胶西(山东省高密市、胶州市)等活动地区的具体说明。从仕于高祖的曹参以盖公为师,这在《史记·曹相国世家》中有详细记述。所以,盖公应该也是实际存在过的人物。因此,在上述系谱中,乐瑕公→乐臣公→盖公→曹参的部分,大概可以认为基本是事实。乐瑕公与乐臣公二人是来自赵国的亡命者,很难说他们就是黄老道的创始人。因为范蠡式思想是导入了战国时期诸思想发展而来的,而黄帝被假托也是在齐地。这样的话,他们到来之前,齐国当然应该已经有传播黄老道学统的人物存在了。所以,黄老道的传承系谱,至少还可以再追溯到乐瑕公的前一代。因此,先除去河上丈人和著名的神仙安期生等假托,承认自毛翕公往后的这个黄老道传承系谱是真实的,应该是最为妥当的看法②。

那么,作为一个学派,黄老道的形成时期大约是在什么时候呢?乐瑕公与乐臣公亡命到齐国的时间,记述是"赵且为秦所灭"的时期。赵国在公元前248年一下丧失了五十七城,翌年上党全部地域都被夺去了。赵国一直都在秦国猛攻的胁迫之下,特别是因秦国的谋略失去了将军李牧之后,国力极速衰退。公元前228年,国都邯郸被秦将王翦攻陷,幽缪王被抓,其兄赵嘉据于北边的代,仅保命脉。赵国就是这样迎来末日的。乐瑕公与乐臣公逃离赵国的时间,大概也就是在这期

---

① 有关乐臣公,《史记集解》中说"作巨公",《史记索隐》中也说"本亦作巨公也"。

② 这样看来,从毛翕公到盖公全都称为"公"。在黄老道学派的内部,代代尊称其师为"公"的可能性很大。

间，即公元前230、240年的时候吧。按照一世二十年来计算，前面的系谱中，应该是在毛翕公的时候，大约公元前250、260年，黄老道作为一个学派已经在齐国形成了，可以这样判断。

这个时期的黄老道，就像后来汉代流行的那样，已经具备将黄帝书与《老子》统括在一起的形式了。在《史记·孟子荀卿列传》中，说慎到、田骈、接子、环渊等人学习黄老道并以此为基础发展了各自的思想。这是司马迁方面的说法和解释。说是“黄老道德之术”，其实只是指广义上的思想倾向。然而，《乐毅列传》中的系谱，却是性质完全不同的东西。从“其师号曰河上丈人”的这种表达上也能清楚明白，那不是司马迁所做的解释，而是黄老道学派流传的内部传承记录。所以，这里所谓的“黄帝老子之言”，就如字面所表达的，指的是黄帝书与《老子》统括在一起的狭义上的黄老道，指的就是黄老道本身。

那么，《老子》与黄帝书是基于什么理由以至于结合在了一起呢？如果只是将老聃和黄帝这两个人物放在一起的话，就会发现这二者没有任何可以结合在一起的必然性。不过，如果再回顾一下二者的思想来历，就会明白，二者的结合也可以说是当然的事情。

本来，《老子》与范蠡式思想就拥有同样的起源，都是出自周王室的瞽史所形成的古代天道思想。而且，在《老子》的形成上，范蠡式思想予以了深刻的影响。所以，这二者作为古代天道思想的末裔，成为兴起于南方的思想的双璧，自产生时起就已经是兄弟关系了。之后，范蠡式思想从越国传入齐国，在稷下吸收战国时期的诸思想，发展为在《经法》《十六经》《称》《道原》等中所见的形态。其时，给予以天道为主体的范蠡式思想最为深刻的影响的，是由环渊从楚国传入齐国的《老子》的思想。《老子》创出宇宙本体及根源的道，被广泛地应用在了法源的设定、形名参同的依据以及说明恶的产生理由上，成为范蠡式思想发展形态的一个特征。

之后，这样的范蠡式思想，与西方的周的古代天道思想的末裔——阴阳家以及天文历法家的思想，在遥远的东端再会相遇，又假托于黄帝，形成如《十六经》这样的黄帝书。就这样，假托于黄帝的范蠡式思想是将《老子》的思想收纳在自己内部的。另外，《老子》中残存有天道思想，所以范蠡式思想与《老子》的思想被看作是具有相同倾向的思想，最终使得黄帝老子被连称，像《乐毅列传》中的系谱那样，形成了一个完全同一的学派。也就是说，《老子》与黄帝书，来自于共通的渊源，之后又经过了先后三次的交汇融合，以至于最终形成黄老道。

“道家者流，盖出于史官”(《汉书・艺文志》)，后汉的班固在古代史官上寻找道家的起源。对于最初使用道家这个学派名称的汉代人来讲，所谓道家，是“道家之言，当断不断，反受其乱，乃是也”(《史记・齐悼惠王世家》)的道家，指的就是黄老道[①]。班固所说的道家，“历记成败、存亡、祸福、古今之道，然后知秉要执本，清虚以自守，卑弱以自持，此人君南面之术也”，从这个评语上来看，主要指的也是黄老道。如果想到黄老道的遥远渊源正是那出自瞽史的古代天道思想，那么，可以说他的见解是有真理性的一面的。“吾非瞽史，焉知天道”(《国语・周语下》)，单子如此说。“黄老之家，论说天道”(《论衡・谴告》)，正是这样的。

---

①　在这里，与引用的道家之言完全相同的表达即“当断不断，反受其乱”，在《十六经》(《兵容》篇和《观》篇)中可以看到两处。另外，与此相似的表达，如“得时不成，反受其殃”“天予不取，反之为灾”(《国语・越语下》)、“功不及天，退而无名”(《经法・论约》)等，在范蠡式思想及《经法》中也存在。这种相符相合的现象，旁证了在汉代道家思想就是专指黄老道。

在汉代有像班固这样的将道家视为史官之末流的意见。之所以会这样认为，就如所说的“参之于天地之恒道，乃定祸福、死生、存亡、兴坏之所在”（《经法·论约》），是因为黄老道具备“历记成败、存亡、祸福、古今之道”的性格，继承了“史以天占人”（《法言·五百》）的史官传统。

《说苑·敬慎》中，有这样的记述：

> 孔子之周，观于大庙。右陛之侧有金人焉。三缄其口，而铭其背曰：古之慎言人也。戒之哉，戒之哉。无多言，多言多败。无多事，多事多患。安乐必戒，无行所悔。勿谓何伤，其祸将长。勿谓何害，其祸将大。勿谓何残，其祸将然。勿谓莫闻，天妖伺人。荧荧不灭，炎炎奈何。涓涓不壅，将成江河。绵绵不绝，将成网罗。青青不伐，将寻斧柯。诚不能慎之，祸之根也。曰是何伤，祸之门也。强梁者不得其死，好胜者必遇其敌。盗怨主人，民害其贵。君子知天下不可盖也。故后之下之，使人慕之。执雌持下，莫能与之争者。人皆趋彼，我独守此。众人惑惑，我独不从。内藏我知，不与人论技。我虽尊高，人莫害我。夫江河长百谷者，以其卑下也。天道无亲，常与善人。戒之哉，戒之哉。

从《意林》及《太平御览》的引用上来看，这个金人铭其实就是《汉书·艺文志·诸子略·道家》中所记的《黄帝铭》六篇的一部分，本来还是黄老道的文献[①]。就像这个《黄帝铭》所显示的，黄老道本身就是

---

① 《意林》卷一所收的《太公金匮》中记述说：“黄帝云：予在民上摇摇，恐夕不至朝。故金人三缄其口，慎言语也。”另外，《太平御览》卷五百九十引用的《太公阴谋》中也有“黄帝之戒曰：吾之居民之上也摇摇，恐夕不至朝。故为金人三封其口，曰古之慎言”。

一个告示者，将过去的荣枯盛衰带来的历史教训告诉给现在以及未来。黄老道就是这样刻画自己的特性并显示给人看的。

而且，那也不是单纯的附会。《十六经》中的黄帝形象，在天地剖判后的黎明，以四面八眼的奇异姿态忽然出现，观察天道的运行、始创历法。这实际上就是说黄帝继承了史官的传统，也是对自己难以抹去的履历的一个告白。班固眼里的道家形象绝对不是虚幻的。虽然距离刚刚产生时已经很遥远，但他还是在暗中传播和讲述自己为何者："昔者吾尝见天雨金石与血。吾尝见四月十日并出，有与天滑。吾尝见高山之崩，深谷之窒，大都王宫之破，大国之灭。吾尝见高山之为裂，深渊之沙竭，贵人之车裂。吾尝见稠林之无木，平原为溪谷，君子为御仆。吾尝见江河干为坑，正冬采榆叶，仲夏雨雪霜，千乘之君，万乘之主，死而不葬。"(《说苑・敬慎》[①])这是一个持续凝视了一切有为转变的历史证人的形象，他的背上刻着对人类无限愚昧蛮行的警告，是封口缄默、直立不动的沉默的预言家。

---

① 《说苑・敬慎》的这个部分，从其内容上来判断的话，也是从《黄帝铭》六篇中引用的可能性很高。

第二部　黄老道的兴盛

序　言

战国后期，黄老道在东方的齐国形成。之后，在经过了秦帝国的极速兴亡之后，及至汉王朝成立，黄老道获取了曹参、陈平、文帝、景帝、窦太后、汲黯、郑当时等很多信奉者，作为运营汉帝国的政治理论、发挥了重大的作用，最终占据了思想界的主导地位。概括性地来看，这个趋势也意味着，整个思想界的潮流从秦的法术思想变为汉的黄老道，是这样的一个大转变。

那么，秦所采用的法术思想，为何让位给了黄老道？法术思想为什么不得不退到黄老道的后面？另外，黄老道因为什么样的思想性优势取代了法术思想并跃居于时代的中心地位？在第二部中，试从各个角度来考察一下那个巨大的时代思潮的转换要因。

第一章　《经法》中的道法思想

在卷前古佚书之一《经法》的《道法》篇中，能看到一个特别的主张："道生法。"这就提出了一个新的问题：在战国时期是否就存在着一个或称作道法思想的学派呢？这个问题一直提到了今天[①]。而且，这个道法思想也构成黄老道的一个思想性特色。这样看来，明确这个道法思想与秦朝所采用的法术思想的性质差异，就有可能找到黄老道取代法术思想的主要原因了。

道法思想的这种称呼，广义上来讲就是道家和法家的折中，狭义上来讲就是指道与法的结合，是这样使用这个称呼的。只不过，道家、法家、道、法这些概念本身，内容上所涉及的范围相当广泛，道法思想的定义也就随着论说者的视点角度，在相当大的幅度上摇摆变化。所以，要探索道法思想发展的路线，首先就要明确道法思想的定义，不然的话，恐怕就会止于论点模糊不清的状态。

介于上述情况，在以下的论述中，先以《经法》中的形态作为基准，将狭义的道法思想定义为兼备以下这样思考的思想：以老子的道为实

---

①　裘锡圭《马王堆〈老子〉甲乙本卷前后佚书与"道法家"——兼论〈心术上〉〈白心〉为慎到田骈学派作品》(《中国哲学》第二辑，三联书店，1980 年)。另外，金谷治也在《先秦における法思想の展開》(《集刊東洋学》第四十七号)中提到道法思想，指出了与慎到思想的关联。

定法之根据的思考，以及以老子的道为形名参同的根据的思考。在这个基础上来探求道法思想的发展轨迹。

本章首先讨论狭义道法思想之典型的《经法》中的道法思想。

如前所述，从大的方面来讲，道法思想由两个要素构成。首先来看将老子的道作为实定法之根据的部分：

> 道生法。法者，以得失引绳，而明曲直者也。故执道者，生法而弗敢犯也，法立而弗敢废也。〔先〕能自引以绳，然后见知天下而不惑。虚无形，其裻冥冥，万物之所从生。（《道法》）

在此必须先要明确的是道的特性。有关道的概念，其内容极其多样。如果是指正确的世界观和政治观的话，那么，无论是在儒家还是在墨家，道都是超越了学派的、被广泛而普遍地使用的概念。而且，即使在道家内部，《老子》和《庄子》的道的特性在根本上也是相异的①。还有很多称天道为道的例子。所以，《道法》篇中说"道生法"，这其中的道到底是指什么意思，这当然是一个问题。

再来看一下前面列举资料中有关道的表述。道的特性是"虚无形，其裻冥冥，万物之所从生"，是这样描写的。依据这个表述，道是不具备作为物所拥有的实体的，是无形的，同时也是像衣服有缝接口那样，是有门的。那个冥冥难测的门，生成万物，是这样主张的。其中说道是虚的、无形的部分，即《老子》"道冲，而用之有弗盈"（第四章）、"是

---

① 有关《庄子》的道的特性，请参照拙稿《庄周寝言》（《中国における人間性の探究》，創文社）。

谓无状之状，无物之象”（第十四章）、“道之物，唯望、唯忽……中有象呵……中有请吔”（第二十一章）等，都是基于《老子》一书的表达，这是很明显的。

另外，将道比作暗黑的门，这个思考也很容易让人联想到《老子》中的文章：“两者同出，异名同胃。玄之有玄，众眇之门”（第一章）、“浴神不死，是胃玄牝。玄牝之门，是胃天地之根”（第六章）等等。还有，视道为万物生成者的这种思考，也是频频出现在《老子》之中的：“潚呵始于万物之宗”（第四章）、“道生之，德畜之”（第五十一章）等。

在《道法》篇的下文中，说“故同出冥冥，或以死，或以生，或以败，或以成。祸福同道，莫知其所从生”，认为一切祸福都生自共通的渊源——道。但是，那个冥冥之中的道，其实体是不可知的。我们能够看到其中这样描写道的地方。这个表达也可以认为是与《老子》第五十八章中所述的“祸兮福之所倚，福兮祸之所伏。孰知其之极”相关联的表达。

正如以上所讨论的，只要说生成万物的宇宙本体和根源的道是《老子》特有的思想的话，那么，这就意味着前面列出的那些资料中的道，就是老子的道。这一点是确实的。

主张从老子的道而生的法，又是如何的呢？法分为自然法和成文法。不过，此处的法很明显是由君主制定的成文的实定法。有关这一点，可以参照《经法》的《君正》篇“法度者，正之至也。而以法度治者，不可乱也。而生法度者，不可乱也。精公无私而赏罚信，所以治也”，还可以参照《名理》篇“是非有分，以法断之。虚静而谨听，以法为符”。参照一下来看，就更清楚了。

这样的话就可以知道，《道法》篇开头的“道生法”，意思就是在老子的道中探求君主所制定的实定法的终极根据，是这样的思考。实定法是由统治者制定并运用的。制定和运用的法，应具备客观性和永续性。而对其产生威胁的最大要因，就是统治者自身对于法的恣意运用、改动甚至废弃。之前的法思想，只要实定法在君主权力之外找不到根据的话，就没有意义。可以说这也是实定法的一个不可避免的宿命性缺陷。

为了矫正法理论的这一缺陷，作为方法和策略，就要求君主排除一切私心，在客观的立场上制定并运用法。《道法》篇将实定法比喻为客观性的象征——绳墨，并且要求君主“生法而弗敢犯也，法立而弗敢废也”。《君正》篇就有关法的制定和运用要求君主“精公无私”“赏罚信”。《名理》篇要求“虚静谨听”。这些都是基于上述的理由。

这样，为了能够要求得更加彻底，作为一个理论，就将法的终极根据定在了老子的道上。如前所述，老子的道是作为宇宙的本体和根源的，万物由道而生。不过，道本身是虚静、无为、无形的，是任何的私心和恣意都不能介入其中的。这也就是说，道是公正无私的客观性的象征。君主若是体会到道的这个特性来制定法并加以运用的话，法由道而生，也就能够保持与道同样的客观性。《道法》篇宣称“道生法”，又说“执道者”“生法”，就是这个缘由。通过这样的理论操作，《道法》篇试图赋予实定法以道的性格内容和自然法的客观性。这就是构成狭义的道法思想的最大要素。

下面再把论点移向前面说的构成狭义的道法思想的第二要素，即将老子的道作为形名参同的根据的这一思考。《经法》中有这种形态的形名参同的思想，这一点已经在第一部第四章中指出，为避免重复，在此仅就形名参同与天道的关系，作若干的补充说明。

《经法》有关形名思想的记述中，除了老子的道之外，还出现有天道。这个所谓的天道，就是阴阳、四时、日月等周期运动所显示的理法。是否时刻随着天道的推移而适时适当地对应，是决定未来祸福凶吉的关键。

通常，申不害和韩非子的形名思想，主要目的是依靠君主对于臣下督责。所以，其主要考察对象就是臣下的言行。这种要素在《经法》中多少也是有一些的，如“虚静谨听，以法为符”（《名理》篇），但从质与量上来讲都是极少的。《经法》的形名思想，“乃定祸福、死生、存亡、兴坏之所在”（《论约》篇）、“循名究理之所之，是必为福，非必为灾”“声实调和，祸福废立，如影之随形”（《名理》篇），更关心从天道的推移上来预知未来的祸福凶吉，与“物自为名”（《道法》篇）的对于万物万象的命名相并，都是其主要关心的事项。当然，这个现象本来就是起于以范蠡式思想中的天道思想为基础的《经法》的基本特性的。

所以，《经法》形名参同中的天道，占据着作为主要的认知对象的地位，天道绝对没有被放在可以使形名审合成为可能的根据上。也就是说，“道者，神明之原也”（《名理》篇），君主首先要感受老子的道，保持客观的认识能力，然后再以符合天道的事物的正常合适的状态（理）为基准，来判定对象的是非曲直，预测对象所要迎接的未来之祸福，是这样的一种结构。《经法》的形名思想，“故执道者之观于天下也，必审观事之所始起，审其形名。……然后参之于天地之恒道，乃定祸福死生存亡兴坏之所在。是故万举不失理”（《论约》篇）、“故执道者之观于天下也，〔能〕见正道循理”“故唯执道者，能虚静公正，乃〔见正道〕”（《名理》篇）等等，说君主在“执道”之后，观察“天地之恒”“正道”，一定都是采取这种结构和说法，显示出道与天道之间的先后关系。

在《经法》中，道与天道并列[1]。不过，形名参同的终极根据不是范蠡式思想的天道，而是老子的道。天道是存在于君主外部的自然法，在君主制定政策时起到重要的基准作用。也就是说，君主因为道与天道的存在，从内外受到两重规制，这就是与其他的道法思想性质不同的《经法》的特色。

以上对于《经法》中的道法思想做了解说。就像多次说过的那样，《经法》的道法思想，是由两个柱子撑起的，一个是将老子的道作为实定法的根据的理论，另一个是将老子的道作为形名参同的根据的理论。这二者之间有共通的思维。为了明确这一共通的思维，将二者图示化进行总结的话就是这样的：道—执道者（君主）—法・形名。也就是说，道与法・形名，是以中间的君主为媒介结合在一起的。具体地讲，可以说二者是由君主“执道”的心术结合起来的。因此，君主的心术，就被要求将道所拥有的虚静、公正和无私的客观性，传达并赋予法、形名参同上，是要起到这个作用的。而且，更为重要的是，执行法、形名参同的君主，其心本身就必须保持完满的客观性，是有这样的要求的。

就像这样，在法的制定、运用以及形名审合时，要求君主的心术具有与道同样的客观性。这是《经法》道法思想的基本思维。更明显地揭示出这一点的，是《经法・道法》中的以下主张：

公者明。至明者有功。至正者静。至静者圣。无私者知。

① 有关天道与道的混淆问题，请参照拙稿《〈太平経〉における究極者》（《東方宗教》第六十号）。

> 至知者为天下稽。称以权衡，参以天当，天下有事，必有巧验。事如直木，多如仓粟。斗石已具，尺寸已陈，即无所逃其神。故曰，度量已具，则治而制之矣。

在此，君主应保有的统治的客观性，被喻为权衡、斗石、尺寸等度量衡制度。正如所谓"如衡之不藏重与轻"(《名理》篇)，度量衡虽是人为所造，却具备万人认可的客观性。对于同是人为所造的实定法和形名参同术，要为其赋予如度量衡一般的客观性，这好像是要为实定法和形名参同术重新找回理论根据①，因为君主的恣意运用使其快要失去作为统治手段的信赖性了。《经法》的道法思想有这样的尝试。

这种场合，在实施法和形名参同的时候，作为规制并排除君主恣意的方法和途径，也可以在君主的外部设置人为机构，放在人为制度的框架内来解决，理论上来讲这个可能性也是存在的。不过，《经法》选择的是在政治机构上，让那个缺陷在君主个人的内心得以矫正，同时，其论据还跳过人类社会、直接放在老子的道(自然法)上，采取的是这个方策。另外，如前所述，老子的道只停留于规制君主的内心，在决定具体政策的时候，还将天道作为外在理法，定天道为要遵守的客观基准。就这样，通过道与天道这两重的自然法秩序设定大致的框架，只在其内部实施实定法以及形名参同等法治手段，这就是《经法》的道法思想的特色所在。

---

① 《淮南子·要略》中记述："韩，晋别国也。地墽民险而介于大国之间。晋国之故礼未灭，韩国之新法重出。先君之令未收，后君之令又下。新故相反，前后相缪，百官背乱，不知所用。故形名之书生焉。"很清楚地指出了以君主权为唯一依据的法的不安定性以及由此而来的混乱状况。

第二章 《管子·心术上》中的道法思想

本章考察《管子·心术上》中的道法思想。《心术上》篇的前半部分是经，后半部分是对经的解释。有关道法思想的第一要素——实定法与道的结合的问题，可以认为明确地表述在后半部分的解释里面。列举如下：

> 天之道，虚其无形。虚则不屈，无形则无所抵迕①。无所抵迕，故遍流万物而不变。……法者所以同出不得不然者也。故杀戮②禁诛，以一之也。故事督乎法，法出于权，权出于道。道也者，动不见其形，施不见其德。万物皆以得然，莫知其极。

这里的法是"所以同出不得不然者"，说它也是一个客观的强制手段。"事督乎法"，统治中的法的强制必须无一例外地具备一律性和客观性。因为能够让万人承认并服从的法的权威和信赖性，是来自于客观性的。所以"法出于权"，主张法出于权衡。当然，这个权衡，就像《经法·名理》中说的"不藏轻与重"，是排除了一切私情和恣意的、公

---

① 原文中的两处均为"位迕"，依据王念孙《读书杂志》的说法，改为"抵迕"。

② 原文为"僇"，郭沫若、闻一多、许维遹《管子集校》引用的朱长春版本为"戮"，据改。

正无私的客观性的象征。而且，这个客观性，如所述的“权出于道”，其终极根据更是定在道上的。

这样的话，下面的问题就是这个道的性质的问题了。引用部分的开头中有“天之道”，如果从字面上来理解的话，这里的道是指天道。不过，从“虚其无形”“故遍流万物而不变”等表达上来看，可以认为这是指宇宙本体及根源的老子的道。有关这一点，因为这一部分是对于经文“虚无无形，谓之道”的解释，而后文是对于道的解说内容——“道也者，动不见其形，施不见其德，万物皆以得，然莫知其极”，从这些内容上来看，也是很清楚明白的①。

因此，《心术上》篇主张将法的权威置于公正无私的客观性、要求执法的君主谨守老子的道所具备的客观性，在这样的一个基本结构上，可以说与《经法》中的道法思想性质相同。

不过，在《心术上》篇中，有一些与《经法》不同的思想，那就是经里面有关法的定义是“简物小未一道，杀戮禁诛，谓之法”，采取的是这个形态。根据这个定义，法禁压和处罚的对象是“未一道”的行为。这样的话，道就不单单是法的客观性之根据，还是判定违法行为的理法和基准。在《经法》中，道只是规制法的制定者和执法者的君主的心术的，决定法的具体内容的工作是委任给君主的。对于法的内容，道只是间接地给了一些影响而已。而在《心术上》中，违背于道的行为，就会直接依据法成为禁压和处罚的对象。道更加直接地成为规制法的内容的存在了。

---

①　就像这样，实际上就是老子的道，但却称之为“天之道”，有时还与“地之道”成对。就像前面所讲的那样，可以认为这也是一种将道与天道混淆了的现象。

当然，视背离道的行为为恶的这种思考本身，在《经法·名理》中也能看到如下内容：

> 物有始〔生〕。建于地而溢于天，莫见其形。大盈终天地之间而莫知其名，莫能见知。故有逆成，物乃下生。故有逆形，祸及其身。养其所以死，伐其所以生。伐其本而离其亲。伐其兴而〔隳其功〕。后必乱而卒于无名。如燔如淬，事之反也。如繇如骄，生之反也。凡万物群材，佻、长、非恒者，其死必应之。三者皆动于度之外而欲成功者，功必不成，祸必反〔自及也〕。

在此，道是无形无名的，是个很难把握的存在。所以，有时候会生出觉悟不到道的存在的物体，这样就产生了恶，是这样讲述恶的产生原因的。不过，在《名理》篇中又说“故有逆形，祸及其身”，说不是法，而是自然法秩序来裁断背离了道的恶业。所以，道不仅是法的客观性依据，还更进一步地成为规定法的内容的存在。《心术上》篇的主张可以说是进一步提高了道对于实定法的介入程度，是这样的一种思考。

可以认为，这个现象的产生，是因为《心术上》篇中对于作为外在理法的天道的主张很单薄稀少，与《经法》有所不同。因此，就需要把天道下降祸福的责任让老子的道来担负。这种思考，是把自然法秩序统一于老子的道并使之一元化，在此之上指向实定法与道直接结合的方向，是值得关注的倾向。

以上论述了道与法的结合，下面再来讨论构成道法思想的第二要素——形名参同与道的结合。在《心术上》篇经的部分里，说“物固有形，形固有名，名当谓之圣人”，其中包含着有关形名参同的思考。不过这句话过于简略，很难把握其意，以下列举其解释的部分：

物固有形，形固有名，此言名[1]不得过实，实不得延名。故[2]形以形，以形务名，督言正名。故曰圣人。不言之言应也。应也者，以其为之人者也。执其名务其应，所以成之，应之道也。无为之道因也。因也者，无益无损也。以其形，因为之名，此因之术也。名者圣人之所以纪万物也。

如上所述，经有“物固有形，形固有名”的记述，直接理解其意的话，就好像是在主张万物本来就是伴有固有名称而存在着的。不过，这样的话，就完全没有形名参同的必要，更不用说有要规定“名当谓之圣人”的必要性了。根据解的意思来看，经的真意在于“名不得过实，实不得延名”，物体本来就有与之对应的贴切的名称，可以判明是这样的主张。所以，应对物体的形象、实质来配置合适的名称，监督将形与名的对应关系暧昧化的习惯性的言语，纠正名称的错乱。设定了这样的人为性的形名参同的过程。

在实施这个形名参同的时候，要求君主的，还是公正无私的客观性。《心术上》篇将其表达为“无为之道”“因之术”等。也就是说，只专注于因循对象世界的事物形象并对应以名称，不让一切作为和损益介入其中。要求君主持这种态度。

前面引述经的内容之后，接着有这样的一段文字：“故必知不言无

① 原文缺“名”字，据王念孙《读书杂志》补。

② 原文为“姑”，据《管子集校》引张佩纶说，改为“故”。

为之事，然后知道之纪。殊形异势，不与万物异理。故可以为天下始。”这里不像《经法》那样表达得那么直接，但也可以看出，在《心术上》篇中也是将超越了万物的老子的道，作为形名参同的根据的。有关这一点，从解中的“道贵因”中也能够得到佐证。在经中有记述说“虚无无形，谓之道”，解中有“道在天地之间也。其大无外，其小无内。……虚之与人也无间。唯圣人得虚道”。正如这样的描述，通过遵循虚无的道的存在的这一手段，君主就可以“其应物也，若偶之”，保持公正无私的客观性，达成形名参同。

以上解说的内容，在形名参同中，算是特别就有关万物命名问题的一个思考。在前面列举的解的文章中，还有与其色彩相异的、主张对于臣下督责的思考。“不言之言，应也。应也者，以其为之人也”，这是说君主不应该率先行动和指示，而是要坚守不言和无为，“为之人”，也就是使用臣下和官属，让他们来完成实务，是这样主张的。在解的下文中，有记述说“因者，因其能者，言所用也”，也是相同的主张。这样，臣下完成当初申报的所要承担的任务，要向君主呈示其实绩(形)。对此，君主要“执其名，务其应”。也就是说，君主要督察臣下的实绩是否与其名分、职分相对应。通过这样的方法和策略，君主在不言、无为中完成对于臣下的督责，是这样主张的。

就像这样，在《心术上》篇的形名思想中，并列有两个要素：一个是对于万物的命名，一个是对于臣下的督责。那么，这二者又是怎样的关系呢？君主“执其名”，为了要对照督察臣下所出示的实绩，就必须先确立一个能够作为判断基准的名分体系。所以，作为形名审合的前一个阶段，适当正确地认识万物并以此为基础给万物命名，就成为必要。基于对万物的认识进行命名，然后再利用名称的共通性，从而达到万人共有的对于万物的一定认识，这正是对应于语言所具备的二重构造的东西[①]。在前面列举的引用部分里，阐述对于臣下督责的部分，正好夹在阐述对万物的客观认识和阐述命名的部分的中间，这个位置也正是二者关系的一个反映吧。

本章讨论了《管子·心术上》中的道法思想。其内容为以君主的心术为媒介、将实定法和形名参同的根据都置于老子的道所具备的客观性上。在这个基本轮廓上，与《经法》中的道法思想几乎形态一样[②]。不过，也存在着差异。在《心术上》篇中，像《经法》那样的天道思想反映稀薄，以至于以老子的道规定法的具体内容。另外，在形名参同的对象中，没有包含天道的推移，等等。

---

① 有关这个语言的二重构造的问题，请参照拙稿《荀況に於ける約名の論理》（《集刊東洋学》第四十一号），以及《公孫龍における正名——〈公孫龍子〉名実論の立場》（《東北大学教養部紀要》第四十号）。

② 《老子》思想的强烈影响以及上述形态的道法思想的存在都显示，至少《心术上》篇中的解的部分，是形成于战国后期的。

第三章　《韩非子》中的道法思想

本章考察《韩非子》中的道法思想。在《韩非子》中，被认为与道法思想有关的，是《主道》《扬搉》《解老》《喻老》四篇①。不过，《主道》《扬搉》和《解老》《喻老》之间，在形式和思想内容上都存在着相当的隔阂。首先从《主道》《扬搉》方面来讨论。

在《主道》篇的开头，说“道者万物之始，是非之纪也”，出现宇宙本体及根源的老子的道。“是以明君守始以知万物之源，治纪以知善败之端”，说君主在统治时应该理解老子的道。

《主道》篇主张统治要体现出道，其具体内容是局限于形名参同术的范围之内的。而且，其形名参同术的内容，也几乎全是由君主对于臣下的督责这一内容构成。

下面再来看其中君主遵循道、施行形名参同的情况：

> 故虚静以待，令名自命也，令事自定也。虚则知实之情，静则知动者正。有言者自为名，有事者自为形。形名参同，君乃无事焉，归之其情。

---

① 涉及道法思想与《韩非子》四篇的关系的先行研究，请参照第一部第一章的注。

这个主张是说，君主只要遵守虚静的道的要求，确切了解臣下的实际情况，对照臣下事先的发言、申告和事后的实绩、结果，就可以无为、无事地做到对于臣下的督责。至此为止的部分，可以说与《经法》《管子·心术上》性质相似。

不过，《主道》篇的形名参同术，相比于将道看成是客观性的象征、要求君主排除私情恣意的这种主张倾向，它更倾向于将虚静无为的道的存在应用于向臣下隐秘君主的意图、看破和察明臣下所做的恶事，这种倾向比较显著：

> 故曰，君无见其所欲。君见其所欲，臣自将雕琢。君无见其意。君见其意，臣将自表异。故曰，去好去恶，臣乃见素，去智去旧①，臣乃自备。故有智而不以虑，使万物知其处。有行而不以贤，观臣下之所因。有勇而不以怒，使群臣尽其武。是故去智而有明，去贤而有功，去勇而有强。群臣守职，百官有常。……函掩其迹，匿其端，下不能原。去其智绝其能，下不能意。保吾所以往而稽同之，谨执其柄而固握之，绝其望，破其意，毋使人欲之。不谨其闭，不固其门，虎乃将存。不慎其事，不掩其情，贼乃将生。

就像这样，在《主道》篇中，道的应用方法，是以君臣间尖锐对立的利害关系为前提，以彻底隐秘意图以及事无巨细地揭发臣下的过失和谋反心为武器，督促和监察臣下的忠诚和进取，保全君主的独裁地位。

---

① 原文是“去旧去知”，王念孙《读书杂志》及陈奇猷《韩非子集释》认为，“旧”通“故”、“故”通“巧”，应改为“去智去旧”，据改。解释其意为排除智与巧。

其最大力点是置于这一点上的。所以,其中始终都缠绕着一种极其阴险的色彩:“道在不可见,用在不可知。虚静无事,以暗见疵。见而不见,闻而不闻,知而不知。知其言以往,勿变勿更,以参合阅焉。”

下面再来看《扬搉》篇。“虚静无为,道之情也”“夫道者,弘大而无形”,老子的道在此出现。“圣人执一以静。使名自命,令事自定”“道无双,故曰一。是故明君贵独道之容”“虚心以为道舍”等等,依然还是强调君主应该遵循道。

此时,统治的要点是“用一之道,以名为首。名正物定,名倚物徙”“使皆自定之,上以名举之。不知其名,复修其形。形名参同,用其所生。二者诚信,下乃贡情”等,和《主道》篇一样,是通过形名参同术对于臣下督责。

另外,“周合刑名,民乃守职。去此更求,是谓大惑。猾民愈众,奸邪满侧”“黄帝有言曰:上下一日百战。下匿其私,用试其上。上操度量,以割其下。故度量之立,主之宝也。党与之具,臣之宝也。臣之所不弑其君者,党与不具也”,这里的形名参同,是依靠秘匿和明察来防止君主的地位被臣下篡夺,形名参同被当作是一个最好的方法和策略。这一点也与《主道》篇一致。

不过,在《扬搉》篇里,有述说“谨修所事,待命于天”“因天之道,反形之理,督参鞠之,终则有始”等,混杂有类似于范蠡式思想的天道的思考①,有关政策决定的基准,存在有与《主道》篇若干不同的要素。而且,《扬搉》篇中的天道思想,是“反形之理”,已经与理的概念结合在了

① 此“反形之理”,与《越语下》篇的“得时不成,天有还形。天节不远,五年复反”以及“极而反者,天之性也”(《经法·论》)、“时反以为机”(《十六经·姓争》)等黄帝书的思考,几乎意义相同。

一起，水平比《国语・越语下》的范蠡式思想更进了一步。也就是说，达到了《经法》以下的卷前古佚书同等的阶段了。这种现象说明，《扬搉》篇的作者不仅吸收了黄老道的《老子》这方面，还接触到黄帝书，吸收了其思想中的一部分。黄帝之言在《扬搉》篇中被引用，这一点也是上述情况的一个反映。只是，天道思想在《扬搉》篇中占据的比重并不大，只是部分插入了一些。所以，尽管有着上述的差异，其中的道法思想，《主道》和《扬搉》两个篇章的立场基本上可以说是一致的。

那么，《主道》《扬搉》两篇中的道法思想，与之前讨论过的《经法》《管子・心术上》的道法思想，有怎样的不同呢？

首先第一点，在《主道》《扬搉》篇中，老子的道只是被当作形名参同术的根据，其中不存在将道作为实定法之根据的理论。本来，在《主道》篇中，就没有与法相关的记述。在《扬搉》篇中，言及法的只有一处："主施其法，大虎将怯。主施其刑，大虎自宁。法刑苟信，虎化为人。"完全看不到将法与道相关联的理论。也就是说，在狭义的道法思想构成二要素中，这两篇中只有其中之一的形名参同与道的结合。严密地来讲，其不能算是前面所述的狭义的道法思想的内容。

第二，如上所述，这两篇中形名参同的内容，虽然设定的还是给万物命名这样的广泛的对象，但在实际上，内容几乎都是集中在君主对于臣下的督责上。而且，其形态还是将君主所要操纵的术理论化、是以这种形名参同术为形态的，"不谨其闭，不固其门，虎乃将存"（《主道》）、"主失其神，虎随其后"（《扬搉》），就像这些类似的表达所显示出的，防止臣下篡夺君位才是其最为关心的内容。

第三，与上述第二点也有关。老子的道的应用方法，与其说是作为一个客观性的根据以排除君主的恣意性，不如说是用作通过佯装虚静无为来隐秘君主的意图并看穿和取缔臣下的邪心，是用在这个方面的。的确，“规矩既设，三隅乃列”“衡不同于轻重，绳不同于出入。……凡此六者，道之出也”“必身自执其度量”（《扬搉》）等等，说权衡、绳墨由道而生，君主把持其度量进行统治。这一点，乍看似乎与《经法》《管子·心术上》近似，不过，其度量衡的客观性，不是作用于向君主要求自制的这个方面，相反，是强烈而又严密地作用于不允许臣下保持一切隐匿的这个方向上的。也就是说，就像“以暗见疵”（《主道》）、“上固闭内扃，从室视庭”（《扬搉》）这种表达所象征的那样，在这两篇中，虚静、无为的道的特性，是用于揭发奸臣、保全君主地位的，与神秘主义的立场紧密结合。

下面来讨论《解老》篇和《喻老》篇。这两篇都是对于《老子》的一种注释，特别是《喻老》篇以具体的史实为例证来解说《老子》之言，不是一个可以直接从中抽出道法思想理论的资料。与道法思想直接相关的资料，重点内容在《解老》篇，特别是其中对于道的解说的部分：

> 道者，万物之所然也，万理之所稽也。理者，成物之文也。道者，万物之所以成也。故曰：道，理之者也。物有理，不可以相薄。物有理，不可以相薄，故理之为物之制，万物各异理。万物各异理，而道尽稽万物之理，故不得不化。不得不化，故无常操。无常操，是以死生气禀焉，万智斟酌焉，万事废兴焉。天得之以高，地得之以藏。维斗得之以成其威，日月得之以恒其光。五常得之以常其位，列星得之以端其行。四时得之以御其变气。轩辕得之以擅四方，赤松得之与天地统，圣人得之以成文章。道与尧舜俱智，与接舆俱狂，与桀纣俱灭，与汤武俱昌。以为近乎，游于四极。以为远乎，常在吾侧。以为暗乎，其光昭昭，以为明乎，其物冥冥。

而功成天地，和化雷霆。宇内之物，恃之以成。凡道之情，不制不形。柔弱随时，与理相应。万物得之以死，得之以生。万事得之以败，得之以成。

这一篇文字，是以理为媒介，将老子的道与万物的关系从一个新的视点来重新整理的，其中含有在思想史上值得注目的内容。根据这个内容，“道者，万物之所然也，万理之所稽也。理者，万物之文也”，说道在生成万物的时候，就决定并分给各个物以理①。所以，万物各自的应作为法纪（文）的理在最初就不同，一个物是不可能侵夺其他物的理的。所以，就如所述的那样，“道尽稽万物之理，故不得不化。不得不化，故无常操”，所有的物都有着各自的理，都只是随着预先内藏着的一定的变化过程而不得不变化的，是绝不可能保持独自的常操的。万物各自固有的存在形式、特性，全都是基于道所定下的理，生成后的各个物，其所经历的所有变化，实际上是依据一开始就决定并分与了理的道的②。

---

①　先前诸家的解释，几乎都认为“稽”是稽留之意。不过，如果道是将万理稽滞在自己的内部的话，理就不是内在于各个物，就不能用理来联系道与万物了。而从“理者，成物之文”“物有理”“万物各异理”“与理相应”等表达上来看，理是内在于各个物的，这一点很明白。在此解释“稽”为稽定的意思。

②　从“是以死生气禀焉”“四时得之以御其变气”等记述上来看，《解老》篇的作者认为道所生成的物的世界是由气构成的。这样的话，《解老》篇的作者就建构了这样的一个理论：道决定并分与万物以理，理存在于气所构成的万物之内，支配生成后的各个物的推移。这个思考与朱子的理一分殊说近似：“太极只是天地万物之理。在天地言则天地中有太极，在万物言则万物中各有太极。未有天地之先，毕竟是先有此理”（《朱子语类》卷一）、“天所赋为命，物所受为性。赋者命也，所赋者气也”“理者天之体，命者理之用。性是人之所受，情是性之用”“性是实理”（《朱子语类》卷五）。不过，还有终极存在究竟是道还是天理这方面的差异。另外，在《解老》篇中，对于理与气的关系的考察也不够严密，也有这方面的差异。尽管如此，在思想史上，可以认为其就是宋学理气论的先驱性的形态。

这样的话，“道，理之者也”，道既是万物的生成者，同时又是万物生成之后决定其一切变化的主宰者。《解老》篇很执着地强调主宰和引领宇宙中的一切的道的绝对性权威。

不过，道的绝对性支配，在表面上采取的还是消极和间接的形态。就如所述“凡道之情，不制不形，柔弱随时，与理相应”“与接舆俱狂，与桀纣俱灭”，道一旦给万物植入了理，即便是那个理所指向的末路是死灭和败亡，道也不会进行制御或变更，只是任由各个事物随着各自的理的指令而变化、放任各个事物顺应其变而已。

也就是说，《解老》篇的作者让理介入道与万物之间，再通过并用决定与放任的这种操作，在万物的主宰者道的绝对性权威与其无为、自然、柔弱等性质之间做了巧妙调合。

那么，《解老》篇中这种有关道的解释，与道法思想有着怎样的关联呢？在《解老》篇中，没有刚才提到的狭义的道法思想的构成要素——道与法的结合以及道与形名参同术的结合，都没有。在这一点上，法家的著作《韩非子》中包含了一些有关道家《老子》一书的解释，可以说除了这样的笼统的道家与法家的接触以外，找不出比这更为积极的作为道法思想的意义了。

不过，在《解老》篇对于道的解释中，在与道法思想相关的方面，还是有着值得注目的要素的。本来，《老子》的道，就如所述“生而不有，长而不宰”（第十章）、“成功遂事而弗名有，万物归焉而弗为主”（第三十四章）等等，是给予万物恩惠的，其性质很少会带给万物死灭和败亡。另外，在《老子》中，针对于恶的产生原因，也只是说“不道蚤已”（第三十、五十五章），将恶作为脱离了道的东西，只能以与道切割开来的形式来说明，有这样的一个弱点。

对此，《解老》篇的作者预先设定了一个理，其中已经包含了生成死灭、存亡兴废等变化。说道在万物生成的时候就已经决定并分与了这样的理，构建了一个一开始道就预定有善恶两方的理论。据此，对恶的产生的说明也可以与道相连接了。同时，因为道决定之后还放任，所以会发生道预先决定了的结果。利用这个理论，也就可以在道中寻找对于恶的处理依据了。在《经法》中，说没有觉悟到道的所作所为就是恶；在《管子·心术上》中，处罚违背于道的行为的是君主的法；到了《韩非子·解老》，从恶的发生到处理决断的整个过程，全都可以将道作为唯一的根据了。

使这个理论的展开成为可能的最大要因，就在于《解老》篇作者设想的这个理的特异性质。理这个术语，在《经法》中也被频繁使用："执道循理，必从本始，顺为经纪，禁伐当罪，必中天理"（《四度》）、"夏起大土功，命曰绝理。犯禁绝理，天诛必至"（《亡论》）、"顺则生，理则成，逆则死"（《论约》）等等。只不过，"物各〔合于道者〕谓之理。理之所在，谓之〔顺〕。物有不合于道者，谓之失理。失理之所在，谓之逆"（《论》），就像这个定义清楚说明的那样，这个理，不是内在于万物中的，而是指万物顺合于天道的状态，是这样的概念。所以，针对于物，理是外在性的；同时，理本身还意味着永远只是善的状态。在此，招来败亡、死灭这种恶的原因，就在于各个事物对于天道推移的判断和对应的失误上，所谓"失理之所"。

与此相比较，《解老》篇的作者让理内在于各个事物，然后再给予理一定的变化上的方向性，让其变化中一开始就含有败亡、死灭等类型，这样的话，恶就不是彼时彼刻各个事物欠缺道的觉悟以及对于天道的误判等失策的结果了，而是当作万物生成者的道预先就定下来的宿命,可以这样来把握。

这样的话,就完全没有必要架构一个像《经法》中的上天、天道那样的存在,处于各物的外部,规定和处理决断恶,这个必要性完全消失了。《老子》将道作为生成并养护万物的宇宙本体,另一方面还说“天之亚所,孰知其故”(第七十三章)、“天罔径径,疏而不失”(同上)、“天道无亲,恒与善人”(第七十九章)等,让道与天、天道并立,成为处理和决断恶的存在。在《经法》中,这个基本图式也没有改变,老子的道与上天、天道,其相互间的关系乃至秩序在暧昧不清的状态下,依然是这样混在与并立着的。在卷前古佚书《道原》中,能看到有试图解决这个矛盾的地方,即让天道从属于道的下位,用这个形式。从“天得之以高,地得之以藏,维斗得之以成其威,日月得之以恒其光,无常得之以为常其位,列星得之以端其行,四时得之以御其变气”等表述上来看,可以认为《解老》篇的立场也是其中的一环。而且,《解老》篇通过让道与万物以内在的理相结合的手段,将包括了善恶两方的一切的自然法秩序全都置于道之下从而一元性地体系化,完成了一个这样的更为彻底的理论。可以说,以往的自然法秩序所难以避免的多元性混乱,在此完全消解,确立了道为统合万物、万理的唯一绝对的权威①。

假如这样的一种性质的道与“道生法”“执道者生法”(《经法·道法》)、“简未一道,杀戮禁诛,谓之法”(《管子·心术上》)等思考相结合的话,道给万物决定并分与理,而法称说是依据道制定的,那么法替代道执行理,在此就可以形成一个绝对君主形象。也就是说,在道之下的一元化了的自然法秩序,与专制君主之下的完成了一元化的实定法

① 不过,这个问题的解决是以不问道与皇天上帝之间的序列来做的。

秩序巧妙融合，将实定法作为道的意志、理法的社会性具现，将君主作为代替道的执行者，给予君主的法治以人人都不得不承认和服从的自然法的客观性与正当性，是这样的一个尝试。

另外，这种性质的道，在与《主道》《扬摧》中所见的形名参同术结合的时候，就有可能产生出这样的一个专制君主形象：君主代替道、指摘并处罚道所预定的后果——臣下的过失和邪恶。

而且，很容易想象，这二者的结合，可以形成一种神权性的专制君主形象：他独占法与形名参同、将其置于实定法秩序的顶点，并且，作为出现在地上的道的代理执行者，他是唯一一个超越至自然法秩序方面的、神权性的专制君主。“明君贵独道之容”（《扬摧》），这种道与君主形象的结合，已经暗示了这一方向性。

当然，《解老》篇中还没有将道作为实定法、形名参同的根据的思考。这是为什么呢？在《解老》篇中，原本就没有明确主张形名参同的记述，在此，从有关法的记述上来考察一下其原因：

> （A）凡法令更，则利害易。利害易，则民务变。民务变之谓变业。故以理观之，事大众而数摇之，则少成功。……治大国而数变法，则民苦之。是以有道之君，贵静，不重变法。故曰：治大国者若烹小鲜。
>
> （B）民犯法令，之谓民伤上。上刑戮民，之谓上伤民。民不犯法，则上亦不行刑。上不行刑，之谓上不伤人，故曰圣人亦不伤民。上不与民相害，而人不与鬼相伤，故曰两不相伤。民不敢犯法，则上内不用刑罚，而外不事利其产业。上内不用刑罚，而外不事利其产业，则民蕃息。民蕃息而畜积盛。民蕃息而蓄积盛，之

谓有德。……上盛蓄积而鬼不乱其精神，则德尽在于民矣，故曰两不相伤，则德交归焉。言其德上下交盛而俱归于民也。

首先在(A)当中，否定君主“数变法”的行为。值得注目的是，其理由不在于损伤君主以及法令的权威，而在于法令的变更会带来利害关系的变动，为此，就会造成迫于变更业务而“民苦之”的状况，是从这一点上讲述否定的理由的。这是将法的性质看作是保障民众生计安定的不动的基准的立场，与韩非子之流将法看作是贯彻专制君主支配意志手段的法术思想，在根本上性质不同。

另外，在(B)当中，视“民不犯法”“上亦不行刑”“两不相伤”的统治为理想。而且，其前提条件，就像前文所述“圣人在上，则民少欲。民少欲，则血气治而举动理。举动理，则祸害少。夫内无痤疽瘅痔之害，而外无刑罚法诛之祸者，其轻恬鬼也甚”“以道莅天下”的圣人，是引领民众走向寡欲、遵守法令这样的统治。

这样，以违犯法令为手段的民众和以多用刑罚为手段的君主，相互争利的构造就得以解消了。这样的话，君主亲自参与国营事业、打压民间产业的必要也就不存在了。“民蕃息而蓄积盛”，就会带来国内的繁荣和安定。在此，法也是被当作安定民生的基准来把握的。

《解老》篇中法的特性是如此的话，那么就必须认为，《解老》篇将道与实定法相结合从而维护君主的专制支配的意图在一开始就是不存在的，不存在有像《主道》《扬搉》中道与形名参同术相结合的那种意图。也就是说，与通过道来正当化君主指摘犯罪以及严刑重罚主义的方向完全相反，《解老》篇主张“以道莅天下”的君主，依靠客观基准的法的机能、图谋民生安定；虽然也存在刑法，但绝对是志向于不予发动的方向上的。

如此的话，《解老》篇的立场与《主道》《扬搉》两篇的立场在根本上是不同的，虽然没有明说道生法，但可以说其与黄帝书的道法思想更为接近。

《解老》篇特别否定因为变法而使民间秩序遭到破坏、国内骚然的这种妨害民众生产活动的统治，倡说统治贵在静（A），主张排除国家对于民间产业的介入、以认可民众的自我生活能力的形式来富足民间（B）等，这些都与汉代初期以黄老道为方针使齐国百姓安居的曹参的无为之治，有着很多共通的要素。

这样看来，《主道》《扬搉》两篇，是从韩非子法术思想的立场出发，将老子的道利用于形名参同术上，试图理论性地强化君主专制，是这样的内容。而《解老》篇则是以老子的思想为基盘，将对于恶的处置交给各个事物对于内在的理的发现上，采取让各个事物咎由自取的形式；另一方面，主张君主的法治与“不制不形”的道的无为步调一致，尽量做到隐退在后。必须认为，《解老》篇与《主道》《扬搉》两篇是思想性立场相异的文献。《解老》篇与《喻老》篇原本同是有关黄老学派所传《老子》的解释，但韩非后学在导入《老子》思想的时候，将其作为参考资料之一收集，后来在编集韩非著作的时候，可能因此被一起编入《韩非子》之中了。这个可能性很高①。

---

①　“道者万物之始，是非之纪也。是以明君守始以知万物之源，治纪以知善败之端”，《主道》篇所说的道，兼备万物的始源和是非纲纪。这一点可以说与《解老》篇中的道的特性极为接近。这也说明著述《主道》《扬搉》两篇的韩非后学在吸收《老子》的时候可能也参考了《解老》篇。只是，在《主道》篇中，道就是“是非之纪”的这种思考，其实只是把借来的一个表达放在了开头的部分里，与后面的逻辑展开并没有实质上的关联。

本章加入了一些有关《韩非子》中的道法思想的讨论。结果显示，在《主道》《扬搉》两篇中，一方面存在将道与形名参同术相结合、以图强化君主专制的内容，另一方面，也许是由于贯彻君主主观意志的道具即法术很难与作为客观性根源的道相结合，其中并没有形成让道与实定法相结合的理论。在《解老》篇中，创造出内在的理，从而使道可以绝对化。虽然为君主作为道的执行代理而君临、为这种绝对性专制君主形象的生成孕育了可能性，但其没有朝着这个方向发展理论；相反，它主张的是由体会修得了道的君主所统治的夜警国家式的法治。

第四章　申不害的法思想

到前面的章节为止，解说了各个文献中的有关战国末期的道法思想的形态。承接这些内容，本章之后的内容专门考察那样的道法思想的形成过程。

为了探索实定法、形名参同术与道家思想相结合的情况，本章首先考察相传是在战国初期时创建出了形名参同术的申不害的思想①。申不害的著作根据《史记》里的记录说有两篇，《汉书・艺文志》里的记录说有六篇。不过，其后都散佚失传，残存在各书中的佚文，只见于《群书治要》《意林》《太平御览》《玉函山房辑佚书》等。下面就依据这些佚文来探讨申不害的思想内容。

> 明君如身，臣如手。君若号，臣如响。君设其本，臣操其末。君治其要，臣行其详。君操其柄，臣事其常。为人臣者，操契以责其名。名者，天地之网②，圣人之符。张天地之网，用圣人之符，则万物之情，无所逃之矣。故善为主者，倚于愚，立于不盈，设于不

---

① “申不害者京人也。故郑之贱臣，学术以干韩昭侯，昭侯用为相。内修政教，外应诸侯十五年。终申子之身，国治兵强，无侵韩者。申子之学，本于黄老，而主刑名。著书二篇，号曰《申子》。”（《史记・老庄申韩列传》）

② 原文为“纲”，正确的应该是“网”。

敢，藏于无事。窜端匿疏，示天下无为。……刚者折，危者覆，动者摇，静者安。名自正也，事自定也。是以有道者，自名而正之，随事而定之也。……是以圣人贵名之正也。主处其大，臣处其细。以其名听之，以其名视之，以其名命之。镜设精，无为而美恶自备。衡设平，无为而轻重自得。凡因之道，身与公无事。无事而天下自极也。(《群书治要》卷三十六引《申子·大体》)

此处论述君主对臣下的统帅术，这个术的最大要点在于"操契以责其名"，也就是说，从臣下收取事业完成的情况申报及言辞证据，过后再拿臣下的实绩与当初的名分相对照，以尽督促臣下尽力的职责。就像这样，对照名分与结果是唯一的赏罚标准，君主无需一一苦于臣下的各色请愿和策动，可以在自己无为无事的状态中自动控制臣下，是这样主张的。

这实质上正是依据形名参同的臣下督责术。在此需要留意的是，虽然其频频强调名的重要性，但也只将名间接地对比于"万物之情"而已，并不明确地在形或实上做对比。因此，与上述《韩非子》的《主道》《扬搉》两篇中的形名参同术比较，不得不说申不害的理论还只是停留在一个很朴素的阶段。

另外，与前述的道法思想相比较，引人注目的是，君主认识能力的客观性、绝对性，没有同老子的道结合起来思考。的确，"万物之情，无所逃之"，从结果上来讲，君主是可以掌握万物的实情的，不过，其理由是君主在认识事物时所用的名就是"天地之网""圣人之符"，只是这样说而已，论据极为薄弱。

这还是因为，对于君主，虽然强调无为、静等心术的必要性，但对于这种心术与形名参同的内在联系，说明得还不够充分。从“故善为主者，倚于愚”到“动者摇，静者安”，申不害频频论说无为和静，但接下来又是很突然的一句“名自正，事自定”，二者之间的因果关系极为漠然。从文章整体上的意思来看，好像是说君主如果自己率先思考和分类，并向外界发布言行的话，就会为臣下留下可乘的空隙，会被搅乱判断，所以要通过无为、静来防止那样的情况发生，仅仅依靠名所具备的客观性。不过，为什么无为、静能够带来“名自正”的效果？另外，“名自正”与“自名而正之”到底是怎样的一个关系？这中间的说明都很不足够，不可否认，其中显著缺乏逻辑性。

也就是说，君主一不小心就会在臣下的奸计面前做出误判，作为一个替代君主个人贤智的东西，申不害的理论第一次关注具备客观性和严密性的名作为统治手段的威力。其理论水平是停留于这个阶段的。所以，只一味极力论说名的有效性，其周边的理论整备就在不充分中了结了。

以上讨论了有关形名参同的思考，在与道法思想相比较时，需要再举出几个要素来做讨论。在申不害的思想中，能看到很多否定君主发挥个人贤智的主张：

> 申不害闻之曰：何以知其聋，以其耳之聪也。何以知其盲，以其目之明也。何以知其狂，以其言之当也。故曰：去听无以闻，则聪。去视无以见，则明。去智无以知，则公。去三者不任则治。三者任则乱。以此言耳目心智之不足恃也。耳目心智，其所以知识甚阙，其所以闻见甚浅。以浅阙博居天下，安殊俗，治万民，其说固不行。……古之王者，其所为少，其所因多。因者君术也，为

者臣道也。为则扰矣，因则静矣。因冬为寒，因夏为暑，君奚事哉。故曰：君道无知无为，而贤于有知有为，则得之矣。（《吕氏春秋·任数》）

就这样，申不害否定依靠君主个人贤智来统治，作为论据可列出以下三点：第一，就如上述资料中表述的，耳目心智等认识能力所涉及的范围是十分有限的，不足以认识到整体的状况。第二，“今人君之力，非贤乎乌获、彭祖，而勇非贤乎孟贲、成荆”（《群书治要》卷三十六），君主的力量并不一定优于群臣。这样的话，“智均不相使，力均不相胜”（《意林》卷二），就不可能以实力让臣下屈服。第三，“百世有圣人犹随踵，千里有贤人是比肩”（《意林》卷二），说能够压倒众人的贤智之士几乎是不存在的。

因为这三重的障碍，依靠君主个人贤智的统治总之是不可能的。这样的话，当然就需要准备替代策略了。那就是前面所述的依靠形名参同的督责术和以下所列举的依据实定法的支配：

韩昭侯谓申子曰：法度甚不易行也。申子曰：法者见功而与赏，因能而受官。今君设法度而听左右之请，此所以难行也。（《韩非子·外储说左上》）。

君必有明法，正义若悬权衡以称轻重，所以一群臣也。（《艺文类聚》卷五十四）

尧之治也，盖明法察令而已。圣君任法而不任智，任数而不任说。黄帝之治天下，置法而不变，使民安乐其法也。（《太平御览》卷六百三十八）

这里的法，就如“悬权衡以称轻重”这句话所表达的，是排除了一切主观和私情的东西，具备客观性和严密性的一个统治手段。“设法度而听左右之请”的行为本身，就是缺乏可信性的君主个人判断对于法的客观性的一种介入，是要严格加以排斥的。

就像以上讨论的那样，申不害思想的出发点，本来就始于对君主个人贤智的强烈怀疑。所以，也就不可能存在像之前考察过的《经法》《管子·心术上》《韩非子》(《主道》《扬搉》)那样的，将老子的道作为后盾从而绝对化君主认知能力的思考。申不害的形名思想，不提倡依据君主的绝对性认知能力命名万物，而是在把握万物实际情况的时候，把可能的证据归于作为“天地之网”“圣人之符”的名所具有的威力，其原因实际上也在于此。也就是说，申不害看透了缺陷多多的君主的个人贤智，试图依据具有不动的客观性与严密性的名、法的威力，来替代以往的被君主的个人能力严重左右的统治。

那么，就不要求君主具备什么能力了吗？其实也不是。只要君主个人的认知能力和务实能力存在很大的局限，就应该有替代君主担当责任的各种务实的官员。要求君主的，是“君设其本，臣操其末。君治其要，臣行其详。君操其柄，臣事其常”(《群书治要》卷三十六)、“见功与赏，因能受官”(《韩非子·外储说左上》)。君主需要依照臣下的能力为其安排适当的官职，督促官僚各尽职责，需要有这种统帅全局的能力。这些能力，具体地来讲就如以下列举的那样，是指保有明察臣下隐藏、掩盖私自意图的心术：

申子曰：上明见，人备之，其不明见，人惑之。其知见，人饰之，其不知见，人匿之。其无欲见，人伺之，其有欲见，人饵之。故

曰：吾无从知之，惟无为可以规之。（《韩非子·外储说右上》）

申子曰：慎而言也，人且知女。慎而行也，人且随女。而有知见也，人且匿女。而无知见也，人且意女。女有知也，人且臧女。女无知也，人且行女。故曰：惟无为可以规之。（同上）

夫一妇擅夫，众妇皆乱。一臣专君，群臣皆蔽。故妒妻不离破家也，乱臣不离破国也。是以明君使其臣并进辐凑莫得专君焉。今人君之所以高为城郭，而谨门闾之闭者，为寇戎盗贼之至也。今夫弑君而取国者，非必逾城郭之险而犯门闾之闭也。蔽君之明，塞君之听，夺之政而专其令，有其民而取其国矣。（《群书治要》卷三十六）

就这样，要求君主佯装无为，以此为手段，不给想隐蔽私自意图的臣下以可乘之机。另外，还要敏锐地看穿权臣的奸诈并依照名、法予以处理和裁决，监督臣下尽责，保全王位。要求君主具备这样的能力。君主的这种心术，同名、法的威力以及与“申子曰：治不逾官，虽知不言”（《韩非子》[《难三》《定法》]）这种官僚机构的巧妙运作相结合的时候，就可以期待确立诸如“申子曰：独视者谓明，独听者谓聪。能独断者，故可以为天下主”（《韩非子·外储说右上》）、“申子曰：有天下而不恣睢，命之曰以天下为桎梏者”（《史记·李斯列传》）这样的独裁君主权力了。

上述的想法，与前面提到的《韩非子》的《主道》《扬摧》几乎一样。不过，在与道法思想比较上应该注意的是，虽然这种君主的心术，是用无为、无言、清静、静等近似《老子》的用词来描述的，但还没有直接把根据放在老子的道上①。

当然,也能看到像“申子云:天道无私,是以恒正。天道常正,是以清明”(《北堂书钞》卷一百四十九)、“申子云:地道不作,是以常静。常静,是以正方。举事为之,乃有恒常之道。静者符信,受令必行也”(《北堂书钞》卷一百五十七)等等这样的表达,从中能够窥探出些许将君主的心术看作与天道、地道的特性一样的思考。不过,虽然以自然法的存在来为君主的心术赋予客观性的这个想法本身是一样的,但与“道者,神明之原也”(《经法·名理》)这样的思想相比较的话,不免感觉其理论逻辑还是很不彻底的。

本来,申不害的思想就是始于否定君主个人贤智的。虽然在面对外界的认识能力的发挥与内心的心术、务实能力、统帅能力等方面有着本质上的区别,但一方面强调君主贤智的有限性,另一方面又要求君主具备心术,依照名、法监督臣下履行职责,这样就难免逻辑上的矛盾吧。在申不害的思想中,用自然法性的存在来使君主的心术绝对化的理论不得不在一种未成熟的状态中了结,其中的要因之一就是这种矛盾。

而且,这种理论性的不足,使得对于申不害不断强调的名、法的威力本身,也留下了疑念。名和法说到底也是人为的产物,其客观性、严密性等威力之所以能够发挥,“三寸之机运而天下定,方寸之基②正而天下治。一言正而天下定,一言倚而天下靡”(《太平御览》卷三百九

---

① 在第一部第十五章中,叙述了难以按照字面意思完全相信司马迁对于申不害的评论“申子之学,本于黄老”。在申不害的思想中,看不到将君主心术的根据置于老子的道上的理论,这个现象也证明了上述的推测。

② 《太平御览》作“谋”,据《意林》卷二改为“基”。

十)，也是要求制定并运用的君主自身，具有一步都不偏离客观性与严密性的能力，然后才可能。申不害将名、法的威力比作镜子、权衡，而镜子、权衡也是在制作和运用时需要客观性和严密性才能发挥其威力的。

所以，申不害就主张君主心术的必要性。但是，有关心术的根据却很暧昧，而且，其在根本上还存在对于贤智本身的极其强烈的怀疑，结果就不免从根本上动摇了为了人为统治术而开发的名、法本身的信赖性。

本章考察了申不害的思想内容。其中引用的各条资料，当然不能够完全看作是申不害本人的著作。可以想象，其中混杂有许多出自其后学的内容。不过，即便将这些资料广泛地看作申不害学派整体的思想，在与道法思想比较时，二者之间的差异也是显而易见的。

申不害学派基本上是否定君主的个人贤智的。所以，就不可能发展出在道上寻找根据从而使君主的认识能力绝对化的理论。必然的，也就完全不期待君主会有广识宇宙森罗万象、然后对其命名的这种能力。尽管如此，其思想仅只对于名所具备的威力又做出了最高级的称赞，但对于之所以能够把握万物实情的依据，又缺乏明确的理论。在这种情况下，将一切都归于名的客观性和严密性，这使其理论体系带有重大的弱点。也就是说，名称首先是基于客观的认识能力而做出的对于万物的命名，名分的体系性的顺序一旦确立，下面就有可能按照这个基准，要求万物遵守名分。这是二重的结构。但是，申不害学派完全欠缺前半部分的有关理论，结果就造成名好像是忽然降临的天与的利器一样；而为什么名能够保有客观性和严密性，最终都没有提示出有关的证据。在申不害学派的形名思想中，还没有让名与形和实对应，这一点前面已经指出过了。这个现象也是这种认识论有所欠缺的反映。

这在有关实定法方面也完全一样，如果对于制定并执行法的君主的个人贤智毫无信赖的话，再怎么极力主张客观性及严密性的法的威力，也只能是缺乏根据的一个说法了。

申不害的思想，尽管已经着眼于作为客观统治手段的名、法的有效性，为其后的法家思想的发展留下了巨大的遗产，但申不害学派在关键的名、法之权威的由来方面，可以说是欠缺反思的。这种理论性的不足，更是把基本上否定了的君主的个人贤智又拿了起来，要怎样才能保持可以说是至难至艰的心术？当这个矛盾也一同显现的时候，申不害学派的致命性缺陷就显露出来了。在如何克服这个理论性缺陷的苦恼当中，道法思想即将出世的胎动开始了。

第五章　慎到的法思想

前面的章节里讨论了战国初期申不害的思想，本章探讨战国中期的思想家慎到。

慎到的著作，《史记·孟子荀卿列传》中说"慎到著十二论"，《汉书·艺文志》中说"慎子四十二篇"，大多数都在后来散佚了。现在流传有数种收集了佚文的辑本，其中可信性最高的是守山阁本《慎子》。以下就以守山阁本为中心资料，来考察一下慎到的思想特色。

和前面说的申不害一样，慎到思想的出发点也是源于对君主个人贤智的怀疑：

> 道理匮则慕贤智。慕贤智，则国家之政要在一人之心矣。（《威德》）
>
> 君之智，未必最贤于众也。以未最贤而欲以善尽被下，则不赡矣。若使君之智最贤，以一君而尽赡下则劳。……人君苟任臣而勿自躬，则臣皆事事矣。（《民杂》）

慎到否定依靠君主贤智来统治，其理由首先在于，那样容易陷入主观和恣意，"国家之政要在一人之心"（《威德》）、"以心裁轻重，则同功殊赏，同罪殊罚矣，怨之所由生也"（《君人》），难免这种不安定。第二个理由，君主的贤智不一定优于群臣。第三，如果依靠个人的贤智来进行统治的话，就会令君主疲于繁杂的政务，“鹰，善击也，然日击之，则疲而无全翼矣。骥，善驰也，然日驰之，则蹶而无全蹄矣”（守山阁本所收《慎子》佚文）。

就像这样，如果君主的个人贤智不足以成为有效的统治手段的话，当然就需要取而代之的方法和策略了。其一就是委任业务给官僚和民众：

> 民杂处而各有所能，所能者不同，此民之情也。……是以大君因民之能为资。尽包而畜之，无能去取焉。（《民杂》）
>
> 圣人虽不忧人之危，百姓准上而比于下，其必取己安焉，则圣人无事也。故圣人处上，能无害人，不能使人无己害也，则百姓除其害矣。圣人之有天下也，受之也，非取之也。百姓之于圣人也，养之也，非使圣人养己也，则圣人无事矣。（《威德》）
>
> 君臣之道，臣事事，而君无事，君逸乐而臣任劳。臣尽智力以善其事，而君无与焉，仰成而已。（《民杂》）
>
> 古者，工不兼事，士不兼官。工不兼事则事省，事省则易胜。士不兼官则职寡，职寡则易守。故士位可世，工事可常。百工之子，不学而能者，非生巧也。言有常事也。（《威德》）

民众以各自不同的形态拥有“必取己安”（《威德》）的自我存活的能力。君主“因民之能为资”（《民杂》），避免插手民众的营生，“无能去取”（同上），让民众各自经营，就可以少劳而多功，大大提高统治效率。慎到是如此主张的。另外，君主如果依靠自己的贤智来明示方针、发号施令并领导政务的话，失败的时候就会被臣下追究责任。要给群臣分派官职，在“工不兼事，士不兼官”的分业体制下，让他们担当所有的实际业务。这样，功绩归于君主，过失归于臣下，君主得以在无为无事中对整体进行统治。因此，只要将一切业务交给民众，依靠他们的自我存活能力和官僚的业务能力，民众和臣下就会各自自动发挥能力，而不需要君主开动贤智。前述的那些君主贤智所带来的缺陷也就可以全部消解了。

第二个替代君主贤智的方法，就是以下所示的保持势位：

> 贤而屈于不肖者，权轻也。不肖而服于贤者，位尊也。尧为匹夫，不能使其邻家。至南面而王，则令行禁止。由此观之，贤不足以服不肖，而势位足以屈贤矣。（《威德》）
>
> 桀之所以亡，尧不能以为存。然而尧有不胜之善，而桀有运非之名，则得人与失人也。故廊庙之材，盖非一木之枝也。粹白之裘，盖非一狐之皮也。治乱安危存亡荣辱之施，非一人之力也。（《知忠》）。
>
> 离朱之明，察秋毫之末于百步之外。下于水尺，而不能见浅深。非目不明也，其势难睹也。（守山阁本所收《慎子》佚文）

慎到所说的势，指的是君主的势位以及必治的势态。就如所述的“势位足以曲贤矣”（《威德》）、“非目不明也，其势难睹也”（《慎子》佚文）那样，相对于个人的资质能力，慎到更重视自动自发地生效的整体的势态。从君主方面来讲，就是“得助于众”（《威德》）的势态，更具体地来讲，就是前面所说的那样，指臣民各尽其能、从周围援助君主统治的势态。这样的势态一旦形成，只要置身其中，无论君主自己的能力如何，都会得到必治的效果。他是如此主张的。

所以，这个势不是茫然的自然的势，一定是依据于制度的人工的势的意思。在慎到的思想中，“行海者，坐而至越，有舟也。行陆者，立而至秦，有车也。秦越远途也。安坐而至者，械也”（守山阁本所收《慎子》佚文）、“燕鼎之重乎千钧，乘于吴舟，则可以济。所托者，浮道也（同上）、“众之胜寡，必也”（同上）、“藏甲之国，必有兵遁，市人可驱而战。安国之兵，不由忿起”（同上）等，有很多强调人为性的势态带来的必然结果的言论。势正是那种人为所造的意思。

取代个人贤智的第三个方法和策略，就是以下所示的依据法的统治：

> 法虽不善，犹愈于无法，所以一人心也。（《威德》）
>
> 君舍法而以心裁轻重，则同功殊赏，同罪殊罚矣，怨之所由生也。（《君人》）
>
> 为人君者不多听，据法倚数以观得失。无法之言，不听于耳。无法之劳，不图于功。（《君臣》）
>
> 法之功，莫大使私不行。君之功，莫大使民不争。（守山阁本所收《慎子》佚文）
>
> 法者，所以齐天下之动，至公大定之制也。（同上）

这里出现的法，当然是君主制定的实定法。而且，特别强调法的客观性与公共性，是排除了君主的私情与恣意的。将君主的个人贤智作为统治的基准的时候，就不免会“同功殊赏，同罪殊罚”（《君人》），带有主观性，结果就会“怨之所由生也”。劳苦的代价就是君主会将臣下与民众的怨恨集于一身。相反，以法作为唯一的基准的话，众人就会承认赏罚是不得已的必然行为，而且，“为人君者不多听，据法倚数以观得失”（《君臣》），还可以回避做繁杂的判断。

以上这些都是给君主的外侧制度性地配置客观性统治手段的方法和策略，试图以这些来解除因个人贤智而难免产生的各种不安定因素。所以，在慎到的思想背后，是存在有追求客观性的一贯姿势和态度的。这种姿势和态度，并不停留于对上述的人为性的客观制度的依赖，还面向更为广泛的对象，有这种形迹存在。

(A) 古之全大体者，望天地，观江海，因山谷，日月所照，四时所行，云布风动，不以智累心，不以私累己。寄治乱于法术，托是非于赏罚，属轻重于权衡，不逆天理，不伤性情。不吹毛而求小疵，不洗垢而察难知。不引绳之外，不推绳之内。不急法之外，不缓法之内。守成理，因自然。祸福生于道法，而不出乎爱恶。荣辱之责，在乎己而不在乎人。故至安之世，法如朝露，纯朴不欺。心无结怨，口无烦言。故车马不弊于远路，旌旗不乱于大泽，万民不失命于寇戎，豪杰不著名于图书，不录功于盘盂。记年之牒空虚。故曰：利莫长于简，福莫久于安。（守山阁本所收《慎子》佚文）

(B) 君臣之间，犹权衡也。权左轻则右重，右重则左轻。轻重迭相槩，天地之理也。（同上）

(C) 弃道术，舍度量，以求一人之识识天下，谁子之识能足焉。（同上）

(D) 夫道，所以使贤无奈不肖何也，所以使智无奈愚何也。若此，则谓之道胜矣。(同上)

(E) 道胜则名不彰。(同上)

在这些资料中，频频出现道，“祸福生于道法”(A)、“弃道术，舍度量”(C)、“夫道，所以使贤无奈不肖何也”(D)、“道胜则名不彰”(E)等等。这个道，与度量、法一样，是当作与贤智相对立的一个概念来用的，是指超越了个人贤智的客观性。这一点很明确。“古之全大体者，望天地，观江海，因山谷，日月所照，四时所行，云布风动，不以智累心，不以私累己”(A)，从这个表达来看，更具体地说，是指围绕着人的天地自然之客观存在。《庄子·天下》评论慎到的思想，说“慎到弃知去己，而缘不得已，泠汰于物，以为道理”“椎拍輐断，与物宛转”“推而后行，曳而后往，若飘风之还”“无知之物，无建己之患，无用知之累，动静不离于理”，这样说也是认为他的理论有上述倾向的缘故吧。

在前面列举的资料中，“寄治乱于法术，托是非于赏罚，属轻重于权衡，不逆天理，不伤情性”(A)，将天地自然的客观存在，直接与法术、赏罚、权衡等人为制度的客观性相连接，这一点值得注意。在慎到这里，遵从那些客观性的制度和手段的行为，直接就将其表达为“不逆天理”(A)、“守成理，因自然”(A)。与此同样的例子还有其他，如“轻重迭相橛，天地之理也”(B)。也就是说，“天理”(A)、“成理”(A)、“天地之理”(B)、“道理”(《庄子·天下》)，这些慎到所说的道、理，就如黄老道的天道一样，其本身并不是作为直接对人发出具体指示的一定的理法，其广泛地与度量衡、实定法共有客观性，是作为对立于个人贤智的外在状况、漠然笼统地被设定出来的。

就这样，慎到否定依靠君主的个人贤智的统治，取而代之，他主张应该因循客观的态势。当然，这时就需要一种除去一切私情和恣意、永远只因循外界客观性存在的心术。就如以下所列举的，在《慎子》中散见有这种思考：

夫德，精微而不见，聪明而不发，是故外物不累其内。（守山阁本所收《慎子》佚文）

不以智累心，不以私累己。……荣辱之责，在乎己而不在乎人。（同上）

始吾未生之时，焉知生之为乐也。今吾未死，又焉知死之为不乐也。故生不足以使之，利何足以动之。死不足以禁之，害何足以恐之。明于死生之分，达于利害之变。是以目观玉辂琬象之状，耳听白雪清角之声，不能以乱其神。登千仞之谿，临蝯眩之岸，不足以淆其知。夫如是，身可以杀，生可以无，仁可以成。（同上）

鸟飞于空，鱼游于渊，非术也。故为鸟为鱼者，亦不自知其能飞能游。苟知之，立心以为之，则必堕必溺。犹人之足驰手捉，耳听目视。当其驰捉听视之际，应机自至，又不待思而施之也。苟须思之而后可施之，则疲矣。是以任自然者久，得其常者济。（同上）

在此，没有对于外界的思索和分辨，展示的是保持内心虚静并顺从周围客观性存在的思考。《庄子・天下》的慎到评论中，说“弃知去己”“不师知虑，不知前后”“至于若无知之物而已”等等，也佐证了在慎到的思想中，是有那样的一个侧面的。

以上概观了慎到的思想，下面一方面考虑它与道法思想的关联，一方面再做进一步的讨论。

作为缺陷多多的君主贤智的替代手段，慎到准备了法的客观性。不过，如果法终归也是由君主制定并运用的话，他既然否定了君主的个人贤智，这样的话，在结果上法也就丧失了其客观性的根据。而且，慎到说"治国而无其法则乱，守法而不变则衰。……以道变法者，君长也"（守山阁本所收《慎子》佚文）、"法非从天下，非从地出，发于人间，合于人心而已"（同上）等等，否定法的不变性，主张应该对应于外界的客观存在即时势人心的变化，不怠变法。这样的话，就要永久地要求君主不断察知时势民心的动向，并要有随之改正法的能力。

当然，正因为如此，慎到才在另一方面主张抛弃一切执着、主张灵活柔软的因循外界的心术的必要性。不过，他又说"厝钧石，使禹察锱铢之重，则不识也。悬于权衡，则氂发之不可差。则不待禹之智，中人之知，莫不足以识之矣"（守山阁本所收《慎子》佚文），一方面说能力凡庸的君主也没问题，一方面又要求其拥有排除一切自我的心术，还是难免这根本上的矛盾。因此，不得不说，慎到的法思想，尽管不断强调法的客观性，但其客观性的根据却是极为薄弱的。

另外，慎到主张委任于民众的自我存活能力和官僚的务实能力，不待君主直接统治就可以达到自治，主张这种无为的政治态势。但是，要构建并维持这样的态势，需要具体的方法、策略和技术。在申不害那里，形名参同术是他准备的具体手段。然而，在慎到的思想中，完全没有形名参同术的存在。

本来，在慎到的思想中，如"天虽不忧人之暗，辟户牖必己取明焉，则天无事也”(《威德》)、“天道因则大。……人莫不自为也”(《因循》)等等,有一种由乐天主义支撑的东西①,反映在对于君臣间尖锐利害关系的洞察上,相比于申不害、韩非子,慎到就相对显得薄弱。仅仅只是散见有这样的表述:“皆私其所知,以自覆掩,有过,则臣反责君”(《民杂》)、“臣下闭口,左右结舌”(守山阁本所收《慎子》佚文)等,不见防止权臣篡夺君位的具体策略②。

所以,他说“身不肖而令行者,得助于众也”(《威德》),但为什么不肖还能建构起集约众智于一身的态势?其具体手段不明。说“为人君者不多听,据法倚数,以观得失”(《君臣》),但怎样才能拿获使用奸计而逃脱法网的权臣?其具体手段依然不明。

这样的话,“臣两位而国不乱者,君在也。恃君而不乱矣。失君必乱”(《德立》),他虽然主张基于必治态势的君主的独治,但在慎到的思想中,还是缺乏关键的构建并维持君主权势的具体的技术。“立国君以为国,非立国以为君也”(《威德》)、“有易君而无易民”(守山阁本所收《慎子》佚文),在与这样的将君主作为社会运营的机关来看待的思

---

① 荀子说,“大天而思之,孰与物畜而裁之。……思物而物(勿)之,孰与理物而勿失之也”(《荀子·天论》),说只要人努力生产,天就会充分保证其生存。荀子的这个“天人之分”主张,也是由对于天的乐观主义支撑的,“夫天地之生万物也,固有余,足以食人矣。……夫有余不足,非天下之公患也,特墨子之私忧过计也”(《荀子·国富》)。荀子在《非十二子》篇中批判慎到,不过在荀子的对于天与人之关系的乐天主义态度上,能看到慎到的思想性影响。

② 在一姓君主权体制之下,无关君主的个人能力,越是制度化能够自动进行统治的态势,就越是容易造成利用制度从而篡夺君位的行为。这一点,就如《庄子·胠箧》以齐国田氏篡夺君位为实例所警告的那样,“所以立宗庙、社稷,治邑屋、州闾、乡曲者,曷尝不法圣人哉。然而田成子一旦杀齐君而盗其国,所盗者岂独其国邪。并与其圣知之法而盗之。……为之斗斛以量之,则并与斗斛而窃之。为之权衡以称之,则并与权衡而窃之”。

考相接续的时候，就连一姓君主权其本身的根据，也都不免从根本上发生动摇。

就这样，慎到的想要替代君主贤智的法、势，虽都是人为的产物，但又将其作为好像是自然形成的那样来对待，其形成过程暧昧，有这样的缺陷。这一点，与他主张的因循天地自然的客观性也是一样的。就像已经讲述过的那样，尽管主张“天道因则大”“不逆天理”“守成理，因自然”，在慎到这里，对于天地自然的客观性存在内容，也只是极为漠然地做了一些罗列，并没有提出一个明确的秩序或理法体系来。也就是说，虽称为因循自然，但具体对象并没有确定；虽说要顺守理，但那个理也没有对于人为的具体指示内容。

这样看来，慎到的思想是有一个重大的理论性缺陷的。他注意到君主个人贤智所具有的不安定性，从人为性的制度到天地自然，试图以客观性的存在来替换君主的个人贤智。但尽管如此，没有对原本就性质相异的二者之间的关系加以明确的说明，而是把各种的客观性存在散乱地摆在了一起。而且，“法非从天下”，慎到否定法的不变性，“以道变法者，君长也”，强调法的可变性。这一点，连同他还没有导入终极性地概括了各种自然法的老子的道，结果就导致慎到的思想在实定法与自然法上变来转去，只凸显了止不住的流动性，造成慎到的法思想显著缺乏理论的向心性。

《荀子》批判慎到的思想，说“尚法而无法”“偶然无所归宿”(《非十二子》)。考虑到慎到的法思想不具备不动的中心点的那种特性，也就不能断然认为这个批判单只是学派之间对抗的产物吧。

本章讨论了慎到的思想特色。慎到的思想，整体上的构造是将实定法秩序囊括在自然法秩序中的。这一点，就像“以道变法者，君长也”“祸福生乎道法”等言词所象征的那样，显示出比申不害更加接近道法思想的一个特色。不过，其理论水平只是将天地自然的客观性（道）和实定法二者仅仅以同为超越贤智的客观性存在这一个共通性相连接，还没有到达将自然法所带有的客观性直接作为实定法的依据这个阶段。慎到的法思想一贯地追求客观性，但最终没有能够将其客观性的根据作为一个体系表明出来，可以说还有很多理论性的弱点需要以道法思想来克服和解决。

第六章　道法思想的发展

以到此为止的讨论结果为基础，本章思索道法思想形成的理由，并追踪其发展轨迹。

申不害、慎到主张法治的最大动机是，可以解决以往的以君主个人贤智为唯一依靠的德治主义所带来的那种不安定性和繁杂性，实现有效的和客观的统治。所以，否定君主个人贤智的思考，就是二者共通的思想性出发点。而用来替代贤智的，申不害准备了法的客观性和形名参同术，慎到准备了法、势、自然等客观性。不过，这些替代措施，因为二者的立场都是以君主独裁的国家体制为唯一设想的，所以，其制定和运作也都脱不开全面性地委任于君主个人能力的宿命。

因此，对于君主，申不害和慎到不得不又提出要求：排除私情和恣意，保持内心的虚静；持有惯常追求客观性的心术。如前所述，有关心术的内容，申不害主张以秘匿和明察为主体，慎到主张以因循为主体，有这样的不同。不过，在本质上，那些都是他们一边暂且否定了君主的个人贤智，一边又找出了一个别样的贤智来替换，只是这样的一个思维而已。这正是一个根本性的矛盾，资质凡庸的君主如何保持高度的心术？只要说明此项内容的逻辑没有得到确立，他们所准备的用来替代的措施，也都一定会全部失去最终的根据[①]。

另外，即使能够得到这个心术，这个心术也不是用于名、法、势等的制作方向上的，只是用于在这些形成之后的运用的方向上，是这样主张的。申不害强调名、法的威力，慎到强调法、势的威力，但依靠谁、怎样操作才能制作出来？对这个过程没有做出任何说明就了结了。说起来这种状况的起因，还在于他们主张君主独治但又否定君主个人贤智的这个出发点上。道法思想，正是为了解决至此为止的法思想所具有的这种根本性的矛盾而出现的。

道法思想完全不否定君主的个人贤智，相反，是在将其绝对化的方向上展开理论的。《经法》说，“道者，神明之原也。神明者，处于度之内而见于度之外者也。……神明者，见知之稽也”（《名理》），将君主的认知能力依据在老子的道上。这样，无形、无私、虚静等道的特性就转移进君主的神明中，“执道者之观于天下也，无执、无处、无为、无私也。是故天下有事，无不自为形名声号矣”（《道法》）、“执道者之观于

---

① 申不害述在讲不依靠贤智的理想性的君主形象时这样表达：“圣君任法而不任智”（《太平御览》卷六百三十八）、“圣人贵名之正”（《群书治要》卷三十六）、“明君治国，而晦晦，而行行，而止止”（《太平御览》卷六百二十四）、“明君慎令”（《太平御览》卷五十四）等等。他的这种表达正说明心术其实也是超越了贤智的另一种贤智罢了。另外，慎到对于君主所要求的心术，其实也是一种贤智，是一种基于个人资质的东西。慎到说，“不肖而屈于贤者，位尊也”（《慎子·威德》），说只要依据法、势，即使是无能的君主，也可以自动地达成统治。不过，就像他自己说的“不肖者，不自谓不肖也，而不肖见于行。虽自谓贤，人犹谓之不肖也。愚者不自谓愚，而愚见于言。虽自谓贤，人犹谓之愚”（守山阁本《慎子》所收佚文）那样，越是无能、暗愚的人，就越是没有自觉，所以，要觉悟到自己贤智的有限性，有意地不借助和发挥贤智，将一切委靠于法、势的客观性，这样的精神境地才可称为最高的贤智。《慎子》将这种理想的君主形象称为“圣人”“明君”（《威德》）、“大君”（《民杂》《君人》）、“太上”（《民杂》）、“明主”（《知忠》）等，这种表达本身，也佐证了他所提倡的心术其实只是另一种贤智而已。

天下也，必审观事之所始起，审其形名。……故万举不失理，论天下而无遗策”(《论约》)，说君主的贤智是在无为中认知宇宙中的一切，以至于获得可以判断万事的绝对能力。在此，面向外界万事的贤智和内在的心术以道为根据，被一元化和绝对化。

申不害说，“耳目心智，其所以知识甚阙，其所以闻见甚浅”(《吕氏春秋·任数》)，述说对于外界君主认知能力的局限。所以，在申不害这里，就不可能发展出基于君主个人认知能力的对万物进行命名的理论。他单单只是渲染名在其形成后的威力，而对其形成过程，就付之阙如了。现在，这个理论缺陷，因为君主贤智的一元化和绝对化而得以完全解决了。君主用以道为根据的自己的个人贤智，对周围森罗万象的事物命名，接着再以这样形成的形与名的对应关系为基准，虚心实施形名参同，这样就可以达成“形名已立，声号已建，无所逃迹匿正”(《道法》)的效果，建构了这样的一个贯通的逻辑。

这一点，《管子》的《心术上》篇说“无为之道，因也。因也者，无益无损也。以其形因为之名，此因之术也”，还有《韩非子》的《主道》《扬摧》两篇的“虚静以待，令名自命也，令事自定也。……形名参同，君乃无事，归之其情”(《主道》)、“圣人执一以静，使名自命，令事自定”“皆使自定之，上以名举之。……形名参同，用其生所”(《扬摧》)等等，都是完全同轨的。通过这些可以知道，各道法思想一致采用的方法和策略，都是以老子的道为依据将君主的贤智一元化并绝对化，是这个方向上的理论。

另外，道法思想的君主贤智的绝对化，为申不害、慎到的法所带有的理论性缺陷，也提示了一个解答方法。因为申不害、慎到否定了君主的贤智，所以，虽然他们主张君主的法治，但对于法由谁来制定、怎样制定这个问题，始终都没有说明。如果明言由君主制定法的话，法就变成了极其不完美的君主的个人贤智的产物，其客观性之根据也就一定会即时瓦解①。

对此，《经法》说“道生法”“执道者，生法而弗敢犯”（《道法》），明示君主依据道制定并运用法，明示了法的形成过程。将君主的贤智以老子的道为根据绝对化，这样，即便是法是由君主一个人制定并运用的，法也可以有与道同等的客观性，申不害、慎到那样的理论缺陷一下子就消解了。这一点，说“法出乎权，权出于道”的《管子》的《心术上》篇也是同样的。道法思想通过将老子的道与君主的贤智及实定法相联系，成功地为法的客观性提供了明确的论据。

这样看来，道法思想克服了申不害、慎到思想的理论性缺陷的决定性因素，就是通过导入老子的道而使君主贤智绝对化，就在于这一点上。慎到曾经主张因循包括度量衡等人为制度在内的、存在于贤智外部环境的天地自然的客观性，将这些称为道、理。但是，那些道、理

---

① 在申不害的法思想中，法的制定者以及法的正当性根据都不明确。申不害只设想了君主独裁的国家体制。所以，在这样的国家体制中，立法权当然也不是君主之外的人可以掌握的。然而，他的思想就像《荀子・解蔽》评论的那样，“申子蔽于执而不知知”，一切都是从否定君主的个人贤智这一点出发的。如此，如果申不害还是主张立法者为君主的话，法就成了缺乏可信性的君主贤智的产物，这样既不能成为解决君主贤智缺陷的替代手段，连法的权威和根据也完全丧失了。申不害说，“今君设法度”（《韩非子・外储说左上》）、“君必有明法”（《艺文类聚》卷五十四）等，回避直接说立法是君主本人的行为，这就好像还可以解释为实际上立法者还有其他一样。他始终坚持间接迂回的说法。当然，“尧之治，盖明法而察于令而已”“黄帝之治天下，置法而不变”（《太平御览》卷六百三十八），也可以解释为黄帝本人直接制定了法。不过，这些都是古代的帝王，不能当作被申不害否定了贤智可信性的一般君主的事例。就这样，申不害不得不将立法者与君主的关系暧昧化的这个现象，也是他的思想所带有的那种致命性缺陷的反映。

只是一个客观性存在的罗列，其中没有可以归一的本体和根源。因此，说因循，到底该因循什么？焦点不定。这也是慎到的思想中道与法的关系不能够明确定位的原因。

对此，《经法》因为导入了宇宙之本体及根源的老子的道，就明确了可以归一的自然法秩序的具体对象。当然，在《经法》中，一方面也有天道与道并存的混乱。不过，《经法》中的天道明确具备理法的性质，相比慎到的散漫的天地自然，在自然法世界中秩序化的这个问题上，还是有进展的。尽管极为不彻底，可以看到其在道的下面接合天道的行迹。考虑到这些情况，这个感觉更加强烈。可以说，在试图以自然法秩序来保证实定法之客观性的道法思想的发展上，老子的道的导入，是一个划时代的契机。老子的道，提供了可依据的中心，使得自然法秩序的构造明确化成为可能。

那么，将实定法结合于老子的道的这个理论性的发展，是经过了一个怎样的过程呢？法的终极根据在何处？这是自实定法出现以来一些人一直抱有的疑问。在还不存在法至上主义立场的时期，在法治与以往的德治、礼治并行的时期，将法的根据置于君主的德性和贤智，置于既成的礼或习俗上，又或者漠然地设定一个国家的正常存在方式，在这之上寻求法的根据等等，这些都是很自然的作为吧。"法出于礼，礼出于治。治、礼，道也"(《管子·枢言》)、"明王在上，道法行于国"(《管子·法法》)等主张，想来就是那样的法思想的遗迹。

不过，如果说法的根据就在于君主的个人资质的话，那么，君主的贤与不肖，就会左右法的权威。这样的话，法的根据就难以确立。另外，在既成的礼、习俗中寻求法的根据的话，因为法本来就带有浓厚的与习惯性秩序相对立的特点，所以，也难成为有效的论据。更有将应该的正道漠然地施定于法之上位的方法和策略，那更是不能够解决任何问题的，这是无须论证的。

这样，就开始在人类社会的外部也就是自然法秩序中寻求法的根据了。《管子》中说，“如四时之不貣，如星辰之不变，如宵如昼，如阴如阳，如日月之明，曰法”（《正》）、“圣君矢度量，置仪法，如天地之坚，如列星之固，如日月之明，如四时之信”（《任法》）等等，能够看到将法的客观性比作天道之存在方式的例子。另外，说“崇万物之一，同阴阳之度，曰道。……以法遏之，以德养之，以道明之”（《正》），将老子的道置于上位，也有这个形式的将道法并列的思考。《北堂书钞》引用的《申子》说，“天道无私，是以恒正。天道常正，是以清明”（卷一百四十九）、“地道不作，是以常静。常静，是以正方。举事为之，乃有恒常之道”（卷一百五十七）等等，要求君主遵循天道、地道的存在，把天道、地道的“恒常之道”作为统治的规范。这种思考的存在也是同样性质的例子。另外，慎到称天地自然的客观存在为道、理，并且将其与法置于同列的位置，这也是同种倾向的一个例子。

这些全都是欲将自然法与实定法相接合的意图的表现。有关自然法秩序的内容，单单只是停留在个别性的存在上，没有构建起一个作为本体的或者说作为理法的明确的秩序体系，还没有到达将自然法置于实定法之法源的水平。

从这些来龙去脉来看，在老子的道上寻求实定法之根据的理论发展，绝不是直线进行的。能够想象，是经过了很多试行错误才走到最后那一步的。在这种迂回曲折之后，实定法终于与宇宙之本体及根源的老子的道相结合，给这个课题做出了最终的解答。这样的话，春秋时代以来，在三晋之地发展起来的法思想，是怎样和被推定于战国时期在楚地形成的老子的思想相遇的呢？

笔者先前考察了《经法》《十六经》等四种古佚书就是黄老道的文献，考察了黄老道是战国后期在齐形成的。所以，可以推测，道法思想的主要形成地也是位于东方的齐。赵国出身的慎到，在宣王时代曾经活动于齐国的临淄，就如这个例子所显示的，三晋的法思想就这样传入了齐。这一点很明显。那么，接下来的问题是老子的思想向齐的传播。如前所述，可以推定，在宣王的时代，环渊从楚国到齐国，并带去了老子的思想。而且，可以认为，这正是法思想与老子的道相结合以至于最终断言"道生法"的重要契机。

在道法思想中，老子的道被当作实定法的根据的同时，也被当作形名参同术的根据。有关这个理论逻辑的形成，也必须考虑形名思想的理论性发展介入其中的情况。战国初期的申不害的形名参同思想中，看不到形与名的明确对比。而且，其关注点只集中于君主对臣下的督责，如前所述，欠缺到达对万物命名的这个认识过程的说明。这个现象是当时的形名思想理论水平的一个反映。但是，在其之后，形名思想得到了极为显著的发展。《庄子・天下》说，"接万物，以别宥为始"，记述尹文以严密的概念规定为手段，认识并辨别对象世界。形名思想不仅仅是以君臣关系为对象的，还广泛地包括天地万物，是在此之上将臣下督责术也置于其体系之中的，是在这个方向上发展变化的。首先是要针对包含人类社会在内的世界的整体，完美地进行认识和命名，必须以名分的体系性秩序的确立为基础，否则，无论怎样倡说要确定君臣间的秩序和名分，都是极为缺乏说服力的。这一点当时已经有所认识了吧。

因此，在这些理论中，能够普遍地认识万物的绝对的认识能力的存在，就成为必须的前提条件。这样就必然要放弃以往的否定君主个人贤智的立场了。同时，也就将注意事项集中于探索君主之所以能够获得并维持绝对认知能力的这个理论根据上了。《庄子·天下》说，“关尹曰：在己无居，形物自著。其动若水，其静若镜，其应若响”，说环渊发展了“无有入无间”（《老子》第四十三章）、“圣人不行而知，不见而名”（《老子》第四十七章）的老子的思想，倡说以虚无、清静为根据的认识论。将形名思想与老子的道结合，为绝对的认知能力提供根据。就这一点来讲，可以认为环渊扮演了重要的角色。

在申不害、慎到的思想中，本来就存在有全面依靠客观的统治手段、实现无事无为的有效支配的这一面。这一点，可以说原本就有与老子的思想容易相接的特性。申不害后学频频使用同《老子》共通的术语来表达君主的心术，这个现象可能也是由于上述的要因。不过，还没有突破申不害学派的局限性，只是停留在对于术语的摄取上而已。将道作为实定法和形名参同之根据的道法思想的中心理论，要等环渊出现在齐国之后，要等到以此为契机而兴起的以道家的立场为基盘的对于法理论的修正以后，才可能形成。

以上添加了一些道法思想的发展过程的解说。实际上，在道上为法、形名寻求根据的理论大致形成之后，其发展也深受接受了道法思想的、不同的思想性基盘的影响，呈现出极为复杂和多样的状态。

构成《经法》的思想性基盘是范蠡式的天道思想，道法思想只不过是包括在天道思想中的一个要素，然后，又被包括在更大的黄老道的体系当中。另外，《管子·心术上》篇的基盘是独特的心术思想，道法思想只是在心术思想整体中占据了一个有限的位置而已。还有，《韩非子》的《主道》篇、《扬搉》篇，其基盘是韩非流的法术思想，这成为一个枷锁，其道法思想只有形名参同术与道的结合，欠缺将实定法依据在道上的理论。

也就是说，道法思想是各种思想的一个构成要素，说起来就是片断性地散在其中的。它不是一个以其他不同的思想为母胎的、本身就是作为独立学派的东西。依据现存的资料来看，那是不存在的。就像这样，道法思想没有从其他思想中分离出来的形式，没有独自完整地形成。其最大的原因，就是因为商鞅、韩非流的法术思想没有直接与老子的思想结合，而是以其他思想为媒介的缘故吧。而且，阻挡二者直接相结合的最大要因，可以认为就是因为商鞅、韩非流法术思想本身所具有的那种难以拔除的特质。

商鞅的法术思想，说“善为国者，官法明也，故不任知虑。上作壹，故民不偷营，则国力抟。国力抟者强，国好言谈者削”（《商君书·农战》）、“上世亲亲而爱私，中世上贤而说仁，下世贵贵而尊官”（《商君书·开塞》），讲到法的必要性，说只要四周被外敌包围，不实现富国强兵的话就会亡国。在面临外压的情况下，德治贤治主义都是无力的。将法的必要性只归于时代的需要，一开始就欠缺对于法本身的理论性根据的内省。韩非在继承商鞅的法术思想的同时，也吸收了申不害、慎到的思想，部分地分别吸收了申不害的形名参同术和慎到的重视势位的思想，但它只是用于商鞅的国家组织中心的法术思想所欠缺的、强化君主权力的方面。所以，韩非所主张的法的根据，依然还是时代和现实社会所需要的现状论，欠缺对于法本身的理论性反省，这个特质与商鞅一样。

尽管如此，韩非因为接触了申不害、慎到的君主中心的法思想，与商鞅不同，他必须面对申不害、慎到思想所带有的围绕着君主贤智与法的客观性的诸多矛盾。不过,他让“智术之士”“能法之士”(《韩非子·孤愤》)等登场,不动声色地将制定和运用法的贤智托付给“法术之士”,对于君主依然采取凡庸也没关系的态度,试图用这种方便过关。道法思想的形成本来就是为了要解决君主的贤智与法的客观性等诸多矛盾的,结果到了韩非,依然没有反省法的客观性,依然没有对其正当性提出任何形式的根据,他的思想没有成为解决这个问题的契机。

就像这样,在商鞅、韩非流的法思想中,原本就没有在外在状况要求之外寻求法的终极根据的意识,就没有要明示法本身的客观性根据的自觉。法家思想主流的商鞅、韩非的思想,最终也没有与老子的思想直接结合,也是当然的现象吧。

如果商鞅、韩非这一系统的法家思想,能够自觉到需要反省法之根据的必要性并在老子的道上寻求的话,在此,道法思想独自的体系就会得以完成。不过,也是因为受到了采用商鞅、韩非流法术思想的秦帝国在短期内崩溃的影响,这个工作最终也没有能够完成。仅仅只在《韩非子》的《解老》篇和《主道》《扬搉》篇暗示了一些可能性而已。

申不害、慎到的法思想,以否定君主的个人贤智为出发点。作为靠不住的个人贤智的替代品,他们提倡作为人工技术的法的客观性。不过,在追寻法的客观性之根据的最后,他们通过道法思想使君主的个人贤智绝对化,同时,又以君主的贤智为媒介,在自然法秩序上寻求法的根据,这迎来了一个讽刺性的结果。

虽然他们有意在法的客观性根据上做理论性的反省,但是,古代的法思想,欠缺将法作为基于社会性共识的约定的思考,欠缺无论如何都要在人为的范围内处理其课题的思考,最后那样的结果也是必然的归途。慎到说，“法非从天下，非从地出，发于人间，合乎人心而已”，宣言法就是人为所产。不过，他没有设想和规划出将这种思考在现实中具体化的社会制度，在这种情况下，结果就成了相反的“道生法”了。

而秦帝国采取的是完全没有对法做出反省的商鞅、韩非流的法术思想。韩非舍象人的资质，梦想着仅仅依靠法的威力就能够自动永久持续地统一国家。不过，秦帝国还是在人的愚蠢行径的飨宴中瓦解了。这个事实说明，只要法是一个人工的技术，就不可能脱离操作法的人的问题而存在。秦帝国的悲剧就是来自于这个简明事实的报复。

秦帝国灭亡之后，在对其法治主义反省的背景之下，黄老道作为一个新的政治思想盛行。这样，道法思想也作为黄老道的一个要素，开始被运用于现实的政治世界。如前所述，道法思想有两个方向性，一个是依据自然法为君主的法治给予一定的制约的方向，另外一个是依据自然法绝对化并神秘化君主的法治的方向，其内在有这样的两面性。这其中，志向于后者的理论止于未完成，作为黄老道的一部分影响现实政治的，主要是前者的理论系统。

的确，《经法》的道法思想中，也含有以道为根据、强化君主权威的一面。但另一方面，还要求作为“执道者”的责任和义务，要“生法而弗敢犯，法立而弗敢废”，具有这种性质。另外，在《经法》中，更有天道作为严格抑制君主恣意性支配的理法而作用。所以，在整体上，依据自然法秩序制御君主一意孤行的色彩更显著。对于目睹了秦帝国崩溃的汉朝初期的这个时代来讲，这种形态也正是最容易接受的法思想的形态。

第七章　法术思想的形成（一）

——商鞅的法术思想

黄老道在战国后期形成于东方的齐，之后，秦帝国急剧由兴至亡，及至汉帝国成立，其作为运营帝国的政治理论，起到了重大的作用，最终占据了思想界的主导地位。概括地来看，这种趋势意味着思想界的整体潮流从法家思想向黄老道的一个大转换。那么，秦国所采用的法术思想，为什么必须让路给黄老道呢？在以下的论述中，作为探索上述思想性转换的原因，作为其中的一个环节，试通过战国时期法术思想的形成经纬，考察一下法术思想本身的特性。

另外，在进入具体的考察之前，有必要对于笔者所使用的法术思想的概念做若干说明。正如以上所述，申不害、慎到主张的法，是排除了依据君主个人贤智的主观性判断的法，是将重点放在客观性基准这种特征上的东西。对此，后面讲的商鞅、韩非的法，是意图实现国家和君主的主观意志并诱导人民趋于特定方向上的东西，技术性性质很强。无论如何，二者都是依据法的统治技术，这一点没有不同。基于需要明确二者的法思想的不同特点，在以下的论述中，特别将后者的法思想称为法术思想（其他方面，或许也有将法与形名术连称的法术概念，为了避免混乱，在此不使用这个意义上的法术概念）。

本章以法术思想的先驱商鞅为例。秦国到孝公治世的年代（公元前 361 年—公元前 338 年），采用商鞅的法术思想，国力飞跃，完成其日后霸业的基础。这是众所周知的。商鞅两次变法，所实施的具体内容在《史记・商君列传》中有所记录。本章主要依据《商君书》的内容，将重点置于他的法术思想上并做一些探讨①。

商鞅的法术思想，正如所说的“今世强国事兼并，弱国务力守”（《开塞》）、“诸侯挠其弱，乘其衰，土地侵削而不振”（《农战》）等等，他所设定的前提是为了领土扩张而相互攻伐。所以，说“国以十者治，敌至必削。不至必贫。国去此十者，敌不敢至。虽至必却。兴兵而伐，必取。按兵不伐，必富”（《农战》），法的目标就是阻止敌国的侵削并扩大国家的领土，也就是说目标是自己国家的富强。而且，商鞅还说，“国之所以兴者，农战也”（《农战》），说只有让所有的国民从事农耕和战斗，才是实现国家整体富强的唯一手段。还有，“君修赏罚，以辅壹教”（同上），规定法为强制民众农耕和战斗的手段。换言之，在商鞅这里，法是使民众服从于国家目的（富强）的手段。所以，法的主要对象当然就是民了。而且，“过匿则民胜法，罪诛则法胜民。民胜法国乱，法胜民兵强”（《说民》），法的强制性与民间秩序尖锐对立，甚至绘制出法与民互争胜败的构图。

商鞅主张的法是带有这样的一种性质的东西，当然，前提就是法被一般广泛地公开。不仅如此，他还说“圣人必为法令置官也置吏也，为天下师”（《定分》），更让官吏作教师，通过学习，让民众彻底了解法的内容，要达到这样的阶段。这样的话，就需要法的内容足够简明易懂，简明到一般民众都能够理解的程度。当然，“贤者而后知之，不可

---

① 以下《商君书》的引用依据朱师辙《商君书解诂》。

以为法，民不尽贤。故圣人为法必使之明白易知，愚知遍能知之”（《定分》），就需要这样的一些考虑了。

这样，商鞅将国家组织的内涵，在大的方面分为统治者对民众的这样的一个构图。在此之上，规定法是使民众屈服于国家目的的手段。所以，他的法术思想，与申不害、韩非在性质上有很大的不同。商鞅说，“民胜其政，国弱。政胜其民，兵强”“民胜法国乱，法胜民兵强”（《说民》），将一切关注的焦点都聚于统治者与民众谁能制服谁这一点上。所以，统治阶层内部的利害对立关系，更具体地来讲，君主与企图篡夺君位的贵戚、重臣之间的暗斗这种问题，他几乎不予考虑[①]。其结果就没有像申不害、韩非那样的，主张君主有必要持有制御群臣百官的个人技术即形名参同术。他完全没有这样的主张。

那么，《商君书》中出现的术，到底是一种什么样的术呢？

> 主操名利之柄，而能致功名者，数也。圣人审权以操柄，审数以使民。数者臣主之术，而国之要也。故万乘失数而不危，臣主失术而不乱者，未之有也。今世主欲辟地治民而不审数，臣欲尽其事而不立术。故国有不服之民，主有不令之臣。（《算地》）

这里所说的数术，意思就是利用赏罚对民众进行利益诱导，使其迈向国家目标方向的一定的技术。就像这样，术是专以民为对象的，只要是把“治民”“使民”作为目标的话，这个术当然就必须是统治阶层整体的东西，也就是君臣共有的统治技术了。“数者臣主之术也”“臣

---

① 对于君臣之间利害关系的关注较稀薄，与前面所述的慎到的法思想有相似的地方。

主失术""臣欲尽其事而不立术"等表达，就如实地说明了这一点。在这种情况下，为了诱导民众趋向国家的目的目标，预先算计好一定效果的所设的赏罚规定，自然就是作为法来发布的。在此，术的具体内容作为法的条文广泛地公布于众，统治者的意图也清楚明了地公开在民众面前了。

从以上情况来看，可以判明，"今国立爵而民羞之，设刑而民乐之，此盖法术之患也"(《算地》)，商鞅所说的法术，是指利用法诱导民众趋于国家目的的、君臣共有的技术[①]。商鞅的这个法术思想的特色，在同申不害、韩非规定的术为君主独占的对于臣下的督责术相比较时，是需要留意的地方。

有关商鞅的法术思想的特色，还有一个需要关注的地方，那就是他是如何说明法的正当性根据的？如前所述，商鞅的法术思想，是以战国时期相互侵夺领土的国际形势为大前提的。这是为什么国家要志向于富国强兵的这一法的目的的主要理论前提。对此，在《商君书·开塞》中，展开了一个有关为何必须是法、作为手段与形式的法的正当性的论述：

> 上世亲亲而爱私，中世上贤而说仁，下世贵贵而尊官。……此三者，非事相反也。民道弊而所重易也，世事变而行道异

① 现在所传的《商君书》，当然不能在整体上看作是商鞅的著作。前面所引的《算地》篇，出自后学的可能性极高。法术的词语在此之外看不到，从这一点上来看，商鞅本人还没有使用法术的概念。只不过，从《农战》篇、《开塞》篇等被推定是商鞅自著的篇章内容上来看，无论有无术语，商鞅的法已经具备了作为诱导技术的特性，这一点是无可置疑的。

也。……古之民朴以厚，今之民巧以伪。故效于古者，先德而治，效于今者，前刑而法。

商鞅基于一种随着时代的推移而民风恶化的下降史观，主张要对应这样的变化，改变治世的基准。据他所说，“前刑而法”的法治主义才是现今世上唯一的时代性的必然选择。在这里，作为手段的法治以及法的正当性之根据被明示出来了。就像这样，只要说法不过是一个对应时势的策略，那么，当然就不可能保证法的超越时代的普遍性和正当性了。就如所说的“籍刑以去刑”（《开塞》），终归只是一时性的便法，其正当性只能是这个范围内的东西。

至此为止解说了现今世道的作为手段和形式的法的正当性。不过，在出示法的正当性的时候，不应该仅仅只是提供作为形式的正当性，还必须要举证法的具体内容的正当性。那么，商鞅是用怎样的理论、如何保证法的内容的正当性的呢？

如上所述，国家将目标指定在富国强兵上，“今世强国事兼并，弱国务力守”（《开塞》），说这是当前局势造成的时代必然。在商鞅看来，这已经是自明之理。就这样，只要所志向的目标的正当性得以确保，下面的课题就是为了实现目标所要选择的手段了。在当下的世道里，法就是唯一可选择的手段，这一点亦如前所述。就这样，目的和手段的正当性得以确保，剩下的问题就是目的与手段在实际上的适合性的问题了。为了达到富强的目标，手段的现实有效性就成为法在具体个别的内容上所要保持的正当性了。

那么，用什么来保证实现富国强兵之手段的最大有效性呢？立法者即君主，必须在确切把握现实状况的基础上，做出对应于现实状况的对策。这个对策就是法的具体内容之构成。其论据是在这一点上求取的。换言之,在商鞅这里,君主的在对于现状的判断和对应处置上的个人贤智,就是支持法内容正当性的最终根据。

《商鞅书》说,“圣人必为法令”(《定分》)、“圣人之为国,观俗立法则治”(《算地》)、“明主慎法制”(《君臣》)、“非明主莫有能听也”(《开塞》)、“圣人之为国也,赏壹刑壹”(《赏刑》)、“明主察法,境内之民无辟淫之心”(《弱民》)、“唯明君知好言不可以强兵辟土也”(《农战》)等等,一贯地要求君主是“圣人”“明主”“明君”。这样的现象,也是由来于商鞅的法术思想的特性上的,即将法内容的正当性之根据最终不得不归在君主的个人贤智上。

也就是说,商鞅有关法的正当性的理论,国家目的(结果也是法的目的)以及法的形式、手段的正当性,其根据都是置于战国时期的外在的情况上的。所以,法的正当性就有了双重的时代性制约,而且,法内容本身的正当性之根据,只有在立法者(君主)的将作为手段的法和法的目的相连接的个人贤智上寻求。呈现出这样的一种构造。

尽管商鞅后来死于非命,他的这种基本特性的法术思想,其后依然被当作秦国的统治方针而继承下来。其结果,秦国国力一路大增,最终成功吞并了六国并建立了统一帝国。

不过,不能将秦帝国实施的法治主义单纯地当作是商鞅法术思想的延长和扩大。为什么这样说呢?因为在战国末期的最后阶段,后来当了始皇帝的秦王政,接触了韩非的法术思想并表示出了极大的兴趣。所以,秦国在从七雄之一的一国变身为秦帝国的时候,在商鞅流的法术思想的基础上,又新融入了韩非的法术思想。这种情形当然也是要考虑的。下面的章节讨论韩非的法术思想。

第八章　法术思想的形成(二)

——韩非的法术思想

本章考察韩非是用什么形态吸收申不害、慎到、商鞅的法家思想并逐渐形成自己的法术思想的。

现行版的《韩非子》有五十五篇，其中混有许多性质不同的要素，不能看作完全都是韩非本人的著作。韩非自己所著的内容包括哪些范围呢？有关这个问题有许多的说法，不能定论。本章依随木村英一《法家思想の研究》“韓非子考証”中的推论，将“说难”“孤愤”“奸劫弑臣”“五蠹”“显学”五篇看作是出自韩非之手，以这五篇为中心资料，来作以下考察①。

先看一下韩非设定的法的目的是什么：

(1) 人臣循令而从事，案法而治官，非谓重人也。重人也者，无令而擅为，亏法以利私，耗国以便家，力能得其君，此所为重人也。智术之士，明察听用，且烛重人之阴情。能法之士，劲直听用，且矫重人之奸行。故智术能法之士用，则贵重之臣必在绳之

---

① 《说难》篇的主题主要还在于诉说游说的困难，没有有关法术思想的具体记述。所以，考察韩非法术思想的资料，实际上只限于四篇。

外矣。是智法之士与当涂之人，不可两存之仇也。（《孤愤》）

(2) 夫有术者之为人臣也，得效度数之言，上明主法，下困奸臣，以尊主安国者也。（《奸劫弑臣》）

(3) 人主无法术以御其臣，虽长年而美材，大臣犹将得势擅事，主断而各为其私急。（同上）

(4) 不忍诛罚，则暴乱者不止。国有无功得赏者，则民不外务当敌斩首，内不急力田疾作。（同上）

(5) 赏莫如厚而信使民利之，罚莫如重而必使民畏之，法莫如一而固使民知之。……廉贞之行成，而君上之法犯矣。人主尊贞廉之行，而忘犯禁之罪。故民程于勇，而吏不能胜也。不事力而衣食，则谓之能。不战功而尊，则谓之贤。贤能之行成，而兵弱而地荒矣。（《五蠹》）

(6) 明主之国，无书简之文，以法为教。无先王之语，以吏为师。无私剑之捍，以斩首为勇。是以境内之民，其言谈者必轨于法，动作者归之于功，为勇者尽之于军。是故无事则国富，有事则兵强。（同上）

(7) 圣人者，审于是非之实，察于治乱之情也。故其治国也，正明法，陈严刑，将以救群生之乱，去天下之祸。使强不陵弱，众不暴寡，耆老得遂，幼孤得长，边境不侵，君臣相亲，父子相保，而无死亡系虏之患。此亦功之至厚者也。（《奸劫弑臣》）

开头的(1)，说“智术能法之士”挺身排除无视法令、图谋扩大私权的重臣贵戚，以强化君主权力。下面的(2)(3)也是在说阻止权臣篡夺君位、确保君主的绝对权力是法的重要目的。另外，在(4)(5)(6)中，说依据法和赏罚,将民众的价值基准统一在“当敌斩首”“力田疾作”(4)上,让国内充满“耕战之士”(《孤愤》),实现“国富”“兵强”(6),显示韩非的法也将富国强兵作为目的。在最后的(7)里,论述维持社会秩序、保障所有民众安宁的社会生活这一法的最终目的。

在以上列举的三者中,第一个君主权力的强化,是在商鞅的思想里完全没有的主张,可以认为这是韩非受到申不害、慎到所提倡的君主中心的法思想影响的结果。第二个奖励耕战以达到富国强兵的主张,当然是继承了商鞅的法术思想。第三个实现社会安宁的主张,也可以推测是受《商君书・开塞》“籍刑以去刑”的影响。就像在商鞅的时候就已经形成了的,这是法治永续到未来的遥远目标,在现实中,作为法的目的,其理念性的色彩更加浓厚一些。不过,与商鞅不同,韩非没有明确宣言随着法治的推进,最终会迎来不需要法的时代。这一点需要留意。

那么,下面的问题就是,他主张的这样的法的目的,其正当性之根据何在?首先,有关第一个强化君主权力的主张,就如以下所示,现实状况就是其正当性之根据:

> 大臣挟愚污之人,上与之欺主,下与之收利侵渔,朋党比周,相与一口,惑主败法,以乱士民,使国家危削,主上劳辱。此大罪也。(《孤愤》)
>
> 凡奸臣皆欲顺人主之心,以取亲幸之势者也。……此幸臣之所以得欺主成私者也。故主必欺于上,而臣必重于下矣。此之谓擅主之臣。国有擅主之臣,则群下不得尽其智力以陈其忠,百官之吏不得奉法以致其功矣。……故以私为重人者众,而以法事君

者少矣。是以主孤于上,而臣成党于下。此田成之所以弑简公者也。(《奸劫弑臣》)

占据国家重要位置的重臣,巧妙地博得君主的信赖之后,从君主那里夺取实权,以公肥私。群臣百官抱团结党、孤立君主等都是常有的事。他们以国家的损失来换取私利,最终不辞弑君,将国家收在自己的手中。就像这样,“臣主之利相与异”(《孤愤》),说君臣之间的利害关系本质上是对立和矛盾的,其结果就是奸臣颠覆国家、篡夺君位的行为四处横行,这成了战国时期世道的现状。那样的话,制御、抑制重臣,谋求国家的安全,实现君主权的确立,无疑就是当务之急了。这就是他主张的强化君主权力这一法的目的的正当性之根据。

通过奖励耕战来实现富国强兵的这一法的目的,其正当性如下所示:

(1) 从者,合众弱以攻一强也。而衡者,事一强以攻众弱也。……今人臣之言衡者皆曰:不事大则遇敌受祸矣。事大未必有实,则举图而委地,效玺而请兵矣。献图则地削,效玺则名卑。地削则国削,名卑则政乱矣。……人臣之言从者皆曰:不救小而伐大,则失天下。失天下则国危,国危而主卑。救小未必有实,则起兵而敌大矣。救小未必能存,而交大未必不有疏,有疏则为强国制矣。出兵则军败,退守则城拔。救小为从,未见其利,而亡地败军矣。(《五蠹》)

(2) 夫王者则能攻人者也,而安则不可攻也。强则能攻人者也,而治则不可攻也。治强不可责于外,内政之修也。今不行法术于内,而事智于外,则不至于治强矣。……治强易为谋,弱乱难为计。……周灭于从,卫亡于衡也。使周卫缓其从衡之计,而严其境内之治,明其法禁,必其赏罚,尽其地力,以多其积,致其民死,以坚其城守,天下得其地则其利少,攻其国则其伤大。万乘之国,莫敢自顿于坚城之下,而使强敌裁其弊也。此必不亡之术也。(同上)

在(1)中,韩非加上了对当时盛行的合纵与连横的解释。六国联合起来对抗秦国的合纵政策;臣服于秦国、做秦国的尖兵,只求本国以免秦国攻击的连横政策。无论哪个政策,都是在一强六弱的国际局势之下,考虑如何避免本国灭亡、苦思冥想出的计谋。在韩非解说合纵、连横政策的言语背后,浮现出的是各国疲敝至极地调动所有国力做最后决斗的战国末期的凄惨状况。这就是韩非在建构自己的法术思想的时候,不得不顾及的理论性前提条件。韩非说,"献图则地削,效玺则名卑""出兵则军败,退守则城拔",解说连横政策的不利;又说,"起兵而敌大矣。救小未必能存""亡地败军",一一指出合纵政策的不利,将二者的有效性都否定掉了。

那么,在艰苦激烈的战国时代,真正能够让自己的国家存续的方法是什么呢?在(2)中,韩非断言,"治强不可责于外,内政之修也",没有实际国力的外交交涉,会被对方看穿弱点,还是不能完全保卫国家、避免遭受强国侵略的。所以,依靠法治实现国家的富强,才是用以生存的唯一方法。"明其法禁,必其赏罚,尽其地力,以多其积,致其民死,以坚其城守"的话,侵攻作战的顿挫以及因为持久战而造成的战斗力的损耗,还有担心敌国趁其疲惫之际参战等等,这些有可能出现的状况都会使强国断了侵略的念头。

这样看来，韩非提出的实现富国强兵是法的目的之一，其必然性与正当性也都是因为战国时期的外在情况而导致的。当然，这可以说是继承了商鞅的、由“今世强国事兼并，弱国务力守”(《商君书·开塞》)这种外在情况中制定出的、以富国强兵为目的法术思想的继承。

在韩非所举的法的目的中，还含有保障社会生活安宁的内容。这个目的本身，原本是大概没有人会提出异议的明理，其正当性是不需要费力论证的。有关这个目的，与下面所要讨论的作为形式的法的正当性之间的关系，才是重要的问题。

韩非所设定的法的目的如上所述。这样的话，那些目的为什么不能通过别的手段来实现，而是要以法这种形式来实现呢？以下列举有关这一问题的资料：

(1) 古者丈夫不耕，草木之实足食也。妇女不织，禽兽之皮足衣也。不事力而养足，人民少而财有余。故民不争。是以厚赏不行，重罚不用，而民自治。今人有五子，不为多。子又有五子，大父未死而有二十五孙。是以人民众而货财寡，事力劳而供养薄。故民争，虽倍赏累罚，而不免于乱。(《五蠹》)

(2) 今有美尧舜汤武禹之道于当今之世者，必为新圣笑矣。是以圣人不期修古，不法常行，论世之事，因为之备。……今欲以先王之政，治当世之民，皆守株之类也。(同上)

(3) 今儒墨皆称，先王兼爱天下则视民如父母。何以明其然也。曰：司寇行刑，君为之不举乐，闻死刑之报，君为流涕。此所举先王也。夫以君臣为如父子则必治。推是言之，是无乱父子也。人之情性莫先于父母,皆见爱,而未必治也。虽厚爱矣,奚遽不乱。今先王之爱民,不过父母之爱子,子未必不乱也。则民奚遽治哉。且夫以法行刑,而君为之流涕,此以效仁,非以为治也。夫垂泣不欲刑者仁也。然而不可不刑者法也。先王胜其法,不听其泣,则仁之不可以为治亦明矣。且民者固服于势,寡能怀于义。……民者固服于势,势诚易以服人。……夫以父母之爱,乡人之行,师长之智,三美加焉,而终不动,其胫毛不改。州部之吏,操官兵,推公法,而求索奸人,然后恐惧,变其节,易其行矣。故父母之爱,不足以教子。必待州部之严刑者,民固骄于爱,听于威矣。……故明王峭其法,而严其刑也。(同上)

(4) 今人主处制人之势,有一国之厚,重赏严诛,得操其柄,以修明术之所烛,虽有田常子罕之臣,不敢欺也。奚待于不欺之士。今贞信之士,不盈于十,而境内之官,以百数。必任贞信之士,则人不足官。人不足官则治者寡而乱者众矣。故明主之道,一法而不求智,固术而不慕信。故法不败,而群官无奸诈矣。(同上)

(5) 明主用其力,不听其言,赏其功,必禁无用。故民尽死力以从其上。夫耕之用力也劳。而民为之者,曰:可得以富也。战之事也危。而民为之者,曰:可得以贵也。今修文学、习言谈、则无耕之劳,而有富之实,无战之危,而有贵之尊,则人孰不为也。是以百人事智,而一人用力。事智者众则法败,用力者寡则国贫。此世之所以乱也。故明主之国,无书简之文,以法为教,无先王之语,以吏为师,无私剑之捍,以斩首为勇。是以境内之民,其言谈者必轨于法,动作者归之于功,为勇者尽之于军。是故无事则国富,有事则兵强。(同上)

(6) 夫圣人之治国,不恃人之为吾善也,而用其不得为非也。恃人之为吾善也,境内不什数。用人不得为非,一国可使齐。为治者用众而舍寡。故不务德而务法。……不恃赏罚而恃自善之民,明主弗贵也。何则。国法不可失,而所治非一人也。故有术之君,不随适然之善,而行必然之道。(《显学》)

首先,在(1)中述说了历史性的推移,说财富的生产赶不上人口的增加,因此,社会环境一路恶化。在“人民少而财有余”的古代,人民不必刻意争利,所以也没有使用法或厚赏严罚的必要。与此相反,“人民众而货财寡,事力老而供养薄”的现今,人民争夺利益不止。这样,在(2)当中,韩非认为,仁义道德是只适用于过去古朴的好时代的统治原理,在矛盾激烈的现今,法治是唯一能够统治“当世之民”、维持社会秩序的手段。他提出了这样的结论。

(3)是从另外的角度,针对儒墨的以爱和仁义安抚民众并以此达到实现社会和平的主张,批评说那完全是不合时代的东西。不听仁爱的教导,但很容易地服从于权力的威势,这是民众原本的真性情。基于这样的对于人的理解,韩非认为要教化民众、保卫治安,“峭其法,而严其刑”才是最高的手段。韩非如此说明法治的必然性和正当性,认为要达成维护社会秩序的目的,法治是唯一的手段。他以时代的变化和人民的性情趋向这两个理由做了论述。

在(4)中,韩非论述为了强化君主权力、为什么必须选择法术这种形式,论述了法术的必然性。他认为,从人的个人资质上来讲,哪怕真有天生忠于君主的“贞信之士”,也应该认为那是极为罕见的。所以,只招募“不欺之士”来做官僚的话,马上就会陷入人才不足的困境,造成统治机构组织上的贫乏。这样的话,就必须考虑,有可能要使用原本就不够忠良的人做臣下和官僚,这就需要指摘并镇压其有可能出现的奸诈行为,就需要能够使君权得以强化的方法和策略。在此,理论前提是,大部分臣下和官僚既不是"不欺之士"、也不是"贞信之士",也就是说,彻底的不置信任。在这样的前提之下,手段也就必然是"一法而不求智,固术而不慕信"这样的内容了。这就是韩非提出的为了达到强化君权的目的,其手段与形式必然是法治的理论展开。他是这样提出法治的必然性和正当性的。

在(5)中,韩非解说富国强兵这一目的与法治这一手段相接合的必然性。农耕伴随严酷的劳动,战斗伴随死亡的危险。本来,严酷的劳动和危险的战斗都是大多数人极为讨厌的和想要避免的事情,所以,这里完全不能期待民众的自发性。除了依据法和赏罚,或奖励或强制以外,就不可能达到富国强兵的目标,这是很明显的事实。因此,统治者必须预先依据法,将民众获得富贵的途径限定在农耕和作战上。这样的话,"境内之民,其言谈者必轨于法,动作者归之于功,为勇者尽之于军",就会产生"无事则国富,有事则兵强"的效果。韩非以这样的逻辑,述说法作为实现富国强兵这一目的的手段和形式的必然性和正当性。

以上讨论了在韩非的法术思想中,是如何论证作为形式与手段的法的正当性的。在他的论证中,因为时代的变化而正当化,是继承并扩充了《商君书·开塞》中的思想。在另一方面,还出现了一些商鞅思想中没有的要素,那就是"民者固服于势,寡能怀于义"(3)的这种论调。这是涉及民众原本性情的言论。立足于这样的前提,法治这个形式和手段就不单是止于当下的一个便法,就一定是适用于任何时代的普遍的永续性的手段。韩非说的“今贞信之士，不盈于十”(4)、“恃人之为吾善也，境内不什数”(6)等等，乍看起来像是现状的描述，实际上他的意图并不止于此，多少还有些像是要讨论基本人性问题、将其当作一个讨论契机的意思。基于这样的对于人的理解，退却“适然”(6)的德治，断定法治为“必然之道”(6)的话，那么，法治就会从时代性的制约上解放出来——只要人口持续增长，保持永续性的正当性就是可能的了。商鞅说，“籍刑以去刑”，明言法治是乱世的一时性的手段。对此，韩非完全没有用这种表达。考虑到这些就可以看出，在有关法治的正当性的问题上，商鞅与韩非之间发生了重大的质的变化。

以上考察了有关目的与形式的正当性的问题，下面接着讨论法的内容的正当性的问题。即便法所提出的国家目的是正当的，而且其作为实现目的的手段和形式的正当性也得到了论证，但仅此还不能够确保具体的法的内容的正当性。这一点如上所述。这样的话，韩非是怎样论证法的各个条文的具体内容是正当的呢？其证据又是什么呢？

如果目的与手段的正当性得到了保证，那么，法的内容是否正当，法的内容是否实际上具备达成目的的最高有效性，也就是说，法的内容是否适合于法的目的，就是需要考虑的问题了。让法律的各个内容都合适于其所要达到的目的，这当然是法的制定者即君主的事情。这样的话，法的内容的正当性之根据，结果又不得不归结于立法者即君主的个人能力上了。所以，在韩非的法术思想中，君主拥有卓越的贤智，也就成为主张法治之正当性的一个不变的大前提。以下是其例证：

(1) 明主者，使天下不得不为己视，天下不得不为己听。故身

在深宫之中,而明照四海之内。(《奸劫弑臣》)

(2) 圣人者,审于是非之实,察于治乱之情也。故其治国也,正明法,陈严刑。(同上)

(3) 圣人为法国者,必逆于世而顺于道德,知之者,同于义而异于俗。(同上)

(4) 圣人之治国也,赏不加于无功,而诛必行于有罪者也。然则有术数者之为人臣也,固左右奸臣之所害,非明主弗能听也。(同上)

(5) 操法术之数,行重罚严诛,则可以致霸王之功。……伊尹得之,汤以王。管仲得之,齐以霸。商君得之,秦以强。此三人者,皆明于霸王之术,察于治强之数。而不以牵于世俗之言,适当世明主之意,则有直任布衣之士,立为卿相之处。(同上)

(6) 明王峭其法,而严其刑也。……故明主必其诛也。是以赏莫如厚而信,使民利之。罚莫如重而必,使民畏之。法莫如一而固,使民知之。(《五蠹》)

(7) 明主之道,一法而不求智,固术而不慕信。故法不败,而群官无奸诈矣。(同上)

(8) 明主之国,无书简之文,以法为教。(同)

(9) 不恃赏罚而恃自善之民,明主弗贵也。(《显学》)

(10) 儒者饰辞曰:听吾言则可以霸王。此说者之巫祝,有度之主不受也。故明主举实事,去无用,不道仁义。(同上)

韩非在这些资料中,反复要求君主是“圣人”“明王”“明主”。这个现象就如前所述,是他不得不将法内容正当性的根据归结于君主个人贤智上的一个反映。不过，需要留意的是，在上述的大多数资料中，“圣人”“明王”“明主”等，就是指接受法术之士、采用法治为运营国家的方针的君主，意思并不一定就是具有可以直接进行立法工作的贤智的“明王”“明主”。仅仅在(2)上，说“圣人者，审于是非之实，察于治乱之情也。故其治国也，正明法，陈严刑”，像是在说君主要自己判断情况，直接立法处理；不过从整体上来看，属于很稀少的一类情况。

韩非的法术思想，构造上不得不在君主的个人贤智上寻求法内容正当性的根据。事实上，对于君主，常常要求其是“圣人”“明王”“明主”。那么，韩非为什么不主张君主驱使自己的能力来制定法的内容呢？

原因就是，虽然他要求君主是“圣人”“明王”“明主”，但在另一方面，他也充分认识到，现实中的君主并不一定都具备依据法治运营国政的才能。就像韩非自己感叹说的，“今世主皆轻释重罚严诛，行爱惠，而欲霸王之功，亦不可几也”(《奸劫弑臣》)、“破国亡主，以听言谈者之浮说。此其何故也。是人君不明乎公私之利，不察当否之言，而诛罚不必其后也”(《五蠹》)等等，现实中的大部分君主，不用说亲自制定法并运作的能力了，就连当今是否应该采取法治的这个判断能力都还没有，全都是一些凡庸之徒。在此，韩非直接面临着这样的一种矛盾：一方面期待实行法治的“明王”“明主”的出现，一方面也看到了难以将法治的一切事务委托于君主贤智上的这一现实。

为了解决这一矛盾，韩非推出“智术之士”“能法之士”：

> 智术之士，必远见而明察。不明察，不能烛私。能法之士，必强毅而劲直。不劲直，不能矫奸。……重人也者，无令而擅为，亏

法以利私，耗国以便家，力能得其君。此所为重人也。智术之士，明察听用，且烛重人之阴情。能法之士，劲直听用，且矫重人之奸行。故智术能法之士用，则贵重之臣必在绳之外矣。是智法之士与当涂之人，不可两存之仇也。(《孤愤》)

法术之士，操五不胜之势，以岁数而又不得见。当涂之人，乘五胜之资，而旦暮独说于前。故法术之士，奚道得进，而人主奚时得悟乎。(同上)

在此，韩非说，对抗篡夺国政实权并威胁君位的“贵重之臣”“当涂之人”、为推进法治起作用的人，不是君主本人，而是“法术之士”。也就是说，韩非实际上将制定并运用法的能力，交给“法术之士”的名为“智术”“法能”的才能和贤智了。依据这个逻辑，君主只要至少能够认识到法治的必要性，具有任用“法术之士”的判断力就行了。这与“圣人必为法令”(《商君书・定分》)、“圣人之为国也，观俗立法则治”(《商君书・算地》)等商鞅的理论不同，并不要求君主一定具有能够立法的贤智。所以，韩非的法内容的正当性之根据，最终实际上就归结于担任法案制作的“法术之士”的贤智上了。可以说君主的贤智只是间接地参与在其中。这样一来，就像韩非自己批判的“是求人主之必及仲尼。……此必不得之数也”(《五蠹》)，无视现实中的君主的状态，就可以免去将统治的关键寄托于君主卓越的个人贤智的这种空想性与偶然性。

不过，这样并不能够解决所有的问题。“人主之左右，不必智也。人主于人有所智而听之，因与左右论其言。是与愚人论智也。人主之左右，不必贤也。人主于人有所贤而礼之，因与左右论其行。是与不肖论贤也。智者决策于愚人，贤士程行于不肖，则贤智之士羞而人主之论悖矣”(《孤愤》)，就像这些表达所显示出来的那样，上述韩非的逻辑，是将法内容正当性的根据，完全托付在“法术之士”的个人贤智上的。为此，韩非说“法术之士”“必远见而明察”“必强毅而劲直”，被迫需要强调这样的一个理论前提。但那终归也只是个人的贤智而已，没有任何必然的保证，最终还是难免主观性。强制所有人都要严守的国法，其正当性之根据，实际上是在替代君主立法的特定的“法术之士”的个人贤智上。这样的话，还是难以保持足以让万人承服的客观性。

而且，韩非的法术思想，在这些法内容的正当性问题之前，在根本上，还有实际上是否采用法治，“明王”“明主”是否切实出现的难题。也就是说，韩非的法术思想，要有可信赖的“法术之士”的个人贤智，还要有采用法治主义并任用和庇护“法术之士”的“明王”“明主”，是在这个二重的假定之上才可以成立的。虽然他使“法术之士”介入其中，但基本上还是在君主的贤智上寻求法的正当性的，仍然继承了商鞅的路线。所以，韩非的法术思想，仍然没有摆脱申不害、慎到曾经一直批判的因为君主的贤愚而出现的治乱的偶然性和不安定性。

至此为止，主要从法的正当性的观点上讨论了韩非的法的特性。最后再附加讨论一下他的法所含有的术的特性。韩非所使用的法术概念，有法与形名参同术连称的意思，也有依据法的诱导技术的意思。如前所述，韩非的法，是为揭发奸臣、强化君权以及奖励民众耕战从而达到富国强兵的目的而设定的。因此，在法的规定内容中，说“设利害之道，以示天下”“有使人不得不为我之道”(《奸劫弑臣》)，一开始就带有浓厚的以厚赏严罚诱导臣民服从君主、厉行耕战的统治者的意图。

本来,依据法的诱导技术这种要素,是商鞅的法术思想的特色。不过,因为商鞅没有特别将强化君主权作为法的目的,所以,依据法的诱导技术,就被当作是君主与臣下合为一体施加于民的了。对此,韩非说“君必有明法”(《艺文类聚》卷五十四)、“我法不可离”(守山阁本所收《慎子》佚文),继承了法为君主所占有的申不害、慎到的法思想。“君上之法”“主法”,将行使依据法的诱导技术的人,限定在君主一人身上,在此之上,依据法,将诱导对象从民扩大至群臣、百官,以图实现强化君权的目的。所以,韩非的法所带有的术的特性,基本上是一面继承了商鞅的法术思想,一面又新添了商鞅欠缺的强化君权的要素,发展为这样的一个形态。

以上完成了有关法的问题的考察,下面再讨论形名参同术的问题。首先列举有关的资料:

(1) 智术之士,明察听用,且烛重人之阴情。……今人主不合参验而行诛,不待见功而爵禄。故法术之士,安能蒙死亡而进其说。奸邪之臣,安肯乘利而退其身。故主上愈卑,私门益尊。(《孤愤》)

(2) 夫奸臣得乘信幸之势,以毁誉进退群臣者,人主非有术数以御之也,非参验以审之也。必将以曩之合己信今之言。此幸臣之所以得欺主成私者也。故主必欺于上,而臣必重于下矣。(《奸劫弑臣》)

(3) 夫有术者之为人臣也,得效度数之言,上明主法,下困奸臣,以尊主安国者也。是以度数之言得效于前,则赏罚必用于后矣。人主诚明于圣人之术,而不苟于世俗之言,循名实而定是非,

因参验而审言辞。是以左右近习之臣,知伪诈之不可以得安也。(同上)

(4) 若夫贤良贞信之行者,必将贵不欺之士。贵不欺之士者,亦无不欺之术也。布衣相与交,无富厚以相利,无威势以相惧也。故求不欺之士。今人主处制人之势,有一国之厚,重赏严诛,得操其柄。以修明术之所烛,虽有田常子罕之臣,不敢欺也。……故明主之道,一法而不求智,固术而不慕信。故法不败,而群官无奸诈矣。今人主之于言也,说其辩而不求其当焉。其用于行也,美其声而不责其功焉。(《五蠹》)

在(1)中有“合参验而行诛”“待见功而爵禄”,另外,就像在(2)中还说“术数以御之”“参验以审之”等,韩非主张对照最初的发言和实际的结果,依据这个技术来揭发臣下的阴谋和奸诈。接下来在(3)中,说“循名实而定是非,因参验而审言辞”,进一步具体明示了参验术的内容。当然,这是已经说过的申不害形名参同术的导入。只不过,在申不害那里,形名参同术与法结合的意味较稀薄,形名参同术几乎是一个单一的独立存在的统治手段。在《韩非子·定法》中,说“今申不害言术,而公孙鞅为法”“无术则蔽于上,臣无法则乱于下”“徒术而无法,徒法而无术,其不可何哉”“主用申子之术,而官行商君之法,可乎”等等,这些记述就像是在说,在申不害的思想中,只有形名参同术,完全不存在法思想。当然,在这些评价中,有些就是为了突出申不害与商鞅的思想性差异,继而述说法与术兼备的韩非学派的优势地位的,含有夸张的成分。不过,申不害的法与形名参同术相结合的程度薄弱,也是造成这种评价的一个原因吧。

对此,在韩非这里,“度数之言得效于前,则赏罚必用于后矣”(3)、“今人主处制人之势,有一国之厚。重赏严诛,得操其柄。以修明术之所烛,虽有田常子罕之臣,不敢欺也”“一法而不求智,固术而不慕信。故法不败,而群官无奸诈矣”(4)等等,形名参同术总是与法、厚赏严罚、君主权势等诸要素紧密结合,以一个复合的形态登场。这是因为,韩非从商鞅那里继承了用包含有赏罚术的法来诱导和强制的这种要素,从慎到那里吸收了势理论,然后再结合申不害的形名参同术。通过这样的操作,形名参同术就从依靠形名术自动对臣下进行督责、君主不需要做基于贤智的繁琐判断就可以保持无为无事的统治的这种申不害理论的阶段,到达以法和赏罚来威吓的更加积极的强制服从于绝对君主权的阶段,增大了理论威力。而且,这种法、赏罚与形名术的接合,使得韩非的法的作用对象一举扩大,从民到臣下,都成为可能。

就像形名参同术已经与带有术性质的法深度结合所象征的那样,韩非所说的“术”并不仅仅指的是形名参同术,它囊括的内容更为广泛:

(1) 目必不任其数,而待目以为明,所见者少矣。非不蔽之术也。耳必不因其势,而待耳以为聪,所闻者寡矣。非不欺之道也。明主者使天下不得不为己视,天下不得不为己听。故身在深宫之中,而明照四海之内。(《奸劫弑臣》)

(2) 无捶策之威,衔橛之备,虽造父不能以服马。无规矩之法,绳墨之端,虽王尔不能以成方圆。无威严之势,赏罚之法,虽尧舜不能以为治。……操法术之数,行重罚严诛,则可以致霸王

之功，治国之有法术赏罚，犹若陆行之有犀车良马也，水行之有轻舟便楫也。乘之者遂得其成。（同上）

（3）严其境内之治，明其法禁，必其赏罚，尽其地力，以多其积，致其民死，以坚其城守。……此必不忘之术也。（《五蠹》）

首先，在（1）中，所谓的“不弊之术”，具体是指商鞅创造出来的告奸制。所以，此处的术，就如韩非规定的那样，“此亦使天下必为己视听之道也，至治之法术已明矣”（《奸劫弑臣》），不是以臣为主要对象的形名术，而是主要以民众为对象的依据于法和赏罚的诱导技术的意思。

在（2）中，说“威严之势”“赏罚之法”“法术之数”“重罚严诛”“法术赏罚”等等，作为共用互换性的概念，将其喻为“捶策之威”“衔橛之备”“规矩之法”“绳墨之端”“犀车良马”“轻舟便楫”等人工性的技术。韩非将这些进行总括，换言为“霸王之道”“法强之术”，从这一点也可以明确看出，这里的术，包括了势、形名术、术性质的法以及赏罚等诸要素，是指具有一定机能的统治技术的意思。

在（3）中，将依据法治奖励民众耕战、充实国力、实现富国强兵的作为，规定为“必不亡之术”，术是当作解救国家免遭灭亡的统治技术的总称来使用的。

就像这样，韩非使用的术的概念，内容多样。最为广义的，诸如有“有术之君，不随适然之善，而行必然之道”（《显学》）的用例，是指内藏一定套路和机构的、操作一下就能够确实达到所期效果的安稳的技术的总称。所以，在韩非这里，形名参同术是作为这种技术群里的一个典型，在术的整体中占有相对性的地位，这一点与申不害单纯只是将法与形名术并置的思想,有着很大的不同。

以上是对于术的考察。接下来考察势。先列举有关势的资料:

(1) 身在深宫之中,而明照四海之内,而天下弗能蔽弗能欺者,何也。暗乱之道废,而聪明之势兴也。故善任势者国安,不知因其势者国危。(《奸劫弑臣》)

(2) 世之学术者,说人主不曰乘威严之势,以困奸衺之臣,而皆曰仁义惠爱而已矣。(同上)

(3) 无威严之势,赏罚之法,虽尧舜不能以为治。(同上)

(4) 民者固服于势,势诚易以服人。故仲尼反为臣,而哀公顾为君。仲尼非怀其义,服其势也。故以义则仲尼不服于哀公,乘势则哀公臣仲尼。今学者之说人主也,不乘必胜之势,而务行仁义,则可以王。(《五蠹》)

所谓势,就如"制人之势"(《五蠹》)这样的,是指让他人屈服的势力和权势。上述资料(1)的论旨是,在告奸制的基础上,所有的情报都应该由君主一人独占掌握。这个做法也被表达为"任势""因其势",能够依据术性的法以及厚赏严罚在全国强制施行告奸制,其权力的源泉还是在于君主的势位。另外,在(2)(3)当中所说的"威严之势",也是在说发动法、赏罚和形名参同术等,就能够使他人屈服的君主的权势。

慎到曾经断言,"尧为匹夫,不能使其邻家""贤不足以服不肖,势位足屈贤"(《慎子·威德》),主张君主的贤智和德义不足以成为使他人屈服的手段,君主的势位和权势,才是真正能够使臣民服从的力量源泉。韩非从慎到这里吸收势的理论，说“民者固服于势，势诚易以服人”“乘势则哀公臣仲尼”(4)等等，强调能够支配他人的原因不在于君主的德义，唯在于势位。

不过，在慎到和韩非之间，有一个重要的不同点。慎到主张的势，不是漠然的自然的势，如前所说，它是人工筑成的必治的势态。到这个阶段为止，说“乘必胜之势”的韩非的势也显示出同样的性质。不过，慎到的势的理论，“人莫不自为也”(《慎子·因循》)，原本就是以对于人的存在的一种信赖感为前提而构建的。所以，他的势的理论，是将业务托付给臣下、官僚的业务能力以及民众的生存能力上的，通过利用其成果，来达到有效的无事、无为的统治。其目的在此。权势、势位被当作是使君主能够进行那些委托和利用的手段。就这样，在慎到的势的理论中，重点是君主通过势来享受自动统治的效果，所以，就尽力排除权力的介入，谋图自主性的发挥和分业制的省力化。必然的，他的势就有着与具有术性质的法和厚赏严罚难以相结合的特性。

与此不同，韩非的势的理论，说“臣利在无能而得事”(《孤愤》)、“不恃赏罚而恃自善之民，明主弗贵也”“民智之不足用亦明矣”(《显学》)，是以对于人的存在的强烈的不信任感为前提的。所以，韩非的势的理论，就如资料(1)(2)(3)那样明确了的，它不采取委托并利用臣民的自发性的方式，采取的是积极发动术性的法以及厚赏严罚和形名术等，彻底地予以介入，以此来强制所有的臣民服从于君主的意志，是在这个方向上的理论。所以，韩非的权势、势位，是作为可以彻底介入的手段而定位的。这也是韩非主张的统治的效率化的地方，但绝不是想回避权力过度介入的思考，相反，它是通过操作术性的法、厚赏严罚以及形名术等来使介入效率化，是一个图谋管理效率化的主张。因此，在有关官僚机构分业制的问题上，就不是从效率的观点上来讨论的，而是从抑制越权行为的观点上来讨论，同时，还导入了告奸制。就像这样，很显然它不仅仅停留在严守职分的问题上，还进一步在上面罩了一张相互监视的体制网。

通过以上的论述，大致可以了解，原本从慎到理论出发的韩非的势理论，通过与术性的法、厚赏严罚以及形名参同术、告奸制等深入结合，其性质就从委托、利用巨变为诱导、强制了。

至此为止，以法、术、势为主轴，对韩非的思想特色做了考察。在此再重新确认一下其中的问题点。

申不害和慎到的法，本来是为了克服君主个人贤智带有的种种缺陷，是作为君主贤智的一个替代手段而出现的。所以，要求法具备的最大机能，就是要求其具备相当于权衡的严密的客观性。所以，这个系统的法思想，就需要提出法本身具备的客观性根据。法的客观性和正当性向何处寻求？这成了之后追究的主要课题。而且，这个工作的展开，追究法的客观性与正当性的根据，最终朝向了宇宙本体及根源的老子的道，这样就促成了道法思想的形成。这个情况就如前面详细叙述的那样。

对此，韩非的法，基本上是继承了商鞅的法。也就是说，他的法，是诱导和强制他人趋向某种特定目标的技术，原本就是作为术性的法而开始的。所以，法是在其制定的那个时间点上就已经很露骨地融入了立法者的诱导意图的。当然，一般地来讲，只要是法，就一定会包含有某种形式的制定者的意图乃至理念，法就是术性质的存在。不过，即便如此，有如申不害、慎到系统的那样的法，其中融入的意图和理念是要超越包括君主在内的所有人的主观意志的客观性。也有如商鞅、韩非那样的，法中所融进的意图和理念就是统治者的主观性的诱导意志。这两种情况的法，其性质会产生决定性的悬隔。因为，在前者，法作为一种技术本身是中立的，在制定之后是作为超越了所有人意志的一个必然而运作的。对此，后者的法，其作为技术本身已经内在有特定的方向性，这带来的必然，只是立法者预先设定的必然而已。商鞅、韩非主张法的运用要严正、中立，这绝不意味着他们的法作为技术本身是中立的，只是说在预先设置的必然的范围内，法的运作一律不变，如此而已①。

因此，在后者的法思想之中，法的正当性之根据，难以在作为形式的法本身所内含的普遍客观性上来寻求。法的正当性的论据，就只有从外在情况所带来的必然性上来寻求了。所以，韩非的法术思想，也就像商鞅那样——适合和应对当今外在情况的要求、采用并运用法的君主个人贤智，就成为主张法的正当性的必须的前提条件。在这一点上，商鞅、韩非流的法术思想与一直否定君主个人贤智的申不害、慎到

① 申不害将法的性质比喻为权衡。同样的，慎到也将法的作用比喻为钧策的投掷、权衡等中立性的技术。这种现象说明申不害、慎到的法是作为客观基准的法，具有技术上的中立性。继承了这个系统的法思想的道法思想，在论说法及其支配时说“法者引得失以绳，而明曲直者也”“称以权衡”(《经法·道法》)、“如衡之不藏重与轻”(《经法·明理》)、“法出乎权，权出于道”(《管子·心术上》)，也是将其比喻为绳墨、权衡等中立性的技术的。这个现象如实地说明了二者的关系。对此，韩非将法的性质比作“捶策之威”“衔橛之备”“规矩之法”“绳墨之端”“犀车良马”“轻舟便楫”等等，已经赋予其内在的方向性，或者，是具备了诱导装置的东西(在此，就连规矩、绳墨都不是判断方圆直线的基准，而是预先就内含有“以成方圆”的方向性的存在)，只限于此，像权衡那样的中立性的技术被完全排除了。这当然也是韩非的法就是术性的法的一个反映。

系统的思想，是朝着一个完全相反的方向发展的①。

在此，引发两个重大的疑点。第一，将法的正当性放在外在情况上的话，随着外在情况的变化，法的目的、内容以至于法治的统治形式本身，都不得不在根本上随之变化。这是一个疑点。事实上，商鞅自己也承认这一点，所以规定法治为乱世的一个一时性的统治形式。而韩非直到最后都回避明确谈论这一点，在另一方面，他反复述说法治宛如是由来于人的性情取向的统治形式。而且，韩非还强调说，严刑重罚的统治手段，其终极目标也是“救群生之乱，去天下之祸”“使强不陵弱，众不暴寡，耆老得遂，幼孤得长，边境不侵，君臣相亲，父子相保，而无死亡系虏之患”（《奸劫弑臣》）。在这个美好的终极理念达成之后，法治也需要永远维持下去。这与前面所记述的对于人原本的性情取向的不信任感相结合，使得法治作为维持安宁的理想社会的一个装置，具备了永久的正当性。也就是说，韩非将法当作他自己用“义”“道德”等表达的最终

① 韩非的法，只要其是一个战国时期应对外来状况的策略，韩非就不可能予其以通时性的普遍性。事实上，他说“圣人不期修古，不法常行，论世之事，因为之备”（《五蠹》），主张临机应变，自己就否定了“常行”——具有普遍的正当性的行为——存在了。这里的“常行”，直接指古代圣王的道，那就必然发展到对于普遍的正当性之存在的全面否定了。所以，“常行”的否定，最终就连接到自然法的否定上了。此时，韩非的法，依据自然法来保证其永续的正当性也就没有了。另外，基于君主的主观诱导意图的术性的法，要将其接续在客观性之象征的自然法上，从技术上来讲也是至艰至难的。因为这二重的原因，商鞅、韩非系统的法术思想，最终都没有能够完成依据自然法给实定法附加上永续的正当性的理论。《韩非子》中《主道》《扬搉》两篇将老子的道置于形名参同术的根据上，但却没有将法与老子的道相接合就结束了理论。这个现象也是缘于其法的性质上的。申不害、慎到系统的法思想，追究法的客观性，最终形成道法思想。同这个过程相对照，两个系统的不同处就会更加明显。

理念的仆人[①]，以此来超越法的实证主义的框架[②]，摸索方法和途径，将法治的普遍正当性之根据置于自然法之一的“道德”上。

因此，韩非有意识地回避踏入人性论的危险，说“今贞信之士不盈于十”(《五蠹》)、“为治者用众而舍寡”(《显学》)，将重点放在人的资质相对性的比率上来。比率本是个现象，所以“能怀于义”(《五蠹》)的少数人的存在，也不会成为给自己的理论带来破绽的障碍。若规定人的普遍性性质是善或恶的话，遇到特殊的事例就不能自圆其说，从而为自己掘下坟墓。不说的话则可以避免人性论中的观念性和虚构性。而且，韩非还通过通时性地固定操作作为现象的比率，一方面回避人性论的缺陷，一方面试图获得与人性论同样的效果。也就是说，韩非一方面依据外在的现实情况来使法治正当化，一方面还试图弥补有可能因为外在情况的变化而使法治的正当性消失的这种理论上的脆弱性。

这样的理论开展，一边佯装锐利地对自己的主张做现状分析，像是一个很现实的思考，一边又逐步将他人引向法治的正当性是普遍且永续的这种观念性的领域里。在这一点上，不得不说他的论法实在巧妙。不过，那同时也是对于主张“常行”之存在的、儒墨的观念性的一个谴责和批判，这破坏了他原本只贯彻立足于现实状况变化的立场，从而把韩非自己的思想，也带入难以应对现实状况变化的僵硬状态中，堪称是一把双刃剑。

法治到底是不是只能相关于外在性的状况上、只可能有这种限定

---

① “圣人为法国者，必逆于世，而顺于道德。知之者，同于义而异于俗。弗知之者，异于义而同于俗。天下知之者少，则义非矣。”(《奸劫弑臣》)

② 田中耕太郎的《法家の法実証主義》，规定韩非的法思想是不认可一切自然法的法的实证主义的立场。

性的正当性呢？或者还是要依据险恶的人性和美好的道德这两只轮子，来保证它的永续和普遍的正当性呢？这个深刻的问题，韩非自己最终也没有做出明确的解答就交由后世了。

韩非的法，只要是属于战国时期对应外在状况的一时性的便法，哪怕假定人民的性情取向比率永远不变，在战国时期的外在状况消失之后，法的性质本身就应该做出变更。那就是从依据赏罚驱动民众耕战的术性的法，转换为主张“不设一方以求于人”“尽包而畜之”(《慎子·民杂》)的慎到流的作为客观性统治基准的法，也是转向“移富国之术而富民”(守山阁本所收《慎子》佚文)的法理的转换。前述的韩非那些异常美好的理念，也只有通过这样的根本性转换，才有可能实现。

现实中的黑暗难以忍受，韩非也热衷于在虚构的梦幻中解救自己和世界。不过，他在战国的黑暗中精炼出来的法术，说到底还是不适合做实现新时代目标的手段。韩非试图在美好崇高的“道德”上寻求法治的普遍正当性的工作，最终也不得不在未完中结束。这其实就是要韩非废弃植根于战国乱世泥潭的法术，逼迫他做思想性的解体。他幻想献身于法治理念的“明主”“法术之士”，就像这一点所呈现的，韩非有一个理想主义者的灵魂，却穿戴着现实主义者的面具和衣服做表演——这是韩非的思想及其人生的悲剧所在。

第二个疑点，如果要将君主的贤智当作法的正当性的前提的话，法治的是非以及国家的治乱就不免会因为君主的贤愚而受到左右，免不了这种赌博式的偶然性。这是一个问题。当然，韩非的思想是在申不害、慎到高调展开批判贤智主义之后形成的，他没有单纯地将法治的成败全都委任给君主的贤智。韩非将法治的实际运营能力交给“法术之士”“贤智之士”(《孤愤》)，要求君主认识到当世是需要采用法治主义的时代，断然排除重臣的妨碍、任用和庇护“法术之士”，只是要求君主有这样的贤智。不过，这不过是图方便的策略而已，没有解决任何本质性的问题。

韩非对于当下君主完全不理解法治的必然性的这种现状，频频感到悲愤。不过，他的悲叹本身就有力地说明，即便是像上述那样的有限要求，那样的贤智的君主，实际上也是多么的稀少。另外，不顾一己之利、一味挺身于实现法治理念，并且还兼备“坚毅而劲直”的人格特性以及灵活运营法治的“远见而明察”的、贤智的“法术之士”，韩非以这样的人物的存在为大前提。然而，没有任何事情可以保证这样的人物会时常存在。结果，这也成了他脑中描绘的理论性假定而已。韩非将支持法治正当性的贤智，分散在君主与“法术之士”两方，将法治作为双方共同操作的工作。但是，这只是将法的终极根据以及法治的最终责任暧昧化了的办法而已，说到底是否采取法治主义、采取之后的法治是否如理论所设想的那样运营、法治的正当性能否得以主张等等事项，这些全都会被君主和“法术之士”的个人贤智所左右。这种偶然性，依然完全没有得到解决。

的确，韩非从先行的法思想中导入了术性的法、厚赏严罚、形名参同术、势的理论等要素，完成了一个将这些要素紧密连接在一起的法术思想的体系。不过，在他将“适然之善”当作幻想予以排斥、一贯坚持探求“必然之道”的精密理论中，在根底上，实际上也寄宿着一个将一切寄托于偶然性之上的巨大幻想①。

---

① 以上所述的法思想的发展，当然是在古代中国特殊的、多个特别条件下存在的一个思想活动。不过，古代中国的法思想家们，也是在制度与人的关系应该如何调整的这个普遍的政治思想命题面前，持续苦斗。

第九章 秦帝国与法术思想

至此为止考察了先秦时代的法术思想的形成，本章在这个考察的结果上，讨论新出现的秦帝国与商鞅、韩非系统的法术思想之间的关系。

商鞅曾经在孝公三年（公元前 359 年）第一次变法，孝公十二年（公元前 350 年）第二次变法。通过这两次变法，在秦国全国彻底建立起耕战至上的体制。这个新的国家体制带来了商鞅预期得到的军事上的成功，其法制在他去世之后被作为国是继承了下来，并最终引导秦国压制六国、完成了霸业。可以说，正是商鞅的改革确立了之后秦帝国的基础。在战国时代的最后阶段，直到后来的始皇帝秦王政的治世，秦国国内还新移入了韩非的法术思想。

在《史记·老庄申韩列传》中，这样记述韩非与秦的关系：

人或传其书至秦。秦王见《孤愤》《五蠹》之书，曰：嗟乎，寡人得见此人与之游，死不恨矣。李斯曰：此韩非之所著书也。秦因急攻韩。韩王始不用非，及急，乃遣非使秦。秦王悦之，未信用。李斯姚贾害之，毁之曰：韩非，韩之诸公子也。今王欲并诸侯，非终为韩，不为秦。此人之情也。今王不用，久留而归之，此自遗患也。不如以过法诛之。秦王以为然，下吏治非。李斯使人遗非药，使自杀。韩非欲自陈，不得见。秦王后悔之，使人赦之。

根据这个记述，秦王政曾经醉心于韩非的著作，想招来韩非，于是计划攻克韩国。结果，韩非作为韩王的使者急促入秦。不过，李斯、姚贾向秦王谗言，使其入狱。他们还打碎了韩非欲向秦王直诉的愿望，秘密送毒药给韩非，使其自杀。这两人中，李斯曾经从师荀况，与韩非同门。姚贾与韩非的关系，《战国策・秦策五》中有如下记述：

四国为一将以攻秦。秦王召群臣宾客六十人，而问焉曰：四国为一将以图秦。寡人屈于内，而百姓靡于外。为之奈何。群臣莫对。姚贾对曰：贾愿出使四国，必绝其谋而安其兵。乃资车百乘金千斤，衣以其衣，冠带以其剑。姚贾辞行，绝其谋，止其兵，与之为交，以报秦。秦王大悦，贾封千户，以为上卿。韩非短之曰：贾以珍珠重宝，南使荆吴，北使燕代之间三年，四国之交未必合也，而珍珠重宝尽于内。是贾以王之权国之宝，外自交于诸侯。愿王察之。且梁监门子，尝盗于梁，臣于赵而逐。取世监门子，梁之大盗，赵之逐臣，与同知社稷之计，非所以厉群臣也。王召姚贾而问曰……秦王曰然，乃可复使姚贾，而诛韩非。

姚贾带秦王之命游诸国，破了四国要联合起来攻秦的计划，得到了秦王的奖赏。对此，韩非批评说，姚贾只不过是利用了秦王的威势和国家的财宝为自己获得了名声而已。韩非还进一步揭露了姚贾的过去并进言退却他。不过，在听了姚贾的巧妙辩解之后，秦王重新信任了他，而将韩非诛杀。

针对以上的两个记述，以往有过许多质疑。有关前者，说秦王一心想要韩非入秦，为此就要出兵，这很不自然。另外，没有此时秦国攻击韩国的记录。有关后者，没有那个时期（公元前 234 年—公元前 233 年）四国（大概是说赵、燕、齐、楚）要攻击秦国的记录。以上是有关问题的主要疑点。

不过，前者如果解释为不是实际上攻击了韩国，而只是伪示了攻击意图的话，上述所谓的不自然也就消除了。有关后者，就如所说的“四国之交未必合”，应该看作那只是一个桌案上的计谋，有一部分是存在的。所以，这些资料不是可以当作毫无事实根据而能一概否定的东西。

非但如此，从这些资料中，还浮现出为了解救在秦国的强压下频临灭亡的祖国，韩非作为使者赴秦并竭力拯救韩国存续的姿态。即使得以实现的可能性很小，只要是在四国联合的持续动态之中，秦国就会忙于对付，韩国多少能够避开秦国的锐锋，得到一些暂且的安宁。所以，韩非策划阻止姚贾的活动，存在理所当然的理由①。这样的话，“非终为韩，不为秦”（《史记・老庄申韩列传》），李斯看透了韩非的这种内心，就同遇到了韩非的阻挡、感觉自己的地位受到了威胁的姚贾相勾结，置韩非于死地。这是完全可以想象的。

就这样，韩非在秦国的监狱里冤死了。《史记》说，“秦王后悔之，使人赦之，非已死矣”。秦王对韩非的法术思想十分赞叹和倾倒，他曾经说，“寡人得见此人与之游，死不恨矣”，这是秦王内心里一直存在的东西。

---

① 《史记・秦始皇本纪》中有记述说，“李斯因说秦王，请先取韩以恐他国。于是使斯下韩。韩王患之，与韩非谋弱秦”，从这里也可以看出，韩非是事先与韩王共谋存韩之策后，才进入秦国的。

那么，秦王政到底对于韩非法术思想的哪些要素感到了如此强大的魅力呢？其中最大的要因，大概是商鞅思想中缺乏的强化君主权力的理论。如前所述，商鞅的法术是君臣一体来诱导民众的技术，缺乏君主独占法术治御群臣百官并以此达到君主权力绝对化的一面。商鞅所设想的耕战体制已经达到了，对于要称霸六国的秦王政来讲，还是主张强化君主权力的韩非的理论，看起来能够当作将来统一后的新方向的指引吧。就这样，在战国时期一直支撑着秦国的商鞅的法制以及法术思想之上，此时又新导入了韩非的法术思想，这个图式才是后来秦帝国法治主义的基本构架。

公元前221年，秦国降伏了最后一个国家——东方的齐国，完全吞并了六国，由此成立了史上空前的统一国家。此时，秦国从战国七雄之一，变为整个中国世界的支配者，完成了一个有根有据的质的转换。那么，这个政治体制的激烈变化，对其法治主义带来了什么样的影响呢？

在以往商鞅的法术思想中，通过奖励耕战而达到富国强兵以及维持社会治安这两点，是其法的主要目的。导入了韩非的法术思想之后，结果就在这两点之上追加了一点，那就是君主权力的绝对化。这成为法的第三个目的。另外，又出现了要建立统一国家的这样一个全新的局面，完成统一事业，就成为法的第四个目的。现在就这四个法的目的，着重围绕法的正当性这一视点来进行考察。

首先第一个，在利用耕战体制实现富国强兵的法的目的方面，会发生什么样的变化呢？本来，这个法的目的是以战国时期的争乱状态为大前提的，是为了阻止敌国入侵、确保本国的安全，更进一步的，也是为了攻破他国、扩大领土而设立的。所以，这一法的目的的正当性是因战国时期的分裂状态而得以确保的。不过，只要到了“今皇帝并一海内，以为郡县，天下和平”(《史记・秦始皇本纪》)，就不能像以前那样、以那样的形态来确定这一法目的的正当性了。

当然，在统一完成之后，防止原来的六国反叛和维持占领，为秦国提供了整备军事力量的论据。另外，通过扩大农业生产来积蓄财富，依然还是国家应该追求的目标。不过，同战国时期紧迫的状况相比较，其必然性大幅下降了。即便是拿前述的这些理由来讲，其也只是潜在性的根据，作为积极性的法的目的之正当性的根据，还不够充分。特别是对于在秦国占领之下的六国民众来讲，感觉不到那就是自己应该接受的、具有积极性意义的正当性之论据吧。

秦始皇向北派遣蒙恬、在鄂尔多斯击破了匈奴；向南征服了越，设置南海、桂林、象郡三郡；向东进攻箕氏朝鲜；向西越过流沙，新设了三十四个县等等。几度大规模出征，在四方新设定了外敌，做出了一个好像是模拟战国时期的状态。不过，只要其主要动机是增大皇帝的权力和威信[①]，就不得不说，要让万人认可其作为根据的必要性，还是极其欠缺说服力的。就这样，随着外敌的明显消失，正当性的论据也大都消失了。尽管如此，依然还要维持自商鞅以来的、依靠法术强制施行的耕战体制的话，其法治因为法的正当性根据的缺失，必然就越发加深了恣意性支配的印象。

下面来看有关维持社会治安这一法的目的，会发生怎样的变化。这一法的目的本身，具备与时代无关的、很容易说服人的永续性的正当性。不过，问题是治安应该维持到什么程度以及具体手段的是与

① 有关秦始皇派遣外征兵的动机，与邹衍的思想相关联，准备在后面详述。

非。商鞅、韩非依靠带有严罚的告奸、连坐制，主张彻底维持治安。能够主张如此严酷的强制性手段，也是因为战国时期的状况造成的战时体制，此外无他。“令民为什伍，而相牧司连坐。不告奸者斩腰，告奸者与斩敌首同赏。匿奸者与降敌同罚”（《史记・商君列传》），告奸、连坐规定与军律为表里一体的关系，这个描述就如实地说明了这期间的情况①。这样的话，战国时期的争乱因为统一而终熄，“天下和平”（《史记・秦始皇本纪》）到来之后，之前应称为战争法那样性质的维持治安的手段，到底还能像以前那样、以那样的形态主张其正当性吗？

当然，确保社会治安、维持大帝国，这个理由就会作为新的必然性和正当性的根据而出现。但即便如此，秦始皇亲自将战国时期定位为

① 所谓社会治安的维持和军律，特别是在保卫城邑免遭敌人围攻的时候，是直接结合在一起的。因为在守城战中，一般民众平时居住的地区直接就成了战场。而且，一般民众也会很快被编入战斗队或战斗预备队中，也是要接受军律的适用的。所以，在城邑争夺战反复不绝的春秋、战国时期，平时的维持治安，就变成以时常维持笼城战中的军律为前提的了。籾山明氏在题为《法家以前——春秋期における刑と秩序》（《東洋史研究》三十九・二）的论考中，提出了卓越的见解。他说，春秋时期在军队建成的时候，就形成了一个只以军律来制约的特殊的社会。这个体制扩大，渗透到平时的社会整体上，再加上强化君主权的要素，在此就出现了法家所视为理想的法治国家。这个论考，视野不仅仅限于抽象的法家理论框架内，在仅由法支配的具体的场景中，寻求法家思想形成的要因，是一个新的着眼点。由籾山氏的创见引导，再进一步展开思考的话，就可以得到以下的发现：在记述了墨家的守城法的《墨子・号令》中，详细记述有守城战的军律，“城上卒若吏，各保其左右。若欲以城为外谋者，父母、妻子、同产皆断。左右知不捕告，皆与同罪。城下里中家人皆相葆，若城上之数。有能捕告之者，封之以千家之邑。若非其左右及他伍捕告者，封之二千家之邑”“释守事而治私家事，卒民相盗家室婴儿，皆断无赦。人举而籍之。无符节而横行军中者断”等等。《号令》篇描绘的这种守城战的空间场景，正是将包含了老人、妇女、儿童的平常的社会，直接照原样军事组织化并管理于军律之下。这一点，比全是由士兵构成的野战军更好地提供了法术思想所视为理想的、彻底的法治国家的样本。因为，在守城战期间，只要将一时性出现的社会扩大至平时，马上就会变成商鞅所要实现的、宛如战时体制的兵营国家。

“攻占日作，流血于野”的“乱世”，对此，说统一后的世界是“壹家天下，兵不复起。灾害灭除，黔首康定，利泽长久”（宋淳化四年长安重刻峄山石刻碑文）。他夸耀前后的差异，两个时代之间有决定性的质的变化，当然就要求维护社会治安的手段发生重大的变更。如果不考虑这种时代状况的重大变化，依然承袭战国时期以来的战时体制的话，民众当然就会认为那是一个必然性与正当性之根据都很薄弱的苛法，自然会出现这样的势态。

第三，有关强化君主权的这一法的目的，同样也产生了有必要变更其正当性之论据的问题。本来，韩非提出强化君主权力为法的主要目的的理由，就是因为重臣造成了“亏法以利私，耗国以便家”“主上卑而大臣重”（《孤愤》）的状态，君主自己的权力弱化，就无法实行富国强兵的强力政策，其结果就是国家内部遭奸臣篡夺、外部遭敌国侵攻，处于两重危机之中。也就是说，强化君主权力的这一法的目的，是期待“外无敌国之患，内无乱臣之忧”（《奸劫弑臣》）的。统一国家的成立，使得敌国消失，至少“敌国之患”这一项，就必须从作为强化君主权力的这一法的目的的必然性和正当性上剔除，剩下的正当性的论据，就只有国家内部的“乱臣之忧”了。

而且，从战国到秦帝国，时代大转变，始皇帝已经不是一个分裂国家的君主，他必须从在一个国家内部防止篡夺，转换为继承并保全万世一系的帝位。这个时候，法的维护一姓君权的目的，其正当性就要面对万人，特别是那些在此之前还与秦国处于敌对关系的、没有任何必要感受秦的君主传统性权威和忠诚心的前六国人，要让他们承服，就有必要让他们不断地了解，无论之前属于哪国，皇帝帝位的保全以至秦的存续，都是关系着万人福利的事情。就这样，强化君主权的这一法目的的正当性，丧失了外敌威胁的这种简明有力的论据，问题开始变质、移动，移向万人是否认为皇帝以及帝国于己有益且有必要的、这个对于君权来讲极为麻烦的问题上来了。

最后来讨论第四个，即有关完成统一事业的法的目的。这一法的目的，是秦国在面对再次统一中国社会的时候出现的，是一个全新的项目。在这一点上，它与前三者基本特性不同，不会随着战国时期的终结，其正当性根据就消失，不是这种性质的东西。公元前 221 年，丞相绾与廷尉李斯争论，结果，始皇帝裁定说，“天下共苦战斗不休，以有王侯，赖宗庙，天下初定，又复立国，是树兵也。而求其宁息，岂不难哉”（《史记・秦始皇本纪》），“分天下以为三十六郡”（同上），废除封建制，施行郡县制。秦始皇还决定，“法令由一统”“一法度衡石丈尺，车同轨，书同文字”（同上），着手统一法律制度、度量衡以及车辐、文字等。这些统一事业，就如秦始皇自己明确表示的那样，是要除去战国分裂状态的弊害，根绝再次倒退到分裂和争乱状态的可能性。这是支持这个法目的之正当性的最大论据所在。

当然，统一国家本身大概就是一个观念性的产物。所以，痛感其必要性的也就是秦帝国的支配者阶层，对于生活几乎限定在各个地域的一般民众来讲，要求其像支配阶层那样有同感的话，到底是不可能的事情。所以，推进统一事业的理念，就容易成为统治者方面的一厢情愿，当然就会发生上述的那些正当性的论据不为万人接受的事态。不过，即使“以诸侯为郡县，人人自安乐，无战争之患”（《史记・秦始皇本纪》）、“皇帝之德，存定四极，诛乱除害，兴利致福。节事以时，诸产繁殖，黔首安宁，不用兵革”（琅邪台石刻碑文引用《史记・秦始皇本纪》）等等颂词含有很多夸张的成分，战国的争乱平息，民众迎来了和平的日子，这本身是不争的事实。在想要永续性地维持这种状态的这一点上，必须认为，推进统一事业的这一法的目的的正当性，还是具有一定的说服力和论据的。

通过以上四点，考察了法目的的正当性之根据。秦帝国所提出的法的目的，四点中的三点，都是以战国时期的外在状况为前提的商鞅、韩非流的法的目的。随着战国时期的终结、统一帝国的出现，其正当性论据消失了大半。就这样，在法目的正当性根据薄弱的情况下，还要拖着战国时期的影子、强行施行法治的话，在此必然会招来民众对于秦帝国法治的离反，会产生这样的危险性。

第十章　秦帝国的皇帝概念

前面的章节，主要从法之正当性的视点上，就秦帝国与法术思想的关系进行了一些讨论。为了阐明秦国法治主义的特色，还有必要再考察一下到了秦帝国才第一次出现的皇帝这个概念的性质。本章思考皇帝概念到底是为了什么而形成的。

在思考皇帝概念形成的时候，首先想到皇—帝—王—公这个尊号的基本序列。从上位开始解说的话，所谓皇，就是指天皇、地皇、人皇，或者是内含有泰皇、天皇、地皇的三皇。这三皇，作为神话传说上的存在，带有一半超越了人间界的、属于灵界的神格。不过，在古代中国人的意识里，就像以下显示的那样，那也是在太古统治了人间界的政治支配者的历史性的存在：

> 无慢制而成天下者，三皇也。画则象而化四表者，五帝也。明法禁而和海内者，三王也。行赏罚而齐万民者，治国也。……且夫治世者，若登丘矣。必先蹑其卑者，然后乃得履其高。是故先致治国，然后三王之政乃可施也。道齐三王，然后五帝之化乃可行也。道齐五帝，然后三皇之道乃可从也。（《潜夫论·衰制》）
>
> 或曰：三皇民至敦也，其治至清也，天性乎。曰：皇民敦，秦民弊时也。……皇民寡，寡斯敦；皇治纯，纯斯清。（《申鉴·时事》）。

就像这样，三皇不仅仅停留在神格上，还被认为是现世的政治支配者。正是因为如此，“五帝三王，优劣有情。虽欲超皇，当先致平”（《潜夫论·叙录》），才可能有这种议论皇、帝、王统治天下之优劣的思维。

帝本来是指古代的五帝。五帝也是半属于神话传说领域的存在。但是，对于古代中国人来讲，五帝依然也是不容怀疑的现世统治者。

王指历史上存在的三王。更为广义地来讲，王也是囊括了夏、殷、周三代所有的天子的总称。公，不用说就是指由周王分封的诸侯的名称。

上述的基本序列，从皇至王，天下所有的统治者是其构成要素，时代的先后关系是构成其序列的一个基准，同时也与统治优劣的价值性顺序对应，是这样的一种形式。与此相比，王与公的序列有些性质不同，王不是作为历史性存在的三王的意思，是在规定了周的天子之上形成的序列。此时的所谓王—公，是在周的封建体制下的君主与臣下的关系，是相对于整个天下支配者的一国的统治者，二者之间的政治性优劣，当然是很清楚的。

以这样的序列为基本，以组合其内部概念的形式，再派生出以两个字组成的名称，比如，王公的称呼就是如此。这是称呼诸侯的，对于本来只应该称为公的人，加上一个上位的王号，通过这种操作，表达对于超越了普通的公的、与王匹敌的公的尊意，提升对方的价值是发生这种现象的理由。

之后，周王的威令衰弱，以至各国君主竞相僭称王号，王公作为诸侯的新旧两号的并称，变成了对于诸侯的一般性的称呼。就这样，诸侯僭称王号已久，到了已经成为既成事实阶段的时候，单单只称王的话，那是指整个天下的支配者的这个原来的意思呢，还是单单指一国的君主呢？难以判明。出现了这样的情况。

在这种情况下，帝王这个名称就登场了。在王号的价值因僭称降低之后，帝号是整个天下的支配者的这个原意还维持着，没有遭到任何的损伤。所以，在王之上加上一个帝，用帝王这个名称的话，那就绝不是指一国的君主，犹如原意，足以表示整个天下的支配者的意思。帝王这个名称，一方面还有作为历史上的五帝、三王的总称概念的机能，这一点，从侧面也起到了维护前述的限定意义的作用。

先记住这个基本序列，下面再来看一看又另起决定皇帝这个称号的过程：

秦初并天下，令丞相御史曰……寡人以眇眇之身，兴兵诛暴乱。赖宗庙之灵，六王咸伏其辜，天下大定。今名号不更，无以称成功传后世。其议帝号。丞相绾、御史大夫劫、廷尉斯等皆曰：昔者五帝地方千里，其外侯服夷服，诸侯或朝或否，天子不能制。今陛下兴义兵，诛残贼，平定天下，海内为郡县，法令由一统。自上古以来未尝有，五帝所不及。臣等谨与博士议曰：古有天皇，有地皇，有泰皇，泰皇最贵。臣等昧死上尊号，王为泰皇，命为制，令为诏，天子自称曰朕。王曰：去泰，著皇，采上古帝位号，号曰皇帝。他如议。制曰：可。追尊庄襄王为太上皇。制曰：朕闻太古有号毋谥，中古有号。死而以行为谥，如此则子议父，臣议君也。甚无谓。朕弗取焉。自今已来，除谥法，朕为始皇帝，后世以计数，二世三世至于万世，传之无穷。（《史记·秦始皇本纪》）

根据这个内容,秦王政想定新称号的动机在于,在“秦初并天下”“六王咸伏其辜,天下大定”的全新状况下,要定下与这个伟业相符的称号,以此将这个史无前例的伟业永世传递下去。也就是说,应该创建新称号的最大的必然性,就在于消灭了六国、平定了中国全部领土这一点上。

为回应秦王政的这个命令,丞相、御史、廷尉等与博士们协商之后,上奏了泰皇案。他们将秦王的功业定在高高凌驾于古代的五帝之上,并且,还对照皇—帝的基本序列,将秦王置于五帝之上的三皇的位置,而且还将其比为三皇中最为尊贵的泰皇。也就是说,在这个方案中,秦王从一国君主的王的地位,一下跳过帝,并一举飞跃到了皇的地位。不过,这个泰皇案没有被秦王采用,秦王说,“去泰著皇,采上古帝位号,号曰皇帝”,自己想出并裁决了一个皇帝称号的方案。

这样做的原因,在于秦王将自己创下的功业置于帝的这一级别的意识十分强烈,所以,才在最初下问的时候就说“其议帝号”,预先就限定了帝号这个大的框架,做了指示。所以,就退去了泰皇案,执意于“采上古帝位号”了。

就像前面讲过的,王号的原意是整个天下的支配者,所以,从这个意义上来讲,理论上称为秦王也是可以的。不过,这样的话就只是继承了秦王的称号,单单只是变更对于其意的解释,难以明示出原本只是七国之一的秦、吞并六国并再统一了中国的这一划时代的变化。所以,他在一开始的时候就放弃了含混不清的、二重意义并存的王的称号,要在王的上位、帝的位置阶段上考虑新的方案。

所以,跃过帝的级别、一举飞跃到皇的级别的这种情况,是秦王完全没有预期到的事情。为此,他退去了泰皇案,按照当初的意图,回到帝号的框架里。不过，秦王自己也认为，自己创下的功业是超越了曾经统一了中国的五帝的，他有着这样的强烈意识和自负心。所以，就只从泰皇上去掉了泰，留下了皇，并冠在帝之上。既等同于帝，又能够表示出凌驾于以往的五帝的价值性序列之上，这样就提出了皇帝这一称呼方案。所以，此处的皇从名词转用为形容词了。就这样，从根本上来讲是帝，但又居于帝的最高位；从功业上来讲，又有比肩于皇的意思在里面。皇帝的称号就这样形成了。

这同前面所述的帝王王公称号的形成过程原理是完全相同的。在皇—帝—王—公的基本序列当中，通过加上一个上位段的称号，显示对于同格的他者的优势地位，是这样的一种行为。

其实，与此相同的思维，在《韩非子·五蠹》中已经可以看见："超五帝侔三王者，必此法也。"原文为"三王"，不过"超五帝侔三王"意思不通，应该是"超五帝侔三皇"的意思。在《新语·无为》中有将始皇帝记为"秦始王"的例子，过去这两个字通用。这样的话，在战国末期的法术思想中，就已经期待功业"超五帝侔三皇"的君主出现了。上奏了泰皇案的李斯与韩非同门，发明了皇帝称号的秦王政也曾经心醉于韩非的著作。在这样的思想性系谱上，也佐证了皇帝这个概念出于"超五帝侔三皇"，是这个意欲的产物。

那么，所谓的超五帝，具体是指什么样的实质呢？以下列举有关的资料：

> (A) 昔者五帝地方千里，其外侯服夷服，诸侯或朝或否，天子不能制。今陛下兴义兵，诛残贼，平定天下，海内为郡县，法令由一统。自上古以来未尝有，五帝所不及。(《史记·秦始皇本纪》)

(B) 六合之内，皇帝之土，西涉流沙，南尽北户东有东海，北过大夏。人迹所至，无不臣者。功盖五帝，泽及牛马。……维秦王兼有天下，立名为皇帝。……古之帝者，地不过千里，诸侯各守其封域，或朝或否，相侵暴乱，残伐不止，犹刻金石，以自为纪。古之五帝三王，知教不同，法度不明，假威鬼神，以欺远方，实不称名。故不久长，其身未殁，诸侯倍叛，法令不行。今皇帝并一海内，以为郡县，天下和平。(《史记·秦始皇本纪》引琅邪台石刻碑文)

在此强调了古时的五帝三王和现今皇帝的不同。比较二者之间优劣的基准有三点：第一个基准，是封建制还是郡县制。批判古代五帝三王采用封建制是“诸侯或朝或否，天子不能制”(A)、“诸侯各守其封域，或朝或否”(B)、“其身未殁，诸侯倍叛”(B)。夸赞现今的皇帝在全国施行了郡县制，“平定天下，海内为郡县”(A)、“今皇帝并一海内，以为郡县”(B)。

第二个基准是法治的贯彻程度。批判古代的五帝三王没有能够在全国贯彻法治，“教不同，法度不明”(B)、“法令不行”(B)。称赞现今的皇帝彻底一律地施行了法，“法令由一统”(A)。

第三个基准是支配领域的大小。批判古代的五帝三王因为施行封建制，所以天子直辖支配的地域狭小，更不用说在偏离了中华的夷狄之地，是完全没有做到有效支配的。支配地域狭小到“昔者五帝地方千里”(A)、“古之帝者，地不过千里”(B)、“假威鬼神，以欺远方”(B)。夸示现今的皇帝不仅以郡县制完全直接支配了整个中国，而且还依靠大规模的外征使其支配势力遍及世界。其威势“人迹所至，无不臣者”(B)。

以这三点基准来比较的话,“自上古以来未尝有,五帝所不及”(A)、“功盖五帝”(B)等等,认为在统一支配的彻底性和直辖支配地域的大小等等方面,现今的皇帝都凌驾于古代的五帝三王之上。也就是说,在这里,整个中国自不用说,将整个世界置于完全支配之下才可以称为帝。古代的帝王因为没有满足这些实质条件,就处于“实不称名”(B)的状态。阐述的是这样的一个理论。对此,始皇帝在实际上完全支配了整个中国,更将威势扩大至夷狄之地,所以在名实上都具备帝的资格,认为他是“功盖五帝”的真正的帝。

这样,只要认为作为超越了五帝的皇帝的资格就在于以上三点的话,那么,必须认为,秦所创出的这个皇帝概念,其中原本就寄宿着否定封建制、全面施行郡县制并在全国贯彻法治以及不断外征以扩大支配领域等支配形态。

通过以上的叙述可以明白,对于秦的统治者阶层来讲,帝的意思就是历史上实际存在的君主,是无疑的现世支配者。正因如此,他们才会毫无抵触地将始皇帝与“古之帝”列于同等维度,比较二者之间的优劣,才会有这种思维。

其实,这样的帝的概念,可以追溯到战国时期。在那个时候已经有这样的概念了。“三十六年,王为东帝,秦昭王为西帝”(《史记·田敬仲完世家》)、“十九年,王为西帝,齐为东帝”(《史记·秦本纪》)。公元前288年,根据秦的提议,齐湣王称东帝,秦昭襄王称西帝,出现了这种各自称帝的局面。当时的形势背景是这样的:齐国的势力范围扩大至西方,为此,秦国不得不暂时停止侵攻东方。所以,这种情况的东帝、西帝称号,与这样的现实状况相应合:齐、秦两国的势力范围都大大超过了本国领域，从东西几乎将华北一带一分为二了。当时，诸侯僭称王号已久，虽然传统上王的概念仍然存在，但在实际上，王只是单一国家君主的这种意思持续已久。所以，在某个君主的支配力、势力范围远远超越了一国的时候，作为一个名副其实的称号，新的帝号开始进入人们的意识里了。

当齐国败于燕，势力有些后退的时候，按照这种实际情况，"齐去帝复为王，秦亦去帝位"（《史记・田敬仲完世家》），帝号也就理所当然地被废除掉了。依旧强大的秦，没有继续称西帝，是因为西帝是以东帝的存在为前提条件的。另外，如果去掉西直接称帝的话，又少了足以为证的实质。这里所看到的帝的概念，就是完全征服了整个中国的支配者的称号，与秦初的帝概念的定义，在基本思维上是完全一样的。在制定皇帝这个尊号的时候，秦王政意识中的帝的概念，应该也正是位于这个思维的延长线上的。

这一点，在弑杀了二世皇帝之后赵高的发言中，也毫无疑问地得到了验证：

> 秦故王国，始皇君天下，故称帝。今六国复自立，秦地益小。乃以空名为帝，不可。宜为王如故，便。（《史记・秦始皇本纪》）

那个时候，旧六国叛乱军在各地蜂起，接连击破秦的讨伐军，向咸阳进击。秦已经渐渐失去了函谷关以东的支配权，针对这个现实状况，如果再继续称帝号的话，就会成为缺乏实质的空名，所以应该退回到以前的王号。这就是赵高的理论。在此，"始皇君天下。故称帝"，这样定义的帝的概念，也明示出与前述事例完全相同的性质。帝的性质本来就是这样的，所以才会根据支配领域的扩大与缩小，由王变成帝，再由帝变回王，这是理所当然的。

西嶋定生提出见解说，秦初制定的皇帝的称号，意思是煌煌上帝，也就是主宰宇宙万物的上帝。秦王政通过自称皇帝的行为，给自己赋予作为宇宙神的绝对性的权威①。如果如西嶋氏所言，皇帝这个存在本身，作为宇宙绝对神，其权威就已经得到了永续性的保证。这样的话，超越了人间界的具有神格的皇帝，与只是人间界的一国君主的王之间，就存在有本质性、决定性的悬隔和断绝了。那么，“今六国复自立，秦地益小”，这种以人间界的变化状况作为唯一理由而使皇帝降格为王的思考，是绝对没有形成的余地的。然而，在实际中，就像前面所述例子明确显示出来的那样，帝与王之间，因为支配领域的大小变化而转换的关系，是明确得以确认了的。

所以，皇帝的帝决不是西嶋氏所主张的上帝的意思，必须认为，它是王的上位者的帝的意思。所谓皇帝，就像始皇帝自己明言的那样，“采上古帝位号”，不是宇宙神，而是现世的君主，是以人为的功业将中国整体纳入支配下的人所应该号称的名称。

这一点，还能从名实的对应关系的视点上得到证明。秦王政在命令制定新的称号的时候，是这样叙说其必然性的：“六王咸伏其辜，天下大定。今名号不更，无以称成功传后世。其议帝号”（《史记·秦始皇本纪》）。在这里，吞并六国、统一天下的实质作为既成事实首先存在，新的名称是为了跟这个实质相符后来添加上的。这个时间性顺序是由秦王自己表示出来的。“臣等昧死上尊号，王为泰皇”（同上），只

① 《岩波講座·世界史·4》（岩波書店，1970年）第6章《皇帝支配の成立》。

要丞相绾、御史大夫劫、廷尉李斯等是如此复奏的，这个名实的先后顺序，他们当然也是很清楚的。

这样的先后关系，上述的东帝、西帝的情况也是完全一样。齐与秦的势力范围各据东西，远远超过了各自的国家。这个实质先行性地存在着，然后才提出了称东帝、西帝的这个新问题。

另外，在赵高废除帝号的声明中，说“始皇君天下，故称帝”，也是说“君天下”的这个实质先存在，然后才以帝这个名称来对应其实质，明示了这个时期上的先后关系。

也就是说，“秦王兼有天下，立名为皇帝”（琅邪台石刻碑文），皇帝称号是在这个实先名后的时间顺序上成立的，这是参与其制定和废除的所有当事人都拥有的共识。而且，这个实先名后的时间顺序，自然的，与实是第一义的存在而名只是附在实上的第二义的存在的这种价值秩序，构成表里一体的关系。因此，无论是战国后期的东帝、西帝的情况，还是秦帝国末期废除帝号的情况，需要优先考虑的都是实这一方面，如果意识到了实质已经不存在，帝的名称一下子也就坠为名存实亡的“空名”，就会以追随实的形式被废除。

就这样，皇帝的概念只要是在这二重的意义中拥有实先名后的性质，那么，单单只靠皇帝这一称号来给自己的权威作依据就是不可能的事情了。保障皇帝权威的根据，只存在于人为支配天下的这个实质上[1]。所以，所谓皇帝，就是背负了这样的宿命的存在：在现实世界中支配天下，并以此实绩不断证明自己具备可称为皇帝的正当性。而

---

① 围绕着这样的皇帝概念的相关者们的思考，从逻辑学上来讲，就像《荀子》正名篇一样，是完全站在唯名论的立场上的。这样创造出来的皇帝概念，不是什么概念实际存在论的产物。

且，这一点才是其与天子概念在本质上的决定性的差异。天子概念中的天子，因为是通过上天、上帝等自然法性的存在而保障其正当性的，所以，纵然丧失了大半天子的实质，其依然可以继续主张自己就是天子，这是可能的。皇帝概念与此大为不同。

只要皇帝的概念原本如此，那么必然的，保障其正当性的根据就是通过外征、完全持续地将不断向四方扩大的中国世界置于直辖支配之下。除了这个人为的实绩以外别无其他。也就是说，在这里一开始就完全没有像天子概念那样的、以受命于上帝来保障其正当性的理论。支持皇帝这个称号的，只是人为的功业。自然法与皇帝权力的关系如何等问题，在一开始就被掷于意识之外了。

这样形成的秦的皇帝概念，原本就没有赋予其从属于自然法的义务，权力的无限绝对化成为可能。不过，在相反的方面，因为不能够期待以自然法来保障其正当性，所以，不断显示人为功业并要以此持续证明其权力正当性的宿命，就加在了皇帝身上。

说皇帝是煌煌上帝即出现在地上的皇天上帝的西嶋学说，是完全无视前面所列举的资料而构建的说法。始皇帝、二世皇帝都没有说过自己是光辉照耀的上帝，一句都没有①。许多赞颂始皇帝功绩的石刻

---

① 西嶋氏一边引用甲骨文、金文的字形帮助论证，一边又说皇的原义是“光辉闪耀”“伟大”的意思，还说帝的原义是“上帝”“天帝”的意思，所以，始皇帝所采取的皇帝的称号，也是煌煌上帝、主宰宇宙的上帝的意思。不过，这样的推论，先要考虑参与制定皇帝称号的当事者们是否知道甲骨文、金文的字形及其所显示的原义。还有，他们是否就是忠于那个原义而制定称号的。必须在这两点上提出资料来论证，否则是没有任何实效性的。但是，西嶋氏的立论，没有这些过程。町田三郎的《秦漢思想史の研究》(創文社，1985 年)第二章・三「秦の始皇帝について」，也说皇帝的称号是煌煌上帝的意思。町田氏的见解承袭了西嶋氏的学说，没有做独自的考察和论证。

碑文，也都没有皇帝就是上帝这个意思的任何表述。碑文只是不断列举始皇帝的人为功业。本来，在天上的才能叫上帝，出现在地上的上帝这种表达本身，已经不成文义了。若是与中华文化传统完全隔绝了的远海上的夷狄也就罢了，始皇帝再怎么也不会说自己是主宰宇宙的绝对神——皇天上帝，是不会有这种突发奇想的。

如上所述，皇帝这个称号，是立于经过了太古、从三皇到五帝三王时代的历史观上的，是将秦的统一大业定为"自上古以来未尝有"（《史记·秦始皇本纪》）的伟业的一个由强烈的历史意识而来的提案。所以，必须认为，皇帝称号本身绝不是怪异的咒术性思维，也不是神秘思想的产物。它是基于中华文化传统的，是由来于高大的历史使命感的产物。

众所周知，到了汉代，皇帝与天子的称呼通常并用。如果皇帝是上帝的意思的话，同一个人物就要扮演上帝和从上帝受命的天子这两个角色。不管用何种理论，都说明不了这样的现象。对于这个并用现象，西嶋氏说，汉代以后，皇帝概念没有按照原意使用。他想用这样的说明消除矛盾。

不过，皇帝与天子的并用现象，实际上并不是汉代以后才开始出现的。"天子自称曰朕"（《史记·秦始皇本纪》）、"天子称朕，固不闻声"（同上）、"立秦为天子，罪一矣"（《史记·李斯列传》）等等，王绾、冯劫、李斯、赵高等重臣们已经在制定皇帝称号的时候开始，面对始皇帝、二世皇帝使用天子的称号了。他们是直接参与制定或废除皇帝称号的人，这样的人会无视皇帝概念的原义而泰然并用天子的称呼吗？这是难以想象的。

当然，如果理解为皇帝的概念就是上帝的意思、而天子的概念没有依据原意的受命于上帝这个意思而使用的话，这个矛盾好像就可以消除了。不过，还是存在有障碍。以下列举始皇帝的言行：

> 齐人徐市等上书，言海中有三神山。……于是遣徐市发童男女数千人，入海求仙人。（《史记·秦始皇本纪》）
>
> 燕人卢生，使人海还。以鬼神事，因奏录图书。曰：亡秦者胡也。（同上）
>
> 始皇默然良久，曰：山鬼固不过知一岁事也。（同上）
>
> 愿上所居宫，毋令人知。然后不死之药，殆可得也。于是始皇曰：吾慕真人，自谓真人，不称朕。（同）
>
> 于是始皇卜之，卦得游徙吉。（同）
>
> 始皇遂东游海上，行礼祠名山大川及八神。（《史记·封禅书》）

很显然，始皇帝认可“三神山”“鬼神”“山鬼”“名山大川及八神”这样的神灵威力，向这些神秘的灵力祈愿自己的长生不老。上帝是统括了一切自然神的宇宙最高神，是不死的存在，这是不用说的。如果皇帝就是指上帝的话，这样的皇帝时而占卜、时而自称“真人”、时而向各种自然神祈愿自己不老不死，这些行为就很滑稽了。包括将自己的死，作为不说自明的事而命令废除谥法这种行为在内，都是绝对不可能有的事了。所以，从这个侧面上来讲，皇帝是指上帝的这个见解，也是完全不能成立的。

前面说过，皇帝是只依靠人为实绩才能成立的概念，其与自然法的关系是被放置在意识外的。进一步详述这一点的话，那就是所谓皇帝，就意味着在其上位没有应该服从的自然法权威，是这样的一个存在。不过，这只是在政治论和权力论上的没有让皇帝从属于自然法的下位，并不意味着皇帝概念本身，原本就是有意识地将否定自然法权威的理论内含在它的定义之中的。所以，一方面以人为的实绩自称皇帝，另一方面又向各种神灵祈愿自己个人的幸福，这种行为与皇帝概念的定义本身，是没有什么矛盾的。

皇帝没有上帝的意思，那么，秦的重臣们称皇帝为天子的现象应该如何理解呢？天子的原义是受命于上帝的地上统治者，不过在秦国，无论是皇帝还是臣下，几乎都看不出有这种受命的意识。如果重臣们是在深刻理解了原义的基础之上，仍然并用天子称号的话，那么这就会直接迫使他们调整天子概念与无视以上帝为首的自然法存在之秩序的皇帝概念之间的关系。不过，没有任何迹象表明他们下工夫进行过这样的调整。这样的话，必须认为，秦的重臣们只是单单以一种漠然的天下支配者的意思，对皇帝并用天子称号的。这也就是在秦国这两个概念毫无矛盾地得以并存的理由吧。

所以，如果深刻地理解了天子概念的原义的话，当然就会出现受命于上帝的、统治万民的政治论和权力论，不过在秦国，最终都没有到达理论化。当然，从一国君主变为整个天下的支配者，秦始皇也想将这个事实不仅仅作为实际出现的一个现象，而是在政治理论上也使其正当化，他也有这样的想法和欲望。他对邹衍后学提出的五德终始说表示关切，动员博士、儒生制定泰山封禅的仪礼等等，都是这个欲求的表现。但尽管如此，那个原本就没有设定与自然法的结合点的皇帝概念，要用自然法所拥有的客观性来使其理论化并正当化，是极为困难的事情。所以，被动员的儒生们带着他们各自既有的知识前来，也没有能够总结出一个明确的理论。面对各种各样混乱的议论场面，始皇帝几乎放弃了理论化的努力。最终，就连巡守、封禅、望祠等仪式也不是作为理论的实践，而是不得不将着重点放在夸示自己能够在现实中举行这种仪式的皇帝的威势之上。

就这样，在秦国，地上的支配权与自然法的关系，被挤推到追求人为功业的无限自负心的背后。在这种情况下，无论是从皇帝概念这条线还是天子概念这条线上，最终都没有能够整理出一个完整明确的统治理论，单单只停留在皇帝个人的向神灵求福的阶段。所以，秦的皇帝始终都是一个没有位于自己的上位的、需要服从的自然法权威的当权者。另一方面，秦国所采用的商鞅、韩非流的法术思想，也是将实定法当作实现君主意志的手段和诱导术来对待的。所以，其具备这样的思想性构造：君主是唯一可以超越法的人，而在君主之上位没有制约他的法的客观性权威。在这些共通性当中，也存在着秦国的皇帝支配与法术思想能够相结合的内在必然性。

秦的皇帝就这样忠实地背负着作为皇帝的宿命。只有支配天下的人为实绩才是皇帝称号的唯一支撑。始皇帝遵照着这唯一的基准，批判古代的五帝“知教不同，法度不明”“诸侯倍叛，法令不行”“假威鬼神，以欺远方”（琅邪台石刻碑文），弹劾五帝“实不称名”（同上），说他们是帝号的诈称者。必然的，这样的帝概念的定义，就要求匹敌于皇、作为帝中之帝的他即刻提交符合皇帝称号的实绩。

所以，始皇帝就如以下列举的那样，急速实施大规模的土木工程、地方巡行等种种统一事业。当然，这是对应于前面所述的“知教不同，法度不明”的措施。

分天下以为三十六郡，郡置守尉监。更名民曰黔首，大酺。收天下兵，聚之咸阳，销以为钟鐻金人十二。重各千石，置廷宫中。一法度衡石丈尺，车同轨，书同文字。（《史记·秦始皇本纪》）

徙天下豪富于咸阳十二万户。（同上）

二十七年，始皇巡陇西北地，出鸡头山。过回中，焉作信宫渭南。已更命信宫为极庙，象天极。自极庙道通郦山，作甘泉前殿，筑甬道，自咸阳属之。是岁赐爵一级，治驰道。（同上）

二十八年，始皇东行郡县，上邹峄山。……并渤海以东，过黄腄，穷成山，登之罘，立石颂秦德焉而去。南登琅邪。（同上）

三十五年，除道，道九原抵云阳，堑山堙谷，直通之。……隐宫徒刑者七十余万人，乃分作阿房宫，或作郦山。……关中计宫三百，关外四百余。（同上）

另外，如以下列举的那样，始皇帝还向四方边境派遣大规模的外征军，接连在占领地新设郡县。不用说，这个政策是对应于前面所述的“假威鬼神，以欺远方”的论点。

地东至海暨朝鲜，西至临洮羌中，南至北向户，北据河为塞，并阴山至辽东。（《史记·秦始皇本纪》）

西涉流沙，南尽北户，东有东海，北过大夏。（同上）

始皇乃使将军蒙恬发兵三十万人，北击胡，略取河南地。（同上）

三十三年，发诸尝逋亡人赘婿贾人，略取陆梁地，为桂林象郡南海，以适遣戍。西北斥逐匈奴，自榆中并河以东，属之阴山，以

为三十四县，城河上为塞。又使蒙恬渡河取高阙陶山北假中，筑亭障以逐戎人，徙谪，实之初县。（同上）

三十四年，适治狱吏不直者，筑长城及南越地。（同上）

就像这样，连年执着于推行各种事业，都到了异常的地步了。这样做只是为了一个人的名实一致，是为了证实帝的“尊号大成”（《史记·秦始皇本纪》）的一个必须的重要条件。不过，在表面性的繁荣和安定背后，帝国确实日渐疲弊。始皇帝的势头就好像要把整个中国都燃尽似的，在全国持续强行统一事业，在这个孽火中，他把自己也烧掉了。不服从超越了君主意志的自然法，为了彰显人为的实际业绩，以术性的法操控欺骗民众，直至脆弱疲弊到倒塌为止，都要全面施行郡县制，都要贯彻法治以及外征扩张领土。秦王政自从开始自称这种必须不断狂奔、不断夸示人为业绩的皇帝概念的时候起，就注定了毁灭的命运。秦的皇帝，正是背负了这样一种宿命的称号而出现在世界上的。

第十一章　皇帝与法术

本章考察前述的秦的皇帝性质与秦帝国采用的法术思想之间的内在关联。

如前所述，商鞅、韩非系统的法术，是依靠法和赏罚的一个强制诱导技术。所以，其法惯常性地需要明确的诱导民众的目标。然而，在战国时代战乱的大前提下设定的各个目的目标，大部分都随着秦帝国的成立而消失了。依然还能够维持必然性与正当性的法的目的，只剩下维持治安和完成统一事业了。这是已经论述过的。而且，随着始皇帝统一帝国建设的进一步发展，这些目标也几乎都达成了。在此，法术陷入了失去了目标方位的境况，其历史使命几乎已经终结。本来，法术的正当性根据就几乎只依存于外在状况。只要是这样一种性质的东西，作为伴随着外在状况变化的一个必然，可以说这也是法术必须承受的命运。

这样一来，皇帝也就需要改变以往的方式，在法内容里公然加入诱导意图、将民众煽动向特定方向上的方式，就需要改变。需要转向作为一个中立客观的、社会性利害关系的调停者的方向上来，需要转变权力的性质。也就是说，秦帝国在这个阶段，应该让作为诱导技术的法退后，推行慎到曾经倡导的、作为调整民众利害关系的客观判定基准的法，用这种形式来转换法治的基本性质。皇帝与帝国的存续，只有通过这种“去私塞怨”(《慎子·君人》)的统治形式才能成为可能。

不过,秦的皇帝权力完全没有顾及转换法的性质这个问题,其法依然停留在战国以来术性的法的程度上。这样一来,只要法只是个法术,当然就会时常需要诱导目标的存在。法术就将法的一律施行、贯彻法的秩序以及由此使皇帝权力绝对化等作为下一个法的目的。这是沿袭了志向于君主权的绝对化和破坏法以外的所有秩序的韩非的法术思想。不过,韩非提倡这样的法术的时代状况已经不存在了。在这种情况下设定这样的法的目的,也只能是失去了以外在状况证明法的必然性与正当性的行为。作为实现国家目的的手段和技术的法,在失去了目标之后,最终结果就是,一律贯彻法本身就是国家的目的了。作为应该实现国家安全的权力结构、君主,丧失了其目标,在这种情况下就反过来,将君主权力本身的绝对化当成了国家的目的和目标。在此,致命的病患、法治的自我目的化就开始了。

当然,这个倾向,在“法令由一统”“普施明法”“远迩同度”(《史记·秦始皇本纪》)这样的、将贯彻法治作为皇帝的一个必要条件的始皇帝时代,就已经存在了。到了二世皇帝的时候,程度更甚。与创业时期的始皇帝不同,二世皇帝找不出特别的新事业可以夸示皇帝的实质。“朕尊万乘,毋其实。吾欲造千乘之驾、万乘之属,充吾号名”(《史记·秦始皇本纪》),二世皇帝怀有实追不上先行的皇帝称号的焦躁,他引用韩非之言,说“凡所为贵有天下者,得肆意极欲。主重明法,下不敢为非,以制御海内”(同上),图谋依靠法的恣意性运用和一律贯彻来实证自己作为皇帝的权威。就这样,失去了一切诱导目标的法术,就作为要实证自我目的化了的皇帝权力之绝对性的手段,其本身也盲目地在其自身的自我目的化之中,寻找到了最后的目标。

就这样，商鞅、韩非系统的法术，本来就完全是作为一个人工的诱导技术而形成的。形成之后也没有积极地在自然法秩序上寻求法的正当性之根据，直到最后保持的都是一个法本身的正当性之根据没有内在于法本身的性质①。所以，这样的法，只能将其正当性依存在现实的外在状况上，是一个时时需要诱导目标的存在。这种性质与皇帝概念有着很大的共通性②。皇帝概念，因为是在实先名后的这个过程中形成的，有这样形成的强烈意识，所以，它不在自然法上寻求自己的正当性之根据，只依靠现实中的人为实绩来不断实证自己的正当性。因为共同拥有这种特性，法术思想与皇帝概念就好像车的两个轮子一样旋转行进，将秦的法治主义推向法的恣意性运用和法治的自我目的化的方向上去了。

---

① 自然法的最大特点，就是具有超越了所有的人的意志的客观性。商鞅、韩非系统的术性的法，原本在技术上就不是中立的。所以，其与自然法结合就有很大的困难。在《韩非子·奸劫弑臣》中，韩非探索了包含在广义的自然法中的"道德""义"与自己的术性的法相结合的方法，但最终也没能够完成理论，这一点如前所述。另外，"道德""义"虽然可以因定义而理解为自然法，但其主观、恣意性的解释的可能性也很大。所以，只靠它规制人为，力量是很薄弱的。即便是结合在一起，能够在多大程度上修正术性的法的缺陷，很值得怀疑。

② 西嶋氏在前面所说的《岩波講座·世界歴史·4》中说，因为与战国末期的法家、道家的亲近性，还因为法家的君主论根底里具有很强的老庄的无为自然的思想，所以，韩非所设定的君主以及始皇帝，是宇宙根本理法的"道"的体现者，甚至还具有宇宙主宰者的性质。将当时的道家看作是老庄思想是完全错误的。而且，老子的道和庄子的道在根本性质上是完全不同的，不能以宇宙之根本理法这样粗杂笼统的概念将二者概括在一起。另外，说韩非所设定的君主、始皇帝是"道"的体现者、宇宙主宰者等说法，没有任何史料根据。的确，在《韩非子》的《主道》《扬搉》两篇里，主张将老子的道作为形名参同术的根据。不过，其中几乎没有有关实定法的思考，与《孤愤》《奸劫弑臣》《五蠹》《显学》等内容相对比来看，也不能将其看作是韩非的自著。

商鞅、韩非系统的法术思想与秦的皇帝概念之间，还有一个重要的共通性，那就是，这两者都是以君主卓越的个人贤智为其形成和存在的大前提的。这一点成为二者最后的依据。

如前所述，商鞅的法术思想，是将一切能力都直接委托于“圣人”“明主”“明君”的君主的个人贤智上的。要求君主具有将外在状况与法的目的和内容相对应的立法能力，以及实际运营法治的统治能力等等。韩非的法术思想，构成比这个稍显复杂，他将直接的立法能力和现实运用法治的能力委托于“法术之士”所具备的个人贤智上。另一方面，对于君主，要求他理解法治主义的必然性并采用它，任用“法术之士”来施行法治，只要求他有这样的个人贤智就行了。所以，韩非的理论中，法治是君主的贤智与“法术之士”的贤智的共同工作。在君主必须是“圣人”“明王”“明主”这一点上，韩非与商鞅没有什么本质上的不同。

之前，申不害、慎到都反复强调了将法治的成否最终都委托于君主个人贤智上的危险性和赌博性。这个问题，就以秦帝国的法治为实例，来再做一次考察。在《史记·秦始皇本纪》里，这样传述始皇帝作为皇帝统治天下的执政情况：

> 皇帝躬圣，既平天下，不懈于治，夙兴夜寐，建设长利，专隆教诲。（《秦始皇本纪》引泰山石刻碑文）
>
> 始皇为人，天性刚戾自用。起诸侯，并天下，意得欲从，以为自古莫及己。专任狱吏，狱吏得亲幸。博士虽七十人，特备员弗用。丞相诸大臣皆受成事，倚辨于上。上乐以刑杀为威，天下畏罪持禄，莫敢尽忠。上不闻过而日骄，下慑伏谩欺以取容。……

> 天下之事，无大小皆决于上。上至以衡石量书，日夜有呈。不中呈，不得休息。贪于权势至如此。（《秦始皇本纪》）

泰山时刻碑文中写道，“既平天下，不懈于治，夙兴夜寐”，称赞始皇帝精进。这不能说是夸张，从侯生、卢生的话里也可以觉察出来，“上至衡石量书，日夜有呈。不中呈，不得休息”。这两个人评论始皇帝，说始皇帝傲慢到“以为自古莫及己”，还恣意运用法治，“上乐以刑杀为威”，独裁专横，“丞相诸大臣皆受成事”等等，有很多激烈的批判。不过，“专任狱吏，狱吏得亲幸”“天下之事，无大小皆决于上”的这种状态，正是韩非认为的理想的法家式专制君主的姿态。从法术思想的见解上来看，可以说始皇帝是能力无以类比的“圣人”“明主”，是期待已久的“新圣”（《韩非子・五蠹》）的显现。

秦国称霸六国，然后建设巨大的统一帝国，极大程度还是依仗始皇帝不一般的个人能力。“今海内赖陛下之神灵一统”（《史记・秦始皇本纪》）、“赖陛下神灵名圣，平定海内”（同上），李斯、周青臣等人的赞辞，也绝不是虚构的。回顾以往，就像所评述的“续六世之余烈”（同上），秦孝公任用了商鞅致使秦国强盛，自此以后，秦国基本上代代都是比较英明的君主，而且，在统一全中国这个决定性的时候迎来了始皇帝的出现。这对于以“明王”“明主”的存在为必须前提的商鞅、韩非系统的法术思想来说，绝对是一个很幸运的历史流动。

不过，这个幸运没有能够持续太久。始皇帝在巡行地的沙丘突然逝世，将一切都委托于君主贤智的法术思想的缺陷，也就一下子全部显露出来了。

上病益甚，乃为玺书赐公子扶苏曰：与丧会咸阳而葬。书已封，在中车府令赵高行符玺事所，未授使者。七月丙寅，始皇崩于沙丘平台。……独子胡亥赵高及所幸宦者五六人知上死。赵高故尝教胡亥书及狱律令法事，胡亥私幸之。高乃与公子胡亥丞相斯阴谋，破去始皇所封书赐公子扶苏者。而更诈为丞相斯受始皇遗诏沙丘，立子胡亥为太子。更为书赐公子扶苏蒙恬，数以罪，其赐死。（《史记·秦始皇本纪》）

始皇帝的葬丧被严加保密，知其已逝者只有数人而已。这个情况被恶意利用，赵高与公子胡亥、李斯等密谋，废弃了始皇帝给长子扶苏的玺书，并伪造遗诏立胡亥为后继人。他们还伪造始皇帝的命令，让扶苏和将军蒙恬自杀。就这样，胡亥即位做了二世皇帝。这是真正的使用奸计篡夺君位。极尽森严的秦国的法治体制也就这样，在朝廷中枢继承帝位这样的重大事件上，变得完全无力。始皇帝不幸于巡行中突然病逝，当然是招致这种事态发生的最大原因。不过，因为始皇帝平时太过将权力集中于自己一身，随着他的死亡，指挥命令系统产生了难以填埋的空白，群臣惯于万事都盲目服从命令，对于以伪诏作盾的赵高等人，做不到以独自的判断来对抗，这也都是原因吧。丞相李斯是唯一可以阻止篡夺帝位的人，在被强行要求加入阴谋的时候，自保很容易成为他第一考虑的因素。韩非规定“法术之士”的作用是“烛重人之阴情”“矫重人之奸行”（《孤愤》），但他没有能够起到任何这样的作用。在此，“法术之士”“必远见而明察”“必强毅而劲直”（同上）的这一韩非法术思想的理论前提，如此之快地就开始瓦解了。

就这样，正室嫡出的扶苏被逼死亡，靠着奸计篡夺了帝位的胡亥，说“大臣不服，官吏尚强，及诸公子必与我争”①，急于安顿自己依靠欺瞒得来的地位，焦灼于确立权威。在这一点上，赵高也想要排除群臣，从而使自己的专权成为可能，与二世皇帝的利害一致。他劝二世皇帝说，“郡县守尉有罪者诛之，上以振威天下，下以除去上生平所不可者”。在此，“行诛大臣及诸公子，以罪过连逮少近官三郎，无得立者，而六公子戮死于杜”，胡亥进行杀戮和肃清。结果，“宗室振恐，群臣谏者以为诽谤，大吏持禄取容，黔首振恐”，恐怖政治开始。

赵高还断绝了皇帝与臣下之间的联络。为了一手掌控政事，他巧言欺骗说，“今陛下富于春秋，初即位。奈何与公卿廷决事。事即有误，示群臣短也。天子称朕，固不闻声”“于是二世常居禁中，与高决诸事。其后公卿稀得朝见”，将其带入这种状态中。这样，与外界隔离的二世皇帝变得日益骄横。正当那时，各地反叛军蜂起，秦兵从关中不断出击，陷入讨伐奔走的苦境。忧虑此种情况，右丞相去疾、左丞相李斯、将军冯劫说，“关东群盗并起，秦发兵诛击，所杀亡甚众，然犹不止。盗多，皆以戍漕转作事苦，赋税大也。请且止阿房宫作者，减省四边戍转”，谏言为了对应民众的疾苦状态，需轻缓法令规定，转换政策。不过，二世皇帝说，“朕尊万乘，毋其实。吾欲造千乘之驾、万乘之属，充吾号名”“所为贵有天下者，得肆意极欲。主重明法，下不敢为非，以制御海内矣”，他把名实对应的欲望、恣意性的支配与发扬皇帝的权威混同，不但拒绝忠告，还处罚了这三者。去疾与冯劫自杀，李斯也被迫死于赵高之手。最终，赵高将实权完全地掌握

① 这以下没有特别标记出典的资料皆出自《史记·秦始皇本纪》的记述。

在了自己手里。

不过，反叛军势力一路增大，攻破了秦的讨伐军，逼近函谷关。在这种战况面前，赵高唯恐被追究责任，先下手弑杀了二世皇帝。然后，赵高说，“今六国复自立，秦地益小。乃以空名为帝，不可。宜为王如故，便”，宣称因为丧失了帝的实质，需复归王号。面临六国的自立，皇帝的称号以忠实地殉于其定义的形式消亡了。此时离秦灭亡还有四十六天。子婴继胡亥之后，诱杀了赵高，但为时已晚，秦王即位仅四十六天就被刘邦的军队降服了。在此，秦帝国灭亡。以史无前例的版图而自傲的秦帝国，建国以来只过了十五年时间，始皇帝死后仅三年多，就在咸阳焚燃的火焰中瓦解了。

以上简单概述了秦帝国崩溃的过程。在这个过程中，反复出现的只是二世皇帝和赵高竞相表演的无止境的荒诞愚行。“谒者使东方来。以反者闻二世。二世怒下吏。后使者至，上问。对曰：群盗。郡守尉方逐捕，今尽得，不足忧。上悦”，就是这种状况，二世皇帝完全不听来自臣下的报告，更是把自己置于远离外在状况的闭锁状态。所以，法治也就变成了不顾外在状况的任何动向、只一味显示自己的权威而强行的独善和暴虐了。在这里，完全不能期待“圣人之为国，观俗立法则治”(《商君书·算地》)那样的，将外在状况与法的目的和内容相对应、赋予法治以必然性和正当性的行为，君主的贤智完全没有运作起来。就像迫使二世皇帝自杀的阎乐所批判的那样，“足下骄恣，诛杀无道，天下共畔足下”，那样的法治完全缺失了必然性和正当性的根据，被认为只是一个恣意性的支配也是当然的事情。而且，煽起并持续怂恿了这个恣意性支配的，是曾经向胡亥教授“狱律令法之事”、辅佐二世皇帝的“法术之士”赵高。在君主及“法术之士”所应具备的个人贤智上，谋求法治正当性之终极根据的商鞅、韩非系统的法术思想，通过二世皇帝和赵高，其将法治的关键委任于个人资质上的这种偶然性及赌博性等致命性缺陷，也就彻底暴露出来了①。

同时，这也是秦的皇帝概念中潜在危险性的显现。如前所述，只要皇帝是形成于以武力统一中国的这种实绩之上的一个实先名后的概念，那么，位于皇帝地位的人，就必须时常不断地以自己的作为来提出并显示相应于皇帝名称的实质。所以，皇帝概念会持续不断地对皇帝提出要求，要求其个人拥有足以名实相对的卓越能力和贤智。

始皇帝的时候，是先实现了以自己的双手平定了整个中国的事业，是在这个实绩上称皇帝的，即位时已经确保了主要的实质，而且又施行了各种统一事业，不断补充其实也成为可能。更为重要的是，始皇帝本人的个人贤智是足以应对皇帝概念的要求的。相反，到了二世皇帝的时候，一开始就是阴谋篡夺得来帝位，皇帝"空名"先行，不存在任何实质。在这种情况下，二世皇帝就急于让实追上先行的名，不过，统一事业已经完成了大半，要想提出新的实绩是很不容易的，再加上他的个人资质远不及父亲始皇帝。在日益疲弊的帝国，想要应对皇帝概念的巨大要求，二世皇帝显得过于愚蠢和无能了。致使二世皇帝灭亡的，也可以说是那不断要求以人为展现实质的皇帝概念。它像一个

---

① 就这样，最终，韩非的肉体生命被李斯和姚贾消灭，思想生命则被胡亥和赵高断绝了。韩非揭露现实黑暗不止，现世的黑暗远远超过了他的品性所能容许的程度，而且十分卑劣。这位不断述说人间险恶的白面书生，因其理想主义而造成的对人的理解上的细小但又是绝对性的漏洞而被打击，最后不得不在自己自负熟知的现世面前败退。

咒符一样，不断要求君主具备足以达成其要求的个人贤智①。

就这样，与法术思想一样，皇帝概念也毫无遗漏地显露出了将一切交给皇帝的个人贤智的这种偶然性与赌博性的缺陷。

前面论述了从战国时期到秦帝国的时代转换对于各种法的目的所带来的影响。在此，在讲述帝国灭亡过程的基础上，进一步加以讨论。前面已经讲过，在战国时期，商鞅、韩非提出的法的目的，随着富国强兵和统一国家的实现，其正当性论据几乎都失掉了。在统一之后，依然可以部分地继续主张必然性和正当性的，就只剩下维持治安和强化君主权力这样的法的目的了。

这里首先从维持治安方面来讨论。即使战国争乱终息，维持社会治安依然是一个重要的法的目的。不过，在秦帝国，法的存在不仅仅是维持治安的手段和方法，通过法的一律性的施行，在法治的内部，时常还介入和渗透有为了确保皇帝威信的别的要素。

这种情况的发生，本来就是因为将“法令出一”“远迩同度”“普施明法”当作皇帝的必要条件之一的缘故。为此，皇帝的法治也不得不常常带有“以刑杀为威”的一面。就这样，在全国范围内严格一律地施行法、将其与皇帝的威信直接相连的这种思考，就使得法治不顾各地区的特色和实情以及此时彼时的情况变化。无视一切地强制施行法，

---

①　在前面讲的町田氏的《秦漢思想史の研究》第二章・三「秦の始皇帝について」当中，提出了这样的见解：秦帝国的支配，一切都在顺利中进行，帝国日益强盛稳固。如果是这样的话，自然会产生这样的疑问：为什么秦帝国会在短期内灭亡呢？町田氏将这个原因说明为，始皇帝排斥神秘主义、进行彻底的合理主义支配，他只以人为的实绩来证实自己是上帝，这是不可能的，所以就失败灭亡了。不过，一边说始皇帝采取了将自己视为煌煌上帝的神秘主义立场，一边又说始皇帝不依赖神秘主义、彻底实施合理性的支配，在笔者看来，这种说法存在严重的逻辑性矛盾。

就好像只是为了发扬皇权的威信一样，使法治显著僵硬化。而且，民众这一方面，也敏锐地察觉到那个法治只是借维持治安之名来夸示强权的而已。这招来怨气和憎恶。这样的法治损害了法的权威，反而会招来社会治安的恶化。公子扶苏谏言说，“天下初定，远方黔首未集，诸生皆诵法孔子。今上皆重法绳之。臣恐天下不安”，激怒了始皇帝。这也是因为扶苏早早就察觉到无视偏远地区还没有习惯秦国法治的实情、就以严格一律的法来处理问题的危险性了。

不过，在这个倾向毫无改变的现实中，到了扬言“主重明法，下不敢为非，以制御海内”的肆无忌惮的二世皇帝的时代，情况就更进一步加重了。胡亥只是为了夸示皇帝的威信，就“用法益刻深”。就像在陈胜、吴广的例子里看到的，这正是各地穷困潦倒的民众纠合在一起、直到组织为反叛军的最大原因。正如以上的过程所显示的，维持治安的法目的已经堕落为一个表面的美称了。实际上，在将其换为夸示皇帝权威的其他目的的时候，其法治就变成了为了追求皇帝私人利益而故意制造罪人的恣意性支配。当初所说的维持治安的法的目的，就难以确保其必然性与正当性的根据了。

接下来看强化君主权力这一法的目的。这个在秦国也同样，与上述的维持治安走了几乎同样的路。为了保卫本国不受外敌的侵略，强化君主权成为必须，随着战国时代的终息，为其赋予这种形式的正当性成为不可能。所以，这一法的目的，其正当性论据就不得不转换到维持统一上来。不过，如上所述，这个转换在没有确切实施的情况下就终息了。特别是二世皇帝，与其说是维持统一，不如说是为了保身而走向皇帝权力的强化，使法陷入了自我目的化，没有获得对于社会的、可以主张必然性与正当性的根据。

秦帝国所设定的法的目的中,加上了继续完成统一事业这一新的目的。这里产生了什么样的变化呢?如前所述,这个法的目的,如果纯粹就是为了防止倒退到战国时期的争乱状态、维持统一国家的安定的话,其必然性与正当性之论据就会是强有力的。不过,实际上在这个法的目的中,也不断地介入了夸示皇帝权威的动机,特别是到了二世皇帝的时代,几乎全都变质成只是为了夸示皇权了。这样的话,从民众方面来讲,统一事业已经化为追求皇帝个人利益的手段,为此被迫承担的苛刻负担和牺牲,也就只有痛苦,并不能换来任何利益。民众被逼迫在痛苦闭塞的状况中。到了这样的状况,继续完成统一事业的这个法的目的,就面临完全提交不出正当性之根据的局面。

如此看来,秦帝国所设定的法的各个目的,或者因为战国时期的终焉,或者因为化为皇帝追求私利的手段,其必然性和正当性的根据,一个一个地都丧失了。法的目的本身已经丧失了正当性的话,必然的,法内容的正当性也就被剥夺了。这是不用说的①。

从战国时期的分裂状态到统一帝国的形成,再到进一步发展统一事业。在自己创下的时代变化面前,需要时常不断地探索诱导目标以及操作诱导技术的贤智(法术思想);不断要求人为的实绩,要求能够

① 从1975年湖北省云梦县睡虎地秦墓出土了《秦律十八种》《效律》《秦律杂抄》《法律问答》《封诊式》等秦国的法律类文书,以及墓主喜的《编年记》、秦王政时代南郡之守腾向所管治下的县、道发行的《语书》和讲述地方官吏守则的《为吏之道》等文献。这个发现,使得依据秦律的具体内容来了解战国末期秦国的法治情况成为可能。汤浅邦弘的《秦律の理念》(《中国研究集刊》天号)以及《秦の法と法思想——雲夢秦簡を心として》(《日本中国学会報》第三十六集),在讨论了秦简的内容的基础上,阐明了这样的一个事实:以商鞅、韩非系统的法术思想为基础的秦的强权法治,与占领下新编入的地区乡俗发生摩擦,这个矛盾没有得到任何理论性的解决,就交给了下端的行政官员处理。秦国采取这样一种且图方便的方法。

不断做出实绩的贤智（皇帝概念）；再加上二世皇帝与赵高的暗愚和无能，这三者相互纠缠，使秦帝国在法治的自我目的化和恣意支配的路上越走越远，并毫无阻挡地坠落了。

秦帝国以法术思想和皇帝概念作为支配的推动力，背负了不断奋起狂奔、直到倒下的宿命。可以说，这个悲剧也是秦帝国最终都要迎来的必然结果。

第十二章　黄老道的政治思想

——与法术思想的对比

经过了秦帝国的急速兴亡，随着汉帝国的建立，黄老道取代了以往的法术思想，跃入政治思想的主导地位。概括性地来看，从法术思想到黄老道，这种现象意味着时代思潮的一个大转换。那么，黄老道是以什么样的思想性的长处而凌驾于秦的法术思想之上的？本章依据《经法》《十六经》《称》《道原》等四种古佚书即黄老道的主要资料，加入一些与法术思想的对比，来探索产生这种思想性潮流转换的原因，并探讨一直以来具有诸多不明点的、作为政治思想的黄老道的性质。

首先来考察一下黄帝书中的法思想的性质：

(1) 道生法。法者，引得失以绳，而明曲直者也。故执道者生法而不敢犯，法立而不敢废也。〔先〕能自引以绳，然后见知天下，而不惑矣。(《经法·道法》)

(2) 法度者正之至也。而以法度治者，不可乱也。而生法度者，不可乱也。精公无私而赏罚信，所以治也。(《经法·君正》)

(3)是非有分，以法断之。虚静谨听，以法为符。(《经法·名理》)

(4) 环〔私〕伤威。弛欲伤法。……数举三者，有身弗能保。何国能守。(《称》第 2 章)

(5) 有仪而仪则不过，恃表而望则不惑，案法而治则不乱。(《称》第 5 章)

(6) 世世恒，不可释法而用我。用我不可，是以生祸。(《称》第 18 章)

黄帝书中的法，与绳墨(1)、仪表(5)相同，被规定为是排除了一切私心私欲的客观基准。所以，即便是立法者，也不能恣意运用法和修改废除法(1)，要求施行法治的君主，时常保持“精公无私”(2)、“虚静谨听”(3)的客观性态度。法术思想，主要考虑君主如何使臣民严守法。与这样的法术思想成为一个对照，黄帝书是要求君主率先服从法的客观性的(4)(6)。

据此可以了解，黄帝书中的法思想对法的性质的理解是，法并不是实现君主意图的诱导技术，而是超越了立法者即君主的意志的客观性基准。这样的法思想，与主张术性的法的商鞅、韩非系统的法术思想，有着根本性的差异；与追求法的中立性和客观性的申不害、慎到系统一致。黄帝书的内容，也包含有形名参同术。从这一点上来看，当然可以想到是来自申不害的影响。在《称》中，能够看到数例与守山阁本《慎子》几乎同文的内容。从这一点上来看，可以判断，主张“法之功，莫大使私不行。君之功，莫大使民不争”“移富国之术而富民”(守山阁本《慎子》所收佚文）的慎到的法思想，对其影响强烈[①]。

就像这样，黄帝书中的法，只要与法术思想所倡导的术性的法的性质不同，它就会否定法术思想那样的法治，否定君主事先设定好一个富国强兵、强化君主权那样的诱导目标，否定给法内容中加入诱导意图、以厚赏严罚将民众引向特定方向的这种法治。所以，就如所述的"信能无欲，可为民命。上信无事，则万物周遍。分之以其分，而万民不争。授之以其名，而万物自定。不为治劝，不为乱懈"（《道原》）、"除民之所害，而持民之所宜"（《十六经・成法》）、"不豫谋，不为得"（《称》第6章），它主张不以自己的支配欲望为优先、虚心因循和应对外界、客观调节天下整体的利害从而使万民争乱自然终息的这种形式的法治。

下面再来考察黄老道政治思想的第二个特色，即以自然法秩序规制人为支配的问题。在黄帝书中，宇宙本体及根源的老子的道、主宰宇宙的人格神皇天上帝、宇宙运行法则天道等等，各种自然法性质的东西并存。地上的君主的支配，要时常性地从属于由这些东西所构成的自然法秩序之下，是这样思考的：

---

① 有关类似《称》与《慎子》的例子，在第一部第六章中已经解释。其他的，黄帝书与《慎子》之间，也存在有近似的表达和思考。例如，"号令合于民心，则民听令"（《经法・君正》）与"法非从天下，非从地出。发于人间，合乎人心而已"（守山阁本《慎子》所收佚文），"万民不争"（《道原》）、"上人正一，下人静之"（《十六经・正乱》）、"成法可以正民者"（《十六经・成法》）与"君之功，莫大使民不争"（守山阁本《慎子》所收佚文），"受赏无德，受罪无怨"（《经法・君正》）与"不知所以德""不知所以怨"（《慎子・威德》）等等就是。另外，二者之间也有许多共通的术语：无为、无事、因、去私、立公等等。

(1) 唯执道者能上明于天之反，而中达君臣之畔，〔下〕密察于万物之所终始，而弗为主。……然后可以为天下之正。(《经法·道法》)

(2) 圣人不巧，时反是守。优而爱民，与天同道。圣人正以待天，静以须人。不达天刑，不襦不传。当天时，与之皆断之。当断不断，反受其乱。(《十六经·观》)

(3) 其上帝未先而擅兴兵，视之蚩尤共工。(《十六经·正乱》)

(4) 昔者皇天使凤下，道一言而止。(《十六经·成法》)

(5) 抱道执度，天下可一也。(《道原》)

(6) 毋先天成，毋非时而荣。先天成则毁，非时而荣则不果。(《称》第29章)

(7) 知天之所始，察地之理，圣人弥纶天地之纪，广乎独见。(《称》第14章)

(8) 宫室过度，上帝所恶。为者弗居，虽居必路。(《称》第27章)

在上面的资料中，(1)(2)(6)(7)全都是将以天地、阴阳、四时、日月、晦明等为构成要素的天道设为自然法，强调君主的统治应该遵从天道的运行规则。(3)(4)(8)主张统治要奉行皇天上帝的意志，认为即便是在以上述的天道为规范的时候，背后也有统合了天道、对于违反天道指示的行为予以天刑和天殃的主宰者即皇天上帝的存在。与此相同的思考，在黄老道的另一支柱的《老子》中也能看到："侯王若能守之，万物将自宾，天地相合，以俞甘洛"(第三十二章)、"天将建之，以兹恒之”(第六十七章)、“天之亚所,孰知其故”“天罔袏袏,疏而不失”(第七十三章)、“有恒司杀者”(第七十四章)、“天道无亲,恒与善人”(第七十九章)。(1)(4)(5)是将老子的道定为终极统括了天道所示的万理的一个主体,《道原》整篇都贯穿了这样的一个立场。另外,说“道生法”、将道定为实定法之根据的《经法·道法》,说“道者,神明之原也”、将道作为形名术之根据的《经法·名理》的主张,也属于这个系统。

就像这样,黄帝书将自然法秩序置于人为支配的上位,使用以灾殃为媒介的强烈的天人相关理论,着重抑制人为的失控①。这样教诫的言论,如下所示,在黄帝书中随处可见:

(1) 变故乱常,擅制更爽,心欲是行,身危有殃。(《经法·国次》)

(2) 不知王术者,驱骋驰猎则禽荒,饮食喜乐而湎康,玩好嬛好则惑心。俱与天下用兵,费多而无功。(《经法·六分》)

(3) 为人主者,时节三乐,毋乱民功,毋逆天时。(《十六经·观》)

(4) 逆天之极,又重有功,其国家以危,社稷以匡,事无成功。(《十六经·兵容》)

(5) 不阴谋,不擅断疑,不谋削人之野,不谋劫人之宇。慎案其众,以随天地之从。(《十六经·顺道》)

---

① 上述资料(1)(2)(7)与“唯圣人为不求知天”(《荀子·天论》)相比较的话就会发现,荀况的“天人之分”,就是将黄老道设定为主要批判对象的这个可能性很高。

(6) 提正名以伐，得所欲而止。(《称》第 24 章)

(7) 圣人不为始，不专己，不豫谋，不为得，不辞福，因天之则。(《称》第 6 章)

(8) 宫室过度，上帝之所恶。(《称》第 27 章)

(9) 不用辅佐之助，不听智慧之虑，而恃其城郭之固，怙其勇力之御，是谓身薄。(《称》第 46 章)

就像以上列举的那样，对于滥用军事力量和无限制的侵略兼并(5)(6)、过度奢侈和淫乐(2)(8)、无视天时的收取和使役(3)、无克制地一味追求功绩(4)、君主的独裁和暴虐(1)(5)(7)(9)等等，黄帝书一贯严厉戒备这种无视自然法的人为独善和失控，戒备君主的恣意性支配。有关这一点，《老子》也是同样的："驰骋田猎，使人心发狂"(第十二章)、"夫乐杀人者，则不可以得志于天下"(第三十一章)、"今舍其兹，且勇，舍其检，且广，舍其后，且先，则必死"(第六十七章)、"勇于敢则杀"(第七十三章)等等。也就是说，黄老道的指向，与利用皇帝概念和法术而迈向恣意性支配的始皇帝、二世皇帝的做法，是完全相反的。

这种情况，老子的道的形态、上帝的意志、天道的理法等自然法，对人的义务、本分及禁止事项，都有很具体的指示。所以，这些自然法秩序、特别是伴有可视性现象的天道，是作为一个谁都能看得见的理法，由万人共有的。所以，对于臣下来讲，可以以君主自己也承认的自然法权威为盾，向君主谏言，使抑制恣意性支配成为可能。《经法》中说，"贵贱身有道"(《六分》)，主张任用贤者；《十六经》中说，"黄帝问曰四辅"(《果童》)，描绘了一个被力黑等四臣下辅佐的黄帝形象；在《称》中，要求"听圣慧之虑"(第 46 章)。这都是在说明，天道本来就具有由万人共有的客观规律性。

就像这样，黄帝书认为只有自然法才具有完美的客观性，将其定位为终极的法。黄帝书的法思想，规定法的本质是中立性的基准。这个现象，也是由来于它将实定法的秩序放在自然法秩序的框架之内、在维持自然法与实定法明确的上下秩序当中而连动的这种思想结构。而且，黄帝书在老子的道上寻求实定法的根据、从而得以形成道法思想的主要原因，也正是在于这个思想结构上的。相比之下，法术思想直到最后也没有能够使术性的法与自然法相结合。

本来，这种思想结构就拥有以自然法为根据使君主权和君主的法治正当化的一面。这个倾向在有关老子的道上尤其浓厚。说到底那是只限于君主服从于自然法秩序的情况。因此，在黄帝书中，虽然也有申不害理论的形名术，但其与同样是受了申不害影响的韩非的形名术十分不同，变成道家的形名术。韩非的形名术，是要识破和揭穿臣下的奸诈、强行使其服从于君主，是志向于绝对化君主权的理论。黄帝书的形名术，也有对于臣下的督责术这一方面的内容，但是在整体上所含不多。审合天道的推移及其指示内容，预见未来的利害得失、从而制定国家的战略政策，这些方面的内容是它的最大力点所在：

> 执道者之观于天下也，必审观事之所始起，审其形名。形名已立，逆顺有位，死生有分，存亡兴坏有处。然后参之于天地之恒道，乃定祸福死生存亡兴坏之所在。是故万举不失理，论天下而无遗策。（《经法·论约》）

也就是说,黄帝书中道家的形名术,不是朝着无限制地绝对化人为性的支配这个方向的,相反,它是要君主去掉自己的主观和恣意、随顺客观性的自然法从而运营国家,是强烈地作用在这个方向上的。前面指出了商鞅、韩非流的术性的法与黄帝书的法在基本性质上完全不同,这种差异也及至彼此的形名参同术的性质。

作为黄老道政治思想的第三个特色,可以举出它所主张的刑与德、文与武并用的理论:

(1) 天地有恒常,万民有恒事,贵贱有恒位,畜臣有恒道,使民有恒度。天地之恒常,四时、晦明、生杀、柔刚。万民之恒事,男农女工。贵贱之恒位,贤不肖不相放。畜臣之恒道,任能毋过其所长。使民之恒度,去私而立公。变恒过度,以奇相御。正奇有位,而名〔形〕弗去。(《经法·道法》)

(2) 一年从其俗,二年用其德,三年而民有得,四年而发号令,五年而刑正,六年而民畏敬,七年而可以征。一年从其俗,则知民则。二年用其德,民则力。三年无赋敛,则民有得。四年发号令,则民畏敬。五年以刑正,则民不倖。六年□□□□□□□。七年可以征,则胜强敌。俗者顺民心也。德者爱勉之也。有得者,发禁驰关市之征也。号令者,连为什伍,选练贤不肖有别也。以刑正者,罪杀不赦也。□□□□□□□□□殹。可以征者,民死节也。……因天之生也以养生,谓之文,因天之杀也以伐死,谓之武。文武并行,则天下从矣。(《经法·君正》)

(3) 始于文而卒于武,天地之道也。四时有度,天地之理也。日月星辰有数,天地之纪也。三时成功,一时刑杀,天地之道也。

(《经法·论约》)

(4) 春夏为德,秋冬为刑。先德后刑以养生。……夫是故使民毋人执,举事毋阳窃,力地毋阴敝。阴敝者土荒,阳窃者夺光,人执者纵兵。是故为人主者,时节三乐,毋乱民功,毋逆天时。然则五谷溜熟,民乃蕃滋。君臣上下,交得其志。天因而成之。夫并时以养民功,先德后刑,顺于天。(《十六经·观》)

(5) 凡戡之极,在刑与德。刑德皇皇,日月相望,以明其当。望失其当,环视其殃。天德皇皇,非刑不行。穆穆天刑,非德必倾。行德相养,逆顺若成。刑晦而德明,刑阴而德阳,刑微而德章。(《十六经·姓争》)

(6) 奇从奇,正从正。奇与正,恒不同廷。(《称》第 3 章)

(7) 〔圣人〕不执偃兵,不执用兵。兵者,不得已而行。(《称》第 13 章)

(8) 时极未至,而阴于德。既得其极,远其德。划〔默〕以力。既成其功,还复其从,人莫能代。(《称》第 20 章)

在开头的(1)当中,主张遵从于以天道为首的一定的恒常性,但也要对应"变恒过度"的非常局面,提出了作为对应手段的奇法,主张正奇两法并用以对应情况的变化。后面的(6),也是同样的主旨。(2)(3)(4)(5)全都是主张刑与德、文与武并用的记述,从内容上来讲(7)(8)也属于这一类。另外,在黄帝书中,除了上述的对应关系之外,还有静作、刚柔等样式存在。

本来,这种思维,是由来于构成自然法的诸要素当中的,特别是由来于天道的性质。将天道以四时及阴阳为中心来认识和把握的时候,每一年的周期，就是阳节（春、夏、秋或春、夏）阴节（冬或秋、冬）的循环。在此，"天地之道，寒热燥湿，不能并立。刚柔阴阳，固不两行"（《十六经·姓争》），所以，在阴节施以刑、武，在阳节施以德、文，应该并用对应于阴阳两节不同的统治模式。形成了一个这样的理论。"三时成功，一时刑杀，天地之道"(3)、"春夏为德，秋冬为刑"(4)等主张，就是例子。

另外，在黄帝书中，也存在有以日月的运行为中心来把握天道、将天道看作是拥有更长周期的循环运动的思考。这种情况主要是把理论重点放在本国与敌国的盛衰——虽然彼此处于高端和低谷的时期不同，但也是反复着周期性的变化的。所以，以这个理论来讲，敌国迈向隆盛（雄节）而本国处于衰落时期（雌节、柔节、弱节、女节）的话，就要采用德、文、静、柔来整治内政，充实国力，巩固防御，等待反攻时机的到来。天道反转，逆节到来的时候，敌国在衰运中落后而本国迈向强盛的话，就采用刑、武、作、刚等，断然施行外征。要求分别使用这种形式的刑德、文武、静作、刚柔等。在此，本国与敌国相互处于天道周期的什么位置，对于其时机的判断，就被当作决定国家命运的重大事项了。"过极失当，天将降殃"（《经法·国次》）、"功溢于天，故有死刑"（《经法·论约》）、"可作不作，天稽环周，人反为之客"（《十六经·姓争》）、"〔天予〕弗受，反随以殃"（《十六经·兵容》）、"察稽知极"（《道原》）、"毋失天极，究数而止"（《称》第30章）等等，黄帝书反复强调要机敏地察知彼时彼刻天的指示内容和容许限度，要适当对应、无过无不足。原因就在这里。

这种思考，就是为了用自然法给人为加以限制，制御和抑制恣意性人为的失控。所以，在主张刑德、文武并用的黄帝书的政治思想中，对于包含在广义上的自然法秩序中的民众的生活方式，要求也应予以慎重的考虑和照顾。其附带有这样的一个侧面也是当然的现象。在前述资料(4)以及《经法·国次》中，认为阳节兴兵有碍农耕(阳窃)，阴节过大强争收获的话就会影响地力的恢复(阴敝)。或者，将民众驱入劳役、长期不解除动员使民众滞留(人执)的行为，也是“逆天时”“乱民功”的恣意性支配，都应该严厉警戒。在此存在有对于民众顺从于自然法而经营的自律性生活秩序的尊重。对于表面装作施行公共统治，实际只为满足私欲的、君主的恣意性支配介入，表现出强烈的不让其破坏民众生活基础的意识。“使民之恒度，去私立公”(《经法·道法》)、“夏大起土功，命曰绝理。犯禁绝理，天诛必至”(《经法·亡论》)等主张，也是基于同样的思考。

而且，这种对于民众生活秩序的考虑，更还用于占领行政上。前述资料(2)中说，在将新的占领地作为郡县编入本国领土时，当地的行政官要采取的手续过程需要七年时间。第一年，“一年随其俗”“俗者，顺民行也”，以尊重当地居民长年习惯了的过往习俗为方针，观察当地特有的生活方式和乡里运营的基准。第二年，“二年用其德，民则力”“德者，爱勉之也”，以施行恩德来掌握民心。第三年，“三年无赋敛，则民有得”“有得者，发禁驰关市之征也”，采取减轻赋敛、提高民众经济能力的政策。

就这样，让民众充分亲附，在此基础上，第四年，“四年发号令，则民畏敬”“号令者，连为什伍，选练贤不肖有别也”，这才以依从本国的方式重新组织居民。第五年，“五年以刑正，则民不倖”“以刑正者，罪杀不赦也”，开始严格实施之前予以缓和施行的本国法律，使民众服从于统治者的权威。第六年的记述，文字缺落，无法知道内容。到了最后的第七年,“七年可以征,则胜强敌”“可以征者,民死节也”,说直到民众能够对新的统治者尽忠尽节之后,才能够将其纳入外征的军队里。可以说,这是将以一年为单位的“先德后刑,以养生”(4)的刑德并用的统治模式延长至七年的一个应用模式。

《经法·君正》在后文中也说,“发号令必行,俗也。男女劝勉,爱也。动之静之,民无不听,时也。受赏无德,受罪无怨,当也”“衣食足而刑罚必也”“知地宜,须时而树。节民力以使,则财生。赋敛有度则民富。民富则有耻。有耻则号令成俗而刑罚不犯”“省苛事,节赋敛,毋夺民时,治之安。无父之行,不得子之用。无母之德,不能尽民之力”“号令合于民心,则民听令。兼爱无私,则民亲上”等等,反复主张公正并有弹性地运用法治,对民众的生活应予以最大限度的考虑。

而且,这一点是贯穿于整个黄帝书的主张,不仅仅局限于《君正》篇。“吾畏天爱地亲民”(《十六经·立命》)、“变故易常,德则无有,措刑不当”(《十六经·姓争》)、“王公慎令,民知所由”(《十六经·三禁》)、“因地以为资,因民以为师”(《称》第26章)等等就是例子。

也就是说,黄帝书的政治思想,否定无视各地风俗实情的单方面一律性的法的施行,否定无视民心民生的苛敛诛求和征兵征发等发动强权的僵直法治。它要求君主顺应自然法天道的推移,不乱改旧制,像父母一样地对民众予以慈爱和抚慰,巧妙地分别运用刑德文武,施行柔和的统治。黄老道的这种主张,同先前讨论的基于法术思想的秦始皇的支配相比较就会发现,黄老道所禁止的统治形态,在秦国全都施行了。二者的立场是完全相反的。

下面,再来把问题移到黄老道所设想的政治组织的形态上。首先,来看看黄帝书中列举的、有关人间界最高支配者的概念:

(1) 正以明德,参之于天地,兼覆载而无私也,故王天下。王天下者之道,有天焉,有人焉,有地焉。三者参用之,〔故王而〕有天下矣。……文德究于轻细,武刃于〔无道〕,王之本也。然而不知王术,不王天下。……王天下者有玄德。……〔故〕王天下而天下则之。霸主积甲士而征不服,诛禁当罪而不私其利。故令行天下而莫敢不听。此以下,兵战力争,危亡无日。(《经法·六分》)

(2) 王公执〔稽〕以为天下正。……用二文一武者王。(《经法·四度》)

(3) 帝王者,执此道也。是以守天地之极,与天俱见,尽□四极之中。执六柄以令天下,审三名以为万事□。察逆顺以观霸王危亡之理,知虚实动静之所为,达于名实相应,尽知情伪而不惑。然后帝王之道成。……六柄备则王矣。(《经法·论》)

(4) 故能立天子,置三公,而天下化之。(《经法·论约》)

(5) 昔者黄宗质始好信,作自为象,方四面,传一心。四达自中,前参后参,左参右参,践位履参,是以能为天下之宗。吾受命于天,定位于地,成名于人。唯余一人,〔德〕乃配天。乃立王、三公,立国置君、三卿。(《十六经·立命》)

(6) 黄帝问四辅曰:唯余一人,兼有天下。今余欲畜而正之,均而平之。为之若何。(《十六经·果童》)

(7) 是谓察稽知极。圣王用此,天下服。……抱道执度,天下可一也。(《道原》)

(8) 帝者臣,名臣,其实师也。王者臣,名臣,其实友也。霸者臣,名臣,其实宾也。危者臣,名臣,其实庸也。亡者臣,名臣,其

实虏也。(《称》第 9 章)

(9) 天子地方千里，诸侯百里，所以联合之也。故立天子者，不使诸侯疑焉。(《称》第 15 章)

黄帝书全都是以诸国持续分裂和抗争的战国时期为背景著述的。所以，其政治思想的最大着眼点，就在于向君主主张国家的统治法上。不过，另一方面，“兵战力争”(1)的战国争乱也终于走向终息，在不远的将来就会出现一个统一的国家。对于这样的情况，其也有充分的预测。因此，“审知四度，可以定天下，可安一国”(《经法·四度》)，黄帝书表示，一国的安定性支配和平定天下的事业在根本上是可持续的，不断表明了一个即将到来的理想的、天下统一国家的样态以及对它的期待。

那么，黄帝书所设想的将要实现的统一国家，是怎样的一个形态呢？这是一个重要的问题。最能够表现出其时统一国家基本性质的要素，就是统一国家的最高权力者的性质。那么，黄帝书所描述的支配者的形象是怎样的呢？

在前述的资料(1)中，说“王而有天下”，用从前的王(天子)的概念表示统一国家的最高权力者。王的下面是霸主，再下面是使国家陷入危机的危主，然后是使国家灭亡的亡主。与资料(1)同样，将统一国家的君主表达为王乃至天子的例子，在(2)(4)(7)(9)中也可以举出。

与这一系列表达的特性稍显不同的是(3)(5)(6)(8)。首先在(3)中，说“帝王者，执此道也”“帝王之道成”，用帝王表达新的统一国家支配者。不过，在《论》篇当中，帝王也可以单纯地换言为王，所以，难以认为帝与王的意思是深刻区别使用的。本来，帝王就是君主的意思的一个复合词，这本身就如实地反映了这一点。还说“观霸王危亡之理”，在帝（王）之下，接着还有霸主、危主、亡主，与(1)一样。

对此，(8)明确地区分帝与王的意思，树立了帝—王—霸—危—亡的序列。显示出与此同样性质的是(5)。在此，成为“天下之宗”的黄帝，“立王、三公，立国置君、三卿”，自己设置王、三公、诸侯和三卿。结果，作为帝的黄帝就让王服从于自己的下位了。与(8)同样，形成了帝—王的图示。当然，(8)的序列与(1)都是以支配的优劣而列出的价值秩序，并不表示纵向的政治机构，所以，在同一个时间里，王的上位并没有帝君临。必须认为，在这一点上(5)与(8)性质不同。

在这二者中，(5)的内容说，已经是“天下之宗”的黄帝又立了王。乍看不可思议，不过，这里的黄帝，是一个几乎超越了人间界的神秘性的存在、担当了文明创造者的形象，起的是这个作用，并不是直接给人类社会提示出的、所应有的政治机构的存在。

同样有黄帝出现的例子，(6)是把黄帝本身直接描述成地上政治组织的最高支配者，与(5)色调不同。这一系统的内容，还可以列举《五正》《果童》《正乱》《成法》《顺道》等多个篇章，在《十六经》中，一方面还将新的统一国家支配者的形象寄托于“唯余一人，兼有天下”(6)的黄帝，这一点很清楚。

以上分析了前面列举的资料。那么，作为黄帝书整体上的一个倾向，可以做出一个什么样的总结呢？上述资料可以大分为两类：将帝置于最高位置的系统和将王（天子）置于最高位置的系统。只不过，有很多帝—王这样的价值性秩序存在，甚至还可以看到帝王这个名称。从这些情况来看，帝与王并不是以性质完全相异而区分开的，帝是指比王更进一步的理想状态，可以推定二者在人们的意识里是有着连续性的①。

这里要考虑的是，为什么要在以往的王、天子的概念的上位再加上一个帝的概念呢？当然，因为僭称而使王、天子的价值下降是一个原因，但最大的原因，大概还在于将王、天子当作最高支配者的周王朝的衰退和灭亡。如果正是因为周的支配体制没有有效发挥其机能，才引发了战国争乱的话，那么，很自然地就会想，最终出现的新的统一国家的支配者，就应该具备凌驾于周王之上的强有力的性格特质。所以，可以认为，黄帝书就因此在古代的五帝——特别是五帝之首的黄帝的形象上，寻求超越以往的王、天子概念的性格了。

不过，这样新提出的帝的概念，从内容上来看也是停留在暧昧不清的程度上的，还没有带来与王、天子完全不同的统治天下的新模式——还没有总括性地提出来。这表现在，黄帝书所设定的统一国家的政治组织，就如前述资料(4)(5)(9)所显示的那样，依然还是承袭了以往的周的封建体制。当然，最终出现的统一国家，一定是建立在以军事力量吞并分裂国家之上的。在这个过程中，既存的国家必须先灭亡。黄帝书提出的统一者在其后所应采取的措施是这样的：

> 兼人之国，修其国郭，处其廊庙，听其钟鼓，利其资财，妻其子女，是谓〔天〕逆以荒，国危破亡。……故圣人之伐也，兼人之国，堕其郭城，焚其钟鼓，布其资财，散其子女，裂其地土，以封贤者。

---

① 这一点，王—霸的情况也一样。就像孟子，并不是将王与霸对立、否定霸。王是在霸的基础上，是位置于其上位的一个概念，是这样考虑的。《经法》戒滥用军事力量，但也肯定以武力统一天下。《十六经》列举出一个作为军事统一者的黄帝形象，也是由来于这样的立场。

是谓天功，功成不废，后不逢殃。(《经法·国次》)

在此，《国次》篇否定在合并别国的时候、君主直辖支配占领地全域并独占其富的方式和做法。在消除煽起君主独占欲的一切对象之后，要求“裂其地土，以封贤者”。当然，就像先前讨论过的《君正》篇那样，《经法》一方面是认可将占领地作为郡县编入本国领地的。所以，并不是说要求把占领地全部都分封给贤者，而是说将一部分作为由君主直辖支配的郡县，剩下的施行封建制，提倡的是这种兼并方式。尽管如此，这个方式还是与秦帝国的政策，有着相当大的差别的。秦帝国将占领地全部郡县化，除了极少的例外①，对子弟功臣不与寸土。

与此同样的内容，在《经法·六分》中也能看到：“王天下者，轻县国而重士。……诛禁当罪而不私其利。”在根本上，这是立足于黄帝书君臣论的基于尚贤主义的、重视人才利用和否定君主独裁专横的主张。

在黄帝书中，有记述说“其谋臣在外位者，则其国不安。其主不悟，则社稷残”(《经法·六分》)、“外内皆胜则君孤特”“一人擅主，命曰蔽光”(《经法·亡论》)等，对拥有私人谋臣的大臣以及公族外戚的干涉而使君权弱化的事态表示担忧。这其中的语气，与申不害、韩非相通。

不过，另一方面，还说“上杀父兄，下走子弟，谓之乱首”“昧天下之

---

① 郭沫若的《十批判书》(科学出版社，1962年)的《吕不韦与秦王政的批判》中说，《史记·秦始皇本纪》始皇二十八年引用的琅琊台石刻碑文中，有“列侯武成侯王翦，列侯通武侯王贲，伦侯建成侯赵亥，伦侯昌武侯×成，伦侯武信侯冯毋择”的记述，说据此可以知道，秦代虽称为郡县制，但也还没有完全废除封侯制度。不过，这里列出的列侯、伦侯，实际上是统治了封地的封君，还是只从食邑受取食租税的一个名目上的存在？此处还不清楚。另外，在《史记》原文中，先头的人物是“武城侯王离”，郭沫若说，王离是王翦的误传。还有，在郭氏的引用中，武城变成了武成，理由不明。

利，受天下之患。昧一国之利者，受一国之祸”（《经法·亡论》）、“行侮而索敬，君弗得臣”（《称》第32章），批判君主镇压父兄子弟和臣下的独裁方式。重视臣下的作用，说“失君不危者，臣故佐也”（《称》第45章）、“帝者之臣，其名臣也，其实师也”（《称》第9章）。再三要求不要“妄杀贤”（《经法·亡论》），要求“以贵贱下”（《经法·四度》）、“用辅佐之助”（《称》第46章）。也就是说，黄帝书既要确立君主权，又重视贤者臣下，规定“君臣不失其位”（《经法·四度》）的均衡状态为理想的君臣关系。在这个问题上，《十六经》也是一样的，让“唯余一人兼有天下”（《果童》）的黄帝登场，把黄帝描绘为一个时常接受臣下辅佐的形象。必须认为，上述的郡县制与封建制并用的思考，与这个君臣论是表里一体的关系。

本来，将占领地郡县化的君主直辖支配的方式，是春秋时代以来施行的政策，由来已久。所以，可以想象，黄帝书若完全无视这个现实情况、单纯主张回复周初的封建体制，是甚为困难的。所以，黄帝书所设定的统一国家的形态，可以说是一半认可了战国时期郡县制的发展，是这个形式上的封建体制。作为将来要出现的统一国家支配者的形象，黄帝书提出了新的帝的概念。不过，只要还是与既存方式混合的一种形态、还是现状的一个续写的话，帝的概念里就不可能带来所应有的全新的统治模式①。黄帝书中帝的概念与王、天子概念并立的现象，也可看作是这种情况的一个反映吧。

新提出来的帝的概念，在有关天下的支配形态上，并没有太超越

---

①《十六经》说“唯余一人，兼有天下”，但在另一面，也说“立国置君、三卿”（《立命》）、“黄帝令力黑浸行伏匿，周流四国，以观无恒善之法”（《观》）、“今天下大争”（《五正》）、“果童于是衣褐而穿，负缾而攀，营行乞食，周流四国，以视贫贱之极”（《果童》），是以诸国的存立为前提的。

以往的王、天子的概念。这一点从帝与自然法的关系上也能得到佐证。如前所述，黄帝书中的君主，是要时常服从于自然法秩序的，是被定位为只能在这一框架下进行统治的统治者。这一点，天下的支配者帝、王也是完全一样的。就连创造了文明的超人黄帝，也说"吾受命于天""唯吾一人，德乃配天""吾类天大明""吾畏天"(《十六经・立命》)等，说黄帝是奉命于上天、上帝而就位于"天下之宗"地位的。"上帝未先而擅兴兵，视蚩尤共工"(《十六经・正乱》)，说黄帝是要忠实地实践上帝命令的人。

这个与周的王、天子是受命于上天、上帝而支配地上的概念完全相同。从这个观点上来看也可以判明，黄帝书所提出的帝的概念，基本上是直接承袭了从前的王、天子概念的性质。的确，导入帝的概念，让人想起其背后以武力实现了天下平定的黄帝的形象，能够使终结了战国争乱的强力统治者的印象得以加深，具有这样的效果。但帝的实质与王、天子几乎是一致的。受命于天的帝乃至王，他依从自然法并用刑德、文武，依据作为客观性基准的法，起到一个中立性的裁定者的作用。可以说，用混合了郡县制的封建制、对天下进行柔和的统治，这个形态就是黄帝书所设想的统一国家的形态①。

① 有关上述天下支配者的性质，《老子》中也显出很多共通性。"故立天子置三卿"(第六十二章)、"受邦之不祥，是胃天下之王"(第七十八章)，在《老子》中，最高支配者也是用周以来的王、天子的概念表述的。而且，"公乃王，王乃天，天乃道"(第十六章)、"国中有四天，而王居一焉。人法地，地法天，天法道"(第二十五章)、"侯王得一，而以为正"(第三十九章)等，说这个王，还应该遵从于道乃至天道等自然法。还有，"爱民栝国，能毋以知乎"(第十章)、"法物兹章而盗贼多有"(第五十七章)、"其正察察，其邦夬夬"(第五十八章)、"治大国若亨小鲜"(第六十章)，要求君主回避苛刻的法治、施行爱护民众的统治。

至此为止，以新出的资料内容为中心，对黄老道的政治思想特色做了考察。当然，所谓黄老就是黄帝与老子的并称，所以，黄老道从整体上来讲，就是黄帝书加上《老子》。如前所述，黄帝书与《老子》，具有共有一个思想性渊源的一面，后来黄帝书又汲取了《老子》的思想，结果就是二者共有很多相通的要素了。当然，否定法治、强调无为的《老子》的政治思想，与有条件地认可法治、主张分别使用刑德文武的黄帝书的政治思想之间，原本也存在着相当的隔阂。这也是事实。这二者，只要被一并统合为黄老道，重点放在哪一方的问题就都会给所谓的黄老道在整体色彩上带来不同，不可避免就会发生某种程度的偏差。

不过，依从天道指示的有为，无论再怎样的积极果断，因为不是"从我终始"(《称》第 26 章)，就也被作为无为来看。所以，黄帝书的刑德文武并用理论与《老子》的无为也可以说是不矛盾的。还有，对于法治持否定态度的《老子》，其姿态也只是排击苛刻的法治，并不是否定法治本身。这样解释的话，与黄帝书之间做一些整合也是可能的。汉代人通过这样的理解，相比于二者之间的差异，更倾向于认识其共通性吧。在"无为"的招牌之下，将二者当作内容几乎相同的思想而接受的可能性很大。

黄老道主张服从于老子的道、上帝、天道等各种自然法。特别是其中的天道，天道所具备的周期性变化这一特性促成了刑德、文武并用的理论。其结果，黄老道的政治思想，使得依据民心动向等周围情况的变化而适当使用不同统治手段的、这种柔和的统治成为了可能。为这种可能性开拓了途径，可以回避像秦的法治主义那样的一律性的僵硬支配。

黄老道的法思想，与商鞅、韩非系统的法术思想不同。黄老道的法思想，是在实定法从属于自然法下位的道法折中的构造上承袭申不害、慎到的法思想的。它规定法本质上是调停群臣、万民争乱的客观判定基准。其结果，以脱离了一切利害关系的中立裁定者的权威，为施行法治的君主开拓了主张血缘世袭、一姓君主权的公正性与正当性的可能性。

这样的君主形象，即使在法治这一点上是共通的，其与法术性的君主形象是有着本质上的差别的。法术性的君主，预先设定诱导目标，以厚赏严罚操作术性的法，强制性地把民众驱向目标点。法术性的君主，因为定下并明示了诱导目标，显露了自己的支配欲望，"民胜法，国乱。法胜民，兵强"(《商君书·说民》)，将自己降格在为了特定的利害而争胜负的一个政治势力的水平上，这种危险性时常与之同在。所以，其法治只要有一步差错，对于被支配的民众而言，心中就会种下反感和憎恶，就会认为所谓法治只是君主为了达成私利私欲、压迫酷使自己的一种恣意性的支配。与此相比，黄老道的君主，不正面与民争胜负，奉行与自然法相连接的客观性基准的法，"不预谋"(《称》第6章)、"信能无欲"(《道原》)，主张自己的立场是完全公正无私的，是超越了一切政治势力的，可以以一个"畜而正之，均而平之"(《十六经·果童》)的客观性的裁定者和保护者的姿态君临于臣民[①]。这种情况就是说，完全的中立才是权力的源泉。这也是黄帝书对君主不断要求公正、无私、虚静等精神状态和态度的原因。

---

① 只不过，黄老道的法，在技术上是中立的，不具备诱导技术的特征。在另一方面，它察知天机，巧妙地分别使用刑与德。这个地方还留有个人技术的一面，需要留意。

黄老道的作为统一国家支配者的帝乃至王、天子的概念，基本上与从前的天子概念一样，因为是受命于皇天上帝而支配地上的，其正当性由自然法而得到保证，具有这样的性质。所以，黄老道的君主，与秦帝国的皇帝不同，一开始就免去了要不断地以人为实绩来证明自己权威的宿命，因此也不用担心是否具备足以不断夸示实绩的卓越能力、是否会直接影响到君主权之正当性的问题。如前所述，黄老道的君主，因为他是执自然法和作为中立性基准的实定法的一个客观调停者，拥有自己的权力源泉，如果他像法术性的君主那样显露支配欲望的话，反而会丧失自己的权力基础。在这个意义上来讲，他就必须时常无事、无为、无欲。同时，因为黄老道君主的权力之正当性因自然法而得到保证，就没有必要像秦的皇帝那样持续地夸示人为实绩。从这个意义上来讲，也是能够做到无事、无为、无欲的。黄老道高调主张无事、无为、无欲的统治，其理由也在于这样的君主权的性质。

另外，自然法一方面保证君主权，反过来君主也有服从于自然法的义务。这样，臣民就有可能以自然法为盾抑制君主的恣意性行为，对君主的独裁专横起到强烈的抑制作用。这一点同时与黄老道所提示的以封建制为基本的统一国家形态相互作用，展示出一个成于君臣均衡关系之上的国家运营模式。这样的国家体制，与将法治的正当性之根据置于君主与“法术之士”的个人贤智的法术思想不同，更加有力地起到了防护的作用，减免了因君主个人贤智的问题而左右国家存亡的危险性。

根据至此为止的讨论结果，可以了解到，黄老道的政治思想不是漠然地给法治对置一个无为的思想。它是在法理论、行政论、权力论、体制论等各个领域中，都描绘出了一个与法术思想可以一一对应的构图，具备独自的理论体系。如上所述，黄老道是战国后期在齐国形成的思想，其政治思想当初并不是为了超越秦帝国的法治主义而构建的。但是，从结果上看，黄老道克服法术思想缺陷的思想性工作，在战国时期已经做好了准备。这为后来的汉代人提示出了一个与秦帝国不同的统一国家的形态和方式。

第十三章　汉帝国的皇帝概念(一)

——高祖的皇帝观

秦帝国以商鞅、韩非系统的法术思想为统治原理。随着秦的灭亡、汉帝国的成立,黄老道代替了法术思想,一跃占据政治思想的主导地位。这个时期,施行黄老道统治的人物,著名的有曹参、陈平和汲黯等。他们主要以地方的郡国为舞台,施展行政手腕。

这里的问题是,汉的皇帝与重臣们的黄老道统治之间的关系。如果假设汉的历代皇帝位于帝国的中枢,并持有与黄老道完全不相容的、秦帝国那样的皇帝观与政治观的话,臣下们无视皇帝的意向、只管施行黄老道性质的统治,说到底这都是不可能的。那么可以设想,在汉初盛行黄老道的背景中,存在有与秦的皇帝概念不同的汉独自的皇帝概念。

至今为止的所谓秦帝国与汉帝国,以及秦的皇帝支配和汉的皇帝支配,都被称为秦汉帝国,或者一统在古代帝国这一名称之下,强调二者的同质性。不过,这样一来就完全无法说明从法术思想到黄老道的时代思潮的大转换问题。因此,以下论述通过对比秦的皇帝观与黄老道流行时期的高祖、惠帝、文帝、景帝等时期的汉的皇帝观,阐明二者之间存在的本质性的差异。

首先,本章作为探讨汉代独自的皇帝概念的第一步,对汉代初代皇帝高祖刘邦的皇帝观加以讨论。公元前 207 年，被赵高废弃、完全消失了的皇帝称号，其后经过汉楚之争时期，刘邦击败项羽、公元前 202 年再次统一中国，中间大约有五年的空白时间，又被恢复了。下面列举的是其经过：

> 诸侯上疏曰：楚王韩信、韩王信、淮南王英布、梁王彭越、故衡山王吴芮、赵王张敖、燕王臧荼，昧死再拜言：大王陛下，先时秦为亡道，天下诛之。大王先得秦王，定关中，于天下功最多。存亡定危，救败继绝，以安万民，功盛德厚。又加惠于诸侯王有功者，使得立社稷。地分已定，而位号比拟，亡上下之分，大王功德之著，于后世不宣。昧死再拜上皇帝尊号。汉王曰：寡人闻，帝者贤者有也。虚言亡实之名，非所取也。今诸侯王皆推高寡人，将何以处之哉。诸侯王皆曰：大王起于细微，灭乱秦，威动海内。又以辟陋之地，自汉中行威德，诛不义，立有功，平定海内，功臣皆受地食邑，非私之也。大王德施四海，诸侯王不足以道之，居帝位甚实宜。愿大王以幸天下。汉王曰：诸侯王幸以为便于天下之民，则可矣。于是诸侯王及太尉长安侯臣绾等三百人，与博士稷嗣君叔孙通，谨择良日二月甲午，上尊号，汉王即皇帝位于汜水之阳。(《汉书·高帝纪》)

韩信以下的诸侯，列举刘邦的功绩和恩德，说他先占领关中、降服了秦王子婴、恢复了被秦破坏的旧制和民生、分封有功者等等。然后说，诸侯们领有了分封地并各自称王，刘邦也继续依然称汉王的话，就会造成“位号比拟，亡上下之分”的秩序上的混乱，所以奉刘邦以皇帝的尊号。不过,对于这个上疏,刘邦说,"寡人闻,帝者贤者有也。虚言亡实之名,非所取也",拒绝即位。

刘邦的话显示,他认为贤者的资质是帝号拥有者的必须条件。也就是说,刘邦的皇帝概念,与秦王政所创造的秦的皇帝概念,性质完全相异。为什么这样说呢?因为,如前所述,秦的皇帝概念,它的唯一判定标准就是是否全面彻底地贯彻法治、是否施行了郡县制、是否完全直辖支配了整个中国。这是秦国皇帝称号的判定基准。在这里,完全不存在"帝者贤者有也"的基准。如果刘邦直接继承了秦的皇帝概念的话,没有彻底施行法治、没有彻底郡县化就应该是推辞的理由,不用拿出是不是贤者这一标准说自己欠缺所应具备的实质而坚决推辞,绝不会有这样的逻辑。

所以,那个时候,在刘邦的意识里,皇帝的概念与古代圣贤的五帝同质,他是这样理解的①。而且,劝刘邦即皇帝位的诸侯王也认为,汉王与自己同称王号,有乱上下之分。所以,尊称刘邦为大王、群王中的王,并要求他"居帝位",明确上下之分。但没有像秦的重臣、始皇帝那样,认为皇帝是优于上古五帝的名号,完全没有这种意识。

也就是说,这个时候复归的皇帝称号,皇帝是位于王之上的与五帝同列的称号。这是君臣之间的一个共识,是在这个共识之上的皇帝概念。所以,这样的汉的皇帝概念,与否定了五帝、认为五帝是名实不符的诈称者并制造了"超五帝"称号的秦的皇帝概念相比,其中所蕴含的意义有很大的不同。

---

① 这一点,从刘邦赞美周文王的言词上也可以得到确认:"王者莫高于周文。"(《汉书·高帝纪》)另外,就像秦否定五帝的同时也附带着对三王的否定一样,刘邦肯定五帝,也带有对于三王的肯定。

而且，即皇帝位，至少在表面上是由诸侯要求和推戴的，与秦王政说“今名号不更，无以称成功，传后世。其议帝号”（《史记·秦始皇本纪》），下命更改称号的情况本来就不同。刘邦先是拒绝，后来“诸侯王幸以为便于天下之民，则可矣”（《汉书·高帝纪》）、“汉王三让，不得已曰：诸君必以为便，便国家”（《史记·高祖本纪》），如此等等，终于接受了拥戴。

当然，刘邦内心里应该也是强烈希望即皇帝位的，或许还从背后怂恿了诸侯王的拥戴行为。不过，同深深陶醉于自己的霸业而创造了皇帝称号的始皇帝相比，至少在公开场合，二者对于帝位的意识是相去甚远的。虽然名称相同，但汉的皇帝观念绝不是完全承袭了秦的皇帝观念。

汉的皇帝概念并不是直接继承了秦的皇帝概念，这还显著地表现在二者的帝的实质上。秦的皇帝观念，原本就是在政权中枢否认上古五帝的意识中产生创造出来的。而否定五帝的最大论据是五帝没有能够制御自己封建的诸侯、没有直接支配整个天下，是放在这一点上的。所以，在秦的皇帝概念中，原本就内在有否定封建制、志向于郡县制的方向性。在批判五帝的言辞之后，一定会特别提到要全面施行郡县制，接着再夸示皇帝优于五帝，这种表达让人能够读出强烈的“古—五帝—封建制—劣、今—皇帝—郡县制—优”的意识图式。也就是说，秦的皇帝概念，其与郡县制结合的内在必然性，已经宿于它的定义之中了。它是这样的一种称号。

与此相比，刘邦所持的皇帝概念，是基于皇帝即古代五帝的这个意识之上的，称帝的行为对他来讲，并不带有志向于郡县制的这种必然性。甚至相反，对于刘邦来讲，它带有模仿五帝所采用的国家体制、施行封建制的责任和义务。

诸侯王也与刘邦一样,持有封建制的皇帝观,与秦的皇帝即郡县制的皇帝观完全不同。正因为如此,“加惠于诸侯王有功者,使得立社稷”“功臣皆受地食邑,非私之也”(《汉书·高帝纪》)等等,才把向有功者封国、分与食邑等当作刘邦作为皇帝的实质来强调的。他们考虑到要保全自己的地位,是在这一基础上积极要求刘邦即皇帝位的。

以上足以了解汉的皇帝在一开始就与秦的皇帝完全不同质。其中第一个原因,就在于上述的肯定五帝还是否定五帝这一造成皇帝概念决定性差异的分歧点上。而刘邦也有不得不持有和表明这种皇帝观的更为根本性的要因存在。

始皇帝在完成统一、即位皇帝之前,作为战国七雄之中最强的国家秦国的专制君主,已经确立了对于群臣的传统性的公权权威。以此为后盾,他成为皇帝进行支配就是可能的事情了。就这样,始皇帝的权力基础是存在于秦的国家传统中的,所以,怀抱有强烈自负心的他,说“寡人以眇眇之身,兴兵诛暴乱,赖宗庙之灵,六王咸伏于其辜,天下大定”(《史记·秦始皇本纪》),完成霸业的要因只举出“宗庙之灵”——对于自公元前770年秦襄公正式被周王室承认以来、长达550年的秦国的国家传统,就这样表达了他最大程度的谢意。

与此相反,刘邦不过是沛的一介农民子弟出身,聚集在他周围的部下,都只是诸反叛军领袖中因佩服他而臣从于他的人,他们之间没有任何的基于公共性传统权威的君臣关系。而且,在前线指挥军队、谋算战略战术、于根据地内整备内政以及确保兵站等方面,刘邦的才能远远逊于韩信、英布、彭越、张良、曹参、陈平、萧何等部下。刘邦当然深知这一点,他不求以自己的卓越才能压倒众人的权力基础。由于他容得下众人，能使每个人最大可能地发挥其才能，是这样的一个宽仁的统帅者，他的个人德行是他得到当时的地位的原因。

所以，打倒了巨大的秦帝国的伟业，这个功劳也决不可归于刘邦一人。就如“天下诛之”（《汉书·高帝纪》）所表达的，是整个天下群起对付秦国的强权的，也就是说，是众人同举的事业。在此之上，刘邦不过是“于天下功最多”（同上）的一个人，是被这样定位的。也就是说，作为汉王的刘邦的权力基础，是共同事业的一个优秀统帅者，他的权力基础在于拥有公正调停群臣之间关系的信望，是存在于这种无形的人际关系当中的。这样的话，即使“平定海内”（同上），刘邦所持有的也不过是作为汉王国君主的相对性的权力。以即皇帝位为界，如果像秦的皇帝那样变为一个绝对的当权者的话，就不免会将自己的权力基础毁于自己之手。

跟随刘邦转战的那些臣下们，就像张良所指出的那样，“夫天下游士，离亲戚，弃坟墓，去故旧，从陛下者，但日夜望咫尺之地。今乃立六国后，唯无复立者，游士各归事其主，从亲戚，反故旧。陛下谁与取天下乎”（《汉书·张陈王周传》），他们是一心想得一领地的从军者，正是打着“王侯将相，宁有种乎”（《史记·陈涉世家》）这样口号的人。

刘邦一陷入“已封大功臣二十余人，其余日夜争功而不决，未得行封”（《汉书·张陈王周传》）的状况，他们马上就开始密议谋反。这是源于他们原本从军的动机的，不得不说也是极其当然的事情。“陛下起布衣，以此属取天下。今陛下为天子，而所封者皆萧、曹故人所亲爱，而所诛者皆生平所仇怨。今军吏计功，以天下不足遍封。此属畏陛下不能尽封，恐又见疑平生过失及诛。故即相聚谋反耳”（同上），听了张良这样说明那些人的心情，刘邦急忙“急趣丞相、御史，定功行封”

(同上),这才勉强制止了他们的反叛。

刘邦的权力基础就是这样的脆弱,以他个人的信望为纽带的人际关系和君臣关系,实际上也只是一个很有目的性的赌博,臣下把自己的才能以最高价卖给最有可能给自己封地的人,是将军功与封地作为交换的一个默然而又明确的私人契约关系而已。刘邦稍有一点失误,就会使自己的权力基础陷入烟消云散的危机之中,这种危险随时都有可能发生。

而且,“先时,秦为道亡,天下诛之”“存亡定危,救败继绝,以安万民。功盛而德厚”(《汉书·高帝纪》),诸侯王在如此批判秦国的暴虐、称赞刘邦功德的背后,有着为今后的天下经营加上掣肘的意图,早早就开始进行牵制了。相比于急忙建立起来的各个王国,支配汉军长久以来的根据地汉中以及天下要害之地三秦,汉王的军事力量相对来说还是处于优势的。诸侯王担心刘邦以自己的军事力量为盾,制造口实没收封国。奉他以皇帝的称号,看起来恭顺的这种态度,其真实的目的还是以此来正式地再次确认自己的王国领有权的。“有功者,辄裂地而封为王侯,大王不尊号,皆疑不信”(《史记·高祖本纪》),皇帝称号也就是分与和保全封国的交换条件。

所以,刘邦作为皇帝可以选择的方法,就是将无形的信望、人德这样的权力基础转化为具体有形的制度,也就是分与有功者以封国食邑,绝不能抱有自己私吞天下的念头,要将打倒秦和建立汉的“天下诛之”这一共同事业作为汉的国家原理和国家体制再次予以定位,他的选择是被限于这个方向上的。

就这样,刘邦在即皇帝位的第二年,就又分封了功臣为诸侯王和列侯[①]。本来,高祖集团就是一个将秦国打倒之后、以恢复封建制为大前提而形成的军事组织,其私性质的集团形成原理,需要转换和上升为汉帝国的国家原理和体制。功臣们当然将汉的国家体制理解为封建制的全面复活。事实上,他们分得的封地总计在整个帝国领土的三分之二以上。对此,皇帝直辖管理的是剩下的不到三分之一的土地,大约是十五个郡[②]。不过,在功臣们的理解中,这是"于天下功最多"者所应得的部分。这个时候,他们谁都没有意识到,这就成了郡县制与封建制双重作用的汉的国家原理。

就这样,在秦汉时期的特殊历史条件下所形成的皇帝权力本身的性质,在与基于前述定义的皇帝概念相对照的时候就会发现,汉形成了一个本质上与秦的皇帝观相异的皇帝观。这种独自的皇帝观也如实地反映在刘邦谈论汉皇帝权力正当性之论据的发言中:

> 三月,诏曰:吾立为天子,帝有天下,十二年于今矣。与天下之豪士贤大夫共定天下,同安辑之。其有功者,上致之王,次为列侯,下乃食邑。而重臣之亲,或为列侯,皆令自置吏,得赋敛,女子公主,为列侯食邑者,皆佩之印,赐大第室。吏二千石,徙之长安,受小第室。入蜀汉定三秦者,皆世世复。吾于天下贤士功臣,可谓亡负矣。其有不义背天子擅起兵者,与天下共伐诛之。布告天下,使明知朕意。(《汉书·高帝纪》)

---

① 刘邦即皇帝位是在公元前202年的二月,分封诸侯是在同年的十二月。不过,因为十月是岁首,在汉历上就成了第二年。

② 参照镰田重雄的《秦漢政治制度の研究》(日本学術振興会,1962年)。

此诏是在建国以来韩信、彭越、韩王信、英布等诸王一个接一个地企图反乱、然后被诛灭的情况下，于公元前196年发布的。其中，高祖说，“吾立为天子，帝有天下，十二年于今矣。与天下之豪士贤大夫共定天下，同安辑之”，首先再次明确表示，汉的建国以及接下来的经营天下，是他与群臣的共同事业。接下来说，对于一起参加了这个事业的臣下们，按照每个人的功绩，给予其社会性的名誉和封国、食邑、宅邸等财富，认可其作为封建领主的征税权、官吏任命权等广泛特权。或者，永久性地免除其赋税和劳役等。全面地罗列对于其功劳的回报。刘邦的意图在于，他想让众臣想起，他从来没有丢掉过汉帝国的建立是大家一起参加的一个共同事业的认识，他一直都是忠实于这个建国精神的，一直都默然地忠实地履行着这个自明的契约。在此之上，他说，“吾于天下贤士功臣，可谓亡负矣”，说自己对于任何一个参加了共同事业的人，都没有任何的亏欠。也就是说，刘邦是在这一点上来寻求汉的皇帝支配的正当性之根据的。只要皇帝支配是以这样的形式保有其正当性的，那么，对于反叛的人，“天下共伐诛之”，不仅在皇帝方面拥有诛伐的正当性，而且在“共定天下”的群臣方面，可以自己建立体制、作为从现有体制享受利益的一员，也有与皇帝协力共同讨伐反叛的义务。这就是高祖的逻辑。

这样看来，汉的皇帝权力，是建立在封建制的基础以及皇帝与群臣之间的共同契约关系之上的。只要皇帝诚实地履行这个契约，皇帝支配的正当性就可以得到维持。汉的初代皇帝刘邦，在死去的前一年，几乎可以说是以遗言的形式，将汉的皇帝权力的性质作了如此规定。

当然，这样的皇帝观在根本上也规定了皇帝支配的形态，其中形成了与汉独自的皇帝观相连的异于秦的统治观。以下总结其形式与样态。

第一个特色是在法治上的柔和姿态。平定天下之后，解散军队，让从军的兵将回归故里，高祖发了这样的诏书：

> 民前或相聚保山泽，不书名数。今天下已定，令各归其县，复故爵田宅。吏以文法教训辨告，勿笞辱。……七大夫公乘以上，皆高爵也。诸侯子及从军归者，甚多高爵。吾数诏吏先与田宅，及所当求于吏者，亟与。爵或人君，上所尊礼，久立吏前，曾不为决，甚亡谓也。异日秦民爵公大夫以上，令丞与亢礼。今吾于爵非轻也。吏独安取此。且法以有功劳行田宅。今小吏未尝从军者多满，而有功者顾不得，背公立私。守尉长吏教训甚不善。其令诸吏善遇高爵，称吾意。(《汉书·高帝纪》)

刘邦首先下令，让逃离兵乱、躲在山泽中的无户籍民众回乡，恢复他们的爵位和田宅。然后，命令各地的官吏，在依照法律条文教导他们的时候，对于这些不了解现在情况的人，不得笞打和羞辱。这里，表现出了对于无视民情、以法律为盾、苛刻对待民众的那种法治的否定。

另外，对于从军有功并得到了高爵的人，虽然已经下了命令，给他们田宅，但一些没有从军的无功小吏，却以傲慢无礼的态度对待有功者，怠慢提供田宅，出现了这样的情况。高祖以非常严厉的语气，斥责守、尉等诸吏。这表示相比于执法的官吏，他更加重视有功者。刘邦这样做是因为他深深明白，自己的权力基础，是存在于对一起参加共同事业的有功者履行契约的行为中的，绝不是存在于法吏的强权支配中的。

高祖对于官吏的批评，还有其他，“欲省赋甚，今献未有程。吏或多赋以为献，而诸侯王尤多，民疾之”(《汉书·高帝纪》)，官吏依仗执法者的权威，对臣民实施苛政，对于这种事态，刘邦一贯抱有强烈的反感和警戒。这与“乐以刑杀为威”“专任狱吏”(《史记·秦始皇本纪》)的秦始皇、“税民深者为明吏”“杀人众者为忠臣”(《史记·李斯列传》)的秦二世依靠法术彻底镇压臣民、从而追求自己的权力基础的情况相比，就能看出，秦的皇帝与汉的皇帝对于法治的基本态度是明显不同的。

惠帝的时代，齐国丞相曹参实施黄老道统治长达九年，之后，对后任留言说，不要过于严密使用法律追究奸人、干扰狱市。另外，他做了中央的相国之后，“择郡国吏长大，讷于文辞，谨厚长者，即召除为丞相史。吏言文刻深，欲务声名，辄斥去之”(《汉书·萧何曹参传》)，采取这样的方针。类似曹参的这种对于法治的态度，在高祖那里，原本就是以一个明确的形式已经存在的。

这种在法治上的柔软姿态，同时与重视施行安定民生的政策相连。刘邦做皇帝的权力基础，如前所述，还是很脆弱的。他从一个反叛军的首领开始，最后变为整个天下的统治者，权力的性质大为改变。除了给直接从军的有功者赏赐以外，还要惠及之前没有过主从关系的一般民众，拟制性地将他们发展为共同事业的外延，以此扩大权力基础。刘邦说，“欲省赋甚”“民产子，复勿事二岁”(《汉书·高帝纪》)，屡屡命令减轻赋役，说“天下匈匈，劳苦数岁，成败未可知。是何治宫室过度也”，自戒奢侈。慎重且毫不怠慢地安定民生，这种做法也是基于对自己的权力基础的深刻认识之上的。

“盗多，皆以戍漕转作事苦，以赋税大也。请且止阿房宫作者，减省四边成转”(《史记·秦始皇本纪》)。曾经,二世皇帝不听重臣们的劝告,“所为贵有天下者,得肆意极欲。主重明法,下不敢为非。以制御海内矣”(同上),说以严格的法治来管理民众,贯彻一己的恣意和欲望才是真正的天下支配者,披露了秦的皇帝观和统治观。刘邦与此完全相反,在相反的方向上找到了维持和强化汉的皇帝支配的途径。

另外,正如以下所显示的,刘邦还广招天下贤士:

> 盖闻,王者莫高于周文,伯者莫高于齐桓,皆待贤人而成名。今天下贤者智能,岂特古之人乎。患在人主不交故也。士奚由进。今吾以天之灵,贤士大夫定有天下,以为一家,欲其长久,世世奉宗庙亡绝也。贤人已与我共平之矣,而不与吾共安利之,可乎。贤士大夫有肯从我游者,吾能尊显之。布告天下,使明知朕意。(《汉书·高帝纪)

也就是说,刘邦基于“贤士大夫定有天下”的汉的建国原理,将集中了民众信望的当地权威人士,看作参与汉的建国工作的潜在合作者。“贤人已与我共平之矣,而不与吾共安利之,可乎”,这样试图将他们纳为新的经营天下合作事业的构成者。这样的尚贤政策,也是为扩大皇帝权力基础做努力的一个表现。

这一点,同秦的皇帝使用镇压、杀戮辅佐群臣的手段从而确立独裁权力的方向完全相反。“丞相诸大臣皆受成事”“天下之事无大小,皆决于上”“以罪过连逮少近官、三郎,无得立者”“群臣谏者,以为诽谤”(《史记·秦始皇本纪》)。

如前所述,秦帝国以采取了封建制而不能统制诸侯、不能一律性地贯彻法治、不能直辖支配整个中国这三点基准,彻底否定了古代的五帝,创出一个超越了五帝概念的皇帝的称号。在此,号称皇帝这个行为,就必然地变成了否定封建制、全面施行郡县制、以强权进行严酷的法治,另外还要外征扩大支配领域、无休止地夸示人为功绩等等。将针对皇帝的自然法权威置于意识之外,结果,皇帝权力的绝对化和自我目的化的这种方向性,就附在皇帝自身上了。

刘邦所持的皇帝概念与此相反。他肯定五帝,视皇帝称号与古代五帝相同,是如此形成的称号。因此,刘邦虽然同样打着皇帝的称号,但却免去了秦的皇帝所要背负的那种宿命。所以,他才能施行封建制,"今吾以天之灵,贤大夫定有天下""吾以布衣提三尺取天下。此非天命乎。命乃在天"(《汉书・高帝纪》),才能承认自然法对汉的建国的影响,才能柔和地运用法治,才有和亲匈奴以及册封南越王赵佗等灵活的边境政策。他关注民生的安定,重视贤者的辅佐作用等等。这样才形成了与秦帝国的皇帝支配不同的、汉独自的皇帝观和统治观。

不过,这不仅仅是源于高祖意识中皇帝概念的性质,在根本上,它源于秦汉时期的特殊历史条件,是高祖刘邦必须遵循的皇帝权力本身的性质所规定的东西。也就是说,那是将以分封有功者为前提的高祖集团的私性质的形成原理,转化为施行封建制的汉的公性质的国家原理。将高祖集团的私性质的契约关系,变为分封诸侯王、列侯这样的公性质的国家体制并制度化。而且,它还是通过将天下各阶层广泛地包容在其原理及体制内,才获得了保证的权力。秦的皇帝以秦的国家传统为后盾得以开始施行皇帝支配,所以,并不需要权力的形成原理,只用帝国的统治原理就足够了。汉代的初代皇帝刘邦是一介农民起家,所以,需要从权力的形成原理上开始。这里存在着决定性的差异。

汉帝国的创建者高祖,带着这样的本质,形成了自己的皇帝观和统治观。这也成为汉的皇帝观的一个原型,被以后的历代皇帝继承。

第十四章　汉帝国的皇帝概念(二)

——惠帝、文帝、景帝的皇帝观

高祖创立的汉的皇帝观和统治观的原型，是怎样被之后的惠帝、文帝、景帝继承的？本章讨论这个问题，探寻其发展的轨迹。

自公元前195年刘邦去世之后，太子刘盈即位，成为第二代皇帝。这就是惠帝。惠帝生来病弱，再加上对母亲吕太后残酷处置戚夫人的事情深感痛心，以至于陷入不能适当施行政务的状态。其在位也只有不到八年的短暂时期。所以，有关惠帝统治时期的皇帝观和统治观，特别值得说的也就很少。

不过，“减田租，复十五税一”“发长安六百里内男女十四万六千人，城长安，三十日罢”(《汉书·惠帝纪》)，惠帝轻减租税，实施了不使民众长期劳役的统治。这个连同他的“所使治民也，能尽其治则民赖之。故重其禄，所以为民也”(同上)的发言一起来看，在慎重考虑安定民生的问题上，惠帝承袭了父亲的路线，这种姿态是很显然的。

另外，“民年七十以上，若不满十岁，有罪当刑者，皆完之”“民有罪，得买爵三十级得免死罪”“省法令之妨吏民者，除挟书律”(同上)等等，惠帝在致力于废除繁琐的法令、排除苛刻的法治这一点上，也有着明显相同的倾向。就像《惠帝纪》中对他的称赞——“可谓宽仁之主”，在他短暂的治世中，可以说他是“宽仁长者”(《史记·高祖本纪》)汉高祖的皇帝观、统治观的一个忠实的继承人。

惠帝驾崩后，吕太后马上将其一族接连列为王族，并随意废立皇帝，在朝廷内强行施行专制。强权的吕后死后，独占了要职的吕氏家族企图共谋反乱，从刘氏手中夺取政权。吕氏的反乱计划被太尉周勃等人果断镇压，吕氏被灭族，刘氏政权好歹摆脱了帝位险被篡夺的危机。

以丞相陈平为首的汉王朝的重臣们，经过协议，想要拥立高祖的四子代王刘恒为新的皇帝。在代王的臣下中，也有人害怕这是一个阴谋，"汉大臣皆故高帝时将，习兵事，多谋诈。……以迎大王为名，实不可信。愿称疾无往，以观其变"(《汉书·文帝纪》)。代王让近侧先去长安，一边很慎重地探索情况的发展，一边自己奔赴长安。一到渭桥，等待他的群臣就要奉上天子之玺，代王谢绝了。他进入代邸，重新听取群臣要求其即位的建议。然后，经过再三推辞，最终答应了即皇帝位。这就是文帝。

就这样，文帝在吕氏政变之乱的不久后，在中央重臣们的推戴之下，从诸侯王的地位被迎立为皇帝。这实在是近似于高祖即位皇帝时的状况的。从即位的经过上来看，他当时的权力基础还极不稳定。当然，文帝再次表明，自己是自高祖以来的国家原理的忠实信奉者。他需要争取广泛的支持，有这样的必要性和紧迫性。在这种情况下他的皇帝观，首先在立太子的过程中就显示出来：

月，有司请蚤建太子，所以尊宗庙也。诏曰：朕既不德，上帝神明未歆飨也，天下人民未有惬志。今纵不能博求天下贤圣有德之人而禅天下焉，而曰豫建太子，是重吾不德也。谓天下何。其安之。有司曰：豫建太子，所以重宗庙社稷，不忘天下也。上曰：

楚王季父也，春秋高，阅天下之义理多矣，明于国家之体。吴王于朕，兄也，淮南王弟也。皆秉德以陪朕，岂为不豫哉。诸侯王宗室昆弟有功臣，多贤及有德义者。若举有德以陪朕之不能终，是社稷之灵，天下之福也。今不选举焉，而曰必子，人其以朕为忘贤有德者而专于子。非所以忧天下也。朕甚不取。有司固请曰：古者殷周有国，治安皆且千岁，有天下者莫长焉，有此道也。立嗣必子，所从来远矣。高帝始平天下，建诸侯，为帝者太祖。诸侯王列侯始受国者，亦皆为其国祖。子孙继嗣，世世不绝，天下之大义也。故高帝设之，以抚海内。今释宜建而更选于诸侯宗室，非高帝之志也。更议不宜。子启最长，敦厚慈仁，请建以为太子。上乃许之。因赐天下民当为父后者爵一级。(《汉书·文帝纪》)

有司请求文帝立太子，文帝说，“今纵不能博求天下贤圣有德之人而禅天下焉，而曰豫建太子，是重吾不德也”“今不选举焉，而曰必子，人其以朕为忘贤有德者而专于子”，拒绝了请求。他主张广泛地在诸侯王、宗室、昆弟、功臣中，选举出有德的贤者。本来，文帝自己也是从多个候补者当中，由重臣选举出来的，是从代王刚刚被拥立的。如果接着马上把自己的孩子定为后继者的话，这会让人产生他将天下当作私有物的疑虑，恐怕会招来诸侯王、宗室、群臣的离叛。

汉的建国原理，在于“天下诛之”“与天下之豪士、贤大夫共定天下”(《汉书·高帝纪》)这样的一个共识中。之后的经营天下，也是作为上至皇帝、诸侯王，下至在野贤者的一个天下全体人的共同事业的。果不其然，在有关镇压吕氏之乱以及拥立文帝的事情上，都进一步证实了这一点。汉的皇帝权力是立于这样的国家原理之上的。在这种情况下，急忙立太子、确定以血缘世袭继承帝位的话，会被看作是掠夺和独占天下共同合作事业的成果、随意将其交给自己无功的孩子，是将天下化为私有物、对其他所有合作者背信的行为。事实上，在吴王、齐王以下的诸侯王之间，原本就对自己被搁置到一边而代王刘恒继承了帝位这件事怀有不满。这个不满，就在这时立下的太子刘启作为景帝即位之后爆发了。这也是吴楚七国之乱的一个远因。文帝说，“谓天下何”“非所以忧天下也。朕甚不取”等等，对背公立私颇为担心。

因此，文帝广泛寻找天下圣贤有德的人物，要把天下让位给这样的人。他不得不用这种极端的方式，极力强调自己完全没有改变汉的国家原理的意思，极力强调皇帝应该从直接合作者的诸侯王、宗室、昆弟、功臣当中选举出来。对于这一汉的国家原理，他再次予以认同。

对此，有司展开这样的逻辑讲述，“高帝始平天下，建诸侯，为帝者太祖。诸侯王列侯始受国者，亦皆为其国祖。子孙继嗣，世世不绝，天下之大义也。故高帝设之，以抚海内。今释宜建而更选于诸侯宗室，非高帝之志也”。本来，建国者汉高祖是将册封功臣为诸侯王、列侯这样的封建制定为汉的公性质的国家体制的，而其封建制是以血缘世袭封国为原理的。如果在中央的帝位继承的问题上，皇帝倡导以选举将帝位禅让给贤者、否定血缘世袭原理的话，这就直接意味着否定了各诸侯王、列侯的封国领有权，就会在根本上颠覆汉的建国原理以及国家体制。所以，表面看起来是私性质的血缘世袭原理，其实才是在根本上支持汉的国家体制的公性质原理（天下之大义）的。否定血缘世袭，在这里没有任何公性质的指向，反而是主张私的行为。有司这样说。

这是将血缘世袭这种私性质的原理巧妙地转换为国家原理、国家体制这种公性质原理的一个逻辑。这样一来,就可以对外部强烈主张一姓君主权的公的性质了。内心里希望立太子的文帝,在得到了这样的道理说明之后,也就允许了立太子。不过,这样的逻辑形成,当然也是因为汉帝国将封建制作为其国家原理和国家体制才有可能的。所以,作用于强化皇帝权力的帝位的血缘世袭,在另一方面,也要求汉的皇帝以责任和义务来维持封建制,还连带有这样的一个侧面。

前述的逻辑说,封国可依血缘世袭,是限定在诸侯王、列侯这个对象范围内的。这一点,还没有成为包括天下所有阶层的理论。汉的建国以及之后的帝国运营,说到底都是天下整体的共同事业,皇帝的支配是建立在这种整体性的共同认识之上的。这样,皇帝也需要将封建领主下面的各阶层,纳入这种虚拟的共同事业的外延中。

文帝裁可立太子之后,就马上采取了“因赐天下民当为父后者爵一级”的措施。这正是对于从豪族到小农、商人,对于构成家族的各个阶层,允许其以血缘来继承家父长权。以赐爵这样的手段,又一次明确了血缘世袭是贯穿了上从皇帝下至庶人的汉的公性质的原理。在“贤士、大夫定有天下,以为一家”(《汉书·高帝纪》)这一共同事业的成员中,人人都包括在内。反过来说,这也是文帝企图使帝位世袭得到广泛认可的办法。就这样,文帝在重臣们的选举和推戴中即位皇帝,同时也以血缘让自己的孩子世袭帝位。调整这两种异质的继承帝位的行为,对于整个天下,就可以公然主张皇帝权力的正当性及正统性了。

本来,汉在建国的同时实施的封建制,就有依据功绩分封和依据血缘世袭封国的二重原理存在。这个二重性,也包括以血缘世袭皇帝的情况。因为是"于天下功最多"(《汉书・高帝纪》)者,所以做了皇帝。从汉的建国者这一万人认可的个人功绩,以及"吾于天下贤士功臣,可谓亡负矣"(同上)的这种依功分配封国中,高祖都得到了确立皇帝权力的论据。对此,文帝的主要课题是继承帝位的正当性的问题。可以说,这是由这个客观条件上的差异而产生的理论性进展。

文帝所持有的皇帝观是这样一种性质的东西——他在统治天下的时候,就必须忠实地继承高祖铺设的路线,并要做进一步的扩充。

文帝恢复了遭遇吕氏迫害的王侯的封国,给在拥立时有功的臣下分封了封国和食邑,巩固了政权的基础。另一方面,"古之治天下,朝有进善之旌,诽谤之木。所以通治道而来谏者也。今法有诽谤妖言之罪,是使众臣不敢尽情,而上无由闻过失也。将何以来远方之贤良,其除之""是吏举贤之道未备也""诏诸侯王、公卿、郡守举贤良能直言极谏者,上亲策之,傅纳以言"(《汉书・文帝纪》)等等,他标榜尚贤主义,广招贤良。施行这些策略,也是与高祖时候的意图一样。

另外,文帝还推进实施轻减赋敛、重农富民、节俭薄葬的政策,致力于安定民生:

> 令郡国无来献,施惠天下。(《汉书・文帝纪》)
>
> 今列侯多居长安,邑远,吏卒给输费苦。……其令列侯之国。(同上)
>
> 吾农民甚苦,而吏莫之省。……其赐农民今年租税之半。(同上)
>
> 令诸侯无入贡,弛山泽,减诸服御,损郎吏员,发仓庾,以振民。(同上)

厚葬以破业,重服以伤生。吾甚不取。(同上)

在这些政策的根底上,是对于“为民之父母将如何”(同上)的、以天下为一家的高祖的统治观的继承,有一种强烈的作为父母养育天下臣民的意识在作用。

有关这一点,还有“尽除收帑相坐律令”“今法有诽谤妖言之罪。……此细民之愚,无知抵死,朕甚不取。自今以来,有犯此者勿听治”“除肉刑法”(同上),极力废除苛法,在致力于柔和法治的积极热心的态度上,也是完全一样的。

就像这样,文帝的皇帝观和统治观,与秦不同,是基于对汉独自的皇权性质以及国家原理和体制的深刻自觉上的东西,是忠实地履行了高祖奠定的皇帝观和统治观之传统的东西。只是到了文帝治世的时候,同高祖的时代相比,有了相当大的理论性进展。前述有关继承帝位的理论也是一例,下面资料所显示的有关天与皇帝之关系的理论,是最为显著的例子:

(A)十一月癸卯晦,日有食之。诏曰:朕闻之,天生民,为之置君以养治之。人主不德,布政不均,则天示之灾以戒不治。乃十一月晦,日有食之。适见于天。灾孰大焉。朕获保宗庙,以微眇之身,托于士民君王之上。天下治乱,在予一人。唯二三执政犹吾股肱也。朕下不能治育群生,上以累三光之明。其不德大矣。令至,其悉思朕之过失,及知见之所不及,匄以启告朕。及举贤良方正能直言极谏者,以匡朕之不逮。(《汉书·文帝纪》)

(B)诏曰:间者数年比不登,又有水旱疾疫之灾。朕甚忧之,

> 愚而不明，未达其咎。意者朕之政有所失而行有过与。乃天道有不顺，地利或不得，人事多失和，鬼神废不享与。何以致此。将百官之奉养或费，无用之事或多与，何其民食之寡乏也。……细大之义，吾未能得其中。其与丞相列侯吏二千石博士议之。有可以佐百姓者，率意远思，无有所隐。（同上）

在（A）之中，文帝先规定了君主是奉天命养治民众的，然后说君主的统治如有过失，任命者上天就会降下灾殃、谴责君主的失政。文帝在前述立太子的时候，发言说“朕既不德，上帝神明未歆飨”。这里的天指的就是上天、上帝，这一点很明白。在此之上，文帝说，“日有食之。适见于天。灾孰大焉”，将日食理解为天降下的灾殃。在此，他认为应该探究上天斥责的理由，说“今至，其悉思朕之过失，及知见之所不及，匄以启告朕”，认为面向匈奴配置军备是具有守卫边境民众的公性质的措施，不能废除。另一方面，自己“罢卫将军军，太仆见马遗财足，余皆以给传置”等等，果断施行有关皇帝个人的、带有私性质的经费节俭政策。

与此相同的理论，在（B）中也有展开。文帝将数年来的不登、洪水、旱灾、疫病等灾殃也都看作是上天对于自己失政的谴责，为此担心陷入“天道有不顺，地利或不得，人事多失和，鬼神废不享”的状况。因此，文帝下问臣下，“朕甚忧之，愚而不明，未达其咎”“何以致此”“吾未能得其中”等等，想究明原因。

依据这些言行可以判明，文帝本身抱有这样的受命思想，即君主受命于上天养育万民、从而成为地上的统治者；上帝以天道的异变为媒介谴责天子的失政。抱有这种强烈的天人相关思想。刘邦曾说，

“吾以布衣提三尺取天下。此非天命乎。命乃在天”(《汉书·高帝纪》),把自己完成霸业的原因归于天命。高祖还将其表达为“天之灵”(同上),也就是说,那是天运给自己带来的顺利。这还只是一个朴素的个人感慨的吐露,在汉王朝创立的问题上,虽然认可自然法超越性的权威,但却没有将天与皇帝之间的关系作为权力论和统治论进一步理论化。与此相比就可以明白,高祖时代的未经整理好的上天与皇帝之间的关系问题,在文帝时期开始理论化了①。

不过,话说回来,文帝之所以能够取得这样的理论性进展,其根本原因还在于从刘邦即位皇帝时起,汉的皇帝概念就已经不是直接继承秦的皇帝概念、而是继承和肯定了古代五帝及三王的概念,是以此为出发点的。对于汉初的人们来讲,古代帝王原本就意味着是受命于天的天子,在他们的意识里这个意思直接与汉的皇帝概念相关。在此,天子概念得以以它原本的意义与皇帝概念相重合,不带有任何特别的矛盾。这与秦帝国的情况完全不同。在秦帝国的时候,天子概念被全

① 以往都认为,受命思想、天谴思想是通过武帝时期建言了儒教一尊政策的董仲舒,纳入到汉的统治理论中的。不过,实际上受命思想、天谴思想在文帝时期已经被明确地纳入到汉的统治理论当中了。那么,这两种思想,是在什么样学派的影响下被导入的呢?《墨子》中的天志论、尚同论强调受命和天的谴告,结合文帝的节俭政策一起考虑,受墨家思想的影响这一看法应该是能够成立的。只不过,墨家没有使用天道这样的术语,另外,也没有在文帝时期墨家依然活动的迹象。这样的话,前述的两种思想,就应该看作是在这个时期流行的黄老道思想的影响。如前所述,黄老道也强烈主张受命思想、天谴思想和节俭主义。这一点,从说文帝“孝文好道家之学”(《史记·礼书》)这句话,以及文帝的皇后就是后来以保护黄老道而闻名的窦太后、为文帝做相国的陈平也是信奉黄老道的等这些人际关系上来看,受黄老道影响应该是确实的。董仲舒的天人对策,也是基于文帝时期以来的黄老道、天人相关思想的,是在这个底色上进行的。如果汉的皇帝也像秦的皇帝那样持法术思想的话,武帝与董仲舒之间,就完全没有那种形式的策问和答申的实施余地了。

无自然法秩序意识的、以人为功绩为优先的皇帝概念抛到一边，二者之间的关系最终都没有能够明确地理论化。

正因为如此，汉的皇帝才可能明确地将自己定位为一个应该服从于上帝、天道、神明、鬼神等自然法权威的存在。

这样的政治理论，在某种方面，是通过自然法给皇帝支配的正当性赋予权威和根据的。不过从反面来讲，对于皇帝就加上了作为天子要服从于自然法的义务，臣民以自然法为后盾可以向皇帝谏言和提出批判，在阻止皇帝权力无限制地绝对化和自我目的化的方向上，也起到了强力的作用。必须认为，这正是建立在君臣间相对均衡之上的、汉的皇帝权力的实际形态，在与上天的关系上所反映出的一端。

另外，通过文帝这样的自我限定，被统治者就作为经营天下共同事业的潜在合作者，永远停留在了这个领域。这样一来，就将难以包括在汉的建国原理中的性质复杂的民，规定为受上天之命的“民之父母”的养治对象。通过这一手段，成功地将民纳入了以皇帝为顶点的汉的国家体制之中了。

文帝说，“盖闻天道祸自怨起，而福繇德兴。百官之非，宜由朕躬。今祕祝之官，移过于下，以彰吾之不德。朕甚不取。其除之”（《史记·孝文本纪》），禁止做祈祷将失政的责任转嫁给官吏。另外，还说“昔先王远施，不求其报，望祀不祈其福。右贤左戚，先民后己。至明之极也。今吾闻祠官祝釐，皆归福于朕躬，不为百姓。朕甚愧之。夫以朕之不德，而躬享独美其福，百姓不与焉，是重吾不德也”（同上），禁止祠官置民众于不顾、为皇帝个人祈福的私性质的行为。这明示了服从上天权威所具备的意义，是以天为媒介明确皇帝与民之间的关系、将原本私性质的作为军事集团首领的汉的皇帝权力完全转化为公性质的这个工作的一个最后总结。秦国的时候,因为可以依照秦的国家传统施行皇帝的支配,只将民众定位为被统治者,所以,自然法与皇帝的关系只停留在皇帝个人求福的领域,直到最后都没有理论化完成天与皇帝与民之间关系的权力论和统治论。汉代的情况与秦完全不同。

高祖推出以天下为一家作为汉的理念。这是把整个国家模拟为一个家族命运共同体的做法,主张在其内部的各个阶层之间没有任何敌对关系存在,意图使皇帝权力君临于这个总体的谐和与安定之上。最后留下的难题是,在高祖集团形成原理的封建君臣关系中,没有直接编入民众与皇帝的关系。文帝导入了受命思想和天谴思想,将皇帝与民众之间的关系模拟为父母与子女的关系。这又与上述的公认血缘世袭家父家长权相关联,为高祖倡导的"定有天下,以为一家""为天子,帝有天下"(《汉书·高帝纪》)的路线,带来了理论性实现的可能[①]。

---

① 以上的论点相互交错复杂,为便于理解,以下列出图示,加以补足说明。

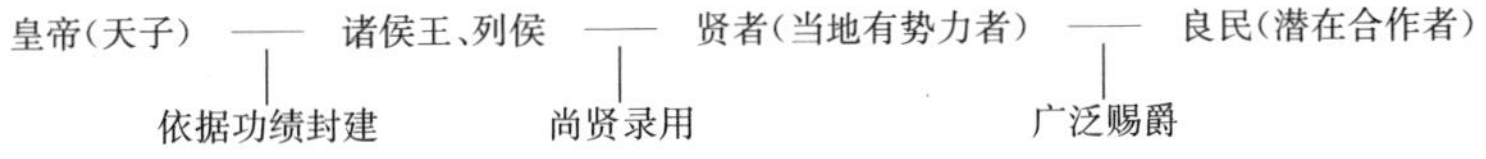

图Ⅰ

图Ⅰ是将汉的建国和帝国经营看作是全体人的一个合作事业,是这个形态的天下一家图,成立于从高祖集团形成原理上升为汉的建国原理及国家原理。贯彻在整体上的原理是皇帝恩赐参加合作事业的有功人员。"建诸侯,为帝者太祖"(《汉书·文帝纪》),皇帝权力公性质的正当性也在于封建的实施。

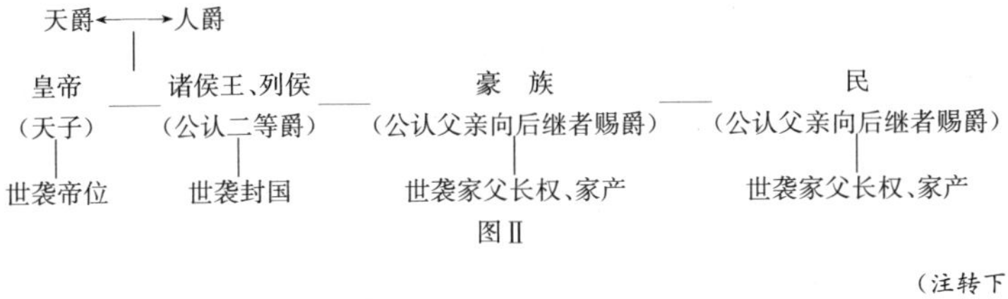

图Ⅱ

(注转下页)

公元前157年，文帝留下遗诏，详细命令自己的葬礼从简。文帝殁后，事先立的太子刘启即位。这就是景帝。景帝是这样称赞父亲文帝的德行的：

> 孝文皇帝临天下，通关梁，不异远方，除诽谤，去肉刑，赏赐长老，收恤孤独，以遂群生，减耆欲，不受献，罪人不帑，不诛亡罪，不私其利也，除宫刑，出美人，重绝人之世也。朕既不敏，弗能胜识。此皆上世之所不及，而孝文皇帝亲行之。德厚侔天地，利泽施四海，靡不获福，明象乎日月。(《汉书·景帝纪》)

(续上页注)图Ⅱ是家父长权、家产全部以血缘世袭，是这种形态的天下一家图。帝位是建国者个人功绩的结果，无帝位即位仪式，在宗庙里，帝位被当作家产以血缘世袭。封建制包含有功绩赏赐(图Ⅰ)和血缘世袭(图Ⅱ)的二重性。在这一点上，图Ⅰ与图Ⅱ有重合面。

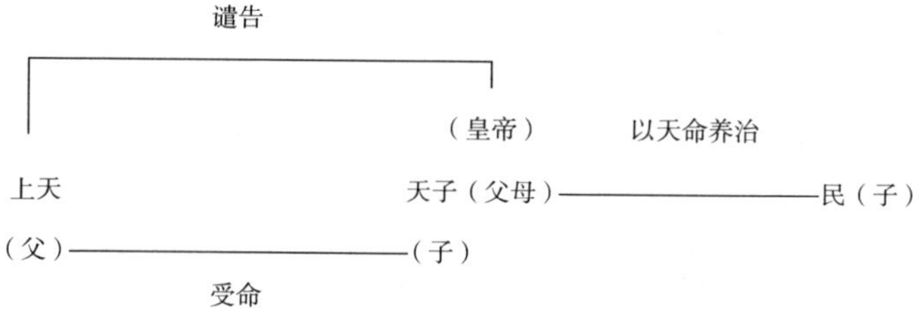

图Ⅲ

图Ⅲ是基于上帝—天子、天子—民这种拟制的亲子关系形态的天下一家图。在前面的图Ⅰ、图Ⅱ中，皇帝这一面很突出，在图Ⅲ中，天子这一面是中心。汉的皇帝是在中国内部这一范围中并用这三个形态而"为天子，帝有天下"(《汉书·高帝纪》)的。

另外，对于存在于中国外部的匈奴，不适用图Ⅰ、图Ⅱ。所以，图Ⅲ中的受命于天、统治中国世界内部民众的人即天子，对于同样受命于天而统治匈奴世界内部的单于，就采取他国之礼了。所以，天子概念是横跨在国内、国外两个领域，作用于双方的东西，不应单纯地分为天子—国外、皇帝—国内。

前半部分先具体地列举了先帝的政绩，然后，景帝将其伟大概括为"德厚侔天地，利泽施四海，靡不获福，明象乎日月"。从前，对于这一文句，有见解说这是将文帝的德与上帝置于同列、主张皇帝权力的无限制性和绝对性的东西[①]，是将刘氏的血统神圣化和权威化的内容[②]等等。不过，"德厚侔天地""明象乎日月"这样的形容和表达，绝不是将皇帝与上帝同格化的思维的产物。

黄帝书《十六经·立命》中，描写了黄帝即位"天下之宗"的情况。其中，黄帝说，"吾受命于天，定位于地，名成于人。唯余一人，〔德〕乃配天""地充广裕，吾类天大明。吾畏天爱地"等等。依照这些来看，"唯余一人，德乃天配"这种看似很自大的言词，其实只是忠实地履行"受命于天"的表达而已。同样，"吾类天大明"的表达，也只是形容一边"畏天"一边遵循天的存在方式而做努力的姿态而已。

另外，深受黄老道影响的董仲舒也继承了这样的思维。他说，"通天地、阴阳、四时、日月、星辰、山川、人伦，德侔天地者，称皇帝。天佑而子之，号称天子"（《春秋繁露·三代改制质文》），将皇帝与天子的关系理论化。这个地方的皇帝的德"侔天地"，也不是什么将皇帝与上帝同等看待的不逊表现，完全相反，是说皇帝就是上天的子，意味着皇帝要服从于上天的态度。

---

① 前面所列西嶋氏著书中的《皇帝支配の成立》。

② 前面所列的町田著书中的《秦の始皇帝について》。另外，高祖、惠帝、文帝、景帝等汉的皇帝们，从来没有任何将刘氏血脉神圣化的发言。本来，高祖就说"吾以布衣提三尺取天下"（《汉书·高帝纪》），公开宣称自己本是一介布衣之士，臣下方面也公然无忌讳地说"大王起于细微"（同上）、"陛下起布衣"（《汉书·张陈王周传》）等等。刘邦出身卑微，是天下周知的事实。可以说在这种状况下，无论用什么方法也都不可能使刘氏的血统神圣化的。

景帝颁发的诏书的内容，绝不是将文帝置于与上帝同格的位置、主张皇帝权力无限制的绝对性，也不是要赋予刘氏血统以神秘性的权威。这些通过以上论述可以了解了。文帝自己导入了受命思想和天谴思想，他是如何服从于上帝、上天以下的自然法的，这个情况就如前所述。景帝深刻地认识到了顺从自然法为皇帝支配带来的重大意义，他是在这个认识之上，用了上述的表达称赞的，并以此向天下宣布，自己也决心继承父亲的皇帝观和统治观。

所以，景帝在具体统治天下的时候，仍然继承了自高祖至文帝的汉帝国独自的路线。景帝说，“民多乏食，夭绝天年。朕甚痛之。……其议民欲徙宽大地者，听之”“治坟无过三百人毕事”“不受献，减太官，省徭赋。……以备灾害”（《汉书·景帝纪》）等等，同样致力于推进劝农节葬、削减官费、安定民生的政策。

另外，如下所示，文帝还留心法令刑罚的缓和和裁判的公正化、禁止官吏破坏民生等等，有意适当且柔和地施行法治：

> 吏受所监临，以饮食免，重。受财物，贱买贵卖，论轻。廷尉与丞相更议著令。（《汉书·景帝纪》）
>
> 改磔曰弃市，勿复磔。（同上）
>
> 吏或不奉法令，以货赂为市，朋党比周，以苛为察，以刻为明，令亡罪者失职。朕甚怜之。有罪者不伏罪，奸法为暴，甚亡谓也。诸狱疑，若虽文致于法，而于人心不厌者，辄谳之。（同上）
>
> 减笞法，定箠令。（同上）
>
> 欲令治狱者务先宽。（同上）

景帝批判“以苛为察，以刻为明”的狱吏，命令“治狱者先务宽”。这与曹参基于黄老道、排除“文言深刻，欲务声名”(《汉书·萧何曹参传》)的法吏的态度完全同轨。“狱诸疑，若虽文致于法，而于人心不厌者，辄谳之”这样的思考，与将法的性质规定为“发于人间，合于人心而已”(守山阁本《慎子》所收佚文)的慎到的法思想一致。“狱者，人之大命也。死者不可复生”(《汉书·景帝纪》)，如此立场的景帝的法治，可以说是忠实地沿着以往的汉的路线的法治。

此外，如下所述，景帝还放宽了官员资格的资产条款，录用廉洁之士为官：

> 廉士算不必众。有市籍不得宦，无訾又不得宦。朕甚愍之。訾算四得宦，亡令廉士久失职，贪夫长利。(《汉书·景帝纪》)

通过这样的措施，把以往远离官途的阶层引入官界，得以形成新兴的官僚阶层。这也是高祖以来的招募贤者政策的一环。

在景帝的治世中，爆发了吴楚七国之乱。从结果上看，这抑制了诸侯王的势力，成为后来皇帝权力强化和明显增大的一个契机。不过，即使其中内含着这样的重大变化，景帝的皇帝观和统治观，在表面上依然是承袭自高祖至文帝以来的汉的传统路线的，依然贯彻着这样的一种姿态。

第十五章　“秦汉帝国论”批判

到此为止的论述，分别对秦的皇帝观和汉的皇帝观做了讨论，阐明了二者之间存在的本质上的差异。在这个问题上，以往都是怎样认识的呢？本章概观有关秦、汉皇帝权力的研究历程，并提出笔者对于有关研究的疑问。

以往，如何把握秦、汉皇帝权力的性质，是东洋史学领域中、古代史上最大的课题。特别是在战后，是做了盛大热烈的讨论的。对于这个问题，最先提出理论的是西嶋定生。西嶋氏将汉代的豪族看作是家父长性质的、家族内部奴隶所有者的一个同族结合体。而且，因为高祖集团也具有同样的内部结构，所以汉的皇帝对于拟制性的家庭内的奴隶即官僚，一开始就得以以家父长性质的专制权力君临。他提出了这样的学说①，给战后东洋史学界带来了很大的冲击。

对此，增渊龙夫认为，不能把高祖集团看作是一个单纯的家父长集团，应该更关注从内部支持着集团的情感性的人际关系；守屋美都雄认为，高祖集团不是一个与豪族关联的家父长集团；滨口重国认为，

---

① 《中国古代帝国形成の一考察——漢の高祖とその功臣》(《歴史学研究》一四一号，1949 年)及《古代国家の権力構造》(歴史学研究会 1950 年度大会報告・歴史学研究会編《国家権力の諸段階》所收)。

其立论完全忽视了当时广泛存在的小农等等。提出了很多的批判[①]。在这些批判之下，西嶋氏放弃了旧学说，转而推出了新的学说。他说，秦汉时期的皇帝权力，是建立在皇帝对于当时的主要生产阶层小农、以赐爵为手段贯彻施行的各个人身支配之上的[②]。这一新的学说，再一次给学界带来了巨大冲击。之后，以对此的批判为轴，又有很多的见解接连发表，东洋史学遽显活气和盛况。

首先，守屋美都雄主张，秦汉的人头支配是在乡里共同体中、通过拟制性的家族秩序以及家族内的家父长支配来施行的。国家与民的支配服从关系是成立于这种家父长原理的拟制之中的。他批判了皇帝直接支配各个小农的西嶋新说[③]。

增渊龙夫认为，即使家族性秩序解体，也不能当作是乡里的自然性秩序就完全崩溃了。西嶋新说在新县新邑中寻找实现皇帝支配的理念形态，增渊龙夫专门就此加以批判。而且，他认为，官僚制支配机构的秦汉专制性的皇帝支配，最后也是依存于土豪势力所形成的自律性秩序之上的。在皇帝与民众之间设定了豪族这样的中间阶层，同样

① 增渊龙夫《漢代における民間秩序の構造と任俠的習俗》(《一橋論叢》二六—五[1951年]，《中国古代の社会と国家——秦漢帝国成立過程の社会史的研究》[弘文堂，1960年])、守屋美都雄《漢の高祖集団の性格について》(《歴史学研究》一五八—一五九[1952年]，之后由《中国古代の家族と国家》[東洋史研究会，1968年]所收)、滨口重国《中国史上の古代社会問題に関する覚書》(《山梨大学学芸学部研究報告》第四号，1953年)等等。

② 《中国古代帝国の形成と構造——二十等爵制の研究》，東京大学出版会，1961年。

③ 《漢代の家族——その学説史的展望》(《古代史講座》6[学生社，1962年]，之后由《中国古代の家族と国家》所收)。

也是批判各个人身支配的说法[①]。

宇都宫清吉说，西嶋学说只从皇帝的支配方面看问题，自己对此怀有疑问。他认为秦汉帝国是这样的一个两极对立的结构，即以强权图谋各个人身支配的皇帝及非家父长的自律性乡里共同体。他这样认识和把握秦汉帝国。并且，在这个自律性的乡里社会阶级分化中，形成了豪族，两极结构逐渐变化为门阀豪族体制[②]。

近年来，除了这些研究以外，还有谷川道雄的见解提出来。他认为，原本自律性的乡里共同体，在那些没有能够自律性地完成乡里社会的维持和再生产的地方，就形成了以郡县制和官僚制为基础的秦汉帝国的支配形式[③]。

还有，好并隆司认为，皇帝支配只可能形成于西部的还留有游牧传统的秦国，是一个特殊的形态。继承了其性质的汉的皇帝的各个人身支配，是以东方诸国传统家父长制性质的村落共同体的机能为媒介才得以成立的[④]。

以上简述了战后东洋史学上的各个学说概略。通观这些学说，笔者看到了许多甚为奇异的现象。首先，就是其中频频出现的秦汉帝国、秦汉时期的皇帝权力、古代帝国等术语群。在这些学说中，秦汉帝

① 《秦漢専制国家の構造と社会秩序との関係》(《歴史学研究》二五五，1961 年)、《所謂東洋的専制主義と共同体》(《一橋論叢》四七—三，1962 年)、《中国古代国家の構造——郡縣制と官僚制の社会的基盤の考察を中心として》(《古代史講座》4，学生社，1962 年)等。

② 《中国古代中世史把握のための一視角》(《中国中世史研究——六朝隋唐の社会と文化》，東海大学出版会，1970 年)及《管子弟子職篇によせて》(《名古屋大学文学部研究論集》二九，1963 年。以后均收入《中国古代中世史研究》[創文社，1977 年])。

③ 《中国中世社会と共同体》，国書刊行会，1976 年。

④ 《秦漢帝国史研究》，未来社，1978 年。

国、秦汉时期、古代帝国等称呼,并不只是作为一个连称或总称概念,当然是从某种特定的基准上划分出来的区分历史时代的术语,是作为这种术语而使用的。所以,用这样的术语群将秦汉囊括在一起,就一定是以这样的条件为前提的:至少在其基本结构上,二者拥有几乎同一的性质。这是一个必须的大前提。事实上,西嶋氏说,“汉帝国的支配机构是继承了秦帝国的”“这两个帝国虽然在实际上是不同的两个帝国,但是可以将其视为具有相同性质的国家”,所以,“中国最早的统一帝国不用只限定为秦帝国,可以一括为秦汉帝国”,明确提示了理由①。而且,这种看法,就像宇都宫氏所说的那样,“当今,将这样的前汉帝国以及其前行时代及后续时代的秦帝国以及后汉帝国,一括定性并称为古代帝国,这是很多学者认可的”②,如此这般。

如果是基于这样的理解而使用秦汉帝国这个概念的话,当然,“秦汉帝国”论者就必须拿出资料来,证明秦的皇帝权力与汉的皇帝权力是以完全相同的原理形成的,二者是立于同样的权力基础之上的,是以同样的形式支配各自的帝国的。

然而,比如像西嶋的新学说,在说明皇帝支配的一般形态时,他只用了秦的皇帝支配形态,在欠缺具体论证的情况下,就说汉的皇帝支配也是继承了秦的。另外,说皇帝向民赐爵,是通过乡里共同体的民间秩序为媒介实施的。在此论述专制主义与德治主义得以同时成立的时候,就只拿汉的赐爵形态来说明,在没有具体论证的情况下便主张说秦也是一样的。

---

① 《中国古代国家と東アジア世界》,東京大学出版会,1983 年。

② 《中国古代中世史把握のための一視角》(《中国中世史研究——六朝隋唐の社会と文化》,東海大学出版会,1970 年)。

增渊学说也是一样，如果在高祖集团中的、反映了当时广泛社会习俗的心绪性的人际关系中，求证汉的皇帝权力的主要形成原因的话，那么对于秦的皇帝，也要以资料实证、其皇帝权力是由心绪性的人际关系支持的。不然的话，“其中央集权支配作为一个制度在秦汉帝国得以基本完备”的这种一括性的总结①，只是一句空文。

再举一例。好并学说认为，在西部的秦，广泛存在着游牧性质的小经营农民，不像东方诸国那样，中间还存在有强大的族性质的秩序。所以，只有秦王在一开始的时候就得到了绝对性的专制权力。他在秦的地域性的特殊性上求证秦的皇帝权力的形成原理。在此之上，他认为，秦的皇帝权力成立于游牧民特有的专制主义和东方农村共同体支配的这种二重结构之上，说汉的皇帝支配也继承了秦的这个形态。这也是一个轻易的、不当普遍化的概括。要想这个理论成立，就必须以资料来证明汉的皇帝权力完全继承了秦的皇帝权力。但是，完全欠缺这种论证的步骤。

也就是说，这些学说是在没有确认其共通性的情况下，在一开始就将秦与汉概括为秦汉帝国，然后，有的人只说明秦，将汉作为继承了秦的帝国来处理；有的人只说明汉，然后没有任何论证就说这可以追溯到秦。论述者都以自己的方法拿这个补那个地前后敷衍说明，在秦汉之间随意游走。如果再要讲一下应有的论证步骤的话，可以列为四项：秦的皇帝权力的形成原理（A）、权力形成之后的秦的皇帝支配原理及形态（B）、汉的皇帝权力的形成原理（C）、权力形成之后的汉的皇帝

---

① 《中国古代の社会と国家——秦漢帝国成立過程の社会史的研究》，弘文堂，1960年。

支配原理及形态(D)。这样就需要举证(A)和(C)完全相同,(B)和(D)也完全相同,然后才能将秦和汉以秦汉帝国、古代帝国这样的一括概念来称呼,这样才具备使用这种概念的妥当性。

与此也有关联,另一个在笔者眼里尤其感觉奇异的是,前述的各个学说,虽然多少有一些程度上的差异,基本上都是将秦和汉的皇帝权力规定为专制权力的。有关这一点,有些论者会这样形容:“绝对的”“不为任何东西所制约”[①]等等。皇帝的专制支配,具体来讲是指什么样的内容和实质?这是首先必须要搞清楚的问题。比如,最为明快地展示了其内容的西嶋学说举出了三点:(1) 举国实施郡县制;(2) 中央集权性的官僚制;(3) 对全体人民的各个人身支配。增渊、宇都宫、谷川、好并各位基本上也是立于同一观点的。那么,以上三点真的就是在秦和汉完全同质地贯彻实施的吗?(2)(3)有些复杂,后面再说,在此先看一看最为简明的郡县制的问题吧。汉帝国实际上在全国施行了郡县制吗?如果基于已经讨论过了的《史记》《汉书》的记载来看的话,当然,回答是否定的。

然而,西嶋学说断言“郡县制是秦汉帝国的基本支配体系”[②]。同样,增渊学说也主张说,“专制君主逐渐扩大和强化人头支配性的郡县制支配”“其中央集权性支配,作为制度,在秦汉帝国得以基本完备”[③]。那么,汉帝国将领土的三分之二以上分封给诸侯王、列侯的事实,又怎样处理呢?有关这个问题,他拿吴楚七国之乱平定了之后的情况,说所谓封国实质上也与郡县无大差别。当然,这种苟且的说明是没有任

① 西嶋定生:《岩波講座・世界歴史・4》第6章《皇帝支配の成立》,岩波書店,1970年。

② 《中国古代帝国の形成と構造——二十等爵制の研究》,東京大学出版会,1961年。

③ 《中国古代の社会と国家——秦漢帝国成立過程の社会史的研究》,弘文堂,1960年。

何意义的。因为，按照他的观点，全面施行郡县制本应是无特定时期限定的、贯彻于秦汉古代帝国的基本构造。

这样看来，可以判明，将秦的皇帝支配与汉的皇帝支配完全视为同等、说二者都是绝对的专制权力支配的这种说法，其根据本身就是完全不可信的，只是如此而已。那么，他们为什么还要如此牵强地推出这些论法呢？其动机当然还在于想要克服亚洲停滞性的理论框架，想要符合法则地来把握中国史。作为这个目的的一环，就主张了古代帝国这一历史阶段的存在。在此，秦帝国与汉帝国，被一并囊括在古代帝国这一历史发展阶段的框架内。作为一个必然的结果，汉的皇帝权力就必须与秦的皇帝权力完全同质，就必须是一个绝对的专制性君主。战后的“古代帝国论”是为了确立这个命题，先求证了秦的皇帝支配原型或一般形态，然后提出秦汉帝国、秦汉时期的皇帝权力等一并概括的概念，以此将秦的皇帝支配的形态直接放在了汉的皇帝支配上了。有关这一点，如实地反映在了西嶋学说的思考方法上。他从秦始皇的支配形态中抽出郡县制的全面实施、中央集权性的官僚制和各个人身支配三点，然后主张说这些情况在汉代也一样实现了。也就是说，开始论述的研究的前提本身已经是有了答案的。在战后的东洋史学中，汉的皇帝无论如何都要与秦的皇帝一样，必须是一个绝对性的专制君主，其最大理由就在此。

就这样，汉的皇帝被强行祭为绝对性的专制君主。接下来，“秦汉帝国”论者，自己又吃惊于自己手中做出来的专制权力的强大，特别是对于高祖，开始自问为什么会突然出现这样强大的皇帝权力。因为没有任何基础的话是不可能冒出皇帝权力的，结果就展开了这样的思考：在汉的皇帝权力出现以前，就一定存在有使其产生的必然要因。

这样，皇帝权力出现之前大概就已经存在的各种权力就成了被物色的目标。实际形态根本就不明了的家父长权力，没有任何发展经过的说明就直接将其上升为皇帝权力的，是仁井田的学说[1]。与此相同，在没有任何媒介的情况下，就轻易地将豪族内的家父长与高祖集团内的刘邦、还有汉的皇帝相连接的，是西嶋旧说。还有，只是漠然地加上了广泛的社会习俗即人际的结合关系的增渊学说。另外就是在所谓的游牧传统、王权神授思想等根本就不存在的秦的特殊性上寻找皇帝出现的原因，再一点点地把它安在高祖身上的好并学说等等。这些全都是源于上述原因的思考成果。

当然，也就成了像西嶋新学说、宇都宫学说和谷川学说那样的，因为摸索不到应该称为汉的皇帝权力原型的权力构造，就把没有解释过形成原理的秦的皇帝权力，怎么样地处理了一下就移到了高祖那里——当中很多论调都极为暧昧模糊。

不用说，这中间还有前述的那种将秦和汉概括为一、任意地在秦汉之间来来回回的见风使舵的机会主义[2]。也就是说，没有明确分别

---

① 仁井田陞：《中国社会の法と倫理》，弘文堂，1954 年。

② 更加无制约地使用这种“秦汉帝国”论手法的，是尾形勇《中国古代の「家」と国家——皇帝支配下の秩序構造》(岩波書店，1979 年)。尾形氏通过秦、汉、魏、晋、唐等各个时代，认为以“君臣”这一古代特殊而又具体的关系为轴从而形成的“秩序构造”，就是直接支持了“各个人身支配”这种形式的皇帝支配的。不过，尾形氏的立论，就好像从秦代到唐代全都贯彻着完全同质的皇帝支配似的，只是一个建立在虚假前提上的虚构而已。他不从整体上来把握各个时代，无视时代差异地收集从秦到唐的各个性质不同的资料，再将其随意拼凑，想要得出一个通时性的皇帝支配的一般构成形态。所以，把经过了这种操作的观念性构成的一般皇帝支配形态，再还原到每一个皇帝身上的时候，就会出现很多套用不上的例子。比如，尾形氏认为，为了标榜帝位的正当性，皇帝必须臣从于天帝。不过，秦的始皇帝、二世皇帝、汉的高祖、惠帝，什么时候臣从了天帝呢？当然在史书中是找不出一句话来证明这一点的。

论述皇帝权力的形成问题，也没有对权力形成后的皇帝支配性质进行说明，出现了各色各样的错乱交织混杂。实际情况比上述总结的还要复杂和混乱。

他们这些种种的尝试，被秦的皇帝权力之强大拖带，随便地将汉的皇帝也弄成了绝对性的专制君主，然后又开始在什么地方找原本就不存在的专制权力的形成原因，甚至还要找形成之后的权力基础。这全都是在为自己画出来的幻觉寻找实体，只能说是徒劳而已。本来就想当然地认为汉的皇帝权力一开始就是作为绝对性的专制权力而形成的，在此之上设定问题：汉的皇帝的专制权力是如何成立的？为何能够实现专制支配？不得不说这从根本上就是错误的。"秦汉帝国"论者，对于把西欧世界模式化了的马克思主义唯物史观的图示、轻易地套在中国史上的做法表露出警戒之念，标榜在中国的特殊具体的构造上、合乎法则地把握中国史①。即便如此，那所谓的历史必然性发展规律等等马克思主义唯物史观的类型性、观念性和虚妄性，他们基本上依然没有避免掉。

而且，这个根本性的错误，在说明皇帝权力的形成原因以及皇帝支配的性质的时候，还反映在其选择的作为常客的对象上，造成接下来后面的错误。"古代帝国论"喜欢让豪族、家族、乡里共同体、小农等固定角色出场。其中，豪族、家族是作为上升移至为皇帝权力的原型的；小农、乡里共同体是被定为皇帝支配的对象；豪族、家族有时候也被包含在后者的范围内，根据论者的情况，有时会承担二重作用。主

---

①　西嶋定生：《中国古代帝国の形成と構造——二十等爵制の研究》，東京大学出版会，1961年。

要选择豪族、家族作为原型，是因为要尽量在支配与被支配的、间隔很大的权力构造中寻求皇帝权力的前身。这样就留意其内部的家父长权力了。所以，在这个时候，为了放大间隔的扩大效果，还特别强调家内奴隶的存在。不过，家父长权力在当时是否那样强大，还留有疑问。还有像增渊学说、宇都宫学说那样的，以巨子统帅的墨家集团为皇帝权力的产生模式，这样的立场也出现了①。另一方面，小农、乡里共同体、家族、豪族等，是作为皇帝支配的对象或场所而被选择的。这是因为，要通过这种操作，将末端被支配阶层与皇帝置于对立的两极，来突出二者的支配与被支配的差别。

所有的这些学说，在其根底都有着这样的固定概念存在：无论是秦还是汉，只要是皇帝支配，那都是绝对性的专制支配。这个固定概念大大地规制了对象的选择范围。在笔者看来，这也是一个实在奇妙的现象。在那里使用的小农、家族、乡里共同体这三个概念，虽然名称不同，其实质却几乎是重复的。大土地所有者的豪族有些不一样，不过其存在的场所是乡里或者其周边，主要的生活基盘也还是在所在地的农业社会。那么，汉代社会整体，真的只是这些地方农村社会与中央皇帝的一个两极对立构造的存在吗？

---

① 增渊龙夫《墨侠》(《一橋論叢》三十二—四，后来收在前面所述的《中国古代の社会と国家》)。宇都宫清吉《管子弟子職篇によせて》(《名古屋大学文学部研究論集》二九，1963年)。其中，增渊氏认为，墨家集团就是一个任侠性习俗与巨子的专制支配共存的集团。宇都宫氏认为，墨家与儒家的学团分别是首领制集团与家族制集团的典型，并以此试图论证在当时的社会中，广泛地存在着这两种性质相反的集团。不过，墨家集团原本就不是以二位所说的那样的性质及形态而发展起来的。在墨家集团的生态上寻找皇帝支配权力的一般性构造原型，是完全不可能的事情。详情可参照拙作《墨家集団の質的変化——説話類の意味するもの》(《日本中国学会報》第三十四集)。

皇帝对小农、皇帝对家族、皇帝对乡里共同体、皇帝—豪族—共同体·小农·家族等等，至今为止提出的这些各种各样的皇帝支配模式，从极端的两极对立结构，再到两极中间夹介有豪族、家族内家父长、共同体指导阶层的这种在某种程度上起到缓冲作用的结构，总之，皇帝支配基本都是在皇帝与末端被支配阶层对立的这种两极结构当中的。即使认可中间阶层起到了什么作用，说到底也只是在这个结构中推移力点而已。另外，即使在上述模式的最底部加上家内奴隶阶层，也不会发生大的框架上的根本变化。

不过，汉代的社会，当然不是单纯到用这种极端的两极结构或变形的两极结构就可以说明清楚的。比方说，用这种单纯的结构设定，就会从汉代社会诸阶层的构成中，把拥有广大的封国并使用着与汉不同的历法、掌握着官吏任命权、租税征收权、人民征发权等大幅封国支配权以及拥有独自的军事力量的诸侯王的存在，从视野中完全排除了。无视他们的存在而论及汉的皇帝支配的性质，是不可能的事情。尽管如此，至今为止的“古代帝国”论，唯恐他们的存在会成为那个要证明的错误大前提——汉的绝对性专制支配的皇帝权力——的障碍，就故意蒙着眼睛一直无视过来。因为，如果不这样的话，就根本不可能强辩说全国性的实施郡县制就是秦汉帝国的基本支配体系等等。

为这种错误的背景推波助澜的，还有支配了战后东洋史学的社会经济史的方法论的弊害。例如，西嶋的新学说主张，秦汉时期基本的生产关系在皇帝与小农之间，而且，这也是皇帝对小农的各个人身支配的基本支配关系。生产关系当然很重要，但在社会整体上，其是和其他的各种多样的关系重合复杂地交织在一起的存在。所以，将时代、社会的主要生产关系与时代、社会的基本支配关系简单联系在一起的行为，必然会漏掉很多生产关系以外的要素，是会付出很高的代价的。然而，在战后的东洋史学中，由于对战前枯燥无味的资料搜集史学的反省，或者也还因为受了马克思唯物史观的影响，觉得若不从社会经济史即生产关系方面进行研究的话，就好像难以成就尖端的学问似的，有囿于这种强迫观念的风潮。在这种思考之下，被认为没有直接与生产关系相关联的诸阶层，以汉代来讲的话就是作为军事性、政治性存在的封建诸侯王、列侯等，一开始就被排除在讨论范围之外了。在概说汉代史的时候，一方面阐述诸侯王的强大，可是，一旦进入说明皇帝支配原理的时候，瞬间他们的影子就消失了。

以上指出了战后东洋史学展开的“秦汉帝国论”，其实就是建立在两重错误上的虚构的理论。那么，应该怎样思考汉的皇帝权力和汉的皇帝支配的性质呢？在论述之前，先将汉初构成社会整体的主要阶层列举如下：

(A) 皇帝
(B) 诸侯王/列侯——军事性、政治性势力
(C) 中央政府的官僚——政治性、军事性势力
(D) 外戚——政治性、军事性势力
(E) 豪族——生产关系的一部分，地方政治势力
(F) 乡里共同体的指导阶层——地方政治势力
(G) 农民——主要的生产阶层
(H) 家内奴隶——生产关系的一部分

这当然是一个极为粗略的分类图示，除此之外还有郡县的官吏、

封国的官吏、宦官、商人、游侠等等存在，而且，这个图示内部的关联也很复杂。

首先，(B)因为参加朝议或者身就中央政府要职，与(C)重叠。特别是列侯被任命为将军、率领政府军讨伐反乱以及对匈奴作战的时候，他们会变为强大的军事性的存在。(B)另外还在各自的封国内掌握着征税权、征发权、矿山开采权等广泛的行政权力，也构成生产关系的一部分。(C)是丞相以下的官僚，是掌管政务的政治势力。同时，太尉等也是掌握了近卫军的军事性的存在。而且，如前所述，他们中的一部分人，还是列侯，与(B)重叠。(D)位于朝廷中枢，是以血缘形成的特殊的政治势力。同时，就像吕氏的例子那样，有时候同(B)(C)重叠。(E)角色多样，有大土地者、工商业经营者等等，或是所在地的政治势力。他们拥有很多的组织成员或食客，有时候也会成为潜在的军事势力。(F)因为本身也是农民，在构成生产关系的一部分的同时，也是对乡里舆论的形成起到中心作用的力量，这一点与(E)同样，也是所在地的政治势力。而且，(E)(F)部分重叠，还是贤良录用政策的主要对象，他们会成为郡国的地方官僚，也可能进入中央政府机构，构成(C)的一部分。(G)的内部，还可以划分出富农、贫农，全都是农业生产的主要承担者。同时，他们当中很多人还经营小规模的工商业，而且，在可以形成民意这一点上，与(E)(F)一样，也是潜在的政治势力。另外，到了汉代，身份战士制度崩溃已久，作为士兵的主要供给源，还是通常持续性的巨大的军事性的存在。(H)构成生产关系的一部分，根据情况，也可能转化为军事力量。另外，还有可能上升到(G)。从这一点来看，潜在性地还带有(G)的预备军的性质。不过在实际上，从(G)移动到(H)的可能性更大。

之前的“秦汉帝国论”，很喜欢讨论皇帝支配的权力基础在于哪个阶层。然而，在这个问题的讨论中，关键的权力基础这一概念的定义却很模糊，是在暧昧中使用权力基础这个概念的。皇帝在某个阶层拥有自己的权力基础，这具体是指什么样的实质呢？全然不明。这样，换言之，皇帝在某个阶层拥有自己的权力基础这个问题，反过来说，如果某个阶层叛离了皇帝，皇帝就难以保持他的权力了。如果以二者之间这样的关系的成立来规定皇帝在某个阶层拥有自己的权力基础的话，那样的暧昧不清应该是可以消除的。

用这种方法来依次套用在前述的各个阶层上来试试看。首先，假定(B)大部分的诸侯王、列侯联合在一起向皇帝发起武装叛乱的情况。在这种情况下，汉的皇帝还能够维持自己的权力吗？当然，军事胜负有着难以预测的一面，不过，在上述设定的情况下，汉的皇帝权力，的确是要直面生死存亡的危机的吧。

(C)的中央官僚会怎么样呢？这里要说一下镇压吕氏之乱的经过。吕氏之乱得以一举镇压，是因为丞相陈平、太尉周勃、朱虚侯刘章等位于政府中枢的高官们的反击作战成功了。特别是率领北军的周勃，其果断的军事行动起到了很大的作用。假如这个时候(C)全都跟随了吕氏方面的话，刘氏政权定会遭遇被篡夺的悲惨命运。如前所述，(C)的上层作为列侯与(B)重叠，在皇帝空位的时候，他们会从诸侯王中选出或拥立下一个皇帝。作为将军，在紧急时刻他们还会率领大军。必须认为，他们对于皇帝权力走向的影响力是极为重大的。

接下来讲(D)，还是举吕氏之乱的例子。因为他们这些外戚，刘氏政权差一点被篡夺。所以，根据情况，外戚也是可以左右汉的皇帝权力之动向的势力。时代下移，大将军霍光兼有(B)(C)(D)的性质，十分复杂。他辅佐年幼的昭帝、废除昭帝之后成为皇帝的刘贺、重新再立宣帝刘询等等，直到死前的公元前 68 年，他掌握了武帝去世之后汉朝廷的绝大的权力。而且，致使前汉帝国灭亡的也正是外戚出身的王莽。这些事例都彰显了外戚对皇帝权力影响力的一端。

(E)在汉代初期，还没有成长为可以单独对皇帝权力造成致命打击的力量。只是，在(B)兴起反乱的时候，他们的动向会对反乱军势力的消长带来重大影响。另外，对于平时的皇帝支配是否能够有效行使，作为当地的有实力的阶层，他们有着不小的影响力。

(F)的立场与豪族近似，其保有的影响力是依准于(B)的。特别是在战时提供士兵时所起到的作用，在刘邦于沛举兵的时候已经得到了证实①。

(G)的农民是当时的主要生产阶层，所以，如果他们中的大部分人结合起来拒绝纳税、服劳役和兵役，或者，没落到被私权吸收在伞下的话，皇帝权力当然就不可避免地丧失其经济和军事的基础。另外，就像秦帝国、王莽政权以及后汉帝国末期那样，如果他们积极投身反叛军、转换为巨大的军事力量的话，皇帝权力的维持也就变得极为困难了。

最后，(H)分散地隶属于各个使役者。可以说在当时，他们横向连带威胁皇帝权力的可能性几乎不存在。不过，他们也是构成生产关系的一部分，只要有可能转化为军事性力量，其对于皇帝权力走向造成影响的可能性，在理论上是难以完全否定的。

---

①　守屋美都雄《父老》(《東洋史研究》一四一——一四二，1955 年，后收入前面所示的《中国古代の家族と国家》)。

这样看来，在前述的各个阶层中，与皇帝权力的维持没有任何关系的阶层，可以说是不存在的。而且，不同的阶层有时还会联合、联动，所以，各个阶层对皇帝权力的影响力，实际上要比单单只限定于看他们各自的情况还要大得多。

这样的话，汉的皇帝对于从(B)到(H)的所有各个阶层，都拥有着相应于其各个性质的、相对的和限定性的权力基础。皇帝必须在这些总体性的均衡之上维持自己相对性的权力。而且，对于皇帝权力的各个相对性的、限定性的影响力，是随着情况的变化而变化着的。在某个特殊、个别的情况下，其中的一些绝对性的、决定性的要素会浮现上来，或者相反，重要性减少、退到背后等等。而且，麻烦的是，未来哪个阶层会成为决定性的要因而起到决定性的作用，事先是难以预见的。所以，皇帝权力就必须依据不同时候的不同情况，预测盖然性最高的事态、将重点放在几个最为重要的阶层，对其余的阶层也要付出一定的考量和照顾。

这样的话，至今为止的“秦汉帝国论”所提出的两极结构或变相的两极结构，舍弃了很多阶层，将汉代社会在整体上过于单纯化了。不得不下这样的评语。因此，必须脱离以往的两重对立结构的框架，在这个立场上重新讨论汉的皇帝权力的性质。此时特别应该注目的是，皇帝与诸侯王、列侯的关系。因为，诸侯王、列侯在秦帝国时是不存在的①，是只存在于汉帝国的阶层。可以想象，与秦不同的汉独自的皇帝支配形态，很多是源于皇帝与这些封建领主的关系。因此，下一章考察皇帝支配与封建制的关系。

---

① 列侯存在若干例外的问题，就如第二部第十二章的注中所述。

第十六章　汉的皇帝权力与诸侯王

本章考察汉的皇帝支配与诸侯王的关系。高祖封建的诸侯王有燕、代、齐、赵、梁、楚、吴、淮阳、淮南、长沙等十三国。相对于皇帝直辖的十五郡，齐国领有六郡七十三县、代国三郡五十三县、楚国三郡三十六县，正是“藩国大者，夸州兼郡，连城数十，宫室百官同制京师。可谓挢抂过其正矣”(《汉书・诸侯王表》)的样态。另外，列侯的侯国，多不过一县，领土本身到不了直接威胁皇帝的地步。不过，他们若成为中央政府的高官，占据政治、军事要职的话，实力就会很可怕了。

下面的资料如实说明了诸侯王、列侯对于汉的皇帝权力来讲是多么可怕的存在：

> 四月甲辰，高祖崩长乐宫，四日不发丧。吕后与审食其谋曰：诸将与帝为编户民，今北面为臣，此常怏怏，今乃事少主。非尽族是，天下不安。人或闻之，语郦将军。郦将军往见审食其曰：吾闻帝已崩，四日不发丧，欲诛诸将。诚如此，天下危矣。陈平灌婴将十万守荥阳，樊哙周勃将二十万定燕代。此闻帝崩，诸将皆诛，必连兵还乡，以攻关中。大臣内叛，诸侯外反，亡可翘足而待也。审食其入言之。乃以丁未发丧，大赦天下。(《史记・高祖本纪》)

高祖殁后，吕后担心年轻的惠帝制御不了诸侯王以及汉的重臣们，担心如此下去帝国难以为继。因此，她与审食其一起掩盖了刘邦的死讯，试图先发制人，一举诛灭建国以来的诸将。不过，郦商知道了这个企图就指出，说如果将军们知道了这个计划，他们就会在各自驻屯的领国内整好战备，率领麾军杀至关中，“大臣内叛，诸侯外反，亡可翘足而待也”。吕后就终止了这个计划。也就是说，让吕氏抱有这样的阴谋计划的原因，是重臣列侯强大得令人恐怖的实力。让她撤回计划的，仍然还是可以确实地使汉灭亡的诸侯王、列侯的强大力量。

刘邦苦于诸侯王的这种强大力量和不断反叛，曾经召集高祖集团的高级干部，结交盟约，“非刘氏而王，天下共击之”（《史记·吕太后本纪》）。就这样，异姓诸侯王一个个地因反乱而被消灭，除了长沙王吴芮以外，全都换成了同姓的诸侯王。不过，尽管从中央加上了很多的规制，王国几乎是以独立国家的姿态对峙于皇帝的。这一王国的性质，在导入了血缘关系之后依然得以维持。景帝初年爆发的吴楚七国之乱，也是一个证明。晁错忧心诸侯王的强大力量，建议削减王国的领土。知道了这个建议被裁可，吴楚七国诸王马上联合起来，大举进军关中。当时，世间的评论大多预测反乱军胜利，以至于皇帝方面的将军不得不从富商那里借贷军费。没办法，最后皇帝方面斩杀了进言者晁错、向七国谢罪，这才勉强回避了七国的锐锋。

就这样，从高祖到景帝时代，诸侯王不分同姓还是异姓，都是能够构成独自的强大军事力量的势力，或明或暗地威胁着汉的皇帝权力。本来，汉的皇帝就是以相对于诸王国的汉王国君主为出发点的，历代皇帝都不得不永远拖带着这个原型。回头来看，致使刘邦死亡的，是英布的反乱军中一个士兵放出的流箭。可以说，高祖的死就是象征了那样的皇帝权力原型的一个事件。

就这样，汉的皇帝权力一直苦恼于诸王国的强大，但也绝不能废除封建制、在整个帝国实施郡县制。其原因有二：第一，至少在景帝平定吴楚七国之乱之前，实施郡县制实际上是不可能的事情。在这个时期，假如皇帝宣告全面废除封建制，没收诸侯王、列侯的领土，在整个帝国推行郡县化，他们定会一举举旗反乱，从而将汉的皇帝权力置于存亡的危机当中。

第二个原因，如前所述，封建制的实施，原本就是高祖集团的形成原理，是汉帝国的国家原理。在拥戴刘邦为皇帝时，诸侯王的上奏与刘邦的应答，还有刘邦去世前一年的提出了皇帝权力之正当性的高祖之诏、吕后开始亲政之后的下诏①、有关立太子的文帝诏等等，汉的历代皇帝，在每一个重要的时节、一再公开宣言汉的国家原理以及皇帝权力性质的时候，其内容中心总是以封建制的实施为大前提的。“非刘氏而王，天下共击之”(《史记·吕太后本纪》)的盟约，也是在认可封建诸侯王的存在这一基础上的一个方针。而且，这还是在刘邦与曾经的高祖集团的最高干部们之间的、一个以屠白马血盟为形式的内部规约，不是作为诏书向天下发布的公性质的宣言。在公共的场合，汉的皇帝无论如何都会说，包括有功者和贤者在内的封建制，才是汉的不变的国家原理。这个表面上的态度不可能改变。

① “高皇帝匡饬天下，诸有功者皆受分地为列侯，万民大安，莫不受休德。朕思念至于久远而功名不著，亡以尊大谊，施后世。今欲差次列侯功以定朝位，臧于高庙，世世勿绝，嗣子各袭其功位。其与列侯议定奏之。”(《汉书·高后纪》)

汉的封建制国家原理和体制，具有阻止皇帝支配的贯彻以及威胁皇帝权力的一面，但另一方面，也具有拥护和保全皇帝权力的机能。吕氏一族企图篡夺刘氏政权的时候，齐哀王斩杀了因为没有中央指令而抵抗发兵的丞相召平，独断举兵，还假装联合了琅邪王的兵力，进击长安。中央政府命令将军灌婴阻止齐王的军队，灌婴判定那样的话就是在结果上帮助篡夺帝位，于是留在荥阳，不再东进。不仅如此，还策划其他诸侯王联合陈平和周勃等，商定内外呼应，消灭吕氏。之后，接到陈平、周勃等人镇压了反乱的消息之后，齐王就带领军队返回领国了。也就是说，在各地分封可以发起独自军事行动的诸侯王，这个措施对政权中枢内篡夺帝位的行为，具有强烈的从地方王国而来的抑制机能。

这样的封建制的机能，在迎立文帝时、代国中尉宋昌的发言中，也有明快的说明：

> 夫秦失其政，豪杰并起，人人自以为得之者以万数，然卒践天子位者，刘氏也。天下绝望，一矣。高帝王子弟，地犬牙相制，所谓盘石之宗也。天下服其强，二矣。汉兴，除秦烦苛，约法令，施德惠。人人自安难动摇，三矣。……今大臣虽欲为变，百姓弗为使，其党宁能专一邪。内有朱虚东牟之亲，外畏吴楚淮南琅邪齐代之强。方今高帝子独淮南王与大王，大王又长，贤圣仁孝，闻于天下。故大臣因天下之心而欲迎立大王。大王勿疑也。（《汉书·文帝纪》）

吕氏之乱镇压之后，汉的重臣们经过协议，从齐王襄、淮南王长等数名候选人之中选出代王恒，迎立为皇帝。不过，代王的群臣们怀疑这是重臣们想要推翻刘氏政权的一个阴谋，就反对主君去长安。前面引用的就是想要断了他们的这种疑念的宋昌的进言。

在这里，他举出三点理由，说明长安的重臣们难以篡权。其中的第二个理由，是封建制所具备的抑制力。“高帝王子弟，地犬牙相制”，所以，“天下服其强”。“内有朱虚东牟之亲，外畏吴楚淮南琅邪齐代之强”，即便是精于军事、长于谋略的重臣们也深知，只限于政权中枢内部的话是不可能篡夺帝位的。宋昌这样说。这与前述齐王的军事行动加在一起，都证明了同姓诸侯王、列侯的存在是具备保全皇帝权力的机能的。也就是说，在这种时候，封建制正是汉的皇帝权力的一个强项。这一点，与因为在全国实行了郡县制而很容易地被赵高、胡亥等数人阴谋篡夺了帝位的“亡秦孤立之败”(《汉书・诸侯王表》)相对比，更加鲜明。

当然，就像吴楚七国之乱那样，即使是同姓的诸侯王，在与皇帝的利害尖锐对立的时候，也会联合起来反对皇帝。对于皇帝来讲，封建诸王国是具有长短两面性的，一直都是十分复杂和麻烦的存在。所以，在皇帝权力于政权中枢安定状态的情况下，皇帝对诸侯王的、拥护帝位的机能的依存度，就会减少，相反，阻碍皇帝支配的性质会全面浮现，这是当然的事态。不过，汉的皇帝权力，在镇压了吴楚七国之乱后，在相对于诸侯王占据绝对优势的景帝、武帝之后，也没有打着根绝反乱的名义废除封建制，没有在全国实现郡县化。即便是王国统治的权限被皇帝拿去，封国被细分、实质上几乎食邑化，表面上封建制这个名目还是继续维持着的。这意味着封建制才是汉的国家原理。废除这个公性质的原理，就意味着抹消了以秦为否定对象而形成的汉的独自性，就意味着汉将不成为汉了①。

如上所述，在思考汉的皇帝性质的时候，皇帝与封建诸侯王的关系，是绝不能排除的一个重大的前提条件。将这个要素搁置在念头上，以下考察汉的人头支配与封建制是怎样的一个关系。

西嶋氏认为，随着氏族共同体的解体，小农广泛脱离出来。结果，丧失了自律性的农民，被君主一个一个直接支配的形式就形成了②。西嶋氏将这个支配形式起名为各个人身支配。并且，他认为，各个人身支配成为设置初县的契机，是作为与郡县制支配表里一体的形式而形成的③。也就是说，西嶋氏认为，各个人身支配与郡县制支配是密不

① 这一点，后汉的情况也一样。刘秀破了铜马军之后，封降服的渠帅们为列侯。为此，他被关西的更始帝称为铜马帝。也就是说，刘秀的情况也是通过封建诸侯的行为，才得到了作为帝的权威，才被认可。这与"建诸侯，为帝者太祖"(《汉书·文帝纪》)的高祖同轨。另外，光武帝正式即位皇帝之后，"封功臣，皆为列侯。大国四县，余各有差"(《后汉书·光武帝纪》)，重新封建了功臣。这时候，博士丁恭说，"古帝王封诸侯，不过百里。故利以建侯，取法于雷。强干弱枝，所以为治也。今封诸侯四县，不合法制"(同上)，谏言说诸侯的领地太过广大了。对此，光武帝说，"古之亡国皆以无道。未尝闻功臣地多而灭亡者也"(同上)，夸口彰显自信。在这种露骨的闹剧中也可以看出，哪怕只是名目上的，封建制的施行与汉的再兴，被认为是密切不可分的，有这种意识。

② 这种论法本身就已经有很多的疑点。就像前面引述的张良的话，"今乃立六国后，唯无复立者，游士各归事其主，从亲戚，反故旧"(《汉书·张陈王周传》)，虽说是从军的臣下，但并不是彻底脱离了私家、只身臣从于君主的，亲戚、故旧、坟地等血缘、地缘方面的私性质的秩序体系，是他们的出身以及复归的场所，是时常背负在身的。臣从只是一时而已。农民的情况更是如此，纳税、兵役、力役等完成之后，他们会再次复归乡党这种私性质的秩序当中。所以，就像前面尾形氏的著书所主张的那样，虽说在某种局面中君臣关系成立，但臣民并没有完全舍掉私家，不是从早到晚都浸陷在君主的支配中的，绝不是这样的。

③ 前面列举的西嶋氏的书《中国古代帝国の形成と構造》以及《中国古代国家とアジア世界》(东京大学出版会，1983年)。

可分的关系。基于这样的理解的话，一方面说皇帝对于所有的民众进行各个人身支配，另一方面又说施行了封建制，这样的情况，理论上是难以成立的。于是，西嶋氏将秦汉帝国的形成解释为从封建制到郡县制的推移，说名目上的封国，实质上也跟郡县一样等等，尽可能地过低评价汉的封国的存在。不过，这种思维实际上含有重大的错误。

就像西嶋氏自己也承认的那样，中国的封建制与中世纪欧洲的封建制(Feudalism)不同。这样的话，就应该认为，人头支配作为不限定主体的支配形式本身，与中国的封建制原本就不是处于相互排斥的二律背反的关系的。因此，就必须认为，一开始就不能将所谓的各个人身支配与郡县制支配当作唯一的必然结合。

萧何"收秦丞相御史律令图书，臧之"(《汉书·萧何曹参传》)，所以，刘邦"具知天下阸塞、户口多少、强弱之处，民所疾苦"(同上)，高祖确实是掌握了秦帝国郡县制支配的具体技术和情报。所以，高祖在封建功臣的时候，当然也是基于他掌握的秦的律令、图书，从而来实施封国的选定和配置的。从这个意义上来讲，可以说汉的封建制在根底上也是依据了秦的郡县制支配的遗产，是在这个基础上形成的。只是，高祖掌握和继承秦的郡县制支配的技术情报，与他封建诸侯王列侯的行为，在理论上并不是冲突和矛盾的。因为，所谓的人头支配，说到底都是以氏族共同体为单位的间接性支配、对于民众的支配形式，与上层政治体制的封建制，性质不在同一次元上。在人头支配形式的上方，仍然施行着中国式的封建制，并不妨碍二者的并用。

周王朝的封建制，就是通过族长间接性支配氏族共同体成员的形态。即便如此，那也只是周代的时代性特色，并不是中国封建制的通时性的原理。这样的话，将已经实施人头支配的地域，分给诸侯王、列侯的行为就是完全可能的。这一点也是说，人头支配形式本身与封建制的施行，并不是理论上的二律背反的关系。应该这样考虑。

再从得到了封国的诸侯王这方面来看。王国的丞相、内史、中尉等，只要他们的地位还高于王国内郡的长吏，比起在领国内只能通过族长进行间接性的支配，作为领主，当然更希望自己可以直接支配所有的民众。从这一点来讲，也能说明二者并不构成原理上不可并用的矛盾关系。

但是，如果将人头支配的形式与皇帝一人直辖支配帝国内所有民众的郡县制支配完全同视的话，二者的并用在理论上当然是完全不可能的。西嶋氏固执于一君万民的立场，所以就不能直率地接受封建制的存在。不过，像西嶋学说那样，将人头支配的主体只限于皇帝一人的话，就不存在将人头支配牵连在郡县制支配上的必要。因为，贯彻郡县制支配与人头支配，这种皇帝一人直接支配全体人民的支配形式，就像西嶋氏自己也承认的那样，只是皇帝方面的一个支配理念而已，其实际上具现的必然性在汉代是不存在的。

作为理念，汉也想继承秦的皇帝支配的形态，但理念就是理念，汉的皇帝背负着形成汉皇帝权力的独自的历史性条件，在现实中，他不得不标榜施行与其支配理念相反的统治原理即封建制。西嶋学说，将原本应该与氏族支配同列的人头支配，直接视为郡县制支配了。他只将皇帝方面的支配理念断定为汉的唯一的国家原理，而且还理解为在汉代一贯实现了一样。这个地方存在根本性的错误。

在以上几点的基础上，对西嶋氏所主张的各个人身支配，再换一个角度做些讨论。在君主对于民众的支配形态中，大体存在两个方向上的内容，一个是收夺、禁止、拘束，一个是施恩和给予。用黄老道的话来说，就是刑与德的两个方向。各个人身支配的概念，原本是要民众各个分担赋役的一种支配方式，也就是说是来自于刑的方向上的。尽管如此，西嶋学说在说明各个人身支配的具体形态的时候，却只用皇帝对民众的赐爵、也就是德的方向性来说明。当然，上述的两个方向性，在背后都有相连的一面。比如赐爵也有这样的情况，以所保有的爵位级数，应用在刑罚的减缓上等等，与刑的方向性相连。但即便如此，在主张皇帝对于全体人民各个人身支配的时候，仅仅依据恩惠给予的德的方向性来说明的话，作为说明支配的方法，论据实在薄弱。最为如实地显示支配性质的，还是收夺、禁止、拘束等刑的方向性上的东西吧。那么，应该怎样理解在这个方向性上的皇帝支配的性质、特别是皇帝对于封国内人民的支配性质呢？

在考虑这个问题的时候，首先要看皇帝支配的最大抵抗、也就是诸侯王的武装叛乱的事例。这样的话，问题的本质就会清晰浮现。汉初的诸侯王，在王国内除了从中央任命派遣来的丞相一人以外，其他所有官僚的任命权都掌握在自己手中。另外还有对于民众的征税权、征发权、矿山开采权等等，掌握着广泛的权力。因此，一旦诸侯王决意反乱的话，就会斩杀丞相，然后打开武器库，征兵武装民众，是可以构成独自的军事力量的。到了发生这样的事态的阶段，王国就会完全脱离中央的官僚制度，皇帝的支配力量在王国内就得不到贯彻。而且，诸侯王自己任命的王国内的官僚组织，就会变成他们自己的君主的手足，为完成反乱而发挥作用。西嶋氏说，官僚制的中央集权支配，是秦汉时期皇帝支配的必要条件。不过，在上述那样的组织结构中，诸侯王强力支配封国内部，官僚制本身也会很容易地转换为组织反乱军的手段。所以,在镇压了吴楚七国之乱之后,景帝剥夺了诸侯王在王国内任命高级官僚的权力。在此之前,官僚制本身并不只是意味着皇帝一人直接支配全体人民。

这种情况从以下有关反乱的资料当中也能看到:

诏曰:济北王背德反上,诖误吏民,为大逆。济北吏民,兵未至先自定,及以军城邑降者,皆赦之,复官爵。与王兴居去来者,亦赦之。八月,虏济北王兴居,自杀。赦诸与兴居反者。(《汉书·文帝纪》)

诏曰:乃者吴王濞等为逆,起兵相胁,诖误吏民,吏民不得已。今濞等已灭。吏民当坐濞等及逋逃亡军者,皆赦之。(《汉书·景帝纪》)

无论是济北王反叛文帝的时候,还是吴楚七国反叛景帝的时候,皇帝对待反乱军构成人员中的官吏和民众,都采取视首谋者的王一人"诖误吏民"的态度。这与秦的时候不同。反乱失败之后,除了继续积极抵抗的人以外,对于投降了的军吏士兵,"皆赦之",予以极为宽大的处理。

当然,对待反乱军的皇帝方面的这种逻辑,也是因为担心如果严罚的话就会使反乱军更加团结一致,是基于这种算计上的,含有文饰的目的——不可能只是王一个人企图谋反,而吏民全都是被王欺骗才从军的。当然,在反乱军中,混杂着以自己意志积极参加的人和被动员之后消极参加的人。

即便如此，诸侯王鼓动所支配的官僚系统组织成反乱军，这本身是事实。在那个时点上，皇帝完全失去了对于王国内吏民的支配。所以，才可以看作虽然是位于皇帝的直接支配之下，但并不是逆反皇帝，而只是单纯地服从直属的支配者王的命令，“不得已”从军的。这样，赦免他们的逻辑就成立了。

这样看来，在有关收夺、禁止、拘束等刑的方向性上，皇帝对于王国内的官僚和民众的支配是极受限制的，依靠丞相一人的间接性支配占据了大部分。举出的事例是反乱这种极端的情况，不过，究其根本的话，可以归结于官吏的任命权、对于民众的征税征发权等等，在制度上，都是委任于诸侯王的，都归在王国的日常存在形态上。

这样的话，说汉代的皇帝实现了对于全体人民的各个人身支配的西嶋学说，其根据就相当奇怪了。在此，西嶋氏强调的各个人身支配的关键——皇帝向民众的赐爵[①]，也有必要从这个视点上重新考虑一下其性质了。在此，再以前述的代王国中尉宋昌的发言为例。作为诸侯王和重臣们难以反乱成功的理由，宋昌指出了时代的状况，“汉兴，除秦烦苛，约法令，施德惠，人人自安，难动摇。……今大臣虽欲为变，百姓弗为使。其党宁能专一邪”（《汉书·文帝纪》）。建国以来，汉的皇帝废除了秦的严酷的统治方法、废除了烦细的法令，致力于宽大柔和的统治，一直以来为民行施德惠。所以，民众方面不存在期待发生事变的窘迫情况。即使大臣们企图谋反，封国的民众也不会按照他们的意思积极参与，所以，他们难以使反乱势力内部坚固地团结在一起。他这样说。也就是说，柔和的法治、轻减租税、赐爵等

① 前面列举的《中国古代帝国の形成と構造》。

皇帝给予的恩德，越过了（诸侯王、列侯）领国支配权的壁障、直接给予了民众，人民感受到了皇帝的恩义。反乱的时候，其在分断直属君主（诸侯王、列侯）与其人民上发挥了效果。他的发言尖锐地指出了这一点。

就像已经提到的，汉的皇帝对于诸侯王、列侯从封国内的人民身上征得过重的税收、再将其贡给皇帝的行为抱有极强的警戒心，频频发表不收取朝贡的方针。相反，如果无限制地接受诸侯献贡的话，虽然直接向民众征税的是掌握了封国内征税权和官僚组织的诸侯王、列侯，但在结果上，民众对于苛敛诛求的抱怨，最终都会指向收取贡献的皇帝。如果诸侯王、列侯内怀叛乱之心，假装宣传说那就是皇帝的意向，就会更加助长民众对皇帝的反感和憎恶。所以，皇帝方面特别做出拒绝纳贡的姿态，其中有防止王国在王权下团结一致的考虑。皇帝直接介入施行恩德和给予，是带有将诸侯王与其人民分割开的意图的。

如上所述，在镇压了持续发生的反乱之后，皇帝方面使用将诸侯王与其人民分离的逻辑，宽大处理参加了反乱军的吏民，也是基于同样的考虑。

这样看来，皇帝对于民众的赐爵，也可以看成是同样性质的策略。商鞅制定的战国时期秦的爵制，是基于厚赏严罚的，是将民众引向富国强兵这一国家目的的策略。所以，赐爵对象限定于军功、纳粟、迁徙等符合国家目的的特定的行动结果。这样的方针，如下所示，在《商君书》的记述中很清楚明白：

凡人主之所以劝民者，官爵也。国之所以兴者，农战也。今

> 民求官爵皆不以农战，而以巧言虚道……善为国者，其教民也，皆作壹而得官爵。是故(非农战)[1]不官无爵。……民见上利之从壹孔出也，则作壹。作壹，则民不偷营。民不偷营则多力，多力则国强。今境内之民皆曰，农战可避而官爵可得也。是故豪杰皆可变业，务学诗书，随从外权，上可以得显，下可以求官爵。胥[2]靡事商贾，为技艺，皆以避农战。……今境内之民及处官爵者，见朝廷之可以巧言辩说取官爵也。故官爵不可得而常也。(《农战》)

商鞅改革爵制的动机，就是切断之前的可以获爵的方法和策略，有关《诗》《书》方面的学识、提供借助了外国威势的外交政策等等“巧言虚道”全都失效，只限定在农战“壹孔”上。将民众获爵的途径“得而常”，也就是说，固定化和恒常化。就如所说的那样，“今国立爵而民羞之，设刑而民乐之，此盖法术之患也”(《商君书・算地》)，很显然，那是朝着自己意愿的方向、驱动民众的诱导技术的一环，是“赏莫如厚而信，使民利之”(《韩非子・五蠹》)的法术思想的产物。

以“赏不加于无功”(《韩非子・奸劫弑臣》)的法术思想为支配理念的秦的始皇帝，对于民众的赐爵，当然也是继承了这样的性质的。“是岁，赐爵一级，治驰道”“始皇卜之，卦得游徙吉。迁北河榆中三万家，拜爵一级”(《史记・秦始皇本纪》)，爵是对于从事劳役、强制迁移等特定功劳的恩赏。对于民众的赐爵，如果只是以这样的形态实施的

---

① 原文是“是故不官无爵”，文意难以通顺。简书《商君书笺正》怀疑脱掉了“非疾农力战”五个字，现在补上了“非农战”三个字。

② 原文是“要靡”，解释为针对于上文“豪杰”的细民的意思，将“要”改为“胥”。

话，那的确是显示皇帝权力强大的东西，可以看作是皇帝对全体人民贯彻了专制支配的佐证。

与此相反，汉的皇帝对于民众的赐爵，是在皇帝即位、立太子等国家庆典的时候，均等地赐爵给所有编户良民。还并用了这种特异的方式。当然，这种情况，与基于法术思想的秦的爵制不同，自始不问用来交换爵位的特定的行为结果，爵只是作为皇帝对于全体人民的一般恩德而给予的。所以，汉的皇帝在赐爵上当然就不可能加入使民众随自己意愿行动的直接机能。汉的皇帝在赐爵上可以期待的是，因受爵而得以提高礼遇、得以获取缓刑资格的民众，在精神上感受到皇帝的恩义，因而肯定爵制背后的汉的国家体制的存续。汉的皇帝只能期待这种间接的效果。这样的话，汉的皇帝对于民众的赐爵，虽然的确也是一个支配的形态，但是，因为在收夺、禁止、拘束等支配方向上，皇帝的支配权只能限定性地作用于王国和侯国内的人民，所以赐爵是从恩惠、赐与这一方向上对此做的弥补，具有这样的意义。也就是说，汉的皇帝的特异的赐爵形态，不是皇帝实现了专制支配的证明，相反，它显示出的是汉的皇帝权力和皇帝支配都相对较弱。

西嶋氏主张说，在秦汉帝国，皇帝对于一般民众的赐爵，是以乡里共同体的民间秩序为媒介实施的。在此，专制性皇帝权力的各个人身支配与看似相反的德治主义并无矛盾地并存着。如果是这样的话，西嶋氏当然必须证实，皇帝对于民众的赐爵形态，在秦和汉是一贯相同的。然而，西嶋学说举出的秦帝国的赐爵实例，是《史记·秦始皇本纪》始皇二十七年的记述中能够看到的，仅此一例①。而且，与“是岁，

① 前述《中国古代帝国の形成と構造》第一章第三节。

赐爵一级,治驰道”的前后关系来看,应该认为,这个时候的赐爵,不是无条件地赐给天下所有民众的,赐爵对象限定于承担驰道建设劳役的民众。《史记·六国年表》始皇二十八年条中,有“赐户三十爵一级”的记述,因为《本纪》与《年表》有一年的偏差,这也可以看作是对于同一事项的记录。西嶋氏将“三十”当作衍字,将这里的爵一级解释为无任何限定地均等地赐与各户的意思。不过,不能毫无根据地将“三十”二字作为衍字删除吧?《六国年表》特别记述为“户三十”,将这与《本纪》的“治驰道”一起考虑的话,这一年,因为驰道建设,各地大量的民众被逼迫为劳役,作为对此的行赏,给三十户一个单位的各个统帅者都赐爵一级。这样解释才最为妥当①。西嶋氏所举的只是这一个例子,所以,完全没有秦帝国也像汉帝国那样向一般民众广泛实施了赐爵的证据。

如前所述,无功者不与赏原本是法术思想的铁则。以商鞅、韩非系统的法术思想为帝国统治方针的秦始皇,不会无任何条件地、以这种从根本上颠覆商鞅的爵制改革理念的形式,给天下全体人民赐爵。在《史记·秦始皇本纪》中,包括前述的事例在内,对民众赐爵的记述,只存在两例。另外一例,是秦始皇占卜后强行迁移,对服从强行迁移行为行赏,依然是法术性的赐爵。在二世皇帝即位这样的国家庆典的时候,没有任何的对于民众赐爵的记录。从这些情况上来看,可以得

---

① 西嶋氏将“是岁,赐爵一级”解释为独立的一段文字。不过,这句是在记述土木事业的“焉作信宫渭南,已更命信宫为极庙,象天极。自极庙道通骊山。作甘泉前殿,筑甬道,自咸阳属之”和依然是记述土木事业的“治驰道”之间的位置,所以,视其为与前后无关的单独的记述是不自然的。

出这样的结论：秦自始就没有汉那样的对于民众赐爵的形态存在[①]。

就像这样，秦与汉对于民众的赐爵形态完全不同。西嶋学说主张秦与汉施行了同一形态的对于民众的广泛赐爵，并以此为唯一根据，认为在秦汉帝国实现了皇帝对于全体人民的各个人身支配。西嶋学说的论据在此几乎全都丧失了。

有关赐爵性质的问题，如果广泛考察不同于秦的皇帝支配的、汉独自的皇帝支配的各种特色的话，其原本的意义会更加鲜明。剔除秦的苛法、柔和地运用法治、减免田租、自戒奢侈、慎重考量民生的安定、以尚贤主义从郡国提拔人才、宽大处理反乱军的降卒、对民众广泛赐爵、导入天谴思想和受命思想并服从自然法等等，这些都是在秦帝国完全不存在的汉帝国独自的特色。另外，如上所述，这些施策是在恩德施与的德的方向上来弥补皇帝对于封国内人民支配的局限性的，是将皇帝作为万民的父母、被上帝赋予了养治万民的责任和义务的理论

---

① 西嶋氏在前面所示的《中国古代帝国の形成と構造》第五章第三节中说，依据“秦王闻赵食道绝，王自之河内，赐民爵各一级。发年十五以上，悉诣长平，遮绝赵救及粮食”(《史记·白起列传》)的记述，认为这个时候秦国已经实施了面向全民的民爵赐与。西嶋氏认为这样做的理由是，经过长平之战，秦国也失去了过半的士兵，国内人空。所以，应该认为这个时候动员的不仅仅是河内的民众，还有全国的民众，因此赐爵也是面向全体实施的，必须这样解释才行。他在书中如此述说。不过，秦的长平攻略军的主力，是王龁率领的第一次派遣军和白起率领的第二次增援军。而且，与赵军进行多次的死伤过半的激战，是这个主力军。最后被动员送去长平的军队，只是在长平后方，做阻挡赵的援军、补给等辅助性的工作而已。所以，国内人空的这种程度的损失，是最后动员之前编成的主力军所受的损失。以前面的记述表达为佐证，说所动员的不仅仅是河内的民众，还有全国的人民的西嶋氏的推论，是不成立的。应该这样认为，第一次与第二次的派兵，已经让本国的兵员补充达到了极限。昭襄王马上行动，在刚刚编入秦国领土的河内，做了第三次的动员征兵。让刚刚编入秦国统治的民众马上从事军事作战，为减缓他们的不安，特别采取了先赐爵的政策。很显然，这也是限定了地域和目的的、以军功换取官爵的法术性赐爵的一个例子。

化的展现。这些措施全都超越了诸侯王、列侯的封国统治权的壁障，将皇帝与人民直接相连，带有分断封建领主与领民的性质。也就是说，有关皇帝支配形态的二者的显著差异，是由来于将帝国领土完全郡县化的秦的皇帝权力与无论支配理念如何都要施行封建制并不得不小心王国侯国之存在的汉的皇帝权力，这二者的本质性的差异上。

以上从各个角度做了论证，所谓在汉代皇帝就已经实现了对于全体人民的各个人身支配是不可能有的事情。与此相关联，对于西嶋氏所使用的各个人身支配的概念，再补充若干私见。

西嶋氏所说的各个人身支配的概念，是一个表示专制君主的支配形态的术语，但他却只在赐爵这个恩德施与的方向上做解释和说明，概念实质颇为模糊。就这样，一方面具体内容暧昧不清，一方面又强调没有任何制约的绝对的皇帝权力的专制支配。这样的话，各个人身支配这个术语就好像是皇帝一个人支配了全体人民的肉身一样，给人强烈的印象。不过，这样的支配，除了完全的牢狱国家、兵营国家以外，说到底都是不可能的事情。当然，西嶋氏大概也不是在这样强烈的意思上使用这个概念的。不过，这样的话，就不要用前述那样的容易给人错误印象的各个人身支配这个概念，还是使用人头支配这样的表达较为稳妥吧。

所谓人头支配，就是将口算、口赋、田租、力役、兵役等分配给每一个人，君主从民众直接抽取所需要的物资、人员的支配方式。当然，这个支配形式是以不问物资出处、人员出身的齐民制为前提的。齐民制突破了族性秩序等各种中间组织的壁障，使支配直接到达各个末端的民众。在这一点上，其的确是显示君主权力强大的东西。不过从反面来讲，针对社会性实际形态不同的多个集团，没有在识别其性质差异的基础上施行相应于其不同性质的统治，而是代之以总括性的统治。在这一点上，齐民制意味着作为支配技术的不成熟和不完备。

例如在汉代，皇帝只要能够得到时时所需的物资、人员，对于抽取对象的母体，就不做过多的支配和干涉。这样的话，可以无视社会性现实的差异、一律抽取并获得，效率性高。但在反面，这也意味着皇帝还没有规制和支配那些不需特别关注的领域的私性质的活动。所以，在表面上为齐民制的人头支配下，对于买卖、雇佣、临时制作等私性质的契约关系，以及工商业经营、大面积土地经营等私性质的生产活动，一半是放任置之的。支配网的漏洞产生了大量的遗漏。所以，豪族无论拥有多少游侠和家内奴隶、兼并多么广大的田地、从工商业中赚取多大的利润，只要他们尽了所规定的编户之民的义务，他们的其他的社会实力是不会受到任何额外的规制和干涉的。不用说，这扩大了社会上的贫富差距，造成自营农民的没落和豪族势力的扩张，造成了这样的影响。这一点正是无视实际存在、无视社会性现实的所谓齐民制人头支配的局限性。当然，还可以采取强制性迁移豪族、利用酷吏镇压等强制手段，但这也只能是对于过于表面化了的现象，采取临时性的个别处置。只要还维持齐民制的原则，那些都不可能成为根本性和恒常性的解决方法。

汉的皇帝权力，尽管看起来好像是采取了齐民制人头支配这样强力的支配形式，但终不能阻挡豪族的壮大。终于，他们成为致使齐民制人头支配基础瓦解的原因之一。可以说，这也是隐含在齐民制人头支配的强弱两面性之中的。所以，不能因为施行了以齐民制为前提的人头支配，就认为实现了专制皇帝权力的所谓对于全体人民的各个人身支配，是不能如此定论的。以这样的思考难以有效说明，在那样强大的皇帝支配下，为何豪族还能那样持续发展和壮大。

以上批判了以往的以西嶋学说为中心的“秦汉帝国”论。在此，就秦帝国与汉帝国的差异，再次概括总结一下笔者的看法。

秦帝国将帝国全部领土郡县化，彻底实施郡县制支配。与此同时，中央集权性的官僚制和人头支配是其必须的条件和要素。这三者就是秦的皇帝支配的基本形态，就如之前所指出的那样。如果将这视为秦帝国的支配原理的话，如上所述，萧何搬出秦的帝国统治的基本资料，高祖掌握了这些资料，再加上其本身是直接体验了秦的支配的，所以，秦的支配原理及其具体技术和情报，是有可能传给了汉的皇帝。

但是，如果马上就断定，高祖只能通过继承秦的支配原理来实现汉帝国的支配的话，就是不对的了。本来，高祖集团就是以打倒秦帝国之后恢复封建制、也就是封建有功者为根本原理而形成的军事集团①。高祖集团的这个形成原理，在他们灭了秦之后，就必然上升为汉的建国原理以至国家原理。这样，汉的皇帝就带着从秦继承来的支配原理和汉独自的国家原理这二重的原理了。

在这两个原理之中，皇帝方面当然会推进前者，欲求实现安定的

---

①　有关高祖集团的性质，增渊龙夫强调心绪性的人与人之间的结合关系的存在；守屋美都雄强调举兵时沛的父老的支持。全都停留在高祖集团的从属性的、次要性的现象上，这些绝不是高祖集团的本质。说刘邦与其部下心绪性的结合，这最多也就是曹参、萧何、张良等“故人所亲爱”（《汉书・张陈王周传》）的几个人，绝对没有覆盖整个集团。压倒性的大多数，只是因为“但日夜望咫尺之地”（同上）而从军而已。另外，沛的父老的支持，当然不会成为高祖集团本身的原理。如果要指出上升到公性质权力的主要原因的话，应该重视被项羽封建为汉王的这个事实吧。不看高祖集团的根本性的形成原理，只看周边的二义性的现象，是看不到汉的皇帝权力的本质的。

皇帝支配。换言之,可以规定前者为皇帝方面一贯的支配理念。不过另一方面,后者的封建制也一直是汉帝国不变的国家原理。而且,汉帝国以否定秦帝国的存在方式为时代精神,并在此主张自己存在的意义,是这样成立的国家。所以,占据公性质的国家原理地位的,总是后者。前者作为皇帝方面隐秘的支配理念和愿望,难以公开主张,具有这样的性质。也就是说,汉的皇帝权力,其内在含有从秦继承来的支配理念,但在公开的场合必须批判秦、持续标榜尊重封建制的方针,背负着这样的宿命。

本来,刘邦即位皇帝就是以确保封建诸侯王的地位而交换来的。就像这一点所象征的那样,汉帝国是这两个相互矛盾的原理的一个妥协的产物,是这样开始的;而且,这两个原理时而呈相互依存的复杂样态,随着时代的推移,其相对性的强弱关系会发生很大的变化。

尽管诸侯王反乱不断,皇帝方面并没有撤销和废除封建制本身,宁可再三重新封建发起反乱的诸侯王的子弟,也要努力维持封建制的框架。平定了吴楚七国之乱后,诸侯王势力显著下降,另外豪族势力也没有增长到足够威胁国家的地步,至此为止的势力均衡关系,向极有利于皇帝的方面倾斜,出现这种状况①。皇帝方面利用这个新的势头,一个个地剥夺诸侯王的统治权、弱化王国,再依据推恩令细分封国等等,使用各种抑制手段,为的是推进前者的支配理念。不过,尽管如

---

①　强调武帝权力的强大,好像那就是汉的皇帝权力的本质一样。但是,武帝的权力,也是由于那时候的势力均衡显著倾向于有利皇帝方面才出现的。也就是说,那是一时性的突发现象,绝不是汉的皇帝权力的通时性的一般模式。“秦汉帝国”论者,屡屡拿秦始皇与汉武帝来代表他们所说的专制性皇帝权力,不过,武帝一个人并不能代表汉的所有皇帝,这一点说明他们的逻辑原本就存在着歪曲。

此，表面上持续主张施行封建制，诸王国依然还留有名目上的独立性。所以，可以说，在整个汉代，从来没有过前者的支配理念将后者的国家原理完全驱逐和排除在外的、前者在名实上都成为唯一的国家原理的情况。即便是皇帝方面具备了足以全面废除封建制的支配力量，但因为封建制才是汉的建国原理和国家原理，所以对于这个公性质原理的维持，超越了皇帝与诸侯王之间的力量关系。废弃这一原理，就是对于原本以否定秦帝国而登场的汉帝国自我身份的自我销毁，是自损的行为。这一点当然是汉的皇帝权力所深知的。

另外，皇帝方面成功弱化王国，随着皇帝的中央集权性支配体制进一步深化，曾经的“成太宗之业者，亦赖之于诸侯也”（《汉书·诸侯王表》）这样的王国对于篡夺帝位的抑制力也同时失去了。汉的皇帝权力就这样暴露在了政权中枢内的重臣和外戚的威胁之下。结果，外戚出身的王莽颠覆了汉。当时举兵守卫汉的仅仅是东郡太守翟义和槐里的赵朋等。“汉诸侯王厥角稽首，奉上玺韨，惟恐在后。或乃称美颂德，以求容媚。岂不哀哉”（同上），本应是藩屏的王国没有任何的抵抗。就像这样，以封建制为建国原理和国家原理的汉帝国，随着其原理的空洞化和形骸化，上演了另一场“亡秦孤立之败”，因之而灭亡了。可以说这是凝缩了汉帝国本质的一个形态。

正如以上论述的那样，笔者认为，相对于秦帝国彻底单一的支配原理，汉帝国的支配原理是成立于异质的两个原理的妥协和均衡之上的，秦汉两帝国之间存在着本质性的差异。这是笔者的主张。另外，这个差异，就像一再表述过的那样，是由来于秦汉帝国形成原理的不同之上的。秦的皇帝权力，是形成于西周末以来的秦的国家传统之上的。所以，始皇帝需要的是维持皇帝支配的理论，可以说他原本就没有要构筑权力的形成理论的必要性①。与此相反，高祖的情况是，他起于沛的一介农民子弟，所以，他必须构筑自己的权力形成理论和维持皇帝支配的理论，两个方面都需要。其中，后者可以从先行的秦帝国继承，然后应用。前者的话，必须在高祖集团的形成原理即封建有功者这一形态上自己创出。而且，这个以封建制为基轴的权力的形成原理，变为汉的公性质的国家原理，然后，其与从秦继承的皇帝支配理念之间，形成充满紧张的复杂的二重结构。在此存在有汉帝国以及汉的皇帝权力不得不面对的独自的历史条件。法治的柔和运用、对于安定民生的考量、依据尚贤主义录用人才、对于民众的广泛赐爵、基于受命思想和天谴思想的对于自然法的服从等等，这些汉皇帝独自的德治主义，以及对于王国的分国和削减政策、丞相的中央任命制、发兵权的制限、推恩令、左官律、附益法、酎金律等等，这些皇帝方面一连串的抑制封国的努力，都是以前述的二重结构为前提的，否则很难理解其意。

以往提出的各种各样的"秦汉帝国"论，是在对比前后时代的基础上、为了结构性地理解古代帝国而设定的一种理论模式，具有这样的性质。所以，这些模式重视各个固有的历史条件，相比于阐明秦与汉的差异，更倾向于将秦和汉一括在古代帝国的名目下，来说明其前后的时代推移关系。一开始就很强烈地带有这种意图。结果，在这些古代帝国论中，直接就将皇帝方面的支配理念，视为贯穿了秦汉帝国的唯一的支配原理，以此将两个帝国一括为性质完全相同的帝国。总结得极为性急。也就是说，利用粉饰手段，将秦帝国实现了的皇帝的支

---

① 始皇帝的时候，就连帝国的统治理论，都已经有孝公以来就实施的商鞅变法的理念、政策和制度为其提供基本的模式。所以，始皇帝在商鞅的法术思想之上再加上韩非的君主权力绝对化的理论，就足够了。

配理念，说成是在汉帝国也同样实现了。将两个帝国的同质性抬高，同时又故意无视两个帝国的差异。

在那里，封建制的实施和诸侯王的存在，没有从高祖集团的形成原理、汉的建国原理和国家原理方面来考虑，仅仅被当作妨碍历史的必然方向即皇帝专制的一个一时性的倒退现象来处理。这样，秦与汉之间存在的重大差异被抹消；对于汉帝国，也硬说它是全面施行了郡县制，并且是中央集权性官僚制下的专制性皇帝权力与接受各个人身支配的小农的二重结构。在此还牵连乡里共同体，最多是再加上豪族，形成一种变形的二重结构。把一切都放在一君万民的形式里，硬是描绘这样的一个构图。

秦的皇帝支配，不需要权力的形成理论，只需感谢"宗庙之灵"（《史记·秦始皇本纪》），而汉的皇帝支配，除了"天之灵"（《汉书·高帝纪》）以外也没有什么要感谢的历史，还需要建构权力的形成理论。将这两个皇帝支配视为同一，无视二者的历史性条件差异，这样的话，在至今为止的古代帝国论中，从法术思想到黄老道、从黄老道到公羊学，时代变化的思想推移也同样要遭遇忽视了。

又有时，如宇都宫学说那样，在缺乏具体论证的情况下，就将始皇帝之后的皇帝，漠然地规定为法家式的皇帝、墨家式的皇帝，然后又好像不知什么时候变成了儒家式的皇帝[①]。另外，西嶋学说，将秦所采用的法家思想视为通过道使君主权力绝对化的道法折中思想，然后，认为黄老道的情况不明，再一举飞跃到武帝的采用儒家上来[②]。再有好

① 前面列举的宇都宫氏著书《中国古代中世史研究》。

② 前面列举的西嶋氏论文《皇帝支配の成立》。

并学说，一方面让始皇帝和武帝代表法至上主义的专制君主，另一方面，不提其间的皇帝，就规定元帝以后的皇帝为非专制性的德治主义的皇帝①。那么，从始皇帝到武帝之间的历代皇帝以及从昭帝到元帝之间的历代皇帝，到底是什么样性质的皇帝呢？

那样的"秦汉帝国"论，将秦和汉都统统装进古代专制政治的概念中，太急于追求结构性的把握，将复杂的事相过度单纯化，代价就是将许多事物从手中漏掉了。只要是皇帝，就是绝对性的专制君主；只要是帝国，就是一君万民的国家体制。这样的作茧自缚，开始论究的前提已经事先定好了，就产生了无视秦汉二者之间差异的僵硬理论。就这样，为了主张皇帝权力的绝对性，还产生了皇帝就是煌煌上帝的奇妙说法。太过急切地想要法则性的解释，欠缺严密的定义和资料性的证明，固定观念先行、胡乱飞舞，不得不说其只是一种知识性的游戏而已。

笔者也不全面否定作为结构性把握历史的一个理论模式，将秦汉帝国、古代帝国一统的这种一括概念。但是，这个概念设定，先要认可秦汉两个帝国之间的所有差异，而且还要建立可以将二者一括的基准。为此，就有必要先将自己从所谓的古代专制政治、专制性的皇帝权力、对于全体人民的各个人身支配等可怕的观念的诅咒和束缚中解放出来。

---

① 前面列举的好并氏著书《秦漢帝国史研究》。

第十七章　汉帝国的运营与黄老道

本章基于至此为止的讨论结果，考察在建国原理和国家原理都与秦不同的汉，以黄老道统治帝国，为前汉前期的皇帝权力带来了什么样的便利。

在进入具体的讨论之前，先概观一下这个时期的各个皇帝与黄老道的关系。首先，在高祖的时候，高祖并不是一个黄老道的信奉者，不过，早在还是一介处士的时候起就"治皇帝老子之术"(《汉书·张陈王周传》)的陈平以及在高祖五年时用黄老道统治了齐国的曹参，作为谋臣时常辅佐高祖。在下一代皇帝惠帝的时候，二到五年，黄老家曹参做相国，支持病弱的皇帝主持政务。在惠帝六年曹参去世之后，还是黄老家的陈平为后任相国，辅佐惠帝。

文帝在吕氏之乱被镇压后即位，文帝的时候，"孝文好道家之学"(《史记·礼书》)、"文帝本修黄老之言，不甚好儒术。其治尚清静无为"(《风俗通义·正失》)，就如这些评论所说，皇帝本身即信奉道家思想，也就是当时的黄老道。而且，皇后还是一个热切的黄老道的保护者，即后来有名的窦太后。另外，作为丞相侍从文帝的是同为黄老家的陈平。到了景帝的时代，景帝一贯在爱好黄老道的母亲窦太后以及窦氏家族的强烈影响下，录用学习了老子之言的直不疑为御史大夫，任命喜好黄老道的郑当时为太子(也就是后来的武帝)的舍人。

最后，武帝的时候，“窦太后好黄帝老子言，帝及太子诸窦，不得不读黄帝老子，尊其术”（《史记·外戚世家》），武帝自己就是在这种环境中成长的。黄老道的信奉者汲黯作为重臣辅佐皇帝，黄老家郑当时也历任了九卿、右内史、大司农等要职。祖母窦太后赶走了“务隆推儒术，贬道家言”（《史记·魏其武安列传》）的御史大夫赵绾和郎中令王臧，罢免了丞相魏其侯窦婴和太尉武安侯田蚡等，作为一个黄老道的拥护者，依然在朝廷里发挥着重大的影响。在她在世的年月，武帝是不能违背她的意向的。

就像这样，或浓或淡，这个时期的历代皇帝，全都将黄老之徒置于国家的重要职位上，或多或少地施行了依据黄老道的统治。在这种现象的背后，可以想象，汉的皇帝权力与黄老道联手、依靠黄老道带来的效用运营汉帝国，这其中是存在着各种要素和原因的。下面来分别考察一下这些要因。

黄老道为汉帝国的运营带来的第一个意义，就是黄老道提示出了一个基于封建制的统一国家图像。“立王、三公，立国置君、三卿”（《十六经·立命》）、“天子地方千里，诸侯百里，所以缝合之也”（《称》第15章）、“大邦不过欲兼畜人，小邦不过欲入事人”（《老子》第六十一章）、“故立天子置三卿”（《老子》第六十二章）等等，黄老道在以封建制为基础的世界观上展开其思想。所以，“裂其地土，以封贤者，是谓天功。功成不废，后不逢殃”（《经法·国次》）、“天下王者，轻县国而重土。……诛禁当罪而不私其利”（《经法·六分》），激烈批判君主将占领地郡县化而独占兼并的方式，提出了施行封建制的未来统一国家的蓝图。

不过，秦以“天下共苦，战斗不休，以有诸侯”（《史记·秦始皇本纪》)为理由,“置诸侯不便”(同上),废弃封建制,“分天下为三十六郡”(同上),断然将整个中国郡县化。所以,在“陛下有海内而子弟为匹夫”(同上)的状况下,巨大的帝国也就上演了“亡秦孤立之败”(《汉书・诸侯王表》),不得不走向了灭亡。

与此相反,“平定海内,功臣皆受地食邑,非私之”(《汉书・高帝纪》)、“惩戒亡秦孤立之败,于是剖裂疆土,立二等之爵。功臣侯者,百有余邑。尊王子弟,大启九国”(《汉书・诸侯王表》),高祖刘邦将全国三分之二以上的土地拿出来施行了封建制,打下了长达二百年历史的帝国的基础。就这样,汉将封建制作为建国原理和国家原理,在帝国内,皇帝直辖的郡和很多王国、侯国混在一处,构成一个复杂的国家结构。这样就不可能直接承袭秦的以法术思想为基础的一律性的支配形态,汉需要摸索出一个独自的政治思想和统治模式。此时,黄老道就提示出了以封建制为基本的、混杂着一部分郡县制的这种形式的统一国家图像。因为二者所描述的国家结构相类似,所以,就恰好为汉的皇帝权力提供了帝国运营的方针。

第二个意义,黄老道为汉的皇帝权力提供了受命于上天的天子的统治理论。“吾受命于天,定位于地,成名于人”(《十六经・立命》)、“顺天者昌,逆天者亡”(《十六经・姓争》)、“过极失当,天将降殃”(《经法・国次》),黄老道规定统一国家的君主是受命于上天的人,在此之上,主张以灾殃为媒介的强烈的天人相关思想,要求抑制恣意性的支配和服从自然法。相反,秦的皇帝将自然法序列置于意识之外,“功盖五帝”(琅邪台石刻碑文),是只以人为的功业来继续皇帝事业的存在。

汉的皇帝概念与秦的皇帝概念不同,是定位在古代帝王的延长线上的，是在封建制的建国原理和国家原理上形成的权力。所以，它不可能承袭不问上天的秦那样的皇帝支配的形式，它必须走将天与皇帝的关系理论化的道路。在这种时候，具备受命思想和天人相关思想的黄老道，就为汉的皇帝权力提供了天子的统治理论。信奉黄老道的文帝，说“天生民，为之置君以养治之。人主不德，布政不均，则天示之灾，以戒不治”（《汉书・文帝纪》），明确地将自己定位于受命于上天的天子，亲自表明天谴思想，宣告服从于自然法。汉的皇帝以此就背负了作为天子服从天意的义务。不过反过来讲，汉的皇帝也可以将皇帝权力正当性、正统性的根据置于上天的意志上。这样，汉的皇帝就从不断夸示人为功绩以证明权力的正当性和正统性的重压下解放出来了。“功溢于天，故有死刑”（《经法・论约》）、“敢不为，则无不治”（《老子》第三章），在黄老道这样的教导下，汉的皇帝即使无为，仍然可以君临天下。这也正是符合时代精神、符合想要休息、希望从秦代的疲弊中得以解脱[1]的权力理论。

第三个意义，从黄老道中导入天子的统治理论，依据上天（父）—天子（子）、天子（父母）—民（子）这样的二重拟制性的亲子关系，多少可以为血缘世袭帝位这一方面的理论性弱点做一些添补和加固。本来，打倒秦朝是整个天下反抗暴政而蜂起的一个公共事业，刘邦是其中最大的功劳者，所以，被群臣拥戴登上了帝位。这样的话，通过个人的功绩得到的帝位，若是采用世袭制的话，就会被认为是对于参加共同事业全体人员的背信行为。汉家受命于上天的这种权力论，的确能

① “汉兴，接秦之敝，诸侯并起，民失作业而大饥馑。凡米石五千，人相食，死者过半。”（《汉书・食货志》）

很有效地弥补这个弱点。

然而，上天的指名只限定于刘氏或特定的皇帝个人，仅仅以这种被固定的必然性还难以实现理论化。在此，皇帝方面就将其与诸侯王、列侯的封国世袭相关联，向长子赐爵、设置郡国庙等，以血缘继承家产，将其作为贯穿于上至皇帝、诸侯王、列侯，下至庶民的一个汉的公性质的原理，为血缘世袭帝位的正当化做努力。郡国庙始于惠帝元年设置的高祖庙，“令郡诸侯王立高庙”（《汉书·惠帝纪》）。不仅是在皇帝的领有郡祭祀先帝，还让所有的王国都祭祀，其意图就是为了在初次世袭帝位的时候，再次让诸侯明白，他们的家产——封国，是第一代皇帝刘邦分封的，惠帝以血缘世袭帝位，就如同王位的血缘世袭，是基于同一个原理的。就是为了强调这一点吧。后者所实施的政策，是与前者有着不同质的私性质的特质的，这一点难以完全抹去，所以就有需要用某种办法使其与前者相结合，并在二者之间做调整，从而提高公性质的正当性。

回应这个需求的，就是前述的拟制性的亲子关系。“民之父母”（《汉书·文帝纪》）的天子，基于“定有天下，以为一家”（《汉书·高帝纪》）的精神，受上天委托养治万民，这个行为是忠实于高祖的遗志、继续完成其事业的。在这一点上，行孝血缘上的父祖，就直接与作为上天之子的天子忠实于上天之命、行孝上天之父相连接了。这样的理论定位，使得作为孝子以血缘继承高祖的个人功业遗产——帝位——的皇帝，又因其帝位继承者的资格，公共性地保证了他重新更新作为天子被上天赋予的地上统治权。

所以，在汉代，孝不仅仅停留在民间的血缘性的伦理上，它与天相结合，也是世袭帝位的公性质的国家体制的支柱。汉的皇帝，从继承了高祖帝位的第二代以后，孝惠帝、孝文帝、孝景帝、孝武帝，谥号全都冠一孝字，还表彰、录用孝子等，孝上升为整个国家的一个道德标准，其背景是有汉的这种特殊情况在作用的。

用这种形式整备理论，将上天置于意识之外的秦的皇帝支配方式当然不用说，否定以孝为首的血缘性伦理、主张强权支配的支持了秦的皇帝支配的法术思想，当然也是不能够成为其理论范本的。对此，黄老道规定统一国家的君主是受命于上天的天子，在此基础上，“无父之行，不得子之用。无母之德，不能尽民之力”（《经法・君正》）、“爱民栝国，能毋以知乎。……生之畜之。生而弗有，长而弗宰也。是胃玄德”（《老子》第十章），主张君主作为民之父母，应该爱护和统治万民，为这个时期的汉的皇帝权力，提供了绝好的理论模式。

第四个意义，从黄老道汲取天子的统治理论，通过展示天子服从于天的姿态，使王国内人民的统治权最终归属到皇帝方面得以理论化。当然，王国内人民的直接统治权限还掌握在被封建的诸侯王方面。不过，作为天子的汉的皇帝，“天生民，为之置君，以养治之”（《汉书・文帝纪》），是“民之父母”，有着听从上帝命令来养治万民的义务和责任。在此，“人主不德，布政不均，则天示之以灾，以戒不治”“日有食之，适见于天”“意者朕之政有所失，行有所过与”（《汉书・文帝纪》）、“夙兴夜寐，务法上古者，又将无补与”“灾异之变，缘何而起”“今朕亲耕籍田，以为农先，劝孝弟，崇有德，使者冠盖相望，问勤劳，恤孤独，尽思极神，功烈休德未始云获也”“今阴阳错缪，氛气充塞，群生寡遂，黎民未济”（《汉书・董仲舒传》）等等，汉的皇帝越是表现出恐惧灾异、顺从天谴的姿态，甚至到了表演过度的程度，就越能够强调王国内人民的最终统治权还是在于皇帝，发挥确认和提醒的效用①。

“欲省赋甚”（《汉书·高帝纪》）、“其赐农民今年租税之半”（《汉书·文帝纪》）、“不受献，减太官，省徭赋”（《汉书·景帝纪》）、“其遣谒者，巡行天下，存问致赐”“立皇太子。赐中二千石爵右庶长，民为父后者一级”（《汉书·武帝纪》）等等，汉的皇帝，通过减免田租劳役，通过为孝弟、老人、孤独者赐予布帛、谷物以及向民众赐爵等恩德施与的手段，越过诸侯王的封国统治权的壁障，将王国内也纳入了自己的统治范围。黄老道的君主论，为皇帝这种直接介入王国内人民的行为，提供了正当化的理论。

第五个意义，黄老道的尚贤主义为汉的皇帝权力带来了便利。秦的始皇帝贯彻独裁，“天下之事，无大小皆决于上”“丞相诸大臣皆受成事”（《史记·秦始皇本纪》）。二世皇帝更是大肆杀戮宗室群臣，从而确保自己的专制权力，“群臣谏者，以为诽谤”“行诛大臣及诸公子，以罪过连逮少近官三郎，无得立者”（同上）。这当然是秦的、仅只一人直辖支配了天下、才有资格为帝的皇帝概念本身，招来的结果。同时，这是法术思想的主张。“辩慧，乱之赞也”（《商君书·说民》）、“举士而求贤智，为政而期适民，皆乱之端，未可与为治也”（《韩非子·显学》）。

然而，汉的情况是这样的：因为汉所拥有的国家原理及其在结果上造成的复杂的国家结构，如果沿袭秦的方式的话，无异于自杀行为。因此，“与天下之豪士贤大夫共定天下，同安辑之”（《汉书·高帝纪》）、“诸侯王宗室昆弟有功臣，多贤及有德义者，若举有德，以陪朕之不能

---

① 另外，这样的神秘主义，无论瑞兆凶兆，都可以在正当化皇帝权力的方向上利用天象。不过，另一方面，也可以用于帝位的篡夺上。所以，武帝以后的皇帝，为了弘扬自己的权威而滥用神秘主义的行为，也成为王莽篡夺帝位的远因。

终，是社稷之灵，天下之福也”（《汉书·文帝纪》）、“进贤受上赏，蔽贤蒙显戮，古之道也”（《汉书·武帝纪》），汉的皇帝，将帝国的经营定为整个天下的共同事业，大力标榜尚贤主义的人才录用。而这也是黄老道的说教。“上杀父兄，下走子弟，谓之乱首”（《经法·亡论》）、“变故乱常，擅制更爽，心欲是行，身危有殃”（《经法·国次》），黄老道否定君主弹压宗室臣下的独裁专横，确立尚贤主义，要求“用辅佐之助”（《称》第四十六章）。

依据这样的尚贤主义录用人才，既可以证明自己的统治忠实于汉的国家原理，又可以在德治的名目下从王国提拔优秀的人才到中央政府，发挥弱化王国的功效。另外，排除独裁、重用辅佐役，可以避免因为君主个人的贤愚问题而造成王朝一举崩溃的事态，为汉带来了长久的安定。

第六个意义，遵循黄老道的道法思想的行为，为汉的法治带来好处。“逆天之极，又重有功，其国家以危，社稷以匡，事无成功”（《十六经·兵容》）、“罪莫大于可欲，嘅莫大于不知足”（《老子》第四十六章），黄老道主张天人相关，批判无止境地追求功业和奢侈。在此之上，还主张“省苛事，节赋敛，毋夺民时，治之安”“号令合于民心，则民听令。兼爱无私，则民亲上”（《经法·君正》）、“弛欲伤法”（《称》第二章）等等，否定违背自然法的客观性以及实定法的中立性的恣意性专制支配，要求运用宽大柔和的法治，最大程度地关照民心和民生的安定。

然而，“今上皆重法绳之，臣恐天下不安”“盗多，皆以戍漕转作事苦，赋税大也。请且止阿房宫作者，减省四边戍转”（《史记·秦始皇本纪》），秦的皇帝无视谏言，大规模兴修土木，巡游地方，连年强行外征。另一方面，“乐以刑杀为威”“所为贵有天下者，得肆意极欲”（同上）、

“税民深者为明吏”“杀人众者为忠臣”(《史记·李斯列传》),秦的皇帝走向恣意性支配,以重罚严刑为手段苛敛诛求,整个帝国在疲弊和混乱中走向了灭亡。

汉在建国之际,还来不及整备独自的法体系,没有办法,只能沿用秦律。不过尽管如此,汉的皇帝权力吸取秦失败的教训,没有把秦的法术思想作为统治帝国的方针,而是将黄老道的法思想作为指南,运用法治。这样的姿态,就向天下明示了汉帝国否定贯彻术性的法、否定一律支配天下从而招致民心离反的秦的法治形态,昭示汉的皇帝作为天子,是服从于上天、天道、鬼神等自然法权威的,是让实定法秩序从属于自然法秩序之下位的君主。这样,以声称否定秦而出现在历史舞台上的汉,就在法治的领域中,也获取了可以替代秦的法术思想的自己的新路线。

所以,这个时期的皇帝,推进缓和法律、刑罚的政策,“省法令妨吏民者,除挟书律(《汉书·惠帝纪》)、“汉兴,除秦烦苛,约法令,施德惠,人人自安,难动摇”(《汉书·文帝纪》)、“欲令治狱者务先宽”“若虽文致于法而于人心不厌者,辄谳之”(《汉书·景帝纪》)、“秦国用之,死者甚众,刑者相望,耗矣哀哉”(《汉书·董仲舒传》)等等。这种情况下,实定法的性质并不是贯彻君主主观意志的一个诱导技术,而是作为公平经营国家和社会的客观中立基准。可以认为,黄老道法思想是其理论的支柱。

第七个意义,“夫并时以养民功,先德后刑,顺于天”(《十六经·观》)、“文武并行,则天下从”(《经法·君正》),利用黄老道这个主张刑德文武并用的理论来统治,就可以将刑德的分别使用当作上天、天道的指示来正当化,使柔和机敏地对应时势的变化成为可能。

就像这样，汉的皇帝将德治主义作为帝国统治的基本，其结果带来了社会的安定。“孝惠高后之时，海内得离战国之苦，君臣俱欲无为。故惠帝拱己，高后女主制政，不出房闼，而天下晏然，刑罚罕用，民务稼穑，衣食滋殖”(《汉书・高后纪》)、“汉兴，扫除烦苛，与民休息。至于孝文，加之以恭俭，孝景遵业，五六十载之间，至于移风易俗，黎民醇厚”(《汉书・景帝纪》)。

不过，德治要发挥其有效性，也是要在天下平稳无事地运转推移的情况下才可能。在天下勃发危急存亡的事变的时候，垂拱无为的政治当然是行不通的。事实上，汉需要超越很多的危机——诸侯王接连不断的反乱、吕氏篡夺帝位的阴谋等等。黄老道的刑德文武并用的理论，既可以促进机敏地对应事变，又可以回避像秦那样的僵硬的严刑主义。“汉家自有制度，本以霸王道杂之”(《汉书・元帝纪》)，黄老道为分别使用王道与霸道统治帝国提供了理论根据。

第八个意义，汉的皇帝不仅仅是皇帝，同时也是天子。所以，对于匈奴就可以使用和亲等柔和的边境政策。秦的时候，因为一人直辖支配整个世界才是作为皇帝的必要条件，所以，理论上就不允许秦以外的国家组织的存在，这就招致向四方派遣外征军、必须将周边完全郡县化的事态。

与此相反，汉的皇帝是受命于上天统治中国世界内部的人，在作为天子的资格方面，对于同样是由上天授命、统治匈奴世界内部的单于，可以采取敌国之礼。另外，就像在南越王赵佗的封建上看到的，利用天子封建诸侯王的形式，可以通过这种性质的臣从关系，容忍汉以外的国家组织的存在。

高祖在平城讨伐匈奴失败、无奈签下不利的和约，济北王趁着文帝亲征匈奴、兴起反乱……如果在这个时期实施强硬的边境政策，会使国家财政陷于崩溃，诱发诸侯王的反乱，致使汉的皇帝权力基础遭到颠覆。所以，接受黄老道受命于天的天子统治理论，对于回避大规模的外征提供了理论支持，为这个时期还不能正式向匈奴开战的皇帝权力，带来不可估量的便利。

汉帝国的出自与自灭了的秦帝国在本质上不同，原本就不可能像秦帝国那样，挥起商鞅、韩非流的法术思想直辖支配全国。汉背负着独自的历史条件，经营着郡县、王国、侯国等内部结构错综复杂的大帝国，前述的几点为汉的皇帝权力带来了莫大的便利。

值得注意的是，这些全都是以天和皇帝的关系为基轴的。也就是说，上述的有利之处，全都是连结天与皇帝的理论带来的。这样的话，从这个意义上来讲，切断了与天的关系而展开权力论与统治论的法术思想，是难以成为汉帝国的主要政治思想的。另外，当时的儒学，固执于圣人的受命，没有黄老道那样的军事胜利者的受命理论，其天人相关思想的理论整备依然不够，还无力成为足以回应这样的时代要求的政治思想。

所以，在汉帝国需要巩固基础的艰难时期，主张帝王受命上天、奉天意统治天下并宣讲这个统治术的黄老道，其政治理论就与以封建制为根本这一点相互作用，将天与皇帝相连，为与秦的皇帝处于完全不同的历史条件下而产生的汉的皇帝权力，带来了独自的理论支持。可以说，作为政治思想，黄老道具备了最为合适的性质。如前所述，黄老道是形成于战国时期东方齐国的思想。在黄帝书中，充满了好像是预见了秦的灭亡的言论。同时，前汉前期的历代皇帝，都显示出好像是呼应黄老道的教戒的统治姿态。曹参、陈平、汲黯等汉的重臣们，为什么能够实施黄老道式的统治？这一疑问也可以在这个鲜明的符合性上得到明快的答案。在这个时期，黄老道作为政治思想占据主导性地位的现象，并不单单是曹参、陈平、郑当时、汲黯、文帝、窦太后等个人信条带来的产物。拥有与秦帝国不同的出发点的汉帝国的独自性，以及由此而来的汉独自的皇帝观、统治观，才是替代了法术思想的黄老道走向兴隆的根本支持。

第十八章　汉的重臣与黄老道(一)

——以曹参为例

在前面的章节里，考察了黄老道对汉的皇帝权力带来的意义。下面从仕宦皇帝的重臣们的情况上来看，考察依据黄老道的统治给这个时代带来的意义。

汉的重臣中，最初实施黄老道统治的是高祖的谋臣曹参。高祖将庶出长子刘肥封做齐王，同时任命曹参为齐的相国，让他辅佐年轻的悼惠王。陈豨举旗反汉，曹参作为齐的相国指挥讨伐，击破陈豨部将张春的军队。另外，在英布背叛的时候，也是他跟从悼惠王出击，率领车骑十二万的兵力，与高祖的军队合流，大破英布的反叛军，立下了军功。直到公元前 195 年高祖过世，曹参以其杰出的智谋和军事才能，为齐王尽了汉代屈指可数的藩屏重责。

高祖殁后，惠帝即位，诸侯的相国法被去除，曹参又被任命为齐的丞相。就这样，曹参作为相国和丞相，持续统治齐国九年。如以下所显示的，他赴任之后就决定采用黄老道，以其作为统治齐国的方针：

参之相齐，齐七十城。天下初定，悼惠王富于春秋。参尽召长老诸先生，问所以安集百姓。而齐故诸儒以百数，言人人殊，参未知所定。闻胶西有盖公，善治黄老言，使人厚币请之。既见盖公，盖公为言治道贵清静而民自定，推此类具言之。参于是避正堂，舍盖公焉。其治要用黄老术，故相齐九年，齐国安集，大称贤相。(《汉书·萧何曹参传》)

齐国有七十城相连，是东方数一的大国。悼惠王当时还年轻，实质上的统治责任，是相国曹参承担的。所以，曹参求“所以安集百姓”，“尽召长老诸先生”，咨询方策。然而，此时召集的多达数百名的“齐故诸儒”，也只是“言人人殊”，徒添混乱。曹参最终都没有从他们的言谈中摸索出统治的方针来。这种现象如实地说明，尽管齐是与鲁相并的儒学中心地区，当时的儒学，还没有构建出足够的政治思想体系以应对曹参的期待。

因此，曹参放弃了儒者，从胶西招来黄老家盖公，向他询问统治齐国的方针政策。如前所述，盖公是将河上丈人认作本师的黄老道学派传承系谱上的人。在当时，他以齐国的高密、胶西为据点，教授黄老道思想。盖公答应曹参的请求，提示“治道贵清静而民自定”的基本理念。只看这一句，就能感觉到盖公向曹参传授的黄老道，是以以下所示的《老子》无为清静为重点的：

浊而情(静)之，余(徐)清。女(安)以重(动)之，余(徐)生。(《老子》第十五章)

至虚极也，守情(静)表(裻)也，万物旁作，吾以观其复。天物云云，各复归其根，曰静。静，是胃复命。(《老子》第十六章)

我无为，而民自化。我好静，而民自正。我无事，而民自富。我无欲，而民自朴。(《老子》第五十七章)

不过，如下所示，在黄帝书中，也有很多与上述《老子》那样相同主旨的话：

赢极必静，动举必正。赢极而不静，是谓失天。动举而不正，是谓后命。（《经法·亡论》）

见知之道，唯虚无有。虚无有，秋毫成之，必有形名。形名立，则黑白之分已。故执道者观于天下也，无执也，无处也，无为也，无私也。（《经法·道法》）

处于度之内者，静而不可移也。见于度之外者，动而不可化也。静而不移，动而不化。故曰神。（《经法·名理》）

静作得时，天地与之。争不衰，时静不静，国家不定。作可不作，天稽环周，人反为之客。静作得时，天地与之。（《十六经·姓争》）

就像这样，《老子》倾向于要求时常保持静。相对于此，黄帝书方面，就像《经法·亡论》《十六经·姓争》那样，主张分别利用静和动。这是二者之间的重要差异。不过，这个时候曹参认为，应该先安定长期疲弊于战乱的民众的生活，一开始选用“安集百姓”的方策。所以，在这种情况下，在静与动的分别使用中，就主要选用静方面的政术了。因此，从结果上来讲，《老子》与黄帝书几乎是作为同一个思想为曹参提供指南的。“推此类具言之”，在这样的记述中，黄帝书所主张的实践性的统治理论，当然也是包含在内的。

以下曹参的发言，能够让我们更具体地窥探到他基于黄老道统治的实际情况：

萧何薨，参闻之，告舍人趣治行：吾且入相。居无何，使者果召参。参去，属其后相曰：以齐狱市为寄，慎勿扰也。后相曰：治无大于此者乎。参曰：不然。夫狱市者，所以并容也。今君扰之，奸人安所容乎。吾是以先之。(《汉书·萧何曹参传》)

自萧何死后，曹参调任中央的相国，他对后任齐相留言说，“以齐狱市为寄，慎勿扰也”。这里的狱，指的是裁判所；市，指的是市场。裁判所、市场，都是人多混杂的地方。当然其中混有以裁判所和市场为舞台的、以不当的民事诉讼或不当的交易而获取不当利益的人。不过，即便如此，也不能严格执法而将他们全都取缔、赶出狱市。本来，狱也好市也罢，应该是无论善人还是恶人都一并包容、让他们各自谋生的地方。如果以不容一切不正的严酷法治，将奸人们都从裁判所、市场中赶出去的话，这些穷苦的失去了生活手段和置身地的人，就会在自暴自弃的骚乱中寻找最后的活路吧。所以，对于这些多多少少的不正当，就睁一眼闭一眼，让民间自律性的秩序得以温存，最重要的是不在狱市中引起不必要的混乱①。他这样说。

想澄清污浊就用棍子搅，这样反而会更污浊。要静观之，待其逐渐稳定。这与前述《老子》第十五章的想法很像，作为以黄老道统治的一环，曹参回避强权介入民间自律性秩序的政策，表明他实践包容善恶的宽大柔和的法治②。

---

① 曹参原本是沛的狱掾，所以本来也就特别精通这些情况吧。

② 《老子》中有“善人，善之师。不善人，善人之齎”(第二十七章)、“圣人恒无心，以百省之心为心。善者善之，不善者亦善之”(第四十九章)、“道者万物之注(主)也。善人之瑧也。不善人之所瑧也”(第六十二章)等等，就是这种政策的理论支柱吧。

如下所示，慎到曾经努力排除国家权力对于民间自律性秩序的介入，主张尽量依靠民众的自活能力，提倡无为无事的自由放任的政策：

圣人虽不忧人之危，百姓准上而比于下，其必取己安焉。则圣人无事也。故圣人处上，能无害人，不能使人无己害也。则百姓除其害矣。圣人之有天下也，受之也。非取之也。百姓之于圣人也，养之也。非使圣人养己也。则圣人无事矣。（《慎子·威德》）

民杂处而各有所能，所能者不同，此民之情也。……是以大君因民之能为资，尽包而畜之，无能去取焉。（《慎子·民杂》）

天道因则大，化则细。因也者，因人之情也。人莫不自为也。化而使之为我，则莫可得而用矣。……故用人之自为，不用人之为我，则莫不可得而用矣。（《慎子·因循》）

民众拥有适合各自特性的自我存活能力，君主应该任其自然，尽量避免自上而下的介入。更何况，即使国家权力不插手，如果黑暗，民众就会自己“辟户牖必取己明”（《威德》）；如果贫穷，就会自己“伐木刈草必取己富”（同上）；如果苦于危害，就会“百姓除其害”（同上）。就像这样，“人莫不自为”（《因循》），所以，只要“用人之自为”（同上），就能够自动达成君主无为、无事的统治。所以说，国家应该保持夜警国家的姿态，应该“移富国之术而富民”（《慎子》佚文）。

如前所述，慎到的这种思想，给予黄老道很大的影响。黄帝书中也有“动之静之，民无不听，时也”“节民力以使，则财生。赋敛有度，则民富”“省苛事，节赋敛，无夺民时，治之安也”（《经法·君正》）、“因地以为资,因民以为师”(《称》第二十六章)等等,说最大限度地限制国家权力对于民众自律性秩序的介入,民众就会发挥自我存活的能力,生产并积蓄财富。正是“我无事而民自富”(《老子》第五十七章)。

就像这样,避免国家权力用精细苛刻的法治介入民间,不做无用的收夺和规制,才会更有效地在农业、工商业等一切经济活动中生产财富。这是不说自明的道理。“其治要用黄老术”(《汉书·萧何曹参传》)的曹参的统治姿态,也是将这样的理论用于齐,结果使齐国的民众脱离了经济贫困的状态。“齐国安集,大称贤相”(同上),曹参的统治取得了很大的成果。在黄老道占据主要政治思想地位的前汉前期,有记录说,“至武帝之初七十年间,国家事亡,非遇水旱,民则人给家足。都鄙廪庾尽满,而府库余财。京师钱累百钜万,贯朽而不可校。太仓之粟陈陈相因,充溢露积于外,至腐败不可食”(《汉书·食货志》),出现了史上空前的经济性繁荣。可以认为,这也是横跨惠帝、吕太后、文帝三代、在中央政府为相的曹参和陈平的基于黄老道的施政带来的。

曹参在齐国采取的基本统治方针,在他做了中央政府的相国之后,也持续了下来:

> 始参微时,与萧何善。及为将相,有隙。至何且死,所推贤唯参。参代何为汉相国,举事无所变更,一遵何之约束。择郡国吏长大,讷于文辞,谨厚长者,即召除为丞相史。吏言文刻深,欲务声名,辄斥去之。(《汉书·萧何曹参传》)

新任要职的人,都很想要拿出什么新构想、做出与前任不同特色的事情。萧何定下的汉律，基本上承袭了秦律，只剔除了过于苛刻的部分，或是在实际运用中比秦代要宽松很多。但即使是这样，条文规定本身，还留有很多危险的要素，很容易再折回到秦的苛刻的法治上去。

所以，从信奉黄老道的曹参看来，需要修改的地方应该很多①。到了萧何做中央的相国、曹参做齐国的相国的时候，之前关系良好的这两个人之间产生了隔阂，这背后也有他们二人思想性立场不同的原因。萧何认为要赶快将国家的体制模式整备出来，哪怕使用被打倒了的秦的遗留规制也无妨。这与在赴任地区接受了黄老道思想的曹参是不同的。

尽管如此，曹参也没有改变萧何制定的九章律。这大概是为了避免人们担心换了相国之后、连统治方针都要动摇，不想给人心带来这种不安，以防朝令夕改而引起的广泛混乱。这样，形式上没有做变动，但曹参使用了变更人事方针的办法，在实际上修正了萧何的路线。

曹参"择郡国吏长大，讷于文辞，谨厚长者"，将其提拔为汉的丞相史——自己的属僚。与此并行，对于那些给法律条文加上繁琐的解释、利用修辞技巧巧妙制作告状和判决文、一心想创出检举奸人之功绩的官吏，一个个地将其解任并扫地出门。

利用法律和刑罚给自己获取名声，将其作为立身进爵的道具，应该认为这就是行政长官作为官吏的动机不纯。所以，即便看起来是个极有能力的热衷于实现正义的官吏，这样的法吏，其功名心很难称之

① "除挟书律"(《汉书・惠帝纪》)、"前日孝惠皇帝言欲除三族罪、妖言令，议未决而崩。今除之"(《汉书・高后纪》)、"尽除收帑相坐律令"(《汉书・文帝纪》)等等，之后多次废除苛刻法令的事实，证明了这个推测。

为“清”。更何况还增加罪人、折腾狱市，这一点也谈不上是“静”。法的运用变成了让自己发达的手段，是缺乏客观性和中立性的作为，这一点当然也不是“无为”。曹参自盖公学来的黄老道认为，上面的为政者尊重清静的话，下面的民众就用不着强权介入和严格取缔，在无为中会自然自治。曹参基于这样的基本理念，将手腕辛辣的酷吏从帝国的中枢排除出去，另一方面，将宽大的包容清浊的长者型循吏配置在政府的重要位置上，意图依靠他们茫洋的人德，将汉律中含有的秦律的苛刻部分，从内部缓解和除掉①。当然，通过中央政府的这种统治方针，黄老道的统治波及全国。总设计师曹参自己也说“参见人之有细过，专掩匿覆盖之，府中无事”(《史记・曹相国世家》)，率先示范和实施这样的统治形态。

卿、士大夫以下的高官、宾客，心怀政见策略来拜访曹参，曹参也只是敬酒，一个个地把他们灌醉，最终让他们什么都没有说出来就回去了。另外，丞相府的官吏，连日连夜地醉酒欢闹。曹参作为相国、被人要求制止这些人的时候，他不仅没有制止，自己反而也跟着喝酒、高歌吟唱，与那些人一起欢闹。忍无可忍的惠帝怀疑曹参欺负自己年轻、不好好执行政务，就通过曹参的儿子探求其本意。这个时候，曹参回答说，“高皇帝与萧何定天下，法令既明具。陛下垂拱，参等守职，遵而勿失，不亦可乎”(《汉书・萧何曹参传》)。他说高祖与萧何已经明确制定下了汉的基本的国家体制和法制，从能力上来讲，低于这二人的惠帝和自己，只要顺守既定的组织架构，心甘情愿地做他们的跟班

① 有关这一点，大形彻在《漢初の黄老思想》(《待兼山論叢》二十三)中已经有所指出，大有裨益。

就可以了。

“参为相国三年，薨。谥曰懿侯。百姓歌之曰：萧何为法，讲若画一。曹参代之，守而勿失。载其清靖，民以宁壹”（同上），他死后得到的评价，也与前面他的发言相合。如果如字面所说的话，曹参只是一个萧何的忠实追随者。不过，那些当然都只是经他算计过的、对外的表演而已。

汉原本就没有任何国家前身，是以刘邦为首的一个私性质的军事集团、因军事胜利而建立起来的政权。以这样的起点，如果想迅速组建起统治整个天下的、作为国家的公性质的体制的话，无关喜好，必须依据前代的秦的制度①。在战乱中，萧何从咸阳的宫殿快速搬出秦的丞相、御史的律令以及图书等，正是预见到了这个事态的一个措施。

当然，汉打着否定秦的旗号，是亲手打倒了秦而成立的国家。所以，即便萧何，也没有意图要逆行回到造成秦灭亡的僵硬的法治上去。也正因为如此，就如所说的“汉承秦制，萧何定律，除参夷连坐之罪，增部主见知之条，益事律兴、厩、户三篇，合为九篇”（《晋书·刑法志》），萧何也实施消除秦律中残酷部分的修改措施，在此之上制定了九章汉律。不过，与体制如何无关，严密繁琐地使用法律，从而增加检举、断罪的实绩，并希望以此得到名声和发达，这是法吏难以停止的习性。这一点，在与必须要尽快整备国家体制的时代要求相遇的时候，与秦代无大分别的法治就会在末端现象化。

---

① 所以，以汉律承袭了秦律这件事为论据，就说秦与汉是性质相同的帝国，这个主张是难以说通的。

在此，如果放置、任由这种倾向增长加重，汉恐怕就会成为第二个秦。本来，诸侯王的反乱就持续不断，在这种情况下，民众对于汉的法治的不满，就会在各地引起骚乱和政争。如果被反乱军利用了这种局势的不安，可以想象，建国不久的汉就会处于一举崩溃的危险境地。曾经目睹了威严天下的秦帝国的瞬间瓦解，并且深知汉与秦帝国的出发点完全不同的曹参，就必须从黄老道的立场出发，“衣食足而刑罚必也”(《经法·君正》)、“变故易常，德则无有，措刑不当”(《十六经·姓争》)、“王公慎令，民知所由”(《十六经·三禁》)，必须导入与萧何的统治不同的要素，将那样的危险抑制于未然。

曹参依据清静为贵的统治方针，极力回避苛刻细致的法治对于民间自律性秩序的介入和规制，保障民众的自由营生，使民众的自活能力得以最大限度的发挥。惠帝的时候，采取“省法令妨吏民者”(《汉书·惠帝纪》)的处置，也是基于曹参的这个意图的。另一方面，曹参劝惠帝垂拱无为，想方设法不让中央政府展开对匈奴作战、大规模营造等新的事业①。这样一来，大幅度地节约了军费及土木工程事业的开支，国家财政宽裕，对于民众的苛敛诛求也就可以防患于未然了。就这样，让所有一切民间的经济活动都可以有效创造财富，另一方面，如果还能去掉来自国家的无意义的收夺的话，就可以在民间积蓄财富，经济活动可以进一步得以发展。

这样下去，当然的结果，就是曹参谋图的民生、民心的安定得到实现。为此，就必须避免给民间的自由经济活动加以繁琐的规制，就要

① 二世皇帝强行继续始皇帝的事业，造成秦国早早灭亡的事实印在曹参的脑海里，这也促使他走向规劝惠帝垂拱吧。

从丞相府中一扫酷吏，大量采用长者型的官吏，从实际的运用层面上采取放缓法治的措施。另外，对于政要们所提出的、有可能使中央政府开展新事业的政见，也需要在暧昧中抹消。并且，不能错误地要求官吏严肃纲纪，要阻止他们严格执法。在曹参基于黄老道实践清静、无为、无事的统治当中，隐藏着他谋图汉的国家安定的打算。

所以，必须认为，在“日夜饮酒”“不治事”(《汉书·萧何曹参传》)的懒惰的假面之下，隐藏着曹参对于汉的现状及未来的洞察和深谋远虑。儿子看不透父亲的这种苦心演技，按照惠帝的命令，直接批判曹参怠慢职守，曹参怒打二百鞭之后说道：“天下事非乃所当言也。”(同上)从他的这个言行上也可以看出他的苦衷，一边假装无为、放荡，一边不为人所知地掌控艰难的时局。随着相国交替，曹参为了不使人们产生汉的统治方针也将发生变化的这种人心不安，一直夸赞萧何的才能，自认无能。以此为盾，表面上标榜继续继承萧何的路线，背后巧妙地更改统治方针。这正是“成功遂事而弗名有也”(《老子》第三十四章)、“居无为之事，行不言之教”(《老子》第二章)的统治范本。在这个意义上，可以说“曹参代之，守而勿失”(《汉书·萧何曹参传》)，民众的这个合唱，就是对曹参最大的赞歌。

当然，萧何也承认，信奉黄老道、在无为中使矛盾和对立淡出并消解的曹参流的帝国经营方式，对以后的汉有着重要的意义。所以，他才超越了隔阂，在临终前唯一推荐曹参为相国后任。另一方面，曹参也完全理解在建国不久、枯木开花的状况下，一边以秦的遗留规制为范本、一边明确国家体制的萧何流的帝国运营方式，也是无奈之下的唯一选择。正因为如此，才对萧何所制定的国家体制，至少在表面上没有加以改变。

依据情况的变化巧妙并用刑与德,是黄老道的重要主张。想要明确刻画国家构图的萧何,与想在这个轮廓之下尽量暧昧其实的曹参,在默然中分别承担了刑与德的角色,用这个形式超越时局的困难。可以说,这两个人绝妙的政权交替本身,就是黄老道式统治的一个体现。

第十九章　汉的重臣与黄老道(二)

——以陈平为例

曹参殁后,作为汉的丞相、继承了黄老道统治的,依然还是高祖曾经的谋臣陈平。正如所说的"少时家贫,好读书,治黄帝老子之术"(《汉书·张陈王周传》),陈平不是曹参那样做了齐相之后才成为黄老家的,他年少时已经就是黄老道的信奉者了。

"高帝用平奇计""其计秘,世莫得闻""用其计策,卒灭楚"(同上),陈平后来回忆自己时常处于奇计阴谋中的过往,说,"我多阴谋,道家之所禁。吾世即废,亦已矣。终不能复起。以吾多阴祸也"(同上)。这个发言,可以认为是基于"阴谋逆德,好用凶器。始于人者,人之所卒也"(《国语·越语下》)的范蠡之言,以及"一曰好凶器,二曰行逆德,三曰纵心欲。此谓三凶"(《经法·亡论》)的黄帝书上的内容的。所以,从陈平的这些言论上也可以肯定,当时的"道家"就是他所修得的"黄帝老子之术",也就是黄老道。

另外,"里中社,平为宰,分肉甚均。里父老曰:善,陈孺子之为宰"(《汉书·张陈王周传》),陈平在乡里以"均"闻名。而且,他说"嗟乎,使平得宰天下,亦如此肉矣"(同上),甚至还抱有以"均"监督整个天下的志向。这样的话,这个"均",意思就不仅是分配祭肉,也是他的政治信条。黄帝书中说,"黄帝问四辅曰:唯余一人,兼有天下。今余欲畜而正之,均而平之”(《十六经·果童》),作为兼有天下时的一个基本理念,举出了均平。陈平自年轻时修得黄帝、老子之术,当然可以认为,他的“均”的政治信条,是在黄老道的思想影响之下形成的。

陈平最初仕于陈涉反叛秦时立的魏王咎。不过,魏王一直无视他的献策,陈平就离开了。后来他加入了项羽的阵营,以军功晋升都尉,但又因过失陷入遭遇诛杀的危机。在此他逃出一条命,最后投降到刘邦的军队。在这里陈平被重用为都尉,之后屡屡使用奇计将汉军从危机中解救,巩固了他作为高祖谋臣的地位。

汉帝国成立后,继惠帝二年至六年任职相国的曹参之后,从惠帝六年经吕后亲政的时期,直到文帝二年,三代十二年,陈平居于中央政府丞相的地位。也就是说,这个时期,曹参、陈平,黄老家连续十六年占据了汉相的地位。特别是在文帝时期,由于文帝与皇后本人也是黄老道的信奉者,所以,文帝的帝国统治是与陈平相互扶持着进行的。在此,可以看到黄老道统治的最为典型的形态。以下考察这样的黄老道统治的构造。

在文帝的时代,“尽除收帑相坐律令”“今法有诽谤妖言之罪。……细民之愚,无知抵死,朕甚不取。自今以来,有犯此者,勿听治”“除肉刑法”(《汉书·文帝纪》),到惠帝、吕后的时代,多次实施了废除苛法的措施。这是基于黄老道政治思想的政策,“有不便,辄弛以利民”(同上),极力排除苛细的法治、规制对于民众自律性营生的介入。无论农业还是工商业,保障所有的民间自主性的经济活动,促进有效生产财富。文帝“除关无用传”(同上),这个施策也是图谋为天下自由往来带来便利,使经济活动得以通顺进行。同样,“弛山泽”(同上)的命令,也是解禁国家的独占,将山泽之利开放给民间,让民众自由地从山林薮泽中得到生产财富的方便。

另一方面，文帝彻底施行各种精减经费的政策。文帝“与匈奴结和亲，后而背约入盗”“令边备守，不发兵深入，恐烦百姓”（同上）。即使匈奴屡次违反和亲条约，多次入侵掠杀，也要将对匈奴的作战限定在防卫反击的程度上，并坚持再次交涉和确认和亲条约。避免大规模外征匈奴的根据地、实行继续和亲的政策，这当然就可以大幅节约军费。在南越，尉佗称帝号自立的时候，文帝也是避免派遣远征军，而使用柔和的外交手段怀柔。这样的外交政策，也带来了大幅节约军费的效果。同时，文帝“罢卫将军军”（同上），以废除近卫军的政策果断节减军费。

另外，文帝抑制和削减支出，“孝文皇帝即位二十三年，宫室、苑囿、车骑、服御无所增益”“减诸服御，损郎吏员”（同上）。建造露台，听匠人估计预算需要百金，就大喊叫停，“百金，中人十家之产也。吾奉先帝宫室，常恐羞之。何以台为”（同上）。“身衣戈绨，所幸慎夫人衣不曳地，帷帐无文绣”（同上），文帝节减经费的姿态如此彻底。就连自己的陵墓，也是“皆瓦器，不得以金银铜锡为饰，因其山，不起坟”（同上），到了临终，说“死者天地之理，物之自然，奚可甚哀。当今之世，咸嘉生而恶死，厚葬以破业，重服以伤生。吾甚不取”（同上），详细地指示自己的葬礼要办得简素①。

如此彻底的节减经费的政策，当然就使国家财政出现了余裕，抑

---

① “不知王术者，驱骋驰猎则禽荒，饮食喜乐则湎康，玩好嬛好则惑心。俱与天下用兵，费多而无功”（《经法·六分》）、“宫室过度，上帝所恶”（《称》第二十七章）、“减衣衾，泊棺椁，禁也”（《称》第二十八章）、“治人事天，莫若啬”（《老子》第五十九章），黄老道禁奢侈，劝节俭。

制对于民众的收夺也成为可能。“令郡国无来献,施惠天下”“吾农民甚苦,而吏莫之省。……其赐农民今年租税之半”“其除田之租税”“令诸侯无入贡”“发仓庾,以振民”(同上),文帝拒绝贡纳、减免田租、开放储备的谷物等等,用了各种方法抑制收夺。

这样节减经费和抑制收夺的政策,促进了民间财富储蓄的增长,民众的生活水平提高,购买力增强,同时,还滋润了经济活动所需的资本供给,活化了民间的经济活动,带来财富进一步的增长和储蓄。这样的经济繁荣,“海内殷富,兴于礼义”(同上),衣食足,良风美俗渗透民间,带来“断狱数百,几致刑措”(同上)的社会性安定。

说到这里,之前没有论述的有关黄老道无为之治的构造和机制,就清楚地显现出来了。如果将其图示化的话,就是这样的:

(A)宽大、柔和的法治→(B)排除规制以及以苛刻细致的法治介入民间秩序→(C)保障民间自由的经济活动→(D)有效生产和储蓄财富→(E)避免新开发事业和节减经费→(F)充实国家财政→(G)抑制收夺→(H)进一步发展民间经济活动→(I)新的财富的生产和储蓄→(J)民生、民心的安定→(K)犯罪、骚乱的平静化→(L)国家的安定性统治。

这就是曹参、陈平为相时着力实践的、由文帝实现的典型的黄老无为之治的构造及机制。

就这一点,下面再以《汉书·刑法志》的有关记载来确认一下:

萧曹为相,填以无为,从民之欲,而不扰乱。是以衣食滋殖,刑罚用稀。及孝文即位，躬修玄默，劝趣农桑，减省租赋。而将相皆旧功臣，少文多质，惩恶亡秦之政，论议务在宽厚，耻言人之过失。化行天下，告讦之俗易。吏安其官，民乐其业，畜积岁增，户口浸息。风流笃厚，禁罔疏阔。选张释之为廷尉，罪疑者予民。是以刑罚大省，至于断狱四百，有刑错之风。

这里记述的各个项目，以所记的先后顺序对照一下前述的无为之治的图示，大概可以这样对应：首先，在萧何、曹参的时代，“填以无为”就是（A）（B）（E）（F）（G），“从民所欲”就是（C）（G），“不扰乱”就是（B）（E）（G），“衣食滋殖”是（D）（H）（I），“刑罚用稀”是（J）（K）（L）。

下面来看陈平、文帝的时代，“躬修玄默”是（E），“劝趣农桑”是（C），“减省租赋”是（F）（G），“少文多质”是（E），“论议务在宽厚，耻言人之过失”是（A）（B），“化行天下，生讦之俗易”是（J）（K），“民乐其业”是（C），“畜积岁增，户口浸息”是（D）（H）（I），“风流笃厚，禁罔疏阔”是（B）（J）（K），“罪疑者予民”是（A）（B），“刑罚大省，至于断狱四百，有刑错之风”是（K）（L）。也就是说，《刑法志》的记述也如实地反映了这个时期所实施的黄老道无为之治的构造和机制。《汉书・食货志》记述，“至武帝之初七十年间，国家亡事，非遇水旱，则民人给家足。都鄙廪庾尽满，而府库余财。京师之钱累百钜万，贯朽而不可校。太仓之粟陈陈相因，充溢露积于外，至腐败不可食”。这史上空前的经济性繁荣，正是黄老道无为之治发挥了其机能的结果。

前面考察了黄老道天人相关的构造为汉的皇帝权力带来的便利。那么，天人相关的构造与黄老道无为之治，到底是怎样的关系呢？

黄老道基本上具备天人相关的构造，采取实定法从属于自然法之下位的道法思想的立场，法不是为了贯彻君主的恣意和私欲的诱导术，而是客观的、中立性的判定基准。正是因为如此，无为之治图示中(A)(B)方面的政策才可能被采用。

另外，信奉黄老道的行为，将汉的皇帝权力定位为皇帝、同时也是上天委任的统治地上的天子，如此才可能实行(E)方面的政策。因为汉的皇帝权力的正当性和正统性是由上天的意志保证的，所以与秦的皇帝不同。秦的皇帝将天下财富集中于自己、不断开创新事业以显示其人为功业，必须持续不断地证明皇帝权力的正当性和正统性。汉的皇帝在一开始就从这种重压中解放出来了。

与此相同，汉的皇帝利用同时身为天子的这种性质，与秦的皇帝不同，“长城以北，引弓之国，受命单于。长城以内，冠带之室，朕亦制之”(《史记·匈奴列传》)，可以容忍其他国家组织的存在，实施柔和的边境政策。对于违背和亲条约、多次侵入的匈奴单于，文帝进行交涉，一再确认和亲条约，“朕与单于俱由此道，顺天恤民，世世相传，施之无穷。天下莫不咸便”“今天下大安，万民熙熙。朕与单于，为之父母。……使两国之民若一家子”(同上)等等。也就是说，文帝以上天任命的统治中国世界内部的统治者的资格，呼吁“天所立匈奴大单于”(同上)、也就是同样受命于天的、统治匈奴内部的统治者单于，一起“顺天”(同上)，在为父的上天之下“约为兄弟”(同上)，一起作为民之父母，养治天下万民“若一家子”。这样的理论性的应用，就使得汉的皇帝即使与匈奴缔结了不利的条约，也不会马上影响到皇帝权力的威信和正当性，有这样的利点。秦的皇帝权力，将皇帝与上天的关系置于意识之外，当然就不可能采取这样的、在上天之下将皇帝与单于对等看待的处理方法。这个时期汉的皇帝，在无为、无事的方针下，不用大规模派遣远征军、不用着手巨额支出的大事业，这些都是这样的理论性操作带来的实惠①。

无为之治图示(G)，也是以天子作为民之父母、受命于上天而有义务养治万民的理论才得以实行的。依据这个理论，皇帝越过诸侯王、列侯的封建统治权，施行拒绝入贡、减免田租和劳役、向民赐爵、通过派遣慰问使授与下赐品等等政策，向天下均等地实施恩惠，以减轻收夺。

这样看来，让天子服从于上天、让实定法从属于自然法的黄老道的天人相关的思想构造，从根本上保障了黄老道无为之治的实施。也就是说，“天人相关—无为之治”这样的整体思想构造，为前汉前期的黄老道式的统治提供了理论性的支持。

基于上述的结果来看，就能明白，黄老道的无为之治，不单单是针对从战国到秦、再到汉楚争霸时期的长期战乱与疲惫，漠然提出的一句无为、休息的口号。如果为政者只是高唱清静无为，在实际上也无策无为的话，黄老道根本就不可能成为运营巨大帝国的政治思想。要实践黄老道的无为之治，就必须熟知上述的“天人相关—无为之治”这样的基本构造及其内含的机制。在此之上，自觉地将其用为汉的统治方针和国家战略，并随着局势的推移，慎密地计算谋划并准确实在地实施下去。这种高度的政治性能力是不可缺少的。前任的曹参如此，陈平一样也是“为丞相不治事，日饮醇酒戏妇人”(《汉书·张陈王周传》)，装作无为无策的样子。不过，这只不过是对外的演技罢了。曹

---

① 当然，这是理论性运用的一个形态，不是唯一的必然归结。而且，这种形态上的应用，作为大前提，要求“为无为，事无事”(《老子》第六十三章)的基本战略存在。

参、陈平原本都是智谋如泉涌的卓越政治家和军事家[①]，但如果将那样的卓越才智披露给外界，自己做出“万物旁作”(《老子》第十六章)的状况的话，就不可能实行黄老道的无为之治了。对外主张无为，自己也做出无为的样子给人看，解除周围的戒备心，巧妙地逐步排除抵抗，暗中敏锐地察觉了解时势，使用精密的计谋，才能在他人不知不觉中走向事态的成功。必须屈曲迂回地前进，这需要“锉其兑，解其纷，和其光，同其尘”(《老子》第四章)的最高智谋。

这个情况从以下的资料中也可以看出来：

> 居顷之，上益明习国家事，朝而问右丞相勃曰：天下一岁决狱几何。勃谢不知。问：天下钱谷一岁出入几何。勃又谢不知。汗出洽背，愧不能对。上亦问左丞相平。平曰：有主者。上曰：主者为谁乎。平曰：陛下即问决狱，责廷尉，问钱谷，责治粟内史。上曰：苟各有主者，而君所主何事也。平谢曰：主臣，陛下不知其驽下，使待罪宰相。宰相者，上佐天子，理阴阳，顺四时，下遂万物之宜，外填抚四夷诸侯，内亲附百姓，使卿大夫各得任其职也。上称善。(《汉书・张陈王周传》)

针对文帝的提问，陈平应答说，一年的决狱总数、金钱和谷物的出

① “吕太后多立诸吕为王，平伪听之。及吕太后崩，平与太尉勃合谋。卒诛诸吕，立文帝，平本谋也。”(《汉书・张陈王周传》)在镇压吕氏之乱的时候，陈平脱掉了以往喝酒嬉戏、献媚吕太后的伪装，发挥了他作为谋略家的才能。还是在吕氏之乱中，抵抗齐王发兵、以至于被迫自杀的丞相召平叫道：“道家之言，当断不断，反受其乱，乃是也。”(《史记・齐悼惠王世家》)后悔自己行动缺乏果断。在《十六经・兵容》中，有完全相同的召平引用的这个道家之言。就像这样，在黄老道中有适当分别使用消极无为和积极果断的教导。可以说，陈平的行动正是这个教导的实践。

纳总数等等，都是各个担当具体工作的官僚要把握的工作，绝不是宰相的任务。宰相的作用和任务，首先是“上佐天子，理阴阳，顺四时，下遂万物之宜”，也就是从自然法天道的推移上来察知与其相适应的人事、让天下万物顺利生长，是这种天人相关的总览。第二，“外填抚四夷诸侯”，也就是安抚和怀柔边境的异民族国家和国内的诸侯王，不让他们反抗汉朝，为中央政府的对外政策做全方位的战略决定。第三，“内亲附百姓”，也就是说，计划全方位的内政基本政策，让皇帝直辖地内的民众信赖中央政府。第四，“使卿大夫各得任其职”，也就是说，适当配置人员、适材适用，监督整个中央政府的官僚组织，使官僚都能各尽职责。这样，万物、四夷、诸侯、百姓、卿大夫等等，针对各个性质不同的存在，针对性地分别对应和处置，就能够平均无遗地统治整个天下。

上述陈平的言论，明确提示出了为达到黄老道的无为之治、宰相所应起的作用。天事与人事、外交与内政、官僚组织的运营等等，横跨政治的全部领域，以帷幄之谋为汉的前行导航，这就是宰相陈平的职责所在。换言之，作为手足的官僚组织以肉眼能够看到的形式来运转的话，即使再怎么完备，没有作为头脑的宰相，以肉眼看不出来的形式来监管全局的话，黄老道的无为之治就绝无可能完成①。曹参、陈平用

---

① 岛森哲男的《黄老思想の構造と位置——〈経法〉等四篇を読んで考える》(《集刊東洋学》四十五)中说，这个时期黄老道的无为之治被统治者所接受的主要原因，是因为官僚机构得以整备。将一切都交给法和官僚机构就会自然而治，统治者可以无为而居的情况变为现实。如果就像他所说的那样，是因为官僚机构的整备而使无为之治得以实现的话，那么在秦帝国和武帝以后的汉代，才更是可以实现无为之治的时期吧。然而事实却完全相反。官僚机构即使整备得再怎么完好，也不可能因此就自动实现无为之治，君臣关系还没有那么甜美。所以，《韩非子・扬権》尽管以独裁君主通过官僚机构一元性支配国家的体制为前提，但也还援引黄帝书，说“黄帝有言曰：上下一日百战”，拼命说明形名术的必要性，为了保持君主的独裁权力、需要制（注转下页）

了十六年时间在幕后让黄老道的无为之治发挥机能，在这两位黄老家宰相殁后，继承他们的遗志，“好道家之学”(《史记・礼书》)、“躬修玄默”(《汉书・刑法志》)的文帝和其子景帝，以及窦太后，在中枢继续发挥着作用。

黄老道的无为之治，既不是没有实体的精神论的标语，也不是在武帝时期中央集权体制确立之前的一时性政策①。黄老道是最适合

(续上页注)御群臣和百官。实现无为之治，说到底是要自觉地将其作为国家的统治方针来策划和实现的，为政者作为政策决定者的监管是不可欠缺的。

① 内山俊彦《中国古代思想史における自然認識》(創文社，1987年)第七章・二《黄老の学と黄帝・老子の書》中说，在前汉前期，官僚制度还没有充分得以整备，皇帝与臣下之间，还存在着高祖以来的感情性的、习惯性的、任意性的和非制度性的人际关系。所以，作为皇帝的臣僚驾驭术和作为臣下的处世保身术，都需要黄老道。而到了专制国家权力得到确立的武帝时代，黄老道就不能适应独裁专制政治了，于是凋落了。不过，就像前注所指出的那样，无论官僚制、中央集权体制怎样得以确立，术的必要性一点都不会为此而减少。如果按照内山所主张的，就连在官僚制和专制性皇帝权力都得到确立了的武帝末年，武帝还被江充的诬告欺骗，发生了巫蛊之乱，太子方面的军队与武帝方面的军队在长安城内展开激烈的街市战，死者数万。这个流血的结果使武帝失去了卫皇后和太子以及太子一族，失去了一切。对于臣下的奸计，武帝仅仅一点判断失误，就发展成为这样大的惨剧，给皇帝权力带来极大的打击。无论官僚制度如何，都没有把皇帝从以个人技术来操控臣下的这个职责上解放出来。这一点对于臣下来讲也是一样的。国家体制无论表面上如何完备，朝廷内复杂奇怪的权力斗争和暗算绝对不会停止。他们就像生活在伏魔殿里一般，对于他们来讲，处世保身之术是时常必需的。有关这一点，武帝时期担当过丞相的人，几乎全都被冠以罪名被迫自杀，这个事实也雄辩地证明了这一点。也就是说，认为通过官僚体制的整备和中央集权体制的确立，就能够完全去除浑浊复杂的人际关系，就能够在专制君主之下自动地、机械性地实现国家统治的这种思考，是完全抽象了人的实际存在状况的一个幻想而已。早在主张形名术之必要性的韩非子的时候已经是那样的了。利用伪诏篡夺帝位的二世皇帝就是例子：中央集权越是加强，在政权中枢里篡夺君位的阴谋就越是容易。皇帝因而被迫变得越来越需要使用术。如果皇帝因为人际关系陷入无法作为的事态或有所怠慢的话，马上就会招来昌邑王刘贺的废黜、霍氏的专横，招来王莽的篡夺帝位。内山学说将增渊和西鹤的学说折中，在这个图式上将黄老道的盛行和衰退分开做了总结，这样的说明方法太过于概念化了。

前汉前期时代状况的政治思想，这是事实。不过，不能因此就说黄老道的统治只是迫于时代状况的不得已而无所作为的政治。黄老道的无为之治，是具备其自身理论构造和一定体系的一个独自的统治形态。而且，一个统治形态在形式上所显示出的消极性，与其统治的内在实质是否具备消极性或积极性的意义，本是不同的两个问题。黄老道的统治，在其清静无为的表面背后，还藏有超出了时代状况的、足以认可其积极性意义的机能①。被世人赞誉为文景之治的史上空前的经济繁荣与社会安定，就是其无言的证明。

① 之后黄老道的退潮，是武帝极大地转换了统治方针的结果，是因为与时代的状况不相适合，并不是因为黄老道统治的有效性本身消失了。如果武帝继续以黄老道作为帝国统治的方针加以继承的话，黄老道的无为之治，在之后也会继续发挥一定的作用吧。

第三部　黄老道的衰退

序　言

从高祖到武帝初年窦太后逝去的这一期间，虽说在程度上有一些差别，黄老道一直都持续占据了汉的主要政治思想的地位。黄老道的无为之治，实现了未曾有的繁荣和安定，被世人赞为文景之治。不过，黄老道的隆盛也没有持续很久，到了武帝时期，其作为政治思想的影响力急剧衰退。原因大概有两个：第一，武帝统治方针的大转换。第二，儒学作为政治思想开始抬头。在第三部里，着重讨论这两大要因。在讨论的时候，有关儒学抬头的这一方面，以儒学如何将黄老道的最大特色——天人相关的思想——汲取到自己的学说为焦点，来作考察。

第一章 《伊尹九主》中的道法思想

从战国时期到汉的时代，持续占据思想界主流的是天人相关思想。黄老道也是其典型。在前汉前期，黄老道的天人相关理论，为汉的皇帝权力带来了很多的便利。这是已经说过的了。所以，儒学要想取代黄老道、夺取思想界主导地位的话，就需要对抗黄老道的天人相关理论，同时也需要以天人相关思想来重建自己的学说。本章先不讨论这个时代的天人相关学派的问题，而是列举古佚书《伊尹九主》的内容，通过它来再次确认一下那是多么巨大的一个时代潮流。

1973 年，长沙马王堆汉墓发现了大量的古佚书。本章讨论的《伊尹九主》也是其中之一，在帛书中与其他三篇一起，属于甲本《老子》的卷后。用帛书陪葬的汉墓主人，推定死于前汉文帝十二年(公元前 168 年)。另外，从没有避讳高祖刘邦的这一情况来看，推定甲本《老子》以及卷后的四种古佚书，写于高祖的晚年、大约公元前 195 年之前的时期。所以，《伊尹九主》本身形成于汉之前是确实的事情。从著述以中国分裂状态为前提上来看，其著作时期可追溯至战国后期。

来看一下成书后的经纬。《史记·殷本纪》中有“伊尹处士，汤使人聘迎之。五反然后肯往从汤，言素王及九主之事”，显示在前汉中期司马迁的时代，就有了说伊尹跟汤王讲“素王及九主之事”的这个著作的存在[①]。

《史记》集解中对此有引用刘向《别录》中的文字："九主者，有法君、专君、授君、劳君、等君、寄君、破君、国君、三岁社君，凡九品。图画其形。"[②]从这个情况上来看，此书在前汉末之前就流传了。在《汉书·艺文志》诸子略道家的部分，记录有《伊尹》五十一篇的书名。在这五十一篇中，应该包含有这次出土的《伊尹九主》的部分。

再往下看，到了《隋书·经籍志》的时候，已经没有称为伊尹著作的书名记录了。所以，推测此书在后汉至六朝的时期里就散佚了。这次的发现就是时隔一千几百年之后的再现。

一

如上所述，《伊尹九主》至今还不能说是广为知晓的文献。所以，本章先就其整体内容，以笔者自己解读的来做一下介绍[③]。另外，从(1)至(15)的段落号码，原文本来没有，笔者为了引用的方便而加上。

---

① 在《伊尹九主》中没有素王的记述。"圣王是法"(3)、"圣王〔法〕天"(6)，从这些记述来看，"素王及九主之事"或是"圣王及九主之事"的误写。

② 《别录》中九主的名目分类有些错乱，实际上九主的名目分类是法君、专授之君、劳君、半君、寄主、破邦之主二、灭邦之主二。

③ 解说的依据是国家文物局古文献研究室编《马王堆汉墓帛书[壹]》(文物出版社，1980年)所收的释文。依据释文、注以及私见，将帛书中的异体字改为通行的字体。另外，因为帛书的损伤而产生很多的缺漏，为了理解上的方便，根据前后文的意思来推测内容，以己之私见补上了文字，用〔〕表示出来，仅供参考。还有，如上的修改部分因为有很多，除了特别重要的以外，为避免繁杂，省略一一注记。有关其详请参照前面所列书的帛书影印、释文及注等。

（1）汤用伊尹，既放夏桀，以君天下。伊尹为三公，天下太平。汤乃自御，五致伊尹，乃是其能，五达伊尹。伊尹见之，□□汤曰：诸侯时有雠罪，过不在主。干主之不明，御下蔽上，〔主〕法乱常，以危主者，恒在臣。请明臣法，以绳谪臣之罪。汤曰：非臣之罪也。主不失道，□□□□□□□主法，以绳谪主之罪。乃许伊尹。

（2）伊尹受命于汤，乃论海内，四邦□□□□□□□□□□□图，〔愚〕智存亡若会符者，得八主。八主谪恶，专授之君一，劳〔君一，半〕君一，寄一，破邦之主二，灭社之主二，凡与法君为九主。从古以来，存者亡者，〔若〕此九已。九主成图，请效之汤。汤乃延三公，伊尹布图陈策，以明法君法臣。

（3）法君者，法天地之则者。志曰天，曰地，曰四时，覆生万物。神圣是则，以配天地。礼数四则，曰天纶。唯天不失范。四纶成则。古今四纶，道数不忒。圣王是法，法则明分。后曰：天范何也。伊尹对曰：天范无名。覆生万物，生物不物。莫不以名，不可为二名。此天范也。

（4）后曰：大矣哉，大乎哉，不失范。法则明分，何也。伊尹对曰：主法天，佐法地，辅臣法四时，民法万物。此谓法则。天覆地载，生长收藏，分四时。故曰，事分在职臣。是故受职□□臣分□□□□□臣分也。有民，主分，以职无并听，职有主分也。听□□敬□□诱□分□□之，谓明分。分名既定，法君之佐，佐主无声。谓天之命四则，四则当〔分〕，天纶乃得。得道之君，邦出乎一道，制命在主。下不别党，邦无私门，争理皆塞。

（5）后曰：佐主无声，何也。伊尹对曰：故法君为官求人，弗自求也。为官者不以妄予人。故知臣者不敢诬能。□主不妄予,以分听名。臣不以妄进,曰以敬[①]受也。自敬者先名,先名者自责。夫先名者自敬之命已。名命者符节也。法君之所以敬也。法君执符以听。故自敬之臣,莫敢伪会以当其君。佐者无偏职,有分守也。谓伞命。佐主之明,并列百官之职者也。是故法君执符以职,则伪会不可〔当〕主矣。伪会不可〔当〕主,则贱不事贵,远不事近,皆反其职,信〔符〕在己心。是故〔法君之邦,知臣〕不出其身,昼夕不离其职。故法君之邦若无人,非无人也。皆居其职也。贱不事贵,远不事近,则法君之佐何道别主之臣以为其党,空主之廷朝之其门。所谓法君之佐,佐主无声者,此之谓也。

(6) 后曰:至矣哉,至矣哉,法君法臣。木直,绳弗能罪也。木其能侵绳乎。伊尹或请陈策,以明八谪[②]之变过所道生。志曰:唯天无胜,凡物有胜。后曰:天无胜,何也。伊尹对曰:胜者,物〔相争〕所以备也,所以得也。天不见端。故不可得原。是无胜。后曰:极卜不见。伊尹对曰:〔是〕故圣王〔法〕天。故曰,主不法则,乃反为物。端见必得。得有巨哉。得主之哉。〔是以〕能用主,邦有二道。二道之邦,长争之理,辩党长争。□□□无,争道得主者萌起,大干天纶,四则相侵,主轻臣重。邦多私门,挟主与□□□□□□□□□□□□失。御劫可智。以命破灭。

(7) 伊尹既明八谪之所道生,请命八谪。法君明分,法臣分定,

---

① 原文的字体是"蕌"。也有可能是强的意思,在此解释为"敬"。

② 原文的字体是"啇"。在此解释为罪过、咎过的意思,改为"谪"。

以绳八谪，八谪毕名。过在主者四，罪在臣者三，臣主同罪者二①。

① “八谪毕名，过在主者四，罪在臣三，臣主同罪者二”这样的分类，前后的数字不合。这种混乱遍及《伊尹九主》整篇。以下以图示列举。

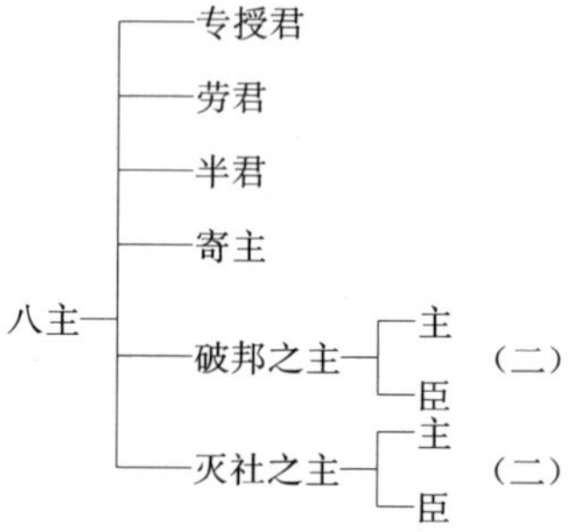

上图是基于(2)所记述的八种名目分类而表示出来的。其中，只有破邦之主与灭社之主这两个，不知为何，虽然名称只有一个，内容类别却有两个。有关这一点，可以推想如下：破邦之主，对于同一个失败，“两主异过同罪”(14)、“臣主同罪”(14)，加上了这样的总括。所以，可以明白“破邦之主”(2)，具体是指破邦之主和破邦之臣。另外，灭社之主也有“两主异过同罪”(10)的评说，可以考虑具体的也是指灭社之主和灭社之臣。

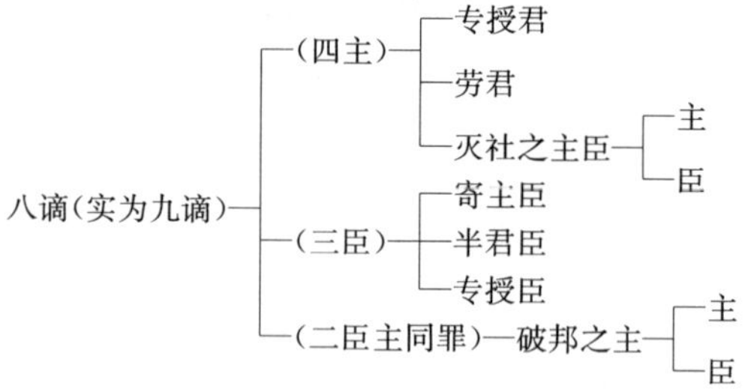

上图是(7)到(14)内容中的八谪的具体名目分类。以破邦之主与灭社之主各计算为二的图A的方式来看的话，总称为“八谪”(7)(15)，其具体内容为九谪。发生这样错乱的原因不明，《伊尹九主》的整体构成欠缺慎密，看来是真的。

(8) 后曰:四主之罪,何也。伊尹对曰:专授失道之君也。故得乎人,非得人者也。作人邦,非用者也。用乎人者也。是〔故臣〕得擅主之前,用邦之主。故制主之臣。是故专授失正之君也。过在主。虽然,犹专授之主悟,则犹制其臣者也。后曰:呜呼,危哉,得主之哉。

(9) 劳君者,专授之能悟者也。〔犹〕悟于专授主者也。能悟不能反道。自为其邦者,主劳臣佚。为人君,任臣之〔所能〕。因主〔莫不〕知。倚事于君,逆道也。凶归于主不君。臣主□□,侵君也。未免于〔失道〕。过在主。虽然,犹君也。自制其臣者。非作人者。

(10) 灭社之主,□□□□□□。能用威法其臣。其臣为一,以听其君。恐惧而不敢尽〔其能〕。是□□□者撝□□施□伐□仇雠,民知之无所告诉。是故同形,共谋为一,民自□此。王君之所明号令,□无道,处安其民。故兵不用而邦□举。两主异过同罪。灭社之主也。过在上矣。

(11) 后曰:嗟,夏桀氏已夫。三臣之罪何。伊尹对曰:专授之臣,擅主之前,御下蔽上。乘主之不悟,以侵其君。是故擅主之臣罪亦大矣。

(12) 半君者,专授而不悟者也。是故擅主之臣,见主之不悟。故用其主严杀戮,〔其〕臣恐惧。然后〔夺主〕之利,〔予〕主之臣,成党于下,与主分权。是故臣获邦之半,主亦获其半,则〔臣横为而主〕则危〔为〕。臣主横危,危之至。是故半君之臣,罪无〔赦〕。后曰:呜呼,危哉,半君。

(13) □□者,□□□□□者。□□□□□□□□□□能□□□

□□□□□□□□□□□则主寄矣。是故或闻道而能悟，悟正其横臣者也。□□□未闻寄主之能悟者也。

(14) 后曰：哀哉，寄主。臣主同罪，何也。伊尹对曰，破邦之主，专授之不悟者也。臣主同术为一，以策于民。百姓绝望于上，分倚父兄大臣。此王君之所因以破邦也。两主异过同罪。破邦之理也。故曰臣主同罪。

(15) 法君明分，法臣分定，八谪毕名。后曰：〔善哉〕。九主之图，所谓守备捣具。外内无寇者，此之谓也。后环择五见素，乃〔命〕三公，以为葆守，藏之重屋①。臣主始不相忤也。

二

《伊尹九主》的一贯主题，就在于以君臣论为中心、追求稳定支配国家的方法和策略。本节就其政治思想中特别侧重于法家的部分为重点，来做一些考察。

《伊尹九主》显示出的政治思想特色是，应对于失政的形态，将君主分类。其中所说的专授君，是指将专权委任于一个臣下的君主。"〔臣〕得擅主之前，用主之邦。故制主之臣"(8)，"乘主之不悟，以侵其君"(11)。被专授之臣掌握了国政，这一点就是批判的对象。

比专授君更差的是半君，"用其主严杀戮，〔其〕臣恐惧。然后〔夺主〕之利，〔予〕主之臣，成党于下，与主分权。是故臣获邦之半，主亦

① 这里的意思可能是，汤王五次巡行，从天下找来优秀的素士，命令三公任命其为九主图的守卫役。

获其半”(12)。不能控制随意操纵赏罚权的专横之臣，最终被迫将支配权一分为二。这种君主的失政，就是“危之至”(12)，要加以严厉批判。

寄主是比半君的支配力更加低下的君主。原文中缺落的地方很多，难以了解细节，不过，从这个名称上来判断，就是完全掌握了实权的臣下，像君主一样行事，而君主却好像暂且借住在国家似的，处于这种窘迫境地，是指这样的君主。到了这一步，实在已经超越了批判的领域了。“哀哉，寄主”(14)，要呈上怜悯之辞了。

如上所述，《伊尹九主》再三批判“主轻臣重，邦多私门”(6)、“邦有二道”(6)的国内状况，“专授失正之君也。过在主”(8)，“擅主之臣罪亦大矣”(11)，强烈追究造成君主权弱化的君臣双方的责任。

然而，作为回避这种危机发生的方法和策略，《伊尹九主》提出了怎样的统治方法呢？《伊尹九主》主张，依据官僚制的自动统治，才是应有的理想形态。下来具体的解说就是，首先对于君主，“故法君为官求人，弗自求也。为官者不以妄予人。故知臣者不敢诬能”(5)、“为人君，任臣之〔所能〕”(9)，要求不随自己的喜好恣意录用臣下、委任专权，要依照制定下的官制为基准，要求君主适当任命和配置人才、适材适用。

下面的阶段，“主不妄予，以分听名。臣不以妄进，曰以敬受也。自敬者先名，先名者自责。夫先名者自敬之命已。名命者符节也。法君之所以敬也。法君执符以听。故自敬之臣，莫敢伪会以当其君”(5)、“法君执符以职，则伪会不可〔当〕主矣。伪会不可〔当〕主，则贱不事贵，远不事近，皆反其职”(5)等等，主张君主要自己用形名参同术监督臣下、强行要求群臣严守职分，最终，臣下就会自发性地守名分，实现忠于各自职守的状态。

这样，“事分在职臣”“以无职并听有职，主分也”(4)，就如所说的“〔法君之邦，知臣〕不出其身，昼夕不离其职”(5)，臣下全都被关进了各自官职的权限之内，即使才智卓越的臣下，也不可能通过越权行为来使权力集中在自己手里了。

在此，“法君之佐何道别主之臣以为其党，空主之廷朝之其门”(5)，还可以在未然中防止专横之臣利用强大的权力结私党、防止威胁君主权的情况出现。同时，“故法君之邦若无人，非无人也。皆居其职也”(5)、“谓法君之佐，佐主无声”(5)，达到好像无人似的寂静的自动统治。

以上是《伊尹九主》中提示的可以实现国家稳定统治的具体方法和策略。下面来探讨这样的政治思想与法家思想有着怎样的关系。

首先，运用以严守职分为宗旨的官僚制度，将其置于统治国家的中心位置的这个主张，与慎到的思想极为接近，“古者工不兼事，士不兼官。工不兼事则事省，事省则易胜。士不兼官则职寡，职寡则易守”(《慎子·威德》)、“明主之使其臣也，忠不得过职，而职不得过官。……如此则至治已”(《慎子·知忠》)。

这样的以官僚制度为中心运用国家的主张，必然也就否定君主依仗自己的能力率先垂范的统治方式。慎到否定自己率先执行政务、自己疲惫不堪而臣下却贪享安逸的状态，“人君苟任臣而勿自躬，则臣皆事事矣”(《慎子·民杂》)、“君臣之道，臣事事而君无事。君逸乐而臣任劳。臣尽智力以善其事，而君无与焉，仰成而已。故事无不治，治之正道然也。人君自任，而务为善以先天下，则是代下负任蒙劳也。臣反逸矣”(同上)，等等。与此同样的表达，在《伊尹九主》中是这样的：

> 自为其邦者，主劳臣佚。为人君，任臣之〔所能〕。因主〔莫不〕知。倚事于君，逆道也。凶归于主不君。(9)

这样的君主，《伊尹九主》将其命名为劳君。这与前面慎到的主张内容相同，这一点一目了然。

另外，以官僚制为中心的国家运营，要实现“无事”(《慎子·民杂》)、“无声”(《伊尹九主》5)这样的统治。从这个论调中，也能感受到二者的近似性。

当然，在这二者之间，也存在着立场上的不同。慎到说的情况是这样的：禁止君主发挥个人的贤智，以此来回避“有过则臣反责君”(《慎子·民杂》)的事态。这样做的目的就是要保全君位。对此，《伊尹九主》中能够看到否定君主率先力行和主观判断的表达，但是没有否定君主贤智的主张；其关心的是阻止越权行为和专横之臣的出现，从而保全君位。

就像这样，二者之间存在立场上的不同。但是，如上所述，其共通性的存在也是事实。这样的现象，可以认为，《伊尹九主》是在慎到流的思想影响下形成的一个政治思想。

下面来讨论《伊尹九主》中的形名参同术。这当然可以考虑是受了形名参同术创始者申不害的思想性影响。申不害的著作很早就佚失了，没有流传下来。虽有创始者的盛名，但有关他的形名理论的资料，却极为贫乏。以下列举的资料几乎是残留至今的唯一资料：

为人臣者，操契以责其名。名者，天地之网，圣人之符。张天地之网，用圣人之符，则万物之情无所逃之矣。……名自正也，事自定也。是以有道者，自名而正之，随事而定之也。……是以圣人贵名之正也。主处其大，臣处其细。以其名听之，以其名视之，以其名命之。……凡因之道，身与公无事。无事而天下自极也。(《群书治要》卷三十六所收《申子》佚文)

在此，申不害将名的机能比喻为符契。在此之上，主张君主命令臣下严守并完成职分，然后审核臣下自己列举的实际业绩，与事前的名分对照。主张监督臣下积极进取的督责术。与此相对照来比较的话，就会发现，“名命者符节也”“法君执符以听”“法君执符以职，则伪会不可〔当〕主矣”(5)等等，《伊尹九主》的形名参同术在表达和内容上都继承了申不害的理论。这是很显然的。

另外，申不害主张，以名为基准督责的话，就可以自动地控制臣下，君主就会达成无为无事的统治。有关这一点，《伊尹九主》中说，“自责”“自敬之命”“自敬之臣，莫敢伪会以当其君”(5)，臣下觉悟到欺骗君主的行为是不可能的，就会自己积极严守职分，完成职责。结果，“法君之邦若无人，非无人也，皆居其职也”“法君之佐，佐主无声”(5)，自动达成统治。与申不害的步调完全一样。

申不害说，“名者，天地之网，圣人之符。张天地之网，用圣人之符，则万物之情，无所逃之”，将名的毫无遗漏地反映出万物实情的威力之根源，归于天地。《伊尹九主》亦然，“法君者，法天地之则者”“天范无名。覆生万物，生物不物。莫不以名，不可为二名”(3)，说天之理法以不可名状的形而上的机能生成万物，并赋予万物固有的名分，决不允许万物脱离其唯一的名称。在这样的天之理法上，寻求名的威力之根源。

通过以上举出的共通性可以明白，《伊尹九主》的形名参同术几乎直接承袭了申不害的理论。本来，依据形名参同的臣下督责术，是警戒奸臣侵夺君主权的产物。《伊尹九主》的主题，是以君臣论为中心的国家安定性的统治法，导入申不害的形名参同理论，可以说正是其思想性立场使然吧。

以上论述了《伊尹九主》的政治思想就是在慎到、申不害的强烈影响下形成的。在这一点上，可以说《伊尹九主》的政治思想的确有着法家的一面。不过，慎到、申不害与《伊尹九主》之间，还存在着极大的差异。那就是法思想的有和无。

"君必有明法正义，若悬权衡以称轻重，所以一群臣也"（《艺文类聚》卷五十四所收《申子》佚文）、"黄帝之治天下，置法而不变，使民安乐其法者也"（《太平御览》卷六百三十八所收《申子》佚文）等等，申不害极力主张实定法作为统治臣民的客观基准的必要性。同样，慎到也主张依据实定法进行客观统治，"为人君者不多听，据法倚数，以观得失"（《慎子・君臣》）、"法之所加，各以其分，蒙其赏罚而无望于君也"（《慎子・君人》）等等。无论是慎到的依据官僚机构的统治，还是申不害的形名参同术，其主张在各自的思想体系内部，都是与法思想紧密连动的。

然而，在《伊尹九主》中完全看不到有关实定法的思索。所谓的法君、法臣，只是遵循天的规范的君主和臣下的意思。说主法、臣法，也是指君主和臣下的正常存在。全都与实定法没有直接的关联。另外，"八谪毕名"（7），对应于君主的失政形态而将国家分类的《伊尹九主》

的内容题材，与“凡观国有六逆”“凡观国有六顺”这样的、依据国家的乱与治而将国家分为十二种的《经法·六分》近似。不过，《经法》中含有关于实定法的思索，而《伊尹九主》则完全没有。

因此，即使是说《伊尹九主》的政治思想带有法家的一面，那也是缺乏重要的法思想的、只从先行的法家思想中摄取边缘理论的东西，难以认为，作为法家思想的理论水平处于高度阶段。

三

本节讨论《伊尹九主》政治思想中道家的一面。首先《伊尹九主》所说的理想君主法君，其性质中明显存在道家的一面：

> 法君者，法天地之则者。志曰天，曰地，曰四时，覆生万物。神圣是则，以配天地。礼数四则，曰天纶。唯天不失范。四纶成则。古今四纶，道数不忒。圣王是法，法则明分。(3)

这里开头就下定义说，遵从天地之法则的就是法君。那么，这个“天地之则”，具体是指什么内容呢？“天地之则”，换言之也叫“四则”“四纶”。另外，在后面的文章里，还举出天、地、四时、万物就是应该遵从的对象。结合这些因素一起考虑的话，可以明白，天、地、四时、万物等各个存在就是“天地之则”的具体构成要素。《伊尹九主》将这四种总称为“天纶”或“天地之则”。

那么，这四种法则规范与人类社会的关系又是怎样述说的呢？

> 主法天，佐法地，辅臣法四时，民法万物。此谓法则。天覆地载，生长收藏，分四时。故曰，事分在职臣。(4)

据此，“君主—佐—辅臣—民”这样连接的各政治阶层，必须分别以“天—地—四时—万物”这样连接的自然法性的存在为准则。提示出这样的图示，并规定这才是“法则”行为。换言之，自然法性的秩序，维持着“天—地—四时—万物”的序列，这四种又分别分担着不同的机能和作用，以这种形式运营。人类社会的政治秩序也与这样的自然法性的秩序同样，在“君主—佐—辅臣—民”的秩序下，各阶层严守各自的职分，也以这样的形式来运营。它是如此主张的①。这一点，从以下的表达上也可以确认：在展开了严守职分的论点之后，说“谓天之命四则，四则当〔分〕，天纶乃得”(4)，再次用“四则”“天纶”总括整体结构。另外，说阶层秩序混乱的国家是“二道之邦，长争之理，辩党长争。……大干天纶，四则相侵，主轻臣重”(6)，从这些表达上也可以明白。

《伊尹九主》还主张，天将自己生成的万物分别给予固有的名称，决不允许各物从名称中脱逸，具有这种规范性(天范)。在上述“天纶”“四则”的思考之上再加上这个“天范”(3)，“职无并听，职有主分”(4)、“以分听名”(5)，导出以严守职分为宗旨的、依据官僚机构的统治论，以及以形名参同术对臣下进行督责的君主论。

除此以外，天的存在还被当作君主处置臣下时所依据的法则规范：

---

① 只是万物所具备的规范性的内容，没有具体的明确记述。

志曰：唯天无胜，凡物有胜。后曰：天无胜，何也。伊尹对曰：胜者，物〔相争〕所以备也，所以得也。天不见端。故不可得原。是无胜。后曰：极卜不见。伊尹对曰：〔是〕故圣王〔法〕天。故曰，主不法则，乃反为物。端见必得。得有巨哉。得主之哉。(6)

天不会泄露一切端绪，所以没有人能够掌握其实体。就像这样，完全隐蔽了自己。结果，天就得以超越与他者竞争胜利的这种层次。《伊尹九主》主张说，君主对应臣下的时候，也要以这样的天的存在为准则，要保持不让臣下察知到自己内心的这种心性态度。如果君主不效法神秘主义的天的存在，让臣下捏住了线索和把柄，被臣下看透了内心，自己也就坠入了与臣下相互竞争胜败的水平中，与臣下争夺国家的支配权，最后结果就是被结私党的威胁君主权的巨魁掌握实权。这个内容是在讲一种心术，君主要对臣下隐秘自己的意图。

最初提出这种主张的是申不害。“申子曰：上明见，人备之。其不明见，人惑之”“申子曰：慎而言也，人且知女。慎而行也，人且随女”(《韩非子·外储说右上》)、“善为主者，倚于愚，立于不盈，设于不敢，藏于无事。窜端匿疏，示天下无为”(《群书治要》卷三十六所收《申子》佚文)，申不害主张彻底的神秘主义。而且，这个神秘主义是与形名参同术的对于臣下的督责结合在一起的。《伊尹九主》不仅从申不害导入了形名参同术，还一起导入了神秘主义的要素。

只不过，申不害虽然用了无事、无为等与《老子》共通的术语，但并没有明确地以自然法性的存在为君主隐秘自己实情的心术加以根据，还没有到达这个阶段。与此相比较，《伊尹九主》方面，“生物不物”(3)，以天的超越性为君主心术的根据，可以说法家思想与道家思想的结合更进了一步[①]。在《韩非子·主道》中，说“道者，万物之始，是非之纪也。是以明君守始以知万物之源，治纪以知善败之端”“函掩其迹，匿其端，下不能原”等等，君主隐秘自己、看破臣下实情的心术，是以宇宙之本体和根源的老子的道作为根据的，展开的是这样的思考。《伊尹九主》与《主道》篇方向不同，选择的不是老子的道而是天作为根据，但无论如何，其都是用自然法性的权威给法家理论加以根据的尝试，可以将其看作是在战国后期盛行的道法折中运动的一环。

当然，虽然同样都是折中道法，《韩非子·主道》主要是在正当化君主的独裁专横的方向上、利用自然法的存在即老子的道的。在《伊尹九主》中，天与君主的关系与其大不相同，自然法的秩序是强烈地作用在制止君主的独裁和恣意性支配的这个方向上的。如前所述，“君主—佐—辅臣”这一序列，与“天—地—四时”的序列相同，“法天地之则”(3)的法君，应该时常接受佐、辅臣的辅佐来进行统治。也就是说，《伊尹九主》要求确立君主权的同时，“臣主始不相忤也”(15)，也要求君主尽心于君臣间的平衡，在此之上进行国家统治。

《伊尹九主》否定君主的独裁和恣意性支配的意图，在以下列举的“灭社之主”以及“破邦之主”的例子上，也表明出一端：

---

① 不过，“申子云：天道无私，是以恒正。天道常正，是以清明”（《北堂书钞》卷一百四十九）、“申子云：地道不作，是以常静。常静，是以正方。举事为之，乃有恒常之道。静者符信，受令必行也”（《北堂书钞》卷一百五十七），在申不害的思想中，也含有将天道、地道这样的自然法的存在当作统治及心术的规范的思考。从最后的“静者符信，受令必行也”来看，同前述的“名者，天地之网，圣人之符”的主张思路相同，可以推测，这是将形名参同的君主心术的根据，在天地的“恒常之道”上寻求的思考。不过，也是由于资料断断续续不完整造成的，两者相结合的理由至今还不明了。大概是后来《伊尹九主》中的天范与形名参同术、天的不可知性和神秘主义相结合，是朝着这个理论迈进的一个萌芽形态。

> 灭社之主，□□□□□□。能用威法其臣。其臣为一，以听其君。恐惧而不敢尽〔其能〕。……民知之无所告诉。是故同形，共谋为一，民自□此。王君之所明号令，□无道，处安其民。故兵不用而邦□举。(10)
>
> 破邦之主，专授之不悟者也。臣主同术为一，以策于民。百姓绝望于上，分倚父兄大臣。此王君之所因以破邦也。(14)

首先，灭社之主，君主以强权施压于臣下，强行恐怖政治和专制政治。群臣惧怕诛杀，闭口不言，互谋迎合君主。这样，在朝廷内完全没有抑制君主暴虐的势力，民众失去了诉苦的途径，就共谋采取面从腹背的方针，脱离国家权力，秘密结集，形成无政府的、自律性的民间秩序。在此，他国王君介入，趁着国内的分裂状况发号施令，抚慰民众。于是，民众一齐归顺于新的支配者，新的支配者不用武力就把国家收在手中了。其中是这样说的。

破邦之主，君主与臣下彻底共谋，在国家统一方针的名目下，向民众施加苛敛诛求。为此，民众对于政府的统治完全绝望，为寻求庇护，争相投奔权门势家，化为其私民。趁着这样的分裂状态，还是一样，会有他国君主介入，国家很容易就被摧毁了。

以上解说的灭社之主和破邦之主的事例，全都是着眼于批判君主的专制和恣意性支配的。灭社之主的描写，令人想起秦二世恐怖政治的末路。破邦之主的叙述，“数者，臣主之术也”“审数以使民”(《商君书·算地》)，君臣合为一体，操弄法术，将民众骗向耕战。可以看出来，这种像是秦的法治体制那样的支配形态，是被设定为批判的对象的。

《伊尹九主》一方面以遵从“天地之则”的法君为理想君主，另一方面，将这样的灭社之主和破邦之主定为八谪中最为恶劣的类别。其理由就是，弹压臣下、不顾民众的灭社之主的支配，以及苛刻榨取民众、使其陷入绝境的破邦之主的支配，是违反“主法天，佐法地，辅臣法四时，民法万物”(4)的自然法秩序的。《伊尹九主》的政治思想，将君、佐、辅臣、民各阶层保持均衡状态视为国家应有的存在样式，目的是为了以自然法来抑制“大干天纶，四则相侵”(6)的人为的一意孤行。而且，这一点也与黄帝书的主张同轨，“天地无私，四时不息。天地位，圣人故载”(《经法·国次》)、“不尊天，则失其神。不重地，则失其根。不顺四时之度，而民疾”(《经法·论》)、“圣人举事也，合于天地，顺于民”(《十六经·前道》)等等，是战国后期道法折中趋势的一个显示。

依据到此为止的考察可以明白，《伊尹九主》以君臣论为中心，论述了国家的安定支配的方法和策略。其政治思想基本上是以法家思想和道家思想折中的形式构成的。所以，《伊尹九主》可以包含在广义的道法思想当中。不过，如上所述，在其法家性的方面，完全欠缺有关实定法的思索；而在道家性的方面，其设定的自然法秩序单纯只是停留在天、地、四时等存在上，没有像黄老道那样的作为宇宙本体和根源的老子的道，以及作为变化理法的天道的构成要素——其自然法秩序没有这样详细且明确的构成。在这个意义上，相比于各种道法思想，《伊尹九主》难以称为是高水准的理论。

另外，《伊尹九主》对于违背天之法则的支配，并不论说天会降临灾殃予以直接的惩罚；对于遵从天之法则的支配，也不论说天会给予福泽予以保护，没有这种强烈的天人相关的理论。采取逆天的支配会导致在人类社会内部自灭的形式。在此，天的存在是静的、间接的和舒缓的。停留在这种状态上。

不过,《伊尹九主》的存在,表示在黄老道、韩非后学以外,也有很多的道法折中的尝试。另外还显示出,在战国后期,在天的存在上寻求人类社会所应遵循的规范性以及试图将自然法优先于人为支配之上的这种思想性潮流,其传播、普及的广泛程度超出了想象。在这一点上,《伊尹九主》的存在具有重要的意义。

第二章 《六韬》的兵学思想

——天人相关与天人分离

天人相关是贯穿古代中国思想的最大的思想性潮流。相比之下虽然属于少数，像荀子那样的主张天人分离、否定天人相关的思想性系谱，也是很顽固地存在着的。这样的两个立场，在兵学的领域里也可以看到。“阴阳者，顺时而发，推刑德，随斗击，因五胜，假鬼神而为助者也”(《汉书·艺文志·兵书略》)，一方面流行这种定义的阴阳流兵学；另一方面，《孙子》《吴子》的体系中没有阴阳流兵学，只在人事的范围内解决军事①。另外，《尉缭子·天官》中说，“天官时日不若人事也”，更加鲜明地排斥阴阳流兵学，主张相对天的人事的优势地位②。在这种状况下，《六韬》显示出的性质极为独特。因为，其中并存着本

① 十三篇《孙子》没有阴阳流兵学，“凡此六者，非天地之灾，将之过也”(《地形》)、“禁祥去疑，至死无所之”(《九地》)、“先知者，不可取于鬼神，不可象于事，不可验于度，必取于人”(《用间》)等等，显示否定阴阳流兵学的立场。另外，在《吴子》中，说“有道之主，将用其民，先和而后造大事。不敢信其私谋，必告于祖庙，启于元龟，参之天时，吉乃后举”(《图国》)，乍看是肯定龟卜的表达，不过，“民知君之爱其命，惜其死，若此之至，而与之临难，则士以进死为荣，退生为辱矣”(同上)，这是说那是为了使民亲附的一个方便而已。

② 《尉缭子》以往被当作伪书，不过，在1973年山东省临沂县银雀山汉墓出土的竹简兵书中，有着相当于《尉缭子》六个篇章分量的残简，因此，《尉缭子》才被确认是先秦时代的古书。其照片、模本、释文，收在银雀山汉墓竹简整理小组编《银雀山汉墓竹简[壹]》(文物出版社，1985年)。

应相互对立的天人相关和天人分离思想。

以往,《六韬》被认为是兵书,而且还是汉代以后的伪书,其思想内容几乎没有被研究过。不过,1973 年山东省银雀山汉墓出土了大量的竹简兵书,其中有残简内容与现行本《六韬》内容重复。因为这个事实,《六韬》才终于被确认为是先秦的古书了[①]。因此,至今为止很少被关注的《六韬》,其思想内容今后就有必要重新列入中国思想史了。本章从这样的观点出发,探讨《六韬》中并存的天人相关与天人分离的形态,探讨它的意义所在。

另外,《六韬》存在相当数量的佚文。《平津馆丛书》中所收孙星衍校《周书六韬》六卷,附载有孙同元辑的佚文一卷,方便通览。以下在引用《六韬》时,原则上用的就是这个平津馆版本。

一

在讨论思想内容之前,本节先就现今版本《六韬》的形成情况做若干考察。

有关现今流传的《六韬》的来历,自古以来就有很多的议论。《六韬》采取的题材是,殷周革命前后,太公望吕尚对周文王、周武王讲述兵法及治国之策。从内容上来看,这完全是假托,"此书并缘吴起,渔猎其词,以缀缉近代军政之浮淡。浅驳而无可施用",以《周氏涉笔》的

---

① 《文物》1974 年第 2 期所收的罗福颐《临沂汉简概述》说,可确认的《六韬》残简为五十四篇。之后经过再整理,发现有相当于《文韬》的《文师》篇、《六守》篇、《守国》篇,《武韬》的《发启》篇、《文启》篇等部分,还有相当于类书中所引用的佚文的部分。其照片、模本、释文,收在前述的《银雀山汉墓竹简[壹]》之中。

这个说法为首，叶适、陈振孙、王应麟、黄震、焦竑、姚际恒等也都有指出，已经是很明白的了。所以，是不是吕尚所著，从这个基准上来追究《六韬》的真伪，已经是没有意义的了。

因此，下面的问题是，在承认现行本就是伪托的基础上探究它的来历，看到底能够追溯到哪里。在各种文献中留下的书名中，有可能就是现行本的，可以举出以下三种：

第一，《庄子・徐无鬼》中"横说之，则以诗书礼乐。从说之，则以金板六弢"的"金板六弢"。在《经典释文》中，有"司马、崔云，《金版》《六弢》，皆周书篇名。或曰秘谶也。本又作《六韬》，谓《太公六韬》：文、武、虎、豹、龙、犬也"。如果真是如此，在写出了《徐无鬼》篇的战国时代，与现行本题材完全相同的太公《六韬》就已经形成了。不过，就像《四库提要》所怀疑的那样，为什么将《金板六弢》与《六韬》视为同一呢？其根据完全不清楚，仅仅那样很难下判断。

第二，《汉书・艺文志》著录的《周史六弢》六篇。颜师古对此注释说"即今《六韬》也。盖言取天下及军旅之事。弢字与韬同也"，认为《周史六弢》才是《六韬》。不过，"惠襄之间，或曰周显王时，或曰孔子问焉"这个班固自注的内容，与《六韬》的时代设定大大乖离，而且它还被编入了儒家的类别。从这些情况上来看，《周史六弢》与《六韬》本是不相干的两本书，就像至今为止诸家所指出的那样。

第三，《汉书・艺文志》著录道家类别的《太公》二百三十七篇。对此，班固注释说"吕望为周师尚父，本有道者"，还将其内容记述为谋八十一篇、言七十一篇、兵八十五篇。沈寿说"今之《六韬》当在《太公》二百三十七篇之内"（《铜熨斗斋随笔》），认为《六韬》的出处应该在这里寻找。武内义雄的《中国思想史》也认为，现今版本《六韬》是六朝人将《太公》兵八十五篇改作而成的[1]。以下顺着这些学说来讨论一下。

本来,《艺文志》中称为吕尚著作的只有《太公》一种,在这个时点上《六韬》的名字还没有记录。《六韬》第一次载入图书目录是到了《隋书·经籍志》,其中记载有《太公六韬》五卷,附有"梁六卷。周文王师姜望撰"的解说。如果只看这些现象的话,兵书《六韬》确实是在后汉以后、六朝梁以前的这个期间出现的。

不过,另一方面也存在着难以如此定义的因素。下面来列举这方面的资料:

> 无累之人,不以天下为贵矣。……故通许由之意,《金縢》《豹韬》废矣。(高诱注)《金縢》《豹韬》,周公、太公阴谋图王之书也。(《淮南子·精神训》)
>
> 大将军司马许凉、假司马伍宕说进曰:《太公六韬》有天子将兵事,可以威压四方。(《后汉书·何进传》)
>
> 闲暇历观诸子及《六韬》《商君书》,益人意智,闻丞相为写《申》《韩》《管子》《六韬》一通已毕。(《三国志·蜀书·先主传》注引《先王遗诏》)

首先,《淮南子》所记的《豹韬》这个篇名,令人产生这样的推测:与现今版本的《六韬》题材书名相同的著作,在前汉武帝的时期就已经存在了。而且,将其与拒绝了委让天下的建议的许由置于对立面的话,

[1] 同书第六章《太公书》。

《豹韬》就是论述夺取天下的阴谋术和策略的东西，内容上也与《六韬》有着相通的一面。只不过并没有明确地说《六韬》，这一点多少让人感觉还有疑虑。不过，高诱将《金縢》配给周公旦，将《豹韬》配给太公，在此之上记述说全都是"阴谋图王之书"。所以，至少可以认为，包括《豹韬》在内的太公之书，在后汉有所传播。接下来《后汉书》方面，在中平五年(194 年)的记载中，明确记有《太公六韬》这个名称，进一步确证《六韬》在后汉就存在了。另外，《三国志》裴松之注所引用的《先主遗诏》中，有刘备多次言及《六韬》的地方，也证明从后汉到三国时代有《六韬》流传。

根据以上列举的例证，早在前汉武帝时期以前，最晚也是在后汉，书籍《六韬》就已经存在了。这样的话，《艺文志》为什么只著录《太公》而没有《六韬》呢？这当然是一个问题。那么，《六韬》与《太公》的关系，应该怎样考虑呢？

这里应该注意的是，针对《太公》二百三十七篇，班固自注所表示的怀疑："或有近世又以为太公术者所增加也。"据此可以推测，在二百三十七篇中，有在班固眼里属于太公著作的核心部分，还有疑似后世增加进去的部分混杂其中。从前面作为太公的著作只记有《六韬》的资料来判断，具有《六韬》形式内容的一系列篇章，就是构成《太公》的核心部分。这个可能性很大。

与此相关联，又令人想起"金板六弢"(《庄子·徐无鬼》)、"金縢豹韬"(《淮南子·精神训》)这些名称。高诱将"金縢"解释为《尚书》的《金縢》篇。不过，无论是伪古文《尚书》的《金縢》篇，还是《史记·鲁周公世家》《尚书大传》所引的今文系《金縢》篇，其内容都离"阴谋图王之书"甚远。《隋书·经籍志》记有《太公六韬》五卷，还记有《太公金匮》

二卷。另外，高似孙《子略》中也有《太公金匮》《六韬》的书名[①]。所以，《淮南子》所说的《金縢》也就是太公的《金匮》，这样看比较妥当。这样的话，“金板六弢”“金縢豹韬”等类似的书名，可以理解为全都被认为是太公的主要著作而被加以特别重视的，是两种文献的连称。在《群书治要》卷三十一所引的《六韬·武韬》的佚文中，有“文王曰：善哉，请著之金板”，这也是一个补证。这样考虑的话，前面保留判断的《金板》《六弢》可以看作是有关太公的著作，就像《经典释文》中记载的那样；《金匮》《六韬》的形成时期可以从前汉提前，追溯到战国时期。

基于以上的情况来讲的话，构成《太公》二百三十七篇中枢内容的是称为《金匮》和《六韬》的部分。《后汉书》和《三国志》注所举的不是《太公》而是《六韬》，也是上述这种情况的反映吧。

接下来的问题是，在《太公》中大概是存在的《六韬》与现今版本《六韬》的关系。根据之前所举的高诱注，《豹韬》是被当作“阴谋图王之书”的。不过，现今的《豹韬》从头到尾都是攻占敌人领地的侵攻战术。二者的性质有很大的不同。所以，应该认为，汉代的《六韬》和现在流传的《六韬》虽然名称一致，但实际内容是有着相当大的差异的。就像前面提到的，《六韬》单独出现在图书目录里是《隋书·经籍志》，而在《经籍志》中《太公》的书名已经消失不见、有关太公的著作又重新出现了十二种，综合这两点来看，后汉以后《太公》就失佚了。可以认为，承袭战国以来著名的《六韬》的形式，六朝人重新进行了编集、修整，成为现今版本的《六韬》。

这样的话，接下来就要讨论这个《六韬》是百分之百的伪作呢，还

---

① 《太公金匮》散佚失传了。不过，其中的一部分收录在《意林》卷一中。

是以某种形式出自《太公》二百三十七篇的东西？有关这个问题，有一个重要的线索就是银雀山汉墓出土的竹简。这个与现今版本《六韬》有着重复内容的残简的发现，使得人们可以确认，现行版本并不是六朝人的伪作，其材料本身可以追溯到前汉武帝的时代，在战国末期或许就已经存在了。《艺文志》中记录的与吕尚有关的著作只有《太公》一种，所以，作为其材料的诸篇大概在汉代被收进了《太公》二百三十七篇之中吧。

这样的话，六朝人再次编集时所使用的材料，是《太公》谋八十一篇、言七十一篇、兵八十五篇中的哪一种呢？在《史记·齐太公世家》中，有记述说“周西伯昌之脱羑里归，与吕尚阴谋修德以倾商政。其事多兵权与奇计。故后世之言兵及周之阴权，皆宗太公为本谋”，说太公书的中心内容就是兵法与阴谋。战国时期存在的《金板》《六弢》，在《徐无鬼》篇中是被放在与诗书礼乐相对照的位置上的，可以看出也是兵权阴谋一类的东西。这种情况，其重点在哪里还不明确。不过，依照《淮南子》以及高诱注来判断的话，可以推定原来的《六韬》是以阴谋为主体的，相当于《太公》谋八十一篇的性质。当然，就像《孙子·用间》所说的，“殷之兴也，伊挚在夏。周之兴也，吕牙在殷。故明君贤将，能以上智为间者，必成大功。此兵之要，三军之所恃而动也”，兵权与阴谋难以截然分开。不过，可以说，相对于原本的《六韬》显示出侧重于阴谋方面的特点，现今版本的《六韬》还是倾向于兵书性质的。所以，就像武内的学说所主张的那样，以兵八十五篇的遗文作为主要材料的可能性很大。不过，是否可以完全限定于此依然需要讨论。而且，这一点，与《六韬》中天人相关、天人分离混杂的这一内容方面的问题有着深刻的关联。这个问题以后再谈，下面的章节再次转向讨论其思想内容。

二

本章节考察《六韬》中的天人相关的形态。首先附上号码列举有关的资料：

(1) 太公曰：天生四时，地生万物，天下有民，圣人牧之。故春道生，万物荣，夏道长，万物成，秋道敛，万物盈，冬道藏，万物静。盈则藏，藏则复起。莫知所终，莫知所始。圣人配之，以为天地经纪。……圣人之在天地间也，其宝固大矣。因其常而视之则民安。夫民动而为机，机动而得失争矣。故发之以其阴，会之以其阳，为之先倡而天下和之。极反其常，莫进而争，莫退而逊。守国如此，与天地同光。(《文韬·守国》)

(2) 太公曰：王其修德以下贤，惠民以观天道。天道无殃，不可先倡。人道无灾，不可先谋。必见天殃，又见人灾，乃可以谋。……与鬼神通，微哉，微哉。(《武韬·发启》)

(3) 将有股肱羽翼七十二人，以应天道。……天文三人，主司星历，候风气，推时日，考符验，校灾异，知天心去就之机。(《龙韬·王翼》)

(4) 圣人征于天地之动，孰知其纪。循阴阳之道，而从其候，当天地盈缩，因以为常。物有死生，因天地之形。……善战者，见利不失，遇时不疑。失利后时，反受其殃。(《龙韬·军势》)

(5) 武王问太公曰：律音之声，可以知三军之消息胜负之决乎。太公曰：深哉王之问也。夫律管十二，其要有五音。宫商角徵羽，此真正声也。万代不易。五行之神，道之常也。金木水火土，各以其胜攻也。……其法，以天清静无阴云风雨，夜半遣轻骑。往至敌人之垒，去九百步，外遍持律管当耳，大呼惊之。有声应管，其来甚微。角声应管，当以白虎。……五管声尽不应者，宫也，当以青龙。（《龙韬·五音》）

(6) 武王问太公曰：吾欲未战先知敌人之强弱，预见胜负之征，为之奈何。……凡攻城围邑，城之气色如死灰，城可屠。城之气出而北，城可克。城之气出而西，城必降。城之气出而南，城不可拔。城之气出而东，城不可攻。城之气出而复入，城主逃北。城之气出而覆我军之上，军必病。城之气出，高而无所止，用兵长久。（《龙韬·兵征》）

(7) 武王问太公曰：凡用兵为天陈地陈人陈，奈何。太公曰：日月星辰斗杓，一左一右，一向一背，此谓天陈。（《虎韬·三陈》）

(8) 文王问太公曰：人主动作举事，善恶有福殃之应鬼神之福无。太公曰：有之。主动作举事，恶则天应之以刑，善则地应之以德。逆则人备之以力，顺则神授之以职。……人主好破坏名山，壅塞大川，决通名水，则岁多大水伤民，五谷不滋。人主好武事，兵革不息，则日月薄蚀，太白失行。（《群书治要》卷三十一所收《文韬》佚文）

这些全都是主张强烈的天人相关的内容，多少有一些性质上的差异。首先(1)，将四时的推移理法化，在此之上要求君主的为政要对应于此。这与前汉前期大流行的黄老道特别是黄帝书方面的特色一致。也就是说，对应于《守国》篇主张的“天生四时，地生万物。盈则藏，藏则复起。莫知所终，莫知所始。圣人配之，以为天地经纪”，从《经法》《十六经》《称》《道原》等四种黄帝书中可以看到类似的表达：“四时有度，天地之理也。……四时代正，终而复始”（《经法·论约》）、“天道已既，地物乃备，散流相成，圣人之事”（《十六经·观》）。

显示与此相同倾向的，是随顺天道的推移来谋事的（2）、同样将“天地之动”“阴阳之道”“天地盈缩”“天地之形”规范化的（4）、主张天对应于人事的善恶而降刑德祸福的（8）。“天地无私，四时不息。天地位，圣人故载。过极失当，天将降殃”（《经法·国次》）、“周迁动作，天为之稽”“动静参与天地，谓之文”（《经法·四度》）、“毋逆天道，则不失所守”（《十六经·姓争》）、“〔天予〕弗受，反随以殃”“天地形之，圣人因成之”（《十六经·兵容》），与这样的思考相对比的时候，一目了然，就会发现这些无论是内容还是表达，都与黄帝书有着强烈的类似性。

其他的，在《六韬》中还散见有这样的表达：“安徐而静，柔节先定，善与而不争。虚心平志，待物以正”（《文韬·大礼》）、“太公曰：凡兵之道，莫过乎一。一者能独往独来。黄帝曰：一者阶于道，机于神。……故圣王号兵为凶器，不得已而用之”（《文韬·兵道》）。这些依然也显示出与黄帝书、《老子》之间显著的类似性[①]：“地之德，安徐正静。柔节先定，善予不争”（《称》第 51 章）、“黄帝曰：一者一而已乎。其亦有长乎。力黑曰：一者，道其本也”（《十六经·成法》）、“兵者非君子之器，兵者不祥之器，不得已而用之”（《老子》第三十一章）。从这些情况上来看，《六韬》的天人相关思想，的确是从黄老道蒙受了很深的思想性的影响。

---

① 另外，《六韬》深受最终形成于齐的黄老道的影响，这显示《太公》是在将吕尚敬仰为建国之祖的齐著述的。

一样的天人相关,显示出与前者几分异质的是剩下的(3)(5)(6)(7)。首先,在(3)的内容中,主张让司天文的人作为辅佐、参加军事的企划,规定他们的管辖范围,“主司星历,候风气,推时日,考符验,校灾异,知天心去就之机”。这个内容可以说就是《汉书·艺文志》《尉缭子·天官》所记的阴阳流兵学。“大师,执同律以听军声而诏吉凶”(《周礼·春宫·大师》)、“大出师,则大史主抱式,以知天时,处吉凶”(《周礼·春官·大史》郑众注),就像如此记述的,从天事上预测胜败的思考,起源于周王室的瞽史之官。其后,这种思考逐渐脱离了瞽史的独占,到了战国时期,就构成了包括了卜筮、天官、时日、阴阳、五行、向背、云气观望、吹律听声等等的阴阳流兵学体系。

如上所述,黄老道的起源也可以在周王室的史官上来找,所以二者在思想性系谱上是兄弟关系。不过,黄老道是经由南方的楚越之地形成的,对此,阴阳流兵学的发展舞台主要是在中原。这二者的再会是在战国后期的齐。所以,在《经法》《十六经》等黄帝书中,找不出像《王翼》篇那样形态的阴阳流兵学。在这个意义上来讲,(3)与前述的(1)(2)(4)(8)系统的性质不同。

下面再看(5),地垒发出的震响反应在律管上,根据与五音中的哪个音共鸣而选定攻击方向。讲述的是这种战术说明。这原本是源于周室的瞽官的思考。在《左传·襄公十八年》中有记载说,“晋人闻有楚师。师旷曰:不害。吾骤歌北风,又歌南风,南风不竞,多死声。楚必无功”,晋的瞽官师旷根据吹律听声预言楚军战败。这样的思考也是属于盛行于中原的阴阳流兵学系统的。

接下来的(6),内容是说在围攻敌人城邑的时候,观望城中散发出来的气的色彩和流动的方位,以此事先预知胜败,是(3)中“候风气”的方法策略的具体示例。“天地之气，不失其序”（《国语·周语上》）、“气无滞阴，亦无散阳”（《国语·周语下》）、“天有六气。……六气曰阴阳、风雨、晦明”（《左传·昭公元年》），就像这些资料所表明的，气的思想与五行说相并，是在中原完成的，所以是黄帝书系统原本不存在的要素，在《经法》以下四种古佚书中也仅仅只有数例：“待地气之发”“气闭地孕”（《十六经·观》）、“怒者血气也”（《十六经·五正》）、“星辰云气”（《道原》）。而且，这些也与时令说、五行说复杂地糅合交织在一起，作为云气观望术，是阴阳流兵学的重要构成要素。

最后的(7)，讲述对应于日月、星辰、斗杓之运行的天官向背的阵法。“保障氏掌天星，以志星辰日月之变动，以观天下之迁，辨其吉凶”（《周礼·春官》）、“晋之始封也，岁在大火，阏伯之星也。……《瞽史之纪》曰：唐叔之世，将如商数”（《国语·晋语四》），这样的思考也由来于遥远的瞽史的活动。而且，《艺文志》在讲兵阴阳的特色时举出“随斗击”的战法，就像《尉缭子·天官》中批判说“楚将公子心与齐人战。时有彗星出，柄在齐。柄所在胜，不可击。公子心曰：彗星何知。以彗斗者，固倒而胜焉。明日与齐战，大破之。……谓之天官人事而已”，其在阴阳流兵学中占据了枢要地位。

根据以上的讨论结果可以判明，《六韬》的天人相关思想，可以大略分为两个系统：深受黄老道特别是黄帝书方面影响的系统和典型的阴阳流兵学的系统。而且，(8)基本上显示出类似于黄帝书的性质，不过另一方面又含有“太白失行”那样的黄帝书中原本没有的天官。从这一点上可以窥探出这两者已经部分融合的形迹。以此来判断的话，可以推断，在《六韬》主张天人相关的诸篇中，时期最晚的部分，是在黄老道与阴阳流兵学接触了之后的战国时期以后形成的。

三

前面的章节里考察了天人相关的情况，本节讨论天人分离。还是先将资料附上号码列举如下：

(1) 文王问太公曰：天下熙熙，一盈一虚，一治一乱，所以然者何也。其君贤不肖不等乎，其天时变化自然乎。太公曰：君不肖则国危而民乱，君贤圣则国安而民治。祸福在君，不在天时。(《文韬·盈虚》)

(2) 武王问太公曰：天下安定，国家无事，战攻之具，可无修乎。守御之备，可无设乎。太公曰：战攻守御之具，尽在于人事。……冬实仓廪，其坚守也。田里相伍，其约束符信也。里有吏官有长，其将帅也。里有周垣不得相过，其队分也。……故用兵之具，尽在于人事也。善为国者，取于人事。(《龙韬·农器》)

(3) 武王问太公曰：引兵深入诸侯之地，遇深谿大谷险阻之水。吾三军未得毕济，而天暴雨，流水大至。后不得属于前，无有舟梁之备，又无水草之资。吾欲毕济使三军不稽留，为之奈何。太公曰：凡帅师将众，虑不先设，器械不备，教不素信，士卒不习。若此不可以为王者之兵也。凡三军有大事，莫不习用器械。……济大水则有天潢飞江。逆波上流则有浮海绝江。三军用备，主将何忧。(《虎韬·军略》)

(4) 武王问太公曰：凡用兵之极，天道地利人事，三者孰先。太公曰：天道难见，地利人事易得。天道在上，地道在下，人事以饥饱劳逸文武也。故顺天道不必有吉,违之不必有害。失地之利则士卒迷惑,人事不和则不可以战矣。故战不必任天道,饥饱劳逸文武最急,地利为实。王曰:天道鬼神,顺之者存,逆之者亡。何以独不贵天道。太公曰:此圣人之所生也,欲以止后世。故作为谲书,而寄胜于天道。无益于兵胜,而众将所拘者九。王曰:敢问,九者奈何。太公曰:法令不行而任侵诛。无德厚而用日月之数。不顺敌之强弱,幸于天道。无智虑而候氛气。少勇力而望天福。不知地形而归过敌人。怯弗敢击而待龟筮。士卒不募而法鬼神。设伏不巧而任背向之道。凡天道鬼神,视之不见,听之不闻,索之不得。不可以治胜败,不能制死生。故明将不法也。(《群书治要》卷三十一所收《龙韬》佚文)

(5) 周武王伐纣。师至氾水牛头山,风甚雷疾,鼓旗毁折,王之骖乘惶震而死。太公曰:用兵者,顺天道未必吉,逆之不必凶。若失人事,三军败亡。且天道鬼神,视之不见,听之不闻。智将不法,而愚将拘之。若乃好贤而能用,举事而得时,此则不看时日而事利,不假卜筮而事吉,不祷祀而福从。遂命驱之前进。周公曰:今时逆太岁,龟灼告凶,卜筮不吉,星变为灾。请还师。太公怒曰:今纣刳比干,囚箕子,以飞廉为政。伐之有何不可。枯草朽骨安可知乎。乃焚龟折蓍,援枹而鼓,率众先涉河。武王从之,遂灭纣。(《通典》卷一百六十二、《太平御览》卷三百二十八所收《六韬》佚文①)

① 在平津馆本中,记载有《通典》卷一百六十二所收的文章,记述与《太平御览》卷三百二十八之间的异同。直接来看的话,有意思不通的地方。在此,笔者所列的资料,是重新对校了殿本《通典》与四部丛刊三编所收宋刊本《太平御览》而列出的资料。

首先(1),以天下治乱盛衰的反复原因为主题。文王问“其君贤不肖不等乎,其天时变化自然乎”,对此,太公说“祸福在君,不在天时”,断言治乱盛衰的一切原因都在于人类社会内部的君主的愚贤,与天时的变化毫无关系。这同《墨子·非命》《荀子·天论》一样,是直接否定命定论的人类社会的归趋由天决定的发言。

《经法》说“极而反,盛而衰,天地之道也,人之理也”(《四度》)、“倍天之道,国乃无主”(《论约》),说治乱盛衰原本就是天之理法,主张将国家的统治置于天道的支配之下。《十六经》也显示出同样的立场:“因天时,与之皆断。……天固有夺有予,有祥〔有不祥〕”(《兵容》)、“顺天者昌,逆天者亡”(《姓争》)。的确,《经法》《十六经》等黄帝书也承认君主的贤不肖与治乱盛衰的因果关系。不过,那里所说的贤智,其实是指能够不失时机地顺应天道变化的能力,思想基础还是在天人相关上。其他的,在战国末期成为关注焦点的邹衍的五德终始说,也是主张天界中的五德转移决定人类世界的王朝交替。所以,否定天介入人事,主张确保人类社会内部的自我完结的独自领域,《盈虚》篇的这种主张可以说是对于以黄老道、邹衍为代表的天人相关思想的强烈批判。

下面的(2),“战攻守御之具,尽在于人事”,说用兵的模范全都在人为的国家经营中,内政的充实直接带来军事力量的整备。这个发言是针对向天寻求用兵规范的这种思想性风潮的,如“古之善用兵者,因天地之常”(《国语·越语下》)、“因天之杀也以伐死,谓之武”(《经法·君正》)、“兵不法天,兵不可动”(《十六经·兵容》)等等。也就是说,《农器》篇通过“用兵之具,尽于人事也。善为国者,取于人事”的主张,企图将军事与天分割开。

接下来的(3),同前面的(2)立场相同,强调平时在器械整备和器械使用上训练士卒。说只要完备各种兵器和战斗工具、士卒熟知操作的话,就可以突破任何的险阻地形以及暴风雨、洪水等自然阻力。与这个《军略》篇近似的主张,在《管子·七法》中也有展开:"为兵之数,存乎聚财……存乎论工……存乎制器……存乎服习""有蓄积,则久而不匮,器械功,则伐而不费"。这些全都是主张人的运营行为以及由此而生的物质性要素优先于一切的兵学思想,与天人相关思想以及以此为基础的阴阳流兵学在本质上是不相容的。

上述的(2)(3),以强调人事的重要性的形式,间接性地阐述天人分离。以下的(4)(5),以直接的形式,给天人相关思想加上了彻底的批判。首先(4),主题是天道、地利、人事中应该优先哪个。太公回应武王的提问,将人事放在第一,地利置于第二,而天道被排除在应该考虑的对象之外。其理由是,"天道难见,地利人事易得。天道在上,地道在下"。也就是说,人事就是"最急",地利就是"实",对此,天道被评为迂远、不急,而且是实体不明的虚事。这样的话,"顺天道不必有吉,违之不必有害",在此导出完全无视天道的态度,这也就是当然的归结了。

武王对此不服,反问"天道鬼神,顺之者存,逆之者亡。何以独不贵天道"。对此,太公揭露说,天道支配和制御人事的主张,原本是为了抑制后世的傲慢放纵而做的"作为谲书",只不过是圣人的伪托和捏造。在此之上,太公还将被圣人的虚构迷惑了的、当今将军在军事上拘泥于无益迷信的形态,分为了九类。在此列举出的"任侵诛""用日月之数""幸于天道""候氛气""望天福""归过""待龟筮""法鬼神""任背向之道"等等事例,全都符合将胜败的归趋只管投放在天上的阴阳流兵学的内容。说这些全都是放弃人为努力、依靠只是幻影的天道和鬼神的兵学，是“不可以治胜败，不能制死生”的。从根本上否定其有效性。

最后的(5)，舞台是殷周革命。周的远征军到了汜水河畔、牛头山山麓。突然，暴风雨袭来，军队开始动摇。此时，太公说“用兵者，顺天道未必吉，逆之不必凶。若失人事，三军败亡。且天道鬼神，视之不见，听之不闻。智将不法，而愚将拘之”，说害怕天道鬼神之灾异是愚昧的。激励叱咤士兵，说只要尽了人事，就会“不看时日而事利，不假卜筮而事吉，不祷祀而福从”，命令全军进击。

然而，周公旦以阴阳流兵学的立场，说“今时逆太岁，龟灼告急，卜筮不吉，星变为灾”，列举不吉征兆，依然要求退却。太公对此发怒道，“枯草朽骨”哪里知道可否讨伐纣王的人事。太公烧掉并丢弃龟甲，折断蓍草，独断决行渡河。这样，武王的主军也跟随在后，最终灭了殷。

在这里展开的是与前面的(4)同样的对于天人相关思想和阴阳流兵学的彻底批判。特别要注意的是，这样的批判，并不是仅仅停留在对于阴阳流兵学个别战术的挑剔和指责上，而是志向于天人分离的立场，是由这种明快的自觉支持的①。

本节讨论了《六韬》中的天人分离思想。前面章节中的天人相关思想的内容，可以大致分为黄老道性质的思考和阴阳流兵学两大类。对应于这种状况，来自于天人分离立场的驳斥，也是从天界与人类社

---

① 这个《六韬》佚文，是司马迁写《史记·周本纪》的资料。另外，还被《尚书正义·泰誓中》疏、《论衡·卜筮》、《孙子·始计》杜牧注等引用。特别是王充、杜牧的援引，反映了那就是从正面否定天人相关思想和阴阳流兵学的稀有的文章，自古以来都很有名。另外，银雀山汉墓出土的竹简，其中也含有几乎与此佚文内容相同的竹简。

会的基本关系这种世界观的层面，到阴阳流兵学所采用的具体战术的层面，涉及领域广泛。这一点应该可以了解了。

本来，对于全面覆盖了古代中国的天人相关思想的怀疑，早在春秋时期就已经有了。“吾非瞽史，焉知天道”（《国语·周语下》）——对瞽史的天道观表示轻蔑的单子，“天道远，人道迩。非所及也，何以知之”（《左传·昭公十八年》）——排斥稗灶预言的子产，这两个人就是代表。对于天人相关的这种批判，也带到了兵学领域。本节介绍的《六韬》中的天人分离思想，其尖锐的理论展开和激烈的语气，可以说与《尉缭子·天官》正成双璧。

四

本节以至此为止的讨论结果为基础，考察在《六韬》中天人相关与天人分离并存的原因。第一个可能性，姑且可以认为，这二者本来是处于对立关系的，但实际上也是以某种形式被连续性地认识和把握着的。不过，在《六韬》中的天人分离思想，如上所述，是基于排斥天人相关的这种坚定的自觉之上的。所以，这个可能性成立的余地几乎没有。的确，《孙子·始计》说“一曰道，二曰天，三曰地，四曰将，五曰法”，在庙算的基准五事之中，天与人事、地利同处，看起来那样的可能性也是可以成立的。不过，《孙子》的天是包括了阴阳、寒暑、时制、顺逆、兵胜的天，是指实质性地影响军事行动的天候、气象以及对此的处理方法，其与天人相关思想和阴阳流兵学的思维在根本上就不同。这一点，“知天知地，胜乃可全”（《孙子·地形》）、“上知天文，下知地理”（《群书治要》卷三十一所收《龙韬》佚文），虽然有着表达上的类似性，但后者的“天文”，意思是阴阳流兵学的“天官”，这一点很明白。这样的话就不得不说，天人相关与天人分离是保持着某种连续性而构成的一个体系的看法，就是不可能的了。

第二个可能性是，二者本来就是属于不同系统的资料。有关这个问题，应该注意的是这一点：同样的以讨伐殷纣王为题材的材料，叙述的基本态度却完全不同。下面附上号码列举这些资料：

(1) 武王伐纣，诸侯已至，未知士民何如。太公曰：天道无亲。今海内时沈于殷久矣。……伯夷叔齐曰：杀一人而有天下，圣人不为。太公曰：师渡孟津，六马仰流，赤乌白鱼外入。此岂非天非命也。师到垧也，天暴风电。……旗帜飞扬者，精锐盛天也。雨以洗兵，雷电应天也。(《太平御览》卷三百二十九所收《六韬》佚文)

(2) 文王问散宜生：卜伐殷，吉乎。曰：不吉。钻龟，龟不兆。数蓍，蓍不交而如折。将行之日，雨，辎重车至轸。行之日，帜折为三。散宜生曰：此凶。四不祥，不可举事。太公进曰：是非子之所知也。祖行之日，雨辎重车至轸，是洗濯甲兵也。(《艺文类聚》卷二所收《六韬》佚文)

(3) 纣为无道。武王于是东伐纣。至于河上，雨甚雷疾，正之乘，横振而死，旗旌折，扬侯波。周公进曰：天不佑周矣。意者君德行未尽，而百姓疾恶。故天降吾祸。于是太公援罪人，而戮之于河。三鼓之，率众而先，以造于殷。天下从。(《太平御览》卷三百二十九所收《六韬》佚文)

在开头的(A)里，太公完全以天人相关论者的姿态出现。奉天道，说“天道无亲”，将“六马仰流，赤乌白鱼外入”“天暴风电”等等天变地异解释为瑞兆，以此为根据主张说讨伐殷是天命，退却伯夷、叔齐的抗议。

不过，到了(B)，太公的性格变了。散宜生列举种种不吉征兆，龟筮拒绝占断、出击当日降雨、到达战场时暴风折损旗帜等等，劝告武王中止讨伐。太公对此表示，出阵之际的豪雨只是洗濯甲兵，否定了散宜生“此凶。四不祥，不可举事”的预言。这个部分在《太平御览》卷三百二十八中也被引用，其中说“龟者枯骨，蓍者折草，何足以辨吉凶。祖行之日，雨辎车至轸，是洗濯甲兵也。行之日，帜旗为三，是军分为三，如此斩纣之首，吉也”，天人分离的立场更为明快。

下面的(C)和前面章节解说的(5)题材完全相同。在河畔遇见暴风雨，天人相关者的周公旦说“天不佑周”“天降吾祸”，连恐惧的地方都与第三节的(5)一样。在这里太公也与此同调，为了平息天怒，将罪人供为牺牲。也就是说，(A)与(C)是天人相关的立场，(B)与前章节的(5)是天人分离的立场。

正如前面解说过的那样，尽管所设定的状况相同，但太公却被描写成完全相反的人格。这样的话，就很难想象这二者是出自同一人或同一流派之手。另外，天人分离的部分明显露出对天人相关的敌意，加上这一点一起来考虑的话，二者原本就是不同类系统的文献，这一点还是可以确定的吧。

这个结果也给予在第一节里保留判断的、关于现今版本《六韬》与《太公》二百三十七篇之关系，以新的线索。武内义雄推定现今版本的编集材料出自《太公》兵八十五篇的遗文。这个兵八十五篇有多大程度的一贯性，原本就留有令人不安的地方。假如兵八十五篇本身已经是把形成情况各异的诸篇杂辑起来的一个东西的话，那么，流入了其内容的现今版本的《六韬》，其中天人相关和天人分离混杂一处的现象也就不足为怪了。

不过，如果重视《艺文志》专门明示了谋、言、兵的区分这一点的话，可以说三者各自保持了一定的统合的可能性也相当高。从这个立场上来看，谋、言、兵三者之中的某一个将天人相关当作基本，然后三者之中的某一个再把天人分离作为基调，那么，现今版本《六韬》中两个系统的并存，就是无视原来的区分而编集合成的结果，这个推论也就充分可以成立①。所以，不一定要把现今版本编集的材料限定在兵八十五篇之内，以兵为中心还广泛编集了谋、言的遗篇。现阶段这样考虑才最为妥当。

“寄胜于天道，无益于兵胜”“凡天道鬼神，视之不见，听之不闻，索之不得。不可以治胜败，不能制死生”（三—4）、“用兵者，顺天道未必吉，逆之未必凶”（三—5），接触这样的思考的时候，可以想象从一群兵家口中发出的天人分离的主张，伴随有多么尖锐的觉醒。“枯草朽骨安可知乎”的怒声，是他们向压倒性潮流的天人相关的挑战，是他们要把军事从天的咒缚中解放出来的宣战书。

不过，如《史记・天官书》所传述的，“并为战国，争于攻取，兵革更起，城邑数屠。因以饥馑疾疫焦苦，臣主共忧患。其察禨祥候星气尤急”，当时占据人们心底的还是天人相关思想、阴阳流兵学。

1973年，湖南省长沙马王堆汉墓出土了记载在帛上的两种阴阳流

① 天人相关与天人分离的混杂现象，在《文》《武》《龙》《虎》等各韬中都能够看到。所以，在编集的时候，很难想象按照各个韬为单位继承谋、言、兵的统合形态。另外，在《豹韬》《犬韬》中看不到这种现象，因为这二者是专门只以具体的战术为内容的吧。

兵书。一个是从五惑星的运行上占卜军事的《五星占》，另一个是从天体、云气上占卜军事的《天文气象杂占》[①]。《五星占》说，金星出现在东天为德，在采取军事行动的时候，金星置于左方或正对金星，为吉；金星位于右方或背向金星，为凶。金星出现在西天为刑，在采取军事行动的时候，金星置于右方或背向金星，为吉；金星置于左方或正对金星，为凶。等等。主张刑德、背向的战术。另外，土星一旦停留在自己国家的领空之后，再向西或东去的话，凶，土地有灾，不能起兵战争，即使起兵也不能取胜。《五星占》中，针对五个惑星都记载了这样的战术，还详细记录了从五个惑星之间的关系上占卜胜败的占卜术。

另一个《天文气象杂占》，绘图描述了云、气、晕、虹等气象以及月、星、彗星等天文现象。每一个图下面都记有占卜的句子。例如，出现弓形的青云的话，攻城一方胜利。红云进入日月之晕染为大红的话，会取得巨大胜利，得到领土。出现彗星，星尾短的话有饥馑，长的话有兵乱，尾的所在之处有利益。如此这般。

这两种阴阳流兵书，从两千数百年的墓中复苏，在阴阳流兵书多半遗失了的现在，对于了解阴阳流兵书的情况十分重要，是十分贵重的资料。同时，也向我们再次传递出，在战国时期的思想界中，天人相关思想的势力是多么的巨大。

[**附记**]本章节中《孙子》的引用，参考了笔者校对的银雀山汉墓出土的竹简本《孙子》与宋本《十一家注孙子》及类书。

① 《中国天文学史文集》(科学出版社，1978 年)中收录了释文。另外，《新発現中国科学史資料の研究訳注篇》(京大人文研，1985 年)中收录了两书的译注。《五星占》和《天文气象杂占》的书名，是马王堆汉墓帛书整理小组的命名。

第三章　邹衍的思想

与黄老道、阴阳流兵学并列，形成了战国时期天人相关思想的巨大潮流的，还有阴阳五行家邹衍。有关邹衍的思想，因为他的著作几乎全部遗失，现在要详细了解还是十分困难的。不过，根据《史记·孟子荀卿列传》中有关邹衍的记载，还有裴骃《史记集解》引用的刘向《别录》中的评论——"邹衍之所言，五德终始，天地广大"，基本上可以确定，邹衍的学说主要是五德终始说和大地理说这两个。邹衍靠着这两大学说风靡一时，但这两个学说的具体内容还有很多不明之处。所以，怎样在整体上看待邹衍思想的基本特性，目前见解不一①。在此，本章试想在解明邹衍思想基本立场的过程中，来考察一下邹衍的思想在天人相关系谱中占据的地位。

---

① 认为邹衍基本上属于子思、孟子系统的儒家，这种看法在武内义雄《中国思想史》、顾颉刚《五德始终说下的政治和历史》(《清华学报》第六卷)、杜国庠《中国思想通史》第一卷、郭沫若《十批判书》等中都有，成为一个通行说法。对此，将重点置于邹衍的自然科学立场来看的，有御手洗胜《地理的世界観の変遷——邹衍の大九州説について》(《東洋の文化と社会》第六辑)、Joseph Needham *Science and Civilization in China* Vol. II、金谷治《邹衍の思想》(《東方学会創立二十五周年記念·東方学論集》)等。特别是金谷的论文，强调邹衍作为科学家的性格。

一

进入这个工作之前，首先考察一下邹衍在形成自己的学说时所使用的思考方法，有必要从这里开始。邹衍为了完成上述的两个学说，用了一个叫作“推”的特别的方法。也就是说，在有关时间的问题上，他先探讨了从当时的战国上溯到黄帝御世时世间的荣枯盛衰和瑞祥的对应关系；然后，以此为基础，又类推了从天地还没有分离的宇宙生成时直至当时的世界变迁。在有关空间的问题上，他首先观察了中国以内的地形和生物，以此为基础，又加上了类推，最终及至看不见闻不着的海外的地理上（《史记·孟子荀卿列传》）。

在此值得注目的是，邹衍的思考是从观察现实开始的，正如《史记》所表述的那样，“深观阴阳消息”“先验小物，推而大之”“先序今”“载其机祥度制，推而远之”“先列中国名山、大川、通谷……因而推之”，前述的对于未知领域的类推，是以这样的观察现实为出发点的。所以，在邹衍的思考形态中，有一种基于事实的类推与假设，乍一看好像具有可称为科学性精神的东西。但是，我们必须注意那样的理解实际上包含着重大的错误。因为，其依据的现实观察结果总是有限的，却做出了无限的推测。在推测之上再加上推测、直到无限的彼方的行为，最终只会陷入与科学的立场完全偏离的状态中。无论怎样研究已知的“机祥度制”（《史记·孟子荀卿列传》），以此为根据就说“推而远之，至天地未生，窈冥不可考而原也”（同上）的话，就有点飞跃得过分了。这一点，在检讨了中国之内的地理以后，就说“及海外人之所不能睹”（同上），也是完全一样的。

其实,思考方法的“推”的局限性和危险性,在《墨子·小取》中,已经被明确指出了。“推也者,以其所不取之,同于其所取者,予之也。……是故辟、侔、援、推之辞,行而异,转而危,远而失,流而离本。则不可不审也,不可常用也”,说的就是。《庄子·天下》中说,分裂为两派的墨者,“相谓别墨,以坚白同异之辩相訾,以觭偶不仵之辞相应”。在《韩非子·显学》中,记述说墨家其后更分裂为三派。从这些情况上来看,所谓的墨辩,其形成时期比《韩非子》还要早很多,或许是在战国中期至后期的时候就已经有了。所以,《小取》的形成年代要先于邹衍的时候,或者是与邹衍的活动时期几乎重叠。这样的话,在当时,“推”被广泛地认为是一种思考方法,而且对其理论上的缺陷也有明确的反省了。因此,“推”当然就不是邹衍独自的发明和专有。而且,因为“行而异,转而危,远而失,流而离本”,所以“不可常用”。无限制地使用这样的“推”,就连未知的领域也想完全说尽的邹衍的思考态度,尽管是以观察现实为基础的,但从某个阶段开始,就会相反地完全失去了合理性,化为纸上空谈和捏造。这一点,想来以当时的知识水平也足以能够反省得到①。因此,不得不说,以观察现实和“推”为常用手段的邹衍的思考,其实也有与科学的实证主义相隔绝的一面。

为什么邹衍要这样硬着头皮运用“推”、就连宇宙生成之时和天地之尽头都要牵强地当作已知的东西来说明呢?为什么他不把不能确知的领域留作未知呢?为了追究其中的原因,首先需要明确邹衍主张

---

① 在本章的结尾处也提及,邹衍与逻辑学派首魁公孙龙及其一门论争白马非马论的是非,击败公孙龙学派。当时邹衍说“彼天下之辩有五胜三至,而辞正为上(原文是下,为误记)”(《史记集解》引刘向《别录》),言及辩论形态的分类,显然他是精通当时即战国时期的逻辑学知识的。所以,难以想象邹衍不知道墨辩所指出的“推”的缺陷。

五德终始说和大地理说的本来目的。这样的话，无论如何都要积极关注周围事物的邹衍，支持他这种姿态的，到底是不是尽可能客观科学地追究未知世界的精神，也会更加清楚和鲜明。下面一边看残存的断续资料，一边来探索邹衍思想的基本性质。

二

在《史记·孟子荀卿列传》中，有关邹衍思想的终极目标是这样叙述的：

> 邹衍睹有国者益淫侈，不能尚德，若《大雅》整之于身，施及黎庶矣。乃深观阴阳消息而作怪迂之变，终始大圣之篇十余万言。
>
> 其术皆此类也。然要其归，必止乎仁义节俭君臣上下六亲之施，始也滥耳。

依照司马迁所言，邹衍感叹于当时为政者的腐败堕落和人伦的颓废，祈愿善导和教化混乱的社会，提出了自己的儒家色彩浓厚的政治思想。前述的两个学说也只是为此的手段。

下面列举的《盐铁论·论儒》的记载，有关这一点，与前面《史记》所指出的相符：

> 邹子以儒术干世主，不用。即以变化始终之论，卒以显名。……邹子之作，变化之术，亦归于仁义。

在《论儒》篇中，御史对比说，孔子、孟子等那些终生固守儒家之道的人物怎样穷困潦倒；相反，伊尹、商鞅等丢弃了儒学而走向其他思想的人物其后又是怎样得以成功。邹衍被当作后者列举出来。这个记述传达了邹衍的思想性转向，这一点特别引起人的兴趣。也就是说，邹衍原本是儒者，由于儒术不被任何君主接受，所以就新创出变化终始的理论，慢慢地就被注目了。如果是这样，邹衍先前就是儒者的话，那么，就像司马迁评论的，他愤慨为政者的态度比不上儒家经典《诗经·大雅》所说的那样——这是邹衍新的思想活动的出发点。如此，把他的思想归为“仁义、节俭、君臣上下六亲之施”这样的儒家伦理上，也就是当然的现象了。

不过，从前述御史的发言上来看，给人印象又好像是邹衍新思想的形成是与儒学完全绝缘的。这一点该如何考虑呢？有关这个问题，依然还是《盐铁论·论邹》的记述给出了提示：

> 大夫曰：邹子疾晚世之儒墨，不知天地之弘，昭旷之道，将一曲而欲道九折，守一隅而欲知万方，犹无准平而欲知高下，无规矩而欲知方圆也。于是推大圣终始之运，以喻王公。

在此引人注目的是，邹衍对于儒墨的激烈批判，只集中于儒墨的视野仅限定在人类社会内部、思考范围狭小这一点上。也就是说，被邹衍视为问题的是视野的广狭，而不是儒家、墨家的学说内容本身。这样的话，就没有必要考虑以前面《论儒》篇的记述来认定邹衍完全否定和舍弃了他以往坚持的儒家思想了。

邹衍批判儒墨二者只知道围绕着人类社会，缺乏更加广泛的对于天界的思索。他本是儒学之徒，对于之后应该在怎样的方向上发展自己的学说，是有所察知的吧。儒术最终都没有被诸侯认可，从这个挫败经验上邹衍开始了新的思想活动，以有关时间与空间的规模宏大的学说为出发点，包容和纳入儒家性的政治思想，将自己以往的思想再编入天人相关思想的完美体系中，在这个方向上进展。这个学问的营造活动好似完成了的时候，邹衍夸显自己广大的贯通了天与人的思想性体系，一转对于儒墨的态度，批判、攻击他们的思想所覆盖的领域狭小，宣扬自己的优势。

所以，在《论邹》篇中看邹衍与儒家的对立关系，不能单纯地陷入他是不是儒家这样的二选一的思维。他是变相地继承和发展了儒家学说的，这样看才更为妥当。对于批判对象的儒墨，也是特别加上"晚世之儒墨"，显示他的敌意并不是针对儒学整体的。就像《史记·孟子荀卿列传》《盐铁论·论儒》总括的那样，邹衍的思想最终也归结于仁义之道。他原本的改革人类社会政治和伦理现状的儒家性的思考，在他完成了将天地的存在也广泛收入视野的新的思想体系之后，依然占据其核心位置。有关这一点，在《法言》中也有可以作为旁证的记述：

> 或曰：庄周有取乎。曰：少欲。邹衍有取乎。曰：自持。至周罔君臣之义，衍无知于天地之间，虽邻不觌也。(《问道》)
>
> 或曰：邹庄有取乎。曰：德则取，愆则否。何谓德愆。曰：言天地人，经，德也；否，愆也。(《问神》)

扬雄认为，在邹衍的学说中，有关天地的解说部分全都是虚言，不予理睬，但认可"自持"，也就是主张人类社会伦理规范这一点。扬雄还说，在邹衍的思想中，含有贯通天、地、人的不变理法的内容主张。扬雄的这些个评论，显示邹衍依然是将目标置于人类社会这一方面的，与前述《史记》《盐铁论》的记述完全符合。被人称为“谈天衍”（《史记・孟子荀卿列传》）的邹衍对于天的积极探究，其实也是“干世主”“喻王公”（《盐铁论》）的欲改革人类社会的手段，是发自他作为政治思想家的热情的东西。

邹衍思想的这个基本构造，为我们提示了前面那个问题的解答：为什么他要牵强附会地滥用“推”以试图说透宇宙的根源和天地之极？以邹衍的立场来看，认为在天界中还存在有支配人类世界的一定理法，他要从外面的天界一方、反过来规定人类社会内部的存在方式。也就是说，通过将思考领域扩大至“天地之弘，昭旷之道”（《史记・孟子荀卿列传》），就可以明确认识宇宙整体变转中一贯的“准平”“规矩”（同上）的存在，从“天地人之经”（《法言・问神》）中来确定他的出发点、同时也是终极目标的人类社会所应该保有的姿态。

这样的话，如果本应是人类社会指针的天，还存在有不可知的领域的话，那么，应该从天导出的人类社会未来的关键图像，当然也就不能明了。邹衍这样批判儒墨的缺陷，说“将一曲而欲道九折，守一隅而欲知万方”（《盐铁论・论邹》），必然地，他的理论就必须完美无缺，必须具备能够将宇宙整体作为已知的东西说明透彻的体系。这就是邹衍无限制地反复使用“推”——“至天地未生，窈冥不可考而原”“及海外人之所不能睹”（《史记・孟子荀卿列传》）——的原因。后世王充说，“不能实然否，相随观”（《论衡・谈天论》），批判邹衍的大地理说是不可验证的空论。不过，从根本的态度上来讲，邹衍的立场与自然科学的立场完全不同，对于他来说，验证的可能与否原本就不是问题，即便是空理空论，构建一个网罗了整个宇宙的完备的理论体系本身，就是有其另外的意义的存在的。

通过以上论述可以明白，邹衍思想的基本性质，不是志向于探究自然界本身的，他的目标是人类社会整体秩序的回复，完全是一个政治思想。

三

就像前面章节得出的结论那样，邹衍思想的最终目标，终归还都是设定在人类社会方面的。那么，作为政治思想的五德终始说和大地理说，分别有着怎样的具体性质呢？在这两大学说中，有关五德终始说方面，与五行思想的各种关联等，针对其内容和起源，一直以来的研究都有了相当的进展，其作为政治思想的一面也得到了相当程度的解明。不过，还留有不够充分的地方。在此就五德终始说作为政治思想的机能和方法，简略地表述一下私见。

先从《史记·孟子荀卿列传》介绍的五德终始说的讨论开始。以下列举的是相关的部分：

> 先序今以上至黄帝，学者所共术，大并世盛衰，因载其机祥度制。推而远之，至天地未生，窈冥不可考而原也。称引天地剖判以来，五德转移，治各有宜，而符应若兹。

文章的前半部分“先序今以上至黄帝，学者所共术，大并世盛衰，因载其机祥度制。推而远之，至天地未生，窈冥不可考而原也”，记述邹衍在创建五德终始说时所用的方法。后半部分的“称引天地[①]剖判以来，五德转移，治各有宜，而符应若兹”，总结五德终始说的主要内容。说自天地开辟以来，以对应于天界的五德转移的形式，人类社会的统治形式也发生着变化，历代王朝交替变换。这就是五德终始说的概略。

这个“五德转移”和“治各有宜”的对应关系的详细内容，通过《吕氏春秋·有始览·应同》的记述，可以窥出一端。马国翰在《玉函山房辑佚书》中推定，《吕氏春秋·有始览·应同》为邹衍著作的遗文：

> 凡帝王者之将兴也，天必先见祥乎下民。黄帝之时，天先见大螾大蝼。黄帝曰土气胜。土气胜，故其色尚黄，其事则土。及禹之时，天先见草木，秋冬不杀。禹曰木气胜。木气胜，故其色尚青，其事则木。及汤之时，天先见金刃生于水。汤曰金气胜。金气胜，故其色尚白，其事则金。及文王之时，天先见火赤乌衔丹书，集于周社。文王曰火气胜。火气胜，故其色尚赤，其事则火。代火者必将水。天且先见水气胜。水气胜，故其色尚黑，其事则水。水气至而不知数备，将徙于土。

根据这个记述，天通过天变地异(机祥)来预告五德的转移，接受这个预告，历代王朝的创始者就需要应合那转向自己的五德中的一

---

① 在原文中，“称引天地……符应若兹”这一段文字，放在了之后解说大地理说的部分，前后的接续不好。根据前述金谷治论文的指摘予以订正。在《盐铁论·论邹》中介绍大地理说的文字中，也说“先列中国名山通谷，以至海外。所谓中国者，天下八十一分之一……”，采取从《史记》中抽除上述文字的形式。以下的引用也一样。

个，采用新的政治制度（度制）。这与《史记》所述内容一样，不过解说得更加具体一些。沿着五行思想的系谱，将五德的实体规定为“土气胜”“水气至”这样的漫溢在宇宙的五种气，这一点引人注目。将五行与气相结合，进一步再与历运相结合，通过这样的操作，五行就可以假定含括了天界的客观性，能对变转流动的历史现象加以说明，成为天人一贯的根本原理。

从研究其作为政治思想的性质的视点上来看，这个五德终始说提出“凡帝王者之将兴也”，完全是作为政治思想而构成的。这一点特别值得注目。而且，这个理论依据五德的转移来说明王朝交替的原理，因为采取这种重视变化的形式，所以相比于过去和现在，让人们更加关心不久将来的政治体制，具有这样的特点。特别是，周王朝的衰亡已经很明显，在长年战国争乱的漩涡中，人们渴望新的统一王朝的出现和整体秩序的确立。在当时的这种情况下，对于人们来讲，未来的事情紧急且意义重大。邹衍乘着这样的局势，试图通过提倡五德终始说，来变革以往的统治形式。五德终始说的目标，就是树立新的政治体制，下面列举的资料也能更加明确这一点：

> 政教文质者，所以云救也。当时则用，过则舍之，有易则易之。故守一而不变者，未睹治之至也。（《汉书·严安传》引《邹子》佚文）

这一段文字有些不全面，但从它的内容主张说王朝固有的统治形式应该随着时代的进展而变化来判断，可以认为也是有关五德终始说学说的一部分。在此，邹衍的“守一而不变者”大概是指“以古非今”

(《史记·秦始皇本纪》)的儒墨系统的思想。反对他们,积极要求各王朝仅作为手段的经世济民的统治形式发生改变,要“过则舍之”。在战国末期发出这样的言词,正是宣告诀别周王朝遗制的行为。

邹衍的这种姿态,在前述的《吕氏春秋·应同》中也能看出一些。《应同》篇说周王朝是承受火德而创立的,然后说,“代火者必将水。天且先见水气胜。水气胜,故其色尚黑,其事则水”,预言替代周王朝的新王朝即将来临。也就是说,邹衍鼓吹的是一种易姓革命的思想。但是,即将到来的新王朝的创始者到底是谁呢?对于追求天下霸权而做最后努力的战国诸侯来说,最关心的就是这一点了。根据《应同》篇所述,天最终会显示某种异变现象。不过,那个异变到底是以什么手段才能判别是天所降的预兆、机祥呢?而且,“水气至而不知数备,将徙于土”,即便是确认了天的预告,如果没有准备好适当的术数以适应水德的到来的话,就会错过好不容易的承运良机,眼看帝王的宝座从自己身边溜过、到了别人那里。新王朝创立的秘诀,实际上是掌握在具备识别瑞兆的能力、懂得对应水德的人物手里的。这才是邹衍“卒以显名”(《盐铁论·论儒》)、获得天下诸侯破格厚待的原因,“适梁,惠王郊迎,执宾主之礼。适赵,平原君侧行撇席。如燕,昭王拥彗先驱,请列弟子之座而受业”(《史记·孟子荀卿列传》)。

将王朝更替的正当性和正统性的根据置于五德的转移上,五德终始说含有这样的机能。邹衍死后,他的后学将五德终始说传到了成立不久的秦帝国:

自齐威宣之时,驺子之徒论著终始五德之运。及秦帝,而齐人奏之,故始皇采用之。(《史记·封禅书》)

秦始皇既并天下而帝。或曰：黄帝得土德，黄龙地螾见。夏得木德，青龙止于郊，草木畅茂。殷得金德，银自山溢。周得火德，有赤乌之符。今秦变周，水德之时。昔秦文公出猎，获黑龙。此其水德之瑞。于是秦更命河曰德水，以冬十月为年首，色上黑，度以六为名，音上大吕，事统上法。（同上）

始皇推终始五德之传，以为周得火德，秦代周，德从所不胜，方今水德之始。改年始朝贺，皆自十月朔。衣服旄旌节旗皆上黑。数以六为纪，符法冠皆六寸，而舆六尺，六尺为步，乘六马。更名河曰德水，以为水德之始。刚毅戾深，事皆决于法，刻削毋仁恩和义，然后合五德之数。于是急法，久者不赦。（《史记·秦始皇本纪》）

这样，从周到秦的王朝交替，五德终始说以天界五德的转移将其正统化了。作为将新的统治形态正当化的一个理论，五德终始说为秦帝国的形成起到了重要的作用。像这样的五德终始说在后来的政治领域上被应用的方法，将其与上述的五德终始说本身的逻辑构造结合在一起来看的话就会明白，所谓的五德终始说，原本就是为了促进新的统一王朝的出现以及统治形式的变革的，是在这个意图之下形成的政治思想。五德终始说的基本性质是这样的话，就可以想到，另一方面的大地理说也是有着政治思想意图的存在的。那么，大地理说的作为政治思想的性质，到底又是怎样的呢？

与五德终始说相比较，大地理说总体来讲缺乏有关的研究，特别是有关大地理说作为政治思想的性质，至今为止几乎没有被提及过。这样的话就更加说明，研究大地理说作为政治思想的机能，对于理解邹衍思想的全貌来讲，像一把钥匙，具有关键的重要性。如果从占据了其思想一半的大地理说中，抽取不出任何的政治思想性质的话，那么，邹衍的基本立场是政治思想家的这种推定结论，也就需要重新考虑了。先列举《史记·孟子荀卿列传》的记述，从介绍大地理说的内容来开始讨论：

> 先列中国名山大川通谷，禽兽水土所殖，物类所珍，因而推之，及海外人之所不能睹。以为儒者所谓中国者，于天下乃八十一分，居其一分耳。中国名曰赤县神州。赤县神州内自有九州。禹之序九州是也。不得为州数。中国外如赤县神州者九，乃所谓九州也。于是有裨海环之，人民禽兽莫能相通者。如一区中者，乃为一州。如此者九，乃有大瀛海环其外，天地之际焉。

也就是说，在天地之边际，有大瀛海围绕着，其中有以裨海相互隔离开的大九州。这个大九州的内部，又各自分为九州，其中之一的赤县神州就是中国世界。说的是这样一个内容。

有关大地理说作为政治思想所起到的作用，最为明确提及的资料是《盐铁论·论邹》。在《论邹》篇，如上所述，御史大夫指出，邹衍批判儒墨思想的狭隘，创建了天人合一的新思想。其后，他几乎用与司马迁一样的表达，介绍了大地理说的内容：

> 先列中国名山通谷，以至海外。所谓中国者，天下八十一分之一，名曰赤县神州。而分为九州，绝陵陆不通，乃为一州。有大瀛海圜其外。此所谓八极，而天地际焉。《禹贡》亦著山川高下原

隰，而不知大道之径①。

这里的问题是桑弘羊接下来说的“故秦欲达九州而方瀛海，牧胡而朝万国。诸生守畦亩之虑，闾巷之固，未知天下之义也”这个发言。根据这个发言，始皇帝在秦帝国成立后不久，为邹衍的大地理说所刺激，为了到达大九州和大瀛海，积极外征。桑弘羊称赞说，其外征的结果，就是秦使边境的异民族附属于秦，以至接受万国朝贡，说这是邹衍大地理说的伟大以及在其影响之下所实施的、始皇帝积极外征政策的结果。

对此，另一方的文学说，“近者不达，焉能知瀛海。故无补于用者，君子不为。无益于治者，君子不由”，从与荀子“天人之分”相近似的立场，对邹衍大地理说加以反击。值得注目的是，文学接着刚才的言论说：“昔秦始皇已吞天下，欲并万国，亡其三十六郡，欲达瀛海而失其州县。知大义如斯，不如守小计也。”当然，文学的发言是说始皇帝强行外征，致使国内疲弊，从而导致了帝国的瓦解，是否定邹衍大地理说和始皇帝外征政策的发言。不过，奇妙的是，在有关始皇帝对外远征政策的动机是受到大地理说鼓动这一点上，文学和御史大夫敌对两方的发言完全一致。

在此，大地理说所带有的作为政治思想的性质就很明显了。也就是说，依据大地理说的地理性世界的急剧扩大，提供了规模更为广大的统一世界的未来图像，刺激了新的统一国家支配者外征未知边境的欲望。可以认为是在这个方向上起到了作用。如果相信《盐铁论》的

① 以下原文中错误的地方，根据王利器《盐铁论校注》改正。

记载的话，那么，东边攻击箕氏朝鲜；西边越过流沙，新设三十四县；南边征越，置南海、桂林、象郡三郡；北边制压鄂尔多斯，击破匈奴；始皇帝的令人感觉异常的连年外征，其背后是有着提示更大更广的统一世界蓝图的大地理说的存在的。

那么，有关始皇帝的资料方面，是否也存在可以证实《盐铁论》中桑弘羊和文学发言的记述呢？以下通过仅有的断片资料，来探讨一下《论邹》篇所明确表示的二者之间影响关系的可能性。

首先必须探讨邹衍的大地理说实际上是否可能传至始皇帝。五德终始说传至始皇帝，这一点上述的《史记》(《封禅书》《秦始皇本纪》)已经可以明确证实，不过，其中并没有直言大地理说的情况。在此，再来讨论一下说采用了五德终始说的《封禅书》的记载：

> 自齐威宣之时，驺子之徒，论著终始五德之运。及秦帝，而齐人奏之，故始皇采用之。而宋毋忌、正伯侨、充尚、羡门子高，最后皆燕人。为方仙道，形解销化，依于鬼神之事。驺衍以阴阳主运显于诸侯。而燕齐海上之方士，传其术不能通。然则怪迂阿谀苟合之徒自此兴，不可胜数也。

从这段文字上来看，邹衍的学说传到始皇帝，整体上好像已经变质为方术了。不过，在这个地方，司马迁写法明确，说向秦始皇上奏了邹衍学说的后学之徒，分为特色相异的两个系统。他将奏上“终始五德之运”的明确记述为齐人；另一方面，最后来的四个全是燕人，他们专门做方仙、鬼神之术。专门将二者区分开来写。也就是说，忠实地继承了邹衍思想的齐系统的学派，与倾向于方仙术的燕系统的学派是并立存在的。《封禅书》在这个记述之后，说始皇帝为后者的学说所打动，向东方海上派遣了船队。后来的确只有燕系统的学派与始皇帝的结合凸显出来。不过，在二者最初接触的时候，不光是方仙术，邹衍原本的正统学说也因齐人系统的后学确实传达到了。

在前述《封禅书》的文章后半部分——"邹衍以阴阳主运显于诸侯"下面的内容中，有"而燕齐海上之方士，传其术不能通"。这里没有区分齐人与燕人，说他们都操弄怪异的方仙术。这一点该如何解释呢？这个部分，从邹衍本人突然出现的这个构成上来判断，不能认为就是对于前述的始皇帝与邹衍后学第一次接触这一事件的直接评论，应看成是司马迁在此再次对于邹衍学说传承的概说才妥当。所以，"燕齐海上之方士"，并不是向始皇帝上奏了"终始五德之运"的所有的人。作为先驱，特别举出名字的四个燕人，其后还有陆续出现的、从渤海湾到山东半岛的东方海岸出身的方士们，是这些人的总称。

如此来看，如果邹衍原本的思想是以比较正确的形式传给了始皇帝的话，那么下面的问题就是，在传达的学说中是否包含有大地理说？依据《封禅书》，齐人向始皇帝传达的是邹衍之徒论述的称为"终始五德之运"的著作或学说。以下来列举一下散见于诸书中的邹衍的著作名称或学说名称：

怪迂之变，终始大圣之篇（《史记·孟子荀卿列传》）

主运（同上。《史记索隐》引刘向《别录》中也有"邹子书有《主运》篇"，另外《史记集解》中也说"今其书有《主运》"。）

终始五德之运（《史记·封禅书》）

阴阳主运（同上）

变化始终之论(《盐铁论·论儒》)

大圣终始之运(《盐铁论·论邹》)

邹子《终始》五十六篇(《汉书·艺文志》)

《邹子》四十九篇(同上)

以上举出的名称,除了《汉书·艺文志》突然出现的"《邹子》四十九篇"之外,全都是只会令人想起五德终始说的题目。可以说没有任何能够令人想起邹衍两大学说之一的大地理说内容的题目。也就是说,至少在前汉中叶之前,完全没有大地理说单独出现的痕迹。这样的话,上面所举的相互共有"终始""运"等词语的一系列著作或学说的总称(其实际形态恐怕是一个)中,与五德终始说一起,也包含有大地理说,这样考虑才自然吧。《史记》《盐铁论》中有关邹衍的记述方式也证明了这一点。在《史记·孟子荀卿列传》中,在列举了前述邹衍的著作名之后,马上就开始介绍其学说,五德终始说和大地理说连续并列记述,两个学说的内容在一起,是"怪迂之变,终始大圣之篇"十余万言。到了《盐铁论·论邹》,在举出"大圣终始之运"的名称之后,作为介绍的内容,只有大地理说这一个方面。就像这样,直到前汉中叶之前,邹衍的著作被认为只是一种,其中包含有大地理说。这样的话,齐人向始皇帝上奏的"终始五德之运"中,当然也应该有大地理说的存在。所以,就如御史大夫、文学所指出的那样,与五德终始说一起,大地理说也传给了始皇帝。这个可能性极大。

如果就如《盐铁论》所说的那样,大地理说对始皇帝的边境政策带来了影响的话,那么,在始皇帝方面的资料中,是否有什么记述可以显示这种情况存在的可能性呢?在讨论这一点的时候,先从始皇帝本人是否有为他人的言论所鼓动、进而派遣外征军的这种倾向上来看吧。

在《史记·秦始皇本纪》中，有记载说“燕人卢生使入海还。以鬼神事，因奏录图书。曰亡秦者胡也。始皇乃使将军蒙恬发兵三十万人，北击胡，略取河南地”。燕人卢生是方仙术士，《秦始皇本纪》里有始皇帝让卢生寻找羡门高的记述。在齐人上奏邹衍学说的时候，羡门高是四名参见的燕人中的一个。从这个情况上来看，可以认为卢生也是“传其术不能通”系统的邹衍学派。问题是受卢生从海上带回来的鬼神图书的影响、始皇帝向漠北大规模派遣远征军这一点。始皇帝同样接受方士的进言，为了探索未知的蓬莱山，几度向东方海上派遣船队。结合这些情况来考虑，始皇帝的确好像强烈具备为他人的言论所鼓动、试图远征边境的倾向。这虽说是以间接性的资料来推定的，但应该就像《论邹》篇所表达的那样，始皇帝被大地理说所刺激，开始了大规模的对外远征。可以说这个可能性很大。

如上所述，可以推定邹衍的大地理说对始皇帝的外征带来了影响。那么，大地理说内容中怎样的理论结构触发了向四方的远征呢？具体的对应关系，因资料的缺乏，只能说详情不明。不过，虽然不是很清楚，我们还是可以以后述仅有的线索为基础，窥探其中的一些情况的。这个线索就是，邹衍的大地理说总是出现在儒家方面的地理学说《禹贡》的对立面的。在《史记·孟子荀卿列传》中，有“以为儒者所谓中国者，于天下乃八十一分居其一分耳”“赤县神州之内自有九州。禹之序九州是也。不得为州数”，对比《禹贡》地理说的狭小，强调大地理说的优势地位。另外，在《盐铁论·论邹》中，也有“禹贡亦著山川高下原隰，而不知大道之径”，《禹贡》依然还是被攻击的对象。从这些情况上看，在邹衍的大地理说的形成动机中，有着以提出更为广大的地理世界、从而凌驾于既成的《禹贡》之上的意图。邹衍以儒家的主要思想所覆盖领域的广狭为主要的问题焦点并与其对立，从邹衍的这个立场上来讲，可以说是当然的现象。

不过，儒家方面的地理学说、构成《尚书》中的一篇的《禹贡》，其本身性质是假托于夏王朝创始者禹的治水事业的足迹，设想统一王朝的行政区分以及诸国朝贡的路线等，是设想统一王朝的天下统治形式的一个政治思想的产物。这在从前的研究中已经有所指摘了①。这样的话，可以推测，与《禹贡》对立而出现的大地理说，也存在有与《禹贡》中的政治思想性质相通的内容。如前所述，邹衍与儒家的主要对立点，是思考范围的广狭②，在有关试图再建人类社会的政治秩序的思想出发点和终极目标上，二者具有共通的性质。

在整理了大地理说与《禹贡》关系的基础上，下面再来讨论始皇帝方面的资料。提示了大地理说与秦的外征理论性关联的资料，还有《史记・秦始皇本纪》中记载的山东琅邪台石刻碑文。以下抽出有关

---

①　有关《禹贡》的性质，参照内藤湖南《禹貢製作の年代》(《研幾小録》)、小川琢治《上古地誌として禹貢と山海経の価値》(《支那歴史地理研究正篇》)、市川瓒次郎《東洋史統》第一卷等等。

②　当然，这种思考领域的广狭，在政治思想的领域中也造成了某种程度的与儒家的不同。其中之一，是围绕着大地理说所提出的关于未来统一国家规模问题的对立。另外一个是，在五德终始说中能看到的将历史作为一个变化的东西来把握的观点。后者的思考，此时就是“五帝不相复，三代不相袭，各以治。非其相反，时变异也”(《史记・秦始皇本纪》引李斯之言)的意思，与反对儒家尚古主义的法术思想立场接近。只不过，这也像《商君书・开塞》《韩非子・五蠹》所显示的那样，历史观的领域是否到达注目于社会构造变革的阶段，还有疑问。如果邹衍的历史观单单只是停留在像《吕氏春秋・应同》《史记》(《秦始皇本纪》《封禅书》)所出现的对于服色、正朔的改定上的话，与后来的汉儒所主张的文质三统说的内容原本无大差异，那么可以说在这一点上，邹衍也没有完全突破儒家的思考的框架。

的部分：

> 六合之内，皇帝之土，西涉流沙，南尽北户，东有东海，北过大夏。人迹所至，无不臣者，功盖五帝。
>
> 古之帝者，地不过千里。诸侯各守其封域，或朝或否。相侵暴乱，残伐不止，犹刻金石，以自为纪。古之五帝三王，知教不同，法度不明，假威鬼神，以欺远方。实不称名。故不久长。其身未殁，诸侯倍叛，法令不行。今皇帝并一海内，以为郡县，天下和平。

在这个石刻碑文中，与始皇帝相对比的是儒墨所尊崇的古代帝王。这些古代帝王因始皇帝而被否定的理由，是他们所支配的领域狭小，不配称为帝王，说他们只是“假威鬼神，以欺远方”，实际上并没有将边境领土化。始皇帝这样批判古代帝王的“实不称名”的状态，相比之下，夸示自己的支配领域横跨四方，实为广大。在这里，可以看出一统广大的领域才是真正的帝王、才可以君临世界的这种思考。而且，这二者之间的对立，令人想起以地理上的广狭为争论焦点的邹衍的大地理说与《禹贡》的对立关系。同邹衍的学说传给了始皇帝的这一事实一起来考虑的话，在此我们可以窥探出两个对立着的系统的存在：“古代帝王—儒墨—《禹贡》”与“始皇帝—邹衍—大地理说”。

通过设定这两个系统，在有关大地理说与始皇帝的积极外征政策的理论性对应关系上，就可以大致导出推论了。首先可以这样考虑，大地理说针对当时的政治世界，通过急剧扩大地理性的视野来促进矮小化了的中国世界内部的统一气运，是在这个方向上作用的。这也符合五德终始说的性质，认为应该收拾整合战国的分裂状态，期待新的统一王朝的出现。并且，在新的统一王朝的形成阶段，邹衍提示出的扩大了八十一倍的广大的地理世界图像，就像琅邪台石刻碑文中所表明的那样，直辖支配了广大领域的帝王才是真正的帝王。可以想象，这个思考也一起强烈地刺激了在名实上都想成为皇帝的始皇帝的外征意欲。在围绕着大地理说的是与非的桑弘羊与文学的论争（《盐铁论·论邹》）背景中，是强化边境防备、维持武帝时期强行实施的对匈奴积极政策的成果，还是完全放弃对匈奴作战，这个政治性对立的存在，也显示出上述大地理说的性质。

以上以《盐铁论》的记载为出发点，论述了大地理说与秦的外征政策的关联。在思索二者关联的时候，大地理说本身所带有的作为政治思想的性质，也相当地明了了。说到底，邹衍的大地理说，通过急剧的地理性视野的扩大，提出了一个更为广大的统一世界的未来图像，并促进其实现。因此，可以认为，它并不简单地只是一个新奇的地理学说，它具有作为政治思想的性质。

五

通过以上的论述，基本上可以了解，邹衍思想活动的基本立场就是一个政治思想家的立场。另外，作为政治思想家，邹衍的目标，就是要变革即将替代周的新王朝的统治模式以及创建和实现广大的统一世界。为了在整体上进一步综合性地把握邹衍思想的基本性质，除了要明确已经讨论过的以五德终始说和大地理说为中心的、邹衍所志向的政治世界图像之外，对于邹衍所显示出的作为魔术师或者说作为预言家的一面，也有必要加以讨论。邹衍是魔术师和预言家的这种传承，乍一听给人的印象好像是与邹衍原本思想性质不同的、由后世附加上的虚构的东西。不过，在考虑邹衍思想体系的整体结构的时候，这些传承中含有不应被当作虚构而忽视的重要性。

传述邹衍有魔术师的一面的资料，大致可分为两大类：他向天发动作用使夏天降霜的故事，以及通过吹律使气候变化的故事。首先从讨论前者开始，以下是有关的资料：

> 邹衍事燕惠王尽忠。左右谮之王，王系之狱。仰天哭，夏五月天为之下霜。（《太平御览》卷十四所收《淮南子》佚文[①]）
>
> 邹衍无罪，见拘于燕。当夏五月，仰天而叹，天为陨霜。（《论衡·感虚》）
>
> 邹衍匹夫，杞氏匹妇，尚有城崩霜陨之异。（《后汉书·刘瑜传》）

这个传承首先应该留意的是，以莫须有的罪名被投入监狱的邹衍，向天控诉自己的困境，上天感应而降霜。也就是说，邹衍的魔术是向天发动作用的。在这里我们想到邹衍思想中天的性质。司马迁在介绍五德终始说的时候记述说，邹衍察知天所降的“禨祥”与人类社会的“世之盛衰”之间有着一定的对应关系，由此创建了在天界的五德转移与人间界的统治形式相符应的新学说。在《吕氏春秋·应同》中，也说天是人类社会确立秩序的规范。天以异变现象作为媒介和手段，向

① 在《文选》卷三十九《诣建平王上书》开头的注里，有与此文几乎完全相同的文字，看起来也应是《淮南子》中的文字。

人类社会预告自己的意志，是这样的一个存在。也就是说，邹衍的天，不是“治乱非天”（《荀子·天论》）这样规定的机械性的天，而是由时常关心人类社会动向、想要主宰人类社会的有意志的人格神（上天）所管辖的天。所以，从这样的邹衍对待天的立场上来看，对于无罪却被投入监狱的这种困境以及人类社会的无正义，上天会发出感应并使自己管辖的气的循环发生变异。这样，在夏天降霜就不是什么不可思议的现象，而是当然必须的事情了。

再看天与邹衍的感应方法。降霜，是由“仰天哭”“仰天而叹”这些邹衍方面向天发出的动作而引起的。这种感应的方法，在《应同》篇中也有。前半部分的“凡帝王者之将兴也，天必先见祥乎下民。黄帝之时，天先见大螾大蝼。黄帝曰土气胜”，这里人的行动是对应先行的从天而来的动作的，重点侧重于自天向人类社会的动作方面。对此，后半部分的“水气至而不知数备，将徙于土”，显示有与其相反的情况。为什么会如此呢？因为好不容易天界方面来了水气，对此人的对应没做好的话，五德的转移就会加速转向接下来的土德。也就是说，在五德的循环中，天界独自的固定期间并没有定，这从承运五德之一的各个王朝的存续时期存在差异上也可以明白，其受人的行为的影响，时期是有增减的。就像这样，在五德终始说中，不光是天向人作用的这一个方向，也还设定有人向天作用的方向。所以，对于从邹衍发出的动作，天有所感应而降霜的这种方式，可以说与邹衍思想原本的天的性质并无特别的冲突。

接下来讨论邹衍通过吹律使气候变化的传承：

燕有谷，气寒，不生五谷。邹衍吹律致气，既，寒更为温。燕

以种黍,黍生丰熟。到今名之曰黍谷。(《论衡·定贤》)

传言邹衍在燕,有谷地美而寒,不生五谷。邹子居之,吹律而温至生黍。到今名黍谷焉。(《太平御览》卷八百四十二所收刘向《别录》)

北方有地,美而寒,不生五谷。邹子吹律暖之,而禾黍滋也。(《列子·汤问》张湛注)

邹衍居燕,地美而谷寒,不生五谷。邹子吹律,暖气至,遂生黍而丰也。(《文选·魏都赋》注)

在这里,邹衍的魔术依然也是对着天动作的。如果以前述邹衍的天人相关的特色为前提来看,对于这个传承也不会觉得有什么奇怪。邹衍的天,不是所谓的自然,而是与人相互感应的天,其感应常常采取气象异变的形态。另外,就像《应同》篇明确表示的那样,上天管辖的天界是由气构成的。考虑到这一点的话,从这个传承中的"邹衍吹律致气",可以看到二者之间的近似性。

这个传承的特色还有邹衍使用律管。有关这一点,可以参考司马迁记述的齐的三邹子之一邹忌的言行:

驺忌子曰:夫大弦浊以春温者君也。小弦廉折以清者,相也。攫之深而舍之愉者,政令也。钧谐以鸣,大小相益,回邪而不相害者四时也。夫复而不乱者,所以治昌也。连而径者,所以存亡也。故曰:琴音调而天下治。夫治国家而弭人民者,无若乎五音者。(《史记·田敬仲完世家》)

邹忌将琴的音律比作天界的四时运行、比作政治秩序。在此之上，说“琴音调而天下治”。邹忌的言论，在将乐器与气候相关联的这一点上，能感到与邹衍吹律传承的共通性。另外，他的音乐理论的终极目标是“夫治国家而弭人民者，无若乎五音者”，也是为了政治秩序的确立。这一点也与邹衍的思想构造有着一脉相通的一面。邹忌是比邹衍还要早的人物，齐的三邹子被认为在思想上关系密切，使用乐器向天发出动作的邹衍的这种思考，是与邹忌的思想性系谱相连的吧。

那么，像这样的，邹衍具有魔术师的一面，其中的意义该怎样理解呢？如前所述，邹衍的思想在整体上构成天人相关的体系。邹衍的天，不是作为自然科学的探索对象的，不是与人类社会分割的被客体化的自然界的意思，而是由有意志的人格神上天所管辖的由气构成的世界。所以，从邹衍这样的思想立场上来看，人向天发出动作从而招来气象异变的思考，可以说是必然导致的结果。特别是对于提倡这种天人感应说的邹衍本人，就会要求其能够发挥针对天的魔术能力。这是自然的结果。时代再往后，在儒学中导入阴阳五行思想和黄老道天人相关思想的董仲舒也是一样，“仲舒治国，以春秋灾异之变，推阴阳所以错行。故求雨闭诸阳，纵诸阴。其止雨反是。行之一国，未尝不得所欲”(《汉书·董仲舒传》)，说他向天发出动作，随心所欲地让天下雨或停止下雨。所以，降霜和吹律的传承，不应该单单看作是后世方士的捏造，相反，应该理解为正是它凸显了以天人相关为基本构造的邹衍的思想性特色。

下面来考察邹衍所显示出的作为预言家的性质。首先列举言及邹衍与预言相关联的资料：

> 凿龟数策，兆曰大吉，而以攻燕者赵也。凿龟数策，兆曰大吉，而以攻赵者燕也。剧辛之事燕，无功而社稷危。邹衍之事燕，无功而国道绝。……非赵龟神而燕龟欺也。(《韩非子·饰邪》)

这里所说的燕赵之战，应该指的就是燕王喜让剧辛为将攻赵，剧辛遭遇以庞煖为将的赵军的反击而败北。那个时候燕王说想乘赵的疲弊而进攻，剧辛回答说，“庞煖易与耳”(《史记·燕召公世家》)，劝对赵发起攻击，自己率兵，结果战败。从这个来龙去脉上来看，《饰邪》篇中的剧辛作为战败的当事者出场，是可以理解的。不过，与剧辛一起，邹衍也被当作战败的责任者之一来处理，这是为什么呢？《饰邪》篇的论旨在于批判使为政者误判局势的各种占卜，邹衍并没有直接参加筹划战场上的用兵，可能就是因为在开战前率先通过占卜预言赵的胜利这一点而受到指摘。韩非学派对于邹衍的这种评价态度，与文学在《盐铁论·论邹》中说邹衍“作怪误，惑六国之君”、战国诸侯“信嘉言，而破亡”的说法，是立于同一个观点上的。那么，邹衍显示出的作为预言家的性质，与他的思想内容没有矛盾吗？

在此想到的是司马迁对于邹衍学说的言论——“大并世盛衰，因载其机祥度制”。五德终始说本身，就是以人间世界的兴亡以及对此做出预告的天之前兆的对应关系为基轴的。在“天必先见祥乎下民”的《吕氏春秋·应同》中，这一点更加明确。“代火者必将水。天且先见水气胜。……水气至而不知数备，将徙于土”，这正是预言家的发言。这一点大地理说也是同样的——像既知的一样提示“海外人之所不能睹”的地理本身，就已经是具备空间预言性质的东西了。就像这样，滥用“推”而形成的邹衍学说，其本身在整体上就具有一种预言的性质。而且,邹衍自称自己一个人解明了“天地剖判以来”的世界转变的法则性,从这个立场上来看,可以说导致他作为预言家的角色而出现,也是必然的。

通过以上的论述可以明白,邹衍作为魔术师和预言家的性质,与邹衍原本的立场没有任何背反,相反,正是如实地展示了邹衍思想特色的地方。通过保持从人向天发动力量的魔术性的能力,以及保持察知天所降的预兆并将其传达给人类社会的预言家的能力,邹衍学说中被评为“谈天”的部分,也就不单是一个天界的叙述,而是成为他主张人类社会“仁义、节俭、君臣上下六亲之施”的政治理论前提。魔术与预言正是处在天与人的交接点上的,是能够将二者结合在一起的手段。通过魔术与预言的存在,从外侧的天界的存在上来规定人类社会内部秩序的邹衍的思想,就作为一个天人相关的体系得以完成了。

另外,五行说与气的结合(《吕氏春秋·应同》)、以占卜预测胜败(《韩非子·饰邪》)、以吹律操作天气(《论衡·定贤》)、招降灾异(《论衡·感虚》)、依据历运和阴阳的消息预言(《史记·孟子荀卿列传》)等邹衍的思想特色,与前述瞽史的天道思想几乎重合。《史记·历书》说“黄帝考定星历,建立五行,起消息,正闰余”,记述黄帝创建了天文、五行、阴阳和历法之术。而且,《历书》又说“是时独有邹衍,明于五德之传,而散消息之分,以显诸侯”,特别举出邹衍的名字,说他是唯一继承了因战国争乱而快要灭绝了的黄帝之术的人物。也就是说,继承了黄帝“建立五行,起消息”,邹衍“明于五德之传,散消息之分”(《史记·历书》)、“深观阴阳消息”(《史记·孟子荀卿列传》),司马迁将黄帝与邹衍定位于同一个系谱、即瞽史的天道思想的系谱之上了。所以,邹衍的天人相关思想,是他从子思、孟子系统的儒学转向阴阳五行思想的历程的反映。以瞽史的天道思想为渊源的阴阳五行思想,可以认为,就是在广泛地包含了儒家理念的构造上而形成的。

以上考察了邹衍思想的基本特色。通过以上的论述可以明确,邹衍的目标是设定在人类社会一方的,五德终始说和大地理说只是这个目标的手段。所以,看起来没什么关系的两个学说,其内在的结合关系,应该可以在邹衍作为政治思想家所追求的人类社会的未来图像中寻找到。

当然,可以认为,两个学说在表面的理论阶段上,也是内在性地结合在一起的。《史记集解》所引的《邹子》佚文中,说"五行相次转用事,随方面为服",还有将五德配置在方位上的形迹。另一方面,《论衡·谈天》传述,大地理说将赤县神州定位在世界东南的一隅。在《吕氏春秋·应同》中,给五德配置了五色。所以,如果《谈天》篇中记述的东南方向的角落与红色的组合是有所意图的话,那么可以推定,在大地理说中也有可能以某种方式给大九州和小九州配置了五德。两个学说是以这种形式结合着的话,如前所述,在邹衍的著作名乃至学说的总称中,完全不存在令人想到大地理说的名称、而全都是有关五德终始说的名称的现象,也就可以理解了。

不过,将五德终始说和大地理说在更深层次上结合在一起的,还是邹衍所志向的政治性的世界图像。五德终始说和大地理说,二者共同具备促进替代周的新的统一王朝出现的机能。以至于邹衍死后不久,这两个学说对秦帝国的运营带来了重大的影响。即便邹衍本人并没有直接参与,这种思想与政治世界相结合的样态仍可以使人看出,邹衍的思想原本就预想了后来由秦帝国具现的大帝国形象,其中也藏有促进其到来的意图。《史记集解》所引的刘向《别录》中,记述了在赵的平原君面前，邹衍与公孙龙一门论争白马非马论的是与非的发言。

根据那个记述，“辩者，别殊类使不相害，序异端不使相乱，抒意通指，明其所谓，使人与知焉，不务相迷也。故胜者不失其所守，不胜者得其所求。若是，故辩可为也”，邹衍从这个立场上，“及至烦文以相假，饰辞以相惇，巧譬以相移，引人声使不得及其意。如此害大道。夫缴纷争言，竞为而后息①。不能无害君子”，激烈批判了公孙龙的白马非马论。结果，公孙龙在与邹衍的论争上败北，遭平原君斥责。邹衍的发言内容，显示他在逻辑学上的高深造诣以及他对人类社会极度的关注。他说，语言、辩论是在社会中相互沟通意志、树立共同认识的手段，公孙龙的辩论，反而使这种语言、辩论的社会性遭遇混乱并丧失，是一种毒害。从邹衍的批判上同时还可以感受到他对于社会混乱和分裂的憎恶，以及对于统一的憧憬有多么的强烈。倡导五德终始说和大地理说、教诫王公、奔走诸国，邹衍的思想活动，是由他愤怒政治现状不如《诗经・大雅》那样、希望确立新的社会秩序以及实现中国世界的再统一的这种作为政治思想家的热情所支持的。

---

① 《史记集解》的原文是“夫缴纷争言，而竞后息”。根据《史记会注考证》的说法，引用这个记述的《韩诗外传》中的“竞为而后息”较好，据此改正。

第四章　关于《五行篇》

至此为止，通过讨论《伊尹九生》、阴阳流兵学、邹衍等，见识了各色各样的天人相关思想在战国后期的思想界所形成的巨大潮流。有在天的存在上寻找人类社会价值规范的思想，也有以灾异天殃为媒介、将天与人相连的极具咒术性和神秘色彩的思想。虽然在程度上有些差别，但可以说天人相关正是当时的思想界不可动摇的主流。作为其中的一个典型——黄老道，也是以这样的时代状况为背景，占据了汉帝国政治思想的中心地位。

不过，到了武帝的时期，黄老道受到儒学的挑战。前汉建元元年（公元前 140 年），承接父亲景帝之后，前一年刚刚即位的武帝，向贤良之首的董仲舒下问政治的要谛。之后，董仲舒三次应答武帝的问询，从《春秋》公羊学的立场上，上奏了著名的天人三策[①]。那是为了让儒学适应天人相关全盛时期的时代状况，将黄老道、阴阳五行家的天人相关理论脱胎换骨地植入到儒学中，从而汲取黄老道思想的长处，是将黄老道从其地位上拉下来的一个尝试。

当然，董仲舒试图让国家将儒学作为唯一正统的官学予以公认的

---

① 这里先沿袭一般普遍的说法来叙述。有关天人三策，已经有很多疑点被提出来了。个人私见将在后面详述。

活动，最终只是被武帝利用，在武帝时期并没有收获结果。不过，此时董仲舒的所作所为成为一个契机，儒学推压黄老道的情形和势力逐渐增大，最终到了独占汉的国教地位的地步。这个转换正是儒教体制成立的预告，其持续规定了之后长达两千年的中国世界的基本形态，是思想史上划时期的一个事件。

那么，到底是什么戏剧性地带来了儒家的胜利呢？当然，可以想象，其背景复合性地存在着各种要素。如上所述，儒学方面大胆地在自己的学说里植入以往的弱项——天人相关理论，以此夺去了黄老道思想的长处，这也是一个有力因素。

战国末期，荀子集孔子以来的儒学之大成。荀子的儒学坚决否定董仲舒那种形态上的天人相关，主张“天人之分”是他的重要特色。所以，只是设想从战国末期的荀子到前汉武帝时期的董仲舒这样的流向的话，是难以说明上述儒学变质的问题的。

当然，在荀子那里，天依然是人类社会的价值性模范，人类社会说到底还是在天的庇护之下，是只在被天包含在内的形式上才能确保存立的存在①。不过，即使站在这一点上来看，荀子否定向天发出咒术性的动作，否定天对人的预兆、谴责和灾殃，这与向天发出动作使之降雨以及主张天谴灾异的董仲舒之间，横着一条难以填埋的鸿沟。

这样的话，就有必要在荀子以外的儒学中尝试探寻由董仲舒而改变的儒学的前史，并以此来重新把握这个时期儒家思想的发展流程了。为此，笔者关注的是近年马王堆汉墓出土的古佚书《五行篇》的内

① 有关这一点，松田弘的《荀子の天思想——天論篇をめぐって》(《筑波大学哲学、思想系論集 1》，1957 年)中有很出色的考察。请参照。

容。以下数章通过《五行篇》，来重新考察从春秋战国到前汉武帝时期的儒学的发展。

本章以帛书《五行篇》为中心资料。首先就帛书《五行篇》以及至今为止有关《五行篇》的研究做一概述。

《五行篇》是在1973年由湖南省长沙马王堆三号汉墓出土的、大约五千四百字的篇名残缺的儒家著作，占据同时出土的《老子》甲本卷后古佚书四篇的先头位置。根据附葬品可以确认，墓主的埋葬时期是文帝时期(公元前168年)。有关《五行篇》本身的书写年代，因为《老子》乙本以及卷前古佚书避讳刘邦，将邦字全都改为国字，与此相对照，《老子》甲本以及卷后古佚书照原样使用了邦字。从这个谥法上来看，推定其写于高祖刘邦的卒年(公元前195年)之前。一般来讲，从原著的形成到不断转写流传，需要相当长的时间。结合这些来推测，《五行篇》的形成时期至迟也不会晚过战国后期。《五行篇》的整体内容，可以大致分为前半部分的经的部分(第170行至第214行)与后半部分的说的部分(第215行至第350行)。后者是对前者的文章意思的解释，是这样的一种构成。

以上就是《五行篇》的概要。下面叙述至今为止的研究摘要。《五行篇》第一次公开所有内容是在1974年由文物出版社刊行的题为《马王堆汉墓帛书[壹]》的线装本书中。其中收录有帛书的影印图版以及出自马王堆汉墓帛书整理小组之手的释文和注。这样，《五行篇》就向国内外的研究者广泛公开了。不过，释文中错误很多，不能直接相信和照原样读解，还是这样的一个状态。

我国(日本)《五行篇》研究的嚆矢是岛森哲男的《馬王堆出土儒家古佚書考》(《東方学》第五十六輯，1978年)。这个研究用写真版对照，校订了前述1974年版中的很多错误释文，并做了解读。其研究必须独自对照位于不同之处的经与说，是在这种极其困难的条件下进行的，是一篇深入了《五行篇》思想内容的优秀论考。岛森氏指出了作为孟子学派著作的《五行篇》的特色，在此之上，将其与《孟子》《荀子》《中庸》等做对比，推定其形成时期是在荀子游学齐之后、《中庸》形成时的秦帝国之前。

之后，到了1980年，中国刊行了庞朴的《帛书五行篇研究》（齐鲁书社）。这里将经在整体上分为28章，给每部分加上说，以这种形式收录了释文、校注、图版，以及《马王堆帛书解开了思孟五行说之谜》（《文物》1977年第10期）、《思孟五行新考》（《文史》第七辑，1979年）两篇论文。庞朴的释文，远比1974年版的释文精准，校注也相当详细，加上是用经与说直接对照的形式，给研究者带来了很大的便利。

有关思想内容，庞氏的关注点几乎都集中在这一点上：从《五行篇》的内容上来立证，《荀子・非十二子》所批判的五行说，到底是不是子思、孟子所提倡的。庞氏在前述的两篇论考中，推定《五行篇》是《韩非子・显学》所记的“孟氏之儒”乃至“乐正氏之儒”的作品，或者是赵岐《孟子题辞》所记的《孟子外书》四篇中的一篇。另一方面，他提出结论，说孟子本人主张《五行说》中所见到的仁义礼智圣的五行说，而荀子对此提出批判。

与庞氏《帛书五行篇研究》的刊行同年（1980年），国家文物局古文献研究室编的《马王堆汉墓帛书[壹]》出版了。书名与1974年版完全相同，为西式装订，也收录了帛书的图版、释文和校注。不过，在1974年版刊行之后，帛书收缩的地方平展了，破碎的部分也被推定出了原来所在的位置等等，与当初相比，可读解的部分增加了很多。其与

1974年版的释文，以及仅仅依据1974年版帛书而做的庞氏释文之间，存在相当数量的不同。当然，释文为读解者的判断所左右，难以一概定优劣。不过，作为底本而言，可以说这个1980年的版本最具优势。

到了翌年，李耀仙发表了题为《子思、孟子五行说考辨》(《抖擞》第四十五期，1981年)的论考。李氏推定帛书为《孟子外书》四篇中的《文说》或是《辩文》，认为子思、孟子主张的五行是仁义礼智诚，与帛书五行说的内容不同。另外，他认为帛书不过是后学之徒对于孟子思想的解说，不能说是孟子本人的思想。对于庞朴学说将帛书的五行说直接当作是孟子本人主张的观点加以反驳。

又过了一年，赵光贤发表了《新五行说商榷》(《文史》第十四辑，1982年)，说帛书的五行说是以《孟子》为基础的汉儒创作出来的新说，并非孟子本人之说。这也是反对庞朴学说的。当然，以前述的谥法为判断基准的话，帛书的书写年代是在高祖的卒年以前，所以赵氏的《五行篇》的内容是汉儒创作的这个见解，想来几乎没有成立的余地。

最近，影山辉国发表了题为《思孟五行説——その多様なる解釈と龐樸説》(《東京大学教養学部・人文科学科紀要》第八十一輯，1985年)的论考。就像副标题所显示的那样，是以荀子的批判子思、孟轲五行说为中心的，主要着眼于介绍以往的学说史，从结论上来讲，大致肯定了庞朴的学说。

第五章 《五行篇》的内容

如前所述，帛书《五行篇》还不能算是一个广为知晓的文献。所以，在讨论其内容之前，本章首先以笔者自己校订的原文和日文读解文(在此省略翻译——译者注)，在整体上对其做一介绍。用作底本的是版本状态最为良好的 1980 年版的释文和图版。不过，有关释文的部分，因为各有长短，所以，也就同时参照了庞朴的释文和 1974 年版的释文，将三者进行对校，努力确定原文。在进行这个工作的时候，在对照了写真版与释文之后，添加有依据笔者的个人见解而订正了的地方①。

释文中以[]显示的部分，都是依照以往的某个释文的推定和判断填上文字的地方；〔〕中的文字，是依照笔者的推定而补上的，仅供参考。另外，帛书是以近似小篆的字体记述的，为了方便理解，有很多地方是将帛书原本的字体改为了现在通行的字体。另外，经与说的章节划分直接沿用庞朴所做的划分。

---

① 1988 年发行了《帛书五行篇研究》的改订版。在其中，庞朴对于先前的释文做了很多修正。而且，在校注中，对于笔者的释文也表述了反对的意见。依据他的指摘，有一些是需要纠正的。不过，庞朴也将笔者的释文当作“浅野本”做了引用，这里姑且按照旧稿原样收录。

经 1 [仁]形[于内],谓之德之行,不形于内,谓之行。智形于内,谓之德之行,不形于内,谓[之行。义形]于内,谓之德之行,[不形于内,谓之]行。礼形于内,谓之德之行,不形于内,谓之行。圣形于内,[谓之德]之行,[不形于内,谓]之行。德之行,五和谓之德,四行和谓之善。善,人道也。德,天道也。

经 2 君子无中[心之]忧则无中心之智,无中心之智则无中心之悦,无中心之悦则不安,不安则不乐,不乐则无德。[君子]无中心之忧则无中心之圣,无中心之圣则无中心之悦,无中心之悦则不安,不安则不乐,不乐则无德。

经 3 五行皆形于厥内,时行之,谓之君子。士有志于君子道,谓之志士。

经 4 善弗为无近,德弗志不成,智弗思不得。思不精不察,思不长不得,思不轻不形。不形则不安,不安[则]不乐,不乐则无德。

经 5 不仁,思不能精,不智,思不能长。不仁不智。未见君子,忧心不能〔精长思不精长不〕能悦。诗曰:未见君子,忧心惙惙。亦既见之,亦既觏之,我[心则]悦。此[之谓也]。不仁,[思]不能精,不圣,思不能轻。不仁不圣。未见君子,忧心〔不能精轻〕。既见君子,心不〔惙惙〕。

经 6 仁之思也精。精则察。察则安。安则温。温则〔见君子道〕[则不]忧。[不]忧则玉色。玉色则形。形则仁。智之思也长。[长]则得。得则不忘。不忘则明。明则〔见君子道则玉色〕则形。形则智。圣之思也轻。轻则形。形则不忘。不忘则聪。聪则闻君子道。闻君子道则玉言。玉言则〔形〕。〔形〕[则]圣。

说6 圣之思也轻。思也者，思天也。轻者尚矣。轻则形。形者，形其所思也。柳下子轻思于翟，路人如斩，柳下子见其如斩也，路人如流。言其思之形也。形则不忘。不忘者，不忘其所〔思〕也。圣之结于心者也。不忘则聪。聪者，圣之藏于耳者也。犹孔子之闻轻者之鼓而得夏之卢也。聪则闻君子道。道者，天道也。闻君子道，之志耳而知之也。闻君子道则[玉音]。□□□□□□而美者也。圣者闻志耳而知其所以为〔道〕者也。玉音则[形]。□□□□□□□□□□□□圣。

经7 鸤鸠在桑，其子七兮。淑人君子，其宜一兮。能为一，然后能为君子。君子慎其独[也]。[燕]燕于飞，差池其羽。之子于归，远送于野。瞻望弗及，泣涕如雨。能差池其羽然[后能]至哀。君子慎其独也。

说7 鸤鸠在桑。直也。其子七兮。鸤鸠二子耳。曰七也，兴言也。[淑人君子，其宜一兮]。〔淑〕人者□。〔宜〕者义也。言其所以行之义之一心也。能为一，然后能为君子。能为一者，言能以多[为一]。以多为一也者，言能以夫[五]为一也。君子慎其独。慎其独也者，言舍夫五而慎其心之谓。〔君子〕然后一。一也者，夫五为〔一〕心也。然后德之一也。乃德已。德犹天也。天乃德已。燕燕于飞，差池其羽。燕燕，兴也。言其相送海也。方其化，不在其羽矣。之子于归，远送于野。瞻望弗及，[泣]涕如雨。能差池其羽，然后能至哀。言至也。差池者，言不在衰绖。不在衰绖也，然后能[至]哀。夫丧，正绖修领而哀杀矣。言至内者之不在外也。是之谓独。独也者，舍体也。

经8 君子之为善也，有与始也，有与终也。君子之为德也，有与始也，无与终也。

说 8 君子之为善也，有与始，有与终。言与其体始，与其体终也。君子之为德也，有与始，无[与终。有与始者，言]与其体始。无与终者，言舍其体而独其心也。

经 9 金声而玉振之，有德者也。金声，善也。玉言，圣也。善，人道也。德，天道也。唯有德者然后能金声而玉振之。

说 9 金声〔善也玉言圣也〕。〔天〕由德动。善也者，有事焉者，可以刚柔多铪为。故〔谓〕善〔人道也德天道〕也者，已有弗为而美者也。唯有德者然后能金声而玉振之。金声而玉振之者，动〔天而后能〕形善于外。有德者之〔美〕。

经 10 不恋不悦，不悦不戚，不戚不亲，不亲不爱，不爱[不仁]。

说 10 不恋不悦。恋也者，勉也。仁气也。恋而后能悦。不悦不戚。悦而后能戚所戚。不戚不亲。戚而后能亲之。不亲不爱。亲而后能爱之。不爱不仁。爱而后仁。〔唯〕恋者而后能悦仁，戚仁，亲仁，爱仁。以于亲戚亦可。

经 11 [不直不泄，不泄]不果，不果不简，不简不行，不行不义。

说 11 不直不泄。直也者，直其中心也。义气也。直而后能泄。泄也者，终之者也。弗受于众人，受之孟贲，未泄也。不泄不果。果也者，言其弗畏也。无介于心〔中〕也。不[果不]简。简也者，不以小害大，不以轻害重。不简不行。行也者，言其所行之〔形外〕。〔不行不义〕。〔行而后能〕义也。

经 12 不远不敬，不敬不严，不严不尊，不尊不[恭，不恭]不〔礼〕。

说 12 不远不敬。远心也者，礼气也。质近者，〔中〕弗能〔远〕，〔外不能〕敬之。远者，动敬心，作敬心者也。左麾而右饭之，未得敬〔心者也〕。不敬不严。严犹厳。厳敬之积者也。不严不尊。严而后忌尊。不尊不恭。恭也者，〔居上〕敬下也。恭而后礼也。有以礼气也。

经 13 不〔聪不明，不聪明则〕不圣智。不圣不智，不智不仁，不仁不安，不安不乐，不乐无德。

说 13 不聪不明。聪也者，圣之藏于耳者也。[明也]者，智之藏于目者[也]。聪，圣之始也。明，智之始也。故曰不聪明则不圣智。圣智必由聪明。圣始天，智始人。圣为崇，智为广。不智不仁。不知所爱则何爱。言仁之乘智而行之。不仁不安。仁而能安，天道也。不安不乐。安也者，言与其体偕安也者也。安而后能乐。不乐无德。乐也者，流体，机然忘塞。忘塞，德之至也。乐而后有德。

经 14 颜色容[貌恋恋]也，以其中心与人交，悦也。中心悦焉，迁于兄弟，戚也。[戚]而信之，亲[也。亲而笃之]，爱也。爱父，其继爱人，仁也。

说 14 [颜色容貌]恋恋也者，勉勉也，逊逊也，能行恋者也。能行恋者，〔其中〕心悦。心〔悦〕然后颜色容貌温以悦，恋也。以其中心与人交，悦也。毂毂□□□□□□□是〔行〕悦已。人无悦心也者，弗迁于兄弟也。迁于兄弟，戚也。言迁其〔悦心〕于兄弟而能相戚也。兄弟不相能者，非无所用悦心也，弗迁于兄弟也。戚而信之，亲也。言信其〔体〕也。剐而四体，予汝天下，弗为也。

剐汝兄弟，予汝天下，弗迷也。是信之已。信其〔体〕而后能相亲也。亲而笃之，爱也。笃之者厚。厚亲而后能相爱也。爱父，其杀爱人，仁也。言爱父而后及人也。爱父而杀其邻〔之〕子，未可谓仁也。

经 15　中心辩焉而正行之，直也。直而[遂之，泄]也。〔泄而〕不畏强御，果也。不以小道害大道，简也。有大罪而大诛之，行也。贵贵，其等[尊]贤，义[也]。

说 15　中心辩焉而正行之，直也。有天下美饮食于此。吁嗟而予之，中心弗迷也。恶吁嗟而不受吁嗟。正行之，直也。直而遂之，泄也。泄者，遂直者也。直者，〔唯〕贵□□□□□□□□□□□泄也。泄〔者〕弗[畏]强御，果也。强御者，勇力者，谓□□□□□□□□□□之以□□□无介于心，果也。不以小道害大道，简也。简也者，不以小[爱害大]爱，不以小义害大义也。见其生也，不食其死也，祭亲执诛，简也。有大[罪而]大诛之，行也。无罪而杀人，有死弗为之矣。然而大诛之者，知所以诛人之道而〔行〕焉。故谓之行。贵贵，[其]等尊贤，义也。贵贵者，贵众贵也。贤贤，长长，亲亲，爵爵，选贵者无私焉。其等尊贤，义也。尊贤者，言等贤者也。言选贤者也。言足诸上位。此非以其贵也。此其义也。贵贵而不尊贤，未可谓义也。

经 16　以其外心与人交，远也。远而庄之，敬也。敬而不懈，严[也]。严而威之，尊也。[尊]而不骄，恭也。恭而博交，礼也。

说 16　以其外心与人交，远也。外心者，非有他心也。同之心也。而有谓外心也。而有谓中心。中心者，娱然者。外心者也，其眉廓然者也。言之心交远者也。远而庄之，敬也。敬也

[者]，□□□□□[敬而不懈]，严也。严也者，敬之不懈者，〔敬〕之积者也。是厌□□□□□□。[严而威之，尊也]。尊者，又从而畏忌之，则无闲何由至乎哉。是必尊矣。[尊而不骄，恭]也。言尊而不有〔敬下〕已事君与师长者，弗谓恭矣。故厮役人之道〔不骄〕恭焉。恭生于尊者也。恭而博交，礼也。博者，辩也。言其能博，然后礼也。

经 17 未尝闻君子道，谓之不聪。未尝见贤[人]，谓之不明。闻君子道而不知其君子道也，谓之不圣。见贤人而不知其有德也，谓之不智。见而知之，智也。闻而知之，圣也。明明，智也。赫赫，圣[也]。明明在下，赫赫在上，此之谓也。

说 17 未尝闻君子之道，[谓之不]聪。同之闻也。独不色然于君子道。故谓之不聪。未尝见贤人，谓之不明。同之见也，独不色贤人。故谓之不明。闻君子道而不知其君子道也，谓之不圣。闻君子道而不色然，而不知其天之道也，谓之不圣。见贤人而不知其有德也，[谓]之不智。见贤人而不色然，不知其所以为之。故谓之不智。闻而知之，圣也。闻之而[遂]知其天之道也，圣也。见而知之，智也。见之而遂知其所以为之〔也〕，智也。明明，智〔也〕。〔明〕也者，由所见知所不见也。赫赫，圣也。□□言□□□□□□□□□[明]明在下，赫赫在上，此之谓也。明者始在下，赫者始在上。□□□□□谓圣智也。

经 18 闻君子道，聪也。闻而知之，圣也。圣人知天道。知而行之，义也。行[之而时，德也。见贤人，明也]。见而知之，智也。知而安之，仁也。安而敬之，礼也。[仁义礼智所由生也。五行之所和也。和]则乐，乐则有德。有德则国家兴。□□□□□。

诗曰:文[王在上,於昭]于天。[此之谓也。]

说 18 闻君子道,聪也。同之闻也,独色然辩于君子道,聪也。聪也者,圣之藏于耳者也。闻而知之,圣也。闻之而[遂]知其天之道也,是圣矣。圣人知天之道。道者,所导也。知而行之,义也。知君子之[所]道而憿然行之,义气也。行之而时,德也。时者,和也。和也者,德也。见贤人,明也。同[之见]也,独色然辩于贤人,明也,明也者,智之藏于目者。见而知之,[智也]。曰何据。孰休烝此而遂得之,是智也。知而安之,仁也。知君子所道而[娱]然安之者,仁气[也]。安而敬之,礼也。既安之止矣,而又愀愀然而敬之者,礼气[也]。〔四行所和〕人道〔也〕。[仁]义礼智所由生也。言礼智之生于仁义〔四行和所也〕。[五行之所和也,和]则乐。和者,有犹无声之和也。乐者,言其流体也。欣[然忘塞。忘塞]者,德之至也。乐而后有德。有德而国家兴。国家兴者,言天下之兴仁义也。言其□□乐也。文王在上,於昭于天,此之谓也。言大德备成矣。

经 19 见而知之,智也。知而安之,仁[也。安而行]之,义也。行而敬之,礼也。仁义礼智之所由生也。四行之所和。[和]则同,同则善。

说 19 见而知之,智也。见者□也。知者,言由所见知所不见也。知而安之,仁也。知君子所道而娱然安之者,[仁]气也。安而行之,义也。既安之矣,而憿然行之,义气也。行而敬之,礼也。既行之矣,[又]愀愀然敬之者,礼气也。所安,所行,所敬,人道也。仁义礼[智]之所由生也。言礼[智]生于仁义也。四行之所和。言和仁义也。和则同。和者,有犹[五]声之和也。同者,

□约也。与心若一也。言舍夫四也，而四者同于善心也。同，善之至也。同则善矣。□□□□□□□人行之大。大者，人行之〔公〕然者也。世子曰：人有恒道，达□□□。

经20 [不简]不行。不匿，不辩于道。有大罪而大诛之，简。有小罪而赦之，匿也。有大罪弗[诛，不]行。有小罪而弗赦，不辩[于]道。简之为言也，犹衡，大而罕者。匿之为言也，犹匿慝，小而轸者。简，义之方也。匿，仁之方也。刚，义之方也。柔，仁之方也。诗曰：不竞不絿，不刚不柔。此之谓也。

说20 [不简不]行也。简则行矣。不匿，不辩于道。匿者，言仁行小而轸者也。小而实大，大之者也。世子曰：知轸之为物也，斯公然得矣。轸者，多也。公然者，心道也。不周[于]匿者，不辨于道也。有大罪而大诛之，简。有小罪而赦之，匿也。有大罪而弗〔大〕诛，不行也。有小罪而弗赦，不辨于道也。简为言，犹衡也，大而罕者。直之也。匿为言也，犹匿慝，小而轸者。直之也。简，义之方也。匿，仁之方也。言仁义之用心之所以异也。义之尽，简也。仁之尽，匿。大〔义〕加大者。大仁加小者。故义取简，而仁取匿。诗云：不竞不[絿]，不刚不柔。此之谓也。竞者，强也。絿者，急也。非强之也，非急之也，非刚之也，非柔之[也]。言无所争焉也。此之谓者，言仁义之和也。

经21 君子集大成。能进之，为君子。不能进，各止于其[里]。大而罕者，能有取焉，小而轸者，能有取焉。索纑纑，达于君子道。谓之贤。君子知而举之，谓之尊贤。君子从而事之，谓之尊贤。前王公之尊贤者[也，后]士之尊贤者也。

说21 [君子集大成]。〔集〕也者，犹造之也，犹具之也。大成也者，金声玉振之也。唯金声[而玉振之者]，然后已仁而以人仁，已义而以人义。大成至矣，神耳矣。人以为弗可为，〔大成〕由至焉耳，而不然。能进之，为君子。弗能进，各止于其里。能进端，能充端，则为君子耳矣。弗[能]进，各各止于其里。不藏欲害人，仁之理也。不受吁嗟者，义之理也。弗能进也，则各止于其里耳矣。充其不藏欲害人之心，而仁覆四海。充其不受吁嗟之心，而义襄天下。仁覆四海，义襄天下，而诚由其中心行之，亦君子已。大而罕者，能有取焉。大而罕者，言义也。能有取焉也者，能行[之也。小]而轸者，能有取焉。小而轸者，言仁也。能有取焉者也，能行之也。索纑纑，达[于君子道。谓之贤]。索纑纑也者，言其达于君子道也。能仁义而遂达于[君子道]，谓之贤也。君子知而举之，谓之尊贤。君子知而举之也者，犹尧之举舜〔也〕，〔汤〕之举伊尹也。举之也者，诚举之也。知而弗举，未可谓尊贤。君子从而事之也[者]，犹颜子子路之事孔子也。事之者，诚事之也。知而弗事，未可谓尊贤也。前王公之尊贤者也，后士之尊贤者也。直之也。

经 22　耳目鼻口手足六者，心之役也。心曰唯，莫敢不[唯]。[心曰诺，莫]敢不[诺。心]曰进，莫敢不进。心曰浅，莫敢不浅。

说 22　耳目鼻口手足六者，心之役也。耳目也者，悦声色者也。鼻口者，悦臭味者也。手足者，悦佚愉者也。[心]也者，悦仁义者也。此数体者，皆有悦也。而六者为心役，何[也]。曰：心贵也。有天下之美声色于此，不义则不听弗视也。有天下之美臭味于[此]，不义则弗求弗食也。居而不间尊重者，不义则弗为之矣。何居。曰：几不胜〔希也〕，[小]不胜大，贱不胜贵也哉。故曰心之役也。耳目鼻口手足六者,人〔贱几〕,〔人〕体之小者也。心,人〔贵希〕,人体之大者也。故曰君也。心曰唯,莫敢不唯。心曰唯,[耳目]鼻口手足音声貌色皆唯,是莫敢不唯也。诺亦然,进亦然,退亦然。心曰深,[莫]敢不深。心曰浅,莫敢不浅。深者,甚也。浅者,不甚也。深浅有道矣。故父乎,口〔含〕食则吐之,手执〔业〕则投[之],唯而不诺,走而不趋。是莫敢不深也。兄则不如是其甚也。是莫敢不浅也。

经 23 [侔而]知之,谓之进之。

说 23 侔而知之,谓之进之。弗侔也,侔则知之矣。知之则进耳。侔之也者,比之也。天蓝[在]下,有命既集者也,天之蓝下也,集命焉耳。循草木之性,则有生焉,而无[好恶。循]禽兽之性,则有好恶焉,而无礼义焉。循人之性,则巍然[知其好]仁义也。不循其所以受命也,循之则得之矣。是侔之已。故侔万物之性,而〔知人〕独有仁义也,进耳。文王在上,於昭于天,此之谓也。文王源耳目之性,而知其[好]声色也。源鼻口之性,而知其好臭味也。源手足之性,而知其好佚愉也。源[心]之性,则巍然知其好仁义也。故执之而弗失,亲之而弗离。故卓然见于天,箸于天下,无他焉。侔也。故侔人体而知其莫贵于仁义也,进耳。

经 24 譬而知之,谓之进之。

说 24 譬而知之,谓之进之。弗譬也,譬则知之矣。知之则进耳。譬丘之与山也,丘之所以不〔如〕名山者,不积也。舜有仁,我亦有仁,而不如舜之仁,不积也。舜有义,而我[亦有义],而不如舜之义,不积也。譬比之,而知吾所以不如舜,进耳。

经 25 喻而知之,谓之进[之]。

说25　喻而[知]之，谓之进[之]。弗喻也，喻则知之[矣]。知之则进耳。喻之也者，自所小好，喻乎所大好。窈窕[淑女，寤]寐求之，思色也。求之弗得，寤寐思伏，言其急也。悠哉悠哉，辗转反侧，言其甚〔急也〕。〔急〕如此其甚也，交诸父母之侧，为诸。则有死弗为之矣。交诸兄弟之侧，亦弗为也。交[诸]邦人之侧，亦弗为也。[畏]父兄，其杀畏人，礼也。由色喻于礼，进耳。

经26　[机而知之，天]也。诗曰：上帝临汝，毋贰尔心。此之谓也。

说26　机而知之，天也。机也者，斋数也。唯有天德者，然后机而知之。上帝临汝，毋贰尔心。上帝临汝，〔斋〕机之也。毋贰尔心，俱机之也。

经27　天生诸其人，天也。其人施诸[人，人]也。其人施诸人，不得其人，不为法。

说27　天生诸其人，天也。天生诸其人也者，如文王者也。其人施诸人，[人]也者，如文王之施诸闳夭散宜生也。其人施诸人，不得其人，不为法。言所施之者，不得如散宜生闳夭者也，则弗[为法]矣。

经28　闻君子道而悦，好仁者也。闻道而[威，好]义者也。闻道而恭，[好]礼者也。闻[道]而乐，有德者也。

说28　闻君子道而悦者，好仁者也。道也者，天道也。言好仁者之闻君子道，而以之其仁也。故能悦。悦也者，形也。闻君子道而威，好义者也。好义[者]之闻君子道，而以之其[义也]。故能威。威也者，形也。闻道而恭，好礼者也。言好礼者之闻君子道，而以之其礼也。故能恭。恭者，形也。闻道而乐，有德者也。道也者，天道也。言好德者之闻君子道，而以夫五也为一也。故能乐。乐也者，和，和者，德也。

以上就是帛书《五行篇》的全文。在说22的末尾，接续有这样的文章："和则同。和也者，小体䜌䜌然，不困于心也。和于仁义也。仁义同者，与心若一也。□约也。同于仁[义]，仁义心也。同则善耳。"内容同说19的一节相近似，在此依据庞朴的这部分是此处的衍文的说法，从释文中删除。

第六章 《五行篇》的思想性特色

本章尝试明确《五行篇》的学派性质。作为这一工作的一环，先从几个视点上来探讨一下《五行篇》的思想性特色。

首先第一个特色，就是包括了仁、义、礼、智、圣的这个五行说的存在。以往大家知道的各种五行说，几乎都是以木、火、土、金、水为五行内容的东西；也有包含着伦理性道德名目的五行说，不过，基本形态还是木、火、土、金、水这五行，伦理性的道德名目与方位、四时、五色、五声等相同，是作为标配在五行上的附属性的要素，只是如此而已。

对此，《五行篇》举出了仁、义、礼、智、圣等五种伦理性道德名目，只将这些明确地称为五行。这样的五行说，在既存的文献中完全没有，是极为特异的思想。言及这个五行的，散见于经1、经3、经18、说18、经19、说19等当中。现列举其中记述内容最为完整的经1：

> 仁形于内，谓之德之行，不形于内，谓之行。智形于内，谓之德之行，不形于内，谓之行。义形于内，谓之德之行，不形于内，谓之行。礼形于内，谓之德之行，不形于内，谓之行。圣形于内，谓之德之行，不形于内，谓之行。德之行，五和谓之德，四行和谓之善。善，人道也。德，天道也。

在经1中，五行是按仁、智、义、礼、圣的顺序出现的。不过，根据“礼智生于仁义”(说19)、“仁义礼智之所由生”(经18、说18、经19)等来判断，正确的应该是仁、义、礼、智、圣的顺序。这些道德名目，作为肉眼能够看到的外形，只停留在身体、动作的表现上，还没有显现在内心深处的话，这种状态，帛书上只称为“行”。相对于此，这些道德明目如果是在内心里发现的话，帛书上将这种境地称为“德之行”，加以区分。相比于“行”，“德之行”位于上位。

再来详细地探讨一下“形于内”“不形于内”的区别。所谓“形于内”的状态，是向“五和”“四行和”的“和”移动的前一个阶段。所谓“和”，就像说19解说的那样，“和者，有犹五声之和也。同者，□约也。与心若一也。言舍夫四也，而四者同于善心也。同，善之至也”，是指各个道德明目分别抽象化，舍弃一切身体性的、形式性的外在要素，在心中融合同化、成为一体的状态。也就是说，为了各个道德名目在心中协调，首先作为前阶段，各个道德明目必须以内心为场所、在内心发现。

就像这样，五种道德名目全都显现在心中，然后同化为一。到了这个阶段，“独也者，舍体也”(说7)、“舍其体而独其心”(说8)、“流体”(说13)、“以夫五为一”“舍夫五而慎其心”“一也者，夫五为一心也”(说7)、“以夫五为一”(说28)等等，就像如此表达的，身体性的、外在形式的一面全都去除舍弃了。也就是说，“形于内”的意思是不直接展现在外面的这种状态。说7明确说这种情况是“言至内者之不在外也”。

以上就是“德之行”与“行”的差别。尽管在和于心中这一点上相同，《五行篇》还在“五和”和“四行和”之间另外设定了差别。帛书规定“五和”是德，是天道，另一方面，规定“四行和”是善，是人道。参照“闻而知之，圣也。圣人知天道”（经 18）的这种思考就明白，区分二者的要因，还在于是否包含圣这个道德名目。也就是说，《五行篇》描绘的是这样一幅构图：仁、义、礼、智这四行内在化、在心中协调融合的阶段，就是善，就是人道；仁、义、礼、智、圣这五行内在化、协调融合于一心的阶段，就是德，就是天道。而且，后者优于前者。

另外，将这个差别用在现实中的人的时候，“五行皆形于厥内，时行之，谓之君子。士有志于君子道，谓之志士”（经 3），就像这样表达的，五行全部都达到了内在化和融合、在得时宜时向外界发出的人物是君子，没有到达这个境地而在努力的人是志士，是这样的差异。

就像以上解说的，看它是停留在外表还是达到内在化；或者，是四行的协调融合还是达到了五行的全部融合。将这种修养阶段上的差异设定在其内部，展开包括了仁、义、礼、智、圣的五行说，是帛书《五行篇》的第一个思想性特色。

第二个特色是，设定内与外的区分，以此展开理论逻辑。最终提出相比于外的内的优势地位的主张，是这样的一种思考方法。

这样的特色，如实地反映在对于仁、义、礼、智四行的性质规定上。先来看一下帛书是如何说明仁的。在经 10 中提示了到达仁的历程：“不繺不悦，不悦不戚，不戚不亲，不亲不爱，不爱不仁。”说全身心地恋慕他人的这种感情，就会成为欢喜他人之存在的感情，由此就产生了忧虑他人之不幸的感情，然后就发展为对于他人的更为喜爱的感情，这样就会到达对于他人的慈悲之心、到达仁。这样的话，仁的开头，就是对于他人的强烈的思慕之情，说 10 将其连续性，解说为“恋也者，勉也，仁气也”。

与此相同的思考，在下面列举的经 14 中也有展开：

颜色容貌恋恋也，以其中心与人交，悦也。中心悦焉，迁于兄弟，戚也。戚而信之，亲也。亲而笃之，爱也。爱父，其继爱人，仁也。

在这里也规定，强烈地恋慕他人、喜欢其存在的“中心”的感情，才是最终到达仁的开始。所以，可以说，《五行篇》是将仁这个道德名目的根源和出发点，假定在“中心”即内心之上的。

下面再看有关义的道德名目又是怎样的。在经 11 中，是这样叙述到达义的过程的：

不直不泄，不泄不果，不果不简，不简不行，不行不义。

说排除不纯思惑、形成真直的情感和判断，这样的话，就不会在半途中屈于外来的压力，就会形成展露自己原本的感情和判断的这种内心状态。这种内心状态最终会不屈于任何的恐怖和困难，发展为果敢的意志。而且，这种坚固的意志，不会为无关紧要的枝叶末节所迷惑，形成永远只忠实于本质的清晰透彻的精神。这种纯粹的精神，以对于外界断然果敢的行动而具现。这样，自己的信念以原本的样态直接迈向实行的时候，义就在此以具体的行为显现了。所以，义也是一样，真正正直的情感和判断才是通往义的开始。说 18 这样明示其连续性：“直也者，直其中心也，义气也。”

与此同样的思考，在下面列举的经 15 中也有记述：

中心辩焉而正行之，直也。直而遂之，泄也。泄而不畏强御，果也。不以小道害大道，简也。有大罪而大诛之，行也。贵贵，其等尊贤，义也。

这里也是一样，说最终能够通向义的，其开头在于“中心”发挥真正的正直。说15有如下举例的详细说明：

有天下美饮食于此。吁嗟而予之，中心弗迷也。恶吁嗟而不受吁嗟。正行之，直也。

来，吃吧！这样被招呼，哪怕是多么美味的食物，都要断然拒绝之。这是因为憎恶对待他人态度粗暴的缘故。“中心”不惑，这样形成的情感和判断，直接移到行动上，就是“直”。

就像这个具体的例子所明确显示的那样，从最初的阶段开始，“中心”就已经有辨别什么是义什么是不义的能力了。具备了“辨焉”（经15）的良知和能力，是这个逻辑的大前提。这样，义也就跟仁完全相同，被规定为从内心而发的伦理。

那么，第三个名目的礼是怎样的呢？经12是这样说明的：

不远不敬，不敬不严，不严不尊，不尊不恭，不恭不礼。

据此，最终通往礼的始端，在于“远”这一点。“远心也者，礼气也”（说12），这个记述说那就是“远心”的意思。另外，在经16中，说“以其外心与人交，远也。远而庄之，敬也”，以“外心”这个术语又重新说明了“远心”。有关“外心”，说16加上了以下的解说：

外心者，非有他心也。同之心也。而有谓外心也。而有谓中心。中心者，嫈然者。外心者，其眉廓然者也。言之心交远者也。

这个记述说，虽然称为“中心”“外心”，但并不是说就存在有两个心。心只有一个，要同他人融合接触的时候，就是“中心”。对此，以严谨的态度同他人交接的时候，就是“外心”。也就是说，所谓“外心”，换言之就是“恭而博交，礼也”（经16）、“博者，辩也”（说16）所说的那样，是指与他人之间保持一定的距离、排除与他人之间过于亲近的态度。

只要“礼”是这种“外心”的产物，那么，同样都是发自内心的伦理，其与根源于“中心”的仁和义还是不同的。礼具有几分向外倾斜的性质，是这样的一个道德名目。不过，这只是在《五行篇》内部中相比较而言的一个现象，与荀子等人的礼主要是用来教化和规制人的手段的这些主张相比，《五行篇》的礼基本上还是内在于人心的伦理。这一点需要留意。

下面来看第四个道德名目智。这个有些麻烦。这样说是因为，虽然在分类上一并称为仁、义、礼、智四行，但是，从内容上来讲，仁、义、礼三行都是以伦理性为主体的道德名目，唯有智不同，着重点是放在能力上的。因此，有关智的具体性质，相较于将其与仁、义、礼置于同一个连续性上，更多的是将其作为比圣低劣一等的能力、在与圣的比较上进行阐述的。所以，智呈现有从四行中游离出来的不安定性。也许是智的这种不安定性的反映，有关仁、义、礼的论述，就像前面引述的那样，几乎是以同样的形式展开的，具有同样形式的专论部分，但对于智，没有展开那种形式的专论。

以下使用与圣相比较而论述的有关智的内容，来讨论一下智的性质：

> 未尝闻君子道，谓之不聪。未尝见贤人，谓之不明。闻君子道而不知其君子道也，谓之不圣。见贤人而不知其有德也，谓之不智。见而知之，智也。闻而知之，圣也。明明，智也。赫赫，圣也。（经 17）

在此，“闻”的能力是聪，“闻而知之”的能力是圣。对此，“见”的能力是明，“见而知之”的能力是智。这样强调二者的不同。经 17 的“见”，具体是指见贤人的这个行为，见贤人还能够分辨出此人是贤人无疑的这种能力，就是明。智的识别水平更高，是指能够察知所识别的贤人多么有德、其德性是由什么带来的这种能力。说 17 这样解说这一点：“见之而遂知其所以为之也，智也”；“明明，智也。明也者，由所见知所不见也”。所以，智意味着从可视性的形象上、推察出其背后潜在的不可视性事象的能力。

遇见过很多的贤人，却扬言说“未尝见贤人”（经 17），是因为这种人的心中，原本就欠缺对于非贤人的自己的内省和忧虑、欠缺对于贤人的思慕和憧憬之情。在经 2 中将这种情况描述为“君子毋中心之忧则无中心之智”。在这个意义上，智的根源依然在于“中心”。而且，只要是“见而知之”，那么，通往智的道路，中间当然就有以肉眼认识对象外形的阶段。不过，最终需要察知的对象是“所见”“所不见”（说 17）的，所以最终是要深深地进入到对象内部的。内—外—外之内，要经过这样的一个相当复杂的过程。因此，智这个道德名目本身，是很难归类于内或外的某一方的，显示出这样的一种性质。

不过，说13在解说“不智不仁”(经13)的经文时，记述有“不知所爱则何爱。言仁之乘智而行之”。关注这一点来看的话，可以说是这样的意思：从侧面诱导，将发自内心的爱的情感导向合适的对象，指示和决定方向的就是智。所以，同样是具有从内向外的方向性，可以说智是比仁、义更着重于外侧一方的道德名目。这恰好就像礼，虽然发自于内心，但在发出之后，是从侧面规制心的表露形态的，与此相类似。

这样看来，《五行篇》对于仁、义、礼、智四行，全都让其由内心向外界发出，使其共有一个方向性。在此之上也在其间设定有差异。仁、义二行的重点在于内，礼、智二行相对倾向于外。那么，彼此之间的关系，又是怎样被序列化的呢？“仁义礼智所由生也”(经18、说18、经19、说19)、“礼智生于仁义”(说18、说19)，从这个先后关系、亲子关系上来看，仁、义方面被赋予了价值性的优势地位，这一点是无可怀疑的。

所以，《五行篇》建立内与外的区分来规定四行的性质，最终将内设定在优势的地位上。这一点，从前述“形于内”的德之行与“不形于内”的行之间的优劣关系上来看，也是很明确的。在此只是在具体实例上考察了四行，就像后面还会从各个角度触及的那样，这种思考类型是《五行篇》整体上的一贯特色。

《五行篇》的第三个思想性特色，是覆盖整体的强烈的唯心主义以及神秘主义。这二者，在唯心主义的终极就出现了神秘主义的样态，显示这种连续性。先从唯心主义方面来讨论。

君子无中心之忧则无中心之智，无中心之智则无中心之悦，无中心之悦则不安，不安则不乐，不乐则无德。君子无中心之忧则无中心之圣，无中心之圣则无中心之悦，无中心之悦则不安，不安则不乐，不乐则无德。（经 2）

在这里显示两个系统的修养过程：忧→智→悦→安→乐→德，忧→圣→悦→安→乐→德。二者之间的差异在于位于第二的智和圣这一点上，也就是"见而知之"（经 18）和"闻而知之"（经 18）的差异。这是手段和方法上的差异，其余的忧、悦、安、乐全都是表达心灵的存在样态和心情的概念。说通过一步步修得和实现这些"中心"心境的各个阶段，最后就可以到达德的至高境地。这样的话，伦理修养就是只在心的内部进展和完成的。这是显著显现《五德篇》唯心主义倾向的一个例子。

这样的唯心主义立场，必然伴随轻视身体和外形的主张：

鸤鸠在桑，其子七兮。淑人君子，其宜一兮。能为一，然后能为君子。君子慎其独也。燕燕于飞，差池其羽。之子于归，远送于野。瞻望弗及，泣涕如雨。能差池其羽然后能至哀。君子慎其独也。（经 7）

作者分别援引《诗经・曹风・鸤鸠》和《邶风・燕燕》中的一节，从这两方导出"君子慎其独也"的结论。同样的表达在《礼记》（《大学》《中庸》两篇）中也能够看到。不过，以往这些都是被解释为独居的时候更要戒慎、不要陷入放恣的意思。

可是,“慎其独也者,言舍夫五而慎其心之谓。君子然后一。一也者,夫五为一心也。然后德之一也”“言至内者不在外也。是之谓独。独也者,舍体也”(说 7),从这些解说中能够明确,《五行篇》的“慎独”,是将心从肉体中分离开来、致力于对内心的专一和集中的意思。也就是说,抽象所有的显现在自己身体上的仁、义、礼、智、圣的形式性,到达只有内在的一心独立的境地。就像在海上寻求死亡场所的两只燕子——尾羽凌乱、或高或低地悲哀飞行着、相互目送对方至于冥界,极度而又纯粹地感受今生别离的心情一样①。

仁、义、礼、智、圣五行,首先是作为人物的言行、起居动作仪态的形式性,来修得并发挥的。不过,最终必须脱离这种境界,甩掉一切身体性的、外形性的一面,到达内在化的五行融合、凝聚于一心的阶段。只有至此,人才会获得天德。

类似的思考在接下来的经 8、说 8 中也有展开:

君子之为善也,有与始也,有与终也。君子之为德也,有与始也,无与终也。(经 8)

君子之为善也,有与始,有与终。言与其体始,与其体终也。君子之为德也,有与始,无与终。有与始者,言与其体始。无与终者,言舍其体而独其心也。(说 8)

---

① 关于《燕燕》,有现在流传的鲁诗说、齐诗说。同时,还有解释说,那是卫定公的夫人定姜在卫的原野上目送还没有孩子就做了未亡人的儿媳回娘家时候的诗。对此,《易林》恒之坤处记述为“燕雀衰老,悲鸣入海。忧在不饰,差池其羽,颉颃上下,寡位独处”,记有齐诗说的一个解释,除了“言其相送海也”(说 7)的部分之外,与《五行篇》的解释几乎一致。另外,有关这一点,前述岛森氏的论文已经有所指摘。

经8述说“为善”与“为德”的差异。“五和谓之德，四行和谓之善。善，人道也。德，天道也”（经1），根据经1的定义，仁、义、礼、智四行在内心调和的阶段，就是善；如果再加上圣，五行在内心调和，就是德。另外，“为善”的时候，是伴随着身体的、形式的一面开始伦理修养的，直到最后也没有完全将这些丢掉，修养就终结了。与此相反，“为德”的时候，也就是加上了圣的这一系统，同样也是伴随着身体的、形式的要素开始修养，但在修养完成和终结的时候，那些要素全都被抽象，已经没有了身体的相伴，唯有专一的心的独立。德（天道）与善（人道）的优劣关系已经很明确，所以，这也是主张相对于身体的心的完全优势地位的、极端唯心主义的宣言。

以下列出的经22，是从另一个论点上明言对于身体的心的优越性：

耳目鼻口手足六者，心之役也。心曰唯，莫敢不唯。心曰诺，莫敢不诺。心曰进，莫敢不进。心曰浅，莫敢不浅。

在此，作者规定只有心才是使役身体各个部分的君主。这只是着眼于指挥命令系统的序列的逻辑，不过，“文王源耳目之性，而知其好声色也。源鼻口之性，而知其好臭味也。源手足之性，而知其好佚愉也。源心之性，则巍然知其好仁义也。故执之而弗失，亲之而弗离”（说23），如果参照说23的解释就可以明白，实际上它是说只有心才能够认识到价值性上位的事物（仁义），那样的君臣关系实际上是由来于二者之间这种能力上的差异的。通过赋予这样的论据，相对于身体的心的优越性，差不多就变成绝对性的东西了。

这种彻底的唯心主义更加移向神秘主义。下面列举的说 6，向我们展示了其具体的样态：

> 圣之思也轻。思也者，思天也。轻者尚矣。轻则形。形者，形其所思也。柳下子轻思于翟，路人如斩，柳下子见其如斩也，路人如流。言其思之形也。形则不忘。不忘者，不忘其所思也。圣之结于心者也。不忘则聪。聪者，圣之藏于耳者也。犹孔子之闻轻者之鼓而得夏之卢也。

经 4、经 5、经 6 主张连续地凝集思考的必要性，“智弗思不得。思不精不察，思不长不得，思不轻不形”（经 4），“不仁，思不能精，不圣，思不能轻”（经 5），“仁之思也精”“智之思也长”（经 6）等等。

说 6 承接这个论旨，主张说，只要一心不乱地深入思考天，其凝缩的念力就会一举突破时间性和空间性的障碍，可以在远处实现自己的愿望，也可以从远处招来自己欲求的对象。例如，春秋时代任鲁国司法长官的柳下惠，有一次对天思念用羽毛装饰着的高级车（翟）——也就是思念立下功绩从而荣达，远处狱中正要被判处斩刑的罪人的姿态远远地浮现在柳下惠的脑海，柳下惠顿生怜悯之情，那个囚犯就被减刑为流放了。又如，在孔子想起轻装步兵进击的信号和鼓噪声音的那一瞬，以锐利而闻名的夏之卢，就不知从什么地方出现在他的眼前了。也就是说，柳下惠和孔子将对于天的思念精密地凝集在内心里，其念想就冲破了所有的时空限制，一下子就在外界实现了。

本来，人受时间和空间的约束就是因为其身体性质的缘故。所以，“舍其体而独其心”（说 8）的话，人当然就超越了时空所带来的一切制约，可以完全自由。就这样，《五行篇》以与唯心主义表里一体的形式，鼓吹强烈的神秘主义。

《五行篇》的第四个思想性特色，就是对于天的积极性的态度，也就是天人相关思想的存在。这一点与前述的唯心主义、神秘主义多有重复，很难截然分开，在此就天人相关特别显著的部分进行考察：

> 禨而知之，天也。诗曰：上帝临汝，毋贰尔心。此之谓也。（经 26）
>
> 禨而知之，天也。禨也者，斋数也。唯有天德者，然后禨而知之。上帝临汝，毋贰尔心。上帝临汝，斋禨之也。毋贰尔心，俱禨之也。（说 26）

经 26 以解释《诗经・大雅・大明》中一节的形式，说上帝只对“有天德者”即完成了伦理修养的人物下赐禨、预告未来。所谓禨，“荆人畏鬼，而越人信禨”（《吕氏春秋・异宝》）、“大并世盛衰，因载其禨祥度制”（《史记・孟子荀卿列传》），从这些用例上来看也很清楚，意思就是上天预告未来祸福凶吉的预兆。

不过，从“禨也者，斋数也”的解说上看，这里特别指历运之数，也就是有关王朝的盛衰兴亡的年数。所以，“有天德者”通过上帝赐予的禨，能够事先预知当下王朝的命运以及新王朝出现的年数。所以，说“圣人知天道”“有德则国家兴”（经 18），就是因为如此。另外，“闻之而遂知其天之道也，是圣矣”“道者，所导也”（说 18），如果从这些表达上来推测的话，禨就是通过“有天德者”直接听取上帝预言的这个形式而来的了。当然，要求“有天德者”对上帝的言论不抱丝毫的怀疑，要求其从心里相信上帝的预告的这种态度。

此外,《五行篇》还提及唯一预知了王朝历数的人物、在向他人传达上帝的言论时的注意事项:

> 天生诸其人,天也。天生诸其人也者,如文王者也。其人施诸人,人也者,如文王之施诸闳夭散宜生也。其人施诸人,不得其人,不为法。言所施之者,不得如散宜生闳夭者也,则弗为法矣。(说 27)

上帝选择告礼的对象,是像文王那样的具有天赋才能的圣人;能够察知他所传达预言的真实性的人物,也只限于像辅佐文王的闳夭、散宜生那样的贤者。当然,在他们的下面,还设想存在有大多数即使听了预言也“弗为法”的凡庸之人。所以,在这个部分,最终是将人分为三个等级而序列化的。

能够直接听到上帝预言的,唯有“有天德者”一人。当然,其理由是因为只有他具备“有天德”这个资格。这样的话,就必须认为,《五行篇》认为位于天界的上帝的意志和位于人界的国家的盛衰兴亡之间,以及上帝的礼与人的伦理修养之间,都是有着必然的因果关系的。因此,我们可以明确地定义,《五行篇》的思想性立场是天人相关思想。

《五行篇》的第五个思想性特色,是将气、性、理等在思想史上具有重要意义的概念与伦理相结合进行思考。

首先列举有关气的资料:

(1) 不恋不悦。恋也者,勉也。仁气也。(说 10)

(2) 不直不泄。直也者,直其中心也。义气也。(说 11)

(3) 不远不敬。远心也者,礼气也。……恭而后礼也。有以礼气也。(说 12)

(4) 知而行之,义也。知君子之所道而㦉然行之,义气也。……安而敬之,礼也。既安之止矣,而又愀愀然而敬之者,礼气也。(说 18)

(5) 知而安之,仁也。知君子所道而𡡈然安之者,仁气也。安而行之,义也。既安之矣,而㦉然行之,义气也。行而敬之,礼也。既行之矣,又愀愀然敬之者,礼气也。(说 19)

气原本有气息的意思,转而指人的精神状态,作为这样的概念来使用。《五行篇》的作者更将气与仁(1)(5)、义(2)(4)(5)、礼(3)(4)(5)等道德名目结合,表示在实践各个伦理时具有特征性的心理状态。这些"仁气""义气""礼气"等术语群,在其他文献中几乎没有类似的例子,构成《五行篇》的一个特色。

下面讨论伦理与本性论的结合状况:

循草木之性,则有生焉,而无好恶。循禽兽之性,则有好恶焉,而无礼义焉。循人之性,则巍然知其好仁义也。……故侔万物之性,而知人独有仁义也,进耳。……文王源耳目之性,而知其好声色也。源鼻口之性,而知其好臭味也。源手足之性,而知其好佚愉也。源心之性,则巍然知其好仁义也。……故侔人体而知其莫贵于仁义也,进耳。(说 23)

说23首先在比较了“草木之性”“禽兽之性”和“人之性”的基础上，指出万物中只有“人之性”内在有伦理性，将人类定位在万物中最高的位置上。接着比较“耳目之性”“鼻口之性”“手足之性”“心之性”四者，指出人体中只有“心之性”能够知觉到伦理性，将心定位为人体中的至高存在。依照这样的逻辑，“好仁义”这个伦理性，就是天授予人心的本性了。这样的话，可以说《五行篇》虽然没有直接使用“性善”这个术语，但实际上采取的是在人的本性中寻求伦理根据的性善说的立场。

最后再看伦理与理的概念相结合的样态。可以发现，在说21中，“不藏欲害人，仁之理也。不受吁嗟者，义之理也”，存在有将仁、义与理结合起来展开论说的思考。这里的理，意思是想要迈进仁、义时所必需的心态条理和阶段。所以，其理的概念还没有到达形而上的理法那样的高度，但从它说明心所要迈进的方向性时并不将其单单只停留于个别现象上、而是尽量理法性地来加以说明的情况来看，能够窥探出一些思维进展的迹象。

以上讨论了气、性、理三个术语与伦理结合的情况。这些术语全都是在说中出现的，在经的部分完全不存在。这一点，在讨论《五行篇》的内部构成上时，是需要留意的。

最后，基于至此为止的讨论结果，以图示提示《五行篇》的整体思想性体系：

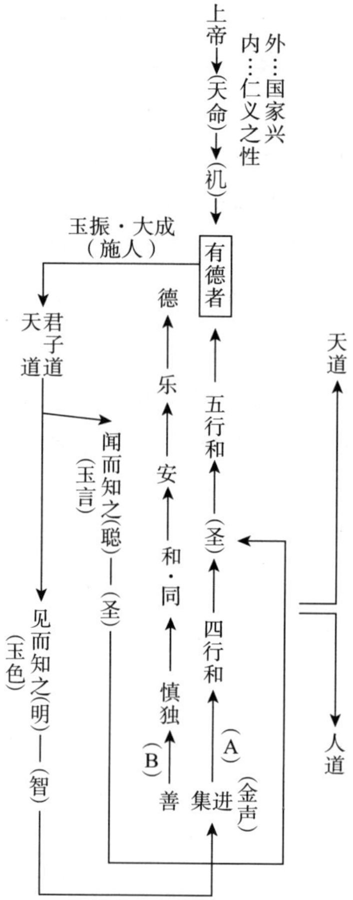

（图Ⅰ）

仅仅依据这个图示，还有一些难以理解的地方，下面再加上若干补充说明。

"志于君子道"（经3）的人，"能进端"（说21），首先进入仁、义、礼、智四端。这个阶段，就像"集也者，犹造之也"（说21）所说明的那样，相当于“集大成”(经 21)的“集”,或者“金声而玉振之”(经 9、说 9)的“金声”。

“集”也像“犹具之也”(说 21)所解说的那样,在“进端”之后,从仁义到礼智,依序修得四行,移向“能充端”(说 21)的阶段。就这样,具备和充实了四行,到达“四行和”(经 1)的阶段(善、人道)之后,再加上圣,上升到“五行之所和”(经 18)的阶段(德、天道)。不过,《五行篇》的逻辑还有缺乏整合性的一面,志向君子的人,是无论谁都可以达到圣的水准呢,还是只有拥有天赋之才能的特殊之人才可以进入到圣?还判然不明①。

以上是依次履修五行、扩充伦理的阶段(A),与此并行,《五行篇》还设定了从修得的道德名目中抽象形式和身体的要素、将其收敛于心的内部的阶段(B)。达到了(B)的阶段,并将五行的一切都内在化和融合化了的人物,就是完成了伦理性的人,也就是“有德者”(经 9)、“有天德者”(说 26)。

上帝通过礼,只对“圣人”(经 18)预告国家的盛衰兴亡。也只有“圣人”,才自觉到只有人类被上天赋予了“好仁义”(说 23)之本性的这个事态(天命)。因此,“有天德者”被要求“己仁而以人仁,己义而以人义”“人以为弗可为,大成由至焉耳,而不然”(说 21),不安于自己一身的小成,而是要将自己所获得的德,广泛地布施于整个世界,教导万人觉醒仁义——背负着这样的伟大使命。“有德则国家兴”(经 18)“国家兴者,言天下之兴仁义也”(说 18),《五德篇》将前述的两种天命,作为

① 在《五行篇》的记述中,随处可见缺乏逻辑整合性的地方。这样的逻辑上的混乱,是在《经法》《十六篇》《伊尹九主》等其他古佚书中也屡屡可见的现象。这些文献早期就失去了传承者而散佚,最终都没有变为古典,这也是一个原因。

表里一体的事物联动，所以，实现“仁覆四海，义襄天下”（说 21）的状况，被理解为是直接与圣人兴起新王朝相联系的。这个阶段用“集大成”来讲就相当于“大成”，用“金声玉振”来讲就相当于“玉振”。

在这个时候，“贤人”（经 17）、“君子”（经 6）为了教化而发出的言辞和行为，就是将人们导向君子的“君子道”（经 17），同时，也是传达前述两种天命的“天道”（经 18）。不过，在只是听了贤人、君子的发言（玉言，经 6）、就能察知到那就是“君子道”“天道”的具有这种能力（聪）的人（圣），和亲眼看到贤人、君子的态度和行动（玉色，经 6）、从而了解那就是“君子道”“天道”的具有这种能力（明）的人（智）之间，《五行篇》设定了相当大的差异。在这其中，后者从图示的出发点迈入四端、开始修养，是这样思考的。但是，前者是踩着与后者同样的阶梯，还是越过了人道和善的阶段、一举迈进了“德之行，五和”（经 1）的天道和德的阶段呢？如上所述，还留有不清楚的一面。

就像这样，难以认为《五行篇》所有的逻辑都具备整合性，其中含有混乱和模糊不清。不过，从整体上来讲，形成了一个上述图示那样的循环回路的思想性体系。

第七章　《五行篇》与子思、孟子学派

在总结了《五行篇》思想性特色之后，下面再看《五行篇》到底是成于哪个学派之手的著作，从思想内容方面来考察其学派性。《五行篇》与子思、孟子学派之间的紧密关联，以往的研究也已经有所指摘了。本章以前面章节总结的《五行篇》的思想性特色为着眼点，看其与《孟子》《大学》《中庸》等之间的共通性，再次确认了这一点——其确实是子思、孟子系统的文献。

首先考虑一下以仁、义、礼、智、圣为要素的五行说。有关这一点，最为直接显示出《五行篇》的学派性的，是下面列举的《孟子·尽心下》的记述：

> 仁之于父子也，义之于君臣也，礼之于宾主也，知之于贤者也，圣之于天道也，命也。

在此，孟子按照仁、义、礼、智、圣的顺序排列伦理性的道德名目①。这个内容和序列与《五行篇》的五行说完全符合。特别是，就连将圣与

① 现行本为“圣人之于天道也”，不过朱子《四书集注》提出“或曰：人衍字”一说，据之改为“圣之于天道也”。

天道对应起来的这种特异的思考都完全一致，这个现象足以说明有关五行说的二者之间的紧密关系。

虽然不是像这样的直接证据，还有一些其他资料旁证了战国时期的儒家如《五行篇》《孟子》这样主张五行说：

> 且说明邪，是淫于色也。说聪邪，是淫于声也。说仁邪，是乱于德也。说义邪，是悖于理也。说礼邪，是相于技也。说乐邪，是相于淫也。说圣邪，是相于艺也。说知邪，是相于疵也。天下将安其性命之情，之八者，存可也，亡可也。（《庄子・在宥》）

《在宥》篇的作者从庄子后学的立场上，激烈批判儒家的言行，批判他们到处鼓吹明、聪、仁、义、礼、乐、圣、知这八种道德名目，认为是违背本性的作为。“闻君子之道，聪也。闻而知之，圣也”“见贤人，明也。见而知之，智也”“乐则有德”（经 18）、“仁义礼智之所由生也”（经 19）等等，那八个道德名目在《五行篇》中占全了。从这一点上来判断的话，《在宥》篇作者批判的对象，也是儒家中特别信奉《五行篇》的一派吧。基本上都吻合了。

同样的，在《庄子・骈拇》中，说“多方乎仁义而用之者，列于五藏哉。而非道德之正也”。这个叙述对于将仁义的根据置于人的内在的儒者言论先予以肯定，但最后还是将其当作是故意的作为予以否定。在人的内部寻求伦理的根据，就像前面叙述过的那样，是《五行篇》的显著特色。通过这些道家方面的资料也可以确认，在庄周后学展开论战的战国后期，主张《五行篇》五行说的儒家一派的活动，十分活跃和繁盛。

证明了这一派儒家就是子思、孟子学派的，是以下所示的《荀子·非十二子》的评语：

> 略法先王而不知其统，犹然而材剧志大，闻见杂博。案往旧造说，谓之五行。甚僻违而无类，幽隐而无说，闭约而无解。案饰其辞而祗敬之，曰：此真先君子之言也。子思唱之，孟轲和之。世俗之沟犹瞀儒，嚾嚾然不知其所非也。遂受而传之，以为仲尼子游为兹厚于后世。是则子思孟轲之罪也。

在此，荀子极力斥责子思、孟子"案往旧造说，谓之五行"的行为。以往，因为《中庸》《孟子》中都没有五行说，所以，荀子的这个批判到底是在指责什么，一直以来都是不可思议的一个谜。不过，如果将新发现的帛书《五行篇》的内容和前述的《孟子·尽心下》的叙述一起来考虑的话，就会明白，在孟子系统的儒家里，实际上是有将仁、义、礼、智、圣称作五行的学说存在的。荀子的批判就是针对它的。

荀子对于五行说，加上了这样的酷评："甚僻违而无类，幽隐而无说，闭约而无解。"的确，在《五行篇》的思想内容中，含有别无他例的特异性质的东西，其强烈的唯心主义和神秘主义，足以招来"幽闭而无说"的批判。另外，就像上一章图Ⅰ所示的那样，其思想体系带有特定循环回路的封闭性，自然，在荀子的眼里，就成了封闭的、不开放给外界了解的闭塞的理论了。

以上从五行说的观点上做了考察，其结果向我们清楚地显示，《五行篇》就是孟子学派的著作。

下面就《五行篇》的第二特色，即设定了内外区分并主张对于外的内的优势地位这一点，来看一下二者之间的共通性：

(1) 恻隐之心，人皆有之。羞恶之心，人皆有之。恭敬之心，人皆有之。是非之心，人皆有之。恻隐之心，仁也。羞恶之心，义也。恭敬之心，礼也。是非之心，智也。仁义礼智，非由外铄我也，我固有之也，弗思耳矣。(《孟子·告子上》)

(2) 告子曰：食色性也。仁，内也，非外也。义，外也，非内也。孟子曰：何以谓仁内义外也。曰：彼长而我长之，非有长于我也。……且谓长者义乎，长之者义乎。(同上)

(3) 体有贵贱，有小大。无以小害大，无以贱害贵。养其小者为小人，养其大者为大人。(同上)

(4) 曰：钧是人也，或从其大体，或从其小体，何也。曰：耳目之官，不思而蔽于物。物交物，则引之而已矣。心之官则思，思则得之，不思则不得也。此天之所与我者。先立乎其大者，则其小者不能夺也。此为大人而已矣。(同上)

(5) 孟子曰：人之所不学而能者，其良能也。所不虑而知者，其良知也。孩提之童，无不知爱其亲者。及其长也，无不知敬其兄也，亲亲仁也，敬长义也。无他。达之天下也。(《孟子·尽心上》)

(6) 老吾老以及人之老，幼吾幼以及人之幼，天下可运于掌。……故推恩足以保四海，不推恩无以保妻子。古之人所以大过人者，无他焉，善推其所为而已矣。(《孟子·梁惠王上》)

(7) 孟子曰：人皆有所不忍，达之于其所忍，仁也。人皆有所不为，达之于其所为，义也。人能充无欲害人之心，而仁不可胜用

也。人能充无穿逾之心，而义不可胜用也。人能充无受尔汝之实，无所往而不为义也。（《孟子·尽心下》）

(8) 公都子曰：告子曰：性无善，无不善也。或曰：性可以为善，可以为不善。……或曰：有性善，有性不善。……今曰性善，然则彼皆非与。（《孟子·告子上》）

(9) 唯天下至诚，为能尽其性。能尽其性，则能尽人之性。能尽人之性，则能尽物之性。能尽物之性，则可以赞天地之化育。（《中庸》）

(10) 诚者，非自成己而已也，所以成物也。成己，仁也。成物，知也。性之德也，合外内之道也。（《中庸》）

首先在(1)中，孟子说“仁义礼智，非由外铄我也，我固有之也”，断言仁、义、礼、智本来就是内在于万人心中的。(2)也同样，对于主张“仁内”“义外”伦理的告子，孟子反驳说，仁和义一样都是发自于人的内部的伦理。

在(3)中，给人的身体设定贵贱、大小之分，在此基础上，说“养其小者为小人，养其大者为大人”，叙述产生大人、小人之差异的理由。“耳目鼻口手足六者，人贱几，人体之小者也。心，人贵希，人体之大者也”(说 22)，参照《五行篇》的叙述以及下面的(5)的话，就会明白，这是说养内之心者为大人、从外之感觉器官者为小人，是这样的主张。依然还是主张内的优势地位的立场。

在(5)中，说人生来具备“不学而能”的良能和“不虑而知”的良知，提示了将这个内的伦理性向外、再向外推进和波及的方向性。接下来的(6)也是与此同类的思考，依然是在人的内部寻求伦理之根源的立场。

(7)中认为仁义的本源在于“无欲害人之心”“无穿逾之心”，是这样的思考。与(5)(6)相同，叙述伦理从人的内部向外界扩展的方向性。而且，(7)与《五行篇》的说 21 在表达和内容上几乎一致。(8)是宣言著名的性善说的地方，在主张伦理就是依据人的内在的善这一点上，依然强调对于外的内的优越性的立场。而且，(8)在内容上也与记述“源心之性，则巍然知其好仁义也”(说 23)的《五行篇》，立场完全相同。

(9)展开这样的理论，说“天下至诚”的人物，如果完全发挥自己内在的天性的话，通过他的教化，万人、万物的本性也会各自完成，带来“赞天地之化育”的伟大效果。这是将一切的出发点假定在圣人的内部的思考。最后的(10)也与(9)主张相同，说首先完成自己的德性，这个行为才是最终关系到广泛化育外界万物的工作上的。《中庸》将其称为“合外内之道”，当然根本还在于内侧。

另外，在前面的资料中没有列举出来，《大学》也这样述说：“古之欲明明德于天下者，先治其国。……欲修其身者，先正其心。欲正其心者，先诚其意。”将统治天下的前提条件收敛在人的内部、再内部，从这一点上来看，其也是重视内的思考。

就像以上解说的那样，《孟子》《大学》《中庸》树立内外的区分，强调针对于外的内的优势的性质，这一点也显示，其与《五行篇》思想性特色有强烈的共通性。

下面再看有关《五行篇》的第三个特色，即唯心主义与神秘主义方面，二者的共通性：

(1) 君子戒慎乎其所不睹，恐惧乎其所不闻。莫见乎隐，莫显乎微。故君子慎其独也。(《中庸》)

(2) 所谓诚其意者，毋自欺也。如恶恶臭，如好好色。此之谓自谦。故君子必慎其独也。小人闲居为不善，无所不至。见君子而后厌然，揜其不善而著其善。人之视己，如见其肺肝然，则何益矣。此谓诚于中形于外。故君子必慎其独也。(《大学》)

(3) 曰：君子不怨天，不尤人。曰：彼一时，此一时也。五百年必有王者兴。其间必有名世者。由周而来七百有余岁矣。以其数则过矣。以其时考之则可矣。夫天未欲平治天下也。如欲平治天下，当今之世，舍我其谁也。吾何为不豫哉。(《孟子·公孙丑下》)

(4) 天下之生久矣，一治一乱。(《孟子·滕文公下》)

(5) 孟子曰：由尧舜至于汤，五百有余岁。若禹皋陶则见而知之，若汤则闻而知之。由汤至于文王，五百有余岁。若伊尹莱朱则见而知之，若文王则闻而知之。由文王至于孔子，五百有余岁。若太公望散宜生则见而知之，若孔子则闻而知之。由孔子而来至于今，百有余岁。去圣人之世，若此其未远也。近圣人之居，若此其甚也。然而无有乎尔，则亦无有乎尔。(《孟子·尽心下》)

(6) 至诚之道，可以前知。国家将兴，必有祯祥。国家将亡，必有妖孽。见乎蓍龟，动乎四体。祸福将至，善必先知之，不善必先知之。故至诚如神。(《中庸》)

(7) 故君子之道，本诸身，征诸庶民，考诸三王，而不缪。建诸天地而不悖。质诸鬼神而无疑。百世以俟圣人而不惑，质诸鬼神而无疑，知天也。百世以俟圣人而不惑，知人也。(《中庸》)

(8)欲正其心者,先诚其意。欲诚其意者,先致其知。致知在格物。(郑玄注)知,谓知善恶吉凶之所终始也。(《大学》)

开头的(1)与《五行篇》的经7、说7一样,是"慎独"的主张。以往,针对这个"慎独",解释为在他人面前因为恐惧被批判而自制言行,而在独居的时候容易陷入放纵。所以,一个人的时候就更要戒慎心态。不过,这里的"慎独"也是要按照《五行篇》的解说来理解才妥当吧。君子为他人"所不睹""所不闻",也就是要戒慎自己内心的存在状态。因为,心的内部深处本应是"隐"的、"征"的,正是因为这样,也就比看似很容易就坦露给他人的身体性的要素,实际上更容易展露给外界。所以,以形式上的、外在的言行来遮掩和粉饰自己内心的邪恶是不可能的。从身体性要素上独立出来的心的内在状态,才更是需要戒慎的方面。以上就是《中庸》所主张的"慎独"的原本意思吧。这是抽象外形、专注于内心的唯心主义的一个表明。

这个情况下面的(2)也完全相同,中间夹有"小人闲居为不善,无所不至"这样的表达,所以,以往也是将其解释为独居的时候更要戒慎言行举动。不过,如果精读前后文章的意思就会明白,其实是说如果在他人面前只是顾及外表,无论怎样装点,内在的不诚实都会很快暴露给他人。所以,外在性的伪善是完全无益的,除了"诚于中而形于外",别无方法。所以,君子才必须专注于从身体性和形式性独立出来的心的纯化。《大学》里的"慎独"主张也同《五行篇》《中庸》的"慎独"完全一样,是强烈的唯心主义的表明。

接下来的(3)(4)(5)全都是孟子的发言,披露历运的思想和预兆说,说新王朝约五百年一周期兴起,圣人可以事先了解上天的这种意图。特别是(5),孟子将禹、皋陶、伊尹、莱朱、太公望、散宜生等等,当作是“见而知之”的明、智系统的人物,是辅佐圣人(建国者)、观其言行就能预知到王朝今后可持续五百年以上命脉的预知者。另一方面,将汤王、文王、孔子等,当作“闻而知之”的聪、圣系统的人物[①],是听了上帝的预告之后就知道当下王朝已经经过了五百余年而自己就是背负了创立新王朝之使命的圣。包括“见而知之”“闻而知之”的这种特异的表达在内,都与《五行篇》经26、说26、经27、说27、经18、说18等所展开的神秘主义思想,立场相同。

接下来(6)的思考也与此极为类似。《中庸》主张,只有将自己的内在纯化到至诚程度的人物,才能从上天所降的预兆或是占卜的占断、灵龟四足的动态中,事先预知王朝的盛衰和兴亡。就像所说的“至诚如神”那样,这不是别的,正是与唯心主义相结合的神秘主义。在《中庸》中,也有其他像(7)那样的,说对于未来的祸福凶吉,圣人可以“质诸鬼神”而预先“知天”。神秘主义的主张多有存在。

最后的(8)是《大学》中主张著名的“致知格物”的一文。南宋朱子将致的意思解为推极,格的意思解为至。在此之上注解说,所谓“致知”,就是将自己的认识推到极限,目标是到达无所不知的境地。所谓

---

① 在马王堆汉墓出土的帛书《老子》中,记述说“是以声人居无为之事”(甲本)、“是以耶人居无为之事”(乙本),圣人表记为“声人”“耶人”。耶是耳和口拼合起来的会意文字,指用耳朵听口发出声音的能力(聪)。也就是说,圣人的意思是具有能够听到上天声音的神秘能力的人物。“声人”也是一样的意思。在马王堆出土的甲本卷后古佚书之一的《德圣》中,也记述有“知天道曰圣。圣者声也”“其谓之圣者,取诸声也。知天者有声”,明示出圣人就是指能够听见上天声音的人物,特别是能够听见天命(即作为王者创建新王朝并平安统治天下)的人物。“圣之于天道(历运、历数)也,命也”(《孟子·尽心下》),说的也正是这个意思。

“格物”，就是到达一切事物的理。而且，穷事事物物的理，最后到达终极的天理，“致知格物”“格物穷理”，被捧为朱子学的一大口号。不过，朱子的这个解释，是图自己方便的一个曲解，当然脱离了原文本来的意思。

后汉的郑玄，对于“先致其知”这句，加上了注解：“知，谓知善恶吉凶之所终始也。”这才是正确的。不过，关于“致知在格物”这句，郑玄解释为“格，来也。物犹事也。其知于善深，则来善物，其知于恶深，则来恶物。言事缘人所好来也”，这是强给预知未来加上伦理性而带来的错误。

在《中庸》中，有“鬼神之为德，其盛矣乎。视之而弗见。听之而弗闻，体物而不可遗。……诗曰：神之格思，不可度思，矧可射思”，说鬼神本身是形而上的存在，会附在任何物体上悄悄来到人的旁边。所以，《大学》的“格物”，也就是指把附有鬼神的蓍、龟甲、灵龟等物体招到手头的行为。不然的话，就要考虑像郑玄那样将物解释为事，然后就像“形其所思”（《五行篇》说 6）的柳下惠那样，指将未来的事象预先在自己的脑海里念想和招致的行为。不管怎样，《大学》的“致知在格物”，是指要事先预知未来的祸福凶吉的意思。这依然也是与“欲正其心者，先诚其意”这样的唯心主义相结合的神秘主义思想的一个表明。

通过以上的论述可以明白，在有关与唯心主义结合的神秘主义的问题上，《五行篇》也显示着与《大学》《中庸》的共通性。

下面来看《五行篇》的第四个特色，即对于天的积极性的态度，考察二者在天人相关思想方面的共通性：

(1) 孟子曰：尽其心者，知其性也。知其性则知天矣。存其

心，养其性，所以事天也。殀寿不贰，修身以俟之，所以立命也。(《孟子·尽心上》)

(2) 不明乎善，不诚其身矣。是故诚者天之道也。思诚者人之道也。至诚而不动者，未之有也。不诚，未有能动者也。(《孟子·离娄上》)

(3) 诚者，天之道也。诚之者，人之道也。诚者不勉而中，不思而得。从容中道圣人也。诚之者，择善而固执之者也。(《中庸》)

(4) 大哉圣人之道，洋洋乎发育万物，峻极于天。(《中庸》)

(5) 大德者，必受命。(《中庸》)

(6) 唯天下至诚，为能经纶天下之大经，立天下之大本，知天地之化育。夫焉有所倚。肫肫其仁，渊渊其渊，浩浩其天。苟不固聪明圣知达天德者，其孰能知之。(《中庸》)

在(1)中，孟子说，只有充分地全面意识到自己内在的心和性，才有可能"知天""事天"。还记述说，降临到自己身上的无论是什么样的祸福吉凶，都要当作是天的意志来接受。只有这种姿态，才是恭顺于天命的态度。我们从孟子的言论中，可以发现其立于唯心主义立场上，并且要忠实地完成天予以的使命，可以发现这种对于天的积极的立场。同时，"天之监下也，集命焉耳""循人之性，则巍然知其好仁义也。不循其所以受命也，循之则得之矣"(说 23)，感知人身上具备的作为本性的伦理性，其实是上帝降下的大天命，"源心之性，则巍然知其好仁义也。故执之而弗失，亲之而弗离。故卓然见于天"(说 23)，通过努力，全面发挥这种"心之性"，努力配合实现上天的意志，以及"毋贰尔心，俱礼之也”（说 26），对于上天所降的命令不抱二心，忠实地服从。可以发现孟子的言论与《五行篇》完全一致。

(2) 也一样，“诚者，天之道也。思诚者，人之道也”，说通过伦理性修养的累积，最终就会到达天的高度。从前面“圣人之于天道也，命也”（《孟子・尽心下》）的记述中也可以明白，孟子是把人道的终极目标假定在天道的体现上的。

(3) 展开了与(2)几乎同类的思考。身为天才、目标直冲天道而去的人物，是属于天道范围内的圣人。需要努力“择善而固执之”的人，是属于人道范围内的人物。这个区分法，与“善，人道也。德，天道也”（经 1）、“圣始天，智始人”（说 13）、“圣人知天道”（经 18）等等《五行篇》的圣—天道、善—人道的区分法，内容一致。

另外，(4)(5)(6)也是说，只有完成了人伦的“圣人”“达天德者”，才能够受天命、参与天地之化育，才能够与天同德。说的是这样的天人相关思想。

就像这样，在“峻极于天”(4)的境地上寻求人的伦理修养的最终目标，积极面向上天、志向求上，在这种天人相关思想方面，说“圣为崇，智为广”（说 13）的《五行篇》，显示出与《孟子》《中庸》等显著的共通性。

最后，就《五行篇》的第五个特色，即伦理与气、性、理相结合的思考，来比较二者：

(1) 夫志，气之帅也；气，体之充也。夫志至焉，气次焉。故曰：持其志，无暴其气。既曰志至焉，气次焉，又曰持其志，无暴其气者，何也。曰：志壹则动气，气壹则动志也。今夫蹶者趋者，是

气也,而反动其心。(《孟子·公孙丑上》)

(2) 我善养吾浩然之气。敢问:何谓浩然之气。曰:难言也。其为气也,至大至刚以直,养而无害,则塞于天地之间。其为气也,配义与道。无是,馁也。是集义所生者,非义袭而取之也。(同上)

(3) 人性之善也,犹水之就下也。……人之可使为不善,其性亦犹是也。(《孟子·告子上》)

(4) 天命之谓性,率性之谓道,修道之谓教。(《中庸》)

(5) 心之所同然者何也。谓理也、义也。圣人先得我心之所同然耳。故理义之悦我心,犹刍豢之悦我口。(《孟子·告子上》)

在前面的这些资料中,(1)(2)中叙述有孟子将伦理与气相接连的思想。首先(1)将志设定为统帅和善导气的主体,承认气会对心、志带来影响,但气本身所内在的伦理性通常都很稀薄。不过,在(2)中,说存在有"浩然之气"这样的特殊的气,说"其为气也,至大至刚以直""其为气也,配义与道",很显然,气的内部有伦理性。《五行篇》说"仁气""义气""礼气",虽然伦理性道德名目与气结合的过程,不具备具体性,但也可以看出这二者之间思想性立场的相近。

接下来的(3),孟子说"人性之善也",将人伦的根据置于人的本性上,(4)的《中庸》也是一样的立场。就像前面已经讲述过的,"能尽人之性,则能尽物之性""性之德也"等等,在《中庸》中,有关性的思考频出,构成了中庸概念,并且还起到枢要的作用。此外,在《大学》中,也有"谓拂人之性",虽然很少,同样有言及性的地方。

再看理,在(5)中,孟子用理和义的概念说明伦理所具备的普遍性。在《孟子》中，有“始条理者，智之事也。终条理者，圣之事也”（《万章下》），也有其他言及理的地方。

所以，从气、性、理三者与人伦的结合关系这个视点上来看，也能够得出这样的结论：《五行篇》显示出其与《孟子》《大学》《中庸》等有着紧密的亲近性。

至此为止，本章在五个项目上分别将《五行篇》与《孟子》《大学》《中庸》做了比较，指出了二者之间的共通性。结果再一次确认，在所有的项目上，二者的思想性都显示出了极强的共通性和类似性。所以，就如以往的研究所指出的那样，《五行篇》就是成于子思、孟子系统学派的著作，可以说无可置疑。

第八章 《五行篇》的文献性质

本章在前面的有关思想内容的讨论结果之上，再来考察《五行篇》文献性质的问题。

首先，来看被认为著述了《五行篇》的子思、孟子学派的有关记录：

(1) 孟轲，驺人也，受业子思之门人。道既通，游事齐宣王，宣王不能用。适梁，梁惠王不果所言，则见以为迂远而阔于事情。当是之时，秦用商君，富国强兵。楚、魏用吴起，战胜弱敌。齐威王宣王用孙子田忌之徒，而诸侯东面朝齐。天下方务于合纵连衡，以攻伐为贤，而孟轲乃述唐、虞、三代之德，是以所如者不合。退而与万章之徒序《诗》《书》，述仲尼之意，作《孟子》七篇。其后有驺子之属。(《史记·孟子荀卿列传》)

(2) 长师孔子之孙子思，治儒术之道。通五经，尤长于《诗》《书》。……于是退而论集所与高第弟子公孙丑、万章之徒难疑答问。又自撰其法度之言，著书七篇，二百六十一章，三万四千六百八十五字。……又有外书四篇：性善辩文说孝经为政。其文不能宏深，不与内篇相似，似非孟子本真，后世依放而托之者也。孟子既没之后，大道遂绌。逮至亡秦，焚灭经术，坑戮儒生，孟子徒党尽矣。其书号为诸子，故篇籍得不泯绝。(赵岐《孟子题辞》)

在(A)中,司马迁记述说孟子的学业是由子思的门人传授的。另一方面(B),赵岐记述说孟子是子思直接的门人。当然,很难断定这两个说法到底哪个是真的。不过,从所推定的孔子卒年(纪元前 478 年)算起,到推定孟子生年的公元前 372 年之间,已经有一百年以上的间隔了。从这个情况上来考虑,很难讲孟子是直接师从孔子的孙子子思。所以,有关师承关系,《史记》传述的孟子受教于子思门人的说法较为妥当。

有关孟子的著作,《史记》只记述七篇,赵岐方面就更为详细,说有二百六十一章构成的内篇七篇,还有另外的外书四篇。赵岐说“其文不能宏深,不与内篇相似,似非孟子本真,后世依放而托之者也”,认为内篇七篇和外书四篇之间的悬隔很大。不过,在《汉书·艺文志》“诸子略·儒家”中,著录有《孟子》十一篇的书名。很显然,内书、外书原本被看作都是孟子的著作而总括在一起的。后汉的赵岐以后,就没有人言及外书的内容了。从这一点上来判断,赵岐在给《孟子》作注的时候,将外书四篇剔除了。自此,也就佚失了吧。

从前面讲过的《五行篇》与《孟子》之间强烈的共通性上来看,《五行篇》是外书四篇中的一篇的可能性很高。赵岐列举了外书的篇名,其内部应该怎样区分,有很多不同的说法。作为可能性,可以考虑以下几种:《性善辩》《文说》《孝经》《为政》是一种;《性善》《辩文》《说孝经》《为政》是一种;《性善》《辩文说》《孝经》《为政》是一种。不管怎样,如果要说《五行篇》是这外书四篇的某一篇的话,应该就是位于第二位置的篇章,也就是《文说》或者《辩文》《辩文说》,应当就相当于新出的《五行篇》。因为《五行篇》的内容不是性善、孝以及为政的专论。另外,后半部分以说来解说经文,这种构成与第二个篇名有关联性。

如果就像这样,《五行篇》是《孟子》外书四篇中一篇的话,那么可以认为,其在思想内容上是广泛地属于子思、孟子学派的,而且主要是由孟子后学传承的文献。从下面列举的资料中再推定一下这其间的情况:

> 自孔子之死也,有子张之儒,有子思之儒,有颜氏之儒,有孟氏之儒,有漆雕氏之儒,有仲良氏之儒,有孙氏之儒,有乐正氏之儒。……故孔墨之后,儒分为八,墨离为三。(《韩非子·显学》)

这是韩非的话,传述战国末期儒家分裂为八派、墨家分裂为三派的情况。在韩非列举的儒家八派中,被认为是孟子学派的是第四个“孟氏之儒”和第八个“乐正氏之儒”。当然,选择后者的时候,不是将乐正氏看作曾参的弟子乐正子春,而是看作孟子的弟子乐正克。无论怎样看,需要留意的是孟子学派之外的、第二个“子思之儒”的子思学派的存在。从前述资料(A)(B)的记述以及《荀子·非十二子》的记述中,可以看出孟子确实是继承了子思的学统的。不过,至少是在战国末期,孟子学派与子思学派是作为不同的学派并立的。考虑到这一点的话,就可以明白,在子思对于《五行篇》的思想性影响中,有通过孟子而起作用的部分。作为文献本身,《五行篇》不是由子思直系的后学传承的,而是由孟子后学传承的。

在此再次确认一下《五行篇》与《孟子》之间特殊的连续性。有关二者之间紧密的思想性共通性,已经在前面的章节里讨论过了。在这二者之间,另外还有一些难以将二者分开来考虑的特殊的类似性。

（1）孔子之谓集大成。集大成也者，金声而玉振之也。金声也者，始条理也。玉振之也者，终条理也。始条理者，智之事也。终条理者，圣之事也。智，譬则巧也；圣，譬则力也。由射于百步之外也，其至，尔力也；其中，非尔力也。（《孟子·万章下》）

（2）伊尹曰：何事非君，何使非民。治亦进，乱亦进。曰：天之生斯民也，使先知觉后知，使先觉觉后觉。予，天民之先觉者也。予将以此道觉此民也。（《孟子·万章下》）

（3）君子所性，仁义礼智根于心。其生色也睟然，见于面，盎于背，施于四体。四体不言而喻。（《孟子·尽心上》）

（4）孟子曰：吾今而后知杀人亲之重也。杀人之父，人亦杀其父。杀人之兄，人亦杀其兄。然则非自杀之也，一间耳。（《孟子·尽心下》）

（5）贤君必恭俭礼下。（《孟子·滕文公上》）

（6）孟子曰：圣人，百世之师也，伯夷、柳下惠是也。（《孟子·尽心下》）

（7）孟子曰：万物皆备于我矣。反身而诚，乐莫大焉。强恕而行，求仁莫近焉。（《孟子·尽心上》）

（8）曰：无伤也，是乃仁术也。见牛未见羊也。君子之于禽兽也，见其生不忍见其死，闻其声不忍食其肉。是以君子远庖厨也。（《孟子·梁惠王上》）

（9）凡有四端于我者，知皆扩而充之矣。若火之始然，泉之始达。苟能充之，足以保四海。苟不充之，不足以事父母。（《孟子·公孙丑上》）

开头的(1),将伦理性修养阶段的“集大成”比作乐团演奏音乐时的“金声玉振”。这种特异的思考和表达,在《五行篇》的经 9、说 9、经 21、说 21 等中也存在。

(2) 是说上天“使先知觉后知,使先觉觉后觉”。这与《五行篇》的经 26、说 26、经 27、说 27 等说先知未来者通过上天所赐的机教导天下所有人的这种思考同类。

(3) 主张仁、义、礼、智是作为本性内在于人心的,虽然不伴有身体性的表达,但其本身会自动流露给外界,与《五行篇》的“慎独”“舍体”的主张,在基本思考上是一致的。

(4) 是主张差等爱的重要性的。说由自己的父母到别人的父母、由自己的兄长到别人的兄长,这样将爱扩延的时候,等级就渐渐消亡了。将这与《五行篇》的说 14 相对照的话,就会发现二者之间特殊的关联是很明显的。

(5) 是将礼这个道德名目解释为主要是上位身份的人在面对下位身份的人的时候的伦理,是这样的思考。《五行篇》的说 12、说 16 也是这样规定礼的性质的。

(6) 是将柳下惠作为理想性的人物举出的一个例子。《孟子》屡屡言及柳下惠,《五行篇》的说 6 也把柳下惠当作理想性的人物高度评价。

(7) 不把“乐”作为从外部进行的教化手段,也就是不当作礼乐的乐来使用,而是作为乐于伦理性修养的这种表达内在心情的意思,是这种特异的思考。《五行篇》中的乐,经 2、经 4、经 13、经 18、经 28 等,也全都显示出与此相同的特征。

(8) 是孟子鼓励魏惠王的话,说“见其生不忍见其死,闻其声不忍食其肉”的人，才能够称得上君子。这让人感觉与《五行篇》的“见其生也，不食其死也，祭亲执诛，简也”（说15）之间，有着特殊的关联。

（9）的主张是说自己进四端，然后一直扩充下去。最终，整个天下就全部覆盖了仁义。《五行篇》的说21几乎展开了与此同样的思考。

通过以上列举的与《孟子》之间特异的类似性，也可以证明《五行篇》就是由孟子学派传承的文献。这一点应该无可置疑了。所以，可以说《五行篇》原本就是《孟子》外书中的一篇——《文说》《辩文》或《辩文说》。

下面再来考察《五行篇》的内部构成。以往，有关《五行篇》的构成，只说大致分为经和说两个部分。不过，仔细分析一下内容的话，《五行篇》的内部还可以更仔细地分为几个部分。下面以图示说明：

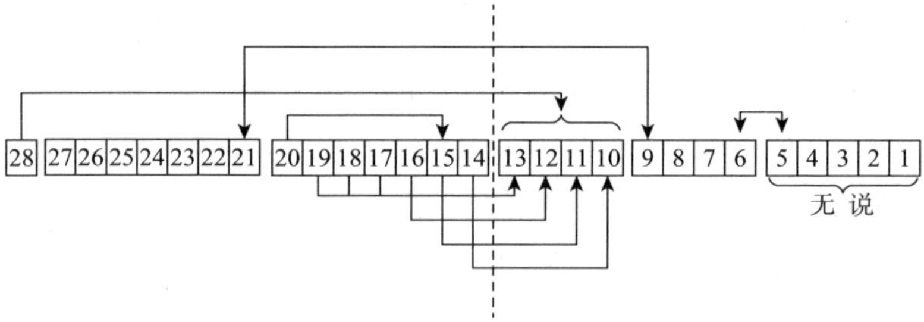

（图Ⅱ）

首先需要注意的是，经的14—19这一部分，依序解说经的10—13部分。另外，经20看来是经15的解说。所以，大致地来看，可以认为，经的14—20是对于经的10—13的解说。而且，把这二者（经的10—20）一起拿掉的话，就变成经9与经21接续。经9的主题是“金声玉振”，经21的主题是“集大成”，说21是以将这两个主题结合在一起的形式加上的解说。所以，可以认为，经 9 与经 21 原本是接续着的。

此外，只有经的 1—5 的部分没有说的存在，所以，也可以想象在经 5 与经 6 之间或许是有断片的。不过，从内容上来看，经 5 与经 6 显示出极强的连续性。因此，没有对于经的 1—5 的说，也可以当作传写时发生的混乱来处理吧。

这样的话，经的 1—9、经的 21—27，就可以当作是一连相关的部分合在一起了。位于最后的经 28，与前面的经 27 之间连续性单薄，从内容上来看，其显示出总括经 10—13 的性质。令人想到，或许原本是位于解说经 10—13 的经 14—20 的末尾处的。

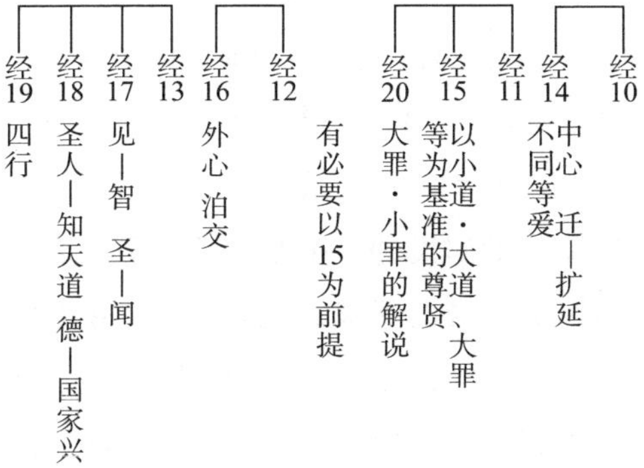

（图Ⅲ）

图Ⅲ显示经 10—13 以及对此的解说的经 14—19 之间的思想性进展。后者当中存在很多在前者中没有的新要素。可以看出，从前者到后者之间，经过了相当大的思想性进展以及时期上的间隔。另外，从同样的观点上比较经 1—9 和经 14—20、经 21—28，在这三者之间，没有明显的差异。

综合以上几点，可以认为，《五行篇》整体上的内部构成就如下图所示：

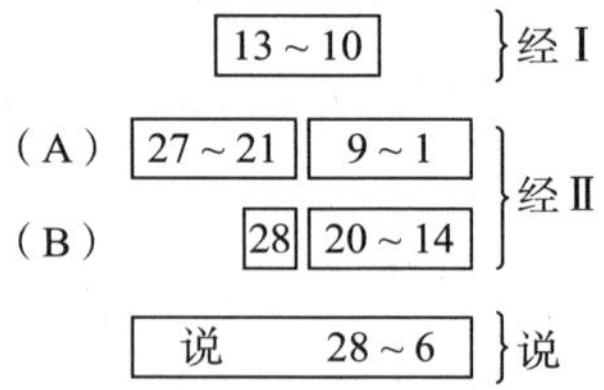

（图Ⅳ）

在上图的（A）与（B）之间，并不存在思想水平的差异。以前述的性质来判断的话，（B）是将（A）作为底本的对于经Ⅰ的解说。所以，严密地来讲，（A）与（B）之间也是应该存在时期上的差异。不过，在思想内容方面属同一水准，所以姑且一并归于经Ⅱ。另外，在《五行篇》中，存在有对于经6—28部分的说，这是因为忘记了（B）本来就是把（A）作为底本的对于经Ⅰ的解说、把（A）（B）都当成了经来对待所产生的现象。在经Ⅱ的形成与说的形成之间，存在着相当大的时期上的间隔，或者还需要考虑版本传承上的变化问题。如此想来，可以推定，细分的话《五行篇》经过了四期——至少也是经过了前后三期——逐渐形成的。

将这些套在子思、孟子学派的师承关系上来看的话，如下图Ⅴ所示：

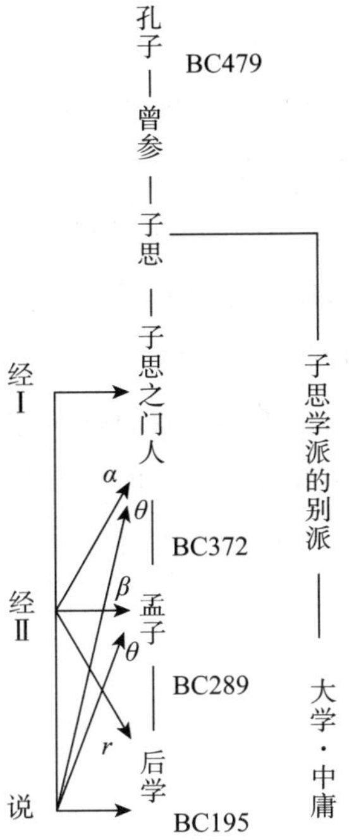

（图Ⅴ）

首先看经Ⅰ。经Ⅰ的内容，是伦理性道德名目的文字接龙式的简略叙述。与其他部分相比，显示与《孟子》之间特殊关联的要素也很稀薄。所以，形成时期在孟子以前的可能性很大。能追溯到什么时期还是一个问题，不可否定，也有可能追溯到子思的时期。不过在现阶段，先将其推定在子思门人时期的这个位置上。当然，即便经Ⅰ实际上是出于子思弟子之手的，其为子思本人言论的可能性当然也是有的。如果在子思一门之内，经Ⅰ就是作为子思的言论被传承的，那么其之后受到经的待遇、经Ⅱ(B)作为解说被加上的理由也就令人首肯了。

下面是经Ⅱ的处理。作为一个可能性，先可以如图示假定为 α、β、γ 三种情况。在这当中，β、γ 是认为经Ⅱ是与孟子同时期或孟子后学的作品。这样假定的话，留下重大的疑点，那就是在经Ⅱ中，完全看不到伦理与气、性、理等概念相结合的孟子学派特色。

那么，α 的情况又是怎样的呢？这个情况，需要考虑经Ⅰ本身可追溯到子思时期的可能性；还需要考虑，到孟子为止，子思学派的活动已经持续了长达百年的时间。基于这两点，可以认为经Ⅰ因为被当作是子思本人的言论，所以受到子思门人的特别重视，所以他们作为解说加上了经Ⅱ(B)。这种情况，经Ⅰ、经Ⅱ就变成了都是孟子本人经子思门人传授、在形成自己的思想时所使用的教材，所以，虽然经Ⅱ(B)本来是对于经Ⅰ的解说，但孟子的后学把它们当作经来看待，全都加上了说。可以这样考虑。

以上有关经Ⅱ的形成时期，在 α 的方向上和 β、γ 的方向上分别探索了可能性。当然，很难下明确的判断。不过，在经Ⅱ中完全没有气、性、理的出现，显示出经Ⅱ是在孟子之前形成的可能性。但即便如此，经Ⅱ与《孟子》之间同时也存在有强烈的类似性和共通性。既能够说明二者之间的那种差异，也能够说明其共通性与类似性，从目前来讲，以笔者看来，α 的可能性更高。

最后再来看怎样看待说。如图所示，作为可能性，可以假定为孟子后学所作或子思门人甚至是孟子本人所作(θ)。

气、性、理等重要概念到了说才出现。还有，在《五行篇》整体中，说的部分与《孟子》内容的共通性最为显著。重视这两点的话，在现阶段，选择前者应该比较合适。不过这个看法也有若干疑点。假如说就是成于孟子后学之手的，那么，应该会有更多的直接引用记录在《孟子》中的孟子发言吧？然而，几乎看不到。这是一点[①]。

《孟子》与《五行篇》——特别是与说之间——存在如上所述的显著而又特异的共通性。对于这样的现象，有以下两种说明的方法：其一，前述的共通性是由于《五行篇》是在孟子的思想性影响之下著述的，是因此而产生的结果。在选择前者的时候，就是立于这样的立场的。其二，与此相反，认为孟子的思想是在《五行篇》的影响之下形成的。选择后者的时候，是立于这个立场的。另外，在考虑孟子这样的著名的思想家和像《五行篇》这样的作者不详的文献之间的关系时，容易被孟子在思想史上的重要地位所影响，只想到孟子对于《五行篇》的影响，朝着这个方向上设想。不过，孟子在以往的思想史上所占的地位，与《五行篇》同孟子之间的影响关系，是没有直接关联的。即便是孟子，也一定继承了前代很多的思想性遗产，是在其中加入自己的创见、从而构建起自己的思想体系的，没有可能无中生有、从无中创建出来。

本来，在《孟子》中，就含有很多意思不明的难解之处。比如上述的"见而知之者"和"闻而知之者"的区别(《尽心下》)，比如"杀人之父，人亦杀其父"(《尽心下》)的"杀"、"集大成"(《万章下》)的"集"的意思等等[②]。

---

① 如果《五行篇》在整体上都是由孟子后学作为孟子思想的解说书而著述的话，为什么不直接解释孟子本人的发言，而是把成于他人之手的文章视为经文来详细地解说呢？这一点会成为一个重大的疑点。

② 《五行篇》说 23 引用《诗经·大雅·大明》的一节"天监在下，有命既集"(帛书原文"集"作"杂")。对于这个地方，毛传加上了"集为就也"的词语解释。所以，可以认为，《五行篇》《孟子》中"集大成"的"集"，原本也是作为就的意思而使用的。

有不少是通过发现《五行篇》才了解其中真意的①。这个现象强烈提示了孟子的思想就是以《五行篇》为前提而展开的这种可能性。

从以上的理由来看，也许有些过于冒险，但就目前来看，笔者认为，说的作者是子思的门人或年轻时代的孟子本人，这个可能性很高。

① 《孟子》中“几希”的意思，也可以作为一例举出。“人之所以异于禽兽者，几希”（《离娄下》）、“其妻妾不羞也而不相泣者，几希矣”（同上）、“其好恶与人相近也者，几希”（《告子上》）、“其所以异于深山之野人者，几希”（《尽心上》）。在《孟子》中有四处“几希”这样的特殊婉转的说法。对此，赵岐注解说，“几希，无几也”“几岂也。岂希，言不远也”“希远也……相去岂远哉”等等，取“岂远哉”之意。另外，朱子说“几希，少也”，解释为少的意思。在《五行篇》说 22 中，有“几不胜□□，小不胜大，贱不胜贵也哉”一文。从《五行篇》与《孟子》之间的特殊关联来看，想来《五行篇》也是使用了这个“几希”的特异表达，推定第一句的缺落处为“希也”。这种情况，从大小、贵贱的对应关系上来推测，几和希也可以认为是相反概念的一个组合。所以，几是近、希是远的意思。因此，前述《孟子》中的四例也应该解读为“近”和“远”的意思吧。

第九章 《五行篇》在思想史上的地位

——儒家向天的靠近

本章考察《五行篇》在思想史上占据的地位及其意义。强烈的神秘主义和天人相关思想是《五行篇》的最大特色。为了探求其所具备的意义，首先来概观一下先秦儒家对于天的姿态。以下列举的是显示儒家始祖孔子对于天的态度的资料：

(1) 颜渊死。子曰：噫，天丧予，天丧予。(《论语·先进》)

(2) 子曰：噫，天祝予。(《春秋公羊传·哀公十四年》)

(3) 子曰：天生德于予，桓魋其如予何。(《论语·述而》)

(4) 曰：文王既没，文不在兹乎。天之将丧斯文也，后死者不得与于斯文也。天之未丧斯文也，匡人其如予何。(《论语·子罕》)

(5) 子见南子，子路不说。夫子矢之曰：予所否者，天厌之，天厌之。(《论语·雍也》)

(6) 久矣哉，由之行诈也。无臣而为有臣。吾谁欺，欺天乎。(《论语·子罕》)

(7) 获罪于天，无所祷也。(《论语·八佾》)

(8) 五十而知天命。(孔安国曰)知天命之终始也。(皇侃曰)

天命谓穷通之分也。(《论语・为政》)

(9) 孔子曰:不知命,无以为君子也。(《论语・尧曰》)

(10) 孔子曰:君子有三畏。畏天命,畏大人,畏圣人之言。(何晏曰)顺吉逆凶,天之命也。(《论语・季氏》)

(11) 子曰:道之将行也与,命也。道之将废也与,命也。(《论语・宪问》)

(12) 曰:亡之,命矣夫,斯人也而有斯疾也。(《论语・雍也》)

(13) 子曰:凤鸟不至,河不出图。吾已矣夫。(《论语・子罕》)

(14) 子曰:丘之祷久矣。(《论语・述而》)

(15) 子夏曰:商闻之矣。死生有命,富贵在天。(《论语・颜渊》)

(16) 季路问事鬼神。子曰:未能事人,焉能事鬼。曰:敢问死。曰:未知生,焉知死。(《论语・先进》)

(17) 子曰:务民之义,敬鬼神而远之,可谓知矣。(《论语・雍也》)

(18) 子不语怪力乱神。(《论语・述而》)

(19) 夫子之言性与天道,不可得而闻也已矣。(《论语・公冶长》)

在这些资料中,(1)—(15)是孔子以及子夏的发言,表明对于上天、天命的信赖、信仰以至随顺、服从的姿态。(16)—(19)记录了孔子对于鬼神、天道、天性的怀疑和消极的态度。

孔子对于天的姿态应该怎样判定的问题,一直以来意见分歧很大。这种分裂现象的起因，在于侧重于前述两个系统资料中的哪一方。不过，显示出截然相反方向的这些资料，是同时存在的。这本身是一个应该承认的不动的事实。在前者的系列中，说人间的王朝盛衰兴亡是由上天的意志和命令决定的(4、11)、上帝通过预兆向地上预告有关的时期(13)、君子必须察知并自觉其天命(1、2、3、4、8、9、10)等等，这种与历运、预兆说、神秘主义和天人相关有关的要素，以及与个人的命运由上天所降的命令决定的宿命论(12、15)相关的要素，还有上天以赏罚来介入人事之善恶(5、7)的可发展为天谴说的要素，等等，内容十分丰富。如果这些要素被后世彻底推进，主张强烈的天人相关思想，说这才是忠实于孔子的路线的东西，就算是出现这样的儒者，也不能一味斥责其为诈称的。

在后者的系列中，有对于通鬼道、招唤神秘效果的巫祝行为的厌恶(16、17、18)，也有对于像瞽官和史官那样的通过天道预知未来、提倡天性、保证人为的戒备(19)。如果后世更为彻底地发展这种倾向，排击神秘主义、天人相关思想以及宿命论等，主张这样才是正统地继承了孔子路线的话，就算是出现这样的儒者，同样也不能一味视为诈称而予以否认吧。

就像这样，在孔子的思想中，细看的话并存着矛盾的两个方向性。这本身是一个事实。不过，从整体上来看，虽然孔子内在上对于上天、天命保持着深厚的信仰之念，但那些大都是在他陷入困境时吐露的一些个人的发言。孔子并没有向他人特别地披露有关天命、天道的学说和意见——没有这种痕迹的存在。也就是说，孔子的对于天的恭顺的姿态，大多只是停留在他个人的内在性的信仰上的，有关天命、天道和天性的具体内容，孔子并没有积极地思索和探求，并没有将其作为自己的学说而理论化。可以说没有到这个程度上①。

下面通过《孝经》的内容，来看一下孔子的直接门人曾参的情况。“曾参，南武城人也，字子舆。少孔子四十六岁。孔子以为能通孝道，故授之业。作《孝经》”（《史记·仲尼弟子列传》），《孝经》被当作是曾参本人的著作而传承的。不过，实际上应是基于曾参的思想，由他的门人著述的。所以，《孝经》的内容应该被当作是广泛的曾参学派的思想。以《韩非子·显学》的分类来讲，应该看成是解释为乐正子春的“乐正氏之儒”的思想吧。在这个前提下，我们列举以下资料来讨论：

(A) 子曰：夫孝，天之经也，地之义也，民之行也。天地之经，而民是则之。则天之明，因地之利，以顺天下。(《孝经·三才》)

(B) 生则亲安之，祭则鬼享之。是以天下和平，灾害不生，祸乱不作。故明王之以孝治天下也如此。(《孝经·孝治》)

(C) 子曰：天地之性，人为贵。人之行，莫大于孝。孝莫大于严父，严父莫大于配天，则周公其人也。昔者，周公郊祀后稷以配天，宗祀文王于明堂以配上帝。(《孝经·圣治》)

(A)将孝这一伦理道德称为“天之经”“地之义”“天地之经”等，是将人伦升格为天地之理法的思维。(B)强调强烈的天人相关思想和灾异思想，说孝的行为实践是鬼神也很受用的，王者如果将孝作为统治方针的话，“灾害不生，祸乱不作”，就能够招福。(C)援引孔子之言，

① 参见金谷治《荀子の天人の分について——その自然観の特質》(《集刊東洋学》第二十四号)。

“天地之性，人为贵”，认为天地决定了对于万物的人的优势地位，在天地上寻求人伦的根据；在此之上，将对于父亲的孝比作对于上帝的祭祀，表明对于天的积极态度。

《吕氏春秋·先识览·察微》中说“《孝经》曰”，引用《孝经·诸侯》的一节；在《孝行览·孝行》中也引用了与《孝经·天子》几乎同样的文章。所以，可以认为，曾参学派在编集了《吕氏春秋》的战国末期之前，就已经形成了包括了上述那样的天人相关思想和灾异思想的理论。

再说子思、孟子学派。就像已经详述过的那样，这个系统在唯心主义的延长线上加上了神秘主义和天人相关思想，对于天（上帝、天道）显示出积极接近的姿态。本来，子思学派就是出自曾参的。曾参学派与子思、孟子学派一样，显示出靠近天的姿态，这正是这个学统的反映。在《孟子》外书四篇中，含有一篇《孝经》或《说孝经》，这也是二者之间亲近性的一个佐证。

以下将曾参、子思、孟子三学派的著作放在一起，一项一项地总结他们对于天的思想性特色：

（Ⅰ）强调天对于万物的赋命和本性以及积极的使命感。——《孟子》《五行篇》《中庸》《孝经》《大学》

（Ⅱ）以气为媒介的内外感应说。——《孟子》《五行篇》

（Ⅲ）天之理法（天道）的思想、预兆·灾异的思想。——《孟子》《五行篇》《中庸》《孝经》

（Ⅳ）通过内心的凝集获得卓越的预知能力。

慎独——《大学》《中庸》《五行篇》

鬼神——《中庸》

诚——《孟子》《大学》《中庸》

致知格物——《大学》

就像这样，虽然形态复杂，这三个学派将人伦与天命、天道、天性、鬼神等结合，在形成天人相关思想的基本方向上，保持着很大的共通性，这与孔子绝不说性与天道、敬鬼神而远之的立场相比较，大幅度地向天靠近，立场明显变化。

下面来看荀子对于天的态度：

明于天人之分，则可谓至人矣。……所志于天者，已其见象之可以期者矣。……君子敬其在己者，而不慕其在天者。……大天而思之，孰与物畜而制之。从天而颂之，孰与制天命而用之。……错人而思天，则失万物之情。（《荀子·天论》）

这里举出的是著名的“天人之分”主张的一节。从这个发言上来看，荀子对于天的立场已经很清楚了。他认为天与人的活动领域各异，人为与天界的事象之间不存在任何神秘的因果关系，是完全否定天人相关思想的立场。当然，在荀子的这种主张人应该专心于人为性努力的背后，是有着对于天的信赖和对于天的乐观主义态度的存在的[①]，认为只要人不怠慢努力，天基本上就会使人类社会得以存立。不过，这与曾参、子思、孟子等学派所主张的天人相关思想，在根本上是

---

① 有关这一点，参照前面所述的松田论文以及三浦吉明《荀子における对天の思想》（《日本中国学会報》第三十二集）、竹田健二《荀子における天》（《待兼山論叢》第二十三号）等。

不同的。“思也者，思天也”（《五行篇》说 6），这样的断言，与“错人而思天，则失万物之情”（《荀子·天论》）相比较的话，二者的对于天的基本态度的不同，就很清楚了。

以上概观了先秦儒家对于天的态度。结果显示其并存/对立的两个系统的存在。一个是视天为人伦的保护者、对于天的信赖[①]这一系统，另一个是从孔子的同时保持戒备心出发的、警惕太过深入到神秘主义的系统。在前者方向上推进的是曾参、子思、孟子系统的儒家；彻底贯彻后者方向的是荀子的系统。以往有关先秦儒家的见解，都是重视其对于天的消极的一面，在整体上规定其为排除天人相关和神秘主义的儒家合理主义。这种见解占主流[②]。这是侧重评价孔子带有的两面性中一面的结果，是轻视《大学》《中庸》中的天人相关思想和神秘主义思想之存在的结果；另外，还不知道帛书中的子思、孟子学派的天人相关思想倾向，以及被荀子太过尖锐的“天人之分”主张所牵引和影响等等——这个见解是综合以上结果而形成的。采取这个思索方法的时候，坚守消极待天姿态的孔子、没有特别主张天人相关的孟子，以及鲜明地主张“天人之分”的荀子，只此三者，才是构成先秦儒学史的要素，这成为当然的归结。

不过，这里必须注意，只把孔子、孟子、荀子这样的杰出思想家并列出来、以这种形式来描绘先秦儒家的整体形象的危险性。先秦的儒学，原本就是由有名和无名的无数儒生一起活动而支持的，有必要充分看到那些底层儒生的生态和思想，在此之上思考先秦儒家的整体形

---

① 有关这一点，可以参考三浦吉明《孔子の天に対する思想——その宗教的性格について》（《集刊東洋学》第三十六号），其中有详细的考察。

② 前面举出的金谷论文。

象。以下介绍一些传述底层儒者活动的资料：

(1) 子谓子夏曰：女为君子儒，无为小人儒。(《论语·雍也》)

(2) 有强执有命以说议曰：寿夭贫富安危治乱，固有天命，不可损益。穷达赏罚信否有极，人之知力不能为焉。……儒者以为道教。……君子笑之，怒曰：散人焉知良儒。夫夏乞麦禾，五谷既收，大丧是随，子姓皆从，得厌饮食。毕治数丧，足以至矣。因人之家翠以为，恃人之野以为尊，富人有丧，乃大说喜曰：此衣食之端也。(《墨子·非儒下》)

(3) 其亲死，列尸弗敛。登堂窥井，挑鼠穴，探涤器，而求其人。(《墨子·非儒下》)

(4) 宋阳里华子，中年病忘。朝取而夕忘，夕与而朝忘。在涂则忘行，在室则忘坐。今不识先，后不识今。阖室毒之，谒史而卜之，弗占，谒巫而祷之，弗禁。谒医而攻之，弗已。鲁有儒生，自媒能治之。华子之妻子，以居产之半请其方。儒生曰：此固非卦兆之所占，非祈请之所祷，非药石之所攻。吾试化其心，变其虑。庶几其瘳乎。于是试露之而求衣，饥之而求食，幽之而求明。儒生欣然告其子曰：疾可已也。然吾之方密传世，不以告人。试屏左右，独与居室七日。从之，莫知其所施为也。而积年之疾，一朝都除。(《列子·周穆王》)

(5) 秦人逢氏有子，少而惠，及壮而有迷罔之疾。闻歌以为哭，视白以为黑，飨香以为朽，尝甘以为苦，行非以为是。意之所之，天地四方，水火寒暑，无不倒错者焉。杨氏告其父曰：鲁之君子多术艺，将能已乎，汝奚不访焉。其父之鲁。(同上)

(6) 弟佗其冠,神禫其辞,禹行而舜趋,是子张氏之贱儒也。正其衣冠,齐其颜色,嗛然而终日不言,是子夏氏之贱儒也。偷儒惮事,无廉耻而耆饮食,必曰君子固不用力,是子游氏之贱儒也。(《荀子·非十二子》)

(7) 故《易》曰:括囊,无咎无誉。腐儒之谓也。(《荀子·非相》)

首先,在(1)中,孔子言及相对于"君子儒"的"小人儒"的存在。仅仅这一条,还不能明确"小人儒"的实际情况。不过可以明确,至少从春秋末期开始,已经有在孔子眼里只是"小人"的儒者了。

(2)是详细地描写了儒者生态的墨家记录。据此,儒者吹嘘天命论和宿命论,与《论语·颜渊》记述的个人的祸福凶吉已经由天命决定了的子夏的发言相似,也与《孟子·尽心上》传述的孟子的发言相似,极力主张人为性努力的无益。而且,他们所主张的宿命论中,与《孟子·滕文公下》《五行篇》《中庸》等相同,含有国家的治乱也是由天命决定的这样的主张。其结果,他们在夏天粮食缺乏的时候就过着乞食要饭般的生活,秋天收获之后,只要富人家里有丧仪而他们被雇用的话,不光本人,连同妻儿老小都一起凑近寄食。记述的是这样的情形。

在(3)中,墨家批判说,儒者在父母死去的时候,总也不埋葬亲人的遗体,而是登上房顶四处张望,窥探井底、鼠穴,甚至在便器中寻找,装作热心追寻死者、不相信亲人已经逝去的孝子的样子。批判其故弄玄虚的伪善和扮演巫祝的愚劣。

在(4)(5)中,描述操弄秘传方术治疗病人的鲁国儒生的不亚于巫祝的奇怪生态①。令人感兴趣的是，健忘症和精神错乱都被儒生当成心病这一点。通常，探究心的内部的，被认为是道家思想的专有领域，实际上并不一定如此。如前所述，子思、孟子学派是站在极端的唯心主义的立场上的，对于心的内部的思索和探究，对于他们来讲也是重要的主题。儒生"化其心，变其虑"的秘术，也绝不是与这样的唯心主义绝缘的。

在(6)中，荀子在指摘子张、子夏、子游三学派的怪异生态之上，骂他们是"贱儒"。据荀子的叙述，子张氏学派戴着扁平而又怪异的冠，言辞更是深远微妙，还说他们实践禹的走路方式和舜的跑步方式。禹步法在后世的道教之中也被当作重要的秘术。从子张氏学派的生态中，也能读取到这样的神秘主义倾向。在最后的(7)当中，荀子批评儒家的某个部分为"腐儒"。

存在于春秋末期至战国末期的无数底层儒生的生态，从这些资料中隐现出来。在他们当中，当然也存在信奉天命论和宿命论、无为徒食的人，同时，以丧葬行业为营生，施展呼叫死者灵魂的咒术并逐渐加深神秘主义的色彩，最终就到了只以方术为技艺的程度了。有人哄骗秦始皇，声称要带回不老不死的仙药，秦始皇在极度愤怒中连毫无关系的方士也一同连坐处刑，这个事件被表述为"坑儒"。在秦汉时期，方士与儒生是被看为同一种类型的人来对待的。这个现象也说明，在当时的儒者中，实际上还含有很多与方士难以判然区别的人。赵岐在《孟子题辞》中说"逮至亡秦，焚灭经术，坑戮儒生，孟子徒党尽矣"，记

---

①　有关《列子》的形成情况，参见拙作《〈列子〉と神仙・養生思想》(《中国古代養生思想の総合的研究》，平河出版社，1988年)。

述说秦的焚书坑儒使孟子的后学全都灭绝了。如果这个事实多少存在的话，就可以想象，由于孟子学派原本就带有神秘主义，门中弟子实际上有很多同时也是方士，他们被连坐处刑的可能性也就很大了。

这些无名的儒者在数量上占据绝大多数。将这些人的存在也纳入视野的话，先秦儒家整体上的立场，就不能一概定为排除天人相关与神秘主义的、儒家的合理主义立场了。当然，并不是说曾参、子思、孟子系统的儒家与这些底层儒者完全同质。不过，荀子在批判子思、孟子学派所倡导的五行说的时候，说“子思唱之，孟轲和之，世俗之沟犹瞀儒，嚾嚾然不知其所非也，遂受而传之”(《荀子・非十二子》)。从这个叙述中能够看出，在继承了子思、孟子学说的后学中，俗儒占据了相当部分的比例。所以，可以认为，这些学派原本就是孔子以来的儒学的一个侧面，是由生活在社会底层的俗儒作为主要担当者发展过来的，是将神秘主义和天人相关思想纳入内部、并理论性地发展了各自的学说的系统。正是因为如此，这些学派与理论性地切割了这一侧面而发展起来的荀子不同，对于天，他们尝试了积极性的接近。

就这样，《孟子》《五行篇》《大学》《中庸》《孝经》等著作，为我们展示了直到战国末期为止、频频试图接近天的这一系统的儒学所到达的理论水平。尽管他们很热心，但对于天本身的思考的贫瘠，造成了他们的认识大体上都没有太超出《诗经》《书经》中的皇天上帝的领域。也就是说，他们的理论水平，在明确天的内部构造以及理论化方面，都极为不成熟，局限性很大。这一点，与同时代流行的包括占星术、观天望气术的阴阳家的理论相比较，或者与《老子》《庄子》中的道以及对于天的思索、黄老道的天人相关/灾异思想的体系等相比较的话，也是一目了然的。

儒家中的一部分人在继续经营这样的思想性活动的时候，天人相关、神秘主义思想到了战国后期显现出飞跃的进展。其代表就是齐的邹衍：

(1) 其后有驺子之属。齐有三驺子。其前驺忌。以鼓琴干威王，因及国政，封为成侯而受相印。先孟子。其次驺衍，后孟子。驺衍睹有国者益淫侈，不能尚德若《大雅》整之于身施及黎庶矣。乃深观阴阳消息，而作怪迂之变，终始大圣之篇十余万言。其语闳大不经。必先验小物，推而大之，至于无垠。先序今以上至黄帝，学者所共术，大并盛世衰，因载其机祥度制，推而远之，至天地未生，窈冥不可考而原也。先列中国名山大川通谷，禽兽水土所殖，物类所珍，因而推之，及海外人之所不能睹①。称引天地剖判以来，五德转移，治各有宜，而符应若兹。以为儒者所谓中国者，于天下乃八十一分，居其一分耳。中国名曰，赤县神州。赤县神州内，自有九州。禹之序九州是也。不得为州数。中国外，如赤县神州者九。乃所谓九州也。于是有稗海环之，人民禽兽莫能相通者。如一区中者，乃为一州。如此者九。乃有大瀛海环其外。天地之际焉。其术皆此类也。然要其归，必止乎仁义节俭君臣上下六亲之施。始也滥耳。(《史记·孟子荀卿列传》)

(2) 大夫曰：邹子疾晚世之儒墨，不知天地之弘昭旷之道，将一曲而欲道九折，守一隅而欲知万方，犹无准平而欲知高下，无规

① 在此引用了《史记》的原文，就如第三章的注中说的那样，“称引天地……符号应若兹”一句，应该放在“窈冥不可考而原也”的下面。

矩而欲知方圆也。于是推大圣终始之运，以喻王公。先列中国名山通谷，以至海外。所谓中国者，天下八十一分之一。名曰赤县神州，而分为九州。绝陵陆不通，乃为一州。有大瀛海圜其外，此所谓八极而天地际焉。《禹贡》亦著山川高下原隰，而不知大道之径。故秦欲达九州而方瀛海，牧胡而朝万国。诸生守畦亩之虑，闾巷之固，未知天下之义也。文学曰：尧使禹为司空，平水土，随山刊木，定高下而序九州。邹衍非圣人，作怪误，荧惑六国之君，以纳其说。此《春秋》所谓匹夫荧惑诸侯者也。孔子曰：未能事人，焉能事鬼神。近者不达，焉能知瀛海。故无补于用者，君子不为。无益于治者，君子不由。三王信经道，而德光于四海。战国信嘉言，破亡而泥山。昔秦始皇已吞天下，欲并万国，亡其三十六郡。欲达瀛海，而失其州县。知大义如斯，不如守小计也。（《盐铁论·论邹》）

(3) 邹子以儒术干世主，不用。即以变化终始之论，卒以显名。……邹子之作，变化之术，亦归于仁义。（《盐铁论·论儒》）

(1)是司马迁对邹衍思想的概述。据此可以了解，邹衍的学说是由两个支柱支撑的。一个是应对于天界的五德推移、地上王朝交替的五德终始说，另一个是世界有中国的八十一倍之大的大九州说。

(2)的内容指出，邹衍从批判“晚世之儒墨”不放眼天地之广阔、只是拘泥于狭隘的人和社会的立场上，创造出五德终始说和大地理说。然后说秦始皇就是被大地理说所刺激，在四方尝试大远征。

应该注意的是(3)的记述。根据这个记述，成功完成了阴阳五行说的邹衍，其实原本也是儒者。记述了他的思想历程。邹衍思想活动的动机，是愤慨于当时的为政者的作为不如《诗经·大雅》所说的那样。另外，将他的思想归结于“仁义、节俭、君臣、上下、六亲之施”的(1)，也证明了(3)所说的邹衍原本是儒者。而且，从(1)中把孟子和邹衍当作连续的系谱来叙述上来看，推定邹衍的所属应该就是子思、孟子学派。

所以，可以认为，邹衍最初学习子思、孟子系统的儒学，但不被任何君主理会，最终看破了儒家的狭隘和对于天的思考的贫瘠，创造出统合了阴阳说、五行说、时令说、历运等等的独自的思想体系。就这样，被称为“谈天衍”(《史记·孟子荀卿列传》)的邹衍，受到各国君主的破格厚待，一跃成为时代的宠儿。

不过，他的成功也在于，他原本所属的子思、孟子学派已经试行接近天。这是他成功的一个重要的基础。邹衍所提倡的五德终始说，是指水、火、木、金、土五种气的循环和转移。这被表示为德，而且与礼法、服色的改制结合。从这一点上可以窥探出，其与将伦理道德名目称为五行、与天道相结合的《五行篇》的关联性。此外，邹衍的五德，实际上说的就是五种气，这一点也显示其与将人伦和气结合的《孟子》《五行篇》之间的关系。邹衍所使用的思考方法，“载其机祥度制，推而远之”“推之，及海外人之所不能睹”“整之于身施及黎庶”“必先验小物，推而大之”(1)，带有从内向外、再向外推进和扩大的方向性；具有上帝降机祥和瑞兆的预言性的性质、含有天意决定王朝交替的历运思想、将思想的终极目标放在仁义上等等，他的思想的很多地方都显示出与前述子思、孟子系统思想的强烈类似性。

虽然说邹衍在创建了新学说之后转变为批判儒家的一方，但还是能够看出，从以天人相关和神秘主义为基调的子思、孟子系统的儒学中,邹衍继承了很多的思想性遗产。如果邹衍是跟随荀子系统的儒学学习的话,树立前述那样的巨大的天人相关的思想体系,无论如何都是不可能的。这一点,从《盐铁论》中文学以荀子的"天人之分"立场来批判邹衍的言辞上,也是能够明白的,"近者不达,焉能知瀛海。故无补于用者,君子不为。无益于治者,君子不由""知大义如斯,不如守小计"(2)。

与邹衍相同,兴于东方齐国的黄老道一派也在战国后期形成了巨大的天人相关的思想性潮流。其实际情况一直以来都不能明确。自从马王堆汉墓出土的黄帝书的内容公布以后,其浓厚的天人相关体系就得到了判明。以下列举一例:

> 顺天者昌,逆天者亡。毋逆天道,则不失所守。……刑德皇皇,日月相望,以明其当。望失其当,环视其殃。……其明者以为法,而微道是行。明明至微,时反以为机。天道环周,人反为之客。静作得时,天地与之。争不衰,时静不静,国家不定。作可不作,天稽环周,人反为之客。静作得时,天地与之。静作失时,天地夺之。(《十六经·姓争》)

在此,说应该不失时机地对应天体运行所示的天道的周期运动,顺从于天道理法的指示,适当分别使用刑和德、静与作。如果违反了天道的指示,天就会下降灾殃,使敌兵侵攻国家、使国家灭亡等。在上天的意志与人事之间,加上理法化的天道,展开的是这种形式的强烈的天人相关思想。

秦亡汉兴,这种思想就取代了以往的法术思想,作为政治思想占据了思想界的主导地位。另一方面，奉行邹衍学说的后学之徒，宣称五德终始说才是能够正当化从秦到汉的王朝更替的理论，频频活动，要求朝廷予以采用。以阴阳流兵学为代表的各种阴阳思想，也以时代最先进的最新理论，掌握众人心理，广泛流行。汉初的思想界，在整体上呈现出几乎被天人相关/神秘主义的潮流全面席卷的景观。

当时的儒学到底是怎样的情况呢？

> 参尽召长老诸生，问所以安集百姓，如齐故俗诸儒以百数，言人人殊，参未知所定。闻胶西有盖公，善治黄老言，使人厚币请之。既见盖公，盖公为言治道贵清静而民自定，推此类具言之。参于是避正堂，舍盖公焉。其治要用黄老术。故相齐九年，齐国安集，大称贤相。（《史记·曹相国世家》）

在齐国任相的曹参，为了商定统治国家的方针，召集多达数百人的儒者，征求意见。可是，儒者所言各式各样，曹参不得不断了咨询的念头。这时，他招聘了黄老道的总帅盖公，最终决定将黄老道置于政治的根本。就像这个事例所象征的，当时的儒学对于时势几乎是无力的，提不出任何有效的政治思想，也就是说陷入了蔽塞的状态。

在这种情况下，试图复兴儒学并最终为儒学开辟了官学化道路的，是董仲舒。不过，董仲舒的儒学，整体上具备天人相关思想的体系，带有浓厚的神秘主义色彩。下面来列举向武帝要求排除诸子百家、采用儒学的著名的天人对策中第三策的开头部分：

> 臣闻，天者群物之祖也。故遍覆包函而无所殊，建日月风雨

以和之,经阴阳寒暑以成之。故圣人法天而立道,亦溥爱而亡私,布德施仁以厚之,设谊立礼以导之。春者天之所以生也,仁者君之所以爱也。夏者天之所以长也,德者君之所以养也。霜者天之所以杀也,刑者君之所以罚也。繇此言之,天人之征,古今之道也。孔子作《春秋》,上揆之天道,下质诸人情,参之于古,考之于今。故《春秋》之所讥,灾害之所加也。春秋之所恶,怪异之所施也。书邦家之过,兼灾异之变,以此见人之所为,其美恶之极,乃与天地流通而往来相应。此亦言天之一端也。古者修教训之官,务以德善化民。民已大化之后,天下常亡一人之狱矣。今世废而不修,亡以化民。民以故弃行谊而死财利,是以犯法而罪多,一岁之狱以万千数。以此见古之不可不用也。故《春秋》变古则讥之。天令之谓命,命非圣人不行。质朴之谓性,性非教化不成。人欲之谓情,情非度制不节。是故王者上谨于承天意,以顺命也。下务明教化民,以成性也。正法度之宜,别上下之序,以防欲也。修此三者,而大本举矣。人受命于天,固超然异于群生。入有父子兄弟之亲,出有君臣上下之谊,会聚相遇,则有耆老长幼之施。粲然有文以相接,欢然有恩以相爱。此人之所以贵也。生五谷以食之,桑麻以衣之,六畜以养之,服牛乘马,圈豹槛虎。是其得天之灵,贵于物也。故孔子曰:天地之性,人为贵。明于天性,知自贵于物。知自贵于物,然后知仁谊。知仁谊,然后重礼节。重礼节,然后安处善。安处善,然后乐循理。乐循理,然后谓之君子。故孔子曰:不知命,亡以为君子。此之谓也。(《汉书·董仲舒传》)

在这个记述中,董仲舒说“春者天之所以生也,仁者君之所以爱也。夏者天之所以长也，德者君之所以养也。霜者天之所以杀也，刑者君之所以罚也。繇此言之，天人之征，古今之道也”，将君主的为政配置在天的四时上，对抗黄老道的主张对应于四时的、刑德并用的天人相关理论。

接下来，他说“孔子作《春秋》，上揆之天道，下质诸人情，参之于古，考之于今。故《春秋》之所讥，灾害之所加也。《春秋》之所恶，怪异之所施也”，利用最早由孟子开始主张的孔子修订《春秋》的说法，将没有主张过天道的孔子，与天道紧密结合在一起，从公羊学的立场，把孔子说成是一个完美的天人相关论者和灾异思想的信奉者。

他还说“天令之谓命，命非圣人不行。质朴之谓性，性非教化不成”，展开与《中庸》几乎相同的逻辑，努力将君主的统治纳入天人相关理论的内部。

“孔子曰：天地之性，人为贵”，引用《孝经》中孔子的言论，来证明作为天性而被赋予了伦理性的人对于万物的绝对的优势地位。

“明于天性，知自贵于物。知自贵于物，然后知仁谊。知仁谊，然后重礼节。重礼节，然后安处善。安处善，然后乐循理。乐循理，然后谓之君子”，说只有意识到了优越于万物的伦理性，才是到达君子的第一步。此处的逻辑与《五行篇》的内容几乎重复——“侔万物之性，而知人独有仁义也，进耳”（说 23）、“不形则不安，不安则不乐，不乐则无德”（经 4）、“不智不仁，不仁不安，不安不乐，不乐无德”（经 13）等等。虽说在表达上有些改变，但可以认为这个部分利用了《五行篇》的内容。而且，董仲舒将这些与孔子的“不知命，亡以为君子”连结，再一次展开论旨，好像孔子就是一个信奉天命的完全的天人相关论者一样。

就像这样，董仲舒的《春秋》公羊学，已经成为完全的天人相关/神秘主义的思想。其最大的理由就是，在当时一直占据汉的思想界主导地位的黄老道，拥有大规模的天人相关的思想体系。董仲舒深深感到，为了对抗黄老道，需要将邹衍批判的“不至天地之弘，昭旷之道”的儒学，转化为可以与黄老道相匹敌的真正的天人相关思想①。为了使儒学能够凌驾于黄老道之上，他从邹衍、黄老道思想导入五行说、阴阳说、天谴灾异说等等，将其植入公羊学中。只要是能够利用的，不管什么学派的都拿来，以这种形式将儒学改变为强烈的天人相关思想。其结果，为儒学开创了排斥黄老/百家之学、只将儒学推为唯一正统官学的道路。

以从前儒学贫瘠的理论水平，很难构建可以取代黄老道天人相关的理论体系。所以，董仲舒不得不从其他学派中大量摄取理论。不过，尽管如此，如果董仲舒之前的战国末期的儒学，只是荀子的“天人之分”路线的话，是不可能有前述那样的改变的。在战国时期的儒家内部，已经有了曾参、子思、孟子等学派想要接近天的尝试，虽然还不够充分，但必须认为，正是因为有这样的先行，才可能有后来那样的改变。根据《春秋繁露》的内容，能够看出董仲舒从邹衍的五德终始说中

---

① 在前面的金谷论文中主张说，尽管荀子倡导天人分离、发展了儒家的合理主义，但是在汉代，天人相关思想又复活了。这是因为，在荀子的天人分离思想中，还留有不彻底的部分。金谷的这个说法，是将视野限定在儒学之内、从而导出的一个简单方便的说明而已。在战国后期的思想界，存在有阴阳流兵学、邹衍以及黄老道所代表的天人相关的巨大的思想性潮流。荀子所属的天人分离方面，是处于劣势地位的。也就是说，如果荀子提倡“天人之分”的结果，并没有使天人相关思想失势的话，那么，天人相关是在汉代再次构成的这个命题，就是不能够成立的了。而且，荀子个人的思想，与后世朱子学的情况不同，它并没有席卷一个时代，还没有达到不经由其思想、大多数思想家就无法展开新阶段的思想的程度。所以，汉代人并不需要等待发现荀子天人分离思想的缺陷，大可以无视荀子，以这种形式来继承战国时期以来的各种天人相关思想。

受到了很大的影响。邹衍原本属于子思、孟子系统的儒家，其阴阳五行说中含有大量的儒学残留。可以认为，这一点也使董仲舒的摄取变得容易了。

所以，就像《五行篇》的思想所象征的那样，曾参、子思、孟子学派所尝试的对于天的接近，包括从其系统中出了邹衍这一点，在结果上，可以说都为儒学的国教化起到了很大的作用。《五行篇》在中国思想史上所占据的地位以及意义，也正是在于这一点。

第十章　董仲舒天人对策的再讨论
——围绕儒学国教化的问题

前汉武帝时期，董仲舒在天人三策中，要求禁止诸子百家，只将孔子的学问作为唯一正统的官学予以认可。武帝接受这个献策，采取儒家一尊的方针，设置五经博士，儒学首次获得国教官学的地位。在此儒教得以成立。以上的这个说法，一直以来都是被广泛认可的有关董仲舒的天人对策和儒学国教化的通用说法。

不过，对于这个通用的说法，也有重大的疑点已经被提出。首当其冲的就是平井正士的研究[①]。在贤良对策的年次上，平井氏首先否定了建元元年的说法，主张元光元年说。接下来，在天人三策中，他将第二次制对策看作是后世的篡改添加，推定其实际年次为元光五年。而且，他还提出在儒教的国教化这个问题上，董仲舒所起到的作用与史实相比，有过大粉饰的嫌疑。

进一步发展了平井氏说法的是福井重雅的研究[②]。福井氏否定了武帝因为接受了对策而使儒教国教化和设置五经博士的说法，说那是前汉末期以后的基于想象的一个假托，是将董仲舒理想化的一个产

---

① 平井正士《董仲舒の賢良対策の年次について》(《史潮》第十一年、第二号)。

② 福井重雅《儒教成立史上の二三問題　五経博士と董仲舒の事跡に関する疑義》(《史学雑誌》第七十六編、第一号)。

物。而且，他还推定天人对策（第一次、第三次）的年次为建元五年和建元六年，并提出见解说，董仲舒所提倡的阴阳、灾异思想极为特异，其并没有为武帝的思想统制做出贡献，在当时也并没有什么重大的价值。

针对这样的怀疑意见，也存在认为还是应该承认以往的普遍通用说法的立场，其代表就是佐川修的研究[①]。佐川氏逐一反驳了前两位提出的疑点，在此之上提出见解说，三策的存在、五经博士的设置，以及因董仲舒的献策而使儒教国教化等，全都是应该予以承认的事实[②]。

之后这个问题似乎没有其他新的进展。在考察黄老道衰退和儒学抬头的问题上，这依然是个重要的问题。本章再次提出这个问题，并作出若干的讨论。

一

本节讨论平井氏提出的、福井氏予以赞同的怀疑为后世篡改加入的第二次制对策的部分。首先从《汉书・董仲舒传》中抽出有关的资料，列举如下：

(1) 天子览其对而<u>异为</u>（A1），乃复册之。（第二次制策前的文字）

---

① 佐川修《春秋学論考》（東方書店）第四章《武帝の五経博士と董仲舒の天人三策》。

② 日原利国《漢代思想の研究》（研文出版），几乎也是以这种以往的一般说法为前提，展开以公羊学为中心的汉代思想的论述的。

(2) 于是天子复册之。(第三次制策前的文字)

(3) 今子大夫明于阴阳所以造化,习于先圣之道业。然而文采未极,岂惑乎当世之务哉。条贯靡竟,统纪未终(B1),意朕之不明与,听若眩与。夫三王之教所祖不同,而皆有失。或谓久而不易者道也(C),意岂异哉(A2)。今子大夫既已著大道之极,陈治乱之端矣。其悉之究之,孰之复之。……朕将亲览焉,子大夫其茂明之。(第三次制策)

(4) 仲舒复对曰:臣闻《论语》曰:有始有卒者,其唯圣人乎。今陛下幸加惠,留听于承学之臣,复下明册,以切其意,而究尽圣德。非愚臣之所能具也。前所上对,条贯靡竟,统纪不终(B2),辞不别白,指不分明,此臣浅陋之罪也。(第三次对策)

资料(1)中说,“天子览其对而异为,乃复册之”,记录了武帝下册第二次制策的理由。不过,在第二次制对策中,并没有特别的“异为”(A1)那样的内容,下册的情况说明和制对策的内容不相符。

另一方面,在资料(3)的第三次制策中,武帝说“条贯靡竟,统纪未终”(B1),在指出缺陷的基础之上,将画线部分C的内容当作“异”(A2)。与其对应的资料(4)的第三次对策,也在承认武帝所指出的缺陷(B2)的基础上,记述了回答C部分的疑问的内容。所以,与单单只是说“于是天子复册之”(2)来说明第三次制策下册情况的内容相比较,第二次制策的下册情况说明(1),更加适合于第三次制策方面。

详细情况后面再做叙说。在第一次对策中,存在有缺陷(B1)和招致疑问(C)的董仲舒主张道的常恒不变性的言论。所以,应该理解为,第三次制策是因为第一次对策的缺陷而发起的。

那么,第二次制策的性质又该如何理解呢?

(5)今子大夫待诏百有余人,或道世务而未济,稽诸上古之不同,考之于今而难行,毋乃牵于文系而不得骋与。将所繇异术,所闻殊方与。各悉对,著于篇。毋讳有司。明其指略,切磋究之,以称朕意。(第二次制策的末尾)

根据这个记述,第二次制策混杂有很多的思想性立场,是向"所繇异术,所闻殊方"的"子大夫待诏百有余人"下册的制策。正因为如此,武帝说"各悉对",向所有相关人员下命令要求提出对策,而不是只向董仲舒发出的亲制,这是很明白的。所以,就如平井氏所说,第二次制对策与其他两个性质不同。第一次制对策与第三次制对策直接相连,这应该是毫无疑问的。

二

接下来本节考察第一次制对策的内容。首先,为了把握在第一次制策中武帝方面的目的,以下从第一次制策中抽出主要的策问事项:

(一)盖闻,五帝三王之道,改制作乐而天下洽和,百王同之。当虞氏之乐莫盛于韶,于周莫盛于勺。圣王已没,钟鼓筦弦之声未衰,而大道微缺,陵夷至乎桀纣之行,王道大坏矣。夫五百年之间,守文之君,当涂之士,欲则先王之法以戴翼其世者甚众。然犹不能反,日以仆灭,至后王而后止。岂其所持操或悖缪而失其统与，固天降命不可复反，必推之于大衰而后息与。

（二）乌乎，凡所为屑屑，夙兴夜寐，务法上古者，又将无补与。

（三）三代受命，其符安在。

（四）灾异之变，何缘而起。

（五）性命之情，或夭或寿，或仁或鄙，习闻其号，未烛厥理。

（六）伊欲风流而令行，刑轻而奸改，百姓和乐，政事宣昭。何修何饬而膏露降，百谷登，德润四海，泽臻草木，三光全，寒暑平，受天之祐，享鬼神之灵，德泽洋溢，施乎方外，延及群生。

从以上列举的（一）—（六）的所有策问事项中，都可以读出武帝诱导董仲舒、让他提出天人相关·灾异思想的意图。

特别是从（一）（二）（五）中，能够很清楚地看出，是在诱导他提出天道与治道对应关系的理论。在（一）和（二）中，武帝策问说，道在某个时代里隆盛、又在某个时代里衰落，本身有着宿命性的变化。如果天一旦命令道衰落，就没有了人为努力介入的余地了吗？到底是完全不可能抑止其衰落的命运呢，还是说，道本身是常恒不变的，只是人对待道的方法有时代性的差异，所以导致了大道的衰退？如果改变对待道的方法，是否能够再次挽回、再次隆盛呢？接下来在（五）中，他继续策问说，如果道是一定不变的，那为什么命运会有个人或者是时代性的差异呢？在最后的（六）中质问说，以宽刑主义带来治安，"受天之祐"的政策是什么？问题带着浓厚的天人相关思想的色彩。

以往，有关天人对策，都只是将对策的内容作为考察对象，常常遗漏了制策的内容。因而，在以往的诸研究中，常常误解为好像只是董仲舒单方面地提出了天人相关·灾异思想。不过，事实完全相反，是武帝方面首先积极地提示了天人相关・灾异思想，是通过这样的方式，从董仲舒方面引出他的学说的①。

那么，针对武帝方面这样的诱导，董仲舒准备了怎样的答案呢？现以与武帝的策问事项逐一对应的形式，将对策的要点列举如下：

(1a) 臣谨案:《春秋》之中，视前世已行之事，以观天人相与之际，甚可畏也。国家将有失道之败，而天乃先出灾害以谴告之。不知自省，又出怪异以警惧之。尚不知变，而伤败乃至。以此见天心之仁爱人君而欲止其乱也。自非大亡道之世者，天尽欲扶持而全安之，事在强勉而已矣。

(1b) 道者所繇适于治之路也。……夫人君莫不欲安存而恶危亡，然而政乱国危者甚众。所任者非其人，而所繇者非其道，是以政日以仆灭也。……故治乱废兴在于己，非天降命不可得反，其所操持悖谬失其统也。

(2a) 至于宣王，思昔先王之德，兴滞补弊，明文武之功业，周道粲然复兴，诗人美之而作，上天佑之，为生贤佐。后世称诵，至今不绝。此夙夜不解行善之所致也。

---

① 对策说到底都只是一个对于制策的答案，所以，排除制策而只讨论对策的议论，都是片面不全的。而且，在第一次制策的末尾，武帝说“其明以谕朕。科别其条，勿猥勿并”，严厉下指示，要求忠实依照策问事项的顺序判然做出解答。所以，可以认为，董仲舒脱离武帝预先设定的框架、单方面地只是陈述自己的见解是完全不可能的。在这一点上，有关“灾异”的问题也是一样的。武帝方面最先使用了“灾异”这个术语，只要留意到这一点，就会明白，像前述福井氏的论文那样，说因为董仲舒的灾异思想性质特异，所以没有能够为武帝的思想统制做出贡献，在当时并不具备重大价值的这个看法，是错误的。

(2b) 强勉行道,则德日起而大有功。此皆可使还至而有效者也。

(3) 臣闻:天之所大奉使之王者,必有非人力所能致而自至者,此受命之符也。天下之人同心归之,若归父母。故天瑞应诚而至。《书》曰:白鱼入于王舟,有火复于王屋,流为乌。此盖受命之符也。

(4) 及至后世,淫佚衰微,不能统理群生,诸侯背畔,残贼良民以争壤土,废德教而任刑罚。刑罚不中,则生邪气。邪气积于下,怨恶畜于上。上下不和,则阴阳缪盭而妖孽生矣。此灾异所缘而起也。

(5) 臣闻:命者,天之令也。性者,生之质也。情者,人之欲也。或夭或寿,或仁或鄙,陶冶而成之,不能粹美,有治乱之所生,故不齐也。……故尧舜行德则民仁寿,桀纣行暴则民鄙夭。夫上之化下,下之从上,犹泥之在钧,唯甄者之所为,犹金之在镕,唯冶者之所铸。

(6a) 天道之大者在阴阳。阳为德,阴为刑。刑主杀而德主生。是故阳常居大夏,而以生育养长为事。阴常居大冬,而积于空虚不用之处。以此见天之任德不任刑也。……此天意也。王者承天意以从事,故任德教而不任刑。……今废先王德教之官,而独任执法之吏治民,毋乃任刑之意与。……虐政用于下,而欲德教之被四海,故难成也。

(6b) 为人君者,正心以正朝廷,正朝廷以正百官,正百官以正万民,正万民以正四方。四方正,远近莫敢不壹于正,而亡有邪气奸其间者。是以阴阳调而风雨时,群生和而万民殖,五谷孰而草木茂，天地之间被润泽而大丰美。四海之内闻盛德而皆徕臣。诸福之物，可致之祥，莫不毕至，而王道终矣。

(6c) 古之王者明于此，是故南面而治天下，莫不以教化为大务。立大学以教于国，设庠序以化于邑。渐民以仁，摩民以谊，节民以礼。故其刑罚甚轻而禁不犯者，教化行而习俗美也。

(6d) 汉得天下以来，常欲善治而至今不可善治者，失之于当更化而不更化也。……今临政而愿治七十余岁矣，不如退而更化。更化则可善治，善治则灾害日去，福禄日来。……夫仁谊礼知信五常之道，王者所当修饬也。五者修饬，故受天之祐，而享鬼神之灵，德施于方外，延及群生也。

首先，在(1a)中，董仲舒将灾害、怪异、伤败这种分了三个阶段的天谴说作为论据，主张天心基本上是“仁爱人君而欲止其乱”的，就看人的努力了。在此基础上，(1b)中说，“故治乱废兴在于己，非天降命不可得反，其所操持悖谬失其统也”，否定天道的固定性变化，断言衰乱的原因在于人为性的失政。对武帝二选一的策问(一)提出了明确的解答。

接下来，对于武帝的策问(二)，武帝问，自己“夙兴夜寐，务法上古”，刻苦勤勉，最终也不会有效果吗？对于这个问题，董仲舒援引周宣王中兴的事例(2a)说，“此夙夜不解行善之所致也”(2a)、“强勉行道，则德日起而大有功”(2b)。回答说，君主人为性的努力是“上天佑之”(2a)的，一定会招来大的功业。

在(3)中，回答武帝“三代受命，其符安在”的策问(三)，说“天之所大奉使之王者，必有非人力所能致而自至者，此受命之符也”“故天瑞应诚而至”。也就是说，董仲舒主张，单单只是成就了人为性的霸业，还不能成为受命的证据。只有得到上天对于天下人心归于一身的人德而降下的瑞兆，才是受到了上天的承认和加护的受命。通过这种操作，将“受命之符”与儒家的德治主义相结合，再次强调了地上的王权只能是在上天的承认之下才得以成立这一点。

同样，在(4)中，对于武帝“灾异之变，何缘而起”(四)的策问，回答说“废德教而任刑罚”。主张说如果施行恶政，使阴阳二气的循环错缪，其结果就会发生灾异。这是人为的善恶会作用于阴阳的循环、影响其调和，也就是说会自动发生灾异的理论，与天有意图地发出灾异的(1a)的天谴说看似矛盾。而在董仲舒看来，只要阴阳的调和最终也是在上天的管辖之下的，那么阴阳的错缪归根到底也是天意的表明，二者并没有什么特别矛盾的地方①。所以，他在主张天子的人为努力才是第一义的时候，使用阴阳会感应统治之善恶的理论；在主张天子应该服从于上天的权威的时候，就将天谴说推出来——因所着眼的论点而分别使用两个理论。不过，严密地来讲，难以否定在(1a)和(4)之间存在着逻辑上的龃龉。这也是天人对策整体上共通的一个特征。

在(5)中，董仲舒对于武帝的上天所授命运为何有个人的和时代的差异这一策问，说“尧舜行德则民仁寿，桀纣行暴则民鄙夭”，主张差异是由统治的善恶而产生的。这也是将重点置于君主的人为努力统治上的论调。

最后的(6)，是针对武帝的问题——以宽刑主义实现社会的治安、

---

① 阴阳与天意结合的(6)的内容明示了这一点。

将德扩延至四海而招致天福的政策又是什么——的回答。董仲舒说，只要天是“任德不任刑”的，那么，“承天意以从事”的王者，当然就必须实施德治和宽刑（6a）。只要君主的统治正确，就会“亡有邪气奸其间者”“阴阳调而风雨时”，就可能将盛德扩延至四海（6b）。他还说，如果推进五常教化民众，就能够获得上天和鬼神的加护（6c、6d）。再三要求武帝实行德治和宽刑。

以上讨论了第一次制对策的内容。如前所述，这个对策的缺陷引出了第三次制策的下册。那么，这个对策的什么地方有问题呢？回应武帝方面的要求，董仲舒确实提出了自己关于天人相关·灾异思想的见解。不过，在其中，就像（1a）（1b）那样，他认为天道具有超越时代的常恒不变的性质，又认为天不会无视人为而命令道的下降和衰落。问题就在这里。

武帝方面，“夫帝王之道，岂不同条共贯与，何逸劳之殊也”“夫帝王之道，岂异指哉”（第二次制策），就像这些发问所明示的那样，武帝知道三代圣王治道各异、各有得失这样的学说；而且，在心底还想要利用这个学说，想在自己主导的权力之下大幅度转换汉的治道。

在这种情况下，如果依据天道是周期性地反复隆昌和下降这样的天道理论的话，圣王治道即使不同——甚至自己转换汉的治道，也可以作为对应天道变化的一个必然性的行为，使之正当化就容易了。然而，因为董仲舒强调天道的恒常不变性，武帝的心思落空了。在此，武帝命令，要求再次提出可以整合性地说明道的恒常性与治道转变之间关系的理论。这是当然的举措，也正是第三次制策下册的原因。

三

本节讨论第三次制对策的内容。首先将第三次制策的主要策问事项列举如下：

（一）盖闻：善言天者必有征于人，善言古者必有验于今。故朕垂问乎天人之应。

（二）上嘉唐虞，下悼桀纣，寖微寖灭寖明寖昌之道，虚心以改。

（三）夫三王之教所祖不同，而皆有失。或谓久而不易者道也，意岂异哉。

（四）今子大夫既已著大道之极，陈治乱之端矣。其悉之究之，孰之复之。

（一）是针对第一次对策中董仲舒所披露的天谴说，要求他以横亘古今的确切典据明示出证据[①]。（二）是策问有关王朝逐渐走向衰灭和兴隆的原因及过程。（三）是说三代圣王治道各异，各有缺点短处，但董仲舒一方面又主张道的恒常不变性，这是否存在矛盾，对此提出疑问。如前所述，这是这次制策的最大着眼点。最后的（四）是要求详细

① 顺便说一下，在此武帝所引用的“善言天者必有征于人，善言古者必有验于今”这句话，是基于《荀子·性恶》中的一节。也就是说，武帝将荀子主张“天人之分”的言论，相反地利用在为了导出天人相关思想的论据上了。这样的现象也能够窥探出，在天人相关为思想主流的当时的时代，荀子被接受的一些状况。

叙述可以招来治世的具体政策。

然而，“文采未极，岂惑乎当世之务哉。条贯竟靡，统纪未终。意朕之不明与，听若眩与”，被武帝如此强烈地指出之前对策的缺陷、又一次地被下册策问的董仲舒，这次又是怎样回答的呢？还是以对应武帝的策问事项的形式，将对策要点列举如下：

(1a) 臣闻，天者群物之祖也。……故圣人法天而立道。

(1b) 天人之征，古今之道也。孔子作《春秋》，上揆之天道，下质诸人情，参之于古，考之于今。故《春秋》之所讥，灾害之所加也。《春秋》之所恶，怪异之所施也。书邦家之过，兼灾异之变。以此见人之所为，其美恶之极，乃与天地流通而往来相应。此亦言天之一端也。

(1c) 天令之谓命，命非圣人不行。质朴之谓性，性非教化不成。人欲之谓情，情非度制不节。是故王者上谨于承天意，以顺命也。下务明教化民，以成性也。正法度之宜，别上下之序，以防欲也。

(1d) 人受命于天，固超然异于群生。……明于天性，知自贵于物。知自贵于物，然后知仁谊。

(1e) 以此见古之不可不用也。故《春秋》变古则讥之。

(2) 尧发于诸侯，舜兴乎深山，非一日而显也。盖有渐以致之矣。……夫暴逆不仁者，非一日而亡也，亦以渐至。

(3) 臣闻：夫乐而不乱、复而不厌者，谓之道。道者，万世亡弊。弊者，道之失也。先王之道必有偏而不起之处，故政有眊而不行，举其偏者，以补其弊而已也。三王之道所祖不同，非其相反。将以捄溢扶衰，所遭之变然也。……道之大原出于天。天不变，道亦不变。是以禹继舜，舜继尧。三圣相受而守一道，亡救弊之政也。故不言其所损益也。繇是观之，继治世者其道同，继乱世者其道变。今汉继大乱之后，若宜少损周之文致，用夏之忠者。

(4a) 夫天亦有所分予，予之齿者去其角，傅其翼者两其足，是所受大者不得取小也。古之所予禄者，不食于力，不动于末，是亦受大者不得取小，与天同意者也。……身宠而载高位，家温而食厚禄，因乘富贵之资力，以与民争利于下，民安能如之哉。是故众其奴婢，多其牛羊，广其田宅，博其产业，畜其积委，务此而亡已，以迫蹴民。……故受禄之家，食禄而已，不与民争业，然后利可均布，而民可家足。此上天之理，而亦太古之道。天子之所宜法以为制，大夫之所当循以为行也。

(4b) 春秋大一统者，天地之常经，古今之通谊也。今师异道，人异论，百家殊方，指意不同。是以上亡以持一统，法制数变，下不知所守。臣愚以为，诸不在六艺之科孔子之术者，皆绝其道，勿使并进，邪辟之说灭息。然后统纪可一而法度可明，民知所从矣。

首先在(1)中，董仲舒说“天者群物之祖”，规定天为至高的存在，所以圣人孔子也“法天而立道”，将天人相关思想的正统性根据置于孔子的言行上。在此之上，他说，“孔子作《春秋》，上揆之天道，下质诸人情，参之于古，考之于今”，所以，天人相关思想的正当性和灾异天谴说的明征，全都在《春秋》之中了。以此明示了具体的典据[①]。

他还说，人之性原本“质朴”。人“固超然异于群生”，是承受了“贵于物”的天命和天性的存在。如果接受了“谨于承天意”的圣人/王者的教化，就可以自觉到仁义之伦理[②]。所以，通过德治的教化才是顺从天命、避免天灾谴责的方法。他这样展开自己的学说，指出这才是当今应该作为规范的古道。这样的应答，将德治主义与天谴说合在一起，以这种形式应对武帝的要求，提出天谴说之明证，可以说他希望武帝也一并接受德治主义。

在(2)中，董仲舒认为，君主的日日积善或积恶，就是王朝日渐隆盛或衰微的主要原因。要求武帝细心注意自己的言行。

接下来的(3)，如前所述，是这次对策的最大着眼点。董仲舒说，“道之大原出于天。天不变，道亦不变”，明确地将道置于天的下位、让道从属于天。在此之上，他断言，道的本源——天，已经是恒常不变的了，“出于天”的道也就保有了恒常不变的性质。

就这样，只要道确保了“万世亡弊”的不变性，那么，治乱就不是道本身变化的结果，是人针对于道的对应方法的变化而带来的结果。董仲舒举实例说，尧、舜、禹三圣继承治世，没有任何改变治道的必要，所以“相受而守一道”的统治成为可能。与此交替，在禹、汤、文武之间产

---

① 在此董仲舒描绘的是一个完美的天人相关论者和神秘主义者的孔子的形象。从前汉末期到后汉，谶纬之学兴起，利用图谶和纬书(《孔丘秘经》)，将孔子当作与古代圣王并列的素王的这种神圣化运动变得盛行。前述董仲舒的对于孔子的理解，正是其形成的一个源流。就像安居香山、中村璋八的《緯書の基礎的研究》(国書刊行会)所指出的那样，纬书的内容与公羊学关系紧密，这个现象是个有力的佐证。

② 与此类似的思考，在帛书《五行篇》中已经能够看到：“侔万物之性，而知人独有仁义也”“循人之性，则巍然知其好仁义也”“源心之性，则巍然知其好仁义也”(说 23)。

生了治道上的差异，那是因为殷与周分别承接了桀、纣的乱世，为了创建新王朝、挽救前世的偏向而做了增减。也就是说，道本身是恒常不变的，那些治道上的差异只是为了应对所遇的历史性条件而产生的，如此而已。他说，绝不是说三王的道是相反的。

董仲舒还说，汉继承了秦的大乱之世，所以有必要改制。在这种情况下，即使变更治道，在基本精神上，还是承袭了恒常不变的先王之道的。这是说武帝即使在将来着手改制，也绝不会违背遵守先王之道的原则。为此做了预先的保证。

最后的(4)是回答能够带来治世的有关施策。其中，董仲舒说，“天亦有所分予。……受大者不得取小，与天同意者也”“此上天之理”(4a)，以上天“均布”利益的意志为论据，对于豪族一方面作为中央高官享受厚禄，一方面在原乡兼并土地和人民、压迫民众零碎的家业、获取巨大商业利润的行为，要求以法制来禁止，将豪族与高级官僚分离。

董仲舒在对策的末尾，作为带来治世的第二个方策，进言以儒学一尊来统制思想(4b)。他宣扬春秋公羊学的大一统思想，指出当下错乱状态的源头在于思想界的分裂，献策全面禁止和排除自先秦以来仍然保有势力的诸子百家的异说、将汉的价值标准统一在孔子的学术之下。

以上是第三次制对策的内容。当然，对于董仲舒来讲，最后所述的以儒学统制思想，才是他最为期待被采纳的一点。不过，武帝最大的着眼点是要解决三王治道的不同与道的恒常不变性之间的矛盾，是有关这个问题的策问。董仲舒将道明确地置于从属于天的下位，以这种形式做出了比之前的对策更加整合化的解答。武帝抽取了答案，所期待的目的也就充分达到了①。

四

本节首先基于平井学说，就其推测的第二次制对策的问题——即第二次与第一次、第三次制对策性质相异且没有直接的连续性，再次进行讨论。先将第二次制策的主要策问事项列举如下：

（一）制曰：盖闻，虞舜之时游于岩郎之上，垂拱无为而天下太平。周文王至于日昃不暇食而宇内亦治。夫帝王之道，岂不同条共贯与，何逸劳之殊也。

（二）盖俭者不造玄黄旌旗之饰。及至周室，设两观，乘大路，朱干玉戚，八佾陈于庭，而颂声兴。夫帝王之道岂异指哉。

（三）或曰良玉不瑑，又曰非文无以辅德，二端异焉。

（四）殷人执五刑以督奸，伤肌肤以惩恶。成康不式四十余年，天下不犯，囹圄空虚。秦国用之，死者甚众，刑者相望，秏矣哀哉。

（五）乌乎！朕夙寤晨兴，惟前帝王之宪，永思所以奉至尊，章洪业，皆在力本任贤。今朕亲耕籍田以为农先。劝孝弟，崇有德，使者冠盖相望，问勤劳，恤孤独，尽思极神，功烈休德未始云获也。

---

① 这种情况，道在暗中与老子的道重合。从思想史的观点上来看，以道来为皇帝权力作根据的理论在未完成中终了了。所以，有必要通过在上天上为权力的正统性和正当性作根据，有必要通过这种传统性的思考来重新构建统治理论。同时，道依据天而凌驾，这也是在排除黄老道、采用儒学的时候必须要做好整备的理论。

（六）今阴阳错缪，氛气充塞，群生寡遂，黎民未济。

（七）廉耻贸乱，贤不肖浑殽，未得其真。

首先，武帝在（一）（二）（三）（四）中策问，说消极的无为之治与积极的直接统治、节俭主义与文饰主义、无为放任与教化作为、严刑重罚主义与德治宽刑主义等等，先王之间这些治道不同的原因是什么？接下来，武帝在（五）中策问，说日夜在劝农、尚贤、安定民生等施策上费心，但也完全无效，这是为什么？在（六）中，下问阴阳错乱、歉收、人民生活疾苦的原因。在最后的（七）中，策问整治伦理混乱、贤不肖混淆的方策。

下面以逐一对应上述策问事项的形式，来列举董仲舒的对策要点：

（1）舜知不可辟，乃即天子之位，以禹为相，因尧之辅佐，继其统业。是以垂拱无为而天下治。……当此之时，纣尚在上，尊卑昏乱，百姓散亡。故文王悼痛而欲安之。是以日昃而不暇食也。孔子作《春秋》，先正王而系万事，见素王之文焉。繇此观之，帝王之条贯同，然而劳逸异者，所遇之时异也。

（2）臣闻：制度文采玄黄之饰，所以明尊卑，异贵贱，而劝有德也。故《春秋》受命所先制者，改正朔，易服色，所以应天也。然则宫室旌旗之制，有法而然者也。故孔子曰：奢则不逊，俭则固。俭非圣人之中制也。

（3）臣闻：良玉不瑑。资质润美，不待刻瑑。此亡异于达巷党人不学而自知也。然则常玉不瑑，不成文章；君子不学，不成其德。

(4) 至于成康之隆，囹圄空虚四十余年，此亦教化之渐而仁谊之流，非独伤肌肤之效也。至秦则不然。师申商之法，行韩非之说，憎帝王之道，以贪狼为俗。……是以刑者甚众，死者相望，而奸不息，俗化使然也。

(5a) 今陛下并有天下，海内莫不率服。广览兼听，极群下之知，尽天下之美，至德昭然，施于方外。夜郎康居，殊方万里，说德归谊，此太平之致也。然而功不加于百姓者，殆王心未加焉。曾子曰：尊其所闻，则高明矣。行其所知，则光大矣。高明光大，不在于它，在乎加之意而已。愿陛下因用所闻，设诚于内而致行之，则三王何异哉。

(5b) 陛下亲耕籍田以为农先，夙寤晨兴忧劳万民，思惟往古，而务以求贤，此亦尧舜之用心也。然而未云获者，士素不厉也。夫不素养士而欲求贤，譬犹不瑑玉而求文采也。故养士之大者，莫大乎太学。太学者，贤士之所关也。教化之本原也。今以一郡一国之众，对亡应书者，是王道往往而绝也。臣愿陛下兴太学，置明师，以养天下之士，数考问以尽其材，则英俊宜可得矣。

(6) 今之郡守县令，民之师帅，所使承流而宣化也。故师帅不贤，则主德不宣，恩泽不流。今吏既亡教训于下，或不承用主上之法，暴虐百姓，与奸为市，贫穷孤弱，冤苦失职，甚不称陛下之意。是以阴阳错缪，氛气充塞，群生寡遂，黎民未济，皆长吏不明，使至于此也。

(7) 夫长吏多出于郎中中郎。吏二千石子弟选郎吏，又以富訾，未必贤也。且古所谓功者，以任官称职为差，非谓积日累久也。……今则不然。累日以取贵，积久以致官。是以廉耻贸乱，贤不肖浑殽，未得其真。臣愚以为，使诸列侯郡守二千石，各择其吏民之贤者，岁贡各二人以给宿卫，且以观大臣之能。所贡贤者有赏，所贡不肖者有罚。……则廉耻殊路，贤不肖异处矣。

在这个对策的(1)(2)(3)(4)中，董仲舒从“帝王之条贯同，然而劳逸异者，所遇之时异也”的立场，回答说先王之间治道上的差异，是由于所处的历史性现实的差异而造成的。

接下来的(5a)和(5b)，是应对武帝的疑惑：自己日夜专心操劳政务，却为何没有政绩？这个地方存在重大的疑点。在(5a)出现有“夜郎康居”的国名，正如平井氏所指出的，有关康居的情报第一次传到汉，是在张骞从西域归来的元朔三年(公元前126年)。而从“夜郎康居，殊方万里，说德归谊”的内容上来看，这两个国家已经来朝了。所以，能够表达上述内容的年代，应该推后至元鼎年间(公元前116年—公元前111年)。这样的话，这就比所推定的董仲舒上奏天人对策的时期要晚。必须认为，董仲舒在对策中绝对不可能言及夜郎、康居的入朝。那么，应该怎样来看这个矛盾呢？

其线索就在(5b)中。对照(五)和(5b)就可以发现，在(5b)中，对于(五)中武帝所有的策问事项(画线部分)都有回答(画线部分)。而在武帝的制策中，原本没有任何应该是对应于(5a)内容的策问事项。因此，(5a)就完全没有在这个对策中存在的必然性。可以这样判断：(5a)不是这个对策原本的文章，而是后来插入的别的东西。这样考虑的话，在讨论第二次制对策的性质的时候，就可以不必理会(5a)中所显示的年代不合的不自然之处了，前述的矛盾也就解消了。

再次来看(5b)的内容,对于武帝的策问,董仲舒将皇帝努力了却没有成果的原因,归于“士素不厉”这一点,提出设置太学以培养贤士的解决方法。

接下来看(6)的内容。董仲舒将阴阳错乱带来灾害、人民生活陷入困境的原因归于“暴虐百姓,与奸为市”的郡守、县令的无能。(7)提出其解决方法,说让列侯、郡守、二千石每年推举两名吏民中的贤者,在此之上,“所贡贤者有赏,所贡不肖者有罚”,加上赏罚,强制性地提高高级官僚的素质。同时,这也回答了策问(七)中怎样解决贤与不肖的混淆、伦理的混乱等问题。

以上讨论了第二次制对策的内容。在此指出其中的几个问题点。首先需要注意的是,虽然与第一次、第三次制策相同,武帝的关注点集中在先王之间治道的区别上,但是,与第一次、第三次制策不同,其与道的不变性的关系没有成为话题。董仲舒在第一次对策中强调道的不变性之后,二者之间的矛盾成为重大问题浮现出来。没有成为话题这个现象显示,在这个时点上,武帝认为治道的区别与天道的性质并无矛盾。

第二个问题是,董仲舒使用将历史相对化的论法,认为黄老道的无为之治、文帝以来的节俭主义、秦的法术主义等等都不符合当代而予以否定,以附和武帝方面的诱导性提问的形式,为汉代改制的正当性做了保证。武帝后来再次专门只给董仲舒下了亲策(第一次制策),也是因为他怀有亲自改制的愿望,并从董仲舒理论逻辑的展开上感受到了巨大的魅力。

第三个问题是,武帝在(六)的策问中涉及了阴阳思想,而董仲舒只是复述了一下而已(画线部分)——他完全没有提自己独自的阴阳、灾异思想。这种现象，再次佐证了董仲舒的天人相关·灾异思想，是由武帝“灾异之变，何缘而起”（第一次制策）的直接发问而引出来的。

第四个问题是，如前所述，含有“夜郎康居”的（5a）的部分，其为衍文的可能性很大，根据推定的年次，应该排除在讨论之外。

根据以上的考察，推定三种制对策的顺序如下：

第二次制对策→第一次制对策→第三次制对策

就像前面已经提到的，第二次制对策是普遍面向修得各种学术之人的，“子大夫待诏百有余人”。作为其中一员的董仲舒，在他的对策中，武帝发现了其中的利用价值，于是又以天道与治道的对应关系为中心，向董仲舒个人下了亲策（第一次制策）。当然，武帝此时是在天道、治道二者都是变易的这种理解之上，来下问二者的对应关系的。然而，对此进行应对的董仲舒，在对策中强调道的恒常不变性。在道的不变性和治道的不同上感觉到矛盾的武帝，又一次下册亲策（第三次制策），要求提出解决矛盾的理论。三次制对策就是在以上的情况下进行的，这是笔者的理解。各个制对策的具体年代，因缺乏确切的指标，依然难以确定。不过，从上述的情况来看，第一次与第三次的时期应该是极为接近的。

五

本节在至此为止的讨论结果上，来探讨三次制策中武帝方面的意图。

武帝的第一个意图，就是想让他们提出可以取代黄老道天人相关思想的儒学的天人相关·灾异思想。汉自建国以来，黄老道的天人相关思想占据了政治思想的主座，为汉的皇帝权力持续提供了很大的便利。武帝在一如继往地确保这样的天人相关思想的利点的同时，探索理论性的整备，试图将方针转为尊重儒学。

黄老道的天人相关思想，说上天通过自己所管辖的天道理法，对君主的治道方针做出指示，根据君主行为的善恶再做赏罚，是这样的一个理论结构。不过，在黄老道中，强调君主应该因循和服从天道变化的这一倾向很强，其结果，就多用上天给君主下降天罚和天殃的理论。相反，上天给予君主天赏和天福的理论，相对来讲就用得很少。也就是说，以黄老道的理论，君主权力是以上天、天道的指令和惩罚来抑制其恣意性支配的，是这样的一种定位。以上天、天道的加护来强化其权威、使其神圣化的这个方面就很弱。因此，武帝期待董仲舒提出可以增强后者方面的天人相关思想，“夙兴夜寐，务法上古者，又将无补与”“何修何饬而膏露降……三光全，寒暑平，受天之祜，享鬼神之灵”（第一次制策），于是就督促他准备那样的理论了。

武帝的第二个意图，就是想脱离黄老道的无为之治和受其影响的文帝、景帝的节俭主义，并想为即将发动的对匈奴作战做准备[①]，将统治路线转换为更加强势的皇帝支配的统治，认可恢复文饰和改制的必要性，整备肯定强化中央集权的理论。第二次制策举出了舜的垂拱无

① 这一点，与上奏天人对策时北边的紧张状况没有直接关联。因为，武帝废弃了高祖以来的和亲政策，如果他抱有对匈奴作战的意图的话，无论北边时时发生的情况如何，都必须为此做准备。而且，在武帝即位的前一年，匈奴攻击雁门，发生了雁门太守冯敬战死的事件。应该认为，在当时武帝心中就已经埋下了对匈奴断然作战的决心了。

为之治、文王的率先精励之治、古代的节俭主义、周的华丽的文饰主义等实际例子，武帝考虑的当然不是这些遥远的古代事迹。舜的垂拱无为之治与黄老道的无为之治相重叠，古代的节俭主义与文帝、景帝的节俭主义相重叠——武帝用让其议论古代圣王治道上的差异这种间接的形式，试图诱导出肯定转换统治的理论，从垂拱无为的消极性、间接性的统治，转向皇帝率先励精的积极性、直接性的统治，诱导出从节俭主义到文饰主义转换的理论。

第三个意图，在平定了吴楚七国之乱后，推进中央集权化。一方面以强化皇帝的支配为目标；另一方面，还想通过儒学的德治主义、教化主义、尚贤主义等要素来粉饰和美化其作为。为了迎合武帝的这门心思，董仲舒在第一次对策中进言设置太学；在第二次对策中提出半强制性地从地方引进优秀人材到中央政府的方案，分离中央官界与居住地豪族。这是在尚贤的美名之下，将有能力的人材从诸侯、王国中调离，弱化封建诸侯王。在均布天下利益的美名之下，分离豪族与官僚、阻碍豪族势力的成长，都是在这个方面起作用的。可以说，通过诱导董仲舒做出回答，武帝充分达到了目的。

武帝的第四个意图，是想诱导出一个即使废弃了黄老道的无为之治和文景时期的节俭主义，转换为镶嵌上了封禅、巡守、祭天、改制等等更加华丽的积极性的皇帝支配路线，依然还能够保证其仍不失为一个继承了恒常不变的古代先王之道的、与古代圣王的德治和教化主义不相矛盾的理论。再次下册制策之后，董仲舒终于创出了恒常不变的道与治道之间的不同是因为要对应时代变化的差异这一理论。这样，武帝就算是得到了解决难题的草案了。

第五个意图，为了从黄老道转向儒学，探索转换统治路线的可能性，要求他提出证明儒学在当代也有效的理论。为了回应这个问题，董仲舒将春秋公羊学与天人相关思想糅合在一起，以这种形式展开理论，说儒学依然能够成为当今社会的指针。这样，武帝方面就初步确保了以儒学作为理论武装的成功把握。

六

本节重新思考完成了儒学国教化的董仲舒的作用。如同在前面的章节中详述过的那样，董仲舒的确是按照武帝方面的要求提供了理论。不过，设置五经博士和太学、废除以黄老道为首的诸子百家之学、进贤的赏罚化、分离居住地豪族与中央官僚等等，这些具体的施策就像他所倡导的天人相关·灾异思想一样，并不是他的独创。而且，天人对策的结果是否实现了也是甚为可疑的[①]。当时，窦婴、田蚡、赵绾、王臧、武帝等联合，策谋通过排除黄老道以推进中央集权化，董仲舒被巧妙地诱导进来，让他提出理论并事先保证如果采用儒教的话也能充分通用。董仲舒以这种形式承担了他们策谋行动的一个层面，讲他的作用的时候，定位在这一位置上应该是妥当的吧。

因此，董仲舒的思想，短期性地来看，只是被武帝所利用而已的这个性质很强。如果对于皇帝权力不合适、不利的话，就如以下记述的那样，也可能一转成为被镇压的对象：

> 辽东高庙，长陵高园殿灾。仲舒居家，推说其意。……于是

① 可参见前揭平井论文和福井论文。

下仲舒吏。当死,诏赦之。仲舒遂不敢复言灾异。(《汉书·董仲舒传》)

也就是说,武帝方面只是接受了他们认为在当下具有利用价值的部分,绝不是在整体上信奉董仲舒的思想。二者的关系最终也只是同床异梦而已。所以,短期性地来看,董仲舒的天人对策打动了武帝,结果儒教突然就上升为汉的国教,但是,以此就将儒教的国教化归于董仲舒一个人的活动的话,不得不说,那是一个过大的评价。

不过,以长期性的观点来看,董仲舒的思想活动在思想史上仍然是有着重大意义的。就像对策文中看到的那样,董仲舒对应于时代的要求,将道明确地置于从属于天的下位的位置,以这种形式,向儒学中导入了很多天人相关·灾异思想,补充并加强了以往儒学的弱项——天人合一方面的不足①,将儒学变为可与黄老道比肩的思想体系。因此,董仲舒将黄老道从汉的主导性政治思想的地位上拉了下来,为后来的

---

① 在董仲舒之前,向儒学中导入天人相关思想的人物,可举出高祖的太中大夫、"前说称《诗》《书》"(《汉书·陆贾传》)的陆贾。《新语》中说:"传曰:'天生万物,以地养之,圣人成之。'功德参合,而道术生焉。故曰:张日月,列星辰,序四时,调阴阳,布气治性,次置五行,春生夏长,秋收冬藏。阳生雷电,阴成雪霜,养育群生,一茂一亡。润之以风雨,曝之以日光。温之以节气,降之以殒霜。位之以众星,制之以斗衡。苞之以六合,罗之以纪纲。改之以灾变,告之以祯祥。动之以生杀,悟之以文章。故在天者可见,在地者可量,在物者可纪,在人者可相。"(《道基》)展开依据天人相关的政治理论。特别是,说"先圣乃仰观天文,俯察地理,图画乾坤,以定人道"(《道基》),表示出由天界来确定人类社会应有姿态的这一点,以及"改之以灾变,告之以祯祥"(《道基》)、"怀德者应以福,挟恶者报以凶"(《术事》)、"圣人因天变而正其失"(《思务》)等主张天谴、灾异说的这一点,还有"阳气以仁生,阴节以义降"(《道基》)、"故性藏于人,则气达于天"(《术事》)、"恶政生恶气,恶气生灾异"(《明诫》)等主张天气与人伦感应的这一点等,都与董仲舒的天人相关思想有着很强的类似性。这种现象显示,将时代主流的天人相关导入儒学中的这种思想性运作本身,并不是董仲舒的独创。

儒学繁荣开辟了道路，创造了思潮大转换的契机。曹参曾经为了制定齐国的统治方针，召集来了很多的儒者。然而，那些儒者只会做一些支离破碎的议论，没有提出任何有效的理论。在此看透了儒学的曹参，将黄老道作为统治的方针。从此以后，黄老道迎来了全盛的时期。联想到这些先例，可以认为，即便是在武帝的诱导之下提出的，董仲舒那时将黄老道的长处脱胎换骨地植入儒学之中，提出了体系性的理论，这具有相当大的意义。从这一点上来看，"董仲舒治《公羊春秋》，始推阴阳，为儒者宗"(《汉书・五行志》)，可以说也不是一个夸大的评价。

董仲舒在天人对策中所寄予的最大愿望，是想让汉帝国认可儒学为唯一正统的教学，并使孔子素王说得以国家级的承认①。因此，董仲舒一方面显示出迎合武帝的媚态，另一方面，他尝试交涉，要求武帝接纳他在天人对策中所寄予的那些愿望和请求。武帝本人没有直接回应他的愿望，不过，董仲舒的宿愿，在经历了后汉时期经学的全盛时期、以及与此相呼应的纬书的孔子神圣化，在未来遥远的唐代终于得以实现了。这期间，儒学大为变质，董仲舒的神秘主义色彩浓厚的儒学逐渐淡化不见。但即便如此，董仲舒依然还是无数儒者中的先行者，是那些致力于让国家认可原本只是异端邪说的孔子素王说、将儒学推到儒教这个位置②的无数儒者中的先驱人物。

---

① "孔子作《春秋》，先正王而系万事，见素王之文焉"(《汉书・董仲舒传》)、"太史公曰：余闻董生曰：周道衰废，孔子为鲁司寇，诸侯害之，大夫壅之。孔子知时之不用，道之不行也。是非二百四十二年之中，以为天下仪表，贬诸侯，讨大夫，以达王事而已矣"(《汉书・司马迁传》)，与《春秋》为孔子所作之说结合在一起的孔子素王说，是董仲舒讴歌的地方。

② 有关这一点，可参见拙作《受命なき聖人——『中庸』の意図》(《集刊東洋学》第六十一号)。

第十一章　武帝的统治与黄老道的衰退

前面考察了曹参和陈平实施的黄老道式的统治，黄老道的无为之治，其构造与废除了黄老道无为之治的武帝时期的统治相比较，性质更加鲜明可见。同时，也明确揭示了到了武帝时期、黄老道失去主导性政治思想这一地位的原因。以下考察武帝的统治与黄老道衰退的关系。

公元前141年，景帝没，武帝即位。就如以下资料所明确显示的，武帝从即位当初就试图采用儒学：

(A) 孝武皇帝初即位，尤敬鬼神之祀。元年，汉兴已六十余岁矣。天下乂安，荐绅之属皆望天子封禅改正度也。而上乡儒术，招贤良。赵绾、王臧等，以文学为公卿。欲议古立明堂城南，以朝诸侯。草巡狩封禅改历服色事，未就。会窦太后治黄老言，不好儒术。使人微伺得赵绾等奸利事，召案绾臧。绾臧自杀。(《史记·孝武本纪》)

(B) 魏其武安俱好儒术，推毂赵绾为御史大夫，王臧为郎中令。迎鲁申公，欲设明堂，令列侯就国，除关，以礼为服制，以兴太平。举适诸窦宗室毋节行者，除其属籍。时诸外家为列侯，列侯多尚公主，皆不欲就国。以故毁日至窦太后。太后好黄老之言，

> 而魏其、武安、赵绾、王臧等务隆推儒术，贬道家言。是以窦太后滋不说魏其等。及建元二年，御史大夫赵绾请无奏事东宫。窦太后大怒，乃罢逐赵绾王臧等，而免丞相、太尉。……魏其、武安由此以侯家居。(《史记·魏其武安侯列传》)

也就是说，从一开始“乡儒术”(A)的武帝就任命“俱好儒术”(B)的魏其侯窦婴为丞相，任命武安侯田蚡为太尉，给予信任，另一方面还招聘身怀儒学的贤良。结果，由窦婴和田蚡推举，儒者赵绾成为御史大夫，王臧被录用为郎中令。这样，这四个人就形成了想要采用儒学的武帝的周边近侧。在武帝的强烈意向之下，以基于儒家学说的形式，开始着手建设明堂、巡狩、封禅、修历法、正服色等工作。

不过，这些工作也都因为武帝祖母窦太后的介入，被轻而易举地摧毁了。就如所记述的“治黄老言，不好儒术”(A)、“好黄老之言”(B)、“窦太后好黄帝老子言，帝及太子诸窦不得不读黄帝老子，尊其术”(《史记·外戚世家》)，窦太后十分讨厌儒家，是一个热烈的黄老道的信奉者。下面这件事可以很好地说明她到底有多么倾倒于黄老道而憎恶儒学：在景帝的时代，在向修得了《诗经》而成为博士的辕固生询问对于老子著书的评价时，辕固生贬评《老子》说“此是家人言耳”(《史记·儒林列传》)，这个回答激怒了窦太后，窦太后就将他关在豕栏里，想用豕牙咬死他。

所以，在窦太后看来，“今上即位，赵绾王臧之属明儒学，而上亦乡之。于是招方正贤良文学之士”(《史记·儒林列传》)、“魏其、武安、赵绾、王臧等务隆推儒术，贬道家言”(B)等等，武帝及其近侧的活动都是难以容忍的不正当的行为。相反，对于想要推进儒学的武帝方面来讲，窦太后的存在就是眼中钉。在此，御史大夫赵绾提出废除向窦太后上奏的建议(B)，认为应该封杀依旧对朝廷有绝对威势和权力的窦太后的影响力。

不过，这个计划完全起了相反的效果。窦太后事先找人侦查了赵绾和王臧贪污的行为，把他们召到法庭里[①]，告发他们的罪状。结果二人全都在狱中自杀了。然后，窦太后强烈要求武帝罢免丞相窦婴和太尉田蚡，之后这二人闭门隐退，哀叹不遇。近侧四人被一举除掉，武帝陷入了失去手足的无力状态。结果，这个时期推进儒学的运动因为窦太后的反击，一下失败了，毫无挽回的余地。

建元六年(前135)，黄老道的保护者、政权中枢内唯一阻止推进儒学的窦太后去世。就像等待已久似的，推进儒学的运动瞬时又复燃了。

> 及窦太后崩，武安侯田蚡为丞相，绌黄老刑名百家之言，延文学儒者数百人。而公孙弘以《春秋》白衣为天子三公，封以平津侯。天下之学士，靡然乡风矣。(《史记・儒林列传》)。

武帝没有了来自祖母的压力，连同从隐退中复返丞相位置的田

---

① 就如所说的“孝文帝本好刑名之言”(《史记・儒林列传》)，黄老家有时带有形名家的一面。窦太后的言行也显示出这一面来。司马迁记述说，慎到学习了黄老道德之术(《史记・孟子荀卿列传》)。还有，“申子之学，本于黄老而主刑名”(《史记・老庄申韩列传》)，说申不害的形名术也是源自黄老道的。就像前面已经叙述的，这并不妥当。不过，就像司马迁一样，在当时人们普遍的理解中，慎到、申不害也是广泛地包含在黄老道之内的。所以，身为黄老家，又喜好申不害流的形名术，这对当事者而言并没有什么特别的矛盾之处。

蚡，这次终于可以毫无顾忌地推进儒学了。排除黄老道和采用儒学的运动，是从这个时期正式开始的。然而，为什么武帝会认为有必要展开这一运动呢？为了考虑这个问题，有必要通观一下武帝时期统治形态的特色。

武帝时期不同于之前的统治特色，首先可以举出对匈奴作战这一点。窦太后殁后，在摆脱了其控制的建元六年（前135），武帝马上开始向群臣咨询对匈奴作战的利弊。不过，这个时候，御史大夫韩安国的继续和亲政策在朝廷占据优势，武帝的意图没有进入实行的阶段。到了元光二年（前133），大行令王恢献策，试图将单于的主力军诱到马邑、一举包围并歼灭。这个献策被采用了。在此，汉出兵三十万，秘密包围马邑。不过，单于事先察知到这个计划，作战计划本身完全落空。但这个事实意味着高祖平城战败以来、维持了六十多年的和亲政策，由汉单方面废弃了。这是来自于武帝的重大的政策改变。

在这之后，汉正式发起对匈奴作战。直到匈奴疲于战斗、退却到漠北的元狩四年（前119），十五年间，汉朝几乎连年派大军出击，与匈奴激战。由于单于撤兵至漠北，与其进行主力决战成为不可能。所以，在其后的十六年里，对匈奴的作战事实上处于中断的状态。到了太初二年（前103），围绕着西域的支配权，对匈奴再次开战。汉再度派大军在各地与匈奴作战，战事不仅仅发生在武帝当政时期，在其死后依然持续了四十年。

武帝的这种强硬的边境政策，并不仅仅是针对匈奴。元鼎五年（前112），南越的丞相吕嘉，反抗来自汉的日益增强的压力，发动政变，一扫国内的亲汉势力，同时迎击并全歼逐渐南下的汉的讨伐军。此举激怒了武帝。第二年元鼎六年（前111），武帝动员十万大军，发起总攻击，灭亡了南越。而且，武帝还不允许南越国再兴，新设南海、日南、交趾等九郡，将南越的故地全部编入汉的直辖领地之内。本来，汉与南越的关系，是以柔和的怀柔外交维持下来的大致平稳的关系。赵佗作为南越王自立，对此，高祖派遣陆贾，以汉封南越王的形式予以承认。之后，在文帝时期，赵佗称帝号，欲夸示其独立的威势，陆贾再次作为使者说服赵佗，令其停止使用帝号等等。虽然经历了迂回曲折，但南越对汉还是保持着形式上的臣从关系。汉所使用的是只要能够使自己保持体面就可以了的这种柔和的怀柔外交政策。所以，武帝对南越的外征，与其对待匈奴一样，是对以往的边境政策所做的一个重大的变更。

其他方面，武帝在元鼎六年（前111）攻击拒绝出兵讨伐南越的西南夷，设置武都、牂柯等五个郡；元封元年（前110），讨伐攻杀了汉的将吏的东越王余善，强行迁移所有的东越遗民至江淮之间；元封二年（前109），攻击卫氏朝鲜，翌年大举包围都城，消灭卫氏朝鲜，新设乐浪以下四郡，将其置于直辖支配之下；武帝还进军西域，在元鼎六年（前111）分割武威、酒泉之地，增设张掖、敦煌二郡；元封三年（前108），攻击车师、楼兰；太初元年（前104），命令李广利远征大宛，在再度出击之后将之降服。这样不断远征四方，是武帝统治时期的一个显著特色。

武帝时期的第二个特色，是实行大规模的地方巡狩。武帝的巡狩，从元鼎四年（前113）开始的第一回算起，到元鼎五年（前112）、元封元年（公元前110年），总共实施了三次。特别是第三次巡狩，“行自云阳，北历上郡、西河、五原，出长城，北登单于台，至朔方，临北河。勒兵十八万骑，旌旗径千余里，威震匈奴。……还，祠黄帝于桥山，乃归甘泉”（《汉书·武帝纪》），规模巨大。此外，“今上封禅，其后十二岁而还，遍五岳、四渎矣”(《史记·孝武本纪》)，与祭祀活动一并进行的巡幸也十分频繁。

武帝时期的第三个特色，就是以元封元年(前110)泰山封禅为代表的实施盛大的祭祀活动。就像《史记·封禅书》所记述的，武帝在泰山封禅之外，还祭祀过往的五帝，另外还开始在甘泉祭祀太一、在汾阴祭祀后土等等。在各种祭祀上的准备和投入都十分充实，热情异常。

武帝时期的第四个特色，就是为整备前述的祭祀活动而进行的、与他所喜爱的神仙术相关联的大规模的营建事业。元封五年(前106)，公玉带献上明堂图，说是黄帝时代的东西。为此所动，武帝在汶水边投入巨款，建设明堂。为了从天界招致神人、仙人，元封二年(前109)，武帝在长安建筑蜚廉观、桂观；在甘泉建筑益延寿观、通天台；还命令大幅增建甘泉宫。太初元年(前104)，柏梁台因火灾被毁之后，建造了建章宫，规模极其宏大华丽，“度为千门万户，前殿度高未央。其东则凤阙，高二十余丈。其西则唐中，数十里虎圈。其北治大池渐台，高二十余丈，名曰泰液池。中有蓬莱、方丈、瀛洲、壶梁，象海中神山龟鱼之属。其南有玉堂、壁门、大鸟之属。乃立神明台、井干楼，度五十余丈。辇道相属焉”(《史记·孝武本纪》)。

武帝时期的第五个特色，就是国家财政的窘迫。对上述匈奴、南越、东越、西南夷、朝鲜、西域等地的外征，使得军费大幅度增加。巡狩、祭祀、营造基建等等诸多事业，当然也需要巨额费用。除此之外，武帝还向很多方士赏赐大量的金钱，让其求神仙；还进行了制度的改正，“正历，以正月为岁首，色上黄，数用五，定官名，协音律”(《汉书·武帝纪》)，等等。不断地行奢，不断地浪费。结果，就如《汉书·食货志》所记述的，“外事四夷，内兴功利，役费并兴，而民去本”，“仲舒死后，功费愈甚，天下虚耗，人复相食。武帝末年，悔征伐之事”，在文景时期积攒下的巨大财富，武帝一代就消耗殆尽了。国家财政一转陷入极为匮乏的境地。

武帝时期的第六个特色，就是对于民间自律性经济活动的规制和介入。为了再兴因对匈奴作战而开始恶化的国家财政，武帝提拔商人出身的桑弘羊为财务官僚。首先，在元狩四年（前119），桑弘羊得到制盐业的东郭咸阳与制铁业的孔仅的帮助，将以往委任给民间经营者的铁的生产和贩卖以及盐的贩卖，都交由政府独占，以其利益来补贴国家财政的空洞，转为实施盐铁专卖的政策。接下来，桑弘羊着手制定新的财政政策，施行均输法和平准法。元鼎二年（前115）发布均输法，在实现了输送体制的效率化之后，于元封元年（前110）在全国设置均输官。然后，在当地征收税赋，成人每人六十三钱，但不是直接以现金上缴，而是经均输官之手，在当地先换为地方特产，加上高额附加价格，在京师、郡国贩卖，谋图增加政府的税收。与此紧密相连，通过均输，将从各地搬入京师的特产，再由新设在京师的平准官之手进行贩卖，试图通过安定供给达到物价的平准化，以这样的买卖图谋增收①。

前述的盐铁专卖，即使对象只是限定在盐和铁上，由于这两个是重要的基本产业，以强权严禁民间商人贩卖，政府将盐铁的利益完全独占，不得不说这就是对于自由经济活动的重大规制和介入。

均输、平准虽不属于政府方面的独占，但是，在物资的聚散和与其相关的信息的收集上，政府以其巨大的统治机构和权力为后盾，在这

---

① 有关均输、平准的具体内容，有很多的不同说法。山田胜芳《均輸平準と桑弘羊——中国古代における財政と商業》（《東洋史研究》第四十卷第三号）的理解应该最为妥当。所以，本章中有关均输、平准的理解，也都是依据山田的论文。

种情况下，与民争利的国营商业，与民间的同业者进行对等且自由的竞争，原本就是很难的事情。政府插手新的商业活动这个行为本身，就已经是对于自由经济的介入了。其拥有的特权性质这一点，以及所涉及对象商品的范围更为广大，从这些情况上来看，不得不说均输、平准也是与盐铁专卖不相上下的、对于自由经济的大规模的介入。就这样，在武帝时期，在改善财政的名目下，经济转入到一种国家的统制·计划经济体制中了。

武帝时期的第七个特色，就是强化劳役和赋税。"唐蒙、司马相如始开西南夷，凿山通道千余里，以广巴蜀。巴蜀之民罢焉。彭吴穿秽貊、朝鲜而置沧海郡。则燕齐之间，靡然发动。及王恢谋马邑，匈奴绝和亲，侵扰北边。兵连而不解，天下共其劳"(《汉书·食货志》)，在武帝每度命令外征的时候，都会频频从民众中动员兵役和力役。其结果，"江淮之间，萧然烦费"，"中外骚扰而相奉，百姓抏敝以巧法"(同上)，被各种税赋压得疲敝不堪的民众，就试图钻法律的空子，各地景象萧然。董仲舒对此感到忧虑，说"薄赋敛，省繇役，以宽民力，然后可善治也"(同上)，提议轻减劳役和赋税。当然，武帝不听，"仲舒死后，功费愈甚，天下虚耗，人复相食"(同上)，惨状持续。

在对一般民众强化劳役赋税的同时，元狩四年(前 119)以后，还并行对工商业者强化资产课税。也就是说，"诸贾人末作贳贷卖买，居邑贮积诸物，及商以取利者，虽无市籍，各以其物自占，率缗钱二千而筭一。诸作有租及铸，率缗钱四千筭一"(同上)，对待一般人资产每一万钱一算的税率，对商人是两千钱一算，对手工业者是每四千钱一算，分别提高税率。其他还有"商贾人轺车二筭，船五丈以上一筭"(同上)，开始向拥有车船的商人课税。

武帝时期这些强化赋税的政策，全都是为了重建因为外征、巡狩、祭祀、营造等而造成了失衡的财政，是强制施行的措施。文帝曾经在公元前168年减半田租，第二年更是施行了完全废除田租的减税政策。武帝是走在与此截然相反的道路上的。

武帝时期的第八个特色是民间经济活动的衰退。如上所述，一般民众疲于不断地被赶入兵役、力役，“兴十余万人，筑卫朔方。转漕甚远，自山东咸被其劳”(《汉书・食货志》)，就这样，农民不能安于本业，农村日益荒废 。面对这种情况，武帝开始慌张，“武帝末年，悔征伐之事，乃封丞相为富民侯，下诏曰：方今之务，在于力农”(同上)，想阻止农业生产的衰退，不过几乎没有什么实效了。

就这样，一方面农业生产陷于衰退；另一方面，由于盐铁的专卖、均输、平准、缗算令等，民间工商业也持续受到打击。特别是，“匿不自占，占不悉，戍边一岁，没入缗钱。有能告者，以其半畀之”，“于是告缗钱纵矣”，“杨可告缗，遍天下，中家以上，大氐皆遇告。杜周治之，狱少反者。乃分遣御史、廷尉正监，分曹往往，即治郡国缗钱。得民财物以亿计，奴婢以千万数。田大县数百顷，小县百余顷，宅亦如之。于是商贾中家以上大氐破”(同上)，还发出了这样的告缗令，结果中产以上的商人大都被迫陷入破产。

武帝将民间自律性经济活动中的商业利润，通过盐铁的专卖，转变为政府独占；通过均输、平准等国营商业，与民争夺利益；通过缗算过分收取；通过告缗令直接没收，等等。用尽一切手段，抑制民间的工商业，将商业利益纳为政府所有。所以，在武帝时期，与京师的繁华相反，无论是农业生产还是工商业生产，经济活动在整体上走向衰退。从文景时期的史上空前的经济繁荣，一转陷入极度的不景气当中。

武帝时期的第九个特色，就是录用酷吏进行强权支配。为了实现上述那样的统治，必须彻底排除会造成阻碍的各种势力。首当其冲的就是豪族。他们趁强化赋税劳役而造成的农村荒废，将没落的农民收拢在其控制之下，以经营大面积土地和工商业而积攒了巨额财富；他们在乡村夸示威势，给武帝的中央集权支配以及贯彻经济统制都带来了阻碍。在此，“鉏豪强并兼之家”，“捕郡中豪猾，郡中豪猾相连坐千余家。……至流血十余里”（《史记・酷吏列传》），张汤、王温舒等酷吏就出手大力镇压豪族了。

另外还有上百万的官吏、民众，他们因生活穷困而盗铸货币，在图谋掌控商业利润的武帝的财政体系中挖墙角；数百数千的盗贼结为徒党，他们难耐穷困，在各地掠夺、攻击城邑，进一步激化了社会的不安；贪官污吏渎职、行贿受贿，动摇了中央集权支配的主干・官僚组织的可信赖性，妨害了盐铁专卖以及均输、平准的政策。以上等等全都是酷吏严打的对象。此外，违反缗算令而进行不法申告、拖武帝财政再建政策后腿的工商业从业者们，也是酷吏纠察的主要对象①。

也就是说，酷吏要强行抑制因为外征、国家财政的匮乏、赋税劳役的强化等带来的社会不安，从侧面支援桑弘羊等财务官僚施行新的财政政策。酷吏在这个方面起作用，成为支持武帝强权支配的爪牙。曾经，黄老派的曹参任用“讷于文辞，谨厚长者”（《汉书・萧何曹参传》）为中央政府的官僚，罢免“言文刻深，欲务声名”（同上）的官僚，将其扫出丞相府。集中出现在武帝时期的酷吏的活动，与此正成为一个对照。

---

①　元狩元年（前122），淮南王、衡山王、江都王的谋反被揭穿，据说连坐被判死刑者多达数万人（《史记・平准书》）。所以，可以认为，镇压诸侯王也是酷吏的一个重要工作。

以上所述的武帝时期的统治特色,可以总结为以下几点:

(1) 以对匈奴作战为首,开始向四方外征。

(2) 实施巡狩。

(3) 以封禅为首的各种祭祀的整备。

(4) 以大规模营造兴建为代表的奢侈和浪费。

(5) 国家财政的紧迫。

(6) 对于民间自律性经济活动的介入和规制。

(7) 强化赋税和劳役。

(8) 民间经济活动的衰退。

(9) 通过录用酷吏进行强权支配。

以上这些项目,(1)(2)(3)(4)是造成(5)这一结果的原因。为了解决这个问题,实施了(6)(7)(9)的政策,然后又引发出了(8)的结果,是这样的一个因果关系。

将此与前面提到的黄老道的无为之治的构造,再来做一次比较吧。

(A) 宽大、柔和的法治→(B) 排除规制以及以苛刻细致的法治介入民间秩序→(C) 保障民间自由的经济活动→(D) 有效生产和储蓄财富→(E) 避免新开发事业和节减经费→(F) 充实国家财政→(G) 抑制收夺→(H) 进一步发展民间经济活动→(I) 新的财富的生产和储蓄→(J) 民生、民心的安定→(K) 犯罪、骚乱的平静化→(L) 国家的安定性统治。

比较一下二者就可以发现,武帝时期统治的各个方面,都好像是处于与黄老道的无为之治截然相反的方向上的。二者的基本形态是如此不同。必须认为,对于武帝来讲,像以往那样,继续将黄老道置于汉的意识形态的中心位置,是完全不可能的了。这也正是到了武帝时期,黄老道丧失汉帝国政治思想的主导地位、不得不走向衰退的最大原因。

武帝所喜好的儒学,对于武帝来讲,具备了怎样的利用价值呢?有关这一点,前面的章节里已经有所触及,这里再做若干补充。

第一点,武帝所追求的推进中央集权性支配与儒学的关系。儒学以古代圣王的王朝全都是封建制为大前提。所以,在这一点上,儒学与想要强化中央集权的武帝的意图,乍一看不相适合。不过,春秋公羊学所倡导的大一统思想是一个典型,儒学原本就有这种性质,以天子的强权、井然统治整个天下为理想。特别是儒生在主张周王朝的礼制的时候,就有关天子权威的问题,一开始就在最为强权的周初的繁盛时期寻求其规范。在强调周初的时候,混杂着理想化了的夸张和推测,就好像其时已经具备了高度成熟的天子统御诸侯和万民的各种制度似的。就这样,全面推出强大的天子的统帅力。“天子五年一巡狩。……同律、礼、乐制度、衣服正之。山川神祇,有不举者,为不敬。不敬者,君削以地。宗庙,有不顺者为不孝。不孝者,君绌以爵。变礼易乐者为不从。不从者,君流。革制度、衣服者为畔,畔者君讨”,《礼记·王制》就是一个例子,说天子在巡狩的途中,在祭祀、礼乐、服色等方面监察诸侯的品行并严厉处罚。

所以,武帝以自己的利害要求为基准,从儒学中抽取以礼法为后盾的形式主义和权威主义的要素,将其利用在自己的权威以及中央集权的正当化上，这是充分可能的。武帝自称法古礼，决议施行巡狩，改制历法、官名、服色，建设明堂，隆重祭拜上帝。为了在泰山封禅时让诸侯入朝，命令在泰山之麓建造诸侯宅邸。这也是为了光耀皇帝的权威而利用儒学的地方。儒学虽然以封建制为前提，却倡导天子的强权统帅。武帝拥有许多的封建诸侯，却向往中央集权的强化。他的立场与儒学是有着很多的接合点的。

第二，武帝的神圣化与儒学的关系。就像所记述的“今天子初即位，尤敬鬼神之祀”(《史记·封禅书》)，招致鬼神、仙人、神君，与其交感，武帝本来就具备这种浓厚的神秘主义的特质。聘用李少君、谬忌、少翁、栾大、公孙卿等方士，甚至包括上郡、越的巫祝；赠给少翁以文成将军的称号，赠给栾大以五利将军的称号，提供破格待遇，以望天神降临，求得不老不死的仙药。不过，尽管武帝的热情到了如此异常的程度，方士们依然辜负了他的期待，那些尝试全都以失败而告终。

应该注意的是，整备和充实祭祀的那些事业，看起来好像是沿着儒学的路线的，不过，祭祀是为了得到神神的加护和祝福，从这一点上来看依然还是源于武帝的神秘主义特质。下面列举的有关泰山封禅的记述，明快地显示了武帝的神秘主义特质与儒学的关系：

> 自得宝鼎，上与公卿诸生议封禅。封禅用希旷绝，莫知其仪礼。而群儒采封禅《尚书》《周官》《王制》之望祀射牛事。齐人丁公年九十余，曰：“封禅者，合不死之名也。秦皇帝不得上封。陛下必欲上，稍上即无风雨，遂上封矣。”上于是乃令诸儒习射牛，草封禅仪。数年，至且行。天子既闻公孙卿及方士之言，黄帝以上封禅，皆致怪物与神通，欲放黄帝以上接神仙人蓬莱士，高世比德

于九皇，而颇采儒术以文之。群儒既已不能辨明封禅事，又牵拘于《诗》《书》古文而不能骋。上为封禅祠器示群儒，群儒或曰“不与古同”，徐偃又曰“太常诸生行礼不如鲁善”。周霸属图封禅事，于是上绌偃霸，而尽罢诸儒不用。（《史记·封禅书》）

武帝之所以期待泰山封禅，是因为要像“黄帝以上封禅，皆致怪物与神通”的传承那样，自己也要“放黄帝以上接神仙人蓬莱士，高世比德于九皇”。也就是说，武帝执着于封禅的最大动机，是通过自己一个人与泰山山顶的神神交接的行为，为自己加上与九皇相匹敌的神圣的灵力，向天下显示自己的超俗不凡的神秘性权威。

这样的话，武帝的这种神秘主义的欲望与儒学又是怎样结合在一起的呢？依据《封禅书》所讲的，武帝对于基于前述意图的封禅仪式，“颇采儒术以文之”。这样的话，对于武帝来讲，儒学只是可以以其古礼知识将神秘主义仪式装扮得像那么回事的一个手段而已。不过，儒者们“莫知其仪礼”，没有一个人了解有关封禅仪礼的知识，而且“采封禅《尚书》《周官》《王制》之望祀射牛事”，涉猎一大堆古文献，最终还是“群儒既已不能辨明封禅事，又牵拘于《诗》《书》古文而不能骋”。既不能解明封禅仪礼，也不会脱离文献而独自创作封禅仪礼，就这样还对武帝的做法说东道西。结果武帝不干了，“尽罢诸儒不用”，将儒者全都罢免了。

在这之后，武帝放弃了解明封禅仪礼的尝试，不论细节，强行封禅。以上的这个经过，如实地说明，对于武帝来讲，最优先的是通过实施封禅强化自己超凡卓越的支配力，对于起不到文饰作用的儒学，武帝连多看一眼的心情都没有。所以，在整备和充实祭祀的时候，武帝虽然采用了儒者，但那是将其作为众多祭祀的司祭来看待的。也就是说，武帝想要获得巫祝王这个神圣的权威，儒学还有可以利用的价值。

第三，武帝的强权支配和儒学的关系。从武帝即位之初，就被评论说“上乡儒术”（《史记·孝武本纪》）。如下所示，武帝频频发出儒家式的言辞：

(A) 元朔元年冬十一月，诏曰：公卿大夫，所使总方略，壹统类，广教化，美风俗也。夫本仁祖义，褒德禄贤，劝善刑暴，五帝三王所繇昌也。朕夙兴夜寐，嘉与宇内之士臻于斯路。故旅耆老，复孝敬，选豪俊，讲文学，稽参政事，祈进民心，深诏执事，兴廉举孝，庶几成风，绍休圣绪。夫十室之邑，必有忠信，三人并行，厥有我师。今或至阖郡而不荐一人，是化不下究，而积行之君子雍于上闻也。……且进贤受上赏，蔽贤蒙显戮，古之道也。其与中二千石、礼官、博士，议不举者罪。（《汉书·武帝纪》）

(B) 秋九月，诏曰：仁不异远，义不辞难。今京师虽未为丰年，山林池泽之饶与民共之。今水潦移于江南，迫隆冬至，朕惧其饥寒不活。（同上）

(C) 夏六月，诏曰：盖闻导民以礼，风之以乐。今礼坏乐崩，朕甚闵焉。故详延天下方闻之士，咸荐诸朝。其令礼官劝学，讲议洽闻，举遗兴礼，以为天下先。太常其议予博士弟子，崇乡党之化，以厉贤材焉。（同上）

(D) 天子亲郊见，朝日夕月。诏曰：朕以眇身托于王侯之上，德未能绥民，民或饥寒。故巡祭后土以祈丰年。冀州脽壤乃显文鼎，获荐于庙。渥洼水出马，朕其御焉。战战兢兢，惧不克任，思昭天地,内惟自新。《诗》云:"四牡翼翼,以征不服。"亲省边陲,用事所极。望见泰一,修天文禮。辛卯夜,若景光十有二明。《易》曰:"先甲三日,后甲三日。"朕甚念年岁未咸登。饬躬斋戒,丁酉,拜况于郊。(同上)

(E)《诗》云:"忧心惨惨,念国之为虐。"已赦天下,涤除与之更始。朕嘉孝弟力田,哀夫老眊孤寡鳏独或匮于衣食,甚怜愍焉。其遣谒者巡行天下,存问致赐。(同上)

(F) 诏曰:朕闻天地不变,不成施化,阴阳不变,物不畅茂。《易》曰:"通其变,使民不倦。"《诗》云:"九变复贯,知言之选。"朕嘉唐虞而乐殷周,据旧以鉴新。其赦天下,与民更始。诸逋贷及辞讼在孝景后三年以前,皆勿听治。(同上)

(G) 六月,诏曰:朕闻五帝不相复礼,三代不同法。所繇殊路而建德一也。盖孔子对定公以徕远,哀公以论臣,景公以节用,非期不同,所急异务也。今中国一统而北边未安,朕甚悼之。日者大将军巡朔方,征匈奴,斩首虏万八千级,诸禁锢及有过者,咸蒙厚赏,得免、减罪。今大将军仍复克获,斩首虏万九千级,受爵赏而欲移卖者,无所流貤。其议为令。(同上)

在(A)(B)中,说"夫本仁祖义,褒德禄贤,劝善刑暴,五帝三王所繇昌也"(A)、"仁不异远,义不辞难"(B),标榜基于仁义的统治。在(C)中,主张通过再兴礼乐,从而教化和诱导民风。另外,(D)中引用《诗》《易》,(E)中引用《诗》,(F)中引用《易》《诗》,诏书中频频引用儒家经典。在(D)中,更是举出孔子的名字,引述其言行,"盖孔子对定公以徕远,哀公以论臣,景公以节用,非期不同,所急异务也"。(A)的"夫十室之邑,必有忠信,三人并行,厥有我师",也是在孔子言论基础上的一个表达①。

就像这样,标榜仁义礼乐、引经据典、承袭孔子的言行论调,只看武帝发出的这些诏书的内容的话,给人印象他好像是一个全力倾注于实践儒家式统治的皇帝。然而,这只是一个表象而已。

例如,在(A)中,对于孔子言行的赞美,以及对于以仁义、尚贤、劝善为宗旨的三王五帝的统治的赞美,全都引到通过新设带有处罚规定的人才推举制度、将优秀人才半强制性地提拔到中央政府、从而推进中央集权的这种政策上,"且进贤受上赏,蔽贤蒙显戮,古之道也。其与中二千石、礼官、博士,议不举者罪",孔子的言行只是作为导入的引子利用一下而已。

(D)也是一样。武帝将冀州出土鼎、喔洼水中出现马、十二条怪光等变异都解释为天意告知要致力于决意新的政务,要将民众从饥寒中解救出来,自己斋戒并向泰一神、日月祈祷丰年。《诗经》《易经》都是为了给变异现象的解释加以权威而拿来使用一下的东西,武帝想要夸示的是作为巫祝王的中介于神神和民众之间的神圣权威,在这里也可以看到武帝的这种意图与儒学相结合的样态。

在(G)中,针对在对匈奴作战中立功受爵的军士,制定易于买卖军功爵位的制度,以此来解决他们的生活苦难,通过承担买爵者的负担来使政府的论功行赏伴有实际利益,孔子的言行只是被当作引出这个政策的话头利用了一下而已。在剩下的(B)(C)(E)(F)中,儒学被用

① 诏书中直接援引孔子的名字,是到了武帝时期才能够看到的现象,从高祖到景帝期间没有过。

来强调武帝是一个多么仁慈的励志于仁政的皇帝，将武帝的表演以华美的辞藻进行装饰，起的是这样的一个作用。

对照前面解说的武帝时期的统治特色以及这些诏书中装点的儒家式的言辞，可见二者之间相去甚远，让人深感空虚。即使说武帝是一个爱好儒学的人，这也并不意味着他本人就是一个纯粹的儒学之徒。武帝对于儒学的态度，就像酷吏张汤在断狱上援引《春秋》之义一样，只是为了使自己的统治形态正当化，为了给自己赋予神秘性的权威，为了美化和粉饰自己的强权和武断的政治，只是极其利己主义地利用了儒学而已。这一点，泰山封禅时罢免儒者，巧妙地诱导和利用了董仲舒之后、在看到不利于自己的时候又马上将其投入监狱等，都清楚地显现和说明了。武帝不是一个将自己投入到一个特定思想上的人；相反，他是一个让一切奉献于自己、利用完之后就不容分说地将其抛弃的人。

武帝的这个态度，在使用黄老家汲黯上也能够看出来。以下先依据《汉书·张冯汲郑传》的记载，略述一下汲黯的主要事迹：

(1) 武帝即位后，汲黯被任命为谒者、视察东粤的内乱。他没有到达东粤，就从吴返回，报告说内讧是越人的习俗，可以置之不理。他的意图是想防止武帝过大看待事态从而以武力介入。

(2) 河内发生大火，烧掉了千余家，汲黯被命令视察灾情。他返回后说，途中经过河南之地，不忍目睹因为洪水和干旱所造成的民众的困苦，就使用使者符节，装作是天子的命令，擅自打开粮仓放粮。比起依据规范，这是以应变的处置方法来优先救济民众的行动。

(3) 当上了中大夫，但因为屡次切谏，在中央朝廷难以立足，左迁为东海太守。

(4) 任东海郡太守，“黯学黄老言，治官民，好清静，择丞史任之。责大指而已，不细苛”，施行这样的统治。“黯多病，卧阁内不出，岁余，东海大治，称之”，取得这样的业绩。

(5) 因为治理东海郡的功业，被任命为主爵都尉，列入九卿。这个时候，汲黯也显示“治务在无为而已，引大体，不拘文法”的政治姿态。

(6) 屡屡直谏，地位不能久留。

(7) “上方招文学、儒者，上曰吾欲云云”，对此，汲黯强烈讽刺说，“陛下内多欲而外施仁义。奈何欲效唐虞之治乎”。这显示汲黯看破了武帝喜好儒学的欺瞒性。被批谏言过激，汲黯回应说，“天子置公卿辅弼之臣，宁令从谀承意，陷主于不谊乎。且已在其位，纵爱身，奈辱朝廷何”，说国家的前途比保身重要。

(8) 酷吏张汤因为改订律令的功绩成为廷尉。汲黯在武帝面前批判张汤说，“公为正卿，上不能褒先帝之功业，下不能化天下之邪心，安国富民，使囹圄空虚。何空取高皇帝约束纷更之为？而公以此无种矣”，强烈批判张汤苛刻严酷的法治。除此之外，汲黯还屡屡同张汤争论，“汤辩常在文深小苛。黯忿发骂曰：天下谓刀笔吏不可为公卿，果然。必汤也。令天下重足而立，仄目而视矣”，预言其恐怖政治会带来社会不安。

(9) “是时，汉方征匈奴，招怀四夷，黯务少事，间常言与胡和亲，毋起兵”，向武帝对匈奴开战的强硬边境政策提出异议，主张与匈奴和亲，停止外征，采取无为、无事的政策。

(10)“上方乡儒术,尊公孙弘。及事益多,吏民巧,上分别文法,汤等数奏决谳以幸”,武帝一方面尊重儒学,另一方面强行实施数个事业,一到要面对自己招引来的社会不安时,就重用酷吏,试图以强权支配来度过危机。对此,“黯常毁儒,面触弘等徒怀诈饰智以阿人主取容,而刀笔之吏专深文巧诋,陷人于罔,以自为功”,汲黯当面骂阿谀奉承武帝的儒者,除了虚构文饰之外无所能,也骂故意陷害制造罪人的酷吏。在此,“弘汤心疾黯,虽上亦不说也,欲诛之以事”,武帝与儒者公孙弘、酷吏张汤三者结合,伺机诛杀黄老家汲黯。

(11) 公孙弘当上丞相,就任命汲黯做治御困难的右内史,准备等他失败的时候诛杀之。不过,汲黯平稳地统治了右内史的直辖地域,他们的期待落空。

(12) 对匈奴作战取得了成果,武帝越发待一直反对外征的汲黯如绊脚石。

(13) 匈奴的浑邪王带多个部下一起投降。武帝想利用这个机会夸示外征的辉煌成果。命令准备车二万乘,厚待投降之兵。县令因为财政不足,欲从民间征马,民众把马隐藏起来,整备不成。武帝发怒,欲斩长安令。汲黯批判说,“长安令亡罪。独斩臣黯,民乃肯出马。且匈奴畔其主而降汉,徐以县次传之。何至令天下骚动,罢中国,甘心夷狄之人乎”,让武帝沉默。这也是他发自黄老家立场的批判,厌恶因虚荣而导致的无谓骚动和为此而造成的疲敝,欲求在无事无为中安定民心和民生。

(14) 有五百多商人与进入长安的浑邪王一行做了买卖生意,触犯了禁止与匈奴交易的法案,被判了死刑。这个时候,汲黯强烈谏言说，“夫匈奴攻当路塞，绝和亲，中国举兵诛之。死伤不可胜计，而费以钜万百数。臣愚以为，陛下得胡人，皆以为奴婢，赐从军死者家。卤获，因与之，以谢天下，塞百姓之心。今纵不能，浑邪帅数万之众来，虚府库赏赐，发良民侍养，若奉骄子。愚民安知市买长安中而文吏绳以为阑出财物如边关乎。陛下纵不能得匈奴之赢以谢天下，又以微文杀无知者五百余人，臣窃为陛下弗取也”。汲黯原本就一直批评对匈奴作战本身是毫无意义的事业，认为不应该再继续浪费、使财政继续恶化、使民众继续疲敝。更何况还为了小小的过错处死商人，更是不可理喻。相反，他认为武帝应该向战死者家庭分配财物和匈奴降众，来慰问他们之前的劳苦。在汲黯激烈的语气里，甚至能够读出他对于强行发动无意义的对匈奴战争而使民众尝尽苦头的武帝的强烈的愤怒。结果，汲黯惹怒了武帝，被罢免了一切官职，隐退回乡。

（15）武帝发行新的五铢钱，但苦恼于民众盗铸。盗铸在楚地特别严重，武帝召回汲黯，任命其为楚的交通要塞淮扬的太守。汲黯坚决辞退。武帝以除了汲黯以外没有人能够统治得了淮阳的吏民为由，强行要他赴任。中途，汲黯向大行李息提出忠告，说应该进言排除御史大夫张汤。赴任之后的汲黯，实施同样的曾经在统治东海郡时实施的黄老的无为之治，结果淮阳郡也得以平稳。武帝违背马上会将汲黯招回长安的约定，汲黯在淮阳度过了十年时间之后死去。武帝按照自己的需要，一会儿罢免，一会儿任用，最后结果是将汲黯用完就抛弃在了淮阳之地。

以上追踪了汲黯政治活动的足迹。在这其中，总结一下他在(1)

(2)(4)(5)(8)(9)(10)(13)(14)中所展开的发言的话，就可以发现，汲黯主张的所应有的统治形态，与曹参、陈平曾经实施的黄老的无为之治，具备同样的构造。所以，必须认为，汲黯向武帝的多次谏言，都不是他彼时彼地的片断性的批判，而是立足于上述的黄老无为之治的结构之上的，是对于武帝统治整体形态的一个综合性的、体系性的批判。

另外，(4)(11)(15)中所显示的事迹，证明了汲黯实施的黄老的无为之治，到了武帝时期，仍然像在曹参、陈平的时代一样，发挥着同样的效果。还有，(3)(6)(7)(10)(11)中所显示的他的言行，传达出他不顾个人保身，想要救济当下以及为汉的未来着想的态度。这正是与将天下第一智谋隐藏在内、姑且装作无能和懒惰，在甘受沉迷酒色之污名之中巩固了汉的基础的曹参、陈平的生活态度，有着共通的一面。汲黯准确地预见，接二连三大兴土木将会造成持续的浪费和国家财政倾斜，造成民生的破坏，引起社会的不安，而将这些不安以强权压制、以巫祝王的神圣权威和儒学来进行粉饰的武帝的统治，终将在徒劳中失败。他那些激烈的谏言，正是基于这样的预见发出的。

就这样，汲黯是作为对于武帝统治提出最尖锐、且最具体系性批判的一个批判者而长期存在的。不过，像曾经的曹参和陈平那样，汲黯作为丞相、统领汉的整体统治的状况到底都没有到来。窦太后死后，黄老道就再也没有占据汉的政治思想的主导性地位了。

黄老道在汲黯作为黄老家发出了最后一道光芒之后，其作为政治思想的势力，就几乎走向了消亡。从思想史上来看，的确反映出从黄老道到儒学的一个交替。不过，这个交替现象，并不是儒学与黄老道的正面交锋论战，不是在对比作为政治思想的优劣之后、儒学胜利而黄老道败退的结果——不是这样的结果带来的交替[①]。儒者将天人相关思想导入自己的学说中，持续努力将其与仁义礼乐的王道政治思想糅合在一起。这一努力，再加上各种经典的整备，成为武帝将儒学作为文饰手段而予以采用的一个重要原因。在这一点上，可以说是儒学努力调整自己、使自己适合了武帝时期的时代状况，在结果上成功地排除了黄老道。不过，这也不是起到直接的和决定性作用的原因。把黄老道从政府中枢中排除出来，是因为黄老道的无为之治与武帝的统治方针完全不相容；另一方面，儒学的被采用，也只是武帝依照自己的需要进行部分利用而已。就像升职到丞相位置的公孙弘的无能所象征的那样，并不是儒学的政治思想取代了以往的黄老道、从而主导了武帝时期的统治——完全不是这样。掌握主导权并起到决定性作用的，只有武帝一人。所以，这个时候的黄老道，与其说是败给了儒学，不如说是败给了武帝。应该这样评价吧。

这种形式的败北，并不意味着黄老道在本质上就丧失了其作为政治思想的有效性。由于所处立场的制约，虽然只能在局限的范围之内，汲黯仍屡次成功，就像他的成功以及武帝晚年的后悔所说明的那样，超越了时代状况的差异，黄老道依然具备作为政治思想的一定的有效性。

不过，黄老道式的自由放任的经济政策，对于贫富差距的扩大也有影响。就像《汉书·食货志》描述的，“因其富厚，交通王侯，力过吏执，以利相倾，千里而游敖，冠盖相望，乘坚策肥，履丝曳缟。此商人所

---

① 作为儒学与黄老道的论战，仅有景帝时期儒者辕固生与黄老家黄生就汤武受命展开的论争（《汉书·儒林传》）等很少事例的记录。

以兼并农人,农人所以流亡者也”,“于是,罔疏而民富,役财骄溢。或至并兼豪党之徒,以武断于乡曲,宗室有土,公卿大夫以下争于奢侈,室庐车服,僭上亡限”,从高祖到文景时期的黄老道的统治,一方面带来空前的景气,另一方面使奢侈之风风靡,贫富差距扩大。

如果黄老道在之后仍然能够继续占据汉的政治思想的中心位置的话,那么,黄老道的统治,到底能不能有效处理这些问题呢?还是说,会因为不能解决问题事态,从而带来其本身作为政治思想的最终破灭?黄老道最终都没有回答这些疑问,就以武帝的登场而从历史舞台上消失了。

从汉的政治思想的位置上被赶下来的黄老道,下野后作为一个个人的处世术呈内向型风貌[①],并逐渐改变性质,转向宗教性的方向。其第一个契机,就是与黄帝传承及神仙思想的结合,如“昔者黄帝合鬼神于泰山之上”(《韩非子·十过》)、“有龙垂胡髯,下迎黄帝。黄帝上骑,群臣后宫从上龙七十余人,龙乃上去”(《史记·孝武本纪》)等等。第二个契机,是赋予黄帝作为神仙的神格,结果,黄帝、老子等与佛陀一起,成了宗教祭祀的对象。“宫中立黄老、浮屠之祠”(《后汉书·襄楷列传》)、“晚节更喜黄老学,为浮屠斋戒祭祀。……楚王诵黄老之微言,尚浮屠之仁祠,絜斋三月,与神为誓”(《后汉书·楚王英烈传》)等等。另外,老子这一方面,因为通过黄老道这一形式与黄帝结合,就将黄帝所具备的作为帝王的性质和作为神仙的性质都植入到自身中了,更将其与《史记》中老子传承本身所带有的神秘性要素以及“老子入夷

---

① 在武帝时期仍旧生存的黄老家,其他的还有郑当时、直不疑等。不过,从他们的事迹上来看,只是汲取追慕长者、不好名声等之类的有关交友、处世的个人信条。没有像汲黯那样,从黄老道无为之治的立场上向武帝的统治发出系统性批判的姿态。

狄为浮屠”(《后汉书·襄楷列传》)这样的老子化胡说等混淆在一起，使得老子的神秘性性质被无限加大，就像在边韶《老子铭》、甄鸾《笑道论》中所见到的那样。这就是第三个契机。

其他的，道的唯一性的彰显与道的神格化这种思想史性的变动，以及黄老道原本所具备的天人相关思想使其更容易吸收阴阳五行思想、民间的妖术等等因素，使黄老道在道教的早期形成过程中起到了重大的作用[①]。公元184年，太平道首领张角以“苍天已死，黄天当立”(《后汉书·皇甫嵩列传》)为口号，向后汉举起反旗，兴起了黄巾之乱。张角被认为“奉事黄老道”(同上)。从这一点也能够窥探出黄老道与初期道教之间的紧密关系。后来的道教，对于上升为国教的儒学，形成为一个隐然的长期对立的邦国，持续与其保持对峙。或许可以说，这正是黄老道对于儒学的变相的复仇吧。

① 有关这一点，笔者的意见在拙稿《書評　福永光司著〈道教思想史研究〉》(《東洋史研究》第四十七卷第二号)中大致有所表述。

后　记

离开故乡出生地仙台、移居到松江，是昭和五十二年(1977)的春天。在此之前，岛根县是一个从不会出现在意识中的完全陌生的地方。不过，中海、宍道湖各居东西，松江的美很快令我倾倒了。

我在所属的岛根大学教育学部国语研究室，担任汉文学讲义。头一回在大学工作，忽然要面对很多学生，真有些仓惶失措的感觉。

本书的内容黄老道，是移居松江之后着手研究的题目。契机是刚刚赴任那年的汉文讲读。经过再三考虑，讲读的内容最终决定读马王堆汉墓出土的《经法》。听讲生有三个人，宫本千惠(旧姓小池，现为松江市立出云乡小学教谕)、松嶋纯子(现为松江市立第三中学教谕)、汤浅邦弘(现为岛根大学副教授)，都是中学课程专业的二年级学生。

讲读开始后不久的一段时间，摸不准《经法》到底写的是什么内容，难以理解。这样的日子持续了一段时间。原因在于，《经法》与既已了解的道家思想《老子》《庄子》等很不相同，具有其独自的思考模式。在没有能够把握好其独自的思考模式的时候，就只有内容要素多杂的印象了。包括我在内的四个人，坐在研究室的沙发上，侃侃谔谔地一遍遍地讨论，渐渐地了解到，这是与以往的道教相当不同质的思想。有关这个问题，在我的心中还升起了疑问。我想，如果这就是黄老道那失去的文献黄帝书的话，那么，汉代的道家思想和黄老道的无为之治的实际形态，与我们至今为止所持有的印象就是非常不同的了。

所以，在那一年讲读完了之后，又进行了剩下的《十六经》《称》《道原》的读解。在这个过程中，我确信，这四种古佚书的渊源就在于《国语·越语下》篇，所以就将《越语下》篇也纳入了讲义，比较和总结二者的共通性与差异。

就这样，之后的黄老道的研究工作就有了进展。对我来讲幸运的是，第一年度听讲的三个学生都是极其热心和优秀的。如果没有与他们的热烈讨论的话，我也就不会考虑持续做马王堆帛书的研究吧。

在我赴任之前，国语研究室里还没有汉文学的专任教官。所以，我赴任的第一年才开了汉文研讨课。参加研讨的人多的时候有六七人，少的时候二三人。我与汉文研讨课的各位同学一起读汉文书籍直到深夜、一起讨论有关研究的十一个年头，是我最为充实也最为怀念的日子。那时候，我作为教师还不够成熟，但感觉通过与学生们的共同学习，终于也有些成长和进步了。在此，我怀着感谢之意，列述各级研讨课成员、各位学生的姓名如下：

汤浅邦弘（岛根大学教育学部）
高桥泰幸（岛根县立矢上高校）
川角由纪美（旧姓衫谷）
田部早苗（旧姓安田）
竹田健二（新泻大学教育学部）
吉冈幸广（广岛工大附属广岛高校）
西村英广（滨田市立第一中学校）
菅本大二（筑波大学大学院）

永见英郎(安来市立第一中学校)

中林洋子(出云市立第三中学校)

兼房高广(广岛县世罗西町立世罗西中学校)

国广升(神户市立王冢台中学校)

寺崎美幸(大田市立志学中学校)

金森千佳子(岛根县立安来高校)

川中裕之(松江市役所)

中岛久留美(益田市立安田小学校)

吉冈英子(松江市立鹿岛中学校)

榎并琴子(T. S. K)

山本晶子(米子市立弓滨小学校)

田中昌美(益田市立益田东中学校)

森胁美津子(岛根县立松江北高校)

另外,在我赴任当初,任课程主任的上代文学老师古贺精一先生、国语学的北恭昭先生、国语科教育的田中莹一先生、近代文学的上田正行先生等,在公私各方面都给予我很多照顾。还有后来就任的中古文学的吴羽长先生、近代文学的木村东吉先生、国语学的内田贤德先生、中古文学的福田景道先生、国语学的三保忠夫先生、国语科教育的足立悦男先生等等,还有国语研究室的各位先生、法文学部的国语、国文、东洋学有关的各位先生,都给予了我诸多的厚谊。在此深表感谢。

本书是将平成三年(1991)三月、由东北大学授予的文学博士学位的学位申请论文《黄老道の研究》,做了若干改订的内容。在东北大学求学期间，身为中国哲学研究室主任教授的金谷治教授，对于才疏学浅的我施与了宽大的指导，还有在集中讲义归途中来到松江、给我以鼓励的中国文学的故志村良治先生，对于二位先生的学恩，在此谨表深切的感谢。另外，对审查我的论文的中国哲学的中嶋隆藏教授、中国文学的村上哲见教授、东洋史学的寺田隆信教授等，在此致以深厚的谢意。

本书的主要内容是我已经发表在书籍杂志上的论文，是以此为主体的。第一部的第一章、第六章、第七章，第二部的第十九章，第三部的第十一章等，是新起稿的内容。已经发表过的论文名称，按照年代顺序列举如下：

○《政治思想としての鄒衍学説》（《文化》第三十八卷・第三・四号、一九七五年）

○《道家思想の起源と系譜（上）》（《島根大学教育学部紀要》第十四卷、一九八〇年）

○《〈六韜〉の兵学思想——天人相関と天人分離》（《島大国文》第十号、一九八一年）

○《道家思想の起源と系譜（下）》（《島根大学教育学部紀要》第十五卷、一九八一年）

○《道法を生ず——道法思想の展開》（《島根大学教育学部紀要》第十六卷、一九八二年）

○《古佚書〈伊尹九主〉の政治思想》（《島大国文》第十二号、一九八三年）

○《秦帝国の法治主義——皇帝と法術》（《島根大学教育学部紀要》第十七卷、一九八三年）

○《黄老道の政治思想——法術思想との対比》（《日本中国学会

報》第三十六集、一九八四年）

○《秦の皇帝観と漢の皇帝観——「秦漢帝国論」批判》(《島根大学教育学部紀要》第十八卷、一九八四年）

○《帛書〈五行篇〉の思想史的位置——儒家による天への接近》(《島根大学教育学部紀要》第十九卷、一九八五年）

○《漢の帝国運営と黄老道（上）》(《中国研究集刊》黄号、一九八七年）

○《董仲舒・天人対策の再検討——儒学の国教化をめぐって》(《正統と異端——天皇・天・神》、角川書店、一九九一年）

当然，在收录于本书的时候，统一了表记和用语、将重复的部分删除等等，做了很多的修正。

在上述的论文中，除了开头的有关邹衍的内容以外，全都是在岛根大学在职期间发表或者是已经做好了草稿的论文。这又一次让我明白，在松江的长达十一年的生活，对我的人生占有多么重要的意义。染红了宍道湖的落日、夕暮中的大桥灯光。我的三十多岁时的回忆，全都是与松江的美丽街景相重合的。松江至今都深深牵动着我——以远比所谓的第二故乡更加强大的力量。

最后，在本书刊行时，创文社的小山光夫氏给予我很多的帮助。另外，在索引工作上得到了岛根大学教育学部汤浅邦弘氏的大力协助。在此深表谢意。

在本书刊行时，得到了文部省平成四年度（1992 年度）科学研究费补助金・研究成果公开促进费。在此附记。

一九九二年九月一日

浅野裕一